2024

Ilan Goldberg
Thiago Junqueira

coordenadores

Direito dos Seguros em Movimento

Dados Internacionais de Catalogação na Publicação (CIP) de acordo com ISBD

D598
    Direito dos Seguros em Movimento / Abel B. Veiga Copo ... [et al.] ; coordenado por Ilan Goldberg, Thiago Junqueira. - Indaiatuba, SP : Editora Foco, 2024.

    576 p. ; 17cm x 24cm.

    Inclui bibliografia e índice.

    ISBN: 978-65-6120-125-4

    1. Direito. 2. Direito civil. 3. Direito dos Seguros. I. Copo, Abel B. Veiga. II. Octaviani, Alessandro. III. Schreiber, Anderson. IV. Zanetti, Andrea. V. Carlini, Angélica L. VI. Trindade, Antonio. VII. Bassani, Bárbara. VIII. Miragem, Bruno. IX. Santos, Camila Ferrão dos. X. Mazzarella, Camila Oliveira. XI. Cunha, Carla Aretuza. XII. Francisco, Carolina Cardoso. XIII. Claudio Luiz de Miranda. XIV. Dias, Daniel. XV. Gelbecke, Daniel. XVI. Oliveira, Fabrício Marques de. XVII. Leme, Fernanda Paes. XVIII. Auler, Francisco. XIX. Gutemberg, Gabriella Pampillón. XX. Justo, Gabriel. XXI. Lopes, Giovanna Fernandes. XXII. Bernardes, Guilherme. XXIII. Melo, Gustavo de Medeiros. XXVI. Kloh, Gustavo. XXV. Mello, Gustavo Marchi de Souza. XXVI. Fürst, Henderson. XXVII. Lourenço, Igor Lins da Rocha. XXIX. Násser, Igor. XXX. Goldberg, Ilan. XXXI. Quinelato, João. XXXII. Faleiros Júnior, José Luiz de Moura. XXXIII. Neves, José Roberto de Castro. XXXIV. Martinez, Leandro. XXXV. Poças, Luís. XXXVI. Terra, Luiza Oliveira Gracioso. XXXVII. Petersen, Luiza. XXXVIII. Haddad, Marcelo Mansur. XXXIX. Chaer, Márcio. XL. Coriolano, Marcio Serôa de Araujo. XLI. Guimarães, Márcio Souza. XLII. Black, Margo. XLIII. Ramos, Maria Elisabete. XLIV. Korkmaz, Maria Regina Rigolon. XLV. Viola, Mario. XLVI. Rosenvald, Nelson. XLVII. Fichtner, Priscila Mathias. XLVIII. Chalfin, Renato. XLIX. Silva, Rodrigo da Guia. L. Melo, Roque de Holanda. LI. Vieira, Ricardo Azevedo. LII. Paiva, Solange. LIII. Negrão, Simone. LIV. Junqueira, Thaís Dias David. LV. Teixeira, Thaminy. LVI. Gabbardo, Thiago. LVII. Junqueira, Thiago. LVIII. Padrão, Vinicius. LVIX. Almeida, Vivian Vicente de. LX. Título.

2024-1882   CDD 347   CDU 347

Elaborado por Vagner Rodolfo da Silva - CRB-8/9410

Índices para Catálogo Sistemático:

1. Direito civil 347
2. Direito civil 347

Ilan Goldberg
Thiago Junqueira
coordenadores

Direito dos Seguros em Movimento

2024 © Editora Foco

Coordenadores: Ilan Goldberg e Thiago Junqueira

Autores: Abel B. Veiga Copo, Alessandro Octaviani, Anderson Schreiber, Andrea Zanetti, Angélica L. Carlini, Antonio Trindade, Bárbara Bassani, Bruno Miragem, Camila Ferrão dos Santos, Camila Oliveira Mazzarella, Carla Aretuza Cunha, Carolina Cardoso Francisco, Claudio Luiz de Miranda, Daniel Dias, Daniel Gelbecke, Fabrício Marques de Oliveira, Fernanda Paes Leme, Francisco Auler, Gabriella Pampillón Gutemberg, Gabriel Justo, Giovanna Fernandes Lopes, Guilherme Bernardes, Gustavo de Medeiros Melo, Gustavo Kloh, Gustavo Marchi de Souza Mello, Henderson Fürst, Igor Lins da Rocha Lourenço, Igor Násser, Ilan Goldberg, João Quinelato, José Luiz de Moura Faleiros Júnior, José Roberto de Castro Neves, Leandro Martinez, Luís Poças, Luiza Oliveira Gracioso Terra, Luiza Petersen, Marcelo Mansur Haddad, Márcio Chaer, Marcio Serôa de Araujo Coriolano, Márcio Souza Guimarães, Margo Black, Maria Elisabete Ramos, Maria Regina Rigolon Korkmaz, Mario Viola, Nelson Rosenvald, Priscila Mathias Fichtner, Renato Chalfin, Rodrigo da Guia Silva, Roque de Holanda Melo, Ricardo Azevedo, Solange Paiva Vieira, Simone Negrão, Thaís Dias David Junqueira, Thaminy Teixeira, Thiago Gabbardo, Thiago Junqueira, Vinicius Padrão e Vivian Vicente de Almeida

Diretor Acadêmico: Leonardo Pereira
Editor: Roberta Densa
Coordenadora Editorial: Paula Morishita
Revisora Sênior: Georgia Renata Dias
Capa Criação: Leonardo Hermano
Diagramação: Ladislau Lima e Aparecida Lima
Impressão miolo e capa: FORMA CERTA

DIREITOS AUTORAIS: É proibida a reprodução parcial ou total desta publicação, por qualquer forma ou meio, sem a prévia autorização da Editora FOCO, com exceção do teor das questões de concursos públicos que, por serem atos oficiais, não são protegidas como Direitos Autorais, na forma do Artigo 8º, IV, da Lei 9.610/1998. Referida vedação se estende às características gráficas da obra e sua editoração. A punição para a violação dos Direitos Autorais é crime previsto no Artigo 184 do Código Penal e as sanções civis às violações dos Direitos Autorais estão previstas nos Artigos 101 a 110 da Lei 9.610/1998. Os comentários das questões são de responsabilidade dos autores.

NOTAS DA EDITORA:

Atualizações e erratas: A presente obra é vendida como está, atualizada até a data do seu fechamento, informação que consta na página II do livro. Havendo a publicação de legislação de suma relevância, a editora, de forma discricionária, se empenhará em disponibilizar atualização futura.

Erratas: A Editora se compromete a disponibilizar no site www.editorafoco.com.br, na seção Atualizações, eventuais erratas por razões de erros técnicos ou de conteúdo. Solicitamos, outrossim, que o leitor faça a gentileza de colaborar com a perfeição da obra, comunicando eventual erro encontrado por meio de mensagem para contato@editorafoco.com.br. O acesso será disponibilizado durante a vigência da edição da obra.

Impresso no Brasil (7.2024) – Data de Fechamento (6.2024)

2024
Todos os direitos reservados à
Editora Foco Jurídico Ltda.
Rua Antonio Brunetti, 593 – Jd. Morada do Sol
CEP 13348-533 – Indaiatuba – SP

E-mail: contato@editorafoco.com.br
www.editorafoco.com.br

A pintura que adorna a capa desta obra, "*Il porto e la flotta di Genova*", foi criada pelo artista italiano Quinto Cenni (1845-1917). Ela retrata Gênova no século XIV, época e local que especialistas frequentemente identificam como o berço da primeira apólice, especificamente na modalidade de seguro marítimo. Embora o Direito dos Seguros esteja em constante evolução, é fundamental não esquecermos suas raízes e os desafios históricos enfrentados em sua consolidação. Afinal, conforme lição usualmente atribuída a Mark Twain, "A história nunca se repete, mas frequentemente rima".

PREFÁCIO

Os contratos de seguro já foram chamados de ilustres desconhecidos. Pode ser que tenham sido, mas isso não corresponde mais à realidade. Hoje, os contratos de seguro são objeto de estudo e pesquisa de forma sistematizada, metodológica e com rigor acadêmico. E são estudados também em seus aspectos práticos por meio do acompanhamento e análise das decisões judiciais dos tribunais na solução dos casos concretos que envolvem seguros.

A facilidade de acesso aos meios de comunicação certamente contribuiu para tornar os contratos de seguro mais estudados, mas, com toda certeza, a liderança e a capacidade de agregar que alguns profissionais da área protagonizaram nos últimos tempos foram muito significativas para transformar os contratos de seguro em objeto de estudo e pesquisa de alta relevância.

Ilan Goldberg e Thiago Junqueira são expoentes dessa nova fase dos estudos sobre contratos de seguro. Aliam o dinamismo da juventude com o rigor metodológico dos pesquisadores acadêmicos; somam a capacidade intelectual com a vivência prática como advogados; trafegam com tranquilidade pelo direito nacional e internacional; e, sobretudo, possuem maturidade para compreender que ninguém vai muito longe sozinho. Por isso trabalham para agregar advogados, estudiosos, pesquisadores e apaixonados por contratos de seguro, para que todos contribuam para a realização de seus projetos. E quanto fôlego tem essa dupla para organizar projetos de alta qualidade.

Foi e tem sido assim com a Coluna Seguros Contemporâneos do portal Consultor Jurídico – CONJUR, que ambos iniciaram há três anos e à qual têm se dedicado com regularidade, técnica e qualidade. Além disso, convidaram inúmeros colegas advogados e profissionais de áreas do conhecimento correlatas aos estudos de contratos de seguro, que participaram da redação de artigos para a Coluna da CONJUR e trouxeram suas contribuições de diferentes matizes, privilegiando a pluralidade de pensamentos, de pesquisas e alargando a abordagem de um objeto de estudo que, por natureza, é multifacetado como a própria trajetória da humanidade.

Não satisfeitos com a intensa e positiva repercussão da coluna, os professores Ilan Goldberg e Thiago Junqueira organizaram a publicação dos artigos divulgados naquele espaço, acrescidos de resenhas, retrospectivas, entrevistas e alguns textos que haviam sido publicados em outros locais. O resultado é o trabalho espetacular que o leitor tem em mãos neste momento.

Um livro com mais de 4 partes e 87 textos! Uma obra que retrata com exatidão a dedicação dos organizadores e a extensão que o tema contratos de seguro alcança quando é tratado de forma acadêmica e prática, com objetivo de construir análise crítica e contribuir para o aprimoramento dos institutos jurídicos.

Inovação e tecnologia, na primeira parte; Aspectos regulatórios e contratuais, na segunda parte; Seguros em Espécie e Planos de Saúde, na terceira parte; e, Seguro e Questões Sociais, Econômicas, Ambientais e Processuais na quarta parte do livro. A diversidade de abordagem nos dá a dimensão ampliada que os organizadores nos proporcionam com a cuidadosa seleção que fizeram de temas e textos.

Além disso, ainda será possível usufruir de uma quinta parte do livro com resenhas, entrevistas e retrospectivas anuais que Goldberg e Junqueira trouxeram para dinamizar a leitura e fomentar as reflexões dos leitores.

Coube a esta professora e advogada a missão honrosa de prefaciar esse livro que, sem dúvida, já é obra obrigatória para as tarefas diárias dos estudiosos e profissionais de contratos de seguro. O convite para o prefácio, fruto da generosidade que Ilan Goldberg e Thiago Junqueira têm para comigo há muitos anos, é um presente para esta profissional que tem quatro décadas de vivência nesse setor e, exatamente por isso, sabe o quanto é preciso estudar e aprender diariamente para poder trabalhar em uma área complexa e sensível a todas as mudanças da humanidade, sejam sociais, econômicas, tecnológicas ou políticas.

Que bom saber que essa convicção de que os contratos de seguro precisam ser estudados com rigor e seriedade pode ser compartilhada com as novas gerações de juristas, que, despidos de vaidade e arrogância, se lançam na busca de novos saberes, compartilham espaços para o diálogo, criam oportunidades para a participação de outros estudiosos, dinamizam opiniões e, principalmente, envolvem a todos nós em um ambiente amistoso, cordial e cientificamente instigante.

A Editora Foco acolhe o projeto com a eficiência e o bom gosto que são suas características marcantes, e todos somos gratos por esse trabalho editorial que, com toda certeza, estará nas mãos da comunidade de seguros no país, em especial de juristas, economistas, gestores, corretores de seguro e todos aqueles que diariamente constroem o valor econômico e social dessa pujante atividade.

Que este livro seja mais uma fonte de inspiração para todos aqueles que acreditam que o seguro pode contribuir, decisivamente, para o desenvolvimento econômico e para a paz social no Brasil.

Os seguros serão sempre uma solução ou uma saída, como nos ensinaram os Titãs:

Quando não houver saída
Quando não houver mais solução
Ainda há de haver saída
Nenhuma ideia vale uma vida

Quando não houver esperança
Quando não restar nem ilusão
Ainda há de haver esperança
Em cada um de nós, algo de uma criança

Enquanto houver sol
Enquanto houver sol
Ainda haverá

Enquanto houver sol
Enquanto houver sol

Quando não houver caminho
Mesmo sem amor, sem direção
A sós ninguém está sozinho
É caminhando que se faz o caminho.

Seguro para tudo e para todos! Sempre a melhor saída.

Angélica L. Carlini

Pós-Doutorado em Direito Constitucional. Doutora em Direito Político e Econômico. Mestra em Direito Civil. Coordenadora da área de Direito da ENS. Docente da UNIMES e da UNIP. Advogada, parecerista e consultora em seguros e saúde suplementar.

APRESENTAÇÃO

A obra que o leitor tem em mãos é fruto, principalmente, de artigos publicados ao longo dos últimos três anos na coluna *Seguros Contemporâneos* da Conjur. No entanto, ela representa mais do que isso: é o resultado de décadas de pesquisa e dedicação ao Direito dos Seguros de cada um dos seus cinquenta e oito autores.

Coordenar uma coluna no prestigioso *site* em questão não é um projeto que nasça da noite para o dia. Inspirados pelas colunas *Direito Civil Atual*, *Senso Incomum* e *Direitos Fundamentais*, planejávamos há muito tempo criar um espaço dedicado exclusivamente ao Direito dos Seguros.

O compromisso de criar regularmente conteúdo que não apenas agregue valor ao leitor, mas também contribua para o desenvolvimento do Direito, é requisito para a coordenação de uma coluna digna de ser acompanhada de perto. Seríamos capazes de manter esse padrão? Como convenceríamos a própria Conjur antes de nós mesmos nos convencermos por completo disso?

Após um ano e meio desde a nossa primeira tentativa sem sucesso, finalmente conseguimos uma oportunidade. A estratégia foi simples e se manteve constante: escrever a cada duas semanas e, além de nossa participação, contar com o reforço de algumas das principais referências da academia e do mercado para ampliar o debate.

Ao reler todos os textos durante a organização desta obra, refletimos sobre a trajetória percorrida e os motivos pelos quais acreditamos que ela tem sido exitosa. Talvez o aspecto mais importante seja capturado pela célebre frase de Antoine de Saint-Exupéry: "*Il semble que la perfection soit atteinte non quand il n'y a plus rien à ajouter, mais quand il n'y a plus rien à retrancher*".[1]

A capacidade de ir direto ao ponto e ter algo relevante a dizer se tornaram predicados essenciais para manter a atenção do leitor em um mundo no qual se vive em uma velocidade e conectividade sem precedentes e, em alguma medida, com uma overdose de informações. Assim como o valor de uma biblioteca de qualidade está nos livros que ela tem e nos que ela deixa de ter – poupando consultas dispensáveis ao pesquisador –, a edição e curadoria da *Seguros Contemporâneos* levam muito a sério o tempo do seu leitor.

Para além da objetividade – aplicada na dose certa para não comprometer a profundidade do conteúdo –, outro elemento que nos foi e continua sendo inegociável é a total liberdade, inclusive dos autores convidados, para tratar de qualquer tema relacionado aos contratos de seguros. A participação de professores nacionais e estrangeiros, CEOs,

---

1. Traduzida por Rubem Braga como: "Parece que a perfeição é atingida não no instante em que não há mais nada a acrescentar à máquina, e sim quando não há mais nada a suprimir".

conselheiros e diretores jurídicos de seguradoras, reguladores e advogados é, por si só, um atestado da pluralidade de visões e mundos retratados na coluna.

Embora o foco tenha sido trazer tópicos contemporâneos, como atos normativos e decisões judiciais recentes, e abordagens jurídicas ainda inéditas no Direito brasileiro, diversos temas securitários clássicos também foram revisitados.

Algumas de nossas colunas mais marcantes nasceram de ideias inovadoras e da genialidade de nossos colaboradores, destacando-se, por exemplo, o ensaio *A Contribuição do contrato de seguro para a arte*. Outras nos orgulham por motivos diferentes, como a coluna feita pelos então nossos alunos de graduação da FGV Direito Rio, que produziram o melhor trabalho do semestre.

Para não sobrecarregar o leitor com uma lista extensa de autores e temas abordados, vale mencionar que esta coletânea é composta por oitenta e sete estudos, cada qual especial por suas próprias razões. Mais do que simplesmente consultados, todos merecem ser saboreados, seja para o conhecimento de paisagens originais, seja para adquirir novas perspectivas sobre aquelas já vistas.

Agradecemos aos coautores por suas contribuições valiosas, bem como à Editora Foco e sua equipe pelo incentivo à publicação e pela excelência na edição deste livro. O Direito dos Seguros está sempre em movimento e esta obra é um convite para que você, leitor, junte-se a nós nesta jornada de aprendizado contínuo e descobertas.

Explore-a, esperando que ela não só transmita conhecimento, mas também proporcione uma experiência de leitura agradável e enriquecedora.

Ilan Goldberg
Thiago Junqueira

SOBRE OS AUTORES

Abel B. Veiga Copo
Profesor Ordinario de Derecho Mercantil. Universidad Pontificia Comillas de Madrid. Codirector de la Cátedra Uría Menéndez-ICADE de Regulación de los Mercados.

Alessandro Octaviani
Professor Doutor de Direito Econômico e Economia Política da Faculdade de Direito da Universidade de São Paulo. Superintendente da SUSEP.

Anderson Schreiber
Professor Titular de Direito Civil da Universidade do Estado do Rio de Janeiro (UERJ). Professor da Fundação Getúlio Vargas (FGV). Membro da Academia Internacional de Direito Comparado. Procurador do Estado do Rio de Janeiro. Sócio fundador do Schreiber Advogados.

Andrea Zanetti
Professora Doutora do Departamento de Direito Privado e Processo Civil (DPP) da Faculdade de Direito de Ribeirão Preto (FDRP-USP). Pós-doutorado no ramo de Ciências Jurídico-Civis na Faculdade de Direito da Universidade de Lisboa (FDUL). Doutora e Mestra em Direito pela PUC/SP.

Angélica L. Carlini
Pós-Doutorado em Direito Constitucional. Doutora em Direito Político e Econômico. Mestre em Direito Civil. Coordenadora da área de Direito da Escola de Negócios e Seguros – ENS. Docente da Universidade Metropolitana de Santos – UNIMES e da Universidade Paulista – UNIP. Advogada, parecerista e consultora em seguros e saúde suplementar. Pesquisadora em Saúde Suplementar – Avaliação de Tecnologias em Saúde junto à IBMEC-Rio de Janeiro.

Antonio Trindade
Presidente do Conselho Administrativo da Chubb Brasil. Presidente da Federação Nacional de Seguros Gerais (FenSeg).

Bárbara Bassani
Doutora e Mestre em Direito Civil pela Universidade de São Paulo. Diretora da AIDA Brasil e Acadêmica da Academia Nacional de Seguros e Previdência. Advogada, sócia na área de Seguros e Resseguros de TozziniFreire Advogados.

Bruno Miragem
Professor da Universidade Federal do Rio Grande do Sul (UFRGS). Advogado e parecerista.

Camila Ferrão dos Santos
Mestre em Direito Civil pela Universidade do Estado do Rio de Janeiro (UERJ). Professora substituta de Direito Civil da Faculdade Nacional de Direito da Universidade Federal do Rio de Janeiro (UFRJ). Advogada.

Camila Oliveira Mazzarella
Pós-graduada em Direito do Consumidor pela UCAM e em Direito Processual Civil e Gestão pelo IBMEC; Advogada.

Carla Aretuza Cunha
Especialista em Direito dos Seguros e Resseguros, e liderança e gestão de pessoas pelo Insper. Sócia na área de Seguros e Resseguros de Chalfin, Goldberg & Vainboim Advogados Associados.

Carolina Cardoso Francisco
Pós-graduada em Direito Processual Civil pela PUC-Rio. MBA em Gestão Jurídica do Seguro e Resseguro pela Escola Superior Nacional de Seguros. Membra do Conselho Pleno da OAB/RJ. Advogada no escritório Sérgio Bermudes.

Claudio Luiz de Miranda
Professor de Direito Empresarial da FGV/RJ. Doutor e Mestre em Direito de Empresa pela Universidade do Estado do Rio de Janeiro (UERJ). Sócio de Chalfin, Goldberg & Vainboim Advogados.

Daniel Dias
Doutor em Direito Civil pela USP, com períodos de pesquisa na Ludwig-Maximilians-Universität München (LMU) e no Instituto Max-Planck de Direito Comparado e Internacional Privado, na Alemanha. Estágio pós-doutoral na Harvard Law School, nos EUA. Professor da FGV Direito Rio. Advogado e consultor jurídico.

Daniel Gelbecke
Mestrando em Direito, Justiça e Impactos na Economia pelo Centro de Estudos de Direito Econômico e Social (CEDES – São Paulo). Especialista em Direito Societário e Mercado de Capitais pela FGV Direito Rio. Diretor Jurídico e de Compliance de companhia seguradora.

Fabrício Marques de Oliveira
Especialista em Direito Civil e Empresarial pela Damásio Educacional. Especialista em Gestão Jurídica em Seguros e Resseguros pela Escola de Negócios e Seguros – ENS. Associado na Associação Internacional de Direito Securitário – AIDA. Advogado, Gerente de Operações na MAPFRE.

Fernanda Paes Leme
Doutora em Direito Civil. Mestra em Direito Civil. Coordenadora da Graduação em Direito do Ibmec RJ. Professora Titular de Direito Civil do Ibmec RJ. Advogada, parecerista e consultora.

Francisco Auler
Graduando na FGV Direito Rio.

Gabriella Pampillón Gutemberg
Mestre em Direito e Tecnologia pela Universidade Nova de Lisboa. Pós-graduada em Direitos Humanos pelo Curso CEI. Em 2021, foi palestrante na The Seventeenth International Conference on Environmental, Cultural, Economic & Social Sustainability (Amsterdam – Holanda). Advogada e Due Diligence Officer no BNP Paribas.

Gabriel Justo
Graduando na FGV Direito Rio.

Giovanna Fernandes Lopes

Graduada pela PUC-Rio. Advogada associada de Chalfin, Goldberg & Vainboim Advogados.

Guilherme Bernardes

Mestre em Direito Civil pela Faculdade de Direito da Universidade de Lisboa (ULisboa). Foi professor de Seguros de Riscos Cibernéticos da Escola de Negócios e Seguros, além de lecionar na Pós-Graduação do Centro de Estudos e Pesquisas no Ensino do Direito da Universidade do Estado do Rio de Janeiro (CEPED – UERJ) e na Escola Mineira de Direito (EMD). Sócio do escritório Chalfin, Goldberg & Vainboim Advogados.

Gustavo de Medeiros Melo

Doutor e Mestre em Direito Processual Civil (PUC-SP). Membro do Instituto Brasileiro de Direito Processual (IBDP) e do Centro de Estudos Avançados de Processo (CEAPRO). Sócio do Chalfin, Goldberg & Vainboim Advogados.

Gustavo Kloh

Doutor em Direito Civil pela Universidade do Estado do Rio de Janeiro. Professor da Escola de Direito da Fundação Getúlio Vargas – Rio de Janeiro. Advogado e Parecerista, sócio de NBNK Advogados.

Gustavo Marchi de Souza Mello

Graduado em Direito pela USP, com dupla diplomação pela Université Jean Moulin – Lyon III (França) e Zertifikatsstudium pela Ludwig-Maximilians-Universität München – LMU (Alemanha). Advogado do escritório Mattos Filho.

Henderson Fürst

Doutor em Direito pela PUC-SP. Doutor e mestre em Bioética pelo CUSC. Professor de Direito Constitucional da PUC-Campinas. Professor de Bioética do HIAE. Presidente da Comissão Especial de Bioética e Biodireito da OAB-SP. Advogado.

Igor Lins da Rocha Lourenço

Subprocurador-geral Federal. Ex-diretor da SUSEP.

Igor Násser

Especialista em Direito Empresarial pela Universidade Candido Mendes. Aluno do MBA em Governança, Projetos e Serviços de TI pela UFRJ. Bacharel em direito *magna cum laude* pela Universidade Federal do Rio de Janeiro (UFRJ). Assessor na presidência do Centro de Tecnologia de Informação e Comunicação do Estado do Rio de Janeiro (PRODERJ). Advogado.

Ilan Goldberg

Doutor em Direito Civil pela Universidade do Estado do Rio de Janeiro – UERJ. Mestre em Regulação e Concorrência pela Universidade Cândido Mendes – UCAM. Pós-Graduado em Direito Empresarial LLM pelo IBMEC. Leciona na FGV Direito Rio, FGV Conhecimento, Escola de Magistratura do Estado do Rio de Janeiro – EMERJ e na Escola de Negócios e Seguros (ENS-Funenseg). Membro dos Conselhos Editoriais da Revista de Direito Civil Contemporâneo – RDCC e da Revista Jurídica da CNSeg. Sócio fundador de Chalfin, Goldberg & Vainboim Advogados. Advogado e parecerista.

João Quinelato

Doutor e Mestre em Direito Civil pela Universidade do Estado do Rio de Janeiro. Diretor-Geral da ESA (Escola Superior da Advocacia) da OABRJ. Advogado.

José Luiz de Moura Faleiros Júnior

Doutor em Direito Civil pela Universidade de São Paulo – USP/Largo de São Francisco. Doutorando em Direito, na área de estudo 'Direito, Tecnologia e Inovação', pela Universidade Federal de Minas Gerais – UFMG. Mestre em Direito pela Universidade Federal de Uberlândia – UFU. Associado Fundador do Instituto Avançado de Proteção de Dados – IAPD. Membro do Instituto Brasileiro de Estudos de Responsabilidade Civil – IBERC. Advogado.

José Roberto de Castro Neves

Doutor pela Universidade do Estado do Rio de Janeiro. Mestre pela Universidade de Cambridge. Professor de Direito Civil da PUC-RJ e da FGV-RJ. Advogado.

Leandro Martinez

CEO da Chubb Brasil.

Luís Poças

Doutor em Direito (Universidade de Lisboa). Diretor Jurídico e de Compliance da UNA Seguros. Investigador Doutorado Integrado do Dinâmia'CET (ISCTE-IUL). Vice-Presidente da AIDA-Portugal. Coordenador da Sub-comissão Compliance da Associação Portuguesa de Seguradores.

Luiza Oliveira Gracioso Terra

Pós-graduanda em Direito de Família e Sucessões pela Pontifícia Universidade Católica do Rio de Janeiro (PUC-Rio). Bacharel em direito *magna cum laude* pela Universidade Federal do Rio de Janeiro (UFRJ). Advogada de Chalfin, Goldberg & Vainboim Advogados.

Luiza Petersen

Doutora e Mestre em Direito pela Universidade Federal do Rio Grande do Sul (UFRGS). Foi pesquisadora visitante e bolsista do Max Planck Institute for Comparative and International Private Law. Professora e advogada.

Marcelo Mansur Haddad

Doutor em Direito pela USP. Mestre em Direito pela Faculdade de Direito da Universität Heidelberg (Alemanha) – Bolsista da Fundação Konrad Adenauer. Especialista em Direito Comercial Internacional pela Université de Paris X – Nanterre (França). Professor da Escola de Administração da Fundação Getúlio Vargas – FGV. Sócio do escritório Mattos Filho.

Márcio Chaer

Diretor executivo na Revista Consultor Jurídico (Conjur).

Marcio Serôa de Araujo Coriolano

Economista, membro do Conselho Consultivo da CNseg – Confederação Nacional das Seguradoras e acadêmico da ANSP – Academia Nacional de Seguros e Previdência Privada.

Márcio Souza Guimarães

Doutor pela Université Toulouse Capitole. Max Schmidheiny professor da Universidade de Saint Gallen (Suíça). Acadêmico fundador da Academia Brasileira de Direito Civil. Professor Doutor Visitante da Université Paris-Panthéon-Assas. Ex-membro do Ministério Público do Estado do Rio de Janeiro.

Margo Black

Membra do Conselho de Administração da Austral. Ex-CEO da Swiss Re Brasil.

Maria Elisabete Ramos

Doutora em Direito pela Faculdade de Direito da Universidade de Coimbra. Investigadora do *Centre for Business and Economics Research* (CeBER). Professora Auxiliar da Faculdade de Economia de Coimbra, com Agregação em Direito pela Faculdade de Direito da Universidade do Porto. Vice-Presidente de AIDA Portugal.

Maria Regina Rigolon Korkmaz

Doutora em Direito Civil pela Universidade do Estado do Rio de Janeiro (UERJ). Mestre em Direito e Inovação pela UFJF. Professora convidada das Pós-Graduações em Direito Digital do ITS Rio, UERJ e CEPED, em Direito Civil Constitucional da UERJ e CEPED e em Direito Privado, Tecnologia e Inovação da EBRADI. Professora de Direito Civil e Novas Tecnologias da Universidade Federal de Juiz de Fora (UFJF). Advogada.

Mario Viola

Doutor em Direito pelo Instituto Universitário Europeu (EUI). Mestre em Direito Civil pela Universidade do Estado do Rio de Janeiro (UERJ). Advogado.

Nelson Rosenvald

Pós-Doutor em Direito Civil na Università Roma Tre. Pós-Doutor em Direito Societário na Universidade de Coimbra. Visiting Academic, Oxford University. Professor do Mestrado e Doutorado do IDP/DF. Professor Visitante na Universidade Carlos III. Doutor e Mestre em Direito Civil pela Pontifícia Universidade Católica de São Paulo – PUC/SP. Presidente do Instituto Brasileiro de Estudos de Responsabilidade Civil – IBERC. Advogado e Parecerista.

Priscila Mathias Fichtner

Doutora em Direito Civil-Constitucional pela Universidade do Estado do Rio de Janeiro (UERJ). Mestre em Direito do Trabalho e da Seguridade Social pela Universidade de São Paulo (USP). Sócia de Chalfin, Goldberg & Vainboim Advogados.

Renato Chalfin

Mestrando em Direito Civil pela Universidade de Lisboa. Coordenador de Direito Securitário da ESA-RJ. Professor convidado de cursos de pós-graduação da UERJ e da PUC-Rio. Advogado, Sócio de Chalfin, Goldberg & Vainboim Advogados.

Rodrigo da Guia Silva

Doutor e Mestre em Direito Civil pela UERJ. Professor Adjunto de Direito Civil da Faculdade de Direito da Universidade do Estado do Rio de Janeiro (UERJ). Pesquisador visitante do Max-Planck-Institut für ausländisches und internationales Privatrecht, Hamburgo – Alemanha. Membro do Instituto Brasileiro de Direito Civil (IBDCivil), do Instituto Brasileiro de Direito Contratual (IBDCont) e do Instituto Brasileiro de Estudos em Responsabilidade Civil (IBERC). Advogado, árbitro e parecerista.

Roque de Holanda Melo

CEO da Junto Seguros. Diretor da Federação Nacional de Seguros Gerais – Fenseg. Professor da Escola de Negócios e Seguros. Membro Consultor da Comissão de Direito Securitário da OAB-PR. Presidente da Comissão de Crédito e Garantia da Fenseg.

Ricardo Azevedo

Pós-graduado em Direito dos Contratos pela PUC-RJ. Advogado associado do escritório Chalfin, Goldberg e Vainboim Advogados.

Solange Paiva Vieira

Mestre em economia pela FGV do Rio de Janeiro. Diretora do BNDES. Ex-superintendente da Susep. Ex-presidente da Agência Nacional de Aviação Civil (ANAC).

Simone Negrão

Graduada pela Universidade de São Paulo (USP), com MBA em Gestão Empresarial pela Fundação Getulio Vargas de São Paulo (FGV-SP) e especialização em Direito Processual Civil pela Pontifícia Universidade Católica de São Paulo (PUC-SP). Diretora Jurídica e Controles Internos da MAPFRE. Acadêmica da Academia Nacional de Seguros e Previdência (ANSP).

Thaís Dias David Junqueira

Mestranda em Direito Processual pela Universidade do Estado do Rio de Janeiro (UERJ). Mediadora extrajudicial certificada pelo Instituto de Ensino Centro de Mediadores. Especialista em Direito Penal e Direito Processual Penal pela Universidade Cândido Mendes. Associada efetiva da Abep. Advogada.

Thaminy Teixeira

Mestranda em Direito Civil pela Universidade do Estado do Rio de Janeiro (UERJ). Pós-graduada em Contratos e Responsabilidade Civil pela Escola Brasileira de Direito (EBRADI). Graduada em Direito pela Universidade Federal de Lavras (UFLA). Pesquisadora do Laboratório de Bioética e Direito – Cátedra UNESCO (LABB/CNPq). Advogada.

Thiago Gabbardo

Especialista em Direito dos Seguros pela Fundação do Ministério Público – RS. Associado na Associação Internacional de Direito Securitário - AIDA. Advogado, Sócio do escritório Müller & Moreira Advocacia.

Thiago Junqueira

Doutor em Direito Civil pela Universidade do Estado do Rio de Janeiro (UERJ). Mestre em Ciências Jurídico-Civilísticas pela Universidade de Coimbra. Professor convidado da FGV Direito Rio, da FGV Conhecimento e da Escola de Negócios e Seguros. Diretor de Relações Internacionais da Academia Brasileira de Direito Civil. Diretor da AIDA Brasil. Coordenador da coluna Seguros Contemporâneos na Revista Consultor Jurídico (Conjur). Pesquisador visitante do Instituto Max-Planck de Direito Comparado e Internacional Privado (Hamburgo – Alemanha). Advogado e parecerista.

Vinicius Padrão

Mestre em Direito Civil pela Universidade do Estado do Rio de Janeiro (UERJ). Pesquisador associado ao Instituto de Tecnologia e Sociedade do Rio de Janeiro (ITS-Rio). Professor nos cursos de pós-graduação da UERJ, IBMEC e ITS-Rio. Advogado na área de Tecnologia e Propriedade Intelectual do Rennó Penteado Advogados.

Vivian Vicente de Almeida

Doutora e Mestre em Economia. Graduanda em Direito. Professora Titular de Economia no Ibmec RJ. Economista, técnica pericial e consultora. Pesquisadora em Saúde Suplementar – Avaliação de Tecnologias em Saúde junto à IBMEC-Rio de Janeiro.

SUMÁRIO

PREFÁCIO
Angélica L. Carlini VII

APRESENTAÇÃO
Ilan Goldberg e Thiago Junqueira IX

SOBRE OS AUTORES... XI

PARTE I
INOVAÇÃO E TECNOLOGIA

IMPACTOS DAS NOVAS TECNOLOGIAS NO SETOR DE SEGUROS

O DEBATE SOBRE A "DISRUPÇÃO" PROVOCADA PELAS *INSURTECHS* NO SETOR DE SEGUROS
Thiago Junqueira 5

TECNOLOGIAS EMERGENTES: SEGUROS E FUNDOS DE COMPENSAÇÃO
Nelson Rosenvald e José Luiz de Moura Faleiros Júnior 11

SMART LEGAL CONTRACTS E OS CONTRATOS DE SEGURO
Marcelo Mansur Haddad e Gustavo Marchi de Souza Mello 17

INOVAÇÃO, RISCOS E SEGUROS – UMA BREVE VISÃO TÉCNICA E JURÍDICA
Leandro Martinez 23

NOVAS MODALIDADES E FORMAS DE CONTRATAÇÃO DE SEGUROS

SEGUROS PARA OS RISCOS IMPOSTOS PELO USO DA INTELIGÊNCIA ARTIFICIAL
Thiago Junqueira 31

EMBEDDED INSURANCE: OPORTUNIDADES E RISCOS
Thiago Junqueira e Igor Násser 37

NOVO SEGURO NAS OPERAÇÕES DE M&A?
Claudio Luiz de Miranda e Thiago Junqueira 41

A HORA DOS MICROSSEGUROS
Thiago Junqueira e Igor Násser 47

NOTAS SOBRE O SEGURO BASEADO NO USO
Camila Ferrão dos Santos... 51

OS NFTS E O CONTRATO DE SEGURO
Priscila Mathias Fichtner e Claudio Miranda... 55

TRATAMENTO DE DADOS PESSOAIS NO SETOR DE SEGUROS

ASPECTOS ESSENCIAIS DO *OPEN INSURANCE* NO BRASIL
Ilan Goldberg e Guilherme Bernardes 63

APLICAÇÃO DA LGPD NO SETOR DE SEGUROS
Thiago Junqueira 67

LEGÍTIMO INTERESSE E O MERCADO DE SEGUROS: O TRATAMENTO DE DADOS PESSOAIS PARA PREVENÇÃO À FRAUDE
Mario Viola e Vinicius Padrão.. 73

CONSIDERAÇÕES SOBRE DECISÕES AUTOMATIZADAS E SEGUROS
Maria Regina Rigolon Korkmaz 79

TENDÊNCIAS PARA O SETOR DE SEGUROS

CINCO TENDÊNCIAS PARA O SETOR DE SEGUROS BRASILEIRO EM 2024
Thiago Junqueira e Giovanna Fernandes Lopes... 87

TENDÊNCIAS PARA O SETOR DE (RES)SEGUROS EM 2022 – PARTE 1
Thiago Junqueira e Ilan Goldberg 93

TENDÊNCIAS PARA O SETOR DE (RES)SEGUROS EM 2022 – PARTE 2
Thiago Junqueira e Ilan Goldberg 99

CINCO TENDÊNCIAS PARA O SETOR DE (RES)SEGUROS EM 2021
Thiago Junqueira e Giovanna Fernandes Lopes 105

PARTE II
ASPECTOS REGULATÓRIOS E CONTRATUAIS

REGULAÇÃO DO MERCADO DE SEGUROS E RESSEGUROS

PARA ALÉM DO *SANDBOX* REGULATÓRIO...
Ilan Goldberg 113

AS MUDANÇAS REGULATÓRIAS DOS SEGUROS NO BRASIL
Solange Paiva Vieira e Igor Lins da Rocha Lourenço 119

LIDERANÇA DA SUSEP: CONTINUIDADE E NÃO RETROCESSO
Thiago Junqueira 123

BOAS PRÁTICAS NO SETOR DE SEGUROS: NOTAS SOBRE A RESOLUÇÃO CNSP 382/2020
Thiago Junqueira e Guilherme Bernardes 127

OFERTA PREFERENCIAL AOS RESSEGURADORES LOCAIS
Thiago Junqueira e Guilherme Bernardes 133

LIÇÕES DO BACEN À SUSEP
Ilan Goldberg 139

SEGUROS DE GRANDES RISCOS

OS SEGUROS DE GRANDES RISCOS NO BRASIL – PARTE 1
Ilan Goldberg e Thiago Junqueira 145

OS SEGUROS DE GRANDES RISCOS NO BRASIL – PARTE 2
Ilan Goldberg e Thiago Junqueira 151

OS SEGUROS PARA GRANDES RISCOS, OS SEGUROS MASSIFICADOS E O PRINCÍPIO DA ISONOMIA – PARTE 1
Ilan Goldberg e Guilherme Bernardes 157

OS SEGUROS PARA GRANDES RISCOS, OS SEGUROS MASSIFICADOS E O PRINCÍPIO DA ISONOMIA – PARTE 2

Ilan Goldberg e Guilherme Bernardes 163

A RESOLUÇÃO CNSP 407 DOS SEGUROS DE GRANDES RISCOS

Gustavo de Medeiros Melo.. 169

DEVERES CONTRATUAIS NAS RELAÇÕES SECURITÁRIAS

NOVOS RUMOS PARA O AGRAVAMENTO DO RISCO NO SEGURO DE VIDA EM VIRTUDE DA DIREÇÃO ALCOOLIZADA PELO SEGURADO

Ilan Goldberg e Thiago Junqueira 177

É NECESSÁRIA A ASSINATURA DA PROPOSTA NOS CONTRATOS DE SEGURO?

Ilan Goldberg e Guilherme Bernardes 185

O OCASO DA "MÁXIMA" BOA-FÉ NOS CONTRATOS DE SEGURO

Thiago Junqueira 191

AVISO DO SINISTRO AO SEGURADOR: CONTRIBUTOS PARA A INTERPRETAÇÃO DO ART. 771 DO CÓDIGO CIVIL

Daniel Dias e Thiago Junqueira 197

REGULAÇÃO DE SINISTRO

DIREITO DOS SEGUROS: LUZES E SOMBRAS DOS ENUNCIADOS DA IX JORNADA DE DIREITO CIVIL

Ilan Goldberg e Thiago Junqueira 219

AUTOMAÇÃO DA REGULAÇÃO DO SINISTRO: O EXEMPLO DOS SEGUROS PARAMÉTRICOS

Thiago Junqueira 225

A DURAÇÃO RAZOÁVEL DA REGULAÇÃO DO SINISTRO PELA SEGURADORA

Camila Oliveira Mazzarella.. 229

O SINISTRO E A FRAUDE NOS SEGUROS

Luís Poças... 237

PARTE III
SEGUROS EM ESPÉCIE E PLANOS DE SAÚDE

SEGURO DE DIRETORES E ADMINISTRADORES (SEGURO D&O)

A IMPORTÂNCIA DOS ASPECTOS SUBJETIVO, TEMPORAL E CAUSAL NO SEGURO D&O
Ilan Goldberg e Giovanna Fernandes Lopes.. 249

PARA QUE SERVE O CONTRATO DE SEGURO D&O? PARTE 1
Ilan Goldberg 253

PARA QUE SERVE O CONTRATO DE SEGURO D&O? PARTE 2
Ilan Goldberg 257

PARA QUE SERVE O CONTRATO DE SEGURO D&O? PARTE 3
Ilan Goldberg 261

O SEGURO D&O VISTO PELO STJ
Ilan Goldberg 265

HÁ VULNERABILIDADE NOS CONTRATOS DE SEGURO D&O?
Ilan Goldberg 269

SEGUROS D&O EM PORTUGAL: DESAFIOS AO MODELO CONTRATUAL DE REGULAÇÃO
Maria Elisabete Ramos... 273

SEGURO CIBERNÉTICO

O QUE ESPERAR DA EXCLUSÃO DE COBERTURA PARA GUERRA, TERRORISMO E EXTORSÃO NO AMBIENTE CIBERNÉTICO?
Ilan Goldberg 281

A PROPÓSITO DA *"SILENT CYBER COVERAGE"*
Ilan Goldberg 287

OS SEGUROS CIBERNÉTICOS E A COBERTURA PARA MULTAS APLICADAS PELA ANPD
Guilherme Bernardes... 293

ATAQUES À PROPRIEDADE VIRTUAL E O SEGURO *CYBER*
Francisco Auler e Gabriel Justo 299

SEGURO GARANTIA

A BUSCA PELA EFETIVIDADE DO SEGURO GARANTIA NAS CONTRATAÇÕES PÚBLICAS
Roque de Holanda Melo 305

A RECUPERAÇÃO JUDICIAL E O CONTRATO DE SEGURO GARANTIA
Márcio Souza Guimarães 315

O CONTRATO DE CONTRAGARANTIA COMO TÍTULO EXECUTIVO EXTRAJUDICIAL
Gustavo de Medeiros Melo 319

O PAPEL DO JUIZ NO SEGURO GARANTIA JUDICIAL
Gustavo de Medeiros Melo 325

PLANOS DE SAÚDE

IMPACTO DAS NOVAS TECNOLOGIAS NO ROL DE COBERTURA DO SEGURO-SAÚDE: O INÍCIO DE UMA LONGA JORNADA
Andrea Zanetti 331

TECNOLOGIA EM SAÚDE – IMPACTO NA SAÚDE SUPLEMENTAR
Angélica L. Carlini, Fernanda Paes Leme e Vivian Vicente de Almeida 337

O ROL DA ANS E A SAÚDE BASEADA EM EVIDÊNCIAS
Henderson Fürst 343

O PLANO DE SAÚDE COLETIVO DE MICROGRUPOS (OU "FALSO COLETIVO") – ADMISSÃO DA FIGURA JURÍDICA E SUAS CONSEQUÊNCIAS
Gustavo Kloh 351

SAÚDE SUPLEMENTAR: PRESERVAÇÃO E SUSTENTABILIDADE
Carolina Cardoso Francisco 357

PARTE IV
QUESTÕES SOCIAIS, ECONÔMICAS, AMBIENTAIS E PROCESSUAIS

TRATAMENTO LEGAL DOS SEGUROS EM PERSPECTIVA

O CÓDIGO DO CANTÃO DE ZURIQUE E O DIREITO DOS SEGUROS BRASILEIRO – PARTE 1
Bruno Miragem e Luiza Petersen 369

O CÓDIGO DO CANTÃO DE ZURIQUE E O DIREITO DOS SEGUROS BRASILEIRO – PARTE 2
Bruno Miragem e Luiza Petersen 373

PROJETO DE LEI DE SEGUROS: UMA VISÃO CRÍTICA GERAL E UMA ESPECÍFICA NOS SEGUROS DE RESPONSABILIDADE CIVIL
Bárbara Bassani 377

O PLC 29 DE 2017 SOBRE CONTRATOS DE SEGURO
Gustavo de Medeiros Melo 383

A (IN)APLICABILIDADE DO CÓDIGO DE DEFESA DO CONSUMIDOR E A INVERSÃO DO ÔNUS DA PROVA NAS AÇÕES JUDICIAIS DE SEGUROS AGRÍCOLAS
Carla Aretuza Cunha e Luiza Oliveira Gracioso Terra 389

SEGUROS E QUESTÕES SOCIAIS, ECONÔMICAS E AMBIENTAIS

A CONTRIBUIÇÃO DO CONTRATO DE SEGURO PARA A ARTE
José Roberto de Castro Neves 397

A IMPORTÂNCIA DA ECONOMIA DOS SEGUROS
Marcio Serôa de Araujo Coriolano 401

MEIO AMBIENTE E O SETOR DE SEGUROS
Gabriella Pampillón Gutemberg e Thiago Junqueira 407

SEGUROS E GUERRA: VINHOS NOVOS EM ODRES VELHOS?
João Quinelato e Renato Chalfin 413

OS SEGUROS PRIVADOS COBREM EVENTOS ASSOCIADOS A PANDEMIAS?
Thiago Junqueira 419

A NOVA ERA DA PARENTALIDADE: COMO OS SEGUROS PODEM VIABILIZAR O PLANEJAMENTO FAMILIAR
Thaminy Teixeira 425

M&A: OPERAÇÕES DE FUSÕES E AQUISIÇÕES NO SETOR DE SEGUROS
Claudio Luiz de Miranda e Ricardo Azevedo 431

PROCESSO CIVIL E SOLUÇÃO DE CONFLITOS

SEGUROS, PRESCRIÇÃO E FAZENDA PÚBLICA
Renato Chalfin 439

A ARGUIÇÃO DE RELEVÂNCIA DA QUESTÃO FEDERAL SECURITÁRIA
Gustavo de Medeiros Melo 445

O INTERESSE EM AGIR NAS AÇÕES DE COBRANÇA DE INDENIZAÇÃO SECURITÁRIA
Thaís Dias David Junqueira 451

MITIGAÇÃO DOS EFEITOS DA MORA DO DEVEDOR NO MERCADO DE SEGUROS
Fabrício Marques de Oliveira e Thiago Gabbardo 457

SUB-ROGAÇÃO DA SEGURADORA NA CLÁUSULA COMPROMISSÓRIA
Anderson Schreiber 461

PARTE V
ENTREVISTAS, RETROSPECTIVAS E RESENHAS

ENTREVISTAS

ENTREVISTA: GOLDBERG E JUNQUEIRA. NOVOS RUMOS DOS SEGUROS PRIVADOS
Márcio Chaer 469

ENTREVISTA MARGO BLACK: TRAJETÓRIA E LIDERANÇA FEMININA NO MERCADO DE SEGUROS

Carla Aretuza Cunha 475

ENTREVISTA: SIMONE NEGRÃO, DIRETORA JURÍDICA

Gustavo de Medeiros Melo... 479

ENTREVISTA: ANTONIO TRINDADE, PRESIDENTE DA FENSEG

Ilan Goldberg e Thiago Junqueira 485

ENTREVISTA: ALESSANDRO OCTAVIANI, SUPERINTENDENTE DA SUSEP

Ilan Goldberg e Thiago Junqueira 489

ENTREVISTA: DANIEL GELBECKE E A VISÃO DO JURÍDICO ESTRATÉGICO NAS SEGURADORAS

Thiago Junqueira 493

RETROSPECTIVAS

RETROSPECTIVA 2023: O DIREITO DOS SEGUROS EM UMA ENCRUZILHADA

Ilan Goldberg e Thiago Junqueira 501

RETROSPECTIVA 2022: O DIREITO DOS SEGUROS

Ilan Goldberg e Thiago Junqueira 507

RETROSPECTIVA 2021: O DIREITO DOS SEGUROS EM ASCENSÃO

Ilan Goldberg e Thiago Junqueira 513

RETROSPECTIVA 2020: O DIREITO DOS SEGUROS EM MOVIMENTO

Thiago Junqueira 519

RESENHAS

RESENHA À OBRA "DIREITO DOS SEGUROS: COMENTÁRIOS AO CÓDIGO CIVIL", COORDENADA POR ILAN GOLDBERG E THIAGO JUNQUEIRA

Abel B. Veiga Copo.. 527

RESENHA A "O CONTRATO DE SEGURO *D&O*", 2ª EDIÇÃO, DE ILAN GOLDBERG
Thiago Junqueira 533

RESENHA À OBRA "TRATAMENTO DE DADOS PESSOAIS E DISCRIMINAÇÃO ALGORÍTMICA NOS SEGUROS", DE THIAGO JUNQUEIRA
Rodrigo da Guia Silva 539

Parte I
INOVAÇÃO E TECNOLOGIA

IMPACTOS DAS NOVAS TECNOLOGIAS NO SETOR DE SEGUROS

O DEBATE SOBRE A "DISRUPÇÃO" PROVOCADA PELAS *INSURTECHS* NO SETOR DE SEGUROS

Thiago Junqueira

"*Esqueça tudo o que você sabe sobre seguros*".[1] Essa frase, criada em 2016, ainda hoje é o *slogan* de uma conhecida *InsurTech* norte-americana. No vídeo de lançamento do seu primeiro produto, além dela, a *startup* de seguros em questão declarou: "Diga adeus à papelada e aos corretores de seguros, avise sinistros de forma imediata e escolha uma causa na qual você acredita para devolver o dinheiro no final do ano".[2]

De lá para cá, rios de tintas foram gastos sobre como o uso de tecnologias de ponta transformaria a indústria de seguros.[3] Por toda parte, lia-se, até recentemente, acerca da sua "disrupção"... Mas será que estávamos diante de uma mera "*evolução*" (e não de uma "*disrupção*") do setor? Pode-se falar que as *InsurTechs* mudaram completamente (ou mudarão no futuro próximo) *a forma tradicional de funcionamento da indústria de seguros, utilizando novos métodos e/ou tecnologias*?[4]

Não se pode negar que houve avanços notáveis na experiência do consumidor de seguros (em especial, nos processos de contratação, distribuição e regulação de sinistros) e que ainda há um grande potencial a ser explorado pelas companhias (*v.g.*, gamificação, incentivos à melhora de hábitos dos segurados e à prevenção de sinistros). Ainda assim, é legítimo questionar: os discursos hiperbólicos das *InsurTechs* da última década eram factíveis?

Em importante relatório global sobre as *InsurTechs*, recentemente publicado, os autores são categóricos: "A narrativa em torno da 'disrupção' [do setor de seguros] parece estar realmente ultrapassada".[5] Outro interessante artigo sobre o tema adverte:

---

1. No original: "*Forget Everything You Know About Insurance*". Conforme: https://www.lemonade.com/. Destaque-se, por oportuno, que as citações transcritas neste artigo foram livremente traduzidas pelo autor.
2. Conforme vídeo disponível em: https://www.youtube.com/watch?v=flSLI2JmWVE.
3. Apontando que a disrupção do setor dificilmente será fruto de uma tecnologia específica, mas da combinação de tecnologias: NAYLOR, Michael. *Insurance transformed*: technological disruption. Cham: Springer, 2017. p. 1.
4. Segundo o Dicionário de Cambridge, uma das definições de "disrupção" é justamente "a ação de mudar completamente a forma tradicional de funcionamento de uma indústria ou mercado, utilizando novos métodos ou tecnologias". Disponível em: https://dictionary.cambridge.org/pt/dicionario/ingles/disruption. Por outro lado, a definição de "evolução" consiste em: "um processo gradual de mudança e desenvolvimento". Cf. https://dictionary.cambridge.org/pt/dicionario/learner-english/evolution.
5. Gallagher Re Global Insurtech Report, p. 7. Disponível em: https://www.ajg.com/gallagherre/-/media/files/gallagher/gallagherre/gallagher-re-insurtech-report-q4-2022.pdf.

Além da decepcionante participação de mercado conquistada até agora, as InsurTechs precisam se preocupar com o fato de que os investidores não mais acreditam na capacidade de elas gerarem a disrupção desta enorme indústria e se tornarem gigantes, no valor de dezenas de bilhões, como sonhavam fazer.[6]

Um dos textos mais contundentes sobre o tema, porém, é "*Por que a tecnologia falhou em causar a disrupção do setor de seguros*", publicado por Oliver Ralph no Financial Times.[7] Segundo o autor, embora *startups* tenham revolucionado vários setores da economia (como os setores de varejo e de viagens), elas não tiveram o mesmo êxito no setor de seguros até o momento.

A partir desse resumo, pretende-se, neste artigo, examinar a incipiente tese de ausência da "disrupção" do setor de seguros pelas *InsurTechs*, bem como abordar os desafios de crescimento atualmente enfrentados por essas empresas.

Antes de se avançar nas críticas feitas pelos autores citados, convém traçar um panorama contextual para o leitor. *Grosso modo*, nos últimos anos, tornou-se usual ouvir por entusiastas das novas tecnologias que as *InsurTechs* poderiam tomar de assalto uma indústria gigante e obsoleta, dominada por muito tempo pelas mesmas companhias, através de um foco incansável na melhoria da jornada do cliente e apoiadas no uso de grandes quantidades de dados, capazes de incrementar o poder de subscrição e reduzir o risco (frequência e severidade) de sinistros com base nos *insights* dos referidos dados tratados de forma automatizada.

Boa parte das *InsurTechs* da chamada "primeira geração" apostou no modelo de venda direta *on-line* de seu produto, com uma comunicação mais simples, intuitiva e visualmente atraente para o consumidor e com uma redução considerável do prazo necessário para a regulação do sinistro.

Embora as *InsurTechs* tenham implementado alterações relevantes na dinâmica dos seguros (aumentando os pontos de contatos com os segurados e tornando o processo de contratação mais fácil e ágil, inclusive influenciando incumbentes nesses aspectos), não se deve perder de vista que elas estão enfrentando, no Brasil e no mundo, um desafio tanto de escala quanto de lucratividade da operação,[8] em um ambiente marcado por juros altos e dificuldades na captação de investimentos.

---

6. DOR, Ofir. *What happened to the insurtech revolution?* Disponível em: https://en.globes.co.il/en/article-what-happened-to-the-insurtech-revolution-1001398624.
7. RALPH, Oliver. *Why technology has failed to disrupt insurance*. Disponível em: https://www.ft.com/content/d2dffd24-8a14-4832-8ea0-1937268849f4. A alegação de falha na disrupção de um setor não se restringe ao dos seguros. Por exemplo: "Tenho visto as maiores empresas de tecnologia do mundo entrarem no setor de saúde como leões, apenas para se retirarem como cordeiros". KHARRAZ, Oliver. *Here's why big tech has failed to disrupt healthcare*. Disponível em: https://www.fastcompany.com/90825288/heres-why-big-tech-has-failed-to-disrupt-healthcare.
8. "Hoje, as *insurtechs* beliscam uma fatia bem pequena do mercado de seguro no Brasil. O seguro de automóvel, como exemplo, entre janeiro e junho de 2022 (conforme dados disponíveis no site da SUSEP), teve uma produção de R$20,2 bi em prêmios, 36% maior que o mesmo período do ano anterior, todo concentrado nas seguradoras tradicionais e menos de 0,5% desse prêmio, foi produzido pelas insurtechs que atuam nesse ramo". LEAL, Alan. *O mercado de insurtechs no Brasil está promissor?* Disponível em: https://www.segs.com.br/seguros/360659-o-mercado-de-insurtechs-no-brasil-esta-promissor#:~:text=O%20futuro%20%C3%A9%20promissor%20

Após citar alguns exemplos de *InsurTechs* estrangeiras que eram promissoras, mas que tiveram quedas acentuadas em suas ações e, segundo Oliver Ralph, não conseguiram decolar até o momento, afirma o texto do Financial Times:

> Um grande problema que essas startups enfrentam é que é desafiador conseguir o interesse das pessoas. 'Os clientes simplesmente não se importam o suficiente com seus seguros', diz Paul De'Ath da consultoria Oxbow Partners. 'Você tem um mercado muito competitivo onde a maioria dos clientes está focada no preço. Eles se preocupam menos com as características dos produtos'. Entusiasmar o público sobre a mais recente inovação do iPhone é uma coisa. Entusiasmá-los sobre a mais recente inovação em seguros é um desafio muito maior.[9]

Indo além, o autor destaca que, no geral, as *InsurTechs* "têm que trabalhar duro para ganhar negócios". "Isso significa muito dinheiro investido em marketing, seja por meio de publicidade direta, seja operando através de sites de comparação de preços", complementando: "O boca a boca não é tão efetivo no âmbito dos seguros".[10] A dificuldade, nessa linha, é gerar efetivo valor e demanda.

Some-se, ainda, que as mudanças muitas vezes não ocorrem na velocidade pretendida e dependem de fatores – sociais, culturais e regulatórios – que escapam ao controle dos envolvidos no desenvolvimento dos produtos. Por exemplo, no caso de um seguro de automóvel na modalidade "pague de acordo com a maneira que você dirige" (*"pay-how-you-drive"*, em inglês), alterada nos últimos anos a regulação pela Susep, estamos diante, especialmente, da dependência de uma mudança cultural – as pessoas se sentirem à vontade e terem o desejo de serem monitoradas constantemente quando estiverem conduzindo os seus veículos para fins de precificação do seu seguro.[11]

Semelhante linha de raciocínio pode ser empregada para a forma de contratação dos seguros. Em retrospectiva, talvez possa se afirmar que as *InsurTechs* da primeira geração subestimaram o valor dos corretores de seguros e superestimaram o atendimento 100% on-line, ou seja, um atendimento cômodo, mas carente de toque humano – que, como se sabe, é importante em momentos críticos, tal qual ocorre na regulação do sinistro.

Segundo Ofir Dor:

> Pode ser que as InsurTechs de hoje façam parte da primeira geração de tentativas de disruptar a indústria de seguros, abrindo o caminho para sucessores que serão bem-sucedidos onde aquelas

---

e,simplificado%2C%20gerar%20viv%C3%AAncia%2C%20conex%C3%A3o%20e. A redução do número de colaboradores da maioria das InsurTechs participantes do Sandbox regulatório da Susep salta aos olhos, conforme quadro disponível em: https://www.insurtalks.com.br/posts/insurtechs-se-destacam-com-resultados-financeiros-positivos-em-2022. As demonstrações financeiras das referidas startups podem ser conferidas em: https://www.gov.br/susep/pt-br/assuntos/sandbox-regulatorio/demonstracoes-financeiras-das-empresas-do-sandbox/2022-12-demonstracoes-financeiras-das-empresas-do-sandbox. Diga-se de passagem, algumas InsurTechs brasileiras tiveram resultados excelentes.

9. RALPH, Oliver. op. cit.
10. RALPH, Oliver. op. cit.
11. Obviamente, existem fatores técnicos envolvidos também, como a ausência de consumo exagerado de bateria dos *smartphones* dos segurados que são monitorados por esse meio pelas seguradoras.

falharam. A próxima geração de InsurTechs poderá ter sucesso em conquistar uma maior participação de mercado por meio de uma mudança mais significativa na atual cadeia de valor da indústria.[12]

Eis a necessidade de inovar e criar valor novamente.

Nesse particular, Itay Rand, sócio de um fundo de investimento de InsurTechs, afirma:

> Até certo ponto, a disrupção no setor de seguros ainda não começou. Algumas das InsuTechs existentes criaram marcas e imagens brilhantes, juntamente com bons apps e excelente serviço de pagamento célere de indenizações para os segurados, mas isso ainda não representa uma verdadeira mudança de paradigma.[13]

Na sequência, complementa Rand:

> Uma mudança de paradigma no setor de seguros poderia ser, por exemplo, o oferecimento de um produto de seguro unificado que cobriria todos os aspectos da vida do indivíduo. Assim, o segurado não teria que comprar separadamente um seguro de vida, um seguro de automóvel e um seguro residencial.[14]

Apesar da flexibilização das amarras regulatórias no Brasil nos últimos anos, não se ignora as dificuldades práticas de implementar um seguro como esse ou de outra mudança de impacto revolucionário no setor de seguros. Mas quem disse que seria fácil disruptar essa indústria tão particular, técnica e regulada?[15]

Muito mais do que provar qualquer ponto, a presente coluna teve como objetivo provocar o leitor a refletir sobre os novos rumos dos seguros e como devem ser tomados cuidados no emprego de *slogans* prometendo a sua (iminente) disrupção.

Em síntese essencial, pode-se dizer que o futuro dos seguros está chegando, mas ele demorará mais tempo do que se supunha. Assim como Roma, a revolução dos seguros não será feita em um dia.

---

12. DOR, Ofir. Op. cit. No mesmo texto, pode-se ler: "Sob certas condições, a tecnologia também pode ser uma desvantagem para o setor de seguros. Por exemplo, a aquisição de clientes por meio de canais digitais é, por sua natureza, mais atraente para novos motoristas jovens, mas esses motoristas também são mais propensos a ter acidentes e a apresentar reclamações de seguros. Como resultado, a [InsurTech] Root abandonou sua dependência exclusiva dos canais digitais e está agora tentando expandir-se para canais adicionais de aquisição de clientes".
13. DOR, Ofir. op. cit.
14. DOR, Ofir. op. cit. Para a defesa de que os seguradores ampliarão o seu papel e se tornarão gerenciadores mais proativos de riscos, confira-se, entre vários, DWYER, Katie. *3 Trends That Will Disrupt the Insurance Industry in the Next Decade*. Disponível em: https://riskandinsurance.com/3-trends-that-will-disrupt-the-insurance-industry-in-the-next-decade/. Conforme mencionado pela autora: "Na maioria das relações seguradoras/segurados, há poucos pontos de contato entre a contratação de uma apólice e a sua renovação, além de, caso ocorra, um sinistro. E geralmente é assim que ambas as partes gostam. 'Eles não querem ouvir de você e você não quer ouvir deles. O seguro é o único produto que as pessoas compram e esperam nunca usar', destaca Wand. Mas as seguradoras estão percebendo que o modelo tradicional de seguros pode não funcionar para sempre. Agora elas querem criar mais pontos de contato com os segurados e encontrar maneiras de agregar mais valor a esse relacionamento na forma de serviços de gerenciamento de risco".
15. Por exemplo, os custos dos sinistros não são facilmente reduzíveis com o uso de novas tecnologias. A principal esperança, nesse particular, é a sofisticação do combate às fraudes cometidas pelos segurados e outros intervenientes nos processos de regulação dos sinistros.

Post scriptum: Em vez de se acomodarem, as seguradoras incumbentes devem redobrar os seus esforços e, assim como as *InsurTechs*, trabalharem incessantemente para a melhoria dos seus produtos e de suas jornadas de contratação. As recompensas, embora demoradas e graduais, deverão ser duradoras e expressivas. Por outro lado, os órgãos reguladores e fiscalizadores do setor de seguros devem continuar fazendo a sua parte, como ocorrido, no País, nos projetos de *Sandbox* regulatório, *Open Insurance*, entre outros.

Versão original publicada em: 13.04.2023.

TECNOLOGIAS EMERGENTES: SEGUROS E FUNDOS DE COMPENSAÇÃO

Nelson Rosenvald

José Luiz de Moura Faleiros Júnior

1. A RESPONSABILIDADE CIVIL E A GESTÃO DE RISCOS

A responsabilidade civil na esfera da inteligência artificial é marcada pela impermanência. Em 2021, embora se discuta a "singularidade tecnológica"[1] em caráter prospectivo, o que se tem são algoritmos sofisticados e capazes de resolver problemas cotidianos de alta complexidade e com máxima eficiência, mas ainda limitados ao campo da matemática.

Uma vantagem do sistema de responsabilidade civil brasileiro, comparativamente ao de países europeus, é a de que contamos com uma cláusula geral do risco da atividade (parágrafo único do art. 927, CC) e não de sua periculosidade. A despeito desta qualificação, diversas atividades baseadas em algoritmos não são intrinsecamente perigosas, mas detêm uma aptidão especial para a eclosão de lesões, sobremaneira danos extrapatrimoniais.[2]

O risco de haver danos é intrínseco à própria utilização de algoritmos de inteligência artificial, eis que o aprimoramento propiciado por processos como o *machine learning* permite "tomar decisões independentemente da vontade do seu desenvolvedor e, inclusive, chegar a resultados sequer passíveis de previsão pelos seus programadores".[3] Não obstante, a IA ostenta autonomia "puramente 'tecnológica, fundada nas potencialidades da combinação algorítmica que é fornecida ao *software*. Está, portanto, longe do agir ético dos humanos, em que radica o ser pessoa".[4]

---

1. A expressão é de VINGE, Vernor. The coming technological singularity: How to survive in the post-human era. In: Interdisciplinary Science and Engineering in the Era of Cyberspace. *NASA John H. Glenn Research Center at Lewis Field*, Cleveland, 1993, p. 11-22.
2. Neste sentido, o Enunciado 448 do CJF: "A regra do art. 927, parágrafo único, segunda parte, do CC aplica-se sempre que a atividade normalmente desenvolvida, mesmo sem defeito e não essencialmente perigosa, induza, por sua natureza, risco especial e diferenciado aos direitos de outrem. São critérios de avaliação desse risco, entre outros, a estatística, a prova técnica e as máximas de experiência".
3. PIRES, Thatiane Cristina Fontão; SILVA, Rafael Peteffi da. A responsabilidade civil pelos atos autônomos da inteligência artificial: notas iniciais sobre a resolução do Parlamento Europeu. *Revista Brasileira de Políticas Públicas*, Brasília, v. 7, n. 3, 2017, p. 243.
4. MEDON, Filipe. *Inteligência Artificial e responsabilidade civil*: autonomia, riscos e solidariedade. Salvador: Juspodivm, 2020, p. 359.

A Resolução do Parlamento Europeu, de 16/02/2017, sugere a gestão de riscos. Trata-se de um apelo à função preventiva da responsabilidade civil, que foca na pessoa que é capaz, em determinadas circunstâncias, de minimizar os riscos e de lidar com os impactos negativos, sem que o dever de prevenção de danos implique no desaparecimento da obrigação de indenizar os danos causados.[5]

Tendo em vista que nem todos os riscos potenciais são da mesma importância, a planificação se limita aos de maior impacto negativo e maior probabilidade de que venham a ser produzidos, o que supõe uma priorização de riscos identificados. Posteriormente, segue-se ao necessário controle, mediante monitoração de sua evolução e sua resolução, pela via da tomada de ações que mitiguem a exposição aos riscos, com o emprego de modelos heurísticos para os processos de tomada de decisão, que são baseados em dados.[6]

Ao contrário do que sugere a referida Resolução do Parlamento Europeu, parece-nos que gestão de riscos e responsabilidade objetiva não são alternativas, porém exigências complementares, para onde confluem os interesses de fornecedores e consumidores.

2. SISTEMA DE SEGUROS E FUNDOS DE COMPENSAÇÃO

2.1 O Sistema de Seguros

O sistema securitário é uma combinação de seguros públicos e privados, obrigatórios ou facultativos,[7] sobre a forma de seguros pessoais ou seguros de responsabilidade contra terceiros. Para preservar a segurança e confiabilidade das tecnologias digitais emergentes, o dever de cuidado de cada pessoa natural ou jurídica deve ser afetado pelo seguro o mínimo possível, sem que isso exclua a asseguração de riscos elevados.[8] Como anota Thiago Junqueira, "hoje o segurador é tecnicamente capaz – não necessariamente

---

5. Resolução do Parlamento Europeu, de 16 de fevereiro de 2017, que contém recomendações à Comissão sobre disposições de Direito Civil sobre Robótica (2015/2103(INL): "53. Considera que o futuro instrumento legislativo deverá basear-se numa avaliação aprofundada da Comissão que determine se a abordagem a aplicar deve ser a da responsabilidade objetiva ou a da gestão de riscos".
6. Conferir, a esse respeito, o texto inaugural desta coluna: JUNQUEIRA, Thiago. Aplicação da LGPD no setor de seguros. *Consultor Jurídico*, 08 jul. 2021. Disponível em: https://www.conjur.com.br/2021-jul-08/seguros--contemporaneos-aplicacao-lgpd-setor-seguros. Acesso em: 14 jul. 2021.
7. Novas apólices de seguros facultativos (por exemplo, o seguro cibernético) são oferecidas aos interessados em cobrir riscos contra danos pessoais ou de terceiros. No geral, o mercado de seguros é bastante heterogêneo e pode se adaptar aos requisitos de todas as partes envolvidas.
8. Atualmente, a legislação da UE exige seguro de responsabilidade obrigatória (de terceiros), por exemplo, para o uso de veículos a motor, transportadoras aéreas e operadores de aeronaves ou transportadores marítimos. Em complemento, a legislação dos Estados-Membros exige um seguro obrigatório de responsabilidade em vários outros casos, principalmente associados a regimes de responsabilidade objetiva, para o exercício de certas profissões. Diretiva 2009/103/EC (seguro para veículos motorizados); Regulamento (EC) 785/2004 (seguro de transporte aéreo); Regulamento (EC) 392/2009 (seguro de transporte marítimo).

permitido em termos jurídicos – de ter acesso a pelo menos outros dois tipos de dados: 'observados' e 'inferidos'."[9]

O seguro facultativo praticamente se torna compulsório, pois, a fim de mitigar o impacto da responsabilidade objetiva, proprietários, usuários e operadores de robôs contratam seguros, da mesma forma que, tradicionalmente, os empregadores por seus prepostos. Essa é a lógica econômica das regras de responsabilidade objetiva, servindo como incentivo para que os empregadores amplifiquem o uso de algoritmos.

Um esquema de seguro obrigatório para categorias de alta complexidade que suponham um risco considerável para terceiros é uma inescapável solução para o problema de alocação de responsabilidade por danos,[10] tal como há muito acontece com os veículos automotores. Quanto maior a frequência ou gravidade dos potenciais danos, menos provável se torna a aptidão para que as vítimas sejam individualmente indenizadas.

A questão mais problemática, do ponto de vista da responsabilidade civil, consiste em resolver os casos nos quais os danos não derivam de nenhum erro dos potenciais agentes, mas, sim, de uma decisão enviesada levada a efeito pelo algoritmo. Outro aspecto relevante consiste em determinar sobre quem recairá a contratação do seguro obrigatório. Ao proprietário ou arrendatário da máquina, tal como ocorre com veículos automotores, ou ao fabricante?[11]

Daí que o seguro de responsabilidade obrigatória se torne mais adequado, prestando-se não apenas à proteção de futuras vítimas, como garantindo-as contra o risco de insolvência do responsável, promovendo a internalização dos custos das atividades que ele realiza.

Cautelas são necessárias para a introdução do seguro obrigatório de responsabilidade civil, pois o mercado pode simplesmente não oferecer cobertura de seguro para um determinado risco, devido à falta de experiência para a sua quantificação, algo bastante provável com as tecnologias digitais emergentes, pois as seguradoras não se dispõem a subscrever riscos ainda desconhecidos.

Essa objeção pode ser superada, limitando-se a responsabilidade por riscos tecnológicos a um teto predeterminado, como ocorre na legislação sobre seguro obrigatório de veículos automotores, cuja experiência é bem-sucedida, não obstante a necessidade

---

9. JUNQUEIRA, Thiago. *Tratamento de dados pessoais e discriminação algorítmica nos seguros*. São Paulo: Thomson Reuters Brasil, 2020, p. 191.
10. Resolução do Parlamento Europeu, de 16 de fevereiro de 2017, que contém recomendações à Comissão sobre disposições de Direito Civil sobre Robótica (2015/2103(INL): "57. Destaca que uma possível solução para a complexidade de atribuir responsabilidade pelos danos causados pelos robôs cada vez mais autónomos pode ser um regime de seguros obrigatórios, conforme acontece já, por exemplo, com os carros; observa, no entanto que, ao contrário do que acontece com o regime de seguros para a circulação rodoviária, em que os seguros cobrem os atos e as falhas humanas, um regime de seguros para a robótica deveria ter em conta todos os elementos potenciais da cadeia de responsabilidade".
11. ARIAS, José Antonio Badillo. *Responsabilidad civil y aseguramiento obligatorio de los robots, in inteligencia artificial y riesgos cibernéticos*. Madrid: Tirant, 2019. p. 53.

de certas adaptações.¹² Com efeito, é aconselhável a cobertura de seguro obrigatória para determinadas tecnologias que impõem riscos significativos em termos qualitativos e quantitativos, em que parece improvável que os supostos ofensores sejam capazes de compensar integralmente as vítimas com seu próprio patrimônio ou com seguros privados.¹³

2.2 Os fundos de compensação

Um esquema de seguro obrigatório não pode ser considerado a única resposta para o problema de como gerenciar danos, substituindo completamente as regras de responsabilidade civil. Fundos de compensação financiados e operados pelo estado ou por outras instituições com o objetivo de compensar as vítimas pelas perdas sofridas podem ser utilizados para proteger as vítimas que possuam direito a indenização de acordo com as regras de responsabilidade civil, mas cujas pretensões não podem ser atendidas quando os demais regimes de responsabilidade forem insuficientes como resultado da operação de tecnologias digitais emergentes e na ausência de uma cobertura de seguro. Um caminho possível seria o da criação de um fundo geral de compensação acessado pela matrícula individual de cada robô em um registro específico, permitindo sua segura rastreabilidade.¹⁴

Os fundos compensatórios protegeriam vítimas em duas frentes complementares: a) cobrindo danos produzidos por robôs que não possuem seguro de responsabilidade civil; b) compensando danos ocasionados por robôs, limitando a responsabilidade civil dos agentes intervenientes e das próprias seguradoras. Assim, independentemente de um sistema de responsabilidade objetiva e de seguro, produzido o dano, haverá um patrimônio afetado à compensação, mesmo que o robô não tenha seguro ou quando mecanismos de seguro obrigatório não se ativem por outras causas

Mediante mínima sobretaxação, é aconselhável que, quando o seguro de responsabilidade compulsória seja introduzido, residualmente se garanta um fundo de compensa-

---

12. Resolução do Parlamento Europeu, de 16 de fevereiro de 2017, que contém recomendações à Comissão sobre disposições de Direito Civil sobre Robótica (2015/2103(INL): "59. Insta a Comissão a explorar, analisar e ponderar, na avaliação de impacto que fizer do seu futuro instrumento legislativo, as implicações de todas as soluções jurídicas possíveis, tais como: c) Permitir que o fabricante, o programador, o proprietário ou o utilizador beneficiem de responsabilidade limitada se contribuírem para um fundo de compensação ou se subscreverem conjuntamente um seguro para garantir a indemnização quando o dano for causado por um robô".
13. Art. 788 CC/2002: "Nos seguros de responsabilidade legalmente obrigatórios, a indenização por sinistro será paga pelo segurador diretamente ao terceiro prejudicado".
14. Resolução do Parlamento Europeu, de 16 de fevereiro de 2017, que contém recomendações à Comissão sobre disposições de Direito Civil sobre Robótica (2015/2103(INL): Art. 59. D "Decidir quanto à criação de um fundo geral para todos os robôs autônomos inteligentes ou quanto à criação de um fundo individual para toda e qualquer categoria de robôs e quanto à contribuição que deve ser paga a título de taxa pontual no momento em que se coloca o robô no mercado ou quanto ao pagamento de contribuições periódicas durante o tempo de vida do robô". O tema guarda relação, ademais, com a proposta de Frank Pasquale quanto à criação do princípio da "explicabilidade". PASQUALE, Frank. Toward a fourth law of robotics: Preserving attribution, responsibility, and explainability in an algorithmic society. *University of Maryland Legal Studies Research Papers*, Baltimore, n. 21, p. 1-13, jul. 2017. Disponível em: http://ssrn.com/abstract=3002546. Acesso em: 30 jun. 2021.

ção para reparar os danos causados por tecnologias não identificadas ou não seguradas. Algumas sequer serão asseguráveis devido à falta de dados estatísticos de sinistralidade e cálculos atuariais sobre a capacidade lesiva de novas máquinas. Para além do seguro obrigatório, com coberturas limitadas, o fundo compensaria danos que superassem a soma assegurada. Riscos de danos elevados ou mesmo catastróficos não são completamente seguráveis, exigindo, exemplificativamente, uma parceria público-privada.[15]

Versão original publicada em: 22.07.2021.

---

15. Resolução do Parlamento Europeu, de 16 de fevereiro de 2017, que contém recomendações à Comissão sobre disposições de Direito Civil sobre Robótica (2015/2103(INL): "58. Considera que, à semelhança do que acontece com os veículos motorizados, esse regime de seguros poderia ser complementado por um fundo de garantia da reparação de danos nos casos não abrangidos por qualquer seguro; insta o setor dos seguros a criar novos produtos e novos tipos de ofertas que estejam em linha com os avanços na robótica".

SMART LEGAL CONTRACTS E OS CONTRATOS DE SEGURO

Marcelo Mansur Haddad

Gustavo Marchi de Souza Mello

1. INTRODUÇÃO

As mudanças de paradigmas tecnológicos pressionam, inevitavelmente, por uma atualização também do mundo jurídico, com o objetivo de recepcionar as demandas empresariais às novas realidades interativas. Observa-se, com isto, uma necessidade de evolução dos arranjos contratuais em formatos mais ágeis e responsivos, capazes de prover soluções eficientes ao mesmo tempo em que se mantêm abertos à inovação. Um exemplo interessante para a indústria securitária é a sinergia entre o racional dos seguros paramétricos e o mecanismo de autoexecutabilidade propiciado pelos *smart legal contracts*, temática desenvolvida a seguir.

2. AFINIDADE ENTRE *SMART LEGAL CONTRACTS* E CONTRATOS DE SEGURO PARAMÉTRICO

Os *smart legal contracts* nada mais são do que programas automáticos de *software*, isto é, códigos programáveis, que comandam o conteúdo de determinada relação jurídica, envolvendo predecessores e subsequentes, combinando protocolos com interfaces de usuário para formalizar e assegurar o encadeamento entre as condições (como cláusulas contratuais) e os resultados previstos, incorporando-os ao programa. São aceitos como forma de pagamento criptoativos ou bens tokenizados e funcionam em redes *blockchain* (*Ethereum*, NEO, NEM, EOS e Cardano), sempre sob o signo da imparcialidade, da lisura e da rigorosa observância daquilo que foi estabelecido contratualmente.

Aqui temos o seguinte procedimento: cláusulas contratuais apropriadas são convertidas em um código executável computacionalmente, há o registro delas na rede coletiva e, com a ocorrência da condição preestabelecida ou com a violação das obrigações contratuais, ambas matematicamente determináveis, executam-se automaticamente as ordens que foram prévia e digitalmente pactuadas.

Esta lógica evidencia uma distinção sinônima de possível facilitadora para as práticas contratuais, uma vez que qualquer usuário pode criar um contrato autoexecutável, bastando registrar uma transação em redes *blockchain*, além da ampliação da eficiência e da performance no âmbito do direito contratual, haja vista a eliminação do terceiro normalmente requerido para resolver desacordos.

Enquanto os contratos cíveis e comerciais padrões descrevem os termos de uma relação obrigacional interpartes, os *smart legal contracts* impõem e asseguram, por meio de linhas de código, a autoexecutabilidade destas obrigações. Ou seja, eles não adicionam, ao mundo jurídico, um novo tipo contratual, mas tão somente um novo *layout* à celebração de contratos feitos integralmente por meio de *software* computacional em transações eminentemente digitais.

Os seguros paramétricos, por sua vez, se tornaram uma realidade no setor securitário nos últimos anos, ganhando repercussão devido a sua praticidade, em especial face ao binômio segurança alimentar (ou segurança no campo) / mudanças climáticas. Eles estão muito em voga nas atividades de empresários rurais e daqueles que podem, por meio de índices, equipamentos e critérios de mensuração, definir a ocorrência de sinistros ou eventos naturais danosos.

Recentemente, a discussão sobre contratos de seguros paramétricos ganhou novo impulso diante do enfrentamento mundial da pandemia Covid-19, situação que impactou fortemente o âmbito de adequações entre a nova realidade de saúde pública e as obrigações explicitadas nos instrumento jurídicos negociais – o que, inclusive, levou à reflexão entre os juristas sobre as melhores formas de mitigar os riscos financeiros e sobre se seria possível manter assegurada a efetividade das cláusulas econômicas, sejam elas prestações pecuniárias ou obrigações de fazer expressas nos arranjos contratuais.

Os seguros paramétricos têm esse nome devido, justamente, ao "gatilho" ou "parâmetro": uma métrica aferível objetivamente, como índices pluviométricos, índices meteorológicos, topografias geoprocessadas por satélite e variáveis de temperatura, sendo a extensão da indenização firmada em determinados níveis, que terão como base a magnitude do evento a acionar o estipulado por meio do contrato – isto é, o mecanismo de pagamento da indenização por parte da seguradora.

Desta forma, considerando que os *smart legal contracts* e os contratos de seguro paramétrico partem de uma estrutura lógica de interpretação e aplicação comum do tipo condicional "se A então B", perfeitamente combináveis, é natural que aplicações conjuntas saltem aos olhos daqueles que visualizam o estabelecimento de negócios jurídicos autoexecutáveis para o acionamento da cobertura securitária e a consequente preservação patrimonial. Oportuno ao mercado, pois, no mínimo, explorar como esta afinidade pode tornar os contratos de seguros instrumentos jurídicos ainda mais efetivos e poderosos.[1]

---

1. Um contrato que utiliza indicadores científicos ou qualquer outro para a regulação e a liquidação de um sinistro é, agora e na nossa visão, o mais apto para se revestir de uma forma jurídica *smart*. No entanto, isto não quer dizer em absoluto que, com a evolução da técnica e da tecnologia nos mais diversos campos da vida humana, os *smart legal contracts* não possam beneficiar a indústria de seguros como um todo, desde o seguro de vida ou de auto (nos quais os registros civis públicos ou o próprio veículo reportaria o evento-gatilho para a indenização securitária) até os seguros mais complexos, como os de grandes riscos.

3. REQUISITOS OBJETIVOS NA INDENIZAÇÃO SECURITÁRIA PARAMÉTRICA

Seria, então, possível que os *smart legal contracts* fossem utilizados enquanto forma para o conteúdo de um contrato que tem o risco e a álea como parte de suas premissas e fundamentos, como são os contratos de seguro paramétrico?

Por um lado, quanto à forma, admitindo-se, como nós entendemos, que os contratos de seguro são consensuais em sua formação, sendo a forma escrita prescindível para seu surgimento no mundo jurídico,[2] pode-se dizer que a linguagem via *script* de caracteres computacionais é, sim, um tipo de formalização linguística, de maneira que plenamente viáveis os contratos de seguros paramétricos digitalmente consolidados.

Por outro, quanto ao conteúdo, os *smart legal contracts* também podem ter como objeto a cobertura de um determinado interesse segurável, fixando uma pretensão indenizatória *a quo* caso ocorra um sinistro, incluindo eventos de *vis maior* (se for o caso), desde que a onerosidade para o segurador e o adimplemento da obrigação de pagamento do prêmio por parte do segurado estejam alicerçados de maneira nítida e objetiva na boa-fé entre as partes. Boa-fé aqui compreendida como princípio cuja observância se faz mister para toda a segurança de um contrato, de acordo com o artigo 422 do Código Civil, e agravada, no caso da relação securitária, pelo disposto no artigo 765 do mesmo diploma.

Vale atentar, ainda, para o fato de que, em um contrato de seguro paramétrico sob a modalidade de um *smart legal contract*, o requisito da máxima boa-fé, típico de uma relação securitária, ganha contornos especiais. Isto porque se confia de parte a parte que os parâmetros acordados refletem e funcionam, tanto na teoria quanto na prática, de forma a efetivamente identificar um sinistro e sua respectiva quantificação, tudo com o auxílio de processos automáticos de regulação e liquidação via tecnologia computacional.

O fato de haver um elemento de álea no contrato de seguro, ou seja, a imposição de que a onerosidade a que um segurador está sujeito somente recaia sobre ele na ocorrência do evento predeterminado (certo ou incerto, mas, no primeiro caso, sem data marcada), não invalida que esta condição não possa ser declarada de maneira mais objetiva e calculável quando da celebração no formato *smart*.

Como prova disto, destaca-se que os contratos de seguro paramétrico impõem na sua contratação a determinação de quais serão os índices ou critérios objetivamente considerados para acionar os "gatilhos" ou "parâmetros" motivadores da indenização securitária, em vez das usuais comunicações interpessoais de sinistro ou expectativa de sinistro.

Desta maneira, as condições atribuídas ao contrato de seguro paramétrico sempre poderão ser satisfeitas caso um evento natural ou humano, que configure, em cada cenário, um sinistro coberto, prejudique aquela atividade empresarial segurada. Ao concordarem com os meios de mensuração desencadeadores da execução do pagamen-

---

2. HADDAD, Marcelo Mansur. *O Resseguro Internacional*. Rio de Janeiro: FUNENSEG, 2003, p. 48.

to da indenização securitária, tanto a operadora de seguro quanto o segurado estarão respaldados em critérios de verificação objetivos previamente selecionados de forma consensual, transparente e legítima.

Não há, portanto, necessidade de o segurado entrar em contato com a seguradora quando o parâmetro escolhido for acionado. Em vez disto, observa-se um constante diálogo entre a dimensão digital (contrato) e a circunstância real (gatilhos), esta última conectada à primeira por meio de *oracles* (ferramentas indicadas pelas partes para revelarem, ao *software*, a ocorrência ou não das condições previamente estipuladas[3]). Com este monitoramento das fontes de dados, bem como dos índices externos, é possível capturar informações sobre os parâmetros e imputá-las ao código, fornecendo a aprovação para o pagamento automático quando as exigências do contrato forem atendidas.

Em consequência, há a eliminação dos elementos físicos do processo, como papeladas e provas da ocorrência de sinistros, e do próprio equívoco humano. Logo, aumenta-se consideravelmente a velocidade e reduz-se significativamente os custos de processamento de sinistros, bem como se fornece mais segurança para os pagamentos devidos aos segurados.

Nota-se, porém, que apesar de o processo de regulação e liquidação de sinistros ficar muito mais simplificado depois que a apólice é emitida, os interessados em adotar modelos de seguros paramétricos provavelmente precisarão de maior assistência nos estágios iniciais de planejamento e contratação do seguro, a julgar pela necessidade de os seguradores (e eventuais resseguradores) e os segurados (e eventuais beneficiários) estarem harmonicamente convencidos da existência de dados de terceiros confiáveis e em quantidade suficiente para, efetivamente, refletir a existência e a respectiva quantificação de perdas seguradas.

E, aqui, o risco de imagem decorrente de uma falha humana ao elaborar o contrato pode ser muito prejudicial não só ao produto em si, mas também ao mercado (res)segurador como um todo. Sem uma linguagem precisa, compreensível e bem fundamentada sobre o que constitui um evento desencadeador e quanto exatamente será pago, as operadoras de seguro correm o risco de produzir lacunas nas coberturas das apólices e, assim, deixar seus clientes com risco de perdas devastadoras. Daí a necessidade de uma elaboração contratual técnica e altamente especializada, atenta a ambos os contextos fático e operacional.

Isto posto, o formato *smart legal contract*, com sua exatidão computacional, é o que mais nos parece acertado para facilitar a alocação de dados e de limites do *quantum* indenizatório em um seguro paramétrico, pois a linguagem de comandos autoexecutáveis

---

3. Não é tarefa complicada implementar um *smart contract on-chain*, ou seja, programas que comunicam ocorrências verificadas e que digam respeito a ativos representados em *blockchain*. Porém, caso seja necessário que um *smart contract* interaja com o mundo físico, isto exigirá a conexão com um *oracle*, conectando a rede *blockchain* com o mundo exterior (*off-chain*). Permite-se, assim, que o código importe dados externos à rede. Cf. CLACK, Christopher; BAKSHI, Vikram; BRAINE, Lee. *Smart Contract Templates: foundations, design landscape and research directions*, 2016, p. 3.

traz a devida segurança jurídica ao segurado no que tange à observância exata daquilo que deve ser adimplido pelas operadoras de seguro a título indenizatório, conforme critérios de antemão suficientemente estabelecidos, que alocam, imparcial e digitalmente, a responsabilidade contratual entre as partes.

4. O QUE ESTÁ POR VIR NO CENÁRIO DE *SMART LEGAL CONTRACTS*

Inovações tecnológicas em campos como o Direito Contratual surgem de maneira a repensar processos e serviços *vis-à-vis* os avanços de uma sociedade dinâmica e em constante transformação – neste caso, respaldadas nos desejáveis atributos de automatização e autoexecutabilidade. É com esse pano de fundo que testemunhamos a chegada das primeiras tentativas de aplicação dos *smart legal contracts*, ancorados em traços que conferem maior eficiência ao adimplemento contratual.

Paralelamente, sobretudo impulsionado pela vasta disponibilização de dados disponíveis aos usuários, como são os índices e os fatores mensuráveis, atenta-se à discussão sobre a maior presença dos seguros paramétricos na indústria securitária, como instrumentos mais eficientes e eficazes na gestão de sinistros.

Com a incessante adoção de novas tecnologias no cotidiano da sociedade, é natural que os seguros paramétricos, por suas propriedades, encontrem correspondência com a forma jurídica dos *smart legal contracts*, em um processo que permitirá tirar o melhor proveito dos benefícios proporcionados por ambas as figuras.

Inclusive, não nos surpreenderia que, com o passar do tempo, o racional oriundo desta nova sinergia venha a impregnar toda a indústria securitária e ser aplicado nas mais variadas modalidades de seguro, seja de danos ou de pessoas, certamente em benefício de toda a coletividade, fazendo com que, uma vez mais e de forma cada vez mais efetiva, o contrato de seguro cumpra com suas funções econômicas e sociais.

Versão original publicada em: 16.02.2023.

INOVAÇÃO, RISCOS E SEGUROS – UMA BREVE VISÃO TÉCNICA E JURÍDICA

Leandro Martinez

Apesar da cultura de gestão de riscos não ser disseminada no Brasil como em outros países desenvolvidos, é patente o crescimento do mercado segurador brasileiro ao longo dos últimos anos. Em que pese o aumento do volume de prêmios cobrados e de indenizações pagas, quando colocamos o mercado local em perspectiva com outros já desenvolvidos, averiguamos que nossos avanços se limitam, em certa medida, apenas aos aspectos quantitativos, e que ainda nos falta um caminho importante a percorrer em direção à qualidade e amplitude de coberturas.

Há inúmeras razões por trás de tal constatação, mas um dos elementos de maior relevo para o atual estado de coisas em que se encontra o mercado segurador brasileiro é a falta de um conhecimento mais profundo de aspectos técnicos, jurídicos e regulatórios, em particular dos que recaem sobre as seguradoras, por parte da sociedade como um todo.

Inúmeras iniciativas têm sido adotadas pelo poder público através da intervenção do Estado no domínio econômico, com o fim de mudar esta dinâmica e fomentar o desenvolvimento e inovação e, sobretudo, melhorar a forma como as seguradoras e o contrato de seguro são percebidos pelos segurados.

As intenções vão da criação de um ambiente regulatório menos gravoso para projetos inovadores, até a garantia de mais liberdade na redação dos contratos, com a diminuição do dirigismo contratual.

No entanto, implementar mudanças não é algo trivial. A atividade seguradora gravita ao redor de um sistema complexo e regulado nos mais variados aspectos a fim de garantir a higidez do sistema, de forma que quando um determinado segurado necessite receber sua indenização não haja problemas. É natural que seja dessa forma, principalmente quando pensamos que as seguradoras captam dinheiro da poupança pública.

Em exceção ao oneroso arcabouço regulatório imposto às seguradoras que tem operado no mercado brasileiro, os órgãos reguladores, à luz do desenvolvimento tecnológico, a fim de fomentar a inovação e o desenvolvimento, implementaram o *sandbox* regulatório.

A palavra em inglês *sandbox*, em tradução literal para o português significa "caixa de areia", remete a um ambiente seguro onde as crianças têm liberdade para brincar sem que haja maiores riscos, tendo em vista o amortecimento natural proporcionado pelo local, em caso de tombos ou pancadas mais bruscas.

O sentido essencial por trás do *sandbox* regulatório está no fato de que as boas ideias inovadoras deveriam contar com incentivos, sem tantas obrigações de natureza regulatória, como aquelas impostas aos jogadores já há muito estabelecidos no mercado. Além do fomento à inovação, há uma redução das barreiras à entrada de novos agentes. Assim, novas ideias podem ser testadas e escaladas – disseminadas em larga quantidade – tão logo tenham sua utilidade e viabilidade econômicas comprovadas.

É assim que, num ambiente cada vez mais desafiador, espera-se desenvolver o mercado segurador brasileiro, quantitativa e qualitativamente, através da convergência da centenária prática securitária com as tecnologias mais modernas.

Neste cenário, impulsionados pelo ambiente regulatório experimental e mirando o crescimento do mercado, é que o *sandbox* estabelecido pelo Conselho Nacional de Seguros Privados (CNSP), através da Resolução 381/2020, versa em seu art. 1º do Capítulo I – "Âmbito e Finalidade":

> Estabelecer as condições necessárias para a autorização e o funcionamento, por tempo determinado, de sociedades seguradoras participantes exclusivamente de ambiente regulatório experimental (*Sandbox* Regulatório) que desenvolvam projeto inovador mediante o cumprimento de critérios e limites previamente estabelecidos.

A iniciativa do órgão regulador do mercado de seguros chegou em boa hora e antecedeu a Lei Complementar 182/2021, que versa sobre o marco legal das *startups* e fixa o ambiente regulatório do empreendedorismo inovador.

Tanto a Resolução 381/2020 quanto a Lei Complementar 182/2021 têm como premissa maior a necessidade de caráter inovador dos empreendimentos.

Nesse sentido, dispõe o artigo 1º, II, da Lei Complementar 182/2021:

> Art. 1.º Esta Lei Complementar institui o marco legal das startups e do *empreendedorismo inovador*. (destacamos)
>
> Parágrafo único. Esta Lei Complementar:
>
> ...
>
> II – apresenta medidas de fomento ao ambiente de negócios e ao aumento da oferta de capital para investimento em *empreendedorismo inovador*; (destacamos)
>
> Segue ainda o artigo 3.º:
>
> Art. 3.º Esta Lei Complementar é pautada pelos seguintes princípios e diretrizes:
>
> I – reconhecimento do empreendedorismo inovador como vetor de desenvolvimento econômico, social e ambiental;
>
> II – incentivo à constituição de ambientes favoráveis ao empreendedorismo inovador, com valorização da segurança jurídica e da liberdade contratual como premissas para a promoção do investimento e do aumento da oferta de capital direcionado a iniciativas inovadoras;

Resta muito clara a intenção do legislador de criar um sistema em que a inovação possa florescer de maneira favorável e proporcionar desenvolvimento econômico e, por consequência, social.

Cabe, neste ponto, uma reflexão acerca do que poderia caracterizar "inovação" dentro do mercado de seguros, em particular, no que diz respeito a atividade seguradora baseada nas tecnologias presentes hoje; ou ainda: como a inovação pode se comunicar e interagir com a tradicional prática securitária?

Aqui, por questões de ordem jurídica e técnica, nos parece interessante avaliar o aspecto da inovação sob o prisma dos elementos do contrato de seguros contidos na legislação em vigor, notadamente o art. 757 do Código Civil, que versa:

> Art. 757. Pelo contrato de seguro, o segurador se obriga, mediante o pagamento do prêmio, a garantir interesse legítimo do segurado, relativo a pessoa ou a coisa, contra riscos predeterminados.
>
> Parágrafo único. Somente pode ser parte, no contrato de seguro, como segurador, entidade para tal fim legalmente autorizada.

Como destaca Tzirulnik,[1] há cinco elementos a serem analisados no contrato de seguro, a saber: 1) garantia; 2) interesse; 3) risco; 4) prêmio; e 5) empresarialidade.

Quero chamar a atenção aos elementos 1 e 3, em especial.

O elemento 1, "garantia" – trazido pelo art. 757 é, como salienta Tzirulnik, o objeto nuclear do contrato e evidencia a característica da comutatividade dos contratos de seguro, ao retirar o elemento indenização como seu fim. Assim, a comutação, como salienta o referido autor, se dá entre a prestação por parte do segurado (prêmio) e a contraprestação pela seguradora (garantia), ambas estabelecidas de forma clara desde o início da vigência do contrato.

A garantia como parte devida pela seguradora a força, necessariamente, a manter provisões e patrimônio suficientes para fazer frente aos eventuais danos cobertos sofridos pelos segurados, desde o início de vigência dos contratos. Para tanto, a seguradora deve dispor de equipe multidisciplinar composta de atuários, estatísticos e financistas aptos a determinar, com base em diversos estudos e modelos, qual a sinistralidade projetada para determinadas carteiras, de maneira que possa ser calculado o prêmio puro para o risco, bem como a necessidade de provisões necessárias, principalmente IBNR – sigla em inglês para *incurred but not reported* –, de forma que qualquer segurado tenha satisfeita sua expectativa em relação ao contrato no caso de sinistro coberto.

Desse modo, para o elemento 1, a inovação poderia se dar no refinamento de modelos baseados em diversas coleções de registros (dados) disponíveis nas mais variadas fontes. Tal prática poderia ajudar a determinar/capturar em tempos mais curtos alterações em tendencias de comportamentos de determinadas carteiras, de forma a proporcionar ajustes mais adequados e rápidos melhorando a sinistralidade do mercado.

O elemento 3, "risco", talvez seja o aspecto mais característico dos contratos de seguros e não deve ser nunca confundido com incerteza. Uma das melhores análises e distinções entre risco e incerteza foi feita por Knight em 1921, um economista americano da Escola de Chicago, cético quanto às possibilidades de vaticinar algo apenas com base

---

1. TZIRULNIK, E.; CAVALCANTI, F.; PIMENTEL, A. *O contrato de seguro*. São Paulo: Ed. RT, 2003.

em observações passadas, que refinou a distinção entre risco e incerteza, trazendo-a da maneira como mais se utiliza hoje no mundo acadêmico e no mercado financeiro. Knight asseverava:

> [...] A Incerteza precisa ser considerada com um sentido radicalmente distinto da noção comumente aceita de Risco, da qual nunca foi adequadamente separada... O aspecto essencial está no fato de "Risco" significar, em alguns casos, uma variável passível de ser medida, enquanto em outros o termo não aceita esse atributo; além disso, há enormes e cruciais diferenças nas consequências desses fenômenos, dependendo de qual dos dois esteja realmente presente e operante... Está claro que uma incerteza mensurável, ou o risco propriamente dito, na acepção que utilizaremos, é tão diferente de uma incerteza não mensurável, que não se trata, de forma alguma, de uma incerteza.[2]

A fim de elucidar sua proposição, Knight apresentou o seguinte exemplo: imagine uma situação em que dois sujeitos retiram bolas pretas e vermelhas de uma urna e que a primeira pessoa não conhece o número exato de bolas em cada cor, enquanto a segunda sabe que, para cada três vermelhas, há uma preta, e, assim, pode estimar que há 75% de chance de retirar uma vermelha. Para Knight, a primeira pessoa está diante da ignorância e da incerteza e a segunda está diante do risco.

A maior contribuição de Knight sobre o assunto foi destacar a necessidade de diferenciar risco de incerteza, sendo que o primeiro é passível de ser quantificado e avaliado, ao passo que a última não. Essa distinção é da maior relevância para a atividade econômica, para o mundo jurídico e para o Estado na administração pública, tendo em vista que, a partir do momento em que se torna possível estimar a possibilidade de ocorrência de determinado fato, passa a ser possível também a implementação de políticas de mitigação de riscos e uma melhor alocação de recursos.

O processo de análise de risco – e sua distinção da incerteza, não segurável –, na atividade seguradora, é chamado de "subscrição", que se caracteriza pelo trabalho de determinar, com base em análises atuariais e estatísticas, como situações consideradas cobertas nos contratos de seguros se comportam quanto à possibilidade de ocorrência de um sinistro. Com base nesse trabalho, o segurador determina qual a característica que um determinado portfólio de itens segurados deve ter, de forma a garantir sua homogeneidade. Uma vez definida as características que determinado grupo de itens segurados deve conter, o processo de subscrição passa a avaliar individual e subjetivamente os aspectos de itens a serem inseridos no portfólio, e aqui começa um processo de busca por diminuição de assimetria de informação entre proponente segurado e seguradora, que é a essência do processo de subscrição.

Via de regra, quanto maior o desconhecimento do subscritor sobre determinado item a ser segurado – incluído em um portfólio – maior tende a ser o prêmio para este item. É através do processo de subscrição que a seguradora define a aceitação de um risco – ou não.

---

2. KNIGHT, F. H. *Risk, Uncertainty and Profit*. New York: Hart, Schaffner, and Marx, 1921. p. 283.

A diminuição da assimetria de informação entre seguradora e segurado no momento de formação do contrato traz elevados custos. Quanto mais informações a seguradora tentar obter sobre determinado proponente, maior será seu custo.

A análise de risco no processo de subscrição pode se beneficiar muito das novas tecnologias existentes, especialmente àquelas relacionadas à ciência de dados. Historicamente, o mercado segurador tem colecionado um número de registros significativos relacionados a sinistros. Tais registros poderiam ser cruzados com outros dados abertos ao mercado, de maneira a desenvolver produtos que se adequem melhor as novas situações de risco, bem como oferecer melhores serviços e diminuir o custo da operação de seguros. Alguns modelos de negócios já têm utilizado a grande quantidade de dados disponíveis, de forma aberta, para refinar modelos de subscrição e aceitação de riscos. Há, contudo, um grande campo a ser explorado nessa seara.

Ao perpassar os elementos "garantia" e "risco", existentes nos contratos de seguro, bem como a maneira que eles podem funcionar calcados nas novas tecnologias, observamos que são elementos nucleares à operação securitária; sua ausência, assim como dos trabalhos relacionados a eles – subscrição e gestão de reservas técnicas – pode ensejar problemas na continuidade e higidez na operação de uma seguradora, comprometendo a solvência e o adimplemento da obrigação para com os segurados. É importante colocar estes ângulos em destaque, porquanto observa-se hoje, o aumento de modelos de negócios que conjugam tecnologia e a prática securitária que, à primeira vista, colocam ênfase na distribuição e facilidade de contratação, ignorando os elementos "garantia" e "risco" em segundo plano.

Os modelos de negócio mais comumente trazidos pelas *insurtechs* realçam o aspecto da distribuição às pessoas naturais, através de aplicações on-line em que, o proponente, de maneira simples e objetiva, pode contratar apólices customizadas às suas necessidades. Há um grande foco na experiência de contratação, o que outrora era – em alguns casos ainda é – um processo de grande escrutínio acerca do perfil do proponente, passa a ocorrer de maneira fluida e rápida. Essa facilitação e foco na experiência de contratação nos parece ter como referência e inspiração os negócios de comércio eletrônico. Aqui, não se pode olvidar o seguinte: as relações jurídicas estabelecidas nos clássicos contratos de comércio eletrônico são, em sua maioria, de execução imediata, ao passo que, os contratos de seguros são de execução continuada. Nestes, com o aceite da seguradora, nasce uma relação jurídica que, na maioria dos casos, dura no mínimo um ano, caracterizada pela garantia do interesse segurado – elemento 1 acima –, já naqueles, com a entrega do bem, que hoje ocorre muitas vezes no mesmo dia, o negócio se aperfeiçoa e a obrigação, em tese, se extingue.

Compreender essas diferenças é crucial, e pode ser fator determinante entre a ruína e a perenidade desses novos negócios que têm surgido. Ignorar os elementos "garantia" e "risco" em qualquer inovação no mercado de seguros, em que pese as facilidades criadas pelo *sandbox* regulatório, pode sacrificar qualquer modelo de negócio que esteja tão somente pautado na distribuição pelo segurador.

Isso posto, nos parecem muito positivas as iniciativas do poder público de fomento à atividade securitária e sua inovação, notadamente no ambiente do *sandbox* regulatório, mas aventurar-se nos mares no mercado segurador, ignorando elementos centenários na atividade, ainda que num contexto de elevada tecnologia, pode não resultar em sucesso, afinal, como sempre tenho dito: "Nada resiste a um índice combinado de 100% por muito tempo".

Versão original publicada em: 24.11.2022.

NOVAS MODALIDADES E FORMAS DE CONTRATAÇÃO DE SEGUROS

SEGUROS PARA OS RISCOS IMPOSTOS PELO USO DA INTELIGÊNCIA ARTIFICIAL

Thiago Junqueira

1. INTRODUÇÃO

Na posição de destacado instrumento de proteção dos segurados, o setor de seguros acompanha o desenvolvimento da sociedade. Se, por exemplo, os seguros marítimos floresceram a partir do período das grandes navegações do século XIV, a industrialização que marcou os séculos seguintes ampliou consideravelmente os seguros terrestres (*e.g.*, os seguros de incêndio e de responsabilidade civil), e a sociedade da informação ora vivenciada tem colaborado para que os seguros cibernéticos sejam cada vez mais vitais.[1]

À luz dessas considerações, convém questionar: qual será o próximo grande passo do setor? Seria a disponibilização de um seguro em face dos riscos da Inteligência Artificial (IA)?[2] Esses riscos já estariam cobertos pelas apólices comercializadas atualmente no mercado ou seria necessária a criação de novas modalidades securitárias para protegê-los? Mais: é possível assegurar riscos ainda não muito bem avaliados, que têm tanto a sua *frequência* quanto a sua *severidade* desconhecidas, como os riscos oriundos da IA?

Muito já se escreveu sobre os impactos da IA nos seguros privados.[3] O presente artigo visa a examinar uma faceta diversa e praticamente inexplorada do tema, qual seja,

---

1. Cfr. JUNQUEIRA, Thiago; GOLDBERG, Ilan. *Tendências para o setor de (res)seguros em 2022 (Parte 1)*. Disponível em: https://www.conjur.com.br/2022-jan-20/seguros-contemporaneos-tendencias-setor-resseguros-2022-parte. Acesso em: 08 out. 2022.
2. De acordo com definição fornecida pelo grupo independente de peritos europeus de alto nível sobre a inteligência artificial, os sistemas de IA são sistemas de: "(...) *software* (e eventualmente também de *hardware*) concebidos por seres humanos, que, tendo recebido um objetivo complexo, atuam na dimensão física ou digital percepcionando o seu ambiente mediante a aquisição de dados, interpretando os dados estruturados ou não estruturados recolhidos, raciocinando sobre o conhecimento ou processando as informações resultantes desses dados e decidindo as melhores ações a adotar para atingir o objetivo estabelecido. Os sistemas de IA podem utilizar regras simbólicas ou aprender um modelo numérico, bem como adaptar o seu comportamento mediante uma análise do modo como o ambiente foi afetado pelas suas ações anteriores". GRUPO INDEPENDENTE DE PERITOS DE ALTO NÍVEL SOBRE A INTELIGÊNCIA ARTIFICIAL. *Orientações éticas para uma IA de confiança*. Bruxelas: Comissão Europeia, 2019. p. 47, em que se pode ler ainda: "Enquanto disciplina científica, a IA inclui diversas abordagens e técnicas, tais como a aprendizagem automática (de que a aprendizagem profunda e a aprendizagem por reforço são exemplos específicos), o raciocínio automático (que inclui o planeamento, a programação, a representação do conhecimento e o raciocínio, a pesquisa e a otimização) e a robótica (que inclui o controlo, a percepção, os sensores e atuadores, bem como a integração de todas as outras técnicas em sistemas ciberfísicos)".
3. Sobre o tema, seja consentido remeter a JUNQUEIRA, Thiago. AI in the insurance industry: opportunities and risks. In: COPO, Abel Veiga; MUÑOS, Miguel Martínez (Coord.). *Seguro de personas e inteligencia artificial*. Cizur Menor: Thomson Reuters, 2022.

se – e em que medida – os seguros podem auxiliar na proteção financeira dos riscos causados pelo emprego da IA.

Certamente um dos principais desafios para setor de seguros neste século será o adequado endereçamento desse tema – que, em igual medida, se trata de uma carência da sociedade e uma grande oportunidade para os seguradores.

2. APROXIMAÇÃO E PRINCIPAIS CONTORNOS DO TEMA

Não há dúvidas de que estamos em direção a uma era movida pela IA. Conforme mencionado por Martin Eling:

> Há um consenso crescente de que a inteligência artificial (IA) transformará fundamentalmente nossa economia e nossa sociedade. Uma ampla gama de aplicações comerciais está sendo adotada em muitas indústrias. Entre elas estão a detecção de anomalias (por exemplo, para mitigação de fraudes), reconhecimento de imagem (v.g., para segurança pública), reconhecimento de fala e geração de linguagem natural (por exemplo, para assistentes virtuais), motores de recomendação (*v.g.*, para *robo-advice*) e sistemas automatizados de tomada de decisão (por exemplo, para aplicações de fluxos de trabalho).[4]

Na sequência, o autor complementa:

> Embora os benefícios potenciais da IA sejam enormes, as preocupações também são substanciais. Existem receios quanto à discriminação potencial, segurança, privacidade, ética e responsabilização por resultados indesejados. Há preocupações ainda de que a IA usurpará a humanidade e colocará em perigo valores sociais caros.[5]

De fato, não obstante as inúmeras vantagens provenientes do emprego de mecanismos dotados de IA, não se pode ignorar que vários são os riscos presentes no seu uso.

Em didática taxonomia dos riscos oriundos da IA, Martin Eling elenca os seguintes: *riscos de desempenho* (erros, vieses, opacidades, ausências de "explicabilidade" e instabilidade de desempenho das IAs), *riscos de segurança* (intrusão cibernética e não resguardo à privacidade), *riscos de controle* (incapacidade de controle da IA malévola), *riscos sociais* (*v.g.*, proliferação de armas autônomas e "divisão da inteligência", com inequidades entre grupos devidas ao diferente nível de acesso aos dados/algoritmos/*hardwares* capazes de promover a saúde, a prosperidade e a segurança), *riscos econômicos* (perda de empregos, responsabilização civil e danos à reputação) e *riscos éticos* (falta de "valores" e desalinhamento entre valores/objetivos).[6]

Apesar de tais riscos estarem mapeados, a verdade é que pouco se sabe acerca de sua respectiva frequência e severidade, bem como a maneira pela qual eles se concretizariam em diferentes contextos. Faltam certezas, ainda, sobre o modelo e a extensão da

---

4. ELING, Martin. *How insurance can mitigate AI risks*. Disponível em: https://www.brookings.edu/research/how-insurance-can-mitigate-ai-risks/. (Tradução livre). Acesso em: 08 out. 2022.
5. Ibidem.
6. Ibidem.

responsabilidade civil dos produtores e dos proprietários das IAs, no Brasil e alhures (subjetiva, objetiva ou até mesmo uma terceira via?). Tudo isso a colaborar, a um só tempo, tanto para a necessidade de modelos securitários capazes de garanti-los, quanto para os nada desprezíveis desafios de implementá-los.

3. SETOR DE SEGUROS E IA: RESPOSTAS INSUFICIENTES NA QUADRA ATUAL

Como se sabe, por meio dos seguros privados, cria-se um fundo mutual gerido pela seguradora no qual o risco é pulverizado entre as partes que dele integram. Cada segurado paga um valor denominado prêmio, equivalente ao risco inserido no fundo. Na ocorrência de um sinistro coberto, a seguradora providencia uma indenização ao segurado ou a um terceiro lesado, respeitando-se os limites contratuais.

Ao se examinar a ligação entre os riscos postos pela utilização da IA e o universo dos seguros, deve restar claro ao estudioso que não há atualmente a comercialização de um seguro próprio para cobrir aqueles. Significa isso que, a depender do contexto, uma modalidade tradicional de seguro eventualmente poderá se aplicar ou não, pois, conforme mencionado, não há hoje um seguro específico para riscos oriundos da IA.

Deve ficar claro também que, além da responsabilidade civil em si, outras coberturas poderão ter grande importância no tema sob análise, como as coberturas de interrupção de negócios, vazamento de dados, danos reputacionais, lucros cessantes e danos a direitos da personalidade de terceiros. Mas de qual seguro efetivamente estar-se-ia tratando aqui?

Depende. Por exemplo, para os administradores de companhias que fizerem um ato de gestão baseado na tomada de decisão de um algoritmo movido pela IA, poder-se-ia cogitar na sua cobertura por meio de um *Seguro de Diretores e Administradores* (conhecido como *Seguro D&O*). Todavia, se como resultado dessa decisão automatizada for gerado um dano ambiental, em vez de um seguro *D&O*, a depender da situação a apólice aplicável poderá ser a de um *Seguro Ambiental*.[7]

Naturalmente, o *seguro de automóvel* é a modalidade securitária mais alinhada com a cobertura de danos causados por automóveis guiados integralmente ou parcialmente pela IA. Nesse particular, há notícias de uma seguradora britânica que expressamente cobre os riscos de carros autônomos,[8] fato esse que ainda não se vê no mercado nacional.

---

7. Sobre o problema da alocação, consulte-se: GOLDBERG, Ilan. *A propósito da silent cyber coverage.* Disponível em: https://www.conjur.com.br/2021-set-30/seguros-contemporaneos-proposito-silent-cyber-coverage. Acesso em: 09 out. 2022.
8. The Guardian. *Insurer launches UK's 'first driverless car policy.* Disponível em: https://www.theguardian.com/business/2016/jun/07/uk-driverless-car-insurance-policy-adrian-flux. Acesso em: 10/10/2022. Registre-se, por oportuno, que, em virtude de uma série de fatores, como condições das estradas e falta de uma internet confiável, no Brasil a utilização de carros autônomos e semiautônomos ainda está engatinhando. Mesmo em outros países, ainda são poucos utilizados os carros autônomos (com níveis 4 e 5). O cenário deve se alterar radicalmente nas próximas décadas.

Por outro lado, se um médico cometer uma falha durante uma cirurgia na qual ele se vale de uma tecnologia de IA e que resulte em danos ao paciente, a apólice eventualmente aplicável será a de um *Seguro de Responsabilidade Civil Profissional* (Seguro *E&O*).

Embora geralmente se cogite da aplicação dos *seguros cibernéticos* para os danos oriundos da IA – e, em casos de vazamento de dados e interrupção de negócios, eles poderão mesmo oferecer alguma proteção –, em muitas oportunidades não será esse o caso. À guisa de ilustração, é comum que tal modalidade securitária não dê cobertura para danos corporais e danos à propriedade em geral.[9]

Mesmo nos outros exemplos citados anteriormente, diante da ausência de expressa cobertura nas apólices atuais e do grau diverso de risco envolvido quando um segurado utilize um sistema de IA, é bastante questionável se, na quadra atual, haveria cobertura para esses casos. Poder-se-ia até mesmo afirmar que, em regra, não haverá cobertura.

Diante desse contexto, é preciso refletir sobre os próximos passos do setor, conforme será demonstrado a seguir.

4. SETOR DE SEGUROS E IA: POSSÍVEIS RESPOSTAS PARA O FUTURO

Entre as possíveis respostas para o endereçamento do tema no futuro, pode-se cogitar algumas medidas, como: i) a *ampliação de coberturas para os seguros atuais* (que passariam a abarcar expressamente os riscos causados pela IA); ii) a criação e comercialização de *seguros facultativos* específicos para o uso de IA, a serem contratados por produtores e/ou proprietários; iii) a instituição de *seguros obrigatórios* para produtores e/ou proprietários; e iv) a criação dos designados *fundos de compensação*.[10]

Extravasa o horizonte do presente artigo examinar em detalhes cada uma dessas alternativas. Por ser muito comum entre os cultores da responsabilidade civil a defesa pela via da implementação de seguros obrigatórios, convém fazer uma breve nota sobre esse ponto.

Se, por um lado, os seguros obrigatórios têm o benefício de cobrir, em certa medida, o risco de insolvência dos fornecedores e garantir alguma proteção aos lesados, por outro, sua imposição pelo legislador pode levar a um desincentivo para o uso responsável da IA (aumento do designado "risco moral") e representar uma afronta à autonomia privada das partes. Não necessariamente, diga-se de passagem, haveria, em um primeiro momento, seguradoras dispostas a cobrir tais riscos no mercado nacional, o que

---

9. KUMAR, Ram Shankar Siva; NAGLE, Frank. *The case for AI Insurance*. Disponível em: https://hbr.org/2020/04/the-case-for-ai-insurance. Acesso em: 08 out. 2022.
10. Para o exame de alguns desses instrumentos pela literatura pátria, confira-se: ROSENVALD, Nelson; FALEIROS JÚNIOR, José Luiz de Moura. *Tecnologias emergentes*: seguros e fundos de compensação. Disponível em: https://www.conjur.com.br/2021-jul-22/seguros-contemporaneos-tecnologias-emergentes-seguros-fundos-compensacao/. Acesso em: 08 out. 2022; DIAS, Daniel. Implementação de seguro obrigatório de responsabilidade civil no contexto da inteligência artificial. In: TEPEDINO, Gustavo; SILVA, Rodrigo da Guia (Coord.). *O Direito Civil na era da Inteligência Artificial*. São Paulo: Ed. RT, 2020. p. 651-662; e MEDON, Filipe. *Inteligência artificial e responsabilidade civil*: autonomia, riscos e solidariedade. 2. ed. Salvador: JusPodivm, 2022.

poderia desacelerar o avanço tecnológico. Além disso, esses seguros costumam ter uma cobertura baixa, incapaz de compensar efetivamente eventuais danos causados pela IA.

O tema, logo se nota, é complexo e repleto de ramificações, exigindo crescente reflexão por parte da doutrina e dos reguladores.

5. CONSIDERAÇÕES FINAIS

O presente artigo buscou tirar da sombra aspectos essenciais sobre o elo entre os contratos de seguros e os riscos oriundo do uso da IA. Mais do que respostas, pretendeu-se expor o seu estado da arte e convidar o leitor a participar desse importante debate.

Como *insights* e conclusões incipientes na matéria, pode-se afirmar:

i) os seguradores, até o momento, estão mais engajados em implementar a IA em suas cadeias de seguros do que em forjar novas modalidades securitárias em face dos riscos da IA;

ii) os seguradores serão essenciais para o crescente uso da IA na sociedade, tal qual ocorreu em outras épocas e modalidades securitárias. Nesse particular, cabe realçar que, além da cobertura dos sinistros em si, que deverá ocorrer a partir dos próximos anos, os seguros serão importantes mecanismos para a avaliação, sinalização e controle do risco por parte dos agentes econômicos;

iii) algumas apólices atualmente disponíveis no mercado podem oferecer proteções laterais aos riscos oriundos da IA, conforme os seguros cibernéticos e os seguros de lucros cessantes;

iv) a correta alocação da apólice aplicável ao sinistro afigura-se tarefa complexa, especialmente no corrente estágio. Bem-vistas as coisas, existem vários pontos de interseção entre as distintas modalidades securitárias e os riscos no uso da IA, de modo que apenas à luz do caso concreto será possível fazer a alocação adequada;

v) a definição mínima do modelo de responsabilidade civil utilizado para a IA será importante para que os seguradores deem esse próximo passo na criação de um seguro específico contra riscos da IA ou façam uma expansão de cobertura nas apólices atuais para expressamente garantirem pelo menos alguns desses riscos. Quando for caso, os seguradores provavelmente terão que negociar tal ampliação de cobertura junto aos resseguradores;

vi) nesse meio tempo, é provável que surjam exclusões de coberturas ou coberturas adicionais, aplicáveis mediante o recebimento de prêmio próprio pelos seguradores;

vii) há tendência de aumento de litigiosidade entre segurados e seguradores à medida que o emprego da IA se popularize e não reste claro nas apólices a previsão, seja de sua cobertura, seja de sua exclusão;

viii) os seguros – obrigatórios ou facultativos – podem auxiliar na mitigação dos riscos da IA na sociedade. Mas eles não darão respostas satisfatórias para todos os riscos envolvidos; e

ix) para além dos seguros, devem ser pensados outros instrumentos e formas de se garantir a conjugação entre os avanços tecnológicos e sociais gerados pelo emprego da IA e a essencial proteção dos lesados.

Versão original publicada em: 13.10.2020.

EMBEDDED INSURANCE:
OPORTUNIDADES E RISCOS

Thiago Junqueira

Igor Násser

1. INTRODUÇÃO

Na legislação brasileira, o contrato de seguro é aquele em que "o segurador se obriga, mediante o pagamento do prêmio, a garantir interesse legítimo do segurado, relativo a pessoa ou a coisa, contra riscos predeterminados" (art. 757 do Código Civil).

Tradicionalmente, o *iter* contratual dos seguros facultativos costuma ser burocrático e basear-se em documentos escritos variados, desde o questionário de avaliação do risco, perpassando pela proposta, até a emissão da apólice (ou bilhete) de seguros a formalizar a aceitação do risco.

Com efeito, o *momento* de formação do contrato individual de seguro facultativo depende, em regra, majoritariamente do julgamento de conveniência do candidato a segurado: se e quando ele entender necessário, procurará um corretor de seguros, que fará cotações junto a algumas seguradoras, e o processo de contratação seguirá. Com a precificação feita pelo segurador e a sua aceitação do risco, o segurado passará a ter o seu legítimo interesse em questão garantido nos termos dispostos nos documentos contratuais.

No passado recente, mudanças regulatórias e sociais ocorridas no País (pandemia da Covid-19, avanço da economia digital etc.) aceleraram a digitalização em todas as áreas, com vistas a facilitar os procedimentos de contratação. No setor segurador, especialmente nos últimos anos, viu-se o desabrochar das *insurtechs*, impulsionadas pelos projetos de *Sandboxes* Regulatórios da Superintendência de Seguros Privados (Susep). Hoje, já existem seguradoras brasileiras que disponibilizam a contratação de seguros de forma 100% digital, sem intermediadores, em dinâmica bastante célere e diferente da tradicional.

Se a contratação digital já é uma realidade, avizinha-se a popularização de uma forma inovadora de pensar o *momento da contratação*, denominada *embedded insurance*.

2. O QUE É *EMBEDDED INSURANCE*?

De partida, por contraditório que pareça, o *embedded insurance* não é propriamente uma modalidade de seguro. Não estamos diante de um grupo ou ramo de seguro, a exemplo do *cyber insurance*, seguro de vida, seguro *D&O* e outros tantos. O *embedded insurance* integra um conceito maior, o *embedded finance*, que consiste na integração de produtos e serviços financeiros em plataformas de instituições não financeiras, como *marketplaces* digitais e varejos físicos. Trata-se, na realidade, de um *modelo de oferta* (*rectius,* proposta), uma maneira de vender seguros, uma estratégia negocial, que congrega as seguintes características essenciais: (i) momento oportuno; (ii) conveniência; (iii) relevância; e (iv) customização às necessidades dos consumidores.

Para elucidar a ideia, dar-se um passo atrás é conveniente. No Brasil, a população já está habituada ao designado "Seguro de Garantia Estendida", que visa a fornecer ao segurado, opcionalmente e mediante o pagamento de prêmio, a extensão temporal da garantia do fornecedor de um bem adquirido e, quando prevista, sua complementação (conforme o art. 2º da Resolução CNSP 436/2022). Em regra, a oferta é feita no exato momento da aquisição do produto (como eletrodomésticos e *smartphones*), tanto em lojas físicas de varejo, como em sites de *e-commerce*, exercendo o empresário, portanto, os papeis de comerciante e, também, de representante do segurador. Trata-se de oferta de produto acessório (seguro na modalidade individual e a primeiro risco absoluto), no exato momento da aquisição de um produto sobre o qual recai o interesse principal do comprador. Quando contratado por meios remotos, deverão ser observados, em especial, a Resolução CNSP 408/2021 e o prazo de arrependimento de sete dias previsto no art. 49 do Código de Defesa do Consumidor.

A dinâmica do *embedded insurance*, como se nota, não se trata de um conceito novo. *Grosso modo*, ela objetiva expandir a metodologia de oferta do Seguro de Garantia Estendida a outros ramos: no momento da aquisição de algum produto/serviço principal, é ofertada a contratação de seguro para a proteção daquele. Diante de uma abordagem temporal conveniente e relevante, o cliente terá a flexibilidade de contratá-lo ou não e, caso opte por fazê-lo, de customizá-lo de acordo com suas próprias necessidades. Assim como ocorre na contratação, a qual é simplificada, a regulação dos sinistros desses seguros costuma ser mais rápida e menos burocrática. Por vezes, ela é mesmo feita de forma parametrizada.[1]

Portanto, o seguro embarcado, ou *embedded insurance*, é uma modalidade de oferta de seguro, uma opção facultativa e acessória que pode ser dada ao consumidor no momento da compra de um produto ou serviço. Essa integração possibilita aos consumidores adquirir proteção para o bem ou serviço no mesmo instante de sua compra, agregando valor e conveniência ao processo. Este tipo de seguro é projetado para atender às necessidades específicas do consumidor, protegendo contra riscos previamente definidos e alinhados com a natureza do bem ou serviço adquirido.

---

1. Sobre os seguros paramétricos, seja consentido remeter a JUNQUEIRA, Thiago. *Automação da regulação do sinistros*: o exemplo dos seguros paramétricos. Migalhas. Disponível em: https://www.migalhas.com.br/coluna/migalhas-de-responsabilidade-civil/344010/automacao-da-regulacao-do-sinistro-o-exemplo-dos-seguros--parametricos. Acesso em: 26 fev. 2024.

Como exemplos de seguros que podem ser ofertados por meio da modalidade *embedded insurance*, pode-se mencionar, para além do Seguro de Garantia Estendida: (i) seguro para bicicleta, no momento de sua compra ou aluguel; (ii) seguro prestamista, no momento da contratação de empréstimo bancário; (iii) seguro viagem, no momento de reserva do voo; e (iv) seguro residencial, no momento da aquisição de mobília, entre outros. Diferentemente do que o ocorre no Seguro de Garantia Estendida, que, por definição regulatória, não pode ser contratado na modalidade coletiva, em alguns seguros embarcados o intermediário poderá atuar como estipulante de uma apólice coletiva de seguros, desde que respeitadas as provisões da Resolução CNSP 434/2021.

Dentre as vantagens do *embedded insurance*, destacam-se: (i) a inexistência de lacunas temporais de cobertura, eliminando a necessidade de o cliente procurar um corretor de seguros para proteger sua recente aquisição, visto que a contratação do seguro ocorre "em tempo real", ou seja, simultaneamente à aquisição do produto ou serviço principal; (ii) a redução dos custos de distribuição e contratação do seguro; e (iii) a conveniência e a autonomia do consumidor na contratação.

Embora seja notória a existência de um enorme espaço para o crescimento dessa modalidade de contratação de seguros no Brasil, especialmente diante da baixa penetração de seguros no País, há desafios regulatórios que não podem ser perdidos de vista. Alguns deles serão examinados a seguir.

3. DESAFIOS PARA O AVANÇO DO *EMBEDDED INSURANCE*: OBSERVÂNCIA DA LGPD, AFASTAMENTO DA VEDAÇÃO DA VENDA CASADA E POSSÍVEIS DEFEITOS DO NEGÓCIO JURÍDICO

O *embedded insurance* vem ganhando relevo em países da Europa e diversos estudos indicam que ele se tornará cada vez mais popular nos próximos anos.[2] Para a experiência brasileira, porém, é preciso atentar-se aos desafios legais e regulatórios, dentre os quais se destacam: (i) *a vedação da venda casada pelo Código de Defesa do Consumidor*; (ii) *a possibilidade de anulação do negócio jurídico em caso de vício de consentimento*; e (iii) *a necessidade de observância à Lei Geral de Proteção de Dados Pessoais*.

Iniciando pelo primeiro desafio mencionado, o artigo 39 do Código de Defesa do Consumidor brasileiro ("CDC") veda as chamadas "práticas abusivas", que têm como exemplo a "venda casada" ("condicionar o fornecimento de produto ou de serviço ao fornecimento de outro produto ou serviço, bem como, sem justa causa, a limites quantitativos"). Uma análise apressada poderia sugerir que o mero uso de estrangeirismo visaria mascarar uma afronta ao CDC: a palavra "*embedded*" traduz-se por "embarcado", "embutido", "integrado" e, por que não, "casado(a)". Esta última tradução poderia indicar a conformação imediata à venda casada e, portanto, uma prática vedada pelo ordenamento jurídico brasileiro. Entretanto, alguns pontos merecem especial reflexão.

---

2. Por todos: https://www.dig-in.com/list/5-perspectives-on-the-rising-popularity-of-embedded-insurance. Acesso em: 26 fev. 2024.

É possível que a operação esteja alinhada tanto às normas legais e regulatórias brasileiras quanto ao entendimento dos tribunais, incluindo o Superior Tribunal de Justiça (STJ),[3] e seja admitida a contratação de *embedded insurance* no País. Para tanto, dois *standards* nos parecem importantes: (i) a contratação do seguro ser uma faculdade, isto é, o consumidor, devidamente informado, precisa ter a opção de não contratar o seguro; (ii) a liberdade de escolha da seguradora a ser contratada, com o oferecimento por parte do fornecedor de ao menos duas alternativas ao consumidor.

Conforme pronunciamento presente no site do Procon-SP, específico aos Seguros de Garantia Estendida, mas também aplicável a outras modalidades dos *embedded insurance*:

> Ao comprar um produto, caso haja oferta de garantia estendida, o consumidor deve ser informado sobre as condições desta contratação. O valor do seguro não pode ser embutido no preço e a aquisição da nova garantia não pode ser atrelada à concessão de descontos. Essas práticas são consideradas abusivas, e podem render punições ao estabelecimento e à seguradora. Se optar pela contratação, o consumidor deve receber o comprovante de cada uma das transações.[4]

É possível, portanto, concluir pela essencialidade da (i) adequada informação ao consumidor, (ii) efetiva possibilidade de o consumidor optar por contratar ou não o seguro acessório ao bem, (iii) impossibilidade de a contratação do seguro ser uma condicionante para a compra do produto principal ou de sua compra ensejar a concessão de um desconto no preço do produto principal. Além disso, o consumidor deverá receber um comprovante de compra de cada uma das contratações, isto é, a nota fiscal do produto e a apólice (ou o bilhete) do seguro.

A devida observância de todos esses requisitos reduzirá, substancialmente, as chances de ocorrência de um dos defeitos dos negócios jurídicos dispostos nos artigos 138 e seguintes do Código Civil, que podem acarretar a invalidade da contração.

Por fim, ao se considerar que o tratamento de dados é de suma importância para a definição do modelo de precificação dos seguros embarcados, bem como para a regulação dos sinistros decorrentes deste modelo, o cumprimento das normas da Lei Geral de Proteção de Dados (Lei 13.709/2018) por todos os envolvidos na operação também se afigura de grande relevo para a conformidade dos seguros embarcados ao ordenamento jurídico brasileiro.

Versão original publicada em: 08.12.2022.

---

3. Sobre o tema, consulte-se: STJ, REsp 1639259/SP, Rel. Ministro Paulo de Tarso Sanseverino, Segunda Seção, j. em 12.12.2018; STJ, AREsp 1.972.758, Ministro Humberto Martins, j. em 09.11.2021; STJ, AREsp 1.590.049, Ministro Luis Felipe Salomão, Quarta Turma, j. em 05.11.2019; e STJ, AgInt no REsp 1970644/SP, Rel. Ministro Luis Felipe Salomão, Quarta Turma, j. em 29.03.2022.
4. Conforme: https://www.saopaulo.sp.gov.br/spnoticias/entenda-como-funciona-a-garantia-estendida-e-conheca-seus-direitos/#:~:text=Ao%20comprar%20um%20produto%2C%20caso,atrelada%20%C3%A0%20concess%C3%A3o%20de%20descontos. Acesso em: 26 fev. 2024.

NOVO SEGURO NAS OPERAÇÕES DE M&A?

Claudio Luiz de Miranda

Thiago Junqueira

A operação de reorganização societária é parte da rotina de empresários brasileiros e internacionais, à medida em que oferta às sociedades envolvidas oportunidades para o desenvolvimento de novos negócios e para a solução de questões relevantes em sua atuação empresarial, seja para fins de acelerar sua expansão, seja para ampliar a eficiência de suas operações.

Apesar de, na prática, serem inúmeras as combinações e estruturas possíveis, juridicamente vislumbram-se quatro operações a nortear o que se convencionou denominar "fusões e aquisições" ou, na sigla em inglês, "*mergers and acquisitions* – M&A". São elas: i) *transformação* (a sociedade altera o seu tipo societário, sem implicar sua dissolução ou liquidação); ii) *fusão* (duas ou mais entidades se unem para formar uma sociedade nova); iii) *cisão* (uma sociedade transfere parcelas de seu patrimônio para uma ou mais sociedades) e iv) *incorporação* (operação por meio da qual uma ou mais sociedades são absorvidas por outra, que lhes sucede em direitos e obrigações).

Tais operações envolvem ritos e procedimentos interdisciplinares relevantes, uma vez que é de suma importância que o comprador tenha acesso aos ativos e passivos, assim como às contingências, especialmente trabalhistas e tributárias, decorrentes da sociedade a ser adquirida. A apuração desses elementos, em regra, ocorre no âmbito de auditorias jurídicas, contábeis e de procedimento, conhecidas pela expressão anglo-saxônica "*due diligence*".

O levantamento acurado dos riscos e da efetiva situação econômico-financeira do ativo alvo consiste em elemento fundamental para que o comprador possa, dentre outras questões relevantes, definir e negociar com o vendedor o preço para a formalização da operação, o qual, em muitos negócios recentes, tem superado a casa das centenas de milhões ou, até mesmo, dos bilhões de reais.[1]

---

1. "Apesar dos efeitos adversos da crise do coronavírus, o Brasil experimentou uma recuperação acentuada nas atividades de M&A no ano passado, com um recorde de 1.200 transações anunciadas, substancialmente mais do que a média histórica de cerca de 800 transações. No final de abril de 2021, 509 negócios foram anunciados ou fechados, deixando claro que o Brasil continua a oferecer oportunidades de investimento atraentes para investidores locais e estrangeiros. Com um aumento de negócios potencialmente em dificuldades ou de alto risco no bloco de ofertas, no entanto, 'esqueletos' relacionados à pandemia ou conformidade que permanecem ocultos durante a *due diligence* básica podem ter um impacto potencialmente devastador sobre os investidores". CIRNE, Renato; NEUMAN, Steven. *M&A no Brasil*: melhorando resultados através das *due diligences*. Disponível

Nesse contexto, para além da aplicação de métricas e cálculos de ordem jurídica, financeira e contábil, subsistem importantes elementos de ordem subjetiva, advindos da interpretação e da resiliência dos diferentes agentes econômicos envolvidos na negociação para fins de assunção de riscos e, sobretudo, de definição de valores presentes e futuros. A resolução dessas divergências envolve numerosas estruturas, ferramentas, negociações e institutos aplicados ao direito societário, podendo abranger, a título de ilustração, o ajuste de participações societárias através de valores mobiliários, a celebração de garantias e a definição de mecanismos de apuração de resultados em periodicidade recorrente.

Para os fins deste artigo, destaca-se a celebração e o funcionamento da chamada "*escrow account*" ou "conta garantia". De forma objetiva, trata-se de contrato que disciplina conta bancária especificamente criada com o objetivo de custodiar valores provisionados para fazer frente a determinado dispêndio exigível da sociedade adquirida, protegendo-se o interesse da sociedade compradora do ativo. Ou seja, em havendo divergência entre as partes a respeito do risco e do valor envolvido em determinada contingência passiva, a contratação de uma *escrow* possibilita que tal questão não prejudique a celebração da operação, de modo que o comprador deposite os valores objeto da divergência na conta bancária, administrada por um terceiro. Ato subsequente, caso a contingência passiva se materialize, haverá a liberação dos recursos para honrar com as respectivas obrigações. Caso não venha a ocorrer tal passivo envolvendo o ativo alvo, os valores são liberados em favor do vendedor, compondo o preço da operação.

Nas precisas palavras de Edwin S. Mills: "uma conta *escrow* consiste em fundos detidos por um terceiro, que coleta, armazena e desembolsa os fundos de acordo com um contrato ou uma obrigação entre as duas partes".[2] São comuns em diferentes tipos de operação e se destacam principalmente no âmbito de fusões e aquisições empresariais.

Vislumbra-se, portanto, amplo espaço à autonomia privada, de forma que, em bases equilibradas e bem negociadas, as partes viabilizem a implementação da operação, deixando com que discussões envolvendo riscos ou contingências específicas sejam maturadas e, após o decurso do tempo necessário, resolvidas à luz das peculiaridades de cada caso específico.

Tal instrumento, apesar de extremamente comum e eficiente na prática empresarial e nas operações de reorganização societária, não está imune a críticas e a aperfeiçoamentos. Dentre tais elementos, destacam-se a necessidade de o comprador mobilizar, desde a largada, volumes relevantes de recursos destinados à conta garantia, a complexidade para o provisionamento das contingências passivas e do tempo para aguardar sua resolução, a intangibilidade dos valores depositados e os custos envolvidos para a contratação dos poucos agentes de mercado que ofertam essa ferramenta de forma profissional.

---

em: https://exame.com/bussola/ma-no-brasil-melhorando-resultados-atraves-das-due-diligences/. Acesso em: 29 ago. 2021.

2. MILLS, Edwin S. *The Functioning and Regulation of Escrow Accounts*. Housing Policy Debate, v. 5, n. 2, 1994, p. 204. Disponível em: https://www.innovations.harvard.edu/sites/default/files/hpd_0502_mills.pdf. Acesso em: 28 ago. 2021. (Tradução livre).

Dentro desse contexto, sem a pretensão de substituir, mas com o intuito inegável de aprimorar o instituto, foi desenvolvida alternativa de mercado interessante e eficiente para a situação descrita acima, respondendo a tais inconvenientes e possibilitando a oferta de um novo instrumento para a viabilização de operações como a aqui narrada. Trata-se do designado "*Seguro Garantia para Substituição de Conta Escrow*", recentemente noticiado pela mídia brasileira.[3]

Em termos gerais, o instituto, que ainda está dando os seus primeiros passos, funciona como alternativa à contratação de "*conta escrow*", de maneira que sejam, diretamente, resguardados os interesses do vendedor e, por conseguinte, indiretamente, sejam endereçados as expectativas e os receios do comprador do ativo objeto da operação de reorganização societária.

Desse modo, instrumentalizado em apólice à base de reclamação com notificação, o objeto do seguro é garantir indenização, até o valor fixado na apólice, à sociedade vendedora pelos prejuízos decorrentes do inadimplemento das obrigações assumidas e inadimplidas por ela no contrato principal, referentes ao pagamento de passivos judiciais (existentes e potenciais) e identificados durante a fase de *due diligence*, isto é, de contingências identificadas.

Nesse sentido, o risco econômico identificado quando da negociação para fins de aquisição do ativo alvo, diretamente relacionado ao advento futuro de contingências passivas que possam repercutir negativamente no patrimônio daquele ativo, é endereçado e transferido da esfera negocial estabelecida entre as partes da operação para a matriz de riscos disciplinada pela seguradora em questão. Entre outras, são garantidas as obrigações inadimplidas pelo tomador do seguro (leia-se, o vendedor, que afigura-se o devedor das obrigações, nos termos do contrato principal de fusão e aquisição empresarial) decorrentes de acordos judiciais, de parcelamentos administrativos, bem como obrigações decorrentes de direito de sub-rogação por empresa garantidora.

Sem que haja a necessidade de contratação e depósito de recursos financeiros volumosos na conta *escrow*, os recursos são objeto de imediata liquidação entre as partes, compondo o preço a ser pago pelo vendedor ao comprador, na forma negociada nos instrumentos da operação. Isso porque, caso haja a materialização da contingência passiva, não haverá necessidade de recursos disponíveis serem direcionados para esse fim, posto que a cobertura do passivo será realizada pela sociedade seguradora, consoante os termos e condições da respectiva apólice contratada, bem como do contrato de contragarantia, que assegurará a efetividade do direito à sub-rogação pela seguradora.[4]

---

3. TAUHATA, Sérgio. *Seguro para aquisições pode liberar até R$ 60 bi*. Disponível em: https://valor.globo.com/financas/noticia/2021/08/10/seguro-para-aquisicoes-pode-liberar-ate-r-60-bi.ghtml. Acesso em: 29.08.2021. O produto foi desenvolvido pela Corretora de Seguros Marsh e é comercializado, desde março de 2020, pela BMG Seguros.
4. "Posto não obrigatório, é comum que o contrato de seguro garantia seja acompanhado de contragarantia celebrada entre sociedade seguradora e tomador, a fim de proteger a própria seguradora contra a ocorrência do sinistro, já que lhe permite recobrar do tomador os valores despendidos em favor do segurado diante do implemento do risco". TERRA, Aline de Miranda Valverde; SALGADO, Bernardo. O risco no seguro garantia

De outro lado, além de ofertar objetividade à operação, evitando que se desenrolem por anos a fio os atos relativos ao pagamento do preço negociado, o comprador absorve a vantagem indireta de adquirir o ativo alvo "imune" aos riscos acima apontados, eis que, uma vez deflagradas as contingências passivas, bastará comunicar à seguradora e aguardar que haja o seu pagamento.

Convém registrar que o alvissareiro instituto jurídico securitário objeto deste artigo cumpre função semelhante à exercida pelos já conhecidos "seguros M&A", apesar de com eles não se confundir. Isso porque no âmbito do seguro M&A, o qual é passível de contratação pelo comprador ou vendedor, a cobertura incidirá sobre prejuízos advindos em razão da violação de cláusulas contratuais, protegendo-se o contratante justamente contra passivos e contingências passivas de natureza *oculta*, não identificadas quando da realização da *due diligence* e, assim, não consideradas quando da negociação do preço e da estrutura da operação.

De forma distinta, o *Seguro Garantia para Substituição de Conta Escrow* não se propõe a cobrir riscos ocultos, os quais, como o próprio nome indica, não eram de conhecimento das partes no momento da negociação da operação e, assim, não foram endereçados no âmbito dos seus instrumentos. Tais riscos não são cobertos por conta *escrow*, afinal apenas é possível destinar recursos para cobrir passivos futuros sobre os quais se reconhece a existência. No Seguro Garantia em comento, portanto, cobre-se o risco *conhecido*, justamente a contingência passiva que se reconhece como remota, possível ou provável, à luz da dinâmica da auditoria de cada operação, de modo que, uma vez implementada, haja o acionamento do seguro para sua cobertura.

Entre os *riscos excluídos* na apólice do Seguro Garantia Escrow, destacam-se os passivos não mencionados no relatório de *due diligence* e os decorrentes de infrações de leis de natureza penal. A *perda de direitos*, por sua vez, poderá ocorrer, entre outras hipóteses, caso o tomador do seguro não cumpra com o seu dever de declaração inicial do risco (art. 766 do CC) ou cometa atos ilícitos dolosos ou por culpa grave equiparável ao dolo.[5]

Na eventualidade de concretização do risco coberto, ou seja, na ocorrência do sinistro, o segurador irá indenizar o segurado (empresa vendida). Todavia, cabe ressaltar que, com base no "contrato de contragarantia" (CCG), o tomador do seguro (vendedor original da empresa) terá que ressarcir o segurador. Nesse particular, é comum que o próprio tomador do seguro indenize o segurado diretamente, evitando dispêndio de custos e tempo adicionais.

---

e o inadimplemento anterior ao termo. In: GOLDBERG, Ilan; JUNQUEIRA, Thiago. *Temas Atuais de Direito dos Seguros*. São Paulo: Thomson Reuters Brasil, 2020. t. II p. 490.

5. Sobre a diferença entra a cláusula de exclusão de risco e a cláusula de perda de direitos, observa Luiza Petersen: "[...] embora as cláusulas de exclusão e perda de direitos se assemelhem, constituindo hipóteses de delimitação negativa do risco, elas operam de modo distinto, não podendo ser confundidas. Na primeira, a cobertura é afastada de plano, desde o início da relação contratual. Na segunda, há cobertura para o evento, porém, no curso da relação contratual o segurado vem a perder o direito em razão de determinado ato ou comportamento". PETERSEN, Luiza. *O risco no contrato de seguro*. São Paulo: Roncarati, 2018. p. 106.

Para não deixar a questão formulada no título do presente artigo – "Novo seguro nas operações de M&A?" – sem resposta específica, pode-se dizer que sim. O "Seguro Garantia para Substituição de Conta Escrow" se apresenta como instrumento inovador no mercado brasileiro, endereçando, a um só tempo, aspectos relevantes que correlacionam o direito securitário e as operações de M&A, e ofertando ao empresariado nacional alternativa eficiente para o endereçamento de seus riscos e a conclusão de seus negócios.

Versão original publicada em: 02.09.2021.

A HORA DOS MICROSSEGUROS

Thiago Junqueira

Igor Násser

A escalada da inflação no Brasil tem imposto desafios significativos, atingindo com especial severidade as populações em situação de vulnerabilidade social e o pequeno empresariado. Neste cenário, a necessidade de economizar se torna mais premente, transformando despesas básicas, como alimentação e moradia, em obstáculos mensais complexos, e o investimento em produtos e serviços considerados não essenciais, incluindo seguros, sofre uma redução forçada, refletindo as duras escolhas impostas pela limitação financeira.

Nesse contexto de reavaliação de prioridades, a proteção oferecida pelos seguros, embora fundamental para a salvaguarda de interesses legítimos relacionados a pessoas ou bens (como estipulado no artigo 757 do Código Civil), muitas vezes é vista como secundária frente à urgência de necessidades básicas de sobrevivência e bem-estar. A escolha entre garantir a segurança financeira futura ou atender às demandas imediatas de alimentação, saúde e transporte revela um dilema profundo enfrentado por muitos.

Sem embargo, para viabilizar a contratação de seguros nessas circunstâncias, os microsseguros afiguram-se uma excelente opção. Este artigo se dedica a explorar em profundidade os microsseguros, desvendando suas características fundamentais e o potencial para remodelar o acesso à segurança e proteção em meio a desafios econômicos persistentes, abrindo caminho para uma maior inclusão financeira e estabilidade.[1]

Mas, afinal, o que são microsseguros? Com uma história relativamente recente,[2] os microsseguros têm como raízes os seguros populares, que foram introduzidos no Brasil

---

1. A importância dos microsseguros contrasta com a parca produção literária sobre o assunto no Brasil. Entre as honrosas exceções, vale mencionar: BORELLI, Elizabeth; SANTOS, Gabriel Lopes dos. Microsseguro e Inclusão Social no Brasil. *Revista Eletrônica do Departamento de Ciências Contábeis & Departamento de Atuária e Métodos Quantitativos da FEA*, v. 2 n. 2 (2015), p. 89-110; CHURCHIL, C. L. *Protegendo a População de Baixa Renda*: um compêndio de microsseguros. Rio de Janeiro: Funenseg, 2009; NERI, Marcelo Côrtes. *Microsseguros*: Risco de Renda, Seguro Social e a Demanda por Seguro Privado pela População de Baixa Renda. FGV/IBRE, CPS, 2009; e CALHEIROS, Edson. *Dos microsseguros aos seguros inclusivos no Brasil*. Ebook: Educa Seguros, 2022.
2. "Microinsurance is an outgrowth of the microfinancing projects developed by Bangladeshi Nobel Prize-winning banker and economist Muhammad Yunus, which helped millions of low-income individuals in Asia and Africa to set up businesses and buy houses. (...) American International Group Inc. (AIG) was one of the first companies to offer microinsurance and began selling policies in Uganda in 1997. It was soon joined by other large insurers including Swiss Re, Munich Re, Allianz and Zurich Financial Services. Today many innovative microinsurance products have been developed to protect the working poor against the financial impact of losses". INSURANCE

através da Circular Susep 277/2004, que regulava o seguro de vida em grupo popular, e da Circular Susep 306/2005, que abordava o seguro popular de automóvel. Seu verdadeiro impulso ocorreu a partir de 2008, com a edição do Ato CNSP 10, que resultou na criação da Comissão Consultiva de Microsseguros. De acordo com o Conselho Nacional de Seguros Privados (CNSP), são classificados como microsseguros os planos de seguros desenhados para um *público-alvo específico*: população de baixa renda, microempreendedores individuais, microempresas ou empresas de pequeno porte.[3] Para a Associação Internacional de Supervisores de Seguros, por sua vez, microsseguros podem ser entendidos como *seguros acessíveis* à população de baixa renda e que funcionam a partir de práticas aceitáveis de comercialização.[4]

Cumpre, desde logo, pontuar que microsseguros não se confundem com o seguro popular, mas coexistem com ele, uma vez que o microsseguro "está direcionado para as necessidades específicas das famílias de baixa renda, enquanto o seguro popular é para todos os tipos de consumidores e apenas significa seguro de pequenos valores".[5]

Os planos de microsseguros poderão ser estruturados com coberturas de danos (como para incêndio, raio e explosão) e de pessoas (a exemplo de morte e invalidez permanente total por acidente), em conjunto ou isoladamente. Deverão ser estruturados em regime financeiro de repartição, apresentar clausulado escrito com linguagem simples,[6] amigável e de fácil entendimento, identificando claramente os riscos cobertos, os excluídos e as demais disposições que gerem direitos e obrigações. Ademais, devem evitar a adoção excessiva de restrições e de riscos excluídos, bem como prever prazos tempestivos e aderentes às necessidades de seu público-alvo para a liquidação de sinistros como resultado da adoção de processos de regulação de sinistros eficientes e rápidos.[7]

Os microsseguros foram objeto de atenção do Conselho Nacional de Seguros Privados, que, em 2021, editou a Resolução CNSP 409 sobre os princípios e as características gerais para a operação dos seguros classificados como microsseguros. Para examinar a função e a essência dos microsseguros, vale recuperar a regulação revogada, que trazia mais amplo detalhamento acerca da matéria. Nas linhas seguintes, serão brevemente

---

INFORMATION INSTITUTE. *Background on*: microinsurance and emerging markets. Disponível em: https://www.iii.org/article/background-on-microinsurance-and-emerging-markets. Acesso em: 26 fev. 2024.

3. Resolução CNSP 409/2021, art. 2º, *caput*.
4. IAIS. *Issues in the Regulation and Supervision of Microinsurance*. Disponível em: https://www.iaisweb.org/uploads/2022/01/Issues_Paper_in_regulation_and_supervsion_of_microinsurance__June_2007.pdf.pdf. Acesso em: 26 fev. 2024.
5. Cfr.: https://www.gov.br/susep/pt-br/planos-e-produtos/microsseguros/historico-dos-microsseguros-no-brasil. Acesso em: 26 fev. 2024.
6. Embora já estejam avançados os estudos em torno do que se convencionou denominar "*plain language*" ou, entre nós, "linguagem simples", capitaneados no Brasil por autores como a Professora Claudia Cappelli, do curso de Ciência de Computação da Universidade do Estado do Rio de Janeiro, não nos referimos, aqui, ao significado técnico de "linguagem simples", e sim, numa perspectiva menos ambiciosa, ao sentido corrente da expressão. Registre-se, porém, que seria muito interessante vislumbrar a irradiação da linguagem simples, que já serviu como fio condutor para a reestruturação dos websites do governo e para a transformação digital no setor público, também no setor de seguros e seus clausulados.
7. Conforme a Resolução CNSP 409/2021, art. 3º.

apresentadas algumas características interessantes, já conferidas aos microsseguros pela autoridade competente no passado, que denotam que toda a formatação dos microsseguros é pensada para descomplicar a sua contratação.

Até 02/08/2021, esteve em vigor a Circular Susep 440/2012, que estabelecia parâmetros obrigatórios para os planos de microsseguros e dispunha sobre as suas formas de contratação, inclusive com a utilização de meios remotos. Com efeito, era disposto que a vigência das coberturas oferecidas em planos de microsseguros era, obrigatoriamente, de um mês, sendo que o prazo mínimo de vigência do microsseguro de viagem era de um dia,[8] o que se diferia das apólices tradicionais de seguro, em regra com vigência de um ano.

Em relação ao recolhimento do prêmio em sede de microsseguros, podia ser realizado por meio de contas de consumo, carnês, boletos, faturas de cartões de crédito ou descontos em folha de pagamento do segurado/participante.[9] Pelo artigo 8º da Circular Susep 440/2012, os valores de limite máximo de garantia, de capital segurado e/ou de benefício para as coberturas oferecidas em planos de microsseguros deveriam observar os limites máximos individuais por cobertura preestabelecidos no normativo. Para as coberturas de morte, morte acidental e invalidez permanente total por acidente, por exemplo, os limites máximos correspondiam a R$ 30.000,00.[10]

Atualmente, com a Resolução CNSP 409/2021, em que pese a ausência de critérios objetivos, tem-se que o estabelecimento do limite máximo para pagamento de indenização, para as coberturas de danos, e do capital segurado, para as coberturas de pessoas, *deverá observar a natureza, o objetivo e as características da cobertura* (art. 4º). Nada foi mencionado, nessa sede, sobre a duração dos microsseguros e a forma de recolhimento dos prêmios.

O ato normativo em vigor, logo se nota, tem como característica uma abordagem mais principiológica e menos exauriente, aumentando o espaço de manobra às partes envolvidas na operação.

Para além de os microsseguros terem um público-alvo particular de segurados, eles trazem a reboque um ecossistema securitário um pouco diferenciado: as sociedades seguradoras que operam microsseguros, denominadas microsseguradoras, necessitam de autorização específica para tanto[11] e existe a figura do corretor de microsseguros.[12]

---

8. Conforme a revogada Circular Susep 440/2012, art. 51.
9. Conforme a revogada Susep 440/2012, art. 55, parágrafo único.
10. Conforme a revogada Susep 440/2012, art. 8º, I, "a" e "b".
11. Circular Susep 439/2012 (estabelece as condições para autorização e funcionamento das sociedades e entidades que venham a operar com microsseguro), art. 2º. "Dependem de prévia e expressa aprovação da Superintendência de Seguros Privados – Susep a constituição, transformação, autorização e cancelamento para operar da sociedade seguradora estabelecida exclusivamente para operar em microsseguro, aqui definida como microsseguradora".
12. Nos termos do art. 2º, parágrafo único, da Circular Susep 647, de 12 de novembro de 2021, "A partir da entrada em vigor desta Circular [1º de dezembro de 2021], é vedada a formalização de contrato entre sociedade seguradora e instituições financeiras e demais instituições autorizadas a funcionar pelo Bacen visando à oferta de planos de microsseguro por intermédio de seus correspondentes nos termos da Circular Susep 441, de 2012".

É preciso mencionar, porém, o art. 5º da Resolução CNSP 409/2021, que afirma: "*Aplicam-se às operações de microsseguros as regras e critérios regulamentares vigentes sobre as operações de seguros, desde que não contrariem as disposições desta Resolução*". Assim, terão que ser observadas pelas microsseguradoras, à guisa de ilustração, normas como as de boas práticas no setor de seguros (Resolução CNSP 382/2020) e as sobre a aceitação e a vigência do seguro e sobre a emissão e os elementos mínimos dos documentos contratuais (Circular Susep 642/2021).

Navegando em outras águas, os microsseguros têm como características inclusão, simplicidade, foco no cliente, acessibilidade, transparência, proporcionalidade, sustentabilidade, educação financeira e inovação.[13] Aqui, destaca-se a *inovação* como um dos vetores básicos dos microsseguros (art. 2º, inciso IX, da Resolução CNSP 409/2021). Não por acaso, o Edital Susep 1 de 26.07.2021 possibilitou aos interessados em participar do *Sandbox* Regulatório operarem algumas coberturas dos ramos de microsseguros, conforme previsão do item 3 (elegibilidade) na forma do inciso VII, do Anexo II, do referido Edital.

De fato, considerando-se os destinatários dos microsseguros, é desejável o surgimento de modelos de negócios disruptivos que permitam a sua contratação simplificada, democratizando ainda mais o acesso aos seguros, visando ao resguardo da população de baixa renda e do pequeno empresariado.

Se, por um lado, os órgãos reguladores já fizeram minimamente a sua parte, por outro, tem-se que o potencial dos microsseguros no mercado brasileiro ainda está subexplorado. Soluções como a dos microsseguros paramétricos podem avançar a passos largos no País, bastando bons projetos de implementação.

Por isso mesmo, pode-se dizer que está na hora de se apostar em microsseguros, que têm a capacidade de, a um só tempo, movimentar a economia em enfrentamento à alta da inflação e cumprir a importante função social de proteção aos mais necessitados, desestimulados a adquirir seguros pelas vias tradicionais.

Nas palavras oportunas de Marcio Coriolano, é chegado o tempo de o microsseguro "*deixar de ser um degrau e virar uma plataforma*".[14]

Versão original publicada em: 12.05.2022.

---

13. Resolução CNSP 409/2021, art. 2º, incisos I a IX.
14. BUENO, Denise. *Marcio Coriolano deixa importante legado ao setor em seus seis anos à frente da CNseg*. Disponível em: https://www.sonhoseguro.com.br/2022/04/marcio-coriolano-deixa-importante-legado-ao-setor-em-seus--seis-anos-a-frente-da-cnseg/. Acesso em: 26 fev. 2024.

NOTAS SOBRE O SEGURO BASEADO NO USO

Camila Ferrão dos Santos

Na lógica securitária, o risco ocupa posição de verdadeiro protagonismo dentre os diversos elementos do contrato de seguro. O evento ao qual o risco se reporta é caracterizado como um fato eventual e alheio à vontade do segurado, que jamais poderá decorrer de ato intencional deste. A partir desse pressuposto, tem-se que a adequada celebração do contrato de seguro depende de cuidadoso e preciso processo de mensuração do risco.

Pautados no pilar da mutualidade, os mecanismos de avaliação do risco (como estatística, cálculos de probabilidades, atuária etc.) viabilizarão a compreensão econômica das incertezas individuais, traduzindo-as em risco no contexto coletivo e nele dissolvendo-as.[1] A análise de tais dados levará, então, à conclusão sobre se há ou não interesse por parte da seguradora em celebrar o contrato e segurar aquele interesse específico, por qual valor (prêmio) e em que medida (limitação da cobertura).

Atualmente, a aferição do risco apoia-se, principalmente, nas informações prestadas unilateralmente pelo segurado na declaração inicial do risco, preenchida no momento da celebração do contrato, o que faz com que o dever de boa-fé desponte como uma das "regras de ouro" para que o contrato de seguro seja formado de forma adequada. Naturalmente, o dever de boa-fé não se limita ao momento da formação do contrato e do preenchimento da declaração inicial do risco, mantendo-se durante todas as demais etapas da relação contratual, como fonte contínua de deveres de conduta que devem pautar toda a relação securitária, aí incluindo, em especial, o momento em que seja verificado eventual agravamento do risco.

Por mais que a boa-fé auxilie no processo de aferição do agravamento do risco, fato é que tal postulado tem suas limitações e, em muitas hipóteses, tal avaliação acabará dependendo exclusivamente da colaboração e honestidade do próprio segurado que deu ensejo ou verificou o agravamento na prática (e que seria, pois, financeiramente prejudicado pelo reconhecimento de tal agravamento). Ademais, a demonstração de que determinado segurado agiu em desacordo com a boa-fé e deu causa a um agravamento injustificado do risco é processo complicado por si só, não apenas pela dificuldade probatória, mas também em razão da própria dificuldade em se delimitar o que, efetivamente, se enquadra como agravamento do risco, passando, ainda, pela interminável discussão envolvendo dolo, culpa e intencionalidade no agravamento do risco.

---

1. TZIRULNIK, Ernesto; CAVALCANTI, Flávio; PIMENTEL, Ayrton. *O Contrato de Seguro*. 2. ed. São Paulo: Ed. RT, 2003, p. 32.

É nesse contexto que o desenvolvimento de sistemas que, de forma objetiva, viabilizem uma aferição constante do risco no curso do contrato de seguro – fazendo com que a comunicação de eventual agravamento não mais dependa majoritariamente da "boa vontade" do segurado, tendo em vista que cria mecanismo isento, imparcial e eficaz de controle – revela-se extremamente pertinente para a discussão posta.

No Brasil, o modelo tradicionalmente usado pelas seguradoras realiza uma avaliação do risco de forma pontual e estanque, no momento da contratação, com base na já mencionada declaração preliminar de risco prestada pelo segurado e em outros fatores secundários (todos aferidos durante as negociações iniciais). Por isso, a aferição de agravamentos injustificados do risco que depende do dever de informação a ser cumprido pelo próprio segurado revela-se, na prática, pouco eficaz e insuficiente para acompanhar o dinamismo inerente às relações cotidianas atuais.

Alternativamente a esse modelo tradicional, um novo sistema de contratação de seguros se apresenta: o do seguro baseado no uso e no comportamento do segurado (denominado, globalmente, de "UBI" – *Usage-Based Insurance*). Neste, uma avaliação constante do risco (isto é, ao longo de todo o curso contratual) é realizada de forma isenta e objetiva, evitando interpretações subjetivas e eventuais omissões no dever de comunicação. Ao invés de se proceder à avaliação do risco com base em dados estáticos de um único ponto temporal do contrato (momento da celebração), passa-se, a partir da coleta – em tempo real – de dados referentes ao bem segurado, a proceder a uma avaliação de risco contínua e personalizada, baseada nos hábitos e comportamentos de cada segurado, com o auxílio das novas tecnologias de telemática, *big data*, inteligência artificial etc.

Partindo-se do exemplo do seguro de automóvel, procede-se a um monitoramento constante da direção e do comportamento do indivíduo na condução do veículo (mediante dispositivos integrados ao próprio automóvel e ao celular do segurado), durante o qual são rastreados e coletados dados relacionados à velocidade; distâncias percorridas; freadas e acelerações bruscas; rotas escolhidas; local e hora do dia em que se costuma dirigir; locais em que o veículo fica estacionado e pernoita (se em garagem ou via pública); prudência em curvas; implantação de *airbags*; dentre outros dados objetivos que se mostrem relevantes para aferição do risco a que o interesse legítimo está exposto.[2]

Já amplamente difundido na Europa e nos Estados Unidos, as ofertas pautadas nesse sistema, em um primeiro momento, passaram a ser oferecidas mediante modelo unitário simples, conhecido como "Pay-As-You-Drive" (PAYD), isto é, "pague à medida que você dirige". Nesse modelo, há monitoramento dos quilômetros rodados pelo veículo segurado e, quanto maiores as distâncias percorridas pelo segurado, maior será o valor do prêmio. Assim, o sistema segue premissa básica no sentido de que quanto mais um segurado dirige seu veículo, mais o veículo estará exposto a riscos. Consequentemente, a probabilidade de acidentes é maior quando comparado ao de um segurado que dirige

---

2. Disponível em: http://www.ibc.ca/sk/auto/buying-auto-insurance/how-auto-insurance-premiums/telematics. Acesso em: 14 set. 2022.

por distâncias menores. Assim, no modelo de seguro "Pay-As-You-Drive", se o segurado não estiver dirigindo muito, estará menos exposto ao risco e, por isso, economizará dinheiro no seguro.[3]

Após desenvolvimentos no sistema de seguros automotivos, passou-se a comercializar o modelo "Pay-How-You-Drive" (PHYD), ou seja, "pague de acordo com a maneira que você dirige". No novo e evoluído sistema, o prêmio varia não mais a depender das distâncias percorridas pelo segurado, procedendo-se, na verdade, a uma coleta de dados muito mais sofisticada e complexa, relacionados à conduta do segurado em relação ao automóvel, que viabilizam a análise do próprio comportamento do motorista enquanto conduz e guarda o veículo segurado (exigindo, via de consequência, cuidado muito mais acentuado com a proteção de dados pessoais e com a observância dos preceitos da LGPD). Assim, na modalidade PHYD, a depender do nível de cautela do indivíduo na condução de seu automóvel, haverá uma redução ou majoração do prêmio a ser pago.

Com o tempo, uma terceira e aperfeiçoada versão foi desenvolvida, hoje conhecida como "Manage-How-You-Drive" (MHYD: "gerencie a maneira que você dirige"). Nesta, procede-se à coleta e tratamento de dados da mesma forma que ocorre no modelo de seguro PHYD, mas, para além disso, há envolvimento proativo da seguradora, na forma de alertas que são fornecidos aos motoristas enquanto dirigem, com o objetivo de orientá-los e evitar a ocorrência de danos e sinistros. O modelo se propõe a auxiliar o segurado a compreender em que aspectos seu comportamento na direção e no manuseio do bem segurado precisa ser aprimorado, de forma a que possa ajustar seu comportamento e não ser surpreendido com variações nas taxas, tratando-se, pois, do modelo que melhor garante o cumprimento do dever de informação por parte da seguradora.

É inegável que a Internet das Coisas, a Inteligência Artificial, os *wearables*, os carros conectados à internet e outras tecnologias disruptivas vêm modificando e continuarão modificando, de forma cada vez mais acelerada a partir da atuação das *insurtechs*, todo o modelo de negócio de seguros. No que diz respeito ao sistema ora sob enfoque, a tecnologia permite que as seguradoras monitorem grande número de variáveis, possibilitando que o risco esteja constantemente "atualizado", o que, por sua vez, garante que o cálculo das probabilidades seja feito de forma exponencialmente mais precisa, através de dados confiáveis sendo constantemente coletados e tratados. É o tratamento sistematizado desses dados que poderá ser usado, durante o relacionamento contratual, para facilitar a solução de problemas envolvendo o agravamento injustificado do risco.

É evidente, contudo, que, para a adequada implementação desse modelo, exige-se uma comunicação clara entre seguradora e segurado, especialmente no que se refere

---

3. Sobre esse ponto, é digno de nota que o seguro baseado no uso e/ou no comportamento ganhou especial relevo com a pandemia da Covid-19 eis que, durante e após as medidas mais drásticas de lockdown e isolamento social, a necessidade de dirigir foi drasticamente reduzida para grande parte da população, gerando importante reflexão sobre a forma de se segurar os automóveis e, mais importante, a forma de se pagar por esse seguro. Disponível em: https://gr1d.io/insurance/trends/post/como-a-pandemia-da-covid-19-esta-mudando-os-seguros-f81b3722c0. Acesso em: 14 set. 2022.

aos benefícios, preocupações e diferenças do novo modelo quando comparados ao modelo tradicional.

Nesse contexto, para além da imprescindível adequação aos parâmetros da Lei Geral de Proteção de Dados, mostra-se necessária a reflexão sobre outros pontos cruciais envolvendo o seguro baseado no uso, tais quais (i) a criação de limites para a coleta contínua de dados pela seguradora; (ii) a forma pela qual as informações coletadas poderão ser tratadas e compartilhadas; (iii) as formas pelas quais os dados serão utilizados para se proceder à avaliação contínua do risco; (iv) como se dará a variação na precificação do prêmio; (v) como será garantido amplo acesso, pelo segurado, aos parâmetros utilizados para aferição do risco; analisando-se, ainda, (vi) a possibilidade de o aparelho usado para a coleta de dados ferir o direito à privacidade dos usuários, de forma a criar mecanismos de proteção.

No ordenamento brasileiro, o modelo de seguro baseado no uso certamente teria considerável impacto, principalmente no que diz respeito ao problema do agravamento do risco que, hoje, ainda figura entre as maiores dificuldades enfrentadas no âmbito das relações securitárias. Tal dificuldade, inerente à própria lógica de funcionamento do modelo tradicional, revela que o sistema dos seguros, tal como está regulado hoje, carece de mecanismos alternativos que viabilizem o controle da variação do risco de forma mais eficiente.

Portanto, um método que viabilizasse o controle de forma isenta e objetiva traria significativas vantagens à sistemática dos contratos de seguro, beneficiando ambas as partes (seguradora e segurado) e otimizando a administração e controle do fundo mutualístico. Referido modelo – uma vez adaptado às limitações e balizas impostas pela LGDP – parece-nos compatível com o ordenamento jurídico brasileiro, pelo que o aprofundamento de estudos sobre a referida sistemática pode se revelar benéfico para todas as partes envolvidas, haja vista que o risco é elemento precificado e, em assim sendo, quanto maior a acurácia na mensuração do risco, menor a chance de desequilíbrio contratual e menor o espaço, para a seguradora, de negar cobertura e pagamento das indenizações contratadas.

Versão original publicada em: 29.09.2022.

OS NFTS E O CONTRATO DE SEGURO

Priscila Mathias Fichtner

Claudio Miranda

O crescimento da comercialização de ativos digitais, dentre os quais os atualmente tão badalados NFTs ("*non fungible tokens*" ou "*tokens* não fungíveis"), tem movimentado a economia e gerado o desejo pela aquisição de produtos novos e exclusivos, dando ensejo a golpes, agora aplicados no "metaverso". Recentemente foi noticiado que as fraudes com NFTs e outros crimes envolvendo criptomoedas somaram US$ 24,2 bilhões em 2023. Em 2022, o montante transacionado em operações ilícitas foi recorde, alcançando US$ 39,6 bilhões.[1] Os dados assustam e chamam a atenção para a necessidade de criação de mecanismos de proteção contra os riscos digitais.

A equação envolvendo a soma dos elementos riscos e proteção certamente trará, como produto, o contrato de seguro, cuja base conceitual já é conhecida, mas que está diante de desafios novos, advindos de uma realidade paralela, em construção.

A revolução tecnológica atual, de fato, traz outras problemáticas a serem enfrentadas pelos seguros. Os riscos tornaram-se mais complexos, sofisticados e desafiadores. Coube à Ulrich Beck desenvolver a noção de "sociedade de risco" (*Risikogesellschaft*) como forma de conceitualizar as modificações estruturais perceptíveis na modernidade quando contrastada com a "sociedade industrial" (*Industriegesellschaft*) prevalente outrora.[2]

A inserção da tecnologia no cotidiano promoveu uma virtualização da vida, da economia e da sociedade. Em um mundo em que se discute um "metaverso", riscos digitais não podem ser encarados como uma ilusão, a la *Dom Quixote*.

Ao contrário, como já adiantado linhas atrás, são economicamente relevantes, sendo necessário que se discuta a sua alocação e distribuição. O direito, diante de sua natureza de se fazer presente onde novos desafios sociais aparecerem, há de oferecer respostas. Em um futuro de volatilidade generalizada, a atividade econômica necessita, até para fins de desenvolvimento, de instrumentos jurídicos adequados para assegurar eficiência, rentabilidade e delimitação de riscos.[3]

---

1. Disponível em: https://valorinveste.globo.com/mercados/cripto/noticia/2024/01/18/crimes-com-criptomoedas-caem-38percent-em-2023-bitcoin-e-cripto-de-dolar-lideram-entre-as-mais-usadas.ghtml.
2. BECK, Ulrich. *Risikogesellschaft Auf dem Weg in eine andere Moderne*. Frankfurt am Main: Surkamo, 1986, p. 15-20.
3. WALD, Arnoldo. A Contratualização do Direito Societário. *Revista de Direito Bancário e do Mercado de Capitais*, v. 26, p. 21, out./2004, DTR 2004/597.

O seguro contra riscos digitais é uma primeira ferramenta que visa a oferecer uma resposta a esses novos problemas. Ocorrências como vazamento de dados, roubos de senha, *hackeamentos*, são cada vez mais frequentes, e têm impacto econômico significativo. Por exemplo, em pesquisa coordenada pela IBM Security, constatou-se que o custo total médio global de uma violação de dados foi de US$ 4,45 milhões em 2023, totalizando uma alta de 2,3% em relação ao custo médio do ano anterior, de US$ 4,35 milhões. Considerando que, em 2020, o custo médio era de US$ 3,86 milhões, houve um aumento substancial de 15,3% ao longo de 3 anos, indicando quão expressivo pode ser o seu impacto econômico.[4]

A Circular 638, de 27 de julho de 2021, da Susep (Superintendência de Seguros Privados) dispõe sobre os requisitos de segurança cibernética a serem observados pelas sociedades seguradoras, entidades abertas de previdência complementar (EAPCs), sociedades de capitalização e resseguradoras locais. A Resolução 415 do CNSP (Conselho Nacional de Seguros Privados), alterada pela Resolução 450, de 18 de outubro de 2022, versando sobre *Open Insurance*, elenca a segurança cibernética como requisito essencial para o credenciamento e funcionamento das sociedades iniciadoras de serviço de seguro,[5] bem como para garantir a autenticação do cliente.[6]

A segurança cibernética vem intensamente sendo buscada pelo mercado segurador, o que facilita o desenvolvimento de proteção à comercialização de NFTs.

Os NFTs são uma espécie de certificado digital de propriedade, amparado pela tecnologia de *blockchain*. Dessa forma, um NFT representa a propriedade de um ativo que lhe é subjacente.

As potencialidades práticas dos NFTs ainda estão sendo exploradas. Desde o mercado da arte, música, produtos colecionáveis, mercado financeiros e indústria de jogos são apenas alguns dos usos correntes dos tokens não fungíveis. O mercado imobiliário também tem se aquecido pelo uso dos NFTs, propiciando venda de percentuais de imóveis[7] ou de casas virtuais para experimentação e não moradia.[8]

A ideia de haver um bem representando outro não é uma novidade. Desde o direito romano se reconhecia que a transferência de propriedade sobre bens imóveis deveria ocorrer mediante a tradição de outro bem que o simbolizaria. Posteriormente, como forma de facilitar a circulação do crédito, a técnica jurídica dos títulos de crédito permitiu a corporificação de um direito em um documento que o representaria. Dessa

---

4. IBM Security. *Relatório do Custo de uma Violação de Dados 2023*, p. 5.
5. Art. 8º "A Susep disciplinará os requisitos para o credenciamento e o funcionamento das sociedades iniciadoras de serviço de seguro, que são participantes, de forma obrigatória, do Open Insurance, devendo ser observada, entre outras, segurança cibernética, governança, inclusive sobre dados, práticas de conduta no que se refere ao relacionamento com o cliente e capacidade financeira".
6. Art. 19: "Os procedimentos e controles para autenticação de que trata esta seção devem ser compatíveis com a política de segurança cibernética da sociedade ou de gestão de riscos e controles, previstas na regulamentação em vigor."
7. Disponível em: https://g1.globo.com/rs/rio-grande-do-sul/noticia/2021/10/23/professora-de-82-anos-de-porto-alegre-compra-primeiro-apartamento-digitalizado-do-brasil.ghtml.
8. Disponível em: https://blueprint.apto.vc/de-bitcoin-a-nft-as-inovacoes-em-uso-no-mercado-imobiliario.

forma, o conceito subjacente ao NFT já é conhecido e trabalhado faz séculos, havendo, especialmente, uma roupagem diferenciada, considerando a sua natureza digital e a facilidade vendida com a aquisição desse bem.

Em sendo um certificado de titularidade sobre outro bem, o NFT – como indicado pelo próprio nome – é infungível, diferenciando-se de outros produtos digitais que também se valem da tecnologia do *blockchain*, como as criptomoedas, que são fungíveis. Por sua função econômica precípua, após o seu registro em *blockchain*, o NFT passará a ser imutável e único, podendo ser comercializado individualmente.

Dada a sua própria natureza, estão subjacentes ao NFT riscos comuns aos demais bens representativos, como o extravio ou fraude do *token* e extravio do bem subjacente. Ao corporificar e representar direito real sobre ativos, o NFT carrega duplo valor tutelável, como ativo representativo e sobre o seu respectivo lastro, de forma que os riscos a serem cobertos também se perfazem em ambas as camadas. Esses riscos se encontram potencializados pelo elemento tecnológico, trazendo circunstâncias novas, como a possibilidade de perda de acesso à carteira digital, atuação de *hackers*, falha de *hardware*, erro humano, violações de segurança, dentre outros. E, onde há riscos, há a possibilidade de se cogitar a contratação de um seguro.[9]

Na prática, portanto, já há interesse legítimo a ser segurado. O mercado securitário internacional tem buscado soluções de seguros que podem compreender os NFTs. Produtos como a "cobertura de propriedade digital" visam assegurar reparações decorrentes de ativos digitais, em hipóteses de roubo de carteira criptográfica, perda de chave privada e atuação de *hackers*, por exemplo.[10] Diante de tais particularidades, seguradoras pioneiras têm passado a atuar no mercado, como a Coincover[11] e a Lloyds.[12]

Paralelamente, constata-se no mercado o crescimento da comercialização do seguro de riscos cibernéticos ou seguro contra riscos digitais, de aplicação mais ampla. Essa modalidade de seguro oferece cobertura a riscos de violação de privacidade, de confidencialidade, reparação por danos causados por ataques cibernéticos, dentre outros. Riscos estes semelhantes àqueles que os NFTs estão expostos.

Na medida em que o mercado vem aderindo à utilização dos NFTs em variados tipos de transação, a tendência é o desenvolvimento de respostas jurídicas aos problemas enfrentados na prática, existindo uma facilitação à identificação do risco pela própria natureza infungível do bem. Em abril de 2021, foi lançado no mercado de Hong Kong o NFTY, espécie de microsseguro, pioneiro na cobertura do NFT correspondente à canção

---

9. Esse tema ainda não foi explorado com profundidade pela doutrina brasileira, merecendo destaque o artigo de Anthony Novaes e Bruno Feigelson, intitulado: NFT, seguros e omniverso: todo bem merece proteção, publicado em 25.12.2021, no informativo JOTA, disponível em: https://www.jota.info/opiniao-e-analise/colunas/regulacao-e-novas-tecnologias/protecao-nft-seguros-omniverso-25122021.
10. Disponível em: https://www.migalhas.com.br/depeso/383273/os-nfts-e-seus-riscos-digitais-oportunidade--para-o-mercado-de-seguros.
11. Disponível em: https://www.coincover.com/.
12. Disponível em: https://www.lloydsbank.com/.

"*Nobody Gets Me*", uma canção à época ainda não lançada de Hanjin Tan. A cobertura proposta abarca eventual roubo e perda do referido NFT.[13]

Apesar da experiência embrionária, seguros de NFTs ainda não são uma realidade corriqueira de mercado. Está-se, mormente, em um plano de expectativas e de projeção da sua utilidade econômica, considerando os desafios trazidos pela era digital. As sementes para o seu desenvolvimento, contudo, já estão plantadas. Os riscos cibernéticos já são conhecidos e vêm sendo precificados, e o *blockchain* vem se mostrando tecnologia com potencial disruptivo ainda não totalmente explorado. A união entre a necessidade econômica e a necessidade de encontrar soluções para problemas concretos é o cenário ideal para o florescimento de respostas jurídicas.

O aparato normativo-institucional atualmente em vigor parece ter o ferramental necessário para enfrentar o problema. Obras de arte são seguráveis. Determinados riscos digitais também são seguráveis. Eventual bem material subjacente a um NFT também tende a ser segurável. A Susep vem mostrando adaptabilidade e receptividade a tais desafios impostos pela prática, bem como vem endossando o desenvolvimento de novos produtos dentro do mercado de seguros.

Dessa forma, tornar um NFT segurável parece ser mais uma questão de tempo do que, propriamente, de superação de um obstáculo endógeno ao arcabouço normativo institucional vigente hoje no Brasil. Assim, os questionamentos iniciais, aparentemente, se prendem mais a questões relacionadas ao dimensionamento do risco e viabilidade comercial do que à viabilidade jurídica.

De fato, tornar um NFT segurável traz o desafio de precificação, de avaliação do ativo que lhe é subjacente e, em certa medida, do próprio NFT em si. A sua autonomização em relação ao bem que comprova propriedade é um elemento adicional de complexidade, ainda mais considerando que, frequentemente, esse bem também apresenta uma natureza virtual e imaterial.

Em maio de 2021, a obra *Doni Tondo* de Michelangelo, criada em 1505, teve a sua representação em um NFT vendida por US$ 170 mil.[14] Apesar das dificuldades de precificar arte, por envolver aspectos não materiais, já há *know-how* sobre o tema. Diferentemente, por exemplo, do que ocorre no mercado de jogos digitais ou, até mesmo, no que seria a precificação da representação digital.

No final de 2021, a desenvolvedora Ubisoft foi pioneira na introdução de NFTs em um jogo digital de grande alcance – conhecidos como AAA, que trabalham com o conceito de "tecnologia de energia eficiente". O elemento da colecionabilidade, que tem como pilares a qualidade, escassez, autenticidade e valor percebido, está presente em vários jogos e dialoga com o universo dos NFTs. Logo, essa indústria pode ser um campo fértil para o seu desenvolvimento. Mas o problema central do dimensionamento do risco

---

13. Disponível em: https://insuranceasia.com/insurance/exclusive-in-focus/how-yas-microinsurance-puts-price-non-fungible-tokens.
14. Disponível em: https://news.artnet.com/art-world/uffizi-gallery-michelangelo-botticelli-nfts-1969045.

permanece, até mesmo pelo caráter dinâmico do risco tecnológico. A sua precificação e o seu alcance são questões que desafiam essa nova roupagem do contrato de seguro. Isso porque a tecnologia de armazenamento de imagens traz em si riscos de perda de qualidade em curto espaço de tempo.

Os valores envolvidos em tais operações são elevados, o que traz consigo importantes riscos concernentes à custódia do ativo, do código fonte, de sua chave de acesso, e mesmo do acesso, disponibilidade e sucessão dos bens. Diante da necessidade de proteção do patrimônio, a atividade securitária ganha espaço e proeminência.[15]

Acrescente-se que o NFT certamente envolverá produtos de uso e economia compartilhada, em típica relação de copropriedade, realidade já vivenciada, por exemplo com os jogos digitais. A interação com o contrato de seguro nesse contexto reclamará a emissão de apólice coletiva, na qual cada proprietário conste como cossegurado.

A heterogeneidade dos ativos atrelados aos NFTs constitui, dessa forma, um dos grandes desafios a serem enfrentados quando da estruturação jurídica de um modelo de contrato de seguros. O mesmo pode ser dito a respeito da inovação quanto ao seu conteúdo.

Registre-se, a esse respeito, a relevância de que os mecanismos de registro e de proteção das criações intelectuais relacionadas ao *blockchain* e aos NFTs em si sejam objeto de atualização por parte das autoridades competentes. Uma demonstração inequívoca dessa realidade, a impactar na cobertura securitária dos NFTs, sobretudo com relação à legitimidade para contratação do seguro. Dessa nova realidade, infere-se a necessidade de investimento e desenvolvimento de registros próprios de criptografia, por parte do Instituto Nacional da Propriedade Industrial – INPI, a fim de que a propriedade imaterial referente a esses ativos digitais seja objeto de proteção específica e especializada, o que sem dúvidas poderá resvalar na cobertura securitária do bem. Percebe-se, assim, que há fundamentos jurídicos para o desenvolvimento do seguro em tela, sendo importante, contudo, a atualização dos mecanismos disponíveis, a fim de assegurar a base necessária para que tais conceitos possam se desenvolver.

Outro aspecto relevante diz respeito à fundamentalidade da Ethereum, segunda criptomoeda mais famosa do mundo, atrás somente do Bitcoin, para o NFT, uma vez que a chave criptográfica do NFT é armazenada no Blockchain Ethereum, que serve de base para a gravação de informações extras responsáveis por diferenciar uma ETH (moeda virtual) de um NFT (ativo único). É importante antecipar os reflexos desse cenário específico para a contratação do referido seguro, à medida em que poderá delimitar o contexto pertinente à criação e execução das normas pertinentes ao seguro.

A segurança jurídica sempre buscada pelo Direito foi desafiada a se adaptar à disrupção provocada pela tecnologia. Mas o medo do novo não pode ser um empeci-

---

15. SOUZA, Yan Soares de. Apontamentos sobre a tecnologia *Blockchain*, NFT's e o contrato de seguro de danos: é possível fazer um contrato de seguro de danos de um NFT? *Revista Ibero-Americana de Humanidades, Ciências e Educação*, São Paulo, v. 9, n. 6, jun., 2023, p. 863.

lho para a criação e o desenvolvimento de soluções legais diante de um problema real jurídico e econômico. É nesse contexto que se insere o pretenso seguro de NFT. Diante do valor do ativo subjacente, de seu valor econômico próprio e dos crescentes riscos digitais, haverá interesse legítimo a validar a sua proteção. Cabe ao mercado segurador encontrar a melhor conformação negocial.

Se, outrora, o risco de naufrágio era motivo de preocupações para os comerciantes genoveses,[16] hoje, o risco de fraude e extravio (*lato sensu*) de um NFT traz inquietações, no fundo, não tão diferentes quanto àquelas dos antepassados da Itália renascentista. Por certo, a roupagem e os riscos são diversos, mas o legítimo interesse segurável aparece em ambas as situações, desafiando a criação de modalidade nova de contrato de seguro que ofereça garantia contra os riscos advindos da aquisição de NFTs.

Versão original publicada em: 17.02.2022.

---

16. ALVIM, Pedro. *O contrato de seguro*. Rio de Janeiro: Forense, 2001, p. 27-28.

TRATAMENTO DE DADOS PESSOAIS
NO SETOR DE SEGUROS

ASPECTOS ESSENCIAIS DO *OPEN INSURANCE* NO BRASIL

Ilan Goldberg

Guilherme Bernardes

Em 21.07.2021, o Conselho Nacional de Seguros Privado (CNSP) e a Superintendência de Seguros Privados (Susep) publicaram, respectivamente, a Resolução 415 e a Circular 635, que regulam a implementação, no País, do Sistema de Seguros Aberto, comumente designado como *"Open Insurance"*.

O *Open Insurance*, tal como o *Open Banking*, é um sistema que permite o compartilhamento padronizado de alguns dados de clientes, nesse caso entre empresas do ramo de seguros, por meio de sistemas integrados, formando o que tem sido qualificado como *Open Finance* – sistema financeiro aberto – ampliado e que visa a beneficiar os consumidores, proporcionando um maior leque de opções, experiências customizadas, inovação e produtos sob medida.

O sistema, que já vem sendo implementado no âmbito do Banco Central do Brasil,[1] bem como em diversos outros países, fixa o cliente no centro das operações financeiras, oferecendo a ele a possibilidade de compartilhar seus dados com diversas empresas de um mesmo setor por uma plataforma simples e unificada.

Ao consentir expressamente em dispor os seus dados e, assim, participar do *Open Finance*, o consumidor terá acesso a contas correntes, planos de previdência, capitalização e seguros, tudo em um mesmo lugar. Enquanto o compartilhamento dos dados se destina a permitir o recebimento de ofertas mais vantajosas e adequadas à sua demanda específica, a unificação de informações e disponibilização da lista fornecedores visa a facilitar a comparação entre os produtos oferecidos.

As matrizes legais que inspiraram as referidas normas CNSP e Susep são, essencialmente, a Lei 13.874/2019 (Lei de Liberdade Econômica), o Código de Defesa do Consumidor (Lei 8.078/1990) e, como não poderia deixar de ser, a Lei Geral de Proteção de Dados (Lei 13.709/2018), considerando que a funcionalidade do *Open Insurance* está diretamente calcada no consentimento expresso por parte do usuário do sistema (art. 5º, § 2º da Resolução CNSP 415/2021).

---

1. Trata-se da Resolução Conjunta 01/2020, do Banco Central, publicada no Diário Oficial da União em 05.05.2020. Disponível em: https://www.in.gov.br/web/dou/-/resolucao-conjunta-n-1-de-4-de-maio-de-2020-255165055.

Em esclarecimentos ao mercado prestados em webinar realizado em 04.05.2021, a Susep esclareceu que o cliente/titular dos dados pessoais poderá escolher quais informações desejará compartilhar, cedendo-as, parcial ou integralmente, tendo sido destacado que os *dados sensíveis dos consumidores não poderão ser compartilhados*.[2] O titular dos dados terá, ainda, um controle posterior à divulgação, podendo gerir seus consentimentos e para quem eles serão disponibilizados.[3]

Isso significa dizer que caberá ao cliente disponibilizar mais ou menos dados, a mais ou menos *players*, tendo em mente que um maior compartilhamento poderá propiciar, ao final, um produto mais adequado e eficiente – e possivelmente mais barato, diante da concorrência gerada –, enquanto o inverso poderá conduzir a um produto genérico, como, salvo exceções, ocorre atualmente.

Para as empresas, o sistema permitirá uma integração aprimorada de plataformas de pagamentos, seguros, contabilidade e empréstimos, propiciando um gerenciamento interno de dados, valores e força de trabalho mais eficiente, o que conduzirá a um maior controle do fluxo de caixa e gestão de riscos.

O objetivo da Susep é encontrar o equilíbrio entre a segurança do consumidor, a evolução do mercado e a adaptação dos produtos oferecidos aos desejos do cliente, alinhando proteção de dados, seguro e concorrência, sem descurar-se da inovação.

O caminho a ser percorrido pela Susep na implementação do *Open Insurance* é apenas a Fase 4 da regulação do *Open Banking* operada pelo Banco Central, de acordo com Resolução Conjunta 01/2020, na qual há previsão para que produtos de seguros e previdência sejam distribuídos pelo canal bancário.

Trata-se, como se vê, de um louvável esforço de implementação de tecnologia da informação a um setor ainda consideravelmente burocrático. Com a implementação do *Open Insurance*, a Susep dá mais um passo rumo à inserção do Brasil no mercado internacional de seguros, já que sistemas similares têm sido implementados em mercados em crescimento, como no México, Austrália, Índia, Nova Zelândia e Singapura.

Na União Europeia, o tema já é discutido com profundidade pelo menos desde o início do ano, quando a EIOPA (Autoridade Europeia de Seguros e Pensões) publicou um *paper* tratando do *Open Insurance*. No material da autoridade, que exerceu influên-

---

2. O art. 5, inc. II, da LGPD define o dado pessoal sensível como: "dado pessoal sobre origem racial ou étnica, convicção religiosa, opinião política, filiação a sindicato ou a organização de caráter religioso, filosófico ou político, dado referente à saúde ou à vida sexual, dado genético ou biométrico, quando vinculado a uma pessoa natural". Sobre o tema, confira, ainda, o art. 5º, § 3º, inc. I, "a" da Resolução CNSP 415/2021.
3. Com a publicação dos normativos, sabemos também que as designadas "sociedades iniciadoras de serviços" deverão obter o consentimento dos clientes a cada novo serviço, cf. o artigo 2º, inc. IX, da Resolução CNSP 415, de 20.07.2021. Art. 2º. "[...] IX – sociedade iniciadora de serviço de seguro: sociedade anônima, credenciada pela Susep como participante do Open Insurance, que provê serviço de agregação de dados, painéis de informação e controle (dashboards) ou, como representante do cliente, com consentimento dado por ele, presta serviços de iniciação de movimentação, sem deter em momento algum os recursos pagos pelo cliente, à exceção de eventual remuneração pelo serviço, ou por ele recebidos".

cia no cenário brasileiro,[4] é reconhecida a importância desse movimento de inovação baseada em dados, principalmente no que tange à sua adequada proteção.[5] A partir do relatório elaborado pela entidade europeia, é possível prever algumas consequências que surgirão no futuro do mercado segurador nacional.

Para os clientes, o futuro reserva um maior controle de seus dados, que virá acompanhado de uma grande necessidade de campanhas de conscientização do compartilhamento de informações e maturidade quanto à posição do titular. O mau uso dessas ferramentas poderá ocasionar consequências indesejáveis, como incidentes de segurança e fraude, além da exposição a ataques de *hackers*. Nesse ponto, será interessante acompanhar como a autarquia brasileira irá se portar.

Para as empresas do setor, o futuro desenha uma maior importância dos controles internos e das práticas de *compliance*, uma vez que a má gestão de dados poderá lhes causar graves danos reputacionais, além, naturalmente, de demandas de ordem regulatória, tanto sob a batuta da Susep quanto da autoridade nacional de proteção de dados (ANPD).

Com a entrada em vigor das normas em 01/08/2021, o mercado se volta agora para a implementação do sistema sem compreender integralmente suas fronteiras e sem ver preenchidas algumas lacunas, preocupado, principalmente, com a baixa semelhança entre as operações financeiras/bancárias e securitárias, apesar de o *Open Insurance* estar sendo implementado na esteira do *Open Banking*.

Não se pode perder de vista, nesse particular, que algumas críticas foram feitas ao *Open Insurance*, principalmente pelas seguradoras mais tradicionais, como (i) a ausência de um debate aprofundado e mais extenso entre poder público e as seguradoras, (ii) a incógnita que paira sobre o futuro da participação dos intermediários nas operações (*v.g.*, corretores, estipulantes e representantes de seguros); e (iii) o curto prazo para implementação por parte das seguradoras, considerando que a Susep propõe, ao mesmo tempo, a implementação do Sistema de Registro de Operações (SRO) e introduz na estrutura a figura das sociedades iniciadoras de pagamentos.[6]

A propósito das três críticas, a última parece ter surtido efeito, já que as datas de início de registro obrigatório em relação ao SRO foram alteradas duas vezes, inicialmente tendo o prazo de 24.03.2023 e agora tendo como limite, por força da alteração promovida por meio da Resolução CNSP 461/2023, o dia 31.12.2025. Por sua vez, as datas de compartilhamento de dados pessoais relacionados ao *Open Insurance*, por

---

4. Conforme se nota da exposição de motivos das normas sobre Open Insurance no Brasil, na qual é feita menção expressa ao documento. Disponível em http://www.susep.gov.br/setores-susep/seger/copy_of_normas-em--consulta-publica/Exp_Mot_Open%20-1.pdf.
5. A autoridade europeia analisa as vantagens do *Open Insurance* por três diferentes perspectivas, destacando que: (i) para as empresas, ele oferece inovação, eficiência e colaboração; (ii) para os consumidores, proporciona uma visão holística das políticas, facilitando a mutabilidade de serviços e oferecendo produtos customizados; e (iii) para os supervisores, traz acesso em tempo real aos dados com capacidade de supervisão efetiva e tecnologia que facilita a regulação. Para mais detalhes, consulte-se: https://www.eiopa.europa.eu/sites/default/files/publications/consultations/open-insurance-discussion-paper-28-01-2021.pdf.
6. Cf. Resolução CNSP 383, de 20/03/2020; e art. 2º, inc. IX, da Resolução CNSP 415, de 20.07.2021.

exemplo, também foram alteradas duas vezes, tendo a última alteração colocado como prazo 29/11/2024, por força da Resolução CNSP 459/2023.

Com todos estes adiamentos, segue sendo essencial acompanhar como o mercado se comportará em relação ao *Open Insurance* e, na medida do possível, contribuir na modulação do sistema para que de fato ele gere efeitos positivos aos segurados, seguradores e à sociedade como um todo.

Versão original publicada em: 05.08.2021.

APLICAÇÃO DA LGPD NO SETOR DE SEGUROS

Thiago Junqueira

Como o seu próprio nome leva a crer, a Lei Geral de Proteção de Dados (Lei 13.709/2018) incide de forma transversal.[1] Significa dizer que o segurador, na posição de um "agente de tratamento de dados", terá que: i) apoiar-se em uma base legal para tratamento de dados pessoais; ii) respeitar os princípios e direitos do titular de dados; iii) cumprir com as suas obrigações; e iv) sujeitar-se à responsabilização, caso provoque danos injustos.[2]

Além desses itens, que poderiam ser decompostos em vários subitens, existem outros pontos importantes relacionados à aplicação da LGPD no setor de seguros, como o período de tratamento dos dados pelo segurador, as sanções administrativas na prática, a possibilidade de condução de auditorias pela Autoridade Nacional de Proteção de Dados (ANPD) e/ou pela Superintendência de Seguros Privados (Susep), bem como os contornos do relatório de impacto de proteção de dados exigível do segurador.

Tendo em vista o espaço limitado dessa coluna, tirar-se-á da sombra apenas um entre os aspectos mais tormentosos da matéria sob exame: as bases legais de tratamento de dados pelos seguradores, em especial nos períodos de subscrição e regulação de sinistro nos seguros de vida. É o que segue.

No caso de dados pessoais (não sensíveis),[3] a legitimidade do tratamento pelo segurador poderá ter como alicerce, em especial, um dos seguintes três requisitos: i) a necessidade para a "execução de contrato ou de procedimentos preliminares" relacionados ao contrato, desde que a pedido do titular dos dados (art. 7º, inc. V); ii) os "interesses legítimos" do controlador ou de terceiros (art. 7º, inc. IX); e iii) o consentimento dado pelo titular (art. 7º, inc. I).[4] Note-se que, em relação aos dados pessoais não sensíveis,

---

1. A lei abrange as seguradoras e resseguradoras brasileiras e estrangeiras que atuem no mercado nacional. O art. 3º é claro ao estipular que não importa o meio, o país da sede ou o local onde estejam localizados os dados, a oferta ou o fornecimento de serviços, bem como a coleta ou a operação de tratamento de dados realizados no Brasil, inclusive pela internet, fazem incidir a lei.
2. MENDES, Laura Schertel; DONEDA, Danilo. Reflexões iniciais sobre a nova Lei Geral de Proteção de Dados. *Revista de Direito do Consumidor*, São Paulo, ano 27, v. 120, p. 471-472, nov./dez. 2018.
3. Dado pessoal, na dicção do art. 5º, inc. I, da LGPD, é toda e qualquer informação "relacionada a pessoa natural identificada ou identificável". Entre outros incontáveis dados pessoais, podem ser citados: nome completo, números de identidade e CPF, nacionalidade, data de nascimento, estado civil, profissão, endereço, altura, gênero, peso, endereço IP e dados locacionais. Ressalve-se que tais dados podem tornar-se sensíveis em alguns contextos, cf. MULHOLLAND, Caitlin. Os contratos de seguro e a proteção dos dados pessoais sensíveis. In: GOLDBERG, Ilan; JUNQUEIRA, Thiago. *Temas Atuais de Direito dos Seguros*. São Paulo: Thomson Reuters Brasil, 2020. p. 82 e ss.
4. Na esteira da definição legal, não é qualquer consentimento para o tratamento de dados pessoais que será considerado válido, mas apenas o fruto de uma manifestação livre, informada e inequívoca, pela qual o titular

o legislador brasileiro de nenhuma forma hierarquizou as bases legais de tratamento, sendo todas elas dispostas em diferentes incisos (I a X) do art. 7º da LGPD.

Já a legitimidade para o tratamento dos *dados sensíveis* (que, na definição legal disposta no art. 5º, inc. II, abrange qualquer "dado pessoal sobre origem racial ou étnica, convicção religiosa, opinião política, filiação a sindicato ou a organização de caráter religioso, filosófico ou político, dado referente à saúde ou à vida sexual, dado genético ou biométrico, quando vinculado a uma pessoa natural") deve ser extraída de uma das bases legais presentes no art. 11 da LGPD.

Uma sucinta comparação entre os dispositivos em causa demonstra que o art. 11 não possui regramentos correspondentes à "necessidade" para o programa contratual (art. 7º, inc. V) e ao atendimento aos "interesses legítimos" do segurador (art. 7º, inc. IX) como fatores permissivos ao tratamento de dados.[5] Nesse sentido, embora o tratamento de dados sensíveis, nomeadamente os de saúde, seja essencial para a "execução do contrato" de seguro de vida, a LGPD não permite o uso da mencionada base legal de tratamento de dados pelo segurador.

Com efeito, é preciso extrair do art. 11 da lei a base legal para o tratamento de dados de saúde pelo segurador. Eis, no que aqui interessa, os seus termos:

> O tratamento de dados pessoais sensíveis somente poderá ocorrer nas seguintes hipóteses:
> I – quando o titular ou seu responsável legal consentir, de forma específica e destacada, para finalidades específicas;
> II – sem fornecimento de consentimento do titular, nas hipóteses em que for indispensável para: a) cumprimento de obrigação legal ou regulatória pelo controlador; (...) d) exercício regular de direitos; e) proteção da vida ou da incolumidade física do titular ou de terceiro; f) tutela da saúde, exclusivamente, em procedimento realizado por profissionais de saúde, serviços de saúde ou autoridade sanitária; ou g) garantia da prevenção à fraude e à segurança do titular, nos processos de identificação e autenticação de cadastro em sistemas eletrônicos (...).

Os *dados sensíveis referentes à saúde* possuem um regramento ainda mais rigoroso, sendo expressamente vedado o uso compartilhado desses dados com o objetivo de obter vantagens econômicas, salvo algumas exceções (art. 11, § 4º e § 5º).[6]

---

anui ao tratamento para uma determinada finalidade (art. 5º, inc. XII, da LGPD). Autorizações genéricas serão consideradas nulas (art. 8º, § 4º, da LGPD) e, em se tratando de dados sensíveis, o consentimento requerido é qualificado. De resto, não se pode olvidar que o segurador poderá, ainda, tratar os dados pessoais do segurado visando, por exemplo, o "cumprimento de obrigação legal ou regulatória" (art. 7º, inc. II) ou "o exercício regular de direitos em processo judicial, administrativo ou arbitral" (art. 7º, inc. VI).

5. Sobre o tema, afirma Carlos Nelson Konder: "Para o legislador, os interesses patrimoniais envolvidos nesses casos não justificaram o risco intrínseco ao tratamento de dados sensíveis do titular". KONDER, Carlos Nelson. O tratamento de dados sensíveis à luz da Lei 1.709/2018. In: TEPEDINO, Gustavo; FRAZÃO, Ana; OLIVA, Milena Donato. *Lei Geral de Proteção de Dados Pessoais e suas repercussões no Direito brasileiro*. São Paulo: Ed. RT, 2019. p. 458.

6. Art. 11. § 4º da LGPD. "É vedada a comunicação ou o uso compartilhado entre controladores de dados pessoais sensíveis referentes à saúde com objetivo de obter vantagem econômica, exceto nas hipóteses relativas a prestação de serviços de saúde, de assistência farmacêutica e de assistência à saúde, desde que observado o § 5º deste artigo (...), e para permitir: I – a portabilidade de dados quando solicitada pelo titular; II – as transações financeiras e administrativas resultantes do uso e da prestação dos serviços de que trata este parágrafo". § 5º "É vedado às

O consentimento específico e em destaque (art. 11, inc. I), para "finalidades específicas", permite o tratamento de dados de saúde do (candidato a) segurado. Diante da atual dinâmica de contratação dos seguros coletivos (Segurador – Estipulante – Segurados), porém, a recolha de consentimento afigurar-se-ia medida desafiadora para os seguradores – que, muitas vezes, praticamente não têm contato direto com os segurados. Portanto, é preciso investigar se o consentimento seria essencial ou se o segurador poderia se valer de outra base legal disposta no art. 11 da LGPD.

Nesse particular, convém advertir que, embora a LGPD tenha se inspirado no *General Data Protection Regulation* (Regulamento Europeu 2016/679 ou "GDPR"), inclusive no que se refere às bases legais para o tratamento de dados, a interpretação dos seus conceitos dependerá das balizas que a ANPD, o Poder Judiciário e a doutrina brasileira irão fornecer ao longo dos próximos meses e anos. Por ora, impõe-se reconhecer que há mais dúvidas do que certezas sobre qual a amplitude que será dada a conceitos indeterminados presentes na lei, como é o caso da "tutela da saúde" e do "exercício regular de direitos", dispostos no art. 11, inc. II, alíneas "d" e "f".

Em recente Código de Boas Práticas, feito pela Confederação Nacional de Saúde, com a coordenação científica dos professores Laura Schertel Mendes e Danilo Doneda, pode-se colher, no capítulo dedicado ao compartilhamento de dados entre estabelecimentos de saúde e operadoras de planos de saúde, as seguintes recomendações:

> *Boas práticas.* Operadores de serviços de saúde: – Buscar o consentimento dos pacientes para requerer o compartilhamento de dados de saúde (quando não for base legal de cumprimento regulatório), esclarecendo a finalidade e aplicando a minimização de dados (...).[7]

Portanto, a recomendação do indigitado Código é no sentido de recolha do consentimento do titular de dados (paciente/segurado). Para chegar a essa conclusão, os autores recordam o art. 1º da Resolução CFM 1.605/2000 ("O médico não pode, sem o consentimento do paciente, revelar o conteúdo do prontuário ou ficha médica"), bem como enfatizam que o consentimento seria necessário basicamente por não haver outra hipótese legal que permitiria a coleta de dados de saúde. Seja pelo fato de a base legal de "tutela da saúde" só poder ser utilizada se os "dados forem tratados por ou sob a responsabilidade de um profissional sujeito à obrigação de sigilo profissional", seja pelo fato de a base legal de "exercício regular de direitos" estar ligada à "manifestação no âmbito de processos judiciais, administrativos ou arbitrais", salvo em casos de "cumprimento de obrigação legal ou regulatória", a coleta do consentimento seria imprescindível para legitimar o tratamento de dados de saúde pelos seguradores e operadoras de planos de saúde.[8]

---

operadoras de planos privados de assistência à saúde o tratamento de dados de saúde para a prática de seleção de riscos na contratação de qualquer modalidade, assim como na contratação e exclusão de beneficiários". O parágrafo quinto é endereçado aos planos privados de assistência à saúde, não se aplicando aos seguros de vida e às demais modalidades securitárias reguladas pela Susep.

7. Confederação Nacional de Saúde. *[Código de Boas Práticas] Proteção de Dados para Prestadores Privados em Saúde*. Coordenação Científica: MENDES, Laura Schertel; DONEDA, Danilo et al. 2021. p. 93. (Destacou-se).
8. Ibidem, p. 74-75.

Indo além, defendem os aludidos professores, em plano abstrato, a necessidade de o controlador privilegiar a obtenção do consentimento para o tratamento de dados sensíveis:

> É importante notar, ainda, que a Lei Geral de Proteção de Dados trouxe uma regra especial quanto ao tratamento de dados pessoais sensíveis no seu art. 11, *privilegiando o uso do consentimento em detrimento das demais bases legais da lei*. Isto porque o legislador, ciente da importância e da criticidade deste tipo de informações, privilegiou a transparência e a informação ao titular dos dados em relação ao uso dos seus dados.[9]

De fato, o legislador brasileiro conferiu abordagem destacada para a base legal do consentimento, no caso de tratamento de dados sensíveis, ao contrário do que ocorreu no âmbito dos dados não sensíveis. Para tanto, basta observar a expressão "sem fornecimento de consentimento do titular, nas hipóteses em que for *indispensável* para (...)", prevista no art. 11, inc. II, da LGPD.

O segurador não poderá desconsiderar esse elemento. De igual sorte, deverá levar em conta outros aspectos relevantes – *e.g.*, i) haverá transferência internacional de dados?; ii) para quais finalidades esses dados serão tratados?; iii) há uma legítima expectativa do segurado em relação ao tratamento de tais dados pelo segurador? Esses são alguns dos parâmetros que auxiliarão o segurador na escolha da base legal de tratamento de dados.

Nesse particular, é muito ecoada a crítica doutrinária no sentido de que a base legal do consentimento poderia deixar o controlador em situação delicada, caso o titular de dados viesse a revogar o seu consentimento. Será que o segurador estaria vinculado a cumprir com a sua prestação sem tratar os dados de saúde do consumidor?

Bem-vistas as coisas, havendo a recusa de consentir o tratamento de dados de saúde pelo candidato a segurado ou a opção pela revogação superveniente do consentimento pelo segurado, a seguradora que atua no ramo vida restaria impossibilitada de prestar o seu serviço. Como destaca a doutrina especializada, "a realização da prestação do segurador se tornaria impossível por fato imputável ao credor (da indenização), sendo consequência natural a resolução do contrato", havendo, ainda, a possibilidade de "oposição de exceção de contrato não cumprido".[10]

Em outras palavras, caso a base legal justificadora do tratamento de dados seja o consentimento, o segurador poderá recusar a contratação de segurado que não o dê, ou poderá resolver o contrato, se o segurado revogar o seu consentimento ao longo da contratação, sem sofrer qualquer sanção pelo ordenamento jurídico.

No que se refere à outra comum crítica acerca do uso da base legal do consentimento – qual seja, a da sua banalização, havendo uma "hipertrofia do consentimento",[11] não

---

9. Ibidem, p. 92. (Destacou-se).
10. MIRAGEM, Bruno; PETERSEN, Luiza. O contrato de seguro e a Lei Geral de Proteção de Dados. In: *Revista dos Tribunais*, vol. 1018/2020. pp. 8-9. (versão on-line).
11. BIONI, Bruno. *Proteção de Dados Pessoais*: a função e limites do consentimento. Rio de Janeiro: Forense, 2019. p. 170.

teria melhor sorte quem tentasse se valer dela para afastar a coleta do consentimento do segurado, diante da constatação de que as outras supostas bases legais aplicáveis (leia-se, "tutela da saúde" ou "exercício regular de direito, inclusive em contrato") não são totalmente confiáveis para o segurador, máxime no âmbito da subscrição.

Impõe-se, nesse sentido, concluir que, ao menos por ora, o consentimento será a base prioritária de tratamento de dados de saúde nos seguros de vida. Sem embargo, as seguradoras deverão se atentar ao fato de que, mesmo quando os titulares de dados derem o seu consentimento, elas terão que observar, para além dos princípios da boa-fé objetiva e da confiança, as legítimas expectativas dos segurados e o contexto no qual o respectivo consentimento foi dado.

Versão original publicada em: 08.07.2021.

LEGÍTIMO INTERESSE E O MERCADO DE SEGUROS: O TRATAMENTO DE DADOS PESSOAIS PARA PREVENÇÃO À FRAUDE

Mario Viola

Vinicius Padrão

O Código de Ética do Mercado Segurador Brasileiro define fraude em seguros como "qualquer ato intencional destinado ao recebimento de indenização ou benefício a que de outro modo não se teria direito, praticado na contratação ou no curso do evento, previsto no contrato, e mesmo após sua ocorrência".[1] De acordo com relatório divulgado pela Confederação Nacional das Seguradoras (CNseg) referente ao primeiro semestre de 2021,[2] 15,6% dos sinistros registrados no país nesse período foram classificados como suspeitos, sendo certo que o valor das fraudes comprovadas também nesse período acumula aproximadamente o valor de 349 milhões de reais.

A partir dessa realidade fática, o mercado segurador tem lançado mão de diversos mecanismos para tentar coibir as múltiplas tentativas de fraude que afetam o setor diariamente. Nesse contexto, o compartilhamento entre as entidades e o tratamento de dados pessoais são recursos frequentemente utilizados, os quais podem ser utilizados no desenvolvimento de pesquisas com métodos tradicionais e modelagens estatísticas.

Apesar da anterior existência de normas setoriais sobre o tema que previam regras para o combate e prevenção à fraude no mercado segurador, a entrada em vigor da Lei Geral de Proteção de Dados acabou por trazer um arcabouço regulatório integral, estabelecendo parâmetros e requisitos que devem ser observados durante as atividades de tratamento de dados pessoais. Dentre os critérios estabelecidos na legislação, os agentes de tratamento só poderão tratar dados pessoais quando esse for autorizado pela LGPD, sendo certo que as hipóteses nas quais o tratamento pode ser realizado são chamadas de "bases legais".

Em momento anterior à identificação da base legal aplicável à determinada atividade, é preciso identificar a natureza dos dados pessoais que serão objeto do tratamento. Isso porque as bases legais para tratamento de dados pessoais não sensíveis estão previstas no art. 7º da LGPD, enquanto aquelas utilizadas para o tratamento de dados sensíveis encontram-se no art. 11 da Lei. Embora seja possível considerar a utilização de dados

---

1. Disponível em: https://cnseg.org.br/publicacoes/codigo-de-etica.html.
2. Disponível em: https://cnseg.org.br/publicacoes/19-ciclo-do-sqf-relatorio-do-1-semestre-de-2021.html.

pessoais sensíveis para as iniciativas de prevenção à fraude, o presente artigo dedica-se à base legal do legítimo interesse, aplicável apenas ao tratamento de dados pessoais não sensíveis, já que incluir análise sobre dados sensíveis alongaria em muito este artigo, o que estaria fora do escopo desta coluna.

Usualmente, imagina-se que a hipótese autorizativa para o uso de dados pessoais mais recorrente seria o consentimento do titular. Nessa hipótese, o titular autorizaria que o agente utilizasse seus dados após ser informado da finalidade do tratamento.[3] Todavia, como se depreende da leitura do art. 7º da LGPD, o consentimento não é a única hipótese autorizativa e não tem posição privilegiada em relação às demais. Além disso, em muitas situações, a obtenção do consentimento, nos moldes exigidos pela legislação aplicável, pode até mesmo se mostrar inadequada.

No contexto de prevenção à fraude, por exemplo, a base legal se mostra desalinhada com os próprios interesses dos agentes de tratamento, na medida em que dificilmente um titular mal-intencionado autorizaria o uso dos seus dados para apuração de suas tentativas de fraude. De fato, não se mostra razoável depender do consentimento do suposto agente responsável pelo cometimento da conduta fraudulenta para que pudesse ser dado início aos procedimentos de investigação ou mesmo para seu compartilhamento com outras entidades do mesmo setor. Nessa direção, o *Information Commissioner's Office* do Reino Unido (ICO) afirma:

> Normalmente, você pode compartilhar sem consentimento se tiver um bom motivo para fazê-lo. E muitas vezes é inapropriado confiar no consentimento. Os bancos compartilham dados para fins de proteção contra fraudes, as seguradoras solicitam informações para sinistros e as autoridades locais precisam de dados pessoais para processar contas de impostos municipais – nenhum desses exemplos usa o consentimento como base legal para compartilhar informações pessoais.[4]

Na mesma linha, a Agência Espanhola de Proteção de Dados (*Agencia Española de Protección de Datos*) reconheceu a possibilidade de

> criação de sistema de prevenção de fraude, de caráter setorial ou, eventualmente, multisetorial, em que as entidades pertencentes a um mesmo setor podem acessar determinadas operações que possam ser consideradas suspeitas, com a finalidade de poder efetuar uma avaliação mais detalhada sobre elas.[5]

---

3. Essa parece ter sido a opção feita na Resolução 6, de 23 de maio de 2023 do Banco Central do Brasil e do Conselho Monetário Nacional, conforme se extrai do § 3º de seu art. 2º: "§ 3º As instituições de que trata o caput devem obter do cliente com quem possuam relacionamento o consentimento prévio e geral, possibilitando o registro dos dados e das informações de que trata o § 2º que digam respeito ao referido cliente". Entendemos, contudo, que essa não seria a base legal adequada para o tratamento de dados com finalidade de prevenção e combate à fraude, o que tentaremos demonstrar neste artigo.
4. ICO. Data sharing myths busted. Disponível em: https://ico.org.uk/for-organisations/data-sharing-information-hub/data-sharing-myths-busted/ (tradução livre dos autores).
5. AEPD. Gabinete Jurídico. Informe 0195/2017. Disponível em: https://www.aepd.es/es/documento/2017-0195.pdf (tradução livre dos autores). Existem, de fato, diversas iniciativas nos países que integram a União Europeia envolvendo atores do mercado de seguros com vistas ao enfrentamento de práticas fraudulentas. Ver, a título de exemplo, European Insurance and Occupational Pensions Authority. OPEN INSURANCE: ACCESSING AND SHARING INSURANCE-RELATED DATA DISCUSSION PAPER. Disponível em: https://www.eiopa.europa.eu/sites/default/files/publications/consultations/open-insurance-discussion-paper-28-01-2021.pdf, p. 17-18".

Considerando o contexto das atividades de prevenção à fraude realizadas pelas seguradoras, assim como a experiência europeia que inspirou a nossa LGPD, entendemos que a base legal melhor aplicável ao tratamento dos dados em questão é aquela prevista no inciso IX do artigo 7º da LGPD: "quando necessário para atender aos interesses legítimos do controlador ou de terceiro, exceto no caso de prevalecerem direitos e liberdades fundamentais do titular que exijam a proteção dos dados pessoais". Trata-se de base legal positivada justamente para dar cabo de situações em que a busca pelo consentimento do titular poderia se transformar em óbice instransponível para a exploração regular de dados pessoais que, atendendo aos princípios legais, favorecem o seu titular e atendem aos interesses (legítimos) do controlador ou de terceiros, ou mesmo ao interesse público, como é o caso do enfrentamento de práticas ilícitas.[6]

O desafio, contudo, é não transformar os "interesses legítimos" em uma cláusula vazia de conteúdo, que passaria a autorizar toda e qualquer operação de tratamento, sem o devido cuidado em se analisar o cumprimento dos princípios e o atendimento dos direitos previstos na LGPD. Sobre o tema, pertinente apontar que

> diante da flexibilidade dessa base legal, as expectativas do titular dos dados têm peso especialmente relevante para sua aplicação, devendo ser consideradas também a finalidade, a necessidade e a proporcionalidade da utilização dos dados. Quanto mais invasivo, inesperado ou genérico for o tratamento, menor será a probabilidade de que seja reconhecido o legítimo interesse.[7]

Apesar da ainda recente entrada em vigor da LGPD e da ausência de manifestação da Autoridade Nacional de Proteção de Dados sobre o tema, é possível, com base nos parâmetros estabelecidos pela própria LGPD e na experiência internacional, desenhar limites interpretativos ao conceito de "interesses legítimos" do controlador e oferecer uma metodologia para a sua aplicação. Na Europa, o tema ganhou destaque com o *General Data Protection Regulation* (GDPR). Para guiar o intérprete e facilitar a aplicação desse requisito em bases mais consistentes, o Grupo de Trabalho do Artigo 29[8] preparou um parecer sobre a noção de interesses legítimos do controlador.[9]

O parecer do Grupo de Trabalho não apenas serviu para moldar o texto da GDPR, como também tornou conhecida a aplicação de um teste para avaliar se, no caso concreto, o controlador poderia se valer do requisito dos interesses legítimos para tratar dados

---

6. A fraude para recebimento de indenização ou valor de seguro está tipificada no inciso V do § 2º do artigo 171 do Código Penal.
7. VIOLA, Mario e TEFFÉ, Chiara Spadaccini. Tratamento de Dados Pessoais na LGPD: Estudo Sobre as Bases Legais dos Artigos 7º e 11 (p. 117-148). In: MENDES, Laura Schertel; DONEDA, Danilo; SARLET, Ingo Wolfgang e RODRIGUES JR., Otávio Luiz (Coord.). *Tratado de Proteção de Dados Pessoais*. Rio de Janeiro: Forense, 2021.
8. O Grupo de Trabalho do Artigo 29 foi um colegiado, criado pela própria Diretiva 95/46/EC, que reuniu todas as autoridades de proteção de dados pessoais dos países-membros da União Europeia para a produção de recomendações sobre como aplicar os dispositivos da Diretiva. No texto da GDPR (art. 68 e ss.) o colegiado foi transformado no *European Data Protection Board*.
9. Article 29 Working Party. Opinion 06/2014 on the notion of legitimate interests of the data controller under Article 7 of Directive 95/46/EC (adotada em 09.04.2014). Disponível em: https://ec.europa.eu/justice/article-29/documentation/opinion-recommendation/files/2014/wp217_en.pdf.

pessoais. Em breve síntese, o *legitimate interest assessment* (LIA) previsto no documento do grupo apresenta quatro fases[10] que devem ser cumpridas. As fases são: *(i)* avaliação dos interesses legítimos; *(ii)* avaliação dos impactos da atividade de tratamento no titular do dado pessoal; *(iii)* a análise do equilíbrio entre os interesses legítimos do controlador e os impactos no titular; e *(iv)* as salvaguardas adotadas para proteger o titular dos dados e evitar qualquer impacto indesejado.

No Brasil, a LGPD também estabelece parâmetros para a aplicação dos interesses legítimos: o art. 10 da LGPD impõe algumas restrições à utilização da base legal, apontando para a necessidade de sua fundamentação em finalidades legítimas e sempre com base em situações concretas, sendo vedada a afirmação desse requisito de tratamento em bases meramente abstratas ou especulativas. Em tom exemplificativo, são apresentadas duas finalidades legítimas: (i) apoio e promoção de atividades do controlador; e (ii) proteção, em relação ao titular, do exercício regular de seus direitos ou prestação de serviços que o beneficiem, respeitadas as legítimas expectativas e os direitos e liberdades fundamentais dos titulares.

Assim, no âmbito de utilização de dados pessoais não sensíveis para atividades de prevenção à fraude, portanto, os requisitos exigidos pela LGPD para incidência da base legal de legítimo interesse parecem satisfeitos.[11] Com efeito, as seguradoras tratam os dados para preservar os seus legítimos, auxiliando na prevenção e combate a fraudes, em uma equação de adequada proporcionalidade entre os interesses do controlador e do titular. Verifica-se, ainda, a ocorrência de uma das finalidades descritas no artigo 10 da LGPD, uma vez que o tratamento aconteceria para apoiar e promover as atividades legítimas das seguradoras.[12]

No mencionado parecer sobre a base legal de legítimo interesse, o Grupo de Trabalho do Artigo 29 apresenta uma lista, não exaustiva, das situações nas quais o interesse legítimo pode funcionar como uma base autorizativa do tratamento de dados sem o consentimento do titular, que inclui, dentre outras, a "prevenção da fraude, utilização abusiva de serviços ou branqueamento de capitais",[13] posição confirmada pelo Regulamento Geral de Proteção de Dados da União Europeia, que, em seu considerando 47 ressalta que "o tratamento de dados pessoais estritamente necessário aos objetivos de prevenção e controlo da fraude constitui igualmente um interesse legítimo do responsável pelo seu tratamento".

---

10. Outras versões do teste, como aquela proposta pelo *Information Commissioner's Office* (ICO), do Reino Unido, possui apenas três fases. Vide: https://ico.org.uk/for-organisations/guide-to-data-protection/guide-to-the-general-data-protection-regulation-gdpr/lawful-basis-for-processing/legitimate-interests/.
11. No mesmo sentido ver TEFFÉ, Chiara Spadaccini de; VIOLA, Mario. Tratamento de dados pessoais na LGPD: estudo sobre as bases legais. civilistica.com, v. 9, n. 1, p. 15.
12. Para uma análise mais aprofundada da base legal do interesse legítimo, vide PEREIRA DE SOUZA, Carlos Affonso; VIOLA, Mario; PADRÃO, Vinícius. CONSIDERAÇÕES iniciais sobre os interesses legítimos do controlador na lei geral de proteção de dados pessoais. *Direito Público*, 16(90), 2019. Disponível em: https://www.portaldeperiodicos.idp.edu.br/direitopublico/article/view/3744.
13. Article 29 Working Party. Opinion 06/2014 on the notion of legitimate interests of the data controller under Article 7 of Directive 95/46/EC. Op. cit., p. 39.

Além disso, os benefícios são também de interesse direto dos titulares dos dados pessoais, já que garantem um maior controle sobre potenciais operações fraudulentas, impactando positivamente no custo dos planos de seguro e ultimamente em toda a sociedade, já que a fraude contra o seguro é um ilícito penal. O Grupo de Trabalho do Artigo 29 destaca que, além de identificar um interesse legítimo do controlador na prevenção e combate à fraude, o que por si só já autorizaria o tratamento de dados sem o consentimento do seu titular, reconhece a existência de um interesse público em tal tratamento de dados, na medida em que "os contribuintes e o público em geral têm igualmente um interesse legítimo em assegurar que as atividades fraudulentas, quando ocorram, sejam desencorajadas".[14]

Vê-se, portanto, que tanto o tratamento de dados pessoais (não sensíveis nesse caso) realizados por uma sociedade seguradora para o fim de prevenção e combate à fraude, assim como o compartilhamento de tais dados entre as entidades integrantes desse setor para as mesmas finalidades, podem e devem ocorrer com base no legítimo interesse, o que é respaldado tanto pela já consolidada experiência europeia no tema da proteção de dados, quanto pela doutrina nacional, sendo certo que o efetivo combate à fraude contra o seguro depende também da uma cooperação entre diversos atores do mercado e exigir-se a utilização do consentimento como base legal acabaria por prejudicar o enfrentamento dessa prática criminosa que tanto impacta a atividade securitária e por consequência toda a sociedade.

Versão original publicada em: 27.06.2023.

---

14. Ibidem, p. 54-55.

CONSIDERAÇÕES SOBRE DECISÕES AUTOMATIZADAS E SEGUROS

Maria Regina Rigolon Korkmaz

A realidade social é progressivamente permeada por estruturas que viabilizam uma coleta ostensiva de dados, pessoais ou não, suscetíveis de serem canalizados para alimentar sistemas e para direcionar a eles atividades que eram consideradas próprias do ser humano. As possibilidades tecnológicas que, até então, expressavam-se quantitativamente se ampliam em uma dimensão qualitativa, assumindo prerrogativas tidas como genuinamente humanas.[1] Como justificativa para tanto, verificam-se apelos por maior "racionalização", eficiência e previsibilidade.

Entre suas múltiplas potencialidades, o tratamento de dados passa a ser utilizado com o fim de suprir uma carência de informações, sobretudo como tentativa de antever o futuro. Em outros termos, dados e informações conhecidos são utilizados para fazer inferências sobre elementos que não se conhece ou se conhece de maneira insuficiente. Nessa direção, o processamento de dados se apresenta como uma forma de simplificar decisões e de incrementar a eficiência em ambientes caracterizados por déficits de informação.[2]

Entre os vários setores da vida social em que se utilizam as chamadas decisões automatizadas, baseadas em sistemas como de inteligência artificial, está o de seguros, especialmente quando se considera o caráter de aleatoriedade presente nesses contratos e a busca de maior precisão na fixação da contraprestação, em atenção aos riscos efetivamente envolvidos em determinado caso. De um lado, mapeiam-se possíveis distorções geradas por generalizações que não encontram correspondência nos casos individualmente avaliados e, de outro, questiona-se sobre o aspecto invasivo e discriminatório que a ampla utilização de informações pessoais pode assumir.

Nesse cenário, Laura Mendes e Marcela Mattiuzzo associam o termo "discriminação algorítmica" aos cenários que envolvem afirmações estatisticamente inconsistentes, bem como àqueles que, embora pautados em informações estatisticamente consistentes e

---

1. DONEDA, Danilo Cesar Maganhoto; MENDES, Laura Schertel; SOUZA, Carlos Affonso Pereira de; ANDRADE, Norberto Nuno Martin Becerra Gomes de. Considerações iniciais sobre inteligência artificial, ética e autonomia pessoal. *Pensar – Revista de Ciências Jurídicas*, [S.L.], v. 23, n. 04, p. 1-17, 2018. Fundação Edson Queiroz. http://dx.doi.org/10.5020/2317-2150.2018.8257. p. 2.
2. MENDES, Laura Schertel; MATTIUZZO, Marcela. Discriminação Algorítmica: conceito, fundamento legal e tipologia. *Revista Direito Público*, Porto Alegre, v. 16, n. 90, p. 39-64, dez. 2019. Dossiê Proteção de Dados e Inteligência Artificial: Perspectivas Éticas e Regulatórias.

lógicas, tomam os indivíduos que são dela objeto de uma forma a desconsiderar a sua situação particular, apenas compreendendo-os como parte de um grupo. Enquanto formas de discriminação algorítmica, identifica-se a possibilidade de que se dê por erro estatístico, por generalização, por uso de informações sensíveis e por limitação do exercício de direitos.[3]

A princípio, a utilização de generalizações para decisões ditas atuariais, como aquelas baseadas em estatísticas, a respeito de seres humanos é muito comum em qualquer sistema jurídico, e mesmo indispensável. Exemplos são as previsões de que é acima de certa idade que deve se admitir o direito ao voto, a possibilidade de ingerir bebidas alcóolicas ou a definição do limite de velocidade em uma rodovia. Para além da distinção entre generalizações inconsistentes e as consistentes, a questão discriminatória pode se fazer presente não apenas no campo da inconsistência, mas também com relação a generalizações estatisticamente consistentes, mas não universais. A partir de Schauer, Mendes e Mattiuzzo, destacam que a questão residiria no fato de que todos os seres humanos merecem ser tratados como indivíduos, e não apenas como membros de um determinado grupo, a indicar que decisões atuariais são, na maior parte das vezes, moralmente problemáticas.[4] Como destaca John Searle, "a generalização enuncia uma regularidade. O conhecimento de tal regularidade pode ser útil para uma predição, mas nada explica a propósito de casos individuais da conduta humana".[5]

No campo dos seguros, Thiago Junqueira, partindo da consideração da necessidade de generalização nesse campo – sem olvidar as críticas ao modelo da ciência atuarial –, bem como da admissibilidade da discricionariedade por parte do segurador, pondera que o uso de sistemas automatizados, em que pese diminuir os riscos de discriminação por generalização, poderia ensejar maior risco de discriminação ilícita ou abusiva, relacionada, ainda que indiretamente, a atributos proibidos, como raça, ou a fatores que não guardam relação com a cobertura contratual.[6]

---

3. MENDES, Laura Schertel; MATTIUZZO, Marcela. Ibidem.
4. MENDES, Laura Schertel; MATTIUZZO, Marcela. Ibidem. Em se tratando de discriminação estatística, em atenção à teoria econômica que se tornou conhecida a partir de Edmund Phelps (1972) e de Kenneth Arrow (1973), a diferenciação dos indivíduos se daria com base em características prováveis de um grupo no qual esse indivíduo foi inserido, de maneira que atributos conhecidos são utilizados para identificar características de maior dificuldade de delimitação, como risco de inadimplência, produtividade no trabalho, nível de renda, entre outros. Nesse campo, seria possível a ocorrência de "discriminação por erro estatístico, o que decorreria tanto de dados incorretamente capturados, como também de modelo estatístico de bases científicas frágeis" (BRITZ, Gabriele. *Freie Entfaltung durch Selbstdarstellung*. Tübingen: Mohr Siebeck, 2007 apud DONEDA, Danilo Cesar Maganhoto; MENDES, Laura Schertel; SOUZA, Carlos Affonso Pereira de; ANDRADE, Norberto Nuno Martin Becerra Gomes de. Ibidem).
5. SEARLE, John. *Mente, Cérebro e Ciência*. Trad. Artur Morão. Lisboa: Biblioteca de Filosofia Contemporânea, 2019, p. 97.
6. "A generalização – resultando na atribuição a um determinado indivíduo das características médias de um grupo no qual foi alocado – é, repita-se, algo incontornável no processo de classificação dos riscos no contrato de seguro. Ainda que o segurador passasse a considerar mais atributos do que de costume, sempre haveria uma margem de generalização. [...] Por ora, cabe ressaltar-se que alguns desses atributos, como gênero e a idade, atualmente podem ser utilizados pelos seguradores, o que, na prática, amplia o risco do que já foi designado como 'injustiça pela generalização'". (JUNQUEIRA, Thiago. *Tratamento de Dados Pessoais e Discriminação Algorítmica nos Seguros*. São Paulo: Thomson Reuters Brasil, 2020. p. 70).

Os riscos atinentes às práticas de psicometria da pessoa com base em dados, nesse cenário, já eram exemplificados por Stefano Rodotà, como no conhecimento, pelo empregador ou por parte de uma seguradora, de informações relativas à infecção de uma pessoa pelo vírus HIV ou de características genéticas específicas, enquanto dados sensíveis com amplo potencial de gerar discriminações, que poderiam se dar na forma de demissão, não admissão, recusa em firmar um contrato de seguro ou condicionamento do contrato a um alto prêmio, fora dos padrões regulares.[7] Nos Estados Unidos, por exemplo, seguradoras utilizaram dados pessoais de vítimas de violência doméstica que constavam em bancos de dados públicos para fins de perfilização, com o resultado de discriminação negativa a essas vítimas, na medida em que sugeriu que essas mulheres não poderiam contratar seguros de vida, de saúde e de invalidez.[8]

No caso destacado por Frank Pasquale, o jornalista Chad Terhune, em 2008, fez a primeira reportagem sobre as muitas maneiras pelas quais os dados de prescrições médicas estavam sendo utilizados no mercado de seguros individuais. Empresas estavam reunindo milhões de registros em farmácias e vendendo para seguradoras. Pretendia-se evitar pessoas que provavelmente incorreriam em altas despesas médicas, baseando-se na estimativa de que 1% dos pacientes é responsável por mais de um quinto dos custos com os cuidados de saúde e de que 5% é responsável por quase metade dos custos. Nessa direção, seguradoras alcançavam as informações de que necessitavam para adaptar as apólices de modo a excluir condições preexistentes e a impor encargos mais elevados a algumas pessoas, tendo por resultado a discriminação de pessoas com saúde fragilizada. Tentou-se endereçar a situação com a aprovação do *Affordable Care Act* (ACA), que proibiu seguradoras de discriminarem com base em condições preexistentes de saúde.[9]

Adicionalmente, considerando que sistemas de inteligência artificial são associados à realização de correlações, que não necessariamente implicam em causalidade, a literatura mapeia o problema de resultados algorítmicos que, embora estatisticamente acurados, apresentam questões sociais e políticas críticas, como a associação de raça a variáveis de interesse como propensão a ser condenado por furto, de realizar alguma fraude tributária, de quitar tempestivamente um empréstimo ou de alcançar o topo de determinadas carreiras.[10]

Em um cenário no qual as categorias algorítmicas estão associadas a sinalizar certeza, desencorajar explorações alternativas e criar coerência entre objetos díspares,[11] a

---

7. RODOTÀ, Stefano. *A vida na sociedade da vigilância*. A privacidade hoje. Trad. Danilo Doneda e Luciana Cabral Doneda. Rio de Janeiro: Renovar, 2008.
8. MULHOLLAND, Caitlin. Dados pessoais sensíveis e a tutela de direitos fundamentais: uma análise à luz da lei geral de proteção de dados (Lei 13.709/18). *Revista de Direitos e Garantias Fundamentais*, v. 19, p. 159-180, 2018.
9. PASQUALE, Frank. *The black box society*: The Secret Algorithms That Control Money and Information. Cambridge: Harvard University Press, 2015.
10. EDWARDS, Lilian; VEALE, Michael. Slave to the algorithm: why a 'right to an explanation' is probably not the remedy you are looking for. *Duke Law and Technology Review*, [s. l], v. 16, n. 1, p. 18-84, 2017. p. 28-29.
11. ANANNY, Mike. Toward an Ethics of Algorithms. *Science, Technology, & Human Values*, [S.L.], v. 41, n. 1, p. 93-117, 24 set. 2015. SAGE Publications. Disponível em: http://dx.doi.org/10.1177/0162243915606523.

utilização de algoritmos para a tomada de decisões pode atestar a saída de uma era crítica, de acordo com Antoinette Rouvroy. O propósito seria o de reduzir a grande variedade de futuros possíveis a apenas um futuro, desprovido de incertezas.[12] A questão reside, portanto, em se reconhecer os limites das predições, em tentativas de se precisar os riscos, e os problemas jurídicos postos pela automatização em um paradigma de datificação dos mais variados aspectos da vida humana.

Reconhece-se a impropriedade de se apresentar respostas categóricas sobre os caminhos legítimos a serem percorridos em tais aplicações, se mais ancorados em generalizações ou se pautados na busca de maior precisão com base em dados. Todavia, tais questões devem ser refletidas quando de sua adoção, no caso concreto, em atenção à legalidade constitucional, notadamente levando em consideração a expressa natureza de direito fundamental da proteção de dados pessoais.

No Brasil, a Lei Geral de Proteção de Dados Pessoais (Lei 13.709 de 2018, acrônimo "LGPD"), ao assumir um caráter de transversalidade – também referida como *omnibus approach* – assume o papel de uma diretriz geral para a automatização de decisões e para o tratamento de dados pessoais e dos não pessoais, estes quando utilizados para a construção de perfis comportamentais (art. 12, § 2º, da LGPD), nas práticas securitárias. Em específico, a sua principiologia, sobretudo os princípios da finalidade, da necessidade, da transparência, da qualidade, da prevenção, da não discriminação, da responsabilização e prestação de contas são valiosas diretrizes para as decisões automatizadas no âmbito dos seguros.

Devem ser enfatizadas, em específico, a explicação e a revisão de decisões automatizadas. A explicação revela-se no fornecimento ao titular de dados de informações "claras e adequadas a respeito dos critérios e dos procedimentos utilizados para a decisão automatizada" (art. 20, § 1º, da LGPD), em caráter dialógico, que autorize o titular a, eventualmente, enfrentar a decisão. Em que pese o desafio da inescrutabilidade dos sistemas geradores das decisões, na medida em que envolvem o uso de algoritmos complexos, a explicabilidade se revela como importante vetor no cenário interno e internacional, apesar de obstáculos como o segredo de empresa. Para além da explicabilidade, fala-se em "justificabilidade", em termos de necessidade e de proporcionalidade, das decisões automatizadas, da pertinência das categorias de dados utilizadas e da relevância dos mecanismos de criação de perfis. Nesse sentido, o propósito não seria apenas

---

12. "A governamentalidade algorítmica não leva em conta causas e sinais fisiológicos – ou melhor, simplesmente os trata em igualdade com outros tipos de sinais, por exemplo, o tipo de pessoas com quem você se associa, o que você come, o fato de você ficar acordado a noite toda assistindo filmes na Netflix, o tipo de supermercado em que você compra, ou o fato de você ter recebido aconselhamento matrimonial nos últimos três meses. A partir de todos esses dados distintos, causalmente independentes, os algoritmos constroem uma pontuação de risco baseados em uma lógica puramente estatística. Qualquer coisa pode ser considerada como um 'atributo' que contribui para a pontuação de risco. Uma vez detectados os sinais, a pessoa em questão será tratada como se já tivesse 'contratado' o risco ou já tivesse 'atualizado' o perigo, e poderá então, por exemplo, ter seu seguro de vida cancelado". (ROUVROY, Antoinette; ALMEIDA, Maria Cecília Pedreira de; ALVES, Marco Antonio Sousa. Entrevista com Antoinette Rouvroy. *Revista de Filosofia Moderna e Contemporânea*, [S.L.], v. 8, n. 3, p. 15-28, 31 jan. 2021. Biblioteca Central da UNB. http://dx.doi.org/10.26512/rfmc.v8i3.36223. p. 19).

a transparência da tecnologia em si, mas uma explicação da legalidade, da justiça e da legitimidade dessas decisões.[13]

A revisão de decisões automatizadas, por seu turno, prevista no *caput* do art. 20, da LGPD, deve transcender um caráter meramente individual, mas assumir também uma perspectiva fisiológica, no sentido de se verificar a lisura e a pertinência daquele determinado resultado algorítmico, independentemente de provocação por parte do titular. Pretende-se, a rigor, evitar situações patológicas com o fim de se promover uma tutela coletiva em termos de proteção de dados pessoais e, por consequência, de vários outros direitos fundamentais afetados, como a saúde, a vida e a própria dignidade humana.

A construção de parâmetros para a revisão de decisões automatizadas, como desenvolvido em outra sede, ganha evidência, bem como o reconhecimento da necessidade de intervenção humana no âmbito dessas decisões, a partir de uma interpretação sistemática e constitucionalizada da revisão prevista na LGPD.[14] A relevância do tema pode ser exemplificada na experiência alemã, que trouxe uma abordagem setorial no campo dos seguros para as decisões automatizadas, delineando alguns parâmetros próprios.[15]

Como lecionava o saudoso Professor Danilo Doneda, "a existência de um mercado para as informações pessoais é algo com que o direito deve conviver, e não somente pela dose de pragmatismo necessária à ação do jurista", mas porque o mercado é um dos agentes responsáveis por promover tal fluxo, importando, primeiramente, considerar qual mercado e quais regras a orientarem as práticas concretas.[16] Assim, além do *enforcement* em caráter individual da explicação e da revisão dessas decisões na prática securitária, recomenda-se progressiva atenção para os mecanismos coletivos de proteção, como a avaliação e o relatório de impacto à proteção de dados pessoais; o desenho dos sistemas; auditorias internas e externas; indicação de selos de privacidade não obrigatórios e mecanismos de certificação; códigos de conduta; comitês de ética, entre outros.

Vale dizer, a consideração de atributos comportamentais positivos, que não estejam eivados de caráter discriminatório ilícito ou abusivo, pode representar importante diretriz para as decisões automatizadas. A garantia de riscos na sociedade, a partir dos seguros, poderia assumir um caráter mais preciso diante da sinistralidade envolvida em cada caso, bem como estimular comportamentos com repercussão social positiva,

---

13. KAMINSKI, Margot E.; MALGIERI, Gianclaudio. Algorithmic impact assessments under the GDPR: producing multi-layered explanations. *International Data Privacy Law*, [S.L.], v. 11, n. 2, p. 125-144, 6 dez. 2020. Oxford University Press (OUP). http://dx.doi.org/10.1093/idpl/ipaa020.
14. Remeta-se a: RIGOLON KORKMAZ, Maria Regina. *Decisões Automatizadas*: explicação, revisão e proteção na era da inteligência artificial. São Paulo: Revista dos Tribunais, 2023. No campo dos seguros, destaque-se: "No estágio atual das IAs, porém, a retirada da necessidade de revisão humana demonstra-se particularmente temerária. Sem deixar de reconhecer que o tema comporta inúmeras particularidades e promete calorosos debates, convém, nesta sede, apenas registrada a expectativa de que a ANPD, via regulamentação própria, imponha a necessidade de interferência humana na revisão de decisões automatizadas tomadas em setores que utilizam dados pessoais capazes de conceder ou negar um bem de destacada importância social, como o seguro" (JUNQUEIRA, Thiago. Ibidem, p. 252).
15. MALGIERI, Gianclaudio. Automated decision-making in the EU Member States: the right to explanation and other "suitable safeguards" in the national legislations. *Computer Law & Security Review*, 35, 2019.
16. DONEDA, Danilo. *Da Privacidade à Proteção de Dados Pessoais*. Rio de Janeiro: Renovar, 2006. p. 363-364.

desde que orientando-se pelo uso legítimo de dados pessoais. Com efeito, a relevância dos seguros, especialmente em sua expressão de solidariedade social, deve se alinhar à adequação das diretrizes lançadas pela LGPD, à luz da Constituição da República, no sentido de se promover a tutela da pessoa humana quando da adoção de decisões automatizadas.

Versão original publicada em: 09.05.2024.

TENDÊNCIAS PARA O SETOR DE SEGUROS

CINCO TENDÊNCIAS PARA O SETOR DE SEGUROS BRASILEIRO EM 2024

Thiago Junqueira

Giovanna Fernandes Lopes

Com a chegada de um novo ano, é essencial refletir sobre as expectativas e desafios futuros. No setor de seguros, essa reflexão vai além da curiosidade, servindo como uma importante preparação para as iminentes transformações do mercado.

Neste contexto, o presente artigo tem como objetivo apresentar cinco tendências que devem marcar o setor de seguros em 2024.[1]

1. DEMOCRATIZAÇÃO DOS SEGUROS

De acordo com dados da CNSeg, em 2023 o setor de seguros cresceu mais de 10%, e, em 2024, o crescimento deverá ser superior a 11,5%.[2] Ainda mais impressionantes são os números dos microsseguros, que tiveram um aumento superior a 26% nos sete primeiros meses do último ano.[3]

Em um contexto nacional marcado por desigualdades socioeconômicas, a democratização dos seguros surge como uma tendência e uma ferramenta fundamental para garantir que um número maior de indivíduos e empresas tenha acesso a seguros adequados. Esse processo implica em tornar os produtos mais compreensíveis e adaptados às necessidades de uma base de clientes diversificada – abrangendo, para além dos tradicionais segurados, indivíduos de baixa renda e pequenas e médias empresas.

Para alcançar essa democratização, é necessário implementar políticas e práticas inovadoras. Em relação ao primeiro ponto, um dos pilares do Plano de Regulação da Susep para este ano é a instituição de uma *Política Nacional de Acesso ao Seguro*.[4]

Contudo, essa iniciativa, por si só, pode não ser suficiente. O fator de impulsão do setor parece estar ligado a práticas inovadoras por parte dos seguradores, com a melhoria

---

1. As tendências apontadas nos artigos dos últimos anos não serão repetidas. Sobre o tema, seja consentido remeter a: https://www.conjur.com.br/2021-fev-13/opiniao-cinco-tendencias-setor-resseguros-2021/; e https://www.conjur.com.br/2022-fev-03/seguros-contemporaneos-tendencias-setor-resseguros-2022-parte/.
2. Cf.: https://cnseg.org.br/noticias/c-nseg-setor-segurador-crescera-acima-de-10-em-2023-e-2024.
3. Cf.: https://valor.globo.com/publicacoes/especiais/seguros/noticia/2023/10/31/novo-marco-eleva-a-arrecadacao-de-microseguros.ghtml.
4. Cf.: https://www.gov.br/susep/pt-br/central-de-conteudos/noticias/2023/novembro/susep-aprova-novo-plano-de-regulacao.

da jornada do cliente e o desenvolvimento de produtos mais simples e de baixo custo, que sejam compreensíveis para a população em geral, bem como de produtos especializados para determinadas atividades empresariais.

Além disso, a educação financeira desempenha um papel vital, aumentando a conscientização sobre a importância, os benefícios e as limitações dos seguros. Nesse particular, influenciadores digitais especializados em finanças poderão se juntar aos intermediários e demais *players* do mercado para ampliar o alcance e a eficácia dessa educação.[5]

O aumento na penetração de seguros não será necessariamente uniforme entre todas as seguradoras. Durante o processo de escolha de uma seguradora, diversos fatores serão considerados, conforme indica a tendência a seguir.

2. IMPORTÂNCIA DOS VALORES DAS SEGURADORAS NA TOMADA DE DECISÃO DE NOVOS INVESTIDORES E SEGURADOS

Nos próximos anos, espera-se uma significativa transferência de capital entre gerações, com os *baby boomers* passando seus bens para os *millennials* e para a geração Z. O Financial Times estima uma transferência de 100 trilhões de dólares ao longo dos próximos 25 anos.[6] O impacto substancial desta transição no mercado decorre do perfil distintamente orientado por valores da geração receptora desse capital. Ao contrário de seus antecessores, esses herdeiros tendem a alinhar seus investimentos com causas e empresas que refletem suas crenças éticas e sociais.[7]

Neste contexto, as seguradoras enfrentam o desafio de adaptar suas estratégias, enfatizando valores sólidos e responsabilidade social para atender às expectativas de novos investidores e consumidores. Além dos fatores tradicionais como preço, qualidade de atendimento, estabilidade financeira e histórico de pagamentos de sinistros, os valores ambientais e sociais das seguradoras passam a ter relevo na tomada de decisão de novos investidores e segurados.

Ao priorizar esses valores, porém, as seguradoras devem estar atentas ao escrutínio sobre as promessas que fazem, reconhecendo que é impossível agradar a todos simultaneamente. Neste cenário, observa-se um movimento recente nos EUA, onde alguns executivos estão substituindo o termo ESG (ASG, em português) por "responsabilidade corporativa".

Segundo matéria do WSJ:

---

5. Após a publicação da versão original deste artigo, a CNseg lançou a campanha "Seguro pra gente", com influenciadores digitais de todo o Brasil, conforme: https://cnseg.org.br/noticias/c-nseg-inaugura-o-seguro-pra-gente-com-influenciadores-de-todo-brasil.
6. ALIM, Arjun Neil. *The transfer of wealth from boomers to 'zennials' will reshape the global economy*. Disponível em: https://www.ft.com/content/63027e28-724a-40bc-a929-7dec5125926c.
7. WINES, Jennifer. *How Might the Great Wealth Transfer Change Society?* Disponível em: https://www.kiplinger.com/retirement/how-might-the-great-wealth-transfer-change-society.

Muitas empresas não pronunciam mais essas três letras: E-S-G. Depois de anos de reação negativa dos investidores, pressão política e ameaças legais em relação às iniciativas ambientais, sociais e de governança, vários líderes empresariais estão agora fazendo um esforço consciente para evitar o acrônimo outrora amplamente utilizado para essas iniciativas (...). Em vez de declarações grandiosas, os consultores estão dizendo aos CEOs para serem mais precisos e estabelecerem metas que possam ser alcançadas. Recomenda-se dizer o mínimo possível.[8]

É nesse oceano turbulento que as seguradoras terão que navegar. Por um lado, uma parcela considerável da nova geração de investidores e clientes deseja fazer negócios com empresas que compartilhem de seus valores. Por outro, dentro deste grupo, há uma ampla variedade de crenças e valores individuais.

O caminho mais viável, em geral, provavelmente será evitar conotações políticas e buscar um equilíbrio entre mostrar preocupação legítima e evitar idealizações utópicas. O tema é polêmico e vai além deste artigo, mas parece essencial que cada empresa, ao posicionar a sua marca, considere o perfil de seus consumidores e investidores, buscando não os desagradar, a menos que esteja disposta a arcar com as consequências.

3. PROATIVIDADE NA PREVENÇÃO DOS RISCOS POR PARTE DO SEGURADOR

A reação aos sinistros já não é mais suficiente no mercado de seguros. Reconhecendo a importância da prevenção de incidentes e do aprimoramento da segurança, as seguradoras estão adotando abordagens mais proativas para estimular boas práticas entre seus segurados. Este novo enfoque vai além da tradicional cobertura de danos, promovendo ativamente comportamentos e escolhas que reduzam a probabilidade e a magnitude de sinistros.

Com os avanços tecnológicos, observa-se uma tendência, apontada por alguns autores, de que o seguro está evoluindo do binômio *"entender e proteger"* para *"prever e prevenir"*.[9] Um exemplo ilustrativo é o da seguradora britânica *Insurethebox*. Após analisar todos os sinistros ocorridos em sua carteira, constatou-se que os acidentes automobilísticos geralmente começam quando o segurado sai de casa, muitas vezes

---

8. CUTTER, Chip; GLAZER, Emily. *The Latest Dirty Word in Corporate America*: ESG: Executives switch to alternatives like 'responsible business' to describe corporate initiatives. Disponível em: https://www.wsj.com/business/the-latest-dirty-word-in-corporate-america-esg-9c776003. Segundo consta na matéria: "Os investidores retiraram mais de US$ 14 bilhões dos fundos ESG nos primeiros nove meses de 2023, de acordo com a Morningstar. Larry Fink, da BlackRock, escreveu uma carta aos investidores em 2023 que não fazia referência explícita ao ESG, depois que alguns estados retiraram dinheiro em 2022 devido à ênfase da empresa no ESG. Em novembro, a State Street anunciou uma nova política de votação para investidores que talvez não queiram dar tanta ênfase ao ESG. No ano passado, a Fidelity removeu a linguagem que considerava os possíveis impactos de ESG de seu processo de revisão de *proxy*. Nas divulgações de resultados, as menções a ESG aumentaram constantemente até 2021 e diminuíram desde então, de acordo com uma análise da FactSet. No quarto trimestre de 2021, 155 empresas do S&P 500 mencionaram iniciativas de ESG; no segundo trimestre de 2023, esse número havia caído para 61 menções". Advirta-se, por oportuno, que as citações diretas originárias de idiomas distintos do português apresentadas neste artigo foram livremente traduzidas pelos autores.
9. KELLER, Benno. *Big Data and Insurance*: Implications for Innovation, Competition and Privacy. Zurich: The Geneva Association, 2018. p. 7.

dirigindo de forma atípica antes de se envolver em um acidente.[10] Ao perceber esse desvio, a seguradora pode enviar um alerta ao segurado, teoricamente diminuindo a chance de ocorrência de prejuízos para si mesmo, para o segurador e para a sociedade,[11] a exemplo do que já fazem os bancos, atualmente, quando o cliente pretende realizar um PIX de valor fora de seu padrão.

Na implementação dessa estratégia, as seguradoras estão investindo em programas de conscientização sobre segurança e oferecendo incentivos e benefícios para segurados que adotam medidas preventivas. Essas iniciativas incluem descontos para condutores prudentes, incentivos para residências com sistemas de segurança avançados e recompensas para estilos de vida saudáveis. Este novo paradigma reflete uma mudança significativa na forma como o setor opera, enfatizando tanto a prevenção de riscos quanto a reação a eventos inesperados.

Entretanto, a linha que separa um auxílio preventivo de uma intrusão inconveniente é tênue. A presença frequente e a interferência dos seguradores, assemelhando-se a *"pais helicópteros"*,[12] geram visões divergentes. Enquanto alguns veem vantagens em um *"lifestyle coach"*,[13] outros criticam o que consideram ser um *"nudging pessoal em larga escala"*, argumentando que o seguro estaria se tornando *"menos sobre riscos e mais sobre mudanças de comportamento"*.[14]

A concretização dessa tendência pelas seguradoras, que pode ser aprimorada pela próxima tendência a ser discutida, deve considerar as ressalvas acima.

4. "GAMIFICAÇÃO" DOS SEGUROS ENVOLVENDO CONSUMIDORES

A centralidade do cliente no mercado de seguros já se tornou trivial. Atualmente afigura-se necessário ir além desse passo inicial, impelindo as seguradoras a adotarem novas abordagens, incorporando cada vez mais tecnologias emergentes como IA, *blockchain*, gamificação e internet das coisas (IoT). A convergência dessas tecnologias

---

10. COLLINSON, Patrick. *Motoring myths*: what 'black boxes' reveal about our driving habits. Disponível em: https://www.theguardian.com/money/2017/dec/16/motoring-myths-black-boxes-telematics-insurance.
11. "Esses efeitos são positivos, não só para segurados e seguradoras, mas também para a sociedade como um todo, pois previnem a ocorrência de danos e promovem a saúde dos segurados". THOUVENIN, Florent; SUTER, Fabienne; GEORGE, Damian, WEBER, Rolf H. *Big Data in the Insurance Industry*: Leeway and Limits for Individualising Insurance Contracts. Disponível em: https://www.jipitec.eu/issues/jipitec-10-2-2019/4916.
12. Cfr. THE ECONOMIST. *Risk and reward*. Disponível em: https://www.economist.com/finance-and-economics/2015/03/12/risk-and-reward.
13. "Não mais apenas uma gestora de reclamações *ex post*. A companhia de seguros torna-se um *coach* de estilo de vida, e o modelo muda do tradicional, que se centra na prevenção e transmissão de informação sobre riscos, para o de um agente de mudança comportamental, ao lado e próximo das pessoas". FABRIS, Monica. Survey axa-episteme: gli italiani, il labirinto dei dati e il ruolo del settore assicurativo. *Italian AXA Paper n. 8 – Le sfide dei dati*, Milano, p. 30, ott. 2016.
14. MINTY, Duncan. *Why honesty and purpose will change the conduct agenda*. Disponível em: https://ethicsandinsurance.info/2019/06/25/honesty-purpose/. Sobre os riscos envolvidos na constante vigilância dos segurados, consulte-se: JUNQUEIRA, Thiago. *Tratamento de dados pessoais e discriminação algorítmica nos seguros*. São Paulo: Thomson Reuters Brasil, 2020. p. 187 e ss.

está impulsionando avanços significativos, transformando a experiência do cliente e redefinindo processos tradicionais.

Neste tópico, pretende-se abordar a gamificação. Segundo a literatura, ela é

a aplicação de elementos e técnicas de jogos (como pontuação e competição) em situações que não são de jogos. Seu objetivo é, em geral, influenciar o comportamento dos consumidores, funcionários ou outros grupos de pessoas que participam do 'jogo' e promover um maior engajamento.[15]

De forma lúdica, a gamificação tem começado a gerar impactos no setor de seguros. Por meio de elementos e técnicas de jogos no *design* de produtos e serviços, ela torna os seguros mais atraentes para os consumidores, incentivando-os a se envolverem ativamente e de forma mais consciente em suas escolhas – e, em muitos casos, promovendo comportamentos que reduzem riscos e o número de sinistros.

A aplicação da gamificação no setor de seguros é multifacetada, abrangendo uma variedade de estratégias para engajar os clientes. Por exemplo, os clientes podem ganhar pontos ou recompensas por ações positivas, como pagar prêmios em dia ou manter um bom histórico de condução. Desafios e metas são estabelecidos para encorajar comportamentos que diminuam riscos, como dirigir com segurança ou adotar um estilo de vida saudável. Além disso, competições e *rankings* promovem uma disputa saudável entre clientes, incentivando-os a melhorar continuamente seus comportamentos e hábitos. Esses elementos são complementados por *feedbacks* interativos, que fornecem aos clientes informações instantâneas sobre seu desempenho, similar à experiência em um jogo.

Ao alinhar os interesses das seguradoras e dos segurados de maneira mais dinâmica e interativa, a gamificação tem o potencial de estabelecer uma profunda alteração no setor de seguros. A introdução de narrativas e contextos de jogo adiciona um elemento de envolvimento e interesse, transformando a experiência de seguros massificados em algo mais do que meramente transacional.

5. MELHORIA NA GESTÃO DA APÓLICE PELO SEGURADO NOS SEGUROS EMPRESARIAIS

No contexto dos seguros empresariais, a dinâmica entre seguradoras e segurados também deve experimentar uma transformação nos próximos anos, impulsionada por uma mudança proativa no comportamento dos segurados.

Essa evolução se reflete no foco crescente das empresas em gerenciar riscos e explorar oportunidades para obter e manter condições mais favoráveis, priorizando a

---

15. WASSINK, Bernhard; RUSSIGNAN, Luca. *Implementing a gamification strategy*: The importance of winning the game in insurance. Ernst & Young LLP, 2019. p. 2. Segundo o mesmo estudo, são elementos comuns da gamificação: "i) *Progresso*: geralmente representado por 'emblemas' que representam conquistas ou barras de progresso; ii) *Bens virtuais*: objetos ou poderes especiais que os jogadores podem obter por meio da troca de algum tipo de moeda virtual; iii) *Interações*: para incentivar o trabalho em equipe e redes sociais; iv) *Desbloqueio de conteúdo*: visando motivar o usuário a concluir algo para desbloquear conteúdo adicional; e v) *Restrições*: prazos que pretendem motivar as pessoas a agir em períodos específicos".

contratação de coberturas adicionais recomendadas para seu respectivo ramo de atividade e não incorrendo inadvertidamente em hipóteses de perda de direito previstas nas apólices.

De fato, as empresas seguradas estão adotando sistemas internos de gestão de riscos e intensificando a colaboração com corretores e consultores especializados. Isso garante uma compreensão aprofundada das coberturas, condições e limites de suas apólices e a implementação de medidas preventivas mais robustas. Em especial, destaca-se a importância de os segurados executarem bem as ações básicas, como o cumprimento adequado do dever de informação pré-contratual e durante o contrato, o cuidado para não agravar o risco, e a comunicação tempestiva às seguradoras em caso de ocorrência de um sinistro.

Essa postura ativa dos segurados na gestão de suas apólices melhora a transparência e a compreensão mútua com as seguradoras. Isso resulta em relações mais sólidas e vantajosas para ambas as partes, diminuindo a judicialização e influenciando positivamente a precificação do seguro e a personalização das apólices. Adicionalmente, esse envolvimento ativo promove uma cultura de prevenção e responsabilidade compartilhada, contribuindo para um mercado de seguros mais sustentável e equilibrado.

Versão original publicada em: 25.01.2024.

TENDÊNCIAS PARA O SETOR DE (RES)SEGUROS EM 2022 – PARTE 1

Thiago Junqueira

Ilan Goldberg

1. INTRODUÇÃO

Nos compromissos do dia a dia, não é fácil a tarefa de reservar um tempo para refletir sobre o que está por vir. Tal mister, porém, é essencial não apenas para preparação contra possíveis obstáculos no caminho, mas também para moldar-se o futuro.

Tendo isso em mente, examinar-se-ão, nesta e na próxima coluna, seis tendências para o setor de (res)seguros em 2022, quais sejam: 2.1) posicionamento mais incisivo do setor para questões ASG; 2.2) surgimento de novas coberturas e modalidades de seguros antes inimagináveis; 2.3) emprego do *legal design* e do *visual law* pelos seguradores; 2.4) desenvolvimento do *Open insurance*; 2.5) contratempos com questões de privacidade e proteção de dados dos consumidores de seguros; e 2.6) procura pelo balanceamento entre o avançar da tecnologia e a manutenção do toque humano.

2. POSICIONAMENTO MAIS INCISIVO DO SETOR DE (RES)SEGUROS PARA QUESTÕES ASG

Os consumidores, acionistas e a própria sociedade de uma forma geral têm demandado uma crescente conscientização sobre questões ambientais, sociais e de governança (ASG) por parte das empresas privadas. No Brasil, a novidade é que os órgãos reguladores também estão se movimentando para acelerar esse processo, conforme, no que aqui interessa, o edital Susep, de 06/12/2021, que introduziu em consulta pública (CP 44) norma que dispõe sobre requisitos de sustentabilidade a serem observados pelas seguradoras, entidades abertas de previdência complementar, sociedades de capitalização e resseguradores locais.[1]

---

1. Na exposição de motivos da norma, pode-se ler o seguinte trecho: "Vale destacar que a indústria de seguros, tanto na qualidade de gestora/tomadora de riscos, como na qualidade de investidora, desempenha um importante papel na promoção do desenvolvimento econômico e social sustentável, especialmente quando considerada sua qualificação para realizar avaliação e precificação de riscos (...). Busca-se, com a edição do normativo proposto, chamar a atenção para os riscos de sustentabilidade (riscos ASG, com destaque para os riscos climáticos), de forma a assegurar sua efetiva integração no processo de gestão de riscos das supervisionadas". Disponível em: http://www.susep.gov.br/setores-susep/seger/exposicao-de-motivos-cp-no-44-2021.pdf.

Após definir "riscos de sustentabilidade" como o "conjunto dos riscos climáticos, ambientais e sociais" (art. 2º, inc. VI), a minuta exige das supervisionadas pela Susep "adotar processos, procedimentos e controles específicos para identificar, avaliar, mensurar, tratar, monitorar e reportar, de forma tempestiva, os riscos de sustentabilidade a que se encontra exposta" (art. 3º, inc. I). Indo além, o art. 4º da minuta aponta que "A supervisionada deverá implementar, sempre que pertinente, critérios e procedimentos para precificação e subscrição de riscos, com ou sem imposição de condições especiais, que levem em conta, no mínimo: I – o histórico e comprometimento do cliente no gerenciamento de riscos de sustentabilidade; II – a capacidade e a disposição do cliente em mitigar os riscos de sustentabilidade associados à transação (...)"; e o art. 14 estipula a necessidade de envio anual de Relatório de sustentabilidade por parte das supervisionadas à Autarquia.

De igual sorte, são dignos de realce, a necessidade de que sejam implementados "critérios e procedimentos para seleção de fornecedores e prestadores de serviços que levem em consideração suas exposições aos riscos de sustentabilidade" (art. 6º), bem como que haja uma seleção de investimentos pelas supervisionadas, que deverão levar em conta a adoção de "boas práticas de governança corporativa por parte dos emissores dos ativos" e a "exposições dos ativos e/ou de seus emissores a riscos de sustentabilidade" (art. 5º, inc. I).

A Circular ora em consulta pública endereça vários pontos importantes relacionados a práticas ASG.[2] Mesmo que a Susep demore para convertê-la em normativo, na esteira do que se afirmou em outra sede,

> A agenda de sustentabilidade, agora, é uma das prioridades estratégicas para muitas seguradoras que se mostram comprometidas para além de seus produtos e serviços, investimentos e gestão de risco, pautando suas deliberações com base na responsabilidade social corporativa, o que as consolida como uma voz de liderança em ameaças ecossistêmicas e mitigação dos riscos em particular.[3]

Para além da métrica financeira, em 2022 e nos próximos anos, o setor de seguros deverá reforçar a adoção de boas práticas de governança corporativa, atentando-se aos impactos sociais e ambientais na tomada de decisões.[4] Essa saída, no médio e longo prazo, curiosamente gerará melhores resultados – inclusive financeiros – para a sociedade e as (res)seguradoras.

---

2. Para fins de atualização do presente artigo, vale registrar que a norma em questão, Circular Susep 666, foi publicada em 27 de junho de 2022 e entrou em vigor no dia 01 de agosto do mesmo ano.
3. GUTEMBERG, Gabriella; JUNQUEIRA, Thiago. *Meio ambiente e setor de seguros*. Disponível em: https://www.jota.info/opiniao-e-analise/artigos/meio-ambiente-e-setor-de-seguros-04052021.
4. "Be it a discount on motor insurance of electric vehicles or providing protection on wind and solar energy, insurers are participating in actions targeted at combatting climate change. The systemic nature of climate risk makes the need for global collaboration among insurers indispensable". BLANC, Marina Le. *What's next for the insurance sector in 2022*. Disponível em: https://think.ing.com/articles/insurance-sector-outlook-2022-whats-next..

3. SURGIMENTO DE NOVAS COBERTURAS E MODALIDADES DE SEGUROS ANTES INIMAGINÁVEIS

Na posição de destacado instrumento de proteção dos segurados, o setor de seguros acompanha passo a passo o desenvolvimento da sociedade. Se, por exemplo, os seguros marítimos floresceram a partir do período das grandes navegações do século XIV, a industrialização que marcou os séculos seguintes ampliou consideravelmente os seguros terrestres (*e.g.*, os seguros de incêndio e de responsabilidade civil), a sociedade da informação ora vivenciada tem colaborado para que os seguros cibernéticos sejam cada vez mais vitais.

Algumas modalidades securitárias inéditas igualmente retratam as características de nosso tempo. Considere-se, por exemplo, o fato de a geração Z (pessoas nascidas a partir de 1996) estar adquirindo consideravelmente menos carros próprios do que as gerações anteriores. Por que não oferecer um seguro de automóvel vinculado à CNH do condutor e não a um carro específico? Foi o que uma seguradora brasileira fez em junho de 2021, ao criar o primeiro seguro de responsabilidade civil para condutores de veículos automotores no País.[5]

Sem a pretensão de mencionar as diversas modalidades de seguros que estão surgindo, pode ser recordado, à guisa de ilustração, o seguro de operações de M&A (Seguro Garantia para Substituição de Conta Escrow).[6] São também merecedores de destaques novas coberturas, como a "Cobertura PIX" – que pode ser contratada de maneira autônoma ou no âmbito dos Seguros "Bolsa Protegida", "Perda e Roubo de Cartão" e "Proteção de Eletrônico".[7]

A presença concomitante de um *legítimo interesse segurável* por parte do *tomador do seguro* e do *apetite ao risco pelo segurador* afigura-se o primeiro passo para a criação de novas modalidades de seguros. Por vezes, o segundo elemento demora um pouco mais do que o recomendável, conforme tem ocorrido com os seguros para os ativos digitais únicos – cuja titularidade é registrada em *blockchain* – chamados tokens não fungíveis (NFTs).[8]

Embora o surgimento de novas coberturas e tipos de seguros possa ser sempre esperado, particularmente em 2022, diante da flexibilização da regulação dos seguros

---

5. Revista Apólice. *Chega ao mercado o primeiro seguro vinculado à CNH no Brasil.* Disponível em: https://www.revistaapolice.com.br/2021/06/chega-ao-mercado-o-primeiro-seguro-vinculado-a-cnh-no-brasil/.
6. MIRANDA, Claudio; JUNQUEIRA, Thiago. *Novo seguro nas operações de M&A?* Disponível em: https://www.conjur.com.br/2021-set-02/seguros-contemporaneos-seguro-operacoes-ma.
7. "Esta nova modalidade contempla cobertura para roubo, subtração com evidência ou coação em transferências de dinheiro não autorizadas". Revista Apólice. *Generali lança Cobertura Pix para indenizar transações não autorizadas* (https://www.revistaapolice.com.br/2021/12/generali-lanca-cobertura-pix-para-indenizar-transacoes-nao-autorizadas/).
8. "A despeito da existência das *insurtechs*, que possuem um componente tecnológico forte e característico, ainda é rarefeita a cobertura específica para NFTs. A hesitação do mercado em subscrever esses riscos tem muito a ver com o desafio de compreendê-los e de obter a informação correta para ter a segurança necessária em prover-lhes cobertura". NOVAES, Anthony; FEIGELSON, Bruno. *NFT, seguros e omniverso.* Disponível em: https://www.jota.info/opiniao-e-analise/colunas/regulacao-e-novas-tecnologias/protecao-nft-seguros-omniverso-25122021.

feita pela Susep e do progresso tecnológico ocorridos nos últimos anos, é provável que os consumidores passem a ter à sua disposição modalidades securitárias antes inimagináveis. Para que os segurados sejam capazes de bem compreendê-las, porém, os seguradores terão que se atentar para a tendência do setor apontada a seguir.

4. EMPREGO DO *LEGAL DESIGN* E DO *VISUAL LAW* PELOS SEGURADORES

Afigura-se antigo o clamor de diversos *players* do mercado pela simplificação do linguajar securitário a fim de torná-lo mais acessível a pessoas não especializadas, ou seja, à maioria dos consumidores de seguros. De igual sorte, a extensão das apólices e até mesmo as supostas letras miúdas utilizadas pelos seguradores (o que, em regra, não é verdade no Brasil)[9] costumam ser alvo de críticas aqui e ali.

Há quem chegue ao limite de afirmar que os consumidores não têm tempo de ler as apólices ou sequer vontade de aprender termos como prêmio, regulação de sinistro, franquia, entre outros, de modo que caberia aos seguradores simplesmente considerar as expectativas razoáveis dos consumidores como fator objetivo de atribuição de cobertura. Essa, todavia, não é a melhor solução.

A constatação de que o aprimoramento da experiência do consumidor na aquisição do seguro requer a efetiva compreensão sobre o que ele está adquirindo, especialmente quais são os seus direitos e deveres, deve vir acompanhada da preocupação de se criar maneiras para se atingir tal objetivo sem a perda da segurança jurídica e a exposição exagerada do segurador – que, à luz do art. 757 c/c art. 760 do CC, deve cobrir *riscos predeterminados* dispostos na apólice.

Explica-se: ao mesmo tempo que a carência de informação essencial prejudica a autonomia privada e a equivalência das prestações, há certo consenso atualmente no sentido de que o excesso de informação gera ruído e desinformação. É nessa corda bamba que o segurador tem que se equilibrar, máxime diante das decisões do STJ acerca da amplitude do seu dever de informar.[10]

A busca por parte do segurador pelo fino equilíbrio entre a falta de provisão de informação essencial e o excesso de informação desnecessária ao consumidor terá, em 2022, um grande aliado: o *legal design* e, como sua submodalidade, o *visual law*.

Não se pretende recordar as definições desses conceitos, tampouco o seu amplo campo de atuação,[11] mas afirmar que, com uma linguagem clara e objetiva, e o suporte

---

9. Conforme, por todos, o art. 54, § 3º do CDC, que estipula a necessidade do uso de fonte não inferior ao corpo doze nos contratos de adesão.
10. *V.g.*, "O consumidor tem direito a informação plena do objeto do contrato, e não só uma clareza física das cláusulas limitativas, pelo simples destaque destas, mas, essencialmente, clareza semântica, com um significado homogêneo dessas cláusulas, as quais deverão estar ábditos a ambiguidade". STJ, REsp 1837434/SP. Rel. Ministra Nancy Andrighi. 3ª Turma. DJe 05.12.2019.
11. "No que respeita aos seguros, a comunicação visual de aspectos jurídicos pode abranger: 1) litígios, ao demonstrar fatos de forma clara e construir argumentos sólidos; 2) transações, na redação de contratos e acordos claros e concisos e de fácil execução; 3) regulamentação, ajudando o poder público a editar normas e regras às quais as pessoas e empresas podem aderir eficientemente; e 4) documentos variados, a exemplo das apólices, cuja exten-

de imagens e infográficos, mensagens complexas podem ser mais facilmente compreendidas pelo receptor. O abandono de um certo preconceito de juristas tradicionais, muito em virtude da má-compreensão do tema,[12] será essencial para o alcance de soluções comunicativas mais empáticas, tendo como foco o ser humano/consumidor.

Convém sublinhar, todavia, que, paralelamente à conscientização das companhias e dos próprios advogados, a magistratura também deverá evoluir, de modo a considerar essa nova forma de transmissão de informação juridicamente capaz de adimplir a não rara alta carga de provimento de informação inerente ao segurador.

Dito de outra maneira, o provável e benfazejo aumento do emprego do *legal design* deve vir acompanhado pela reflexão de como fazê-lo sem desequilibrar a balança, isto é, garantindo a segurança jurídica tanto ao segurador quanto ao consumidor.

É bom que se deixe claro, porém, que mesmo com o seu uso, na maioria dos casos não será possível elaborar apólices com poucas páginas. Os contratos de seguro são complexos, e o provimento das informações elementares, sem perder a minimamente necessária precisão técnica, não se coaduna com essa parca extensão.

Em uma sentença: técnicas de *legal design* e *visual law* são bem-vindas, devem ser cada vez mais aplicadas em 2022 e podem auxiliar o desenvolvimento do setor de seguros, mas elas não são a panaceia, ao contrário do que alguns estudiosos da matéria parecem sugerir.

Continua na parte 2
Versão original publicada em: 20.01.2022.

---

são pode ser limitada ao estritamente necessário". NOVAES, Anthony. *Legal design e seguros*: todo consumidor importa. Disponível em: https://www.jota.info/opiniao-e-analise/colunas/regulacao-e-novas-tecnologias/legal-design-e-seguros-todo-consumidor-importa-04122021.

12. "(...) é urgente abandonar a ideia de que *legal design* e *visual law* são ferramentas meramente estéticas, derivadas dos memes e dos emojis. Tal pensamento refreia algo que, se bem aplicado, apenas acrescenta, democratiza e expande o Direito". MELO, Victor. *Você já usou legal design e nem sabe disso*. Disponível em: https://www.conjur.com.br/2021-jun-14/melo-voce-usou-legal-design-nem-sabe-disso.

TENDÊNCIAS PARA O SETOR DE (RES)SEGUROS EM 2022 – PARTE 2

Thiago Junqueira

Ilan Goldberg

1. INTRODUÇÃO

Na primeira parte desta coluna, examinamos três tendências para o setor de (res)seguros em 2022: i) posicionamento mais incisivo do setor para questões ASG; ii) surgimento de novas coberturas e modalidades de seguros antes inimagináveis; e iii) emprego do *legal design* e do *visual law* pelos seguradores.

Nesta sede, trataremos das três tendências pendentes de análise, quais sejam: i) desenvolvimento do *open insurance*; ii) contratempos com questões de privacidade e proteção de dados dos consumidores de seguros; e iii) procura pelo balanceamento entre o avançar da tecnologia e a manutenção do toque humano.

2. DESENVOLVIMENTO DO *OPEN INSURANCE*

O *open insurance*, tal como o *open banking*, é um sistema que permite o compartilhamento padronizado de alguns dados de clientes, nesse caso entre empresas do ramo de seguros, por meio de sistemas integrados, formando o que tem sido qualificado como *open finance* – sistema financeiro aberto – e que visa a beneficiar os consumidores, proporcionando um maior leque de opções, experiências customizadas, inovação e produtos sob medida.[1]

Muito se debate atualmente sobre qual será efetivamente o futuro do *open insurance* no Brasil. Embora a sua primeira fase tenha se iniciado em dezembro de 2021, não se sabe se o cronograma previsto será mantido. Uma pista foi dada pelo Superintendente da Susep, Alexandre Camillo, em recente entrevista:

---

[1]. A propósito dos principais contornos e desafios do *open insurance*, seja consentido remeter a GOLDBERG, Ilan; BERNARDES, Guilherme. *Aspectos essenciais do open insurance no Brasil*. Disponível em: https://www.conjur.com.br/2021-ago-05/seguros-contemporaneos-aspectos-essenciais-open-insurance-brasil. Advirta-se, por oportuno, que o acesso ao referido endereço eletrônico, bem como aos demais, mencionados em seguida, ocorreram pela última vez em 01 fev. 2022. Sublinhe-se, outrossim, que os trechos originários de idiomas estrangeiros e transcritos no presente estudo foram livremente traduzidos pelos autores.

Vamos manter o *open insurance*, não tem como querer refrear, esse movimento não é somente do Brasil, tem similares mundo afora, apenas quero, se necessário, alguns ajustes que façam com que os atores do mercado sejam aderentes ao processo e ajudar na consolidação do *open insurance*.[2]

É curioso notar que o *open insurance* vem despertando amor e ódio. Muito já se escreveu sobre os seus aspectos positivos,[3] estando agora sob escrutínio alguns dos seus desafios, como não fazer com que os consumidores sejam seduzidos por preços mais baixos de seguradores concorrentes, mas tendo como pano de fundo produtos algo distintos. Nesse particular, os deveres de informação por parte dos seguradores e dos próprios corretores – que, eventualmente, terão que alertar que o preço mais convidativo justifica-se pela cobertura mais restrita do risco segurado – terão papéis de destaque.

Em síntese essencial, ainda é cedo para cravar o destino do *open insurance* no País. Entre as principais variáveis, pode-se destacar a real aderência dos consumidores e os próximos passos dos órgãos reguladores.

Diante dos aspectos positivos envoltos, porém, no geral as perspectivas para 2022 são favoráveis. Esse é mais um motivo pelo qual a tendência exposta a seguir deve ser levada a sério pelo setor.

3. CONTRATEMPOS COM QUESTÕES DE PRIVACIDADE E PROTEÇÃO DE DADOS DOS CONSUMIDORES DE SEGUROS

Em maio de 2021, a *Lemonade*, talvez a mais importante *insurtech* no cenário global, postou em seu Twitter:

> Por exemplo, quando os usuários fazem o aviso de sinistro, eles gravam um vídeo em seu celular e explicam o que aconteceu. A nossa IA analisa cuidadosamente esses vídeos em busca de sinais de fraude. Ela consegue captar sinais não-verbais que seguradoras tradicionais não conseguem, uma vez que não utilizam processos de regulação de sinistros digitais. Isto nos ajuda, em última análise, a reduzir nossos índices de sinistralidade (também conhecido como o valor que pagamos em sinistros vs. o valor que podemos receber) e nossos custos operacionais gerais.

Em razão da repercussão negativa do post (vários internautas questionaram se a utilização desta Inteligência Artificial não seria discriminatória), a *Lemonade* apagou-o e publicou um artigo sobre o tema no seu blog, onde pode-se ler:

> O termo sinais não verbais foi uma má escolha de palavras para descrever a tecnologia de reconhecimento facial que utilizamos para sinalizar reivindicações de sinistros apresentadas pela mesma pessoa

---

2. Revista Cobertura. *Alexandre Camillo apresenta sua visão sobre as demandas do mercado*. Disponível em: https://www.revistacobertura.com.br/noticias/cobertura-especial-noticias/alexandre-camillo-novo-superintendente-da-susep-apresenta-sua-visao-sobre-as-demandas-do-mercado/.
3. A EIOPA analisa as vantagens do *open insurance* por três diferentes perspectivas, destacando que: i) para as empresas, ele oferece inovação, eficiência e colaboração; ii) para os consumidores, proporciona uma visão holística das apólices, facilitando a mutabilidade de serviços e oferecendo produtos customizados; e iii) para os supervisores, traz acesso em tempo real aos dados com capacidade de supervisão efetiva e tecnologia que facilita a regulação. (Cfr.: https://www.eiopa.europa.eu/sites/default/files/publications/consultations/open-insurance-discussion-paper-28-01-2021.pdf).

sob identidades diferentes. Estas reivindicações específicas depois são analisadas por nossos investigadores humanos. Tal confusão levou a uma propagação de inverdades e suposições incorretas, por isso estamos escrevendo para esclarecer e confirmar que nossos usuários não são tratados de forma diferente com base em sua aparência, comportamento, ou qualquer característica pessoal/física.[4]

O pronunciamento da *insurtech* não convenceu a todos acerca da legitimidade do referido tratamento de dados. Com efeito, desde julho de 2021, tem-se notícia de pelo menos uma ação coletiva ajuizada em face da *Lemonade,* sob o argumento de tratamento de dados biométricos sem o consentimento por escrito do titular de dados, requisito obrigatório à luz do *Illinois Biometric Information Privacy Act.*[5]

Ultrapassa a presente abordagem o tema da discriminação e das possíveis mitigações de vários direitos fundamentais dos consumidores oriundas do tratamento automatizado dos dados pelos seguradores.[6] Convém ressaltar, todavia, que esse tópico é apenas a ponta do *iceberg.*

Por exemplo, na Europa, algumas seguradoras já foram alvo de multas pelas Autoridades de Proteção de Dados em virtude de: i) não estarem em conformidade com os princípios gerais de processamento de dados (Holanda e Finlândia); ii) não cumprirem suficientemente as obrigações de informação relacionadas ao tratamento de dados (Croácia); e iii) não implementarem medidas técnicas e organizacionais suficientes para garantir a segurança de informação (Alemanha, Luxemburgo, entre outros países).[7]

Salta aos olhos, portanto, que o "cartão amarelo" já foi apresentado às seguradoras. Em um negócio que é lastreado na confiança,[8] como ocorre no mercado securitário, parece claro que não podem ser desconsiderados aspectos reputacionais ligados ao tratamento inadequado dos dados, sob pena de o "cartão vermelho" vir em forma de graves danos midiáticos e comerciais.

Além do amadurecimento da cultura de proteção de dados e privacidade pelas empresas, está na ordem do dia a necessidade de aumento da transparência e *accountability* dos seguradores em relação aos dados que são coletados e aos modos de sua utilização (controle dos *inputs* e dos *outputs*).

---

4. Lemonade Blog. *Lemonade's Claim Automation.* Disponível em: https://www.lemonade.com/blog/lemonades-claim-automation/. Sobre a repercussão negativa do post, confira-se: Forbes. *Insurance Unicorn Lemonade Backtracks Comments About Its AI After Accusations Of Discrimination.* Disponível em: https://www.forbes.com/sites/carlieporterfield/2021/05/26/insurance-unicorn-lemonade-backtracks-comments-about-its-ai-after-accusations-of-discrimination/?sh=7c71991b285f.
5. A petição inicial da referida *Class Action* (Jones vs. Lemonade) pode ser acessada em: https://www.classaction.org/media/jones-et-al-v-lemonade-inc.pdf.
6. Confira-se, nesse particular: JUNQUEIRA, Thiago. *Tratamento de dados pessoais e discriminação algorítmica nos seguros.* São Paulo: Thomson Reuters, 2020.
7. Cfr.: https://www.enforcementtracker.com/.
8. "A confiança no passado era frequentemente expressa por meio da arquitetura (grandes edifícios sólidos), enquanto hoje essa solidez é muitas vezes transmitida através de dados e *analytics.* As *insurtechs* parecem bastante rebeldes, buscando confiança através de uma narrativa de serem modernas e inteligentes. No entanto, é uma narrativa que às vezes pode fazê-las tropeçar, criando tempestades nas mídias sociais sobre a lisura do que está sendo feito com os seus engenhosos e poderosos algoritmos". MINTY, Duncan. *Thoughts on the Future of Insurance.* (https://ethicsandinsurance.info/2021/11/24/future-of-insurance/).

No contexto brasileiro, a Lei Geral de Proteção de Dados (Lei 13.709, de 2018) estatui alguns instrumentos para compelir o tratamento adequado de dados pelos seguradores, como: i) a necessidade de base legal para o tratamento de dados e a restrição ao uso dos dados sensíveis (categoria na qual se inserem os dados biométricos); ii) a consagração de direitos individuais aos titulares de dados – *v.g.*, direito de acesso aos dados tratados e o direito à explicação e à revisão das decisões automatizadas; iii) a imperiosidade, em alguns casos, de feitura de um relatório de impacto à proteção de dados pessoais; iv) a possibilidade de auditoria para verificação de aspectos discriminatórios nos tratamentos automatizados de dados; e v) a necessidade de observância da noção de privacidade por *design*.

Caso não haja o cumprimento dessas e outras balizas legais aplicáveis, não será surpreendente se, nos próximos anos, surgirem notícias sobre a punição de seguradoras e outros importantes *players* do mercado que se valem do emprego da Inteligência Artificial para a tomada de decisões que impactem na vida dos titulares de dados.

Além do balanceamento entre os riscos e benefícios das novas tecnologias – que inclui a promoção de medidas como a "explanibilidade", a "auditabilidade" e a transparência dos algoritmos utilizados, e a intervenção de seres humanos na revisão das decisões automatizadas –, a preservação do toque humano na relação securitária é tendência que não pode ser descurada, conforme demonstra-se a seguir.

4. PROCURA PELO BALANCEAMENTO ENTRE O AVANÇAR DA TECNOLOGIA E A MANUTENÇÃO DO TOQUE HUMANO

Há um ditado que resume bem a tendência anunciada acima: *a tecnologia deve ser disponibilizada quando o cliente quer, e o toque pessoal quando o cliente precisa.*[9] De fato, seria tudo, menos satisfatório, impossibilitar o contato do segurado com um atendente humano em um momento de necessidade, como geralmente ocorre após o sinistro.

Se no período do surgimento das *insurtechs* falava-se que a profissão do corretor de seguros estaria fadada a sumir, uma vez que a contratação dos seguros seria feita de forma direta, hoje há ampla convergência no sentido de que na verdade ele terá "apenas" que se reinventar, de modo a continuar oferecendo valor para o cliente.

Salvo em algumas modalidades de seguros mais simples, como os seguros de residência e de celular, em que a atuação do corretor possa se fazer pouco útil, diante da complexidade dos produtos e da diversidade de coberturas disponibilizadas por diferentes seguradoras, o auxílio do intermediário continuará sendo essencial para que o consumidor consiga contratar e postular a indenização adequada.

Esse é apenas um exemplo para demonstrar que, em vez de totalmente digitalizado, o futuro do seguro terá uma *fórmula híbrida*, conforme lição de Ken Gregg:

---

9. MATHISEN, RYAN. *Why Predictions That InsurTech Would Replace Agents Have Flopped*. Disponível em: https://www.iamagazine.com/magazine/issues/2022/january/why-predictions-that-insurtech-would-replace-agents-have-flopped?hss_channel=tw-234791496.

Para o futuro da indústria de seguros, o poder reside em combinar os melhores aspectos tanto das instituições tradicionais quanto das empresas movidas pela tecnologia. Os agentes de seguros devem repensar sua relação com a tecnologia e aproveitá-la para fazer melhor o seu trabalho, mantendo-se focados nos elementos mais humanos do seguro – transmitindo o *know-how* da indústria e as conexões de *network* para obter o melhor valor e serviço para os clientes.[10]

Em sentido convergente, confira-se o seguinte trecho de relatório sobre as perspectivas para o setor de seguros:

Embora a digitalização seja uma prioridade, as seguradoras também não devem negligenciar o valor do toque humano, dadas as complexidades do produto e do processo inerentes a todo o ciclo de vida do seguro. Uma mudança para o 'canal correto' – pensando estrategicamente sobre quais interações de seguros requerem intervenção digital *versus* humana para criar a experiência ideal para cada consumidor – deve orientar as estratégias de distribuição e serviço das seguradoras.[11]

Tendo em vista as especificidades do produto (inclusive no que se refere ao uso de expressões técnicas), principalmente nas fases de subscrição e regulação do sinistro, o toque humano continuará sendo vital. Em 2022 e nos próximos anos, o ajuste fino entre tais variáveis será um dos grandes desafios a cargo dos incumbentes e entrantes do setor de seguros.

Versão original publicada em: 03.02.2022.

---

10. GREGG, Ken. *The rise of InsurTech does not mean the fall of insurance agents*. (https://www.propertycasualty360.com/2021/08/31/the-rise-of-insurtech-does-not-mean-the-fall-of-insurance-agents/). Na sequência, o autor arremata: "Existe um meio-termo entre as instituições de seguro tradicionais e as sagazes *insurtechs* interessadas em disruptar. As circunstâncias de vida que requerem apólices de seguro não são leves ou simples. É importante que um elemento de toque humano seja parte da fórmula. A tecnologia certamente pode ajudar a tornar a jornada do cliente mais fluida, mas os agentes de seguros estão aqui para ficar".
11. Deloitte Insights. *2022 insurance industry outlook*. p. 24. (https://www2.deloitte.com/content/dam/insights/articles/US164650_CFS-Insurance-industry-outlook/DI_Insurance-industry-outlook.pdf).

CINCO TENDÊNCIAS PARA O SETOR DE (RES)SEGUROS EM 2021

Thiago Junqueira

Giovanna Fernandes Lopes

"*Direito dos seguros em movimento*". Conforme se mencionou em outra sede, essa frase resume bem o intenso – e repleto de novidades – ano de 2020 para o setor de seguros.[1] O que se esperar deste ano, porém, é um assunto pouquíssimo enfrentado até o momento.

Buscando suprir a aludida carência, o presente texto aponta, de forma suscinta, cinco tendências para o mercado seguros brasileiro no ano de 2021.

1. AVANÇO NA DIGITALIZAÇÃO

Um dos reflexos da pandemia de Covid-19 foi a necessidade de adaptação ao meio digital, que, reconheça-se, já vinha acontecendo em razão da evolução tecnológica, mas foi muito acelerada pela necessidade de desenvolvimento de meios de trabalho remoto.

Nesse pano de fundo, a *computação em nuvem* pode ser apontada como destacada ferramenta no armazenamento de dados e documentos. Essa inovação tecnológica, que permite, ainda, as seguradoras a terem equipes menores e serem mais ágeis na implementação de aplicações de TI, promete continuar ganhando espaço em 2021.

O uso de novas tecnologias é um forte aliado das seguradoras, em especial, para a tomada de decisões – como, no que aqui interessa, nas fases de *subscrição do seguro* (aquilatamento mais minucioso dos riscos, resultando em análises céleres e preços adequados ao perfil de cada consumidor) e *regulação de sinistros* (auxiliando, entre outras coisas, na constatação de indícios de fraudes dos segurados).

Ainda no campo do avanço digital, a contratação *on-line* de seguros, por meio de aplicativos nos celulares, tende a se multiplicar, tanto em virtude de mudanças comportamentais dos consumidores[2] quanto em razão da tendência examinada a seguir.

---

1. JUNQUEIRA, Thiago. *Retrospectiva 2020*: o direito dos seguros em movimento. Disponível em: https://www.conjur.com.br/2020-dez-31/direito-seguros-direito-movimento. Acesso em: 08 fev. 2021.
2. Conforme interessante estudo em que é demonstrado um significativo acréscimo na abertura dos consumidores norte-americanos à precificação do seguro de automóvel baseada na subscrição comportamental: "Over time, insureds have grown more comfortable with sharing their driving data, but historically the progress has been relatively small; at Arity, we've tracked gains of about 3% year-over-year. *But in 2020, in part due to the COVID-19*

2. EXPANSÃO DAS *INSURTECHS*

2021 promete ser o ano do desabrochar das *insurtechs* no Brasil. Essas empresas – literalmente tecnológicas – trazem soluções inovadoras para o mercado de seguros, beneficiando os segurados e seguradores, bem como, salvo exceções, os próprios corretores.

Um indício do aumento de sinergia entre seguradoras e *insurtechs* é o sandbox regulatório da Susep, que, no último ano, selecionou onze projetos para operar em um regime regulatório customizado e menos severo do que o tradicional. A continuidade dessa postura se consolidou através das Portarias Susep 7.732, 7.733 e 7.746, que elegeram, em janeiro de 2021, mais três *insurtechs* para atuarem no sandbox regulatório.

Há, portanto, grande expectativa de crescimento da participação desses novos agentes, com atuação entrelaçada às novas tecnologias e à digitalização da prestação de serviços no setor de seguros. Uma condição essencial para que tais empresas se desenvolvam solidamente, porém, é se atentarem à próxima tendência.

3. A PROTEÇÃO DOS DADOS PESSOAIS OCUPANDO UM ESPAÇO CENTRAL NAS COMPANHIAS

Com a entrada em vigor da Lei Geral de Proteção de Dados (LGPD) e a instituição da Autoridade Nacional de Proteção de Dados (ANPD), no fim de 2020, há de se esperar um movimento das seguradoras para estarem em conformidade com as novas diretrizes regulatórias inerentes à essa importante área.

Embora tal tendência de preocupação com a privacidade dos consumidores seja global,[3] certamente, no Brasil, ela é influenciada pelas mais rigorosas sanções administrativas, vislumbradas nos próximos anos, conforme demonstrado a seguir.

4. ENDURECIMENTO DAS SANÇÕES ADMINISTRATIVAS

Em decorrência de recentes atos normativos e da própria LGPD, há uma tendência de que, paulatinamente, se tornem mais rigorosas a aplicação de sanções administrativas no âmbito das atividades de (res)seguros ao longo de 2021.

Cite-se, à guisa de ilustração, a Resolução CNSP 393, de 30.10.2020, que estabeleceu novas penalidades e mudanças no processo administrativo sancionador da Susep. Dois

---

pandemic, we've seen this mindset change dramatically and a new, unprecedented acceptance of telematics emerge. (...) In other words, instead of only a third of consumers being comfortable with being priced on their driving behaviors, *now approximately half of customers would be willing to opt into a telematics program*. That's a huge shift"! HARBAGE-EDELL, Louisa. *This just in*: consumers are now much more comfortable with sharing driving data. Disponível em: https://www.arity.com/move/just-consumers-now-much-comfortable-sharing-driving-data/. Acesso em: 09 fev. 2021 (Destacou-se).

3. Em pesquisa conduzida pela Deloitte norte-americana com executivos do mercado de seguros, 52% dos entrevistados disseram que pretendem potencializar os investimentos em proteção de dados neste ano. DELOITTE. *2021 insurance outlook*: Accelerating recovery from the pandemic while pivoting to thrive. Disponível em: https://www2.deloitte.com/xe/en/insights/industry/financial-services/financial-services-industry-outlooks/insurance-industry-outlook.html. Acesso em: 07 fev. 2021.

pontos dignos de nota, aqui, são o aumento dos valores mínimos e máximos das multas aplicáveis em casos de infração de (res)seguradores e a possibilidade de aplicação da pena de inabilitação, quando do cometimento de infração grave (a ser regulada em ato normativo próprio, nos termos do art. 7º, inc. I).

A mencionada adequação ao novel regime de proteção de dados também se faz essencial para se evitar as sanções administrativas previstas nos artigos 52 a 54 da LGPD, que poderão ser aplicadas a partir do dia 01 de agosto. Nesse particular, traz algum alento às seguradoras o fato de o Diretor-Presidente da ANPD, Waldemar Gonçalves Ortunho Junior, em reiterados pronunciamentos, ter afirmado que deseja tornar a fiscalização da ANPD "menos punitiva e mais educacional".[4]

Ainda assim, cabe sublinhar que, por ter o tratamento de dados em seu coração, sobretudo as seguradoras que atuam no ramo dos seguros de pessoas devem passar por um escrutínio da ANPD.

5. DESBUROCRATIZAÇÃO

No primeiro item do Plano de regulação da SUSEP – 2021 (Deliberação 243/2020), consta:

> Revisão e consolidação dos atos normativos da Susep nos termos do Decreto 10.139, de 28 de novembro de 2019, visando a melhora de técnica legislativa e simplificação do arcabouço normativo da autarquia para conferir maior eficiência, simplicidade, transparência e publicidade aos atos normativos da Autarquia.

Se, em 2020, houve, por exemplo, a simplificação do procedimento de contratação de seguro no exterior, a implementação do Sistema de Registro de Operações e a estipulação de que as reclamações dos segurados fossem feitas através de plataforma on-line *Consumidor.gov*, neste ano espera-se que o rumo não seja alterado.

O plano de regulação para 2021 da Susep, inclusive, promete alterações: "objetivando maior flexibilização das operações de resseguros e retrocessão, redução de complexidade e de custo regulatório".

Versão original publicada em: 13.01.2021.

---

4. Conforme entrevista dada ao portal Jota, disponível em: https://www.jota.info/tributos-e-empresas/mercado/cultura-de-dados-presidente-anpd-26012021. Acesso em: 07 fev. 2021. No mesmo sentido, Miriam Wimmer, diretora do Conselho Diretor da ANPD, afirmou na aludida entrevista: "a condição da eficácia da regulamentação não é o chicote, mas o diálogo".

Parte II
ASPECTOS REGULATÓRIOS E CONTRATUAIS

REGULAÇÃO DO MERCADO DE SEGUROS E RESSEGUROS

PARA ALÉM DO *SANDBOX* REGULATÓRIO...

Ilan Goldberg

Pedro Alvim, em seu clássico "O contrato de seguro",[1] ensinou e ainda ensina os fundamentos pertinentes a esse tipo contratual a muitas e muitas gerações. Com ele aprendemos, entre tantos outros, aspectos caros à subscrição de risco – o dever de prestar informações na fase pré-contratual e, mais especificamente, a propósito da importância da máxima boa-fé, além do dever de, por parte de segurados/tomadores, informar à seguradora prontamente circunstâncias capazes de agravar *consideravelmente* o risco coberto.

Aos alunos e alunas, a dogmática desse contrato sempre foi apresentada de maneira a enfatizar que a assimetria de informação entre as partes pesava contra as seguradoras, que se viam submetidas ao referido dever de prestar informações completas e verídicas por parte dos proponentes, cujo descumprimento acarretaria o aperfeiçoamento dos seus contratos de forma incorreta, baseando-se em dados não correspondentes à realidade fática.

O massivo advento das novas tecnologias a esses contratos – instrumentos como a *internet of things*, *big data*, inteligência artificial, emprego de algoritmos, *e.g*, vem revolucionando o *modus operandi* que, por séculos, caracterizou a feitura/operação dos contratos de seguros. Nada obstante a relevância história da obra de Pedro Alvim, é como se, ao olhar para o futuro, pudéssemos inferir que ela não mais será capaz de lidar com as controvérsias que, fatalmente, surgirão, o que nos desafia a buscar critérios hábeis à sua solução.

Melhor explicando a arrojada afirmação, imaginemos que as seguradoras, baseadas em dados disponíveis nas grandes redes ou providos pelas *big techs*, saibam, em tempo real, a respeito de todos os hábitos de vida dos seus segurados. O que comem, os exercícios que praticam, a velocidade média de seus automóveis, o número de horas que dormem, se consomem drogas, bebidas, fumo etc. Seria isso utópico? Se, no passado, o pêndulo pertinente à assimetria de informação pesava contra as seguradoras, de agora em diante parece que a mecânica inversa é que prevalecerá.[2]

---

1. ALVIM, Pedro. *O contrato de seguro*. Rio de Janeiro: Forense, 1983. A obra conta ainda com mais duas edições, publicadas em 1986 (2ª edição) e 1999 e 2001 (3ª edição).
2. No mundo tecnológico, caracterizado pela inexistência de fronteiras, os cinco continentes parecem ter sido substituídos pelas quatro *big techs*, Apple, Google, Microsoft e Facebook (ou Metaverso, o novo nome adotado por essa companhia). A ilustração das quatro gigantes da tecnologia em forma de ilhas (continentes) pode ser vista em BAKKER, Maarten. DE RIJKE, Vincent. *Is "Open Insurance" the next Uber of the industry?* Disponível em: https://www.innopay.com/en/publications/open-insurance-next-uber-industry. Acesso em: 11 mar. 2022.

Em outra sede, por ocasião de interessante evento promovido pela FGV Direito Rio, tivemos a oportunidade de estudar o primeiro *sandbox* regulatório organizado pela Susep que, a bem da verdade, correspondeu ao primeiro *sandbox* criado no País em todos os seus mercados regulados, antes mesmo da CVM ou do Bacen.[3]

A iniciativa pioneira da Susep foi inspirada pelo berço dos *sandboxes* regulatórios a nível mundial, aquele criado pela FCA – Financial Conduct Authority em 2016.[4]

Relembrando as principais características do *sandbox* criado pela Susep, vale dizer que ele é exclusivo para empresas concebidas à atividade de seguradora, ou seja, atividades outras, ainda que integrantes da cadeia produtiva dos seguros, não se encontram contempladas por esse novel modelo regulatório, característica que se aparta do *sandbox* londrino.[5]

Ilustrando a assertiva anterior, imaginemos que uma determinada empresa tenha desenvolvido, por intermédio de tecnologias novíssimas, uma maneira mais eficiente de absorver dados e regular sinistros, independentemente de burocracia, preenchimento de formulários, envio de documentos, baseando-se no cruzamento de dados consentidos pelo segurado. Dita empresa, como se disse, dedicada apenas à regulação de sinistros, não poderia aplicar para o ingresso no *sandbox* de seguros brasileiro, nada obstante o projeto inovador em referência.

Além da dedicação exclusiva à atividade de seguros, outro traço importante desse novo modelo regulatório de seguros refere-se ao desenvolvimento daquilo que se possa considerar como um *projeto inovador*.[6] Tomando como exemplo o ramo do seguro auto, para que uma seguradora possa aplicar com vistas à entrada no *sandbox* ela deverá conceber uma nova forma de lidar com esses contratos, apartando-se da modalidade convencional, já conhecida pelo público.

A considerar que apenas *novos projetos* terão vez, sob a perspectiva das seguradoras tradicionais, por assim dizer, o *sandbox*, ao menos em princípio, não implica em problemas concorrenciais, uma vez que as novas entrantes não disponibilizarão contratos/produtos como os seus. Serão, como se afirmou, novos contratos, com forte

---

3. A respeito do evento promovido pela FGV Direito Rio, maiores informações https://direitorio.fgv.br/noticia/o-
-ii-fintech-law-program-reune-especialistas-da-fgv-e-autoridades-do-mercado-nacionais-e.
4. O extrato da pesquisa referida foi publicado em forma de artigo. Seja permitido referir ao nosso GOLDBERG, Ilan. The InsurTechs in Brazil: a legal and regulatory analysis. *Revista de Direito Administrativo*, v. 280, n. 3, p. 149-182, 2021.
5. Res. CNSP 381/2020. "Art. 2º Para fins desta Resolução, define-se: I – ambiente regulatório experimental (Sandbox Regulatório): *constitui-se em condições especiais, limitadas e exclusivas, a serem cumpridas por sociedades seguradoras, na forma determinada por esta Resolução, por prazo limitado*" (Destacou-se).
6. Também na Res. CNSP 381/2020: "Art. 1º Estabelecer as condições necessárias para a autorização e o funcionamento, por *tempo determinado*, de sociedades seguradoras participantes exclusivamente de ambiente regulatório experimental (Sandbox Regulatório) *que desenvolvam projeto inovador mediante o cumprimento de critérios e limites previamente estabelecidos.*" A Circular Susep 598, de 2020, assim conceitua projeto inovador: art. 2, "V – projeto inovador: desenvolvimento de produto e/ou serviço no mercado de seguros que seja oferecido ou desenvolvido a partir de novas metodologias, processos, procedimentos ou de tecnologias existentes aplicadas de modo diverso".

pegada tecnológica, o que tem o fim de atrair novos participantes para o mercado de seguros brasileiro.

Importa registrar, ainda, que o prazo de permanência de uma nova entrante no novo modelo regulatório deverá ser determinado, *in casu*, 36 (trinta e seis) meses, o que se fez considerando que não seria equilibrado criar condições regulatórias mais favoráveis às novas entrantes *ad aeternum*, prejudicando, assim, as seguradoras postas fora da *caixa de areia*.[7]

Por ocasião da mencionada pesquisa elaborada em 2021 no âmbito do evento da FGV Direito Rio, afirmamos, com convicção, que aquele primeiro *sandbox*, organizado pela Susep, havia sido um sucesso, representado pela escolha de onze novos projetos/produtos, que culminaram na aprovação de dez novas entrantes,[8] que preencheram um espaço até então deixado completamente vazio pelo mercado segurador convencional. Ao primeiro *sandbox*, sucedeu-se o segundo, qualificado por vinte e um novos projetos e, a considerar o sucesso das duas primeiras iniciativas, não haveria razão lógica para interromper esse movimento.

Foi diante desse *status* que prosseguimos pesquisando, quando, então, tivemos a oportunidade de ler, entre outras,[9] a monografia elaborada por Dirk A. Zetzsche, Ross P. Buckley, Janos N. Barberis e Douglas W. Arner, intitulada *Regulating a Revolution: From Regulatory Sandboxes to Smart Regulation*.[10]

Nada obstante o fato de essa monografia ter sido publicada em 2017, período no qual, no Brasil, nem mesmo se cogitava da implementação de um *sandbox* regulatório, a revelar a diferença daquilo que se observa, por exemplo, na Europa, comparativamente à nossa realidade, ela já chamava a atenção a alguns efeitos colaterais provocados pela regulação baseada nos *sandboxes*.

Em síntese essencial decorrente dos limites dessa coluna, tem-se que, metaforicamente, os mercados e a regulação funcionariam como a água no curso de um rio. Se for mais "fácil" seguir à direita do que à esquerda, porque ali há um desnível ou menos obstáculos, assim a água (o mercado) o fará.[11]

---

7. Res CNSP 381/2020. "Art. 4º A Susep publicará edital de participação para processo seletivo do Sandbox Regulatório, o qual deverá prever, no mínimo: I – o prazo de participação no Sandbox Regulatório, *não podendo ser superior a 36 (trinta e seis) meses*, contados a partir da efetiva data do começo da comercialização dos planos de seguro ou 60 (sessenta) dias após a expedição pela Susep da autorização temporária, o que ocorrer primeiro" (Destacou-se).
8. Cfr.: http://www.susep.gov.br/setores-susep/ditec/copy_of_sandbox-regulatorio/?searchterm=residencial.
9. Vale referir também a ALLEN, Hilary J. *Sandbox Boundaries*. 22 Vanderbilt Journal of Entertainment and Technology Law 299 (2020). Disponível em: https://scholarship.law.vanderbilt.edu/jetlaw/vol22/iss2/3; CONHEADY, Gina. Is fintech ready for a global regulatory sandbox? Disponível em: https://www.algoodbody.com/insights-publications/is-fintech-ready-for-a-global-regulatory-sandbox; e ALLEN, Jason Grant. LASTRA, Rosa María. Border Problems: Mapping the Third Border. Disponível em: https://doi.org/10.1111/1468-2230.12506.
10. ZETZSCHE, Dirk A. et al. *Regulating a Revolution*: From Regulatory Sandboxes to Smart Regulation, 23 Fordham J. Corp. & Fin. L. 31 (2017).
11. A equiparação dos mercados e da regulação ao fluxo da água nos rios foi feita por Jason Grant Allen e Rosa María Lastra: "The topography of markets is such that, like water, financial activity flows downhill and around high points" (Op. cit., p. 4).

Dessa maneira, os referidos autores criticam o modelo regulatório baseado em *caixas de areia* porque, no limite, elas criariam condições mais favoráveis a alguns, em detrimento de todos os outros participantes do mercado. Eles também comentam, negativamente, a respeito dos limites em quantidade para os projetos escolhidos, por melhores que sejam os critérios aplicados pelos órgãos reguladores.

Melhor explicando, o primeiro *sandbox* Susep escolheu dez novas seguradoras. Ora, e se, ao invés de dez, houvesse quinze ou vinte ótimos projetos, com francos benefícios à concorrência e aos consumidores de seguros em geral? Por que, assim, limitar a dez seguradoras?[12]

A crítica prossegue propondo uma comparação talvez exagerada, ao refletir que o modelo *sandbox* seria, em alguma medida, equivalente àquilo que se observa nos paraísos fiscais, caracterizados por, *e.g.*, tributar a renda em condições mais brandas. Entre pagar o imposto sobre a renda segundo a alíquota de 30% (trinta por cento) (sistema tributário convencional) ou 15% (quinze por cento) (paraíso fiscal), claramente haveria empresários em busca do modelo mais brando.[13]

Em termos regulatórios, se o *sandbox* é mais atrativo justamente por ser menos oneroso/burocrático, o texto sinaliza pela existência de um movimento de mercado chamado de *race to the bottom* ou de *regulatory arbitrage*, que consiste em perseguir a espécie regulatória que lhe seja mais confortável, não necessariamente observando pilares essenciais como a concorrência, proteção aos consumidores, higidez econômico-financeira etc.[14] Noutras palavras, é como se, paradoxalmente, o *sandbox* se convertesse num entrave ao desenvolvimento, ao invés de ser um fomentador à inovação.

Ao final da interessante reflexão, os autores concluem que ao invés de regular por intermédio de *sandboxes*, caberia às autoridades responsáveis caminhar no sentido de uma regulação, como um todo (e não apenas através das *caixas de areia*), menos densa – a chamada *smart regulation* – o que tornaria desnecessária a criação dos *sandboxes*.[15]

---

12. "Sandboxes, as currently conceived, are not scalable – the eighteen (cohort 1) or twenty-four (cohort 2) participants in the U.K. FCA sandboxes are insignificant relative to the over 56,000 licensed market participants in the United Kingdom. For this reason, sandboxes need to be made smarter and equipped to self-monitor activity within them, as opposed to just being a process-driven application method for entry, typically for a limited time, to a regulatory safe space, as they are currently." (ZETZSCHE, Dirk A. Op. cit., p. 46).
13. "For example, one commentator has noted that former tax havens, having capitulated to pressure to meet international standards with regard to preventing tax avoidance and evasion, are now increasingly adopting loose financial regulatory regimes to attract businesses associated with cryptoassets and blockchain." (OMRI, Marian. *Blockchain Havens and the Need for Their Internationally-Coordinated Regulation*. Available at 20 N.C. J.L. & TECH. 529, 531. 2019).
14. "The ability for a market participant to choose their own regulator can lead to what is known as "race to the bottom," a phenomenon where jurisdictions compete to lower their regulatory standards in order to attract business, resulting in a general deregulatory trend" (ALLEN, Hilary J. Sandbox Boundaries. 22 *Vanderbilt Journal of Entertainment and Technology Law* 299 (2020). Disponível em: https://scholarship.law.vanderbilt.edu/jetlaw/vol22/iss2/3. p. 309). A respeito da *regulatory arbitrage*, "Professor Victor Fleischer defines regulatory arbitrage as "a perfectly legal planning technique used to avoid taxes, accounting rules, securities disclosure, and other regulatory costs" that "exploits the gap between the economic substance of a transaction and its legal or regulatory treatment." (FLEISCHER, Victor. Regulatory Arbitrage, 89 TEx. L. REV. 227, 229. 2010).
15. "All in all we argue for the development of a Smart Regulatory approach that seeks to lower the entry barriers to financial markets for both FinTech, RegTech and TechFin, while keeping the sentries at the entry gates." (ZETZSCHE, Dirk A. Op. cit., p. 97-98).

Nada como beber de outras fontes, não necessariamente melhores do que as nossas, senão diferentes, que seja, para que sempre tenhamos nossos olhos e nossa mente abertos àquilo que já vem sendo praticado em mercados seguradores mais desenvolvidos que o brasileiro.

Para que se tenha apenas uma ideia, o FCA, no Reino Unido, tornou o seu modelo de *sandbox* aberto de forma permanente, e não mais escolhe apenas entre os melhores projetos. Regula-se a atividade, não a pessoa por ela responsável. Se os requisitos relacionados à inovação estiverem presentes, haverá espaço à entrada naquela arena, por mais que esse modelo aberto não corresponda, exatamente, à referida *smart regulation*.

Em termos de aproveitamento dos *sandboxes* regulatórios organizados pela Susep, o nosso entendimento é de que ele foi, ao menos até aqui, positivo para o mercado brasileiro. Basta observar, comparativamente, o número de seguradoras em exercício no mercado antes e depois, além de lembrar que as entrantes trouxeram tecnologia e inovação em prol dos segurados, com ótimos benefícios a toda a cadeia produtiva de seguros.

No médio prazo, talvez, as críticas trazidas pelos referidos autores poderão fazer sentido considerando a realidade brasileira. É, portanto, nossa tarefa continuar pesquisando e experimentando a partir das ricas experiências estrangeiras, *tropicalizando-as* com as necessárias adaptações à realidade nacional.

Versão original publicada em: 14.04.2022.

AS MUDANÇAS REGULATÓRIAS DOS SEGUROS NO BRASIL

Solange Paiva Vieira

Igor Lins da Rocha Lourenço

O processo de transformação que tem vivido a sociedade nos últimos anos tem pressionado o setor produtivo e o Governo em prol de mudanças regulatórias que trazem o consumidor cada vez mais para o centro do negócio. Novidades como a Lei Geral de Proteção de Dados (LGPD – 13.709/18), a Lei de Liberdade Econômica (Lei 13.874/19) e a lei que criou o marco legal das *Startups* e do empreendedorismo inovador (LC 182/21) colocaram uma nova dinâmica ao marco regulatório de Seguros no Brasil.

Neste contexto, o mercado de seguro buscou transformar inovação e tecnologia em veículos propulsores do ambiente de seguros, gerando uma nova dinâmica de crescimento onde o consumidor, como centro do negócio, possa usufruir da maior eficiência do setor.

O setor de seguros não é apenas um ramo da atividade econômica gerador de empregos e de renda para a economia; ele é essencial ao desenvolvimento econômico e ao aumento do bem-estar das pessoas. O seguro garantia, os seguros de crédito, rural, os seguros de riscos nucleares, petróleo, transportes, entre outros, são fundamentais para o desenvolvimento da infraestrutura, indústria, agricultura e serviços do país.

No que se refere às pessoas, temos diversos seguros como os voltados a perda da capacidade laboral, o seguro saúde, o desemprego e aqueles que visam a proteção patrimonial e pessoal, todos essenciais para proteção do indivíduo e seu patrimônio.

Expandir a cobertura de seguro no Brasil, que hoje gira em torno de 4% do PIB em volume de prêmios de seguro/ano, significa expandir a proteção social das pessoas e o desenvolvimento econômico.

Temos um enorme caminho a percorrer quando se fala em aumento do número de pessoas que contratam seguro no país. A Susep, nos últimos anos, trabalhou, enxergando na tecnologia uma nova ferramenta para potencialização deste crescimento e uma nova maneira do consumidor se relacionar com o "seguro".

Tecnologia e Inovação foram alicerces importantes do novo marco regulatório que se implantou a partir de 2019, buscando produzir como resultado uma maior cobertura do mercado de seguros dentro de uma estrutura mais transparente, com maior governança, competição, qualidade dos serviços e redução de preços.

A Medida Provisória 881, de 30 de abril de 2019, convertida na Lei 13.874, de 20 de setembro de 2019 (Lei de Liberdade econômica), emprestou importante contribuição a esta evolução ao definir como princípios básicos a serem observados pelo Estado a presunção de boa-fé do particular perante o poder público e a intervenção subsidiária e excepcional nas atividades econômicas.[1]

Parecem mudanças simples, mas foram essenciais para o avanço que se pretendia alcançar. A pouca capacidade de inovação diante de um marco regulatório excessivamente intervencionista por parte do regulador gerou um enorme atraso no processo de crescimento do setor de seguros.

Desde 2019, novas normas foram editadas pela Susep com o objetivo de buscar o aumento da cobertura de seguro no país.

Foram implementadas normas que buscaram o aumento da concorrência como: a norma de Segmentação das Entidades Supervisionadas, a norma de Instrumentos Ligados a Seguro – ILS, a de Dívida Subordinada, a do *Sandbox* regulatório, dentre outras. Com estas medidas, esperava-se redução de barreiras à entrada, a redução do custo de capital e, consequentemente, o aumento do número de empresas no mercado.

Em 2020, a Susep aprovou 11 projetos de *Sandbox*, dos quais 10 já foram autorizados e 3 se encontram em operação. O resultado observado tem sido encorajador, uma vez que até junho/2021, em média, mais de 80% das novas apólices emitidas no *Sandbox* foram para consumidores que contrataram seguros pela primeira vez ou estavam desassistidos de seguros nos últimos tempos. Até o início de 2024 cerca de 3 empresas do *Sandbox* já se encontram aprovadas ou em processo de aprovação para se tornarem seguradoras.

Toda esta evolução, no entanto, tem sido acompanhada de normas que também ampliam e modificam a forma de atuar na esfera fiscalizatória. A partir de 2020, entrou em vigor a Resolução CNSP 382, conhecida como norma de conduta. Ela traz uma nova forma de fiscalizar os entes regulados, atribuindo responsabilidades e estabelecendo um novo padrão de governança para estes.

A criação do *rating* também foi um novo instrumento de acompanhamento e fiscalização instituído na esfera do regulador. Com ele é possível ter uma visão geral do ente regulado e atuar de forma preventiva ao problema. Aliás, este tem sido um princípio básico da nova forma de atuar: o número de multas não deve ser um instrumento de medida de eficiência, mas um alerta de falhas que necessitam ser corrigidas. A ação deve acontecer de modo a prevenir os problemas.

A atuação do Regulador foi intensa no sentido de ultimar os processos relacionados a empresas submetidas a algum regime de fiscalização especial e, entre 2019 e 2021, este número caiu de 19 para 6 empresas, observando-se uma redução de 68%.

---

1. Art. 2º da Lei 13.874/2019. "São princípios que norteiam o disposto nesta Lei: [...] III – a intervenção subsidiária e excepcional do Estado sobre o exercício de atividades econômicas; e IV – o reconhecimento da vulnerabilidade do particular perante o Estado".

O estoque de processos sancionadores também acompanhou o mesmo processo de redução. De 2.600 processos a serem analisados em agosto de 2019, em agosto de 2021 apenas 250 estavam pendentes de julgamento de primeira instância, uma redução de cerca de 90% do estoque. Tudo isso fruto de um grande esforço na análise e reorganização dos processos por parte da equipe técnica, além de forte investimento em ferramentas de tecnologia (*Business Intelligence*) e sistemas automatizados.

Sempre com foco na melhoria do serviço prestado e no consumidor como centro de todo processo, o marco regulatório foi revisitado. A segregação entre a norma de seguros de grandes riscos e massificados foi um marco importante deste processo.

Inspirados pela observância das melhores práticas internacionais,[2] o entendimento foi de que estamos, nos seguros de grandes riscos, diante de segurados com características e demandas bem diferenciadas dos seguros massificados e que, por esta razão, requerem intervenções regulatórias distintas.

Para os seguros classificados como grandes riscos,[3] foi permitida liberdade negocial ampla entre as partes e tratamento paritário, além do dever de transparência e objetividade nas informações, enquanto, para os seguros massificados, alguns limites foram mantidos. De qualquer forma, em ambos os casos, buscou-se incentivar maior liberdade na elaboração de produtos sob medida para o consumidor/segurado.

Em outra frente de transformações, com a Lei Geral de Proteção de Dados – LGPD, acredita-se que o seguro será cada vez mais customizado, podendo o consumidor usufruir da redução de preço que virá da análise precisa do risco envolvido em cada caso.

A implantação do SRO permitirá que o regulador de seguros possa intensificar o uso de dados e informações em suas rotinas, agregando ações de inteligência e monitoramento ao regulador e transparência de informação ao cidadão. A medida irá proporcionar às seguradoras e aos cidadãos maior acesso à informação das apólices e seguros contratados.

---

2. As informações foram coletadas a partir de estudo das regulações relativas ao tema em cada país; diretivas, relatórios e *guidelines* de organismos internacionais; e reuniões em curso com órgãos reguladores e organismos internacionais, indicados na sequência: i) OCDE – Organização para Cooperação e Desenvolvimento Econômico; ii) IAIS – *International Association of Insurance Supervisors*; iii) EIOPA – *European Insurance and Occupational Pensions Authority*; iv) FCA – *Financial Conduct Authority*, Reino Unido; v) DGSFP – *Dirección General de Seguros y Fondos de Pensiones*, Espanha; vi) NAIC – *National Association os Insurance Commissioners*, Estados Unidos; vii) OTA – *Office of Technical Assistance (US Treasury)*, Estados Unidos; viii) MAS – *Monetary Authority of Singapore*, Singapura; ix) CMF – *Comisión para el Mercado Financiero*, Chile.
3. Art. 2º da Resolução CNSP 407, de 29 de março de 2021: "Entendem-se como contratos de seguros de danos para cobertura de grandes riscos aqueles que apresentem as seguintes características: I – estejam compreendidos nos ramos ou grupos de ramos de riscos de petróleo, riscos nomeados e operacionais – RNO, global de bancos, aeronáuticos, marítimos e nucleares, além de, na hipótese de o segurado ser pessoa jurídica, crédito interno e crédito à exportação; ou II – demais ramos, desde que sejam contratados mediante pactuação expressa por pessoas jurídicas, incluindo tomadores, que apresentem, no momento da contratação e da renovação, pelo menos, uma das seguintes características: a) limite máximo de garantia (LMG) superior a R$ 15.000.000,00 (quinze milhões de reais); b) ativo total superior a R$ 27.000.000,00 (vinte e sete milhões de reais), no exercício imediatamente anterior; ou c) faturamento bruto anual superior a R$ 57.000.000,00 (cinquenta e sete milhões de reais), no exercício imediatamente anterior".

Além disso, por força de toda revisão normativa imposta pelo Decreto 10.139, de 28 de novembro de 2019, já foram revisadas 348 normas, o que representa aproximadamente 48,3% do estoque regulatório que existia (720 normas).

Grande parte das normas relacionadas à elaboração de produtos passaram pelo processo de revisão, sempre pautado na simplificação, na flexibilidade e na eliminação dos planos padronizados. Espera-se, com essas mudanças, um forte incremento na concorrência, uma vez que esta não será apenas pelo preço, mas também pela qualidade do produto e eficiência do processo.

Os frutos já estão sendo percebidos. O consumidor passou a escolher entre os seguros tradicionais e os "novos" seguros como, por exemplo, o intermitente – aqueles em que é possível ativar e desativar a cobertura a qualquer momento; os seguros paramétricos – em que se valem de índices específicos para disparar gatilhos de sinistralidade; e os chamados "combos de seguros" – onde é permitida a conjugação de coberturas distintas dentro de uma mesma apólice. A nova norma para o seguro auto, recém editada, permite seguro parcial do veículo, combinação de outros seguros ao seguro auto, seguro para pessoas que não são proprietárias de veículo, entre outras facilidades. Ou seja, o regulador deixa de estabelecer regras de produto e se concentra cada vez mais em "regular" o mercado e atuar de forma a garantir a estabilidade financeira deste.

Por fim, espera-se que, com o *Open Insurance*, os consumidores passem a ter menores preços, produtos mais alinhados a seu perfil, facilidade de serviço e de informação e muita, muita concorrência. Ganha o consumidor e ganha o mercado de seguros, que já acumula em 2021 uma taxa de crescimento de 19,4% até junho.[4]

Com o *Open* do mercado bancário e de seguros, denominado *Open Finance*, os negócios serão potencializados a partir de plataformas comerciais que poderão integrar setor financeiro e de seguros. Uma grande variedade de produtos e empresas irão surgir e o consumidor estará no centro deste processo, usufruindo de uma infinita gama de novos produtos e serviços. Espera-se uma significativa redução das margens e dos preços de seguro com o consequente aumento da cobertura de seguros no país. Daremos um passo importante para o avanço do desenvolvimento econômico e social do Brasil.

Versão original publicada em: 19.09.2021.

---

4. Conforme dados do Relatório Síntese Mensal de julho/21 da Susep, disponível em: http://novosite.susep.gov.br/noticias/susep-divulga-sintese-mensal-com-dados-do-setor-em-junho/. Acesso em: 16 ago. 2021.

LIDERANÇA DA SUSEP: CONTINUIDADE E NÃO RETROCESSO

Thiago Junqueira

Foi recebida com surpresa a destituição, na última sexta-feira (08.10.2021), de Solange Paiva Vieira da Superintendência de Seguros Privados (Susep). Não que já não houvesse, há bastante tempo, um movimento político para a sua substituição, mas pelo fato de o governo federal ter cedido à pressão, apesar da importância do setor de seguros para a economia brasileira e o trabalho de escol feito por ela ao longo dos dois anos e meio no cargo.

Segundo noticiado pela imprensa:

> A Susep é um dos principais alvos do Centrão, grupo de deputados que apoia o governo e que tenta emplacar cargos e a própria presidência do órgão desde 2019. O ministro da Economia, Paulo Guedes, sempre resistiu a mudar o órgão, por entender que ele tem características estratégicas para a sua pasta. Agora, o ministro cedeu e aceitou trocar a superintendente do órgão num momento em que ele é pressionado pelas revelações de que tem uma conta (offshore) nas Ilhas Virgens, paraíso fiscal.[1]

Primeira mulher a ocupar o cargo, Solange teve o mérito de se rodear por pessoas que, como ela, eram competentes e bem-intencionadas, mas, principalmente, atuavam de maneira técnica, zelando pelos interesses do mercado amplamente considerado. Mas isso não bastava. Teve a coragem de desafiar o *status quo*, enfrentar a oposição de nomes e instituições relevantes, propor e implementar mudanças que, se não forem desfeitas, alterarão o setor de seguros de forma significativa nos próximos anos e décadas.

Nesse particular, cite-se, por exemplo, os seguros intermitentes, o *Open Insurance*, o *sandbox regulatório*, as boas práticas no setor de seguros, entre diversas outras normas alinhadas com o que há de mais sofisticado em termos de regulação dos seguros. Seu grande mérito passa, também, por revisar e redigir normas alinhadas aos preceitos internacionais, visando à harmonização do mercado de seguros brasileiro aos mercados estrangeiros mais desenvolvidos.

Em síntese essencial, a redução de barreiras regulatórias desnecessárias, objetivando o aumento da competição e da inovação foram marcas da gestão da executiva, assim

---

1. VENTURA, Manuel. *Guedes troca comando da Susep, alvo de apetite do Centrão*. Disponível em: https://oglobo.globo.com/economia/guedes-troca-comando-da-susep-alvo-do-apetite-do-centrao-1-25229751. Acesso em: 10 out. 2021.

como a atuação fiscalizatória mais preventiva (e menos punitiva) da autarquia, com considerável agilização na condução dos processos administrativos sancionadores.[2]

Nem tudo são flores, alguns poderão dizer. Pontuais usurpações de competência legislativa que, funcionalmente, procuraram atender aos anseios do mercado segurador como um todo, em hipótese alguma poderiam justificar a troca de comando no presente momento. Ora, considerando que a norma estruturante do mercado de seguros ainda é o vetusto Decreto-lei 73/1966, há muito mesmo a se fazer do ponto de vista regulatório.

É impossível agradar a gregos e troianos, especialmente se a velocidade das alterações for tão expressiva como a ocorrida. Em artigo publicado nesta coluna (Seguros Contemporâneos), a então superintendente afirmou que:

> (...) por força de toda revisão normativa imposta pelo Decreto 10.139, de 28 de novembro de 2019, já foram revisadas 348 normas, o que representa aproximadamente 48,3% do estoque regulatório que existia (720 normas). Todas as normas relacionadas à elaboração de produtos passaram ou passarão pelo processo de revisão, sempre pautado na simplificação, na flexibilidade e na eliminação dos planos padronizados. Espera-se um forte incremento na concorrência, uma vez que esta não será apenas pelo preço, mas também pela qualidade do produto e eficiência do processo.[3]

Salta aos olhos, portanto, o fato de Solange ter remodelado o setor de seguros e ter enfrentado questões delicadas, como a que se refere ao dever de o intermediário informar a sua comissão no momento da contratação.[4] Por isso mesmo, não deixa de ser curioso (e algo trágico) o suposto motivo da sua destituição. Será que todo o avanço ocorrido nos últimos anos será extinto?

"Isso é o Brasil", afirmou-me um culto e experimentado amigo. Embora tudo leve a concordar com ele, é preferível a esperança de que não haja descontinuidade ou qualquer retrocesso. O setor de seguros tem uma função econômico-social importante demais para que seja ocupado por pessoas que não sejam técnicas e capazes de continuar colocando-o nos "trilhos" do século XXI.

---

2. "De 2,6 mil processos a serem analisados em agosto de 2019, tem-se, aproximadamente, 250 pendentes de julgamento de primeira instância em agosto de 2021, uma redução de cerca de 90% do estoque. Tudo isso fruto de um trabalho duro na análise e na reorganização de processos por parte da equipe técnica, além de forte investimento em ferramentas de tecnologia (*business intelligence*) e sistemas automatizados". VIEIRA, Solange Paiva; LOURENÇO, Igor Lins da Rocha. *As mudanças regulatórias dos seguros no Brasil*. Disponível em: https://www.conjur.com.br/2021-ago-19/seguros-contemporaneos-mudancas-regulatorias-seguros-brasil. Acesso em: 10 out. 2021.
3. VIEIRA, Solange Paiva; LOURENÇO, Igor Lins da Rocha. *As mudanças regulatórias dos seguros no Brasil*. Disponível em: https://www.conjur.com.br/2021-ago-19/seguros-contemporaneos-mudancas-regulatorias-seguros-brasil. Acesso em: 10 out. 2021.
4. No artigo 4º da Resolução 382/2020, fala-se especificamente na necessidade de fornecimento de informações acerca do montante da remuneração recebida pela intermediação do contrato: Art. 4º "A relação entre o ente supervisionado e o intermediário não deve prejudicar o tratamento adequado do cliente (...). § 1º Antes da aquisição de produto de seguro, de capitalização ou de previdência complementar aberta, o intermediário deve disponibilizar formalmente ao cliente, no mínimo, informações sobre: (...) IV – o montante de sua remuneração pela intermediação do contrato, acompanhado dos respectivos valores de prêmio comercial ou contribuição do contrato a ser celebrado". Sobre o tema, consulte, nesta obra, o artigo que trata das Boas práticas no Setor de Seguros.

A doutrina administrativa-regulatória ensina, pacificamente, que a boa regulação deve ser técnica, imparcial, livre de interferências políticas e, em suma, atender aos interesses do todos os participantes do mercado regulado. Os efeitos colaterais decorrentes da interferência do governo serão deletérios, a prejudicar, sobretudo, a confiança de investidores e entrantes.[5]

Nesta esteira, convém ecoar afirmação de Denise Bueno:

> A Susep não pode ser palco de disputa de poderes. Não pode ser gerida por uma pessoa que faz parte da regulação. Ela tem de ser formada por técnicos, com jogo de cintura para lidar com tantos interesses. E não por corretores, seguradores ou resseguradoras. Ela precisa de um profissional sem conflitos de interesses. Que saiba dizer sim, não, se desculpar, avançar mesmo com pressão e voltar atrás se for preciso.[6]

Versão original publicada em: 11.10.2021.

---

5. "Cabe, portanto, à norma reguladora traduzir tecnicamente, com neutralidade política princípios constitucionais e legais que compõem a base da moldura regulatória (marco regulatório) para uma implementação eficiente com vistas ao atendimento das decisões políticas previamente tomadas pela sociedade por meio de seus representantes no Poder Legislativo". Souto, Marcos Juruena Villela. Função regulatória. *Revista Diálogo Jurídico*. n. 11. p. 4. Salvador. CAJ – Centro de Atualização Jurídica, fev. 2002.

6. BUENO, Denise. *Obrigada, Solange Vieira! O consumidor de seguros agradece*. https://www.sonhoseguro.com.br/2021/10/obrigada-solange-vieira-o-consumidor-agradece/. Acesso em: 10 out. 2021.

BOAS PRÁTICAS NO SETOR DE SEGUROS: NOTAS SOBRE A RESOLUÇÃO CNSP 382/2020

Thiago Junqueira

Guilherme Bernardes

No primeiro dia de julho de 2020, entrou em vigor a Resolução CNSP 382/2020, cujo objetivo foi disciplinar o relacionamento das entidades reguladas pela Superintendência de Seguros Privados (Susep) e intermediários com o cliente de produtos securitários, previdenciários e de capitalização, bem como consagrar a figura do "cliente oculto" na atividade de supervisão da autarquia.

A norma em tela, que promete causar um impacto considerável no setor dos seguros, sofreu influência da Resolução CMN 4.539, de 2016, chegando a ter diversos artigos com redação idêntica ou similar a ela.[1] Inobstante as semelhanças, uma discrepância salta aos olhos: a diferença da *vacatio legis* entre as normas – enquanto a do CNSP foi de 90 dias, a do CMN equivaleu a 360 dias. Considerando-se que a norma da Susep prevê obrigações mais amplas e diversificadas para os entes supervisionados, a escolha por um prazo reduzido não é de fácil compreensão.[2]

Em termos gerais, a Resolução CNSP 382 tem por objeto apresentar princípios que regerão a relação entre as entidades reguladas e os seus clientes durante todo o ciclo de vida dos produtos comercializados, intermediados ou distribuídos.[3] São explicitados, nessa oportunidade, os princípios da "ética, responsabilidade, transparência, diligência, lealdade, probidade, honestidade, boa-fé objetiva, livre iniciativa e livre concorrência" (cf. art. 3º), visando a garantir que as entidades tratem adequadamente os clientes e, como corolário, fortaleçam a confiança no sistema de seguros privados.

De acordo com o art. 3º, § 1º, da Resolução, a observância dos aludidos princípios requer, no mínimo, que as entidades supervisionadas tomem as seguintes providências:

---

1. Confira-se, por exemplo, o artigo 6º da norma da Susep e o artigo 4º da norma do CMN, o artigo 8º da Susep e o artigo 6º do CMN, bem como o artigo 12 da Susep e o artigo 7º do CMN.
2. Advirta-se, porém, que até 31 de dezembro de 2020, as atividades de supervisão de conduta previstas na norma serão exercidas apenas com caráter educativo e orientativo, ou seja, sem punição das entidades reguladas, conforme disciplinou a Carta Circular Eletrônica Susep/DIR2 001, de 1º.07.2020.
3. Confira-se o amplo conceito dado ao "intermediário" pela norma (art. 2º, inc. V): "o responsável pela angariação, promoção, intermediação ou distribuição de produtos de seguros, de capitalização e/ou de previdência complementar aberta, tais como o corretor de seguros, o representante de seguros, o correspondente de microsseguros, o distribuidor de título de capitalização, dentre outros executores das atividades enumeradas neste inciso".

I – promover cultura organizacional que incentive o tratamento adequado e o relacionamento cooperativo e equilibrado com os clientes;

II – tratar os clientes de forma ética e adequada;

III – assegurar a conformidade legal e infra legal dos produtos e serviços comercializados, intermediados e distribuídos;

IV – levar em consideração os interesses de diferentes tipos de clientes ao longo do ciclo de vida dos produtos, assim como nas portabilidades entre produtos, quando for o caso;

V – efetuar a oferta, a promoção e a divulgação de produtos e serviços de forma clara, adequada e adotando práticas que visem minimizar a possibilidade de má compreensão por parte do cliente;

VI – prover informações contratuais de forma clara, tempestiva e apropriada, visando à redução do risco de assimetria de informação;

VII – garantir que toda a operação relacionada ao sinistro, incluindo o registro do aviso, a regulação e o pagamento, seja tempestiva, transparente e apropriada;

VIII – dar tratamento tempestivo e adequado às eventuais reclamações e solicitações efetuadas pelos clientes e seus representantes, quando atuarem na defesa dos direitos daqueles; e

IX – observar, em relação aos seus clientes, as exigências da legislação que trata da proteção de dados pessoais, inclusive no tocante às regras de boas práticas e de governança.

Essa não é a sede adequada para enfrentar detidamente cada um dos incisos. Sublinhe-se, todavia, que, ao exigir o tratamento dos clientes de forma ética e adequada, reforçando o devido tratamento de dados pessoais dos clientes, a norma pavimentou o caminho para uma fiscalização mais assertiva na designada era da "ciência dos dados nos seguros".[4]

A Resolução CNSP 382 prevê outros institutos consumeristas a fim de proteger a parte hipossuficiente da relação, como é o caso da proibição de venda casada (presente no artigo 5º, na esteira do que dispõe o artigo 39, inc. I, do Código de Defesa do Consumidor), bem como as informações contratuais de forma clara, tempestiva e apropriada, prevista no artigo 3º, § 1º, inciso VI, da norma, de maneira alinhada ao artigo 6º, inciso III, do CDC.

Entre os principais aspectos da Resolução, possui relevo o art. 4º, § 1º, inc. IV, que atesta que antes da aquisição de produto de seguro, de capitalização ou de previdência complementar aberta, o intermediário deve disponibilizar formalmente ao cliente o montante de sua remuneração pela intermediação do contrato, acompanhado dos respectivos valores de prêmio comercial ou contribuição do contrato a ser celebrado.[5] A

---

4. Sobre o tema, seja consentido remeter-se a JUNQUEIRA, Thiago. *Tratamento de dados pessoais e discriminação algorítmica nos seguros*. São Paulo: Thomson Reuters, 2020. No que toca ao tratamento de dados pessoais, confira-se, ainda, os artigos 2º, inc. VIII, alínea "f" e o art. 7º, inc. V, da Resolução CNSP 382.

5. Além da taxa de intermediação, é imperiosa a informação de ao menos os seguintes pontos (art. 4º, § 1º): "I – qualquer participação, direta ou indireta, igual ou superior a 10% nos direitos de voto ou no capital que detenha em um ente supervisionado; II – qualquer participação, direta ou indireta, igual ou superior a 10% nos seus direitos de voto ou no seu capital detida por um ente supervisionado ou pelo controlador de um ente supervisionado; III – a existência de alguma obrigação contratual para atuar como intermediário de produtos de seguros, de capitalização ou de previdência complementar aberta com exclusividade para um ou mais entes supervisionados, informando os respectivos nomes ou os nomes dos entes supervisionados para os quais atua como intermediário, caso não haja contrato de exclusividade".

transparência na, *grosso modo*, "taxa de corretagem dos seguros" é uma antiga polêmica do setor, havendo bons argumentos favoráveis e contrários à sua implementação.

Alvo de objeção por meio de um Mandado de Segurança Coletivo impetrado pela Fenacor contra a Susep e a sua Superintendente (5039233-46.2020.4.02.5101/RJ), em sede liminar chegou a ser suspendida a eficácia do dispositivo em questão,[6] que foi alterada em segunda instância no dia 15.07.2020 (Agravo de instrumento 5007972-40.2020.4.02.0000/RJ) e confirmada em sede de apelação pelo Tribunal Regional Federal da 2ª Região, quando se entendeu que:

> A Resolução 382 CNSP contribui de forma efetiva para a proteção e defesa do consumidor de produtos e serviços de seguros, de capitalização e de previdência complementar aberta, reforçando não se tratar de mera imposição atinente ao exercício da profissão de corretor de seguro.[7]

Entretanto, a questão teve novo episódio com a entrada em vigor da Lei 14.430, em 03.08.2022, que alterou o art. 124 do Decreto-Lei 73, de 1966, para prever que "[a]s comissões de corretagem somente poderão ser pagas a corretor de seguros devidamente habilitado e deverão ser informadas aos segurados quando solicitadas".

Considerando a hierarquia existente entre a lei *vs.* a norma administrativa e a contradição entre ambas, enquanto existir a contradição entre ambas,[8] prevalecerá a norma contida no DL 73/66, de modo que as comissões de corretagem, desde agosto de 2022, são obrigatoriamente informadas apenas quando solicitadas pelo segurado.

Navegando em outras águas, o normativo determina a elaboração e implementação de uma *Política Institucional de Conduta* ("PIC"), que consolide diretrizes, objetivos e valores organizacionais a serem empregados pelo ente supervisionado na relação com os clientes de forma a atendê-los adequadamente, tanto na prestação do serviço quanto da informação.[9]

---

6. A decisão proferida no dia 1º.07.2020 pela Juíza Federal Substituta Andrea de Araújo Peixoto, da 10ª Vara Federal do Rio de Janeiro, se apoiou na "ausência de competência da Presidência do CNSP, e por corolário, da Superintendência da Susep, nos termos do art. 33 do Decreto-Lei 73/66 e dos art. 21, XIX; 22, § 2º; e 29, III, do Decreto 60.459/67, para a criação de obrigação profissional não prevista em lei *stricto sensu* para os corretores de seguro".
7. A questão chegou, ainda, ao Superior Tribunal de Justiça e ao Supremo Tribunal Federal, sem, no entanto, ter o seu mérito alterado.
8. A Susep previu, em seu "Plano de Regulação 2023-2024", a iniciativa de revisar, no primeiro semestre de 2024, a Resolução CNSP 382/2020 para "[i]ncluir parágrafo ao art. 4º da Resolução CNSP 382/20, para compatibilizá-lo ao art. 124 do DL 73/66, alterado pela Lei 14.430/22, pelo qual as comissões de corretagem do corretor de seguros deverão ser informadas aos segurados quando solicitadas". Disponível em https://www.gov.br/susep/pt-br/central-de-conteudos/noticias/2023/novembro/Planoderegulao20232024.pdf. Acesso em: 30 jan. 2024.
9. De acordo com o art. 6º, § 1º da Resolução 382, de 4 de março de 2020, a PIC deve, no mínimo: "I – ser aprovada pelo conselho de administração ou, na sua ausência, pela diretoria do ente supervisionado; II – ser objeto de avaliação periódica; III – definir papéis e responsabilidades no âmbito do ente supervisionado; IV – ser compatível com a natureza do ente supervisionado, com as linhas de negócios em que atue, com o perfil de clientes, bem como com as demais políticas instituídas; V – prever programa de capacitação periódica de empregados e funcionários terceirizados que desempenhem atividades afetas ao relacionamento dos entes supervisionados com seus clientes; VI – prever a disseminação interna de suas disposições; e VII – ser formalizada em documento específico".

Essa política deve ser condensada em um documento específico e estabelecer responsabilidades internas, podendo ser unificada por conglomerado, na forma do § 6º do artigo 6º. Importa destacar que, estando vigente, a PIC passa a ser de cumprimento compulsório e, em caso de ato nocivo[10] que se verifique contrário às suas disposições, à lei ou à norma infralegal, o ente poderá ter suas operações compulsoriamente cessadas. Nesse sentido, deve ser indicado diretor responsável pelo cumprimento da PIC, que ficará sujeito ainda a multa de R$ 10.000,00 (dez mil reais) a R$ 500.000,00 (quinhentos mil reais) em caso de não observação do estipulado no documento.

Em ponto controverso, também digno de nota, a Resolução CNSP 382 apresenta a figura do "cliente oculto", qual seja, a de um servidor da Susep que, sem precisar se identificar como tal, assume a figura de um proponente ou interessado nos produtos, podendo "pesquisar, simular e testar, de forma presencial ou remota, o processo de contratação, a distribuição, a intermediação, a promoção, a divulgação e a prestação de informações de produtos, de serviços ou de operações". Conforme disposto no art. 9º, seu objetivo é "verificar a adequação e a conformidade das práticas de conduta do ente supervisionado ou do intermediário à regulação vigente".

Trata-se de conduta que lembra aquela caracterizada no flagrante preparado, que ocorre quando o agente estatal, já sabendo das possíveis práticas ilegais que podem ser perpetradas por um agente, provoca-o para que cometa um ato proibido por lei ou, na seara administrativa, proibido por ato administrativo.[11]

É preciso ressaltar, todavia, que a figura do cliente oculto para a fiscalização do setor financeiro está presente em diversos países.[12] Acredita-se que a sua utilização não seja condenável por si só, mas que seria recomendável um ato normativo próprio da Susep, estipulando critérios a serem seguidos nos casos concretos. De modo contrário, é bem provável que quem acabe não observando as boas práticas de conduta seja o próprio órgão regulador e fiscalizador em questão.

Pelo exposto, é possível concluir que a Resolução CNSP 382/2020 traz importantes contornos sobre as boas práticas de conduta a serem observadas pelas sociedades seguradoras, sociedades de capitalização, entidades abertas de previdência complementar

---

10. Artigo 11 da Resolução 382, de 4 de março de 2020. [...] "Parágrafo único. Considera-se ato nocivo, para fins do disposto nesta Resolução: I – comercialização de produto suspenso; II – graves práticas de comercialização sem observância aos ditames normativos; ou III – reiteradas práticas de comercialização sem observância aos ditames normativos".
11. Assim como na seara penal, na esfera administrativa o flagrante preparado é conduta ilegal por configurar crime impossível (art. 17 do Código Penal), conforme prevê o verbete da Súmula 145 do STF ("Não há crime, quando a preparação do flagrante pela polícia torna impossível a sua consumação").
12. A *Financial Conduct Authority* (FCA) do Reino Unido, por exemplo, ressalta o seguinte: "The FCA uses mystery shopping to help it. This may be by seeking information about a particular practice across a range of *firms* (SUP 2.4.3 G (1)) or the practices of a particular *firm* (SUP 2.4.3 G (2)). One of the risks *consumers* face is that they may be sold products or services, which are inappropriate to them. A problem in protecting *consumers* from this risk is that it is very difficult to establish after the event what a *firm* has said to a 'genuine' *consumer* in discussions. By recording what a *firm* says in discussions with a 'mystery shopper', the FCA can establish a *firm's* normal practices in a way which would not be possible by other means". Disponível em: https://www.handbook.fca.org.uk/handbook/SUP/2/4.pdf. Acesso em: 30 jan. 2024.

e intermediários. É preciso, todavia, que, além delas, a Susep e os segurados também continuem dando a sua parcela de contribuição. Apenas dessa forma as mudanças almejadas no setor segurador irão realmente se concretizar.

Versão original publicada em: 28.07.2020.

OFERTA PREFERENCIAL AOS RESSEGURADORES LOCAIS

Thiago Junqueira

Guilherme Bernardes

O presente artigo tem por objeto analisar, de forma sintética, os requisitos a serem cumpridos para a observância da oferta preferencial aos resseguradores locais (sediados no Brasil) na cessão em resseguro por parte das seguradoras. Sua exigência está prevista no art. 11, *caput* e incisos, da Lei Complementar 126, de 2007 (que dispõe sobre a política de resseguro, retrocessão e sua intermediação). Eis os seus termos:

> Art. 11. Observadas as normas do órgão regulador de seguros, a cedente contratará ou ofertará preferencialmente a resseguradores locais para, pelo menos:
>
> [...]
>
> II – 40% (quarenta por cento) de sua cessão de resseguro, após decorridos 3 (três) anos da entrada em vigor desta Lei Complementar.

Sob uma perspectiva regulatória, a cessão de riscos por meio do resseguro é atualmente regulada pelas diretrizes delineadas na Resolução CNSP 451/2022 e na Circular Susep 683/2022. Ambas destinam alguns artigos para tratar da oferta preferencial prevista no art. 11, transcrito anteriormente, que é exigência para que os riscos "nacionais" possam ser oferecidos posteriormente aos resseguradores estrangeiros cadastrados, quer sejam os *resseguradores admitidos* (sediados no exterior, com escritório de representação no Brasil) ou os *resseguradores eventuais* (sediados no exterior, sem escritório de representação no País, mas com representante nomeado para representá-los).

Por hierarquia normativa, a Resolução CNSP 451/2022, em seu art. 5º, destaca que a oferta preferencial

> [c]onsiste no direito de preferência que possuem os resseguradores locais em relação aos demais resseguradores, para fins de aceitação de contrato de resseguro, automático ou facultativo, desde que o ressegurador local aceite a respectiva oferta de resseguro em condições idênticas às ofertadas e/ou aceitas pelo mercado internacional.

Os parágrafos da norma assim preveem:

> § 1º Para fins de cumprimento da oferta preferencial, a sociedade seguradora deverá observar o percentual estabelecido na legislação vigente, aplicável a cada contrato automático ou facultativo.

§ 2º A oferta preferencial de que trata o caput deverá garantir tratamento equânime a todos os resseguradores.

§ 3º Caso sejam identificadas práticas desleais no cumprimento da oferta preferencial, incluindo, mas não se limitando, a tratamento desigual aos resseguradores consultados ou eventuais alterações dos termos e condições contratuais ofertados, com a emissão de endossos que desconfigurem os termos e condições contratuais finais da colocação, o contrato de resseguro poderá ser desconsiderado para fins prudenciais, sem prejuízo de aplicação das demais penalidades cabíveis.

Para os fins do § 1º, o percentual estabelecido em legislação é aquele previsto no art. 11, § 2º, da Lei Complementar 126/2007, já mencionado. Importa destacar, neste sentido, que a norma deixou de prever, na Resolução CNSP 451, o percentual indicado, meramente remetendo à legislação com o fim de evitar ajustes futuros na norma e possibilitar, inclusive, o fim da oferta preferencial caso a lei deixe de prever percentual mínimo.[1]

Outro destaque fica para a nova previsão expressa de que o percentual exigido por lei é aplicável *a cada contrato de resseguro*, e não pela operação global anual da cedente. A corroborar este raciocínio, verifica-se que a autarquia não só inseriu trecho que não havia anteriormente na Resolução CNSP 168/2007,[2] como também, quando quis tratar de operação global anual, assim o fez, a exemplo dos arts. 6º, §§ 3º e 4º,[3] e 20.[4]

Portanto, segundo a regulação atual, afigura-se indispensável a oferta aos resseguradores locais em todos os contratos, não havendo espaço para a interpretação ampliativa da norma – considerado a operação global da seguradora (cedente) no Brasil, por exemplo.

---

1. Vide a manifestação da Susep na Exposição de Motivos que deu origem ao normativo: "10.2. O art. 5º deixa de mencionar expressamente o percentual da oferta preferencial da cessão de resseguro a resseguradores locais, passando a fazer remissão à legislação aplicável (art.11, inciso II, da Lei Complementar 126/07). Para além da simplificação redacional, a medida pretende evitar a necessidade de atualização do texto, em caso de alteração da referência legal". Disponível em: https://www.gov.br/susep/pt-br/arquivos/arquivos-dos-documentos-e--publicacoes/arquivos-normas-em-consulta-publica/consultas-publicas-passadas-de-2022/ExposicaodeMotivosCNSP180822.pdf. Acesso em: 08 ago. 2023.
2. Resolução CNSP 168, de 2007. "Art. 15 [...] § 1º A oferta preferencial referida no caput consiste no direito de preferência que possuem os resseguradores locais em relação aos demais resseguradores, para fins de aceitação de contrato de resseguro, automático ou facultativo, desde que o ressegurador local aceite a respectiva oferta de resseguro em condições idênticas às ofertadas e/ou aceitas pelo mercado internacional".
3. Resolução CNSP 451, de 2022. "Art. 6º As sociedades seguradoras e os resseguradores locais deverão gerenciar adequadamente suas operações de resseguro e retrocessão, mediante desenvolvimento e implementação de uma política de transferência de riscos. [...] § 3º Sem prejuízo do disposto no caput, os resseguradores locais não poderão ceder em retrocessão mais de 70% (setenta por cento) dos prêmios emitidos relativos aos riscos que houverem subscrito, considerando-se a globalidade de suas operações, em cada ano civil, exceto para os grupos de ramos abaixo indicados: I – riscos financeiros; II – rural; e III – nuclear. § 4º As sociedades seguradoras deverão apresentar à Susep, até o dia 31 de março do ano civil subsequente, justificativa técnica para percentual de cessão em resseguro superior a 90% (noventa por cento), considerando-se a globalidade de suas operações, por ano civil".
4. Resolução CNSP 451, de 2022. "Art. 20. As sociedades seguradoras não poderão aceitar em retrocessão mais de 2% (dois por cento) dos prêmios emitidos de seguros relativos aos riscos que houver subscrito, considerando-se a globalidade de suas operações, em cada ano civil".

A Circular Susep 683/2022, por sua vez, nos arts. 2º a 5º, e 8º, disciplina os procedimentos operacionais para oferta preferencial de riscos aos resseguradores locais. Enquanto o *caput* do art. 2º apresenta disposição idêntica ao *caput* do art. 5º da Resolução CNSP 451/2022, o parágrafo único determina que o cumprimento da oferta se dá com a cedente dirigindo "consulta formal a um ou mais resseguradores locais de sua livre escolha, observados os procedimentos operacionais dispostos no art. 8º".

O art. 3º da Circular Susep 683/2022, por sua vez, disciplina a aceitação pelos resseguradores locais, dispondo que a cedente terá livre escolha dentre os aceitantes e desde que o percentual alcance o mínimo previsto em lei, e o art. 5º elenca as formas possíveis para cumprir a oferta preferencial, entre aceitações e recusas:

> I – o percentual mínimo de oferta preferencial tiver sido contratado com resseguradores locais;
>
> II – consultados todos os resseguradores locais, esses, em seu conjunto, tenham recusado total ou parcialmente o percentual mínimo de oferta preferencial, e o percentual restante tiver sido aceito nos mesmos termos e condições pelos demais resseguradores; ou
>
> III – houver aceitação, por resseguradores estrangeiros, em termos e/ou condições distintos dos inicialmente ofertados e recusados total ou parcialmente por todos os resseguradores locais, desde que estes mesmos termos e/ou condições tenham sido ofertados aos resseguradores locais [...].

A propósito do inciso II, ainda que não expressamente disposto, entende-se possível que a cedente consulte apenas os resseguradores que tiverem aprovação para aceitar riscos no ramo que está sendo cedido. Embora em uma perspectiva mais conservadora faça sentido consultar a todos os resseguradores, nos parece que a norma estará integralmente cumprida se consultados os resseguradores que, de acordo com as informações da Susep,[5] puderem aceitar o risco. Afinal, se o ressegurador local não tem autorização para atuar naquele ramo, faria pouco – ou nenhum – sentido consultá-lo para saber se teria interesse em aceitar o risco.

Isto posto, na hipótese de aceitação do risco, o ressegurador deverá definir claramente os termos, condições e a parcela do risco aceito, de acordo com o § 6º do artigo 8º da Circular Susep 683/2022.

No que se refere à recusa da oferta preferencial pelos resseguradores locais, convém destacar o art. 4º da norma:

> [n]o caso de recusa total ou parcial da oferta, não sendo aceito o percentual mínimo de oferta preferencial previsto na legislação, a sociedade seguradora deverá ofertar o contrato de resseguro a todos os demais resseguradores locais, se necessário, de modo a satisfazer o disposto nesta Circular.

Em outras palavras, a oferta preferencial pode ser feita, inicialmente, a um ou mais resseguradores locais de sua livre escolha (art. 2º, p. u.) e, não sendo atingido o percen-

---

5. As supervisionadas e os ramos de atuação estão disponíveis no site da Susep. Para encontrar os ramos de atuação das resseguradoras, é necessário limitar a consulta a "Resseguradores Locais" no campo "Escolha o tipo de empresa". Disponível em: https://www2.susep.gov.br/menuatendimento/procura_2011.asp. Acesso em: 23 fev. 2024.

tual mínimo, deve ser feita a todos os demais *resseguradores locais* (sediados no Brasil) que tenham autorização para aceitar riscos daquele ramo, com o objetivo de atingir o percentual mínimo previsto na lei, de modo que só a recusa (ou a ausência de manifestação tempestiva) da integralidade de *resseguradores locais* habilitados para aceitar o risco permite a cessão aos *resseguradores admitidos* e *eventuais*.

Para que isto ocorra, é necessário observar o art. 8º e seus onze parágrafos. Segundo os §§ 1º e 2º, a oferta deve conter os "termos, condições e informações necessárias para a análise do risco, devendo ser disponibilizadas de forma equânime a todos os resseguradores consultados" e a cedente precisa utilizar procedimentos operacionais que garantam o efetivo envio da oferta.

Para resposta acerca dessa oferta preferencial, os resseguradores locais terão os prazos de cinco dias úteis para contratos facultativos e dez dias úteis para os contratos automáticos, computados a partir do envio dela, por meio eletrônico (§ 3º). Os resseguradores poderão solicitar documentos e informações durante esse prazo, o que suspenderá a contagem, sendo possível a suspensão apenas por uma vez para contratos facultativos e mais de uma vez para os automáticos (§ 4º). A contagem do prazo remanescente se inicia a partir do dia seguinte à entrega pela cedente dos documentos e informações (§ 5º).

De acordo com o § 7º, a ausência de resposta dos resseguradores, no prazo previsto acima, será considerada como recusa definitiva à cobertura do risco sob quaisquer termos e condições, tendo o mesmo efeito que a resposta de recusa definitiva. Neste caso, a "cedente fica desobrigada a realizar nova oferta do mesmo contrato, facultativo ou automático, a esse ressegurador local, ainda que haja alteração de termos e/ou condições referentes ao mesmo risco" (§ 9º).

Dentre os parágrafos do artigo 8º, cabe ressaltar ainda o décimo, que dispõe: "[p]ara fins de cumprimento da oferta preferencial, a sociedade seguradora poderá incluir na consulta, quando houver, cotações de resseguradores estrangeiros, os quais estejam comprometidos a aceitar, isoladamente ou em conjunto, as mesmas condições ofertadas".

Com efeito, em sendo o interesse da cedente transferir riscos para um ressegurador estrangeiro, torna-se uma ferramenta interessante juntar à oferta os termos por ele aceitos e que possivelmente reduzirão o interesse dos resseguradores locais pelo risco. Isso porque, como expressamente prevê o *caput* do art. 5º da Resolução CNSP 451/2022, a oferta preferencial consiste em uma *preferência* que detém os resseguradores locais para aceitar riscos "desde que o ressegurador local aceite a respectiva oferta de resseguro em condições idênticas às ofertadas e/ou aceitas pelo mercado internacional".

Por fim, o § 11 determina que caso a cedente altere termos e condições, ressalvado o caso de ausência de resposta à cedente prevista no § 9º, esta deverá realizar nova oferta preferencial aos resseguradores locais.

Todo o raciocínio subjacente ao sistema de oferta preferencial tem como louvável objetivo favorecer as empresas resseguradoras sediadas no País, promovendo o crescimento da economia local. No entanto, cabe destacar que essa preferência não é feita em detrimento da presença de *players* estrangeiros e sua participação acaba por estimular a competição entre os diversos participantes do mercado, principalmente ao possibilitar a aplicação de práticas e termos internacionais que, potencialmente mais vantajosos à cedente (seguradora), impactam no preço do seguro, beneficiando o consumidor final.

Versão original publicada em: 10.08.2023.

LIÇÕES DO BACEN À SUSEP

Ilan Goldberg

O órgão regulador deve ser isento, imparcial e técnico. Ao iluminar determinado mercado, não pode ceder a pressões ou ser capturado politicamente, sob pena de colocar o exercício da regulação em xeque. Consumidores, fornecedores, integrantes das cadeias produtivas, entre outros participantes, cada qual à sua maneira, serão objeto da regulação como um instrumento em prol do desenvolvimento da atividade econômica em questão.

A *contrario sensu*, reguladores que cedem a pressões de grupos de interesse ou do próprio governo acabam por causar ineficiência e danos ao mercado respectivo, o que, *e.g.*, retrata a história do Banco Central do Brasil (Bacen).

A Lei Complementar 179, de 24.02.2021, finalmente positivou a desejada autonomia do Bacen e foi festejada por célebres economistas brasileiros, entre outros, Ilan Goldfajn, Marcos Lisboa e Armínio Fraga.[1] Esta LC revogou diversos dispositivos da Lei 4.595, de 31.12.1964, diploma legal que, à época, estruturou o sistema financeiro nacional.

Algumas regras desta LC são dignas de nota:

- Os mandatos dos Presidente e dos Diretores do Bacen têm prazo fixo de 4 anos, e suas durações não coincidem com o mandato do Presidente da República, que os nomeará (art. 4º);
- As hipóteses de perda do mandato pelo Presidente e sua Diretoria são taxativamente previstas no diploma legal (art. 5º), o que evita pressões políticas as mais diversas;
- O art. 6º, importantíssimo àquilo que se deseja ressaltar neste ensaio, remete à *"ausência de vinculação a Ministério, de tutela ou de subordinação hierárquica, pela autonomia técnica, operacional, administrativa e financeira, pela investidura a termo de seus dirigentes e pela estabilidade durante seus mandatos"*. (Grifou-se).

Ao reunir mandato fixo e estável, não coincidente com o do Presidente da República, além de ausência de vinculação a Ministério, tampouco de subordinação hierárquica de qualquer espécie, o País deu um salto de qualidade em termos do exercício da regulação por parte do Bacen, essencialmente porque este órgão deixou de ser objeto de políticas de governo, para passar a representar institucionalmente o Estado brasileiro.

---

1. Os depoimentos de Goldfajn, Lisboa e Fraga podem ser examinados no excelente *podcast* Casa das Garças, organizado pelo Instituto de Estudos de Pesquisas Econômicas (IEPE), a reunir preciosas lições de economia, crédito, juros, câmbio etc. https://open.spotify.com/show/5rGMCtnuZJjXmTePfv7qaF?si=9d3329526bf24c60. Acesso em: 30 jan. 2024.

Noutras palavras, o Bacen autônomo deve funcionar independentemente do governo da ocasião, predicado valiosíssimo em tempos de acentuada polarização política tanto no Brasil quanto no exterior.

A título ilustrativo, confira-se a lição de Armínio Fraga, antes ainda da publicação desta LC:

> No caso do Brasil, a história foi bem mais dramática. Até 1965 não havia sequer banco central. A emissão de moeda era responsabilidade da Superintendência da Moeda e do Crédito, a Sumoc, um departamento do Banco do Brasil, um banco comercial controlado pelo governo. O Banco Central foi criado em 1965 com mandato de cuidar da moeda, mas logo perdeu sua autonomia e passou a funcionar acomodando as pressões dos mandatários de plantão. Com o tempo a economia foi se indexando, o que enraizou ainda mais a inflação, que ao fim da linha chegou à hiperinflação. Teve papel crucial nesse trágico enredo a fragilidade das instituições orçamentárias do país. Importantes também as caraterísticas da federação, destacando-se na área monetária a existência de bancos estaduais, que se financiavam diretamente com o Banco Central. Idem para os bancos federais. [...]
>
> Ao longo dos últimos 20 anos, a independência do BC foi se estabelecendo *de facto*, em boa parte porque a sociedade entendeu que inflação baixa é uma conquista que beneficia a todos, sobretudo aos mais pobres. [...] O Congresso considera hoje a formalização da independência do Banco Central. Penso que seria um avanço importante, que contribuiria para sustentar um sistema bem-sucedido. Sou defensor de primeira hora da ideia. Cabe apenas não nos esquecermos do pilar fiscal, sem o qual o sistema não para de pé.[2]

Os mercados bancário e de seguros, como é sabido, compõem algo maior, de envergadura vital ao desenvolvimento econômico brasileiro – o mercado financeiro. Se, pelo lado do mercado bancário pode-se festejar a promulgação da referida LC e a segurança institucional por ela positivada, isto não se vê no também importante mercado de seguros, que continua a ser objeto de regulação pelo Conselho Nacional de Seguros Privados (CNSP) e pela Superintendência de Seguros Privados (Susep), tudo nos termos do vetusto Decreto-Lei 73, de 1966.

Se o Bacen é autônomo, não vinculado a um ministério e não submetido a subordinação hierárquica, a Susep, conforme dispõe o art. 35 do Decreto-Lei 73, é "entidade autárquica, jurisdicionada ao Ministério da Indústria e do Comércio, dotada de personalidade jurídica de Direito Público, com autonomia administrativa e financeira".

No tocante à sua administração,

> será exercida por um Superintendente, nomeado pelo Presidente da República, mediante indicação do Ministro da Indústria e do Comércio, que terá as suas atribuições definidas no Regulamento deste Decreto-lei e seus vencimentos fixados em Portaria do mesmo Ministro.

Como claramente se nota, a *autonomia* do Bacen cede espaço à *vinculação* da Susep e os mandatos fixos e estáveis daquele órgão não têm paralelo neste órgão, no qual a demissão ocorre *ad nutum*, isto é, ao gosto do Poder Executivo.

---

2. FRAGA, Armínio. *Moeda, inflação e a independência para o Banco Central*. Disponível em: https://iepecdg.com.br/artigos/moeda-inflacao-e-a-independencia-para-o-banco-central/. Acesso em: 30 jan. 2024.

O CNSP, por sua vez, segundo o art. 33 do Decreto-lei 73/1966, representa um conjunto de autoridades vinculadas ao governo da ocasião. Os atributos de independência dele passam bem longe.

Em termos práticos, a regulação do mercado financeiro no País segue passos completamente distintos e contraditórios: se aos bancos assegura-se uma relação isenta, técnica e imparcial, o mesmo não se observa aos participantes do mercado de seguros: seguradoras, resseguradores, corretores, segurados, além das entidades de previdência complementar aberta e de capitalização.

Com as mudanças de governo bem características dos tempos modernos, como se disse, marcados por acentuada polarização, o mercado de seguros sofre com alterações de rumo permanentes de seu órgão regulador, o que resulta em potenciais capturas por grupos de interesses de ocasião.

Esta coluna teve como objeto trazer breves considerações a propósito dos mercados bancário e de seguros, mas poderia ir além. Se observarmos os mercados de óleo e gás (ANP), telecomunicações (Anatel) ou energia elétrica (Aneel), constataremos que suas agências reguladoras possuem as mesmas características do Bacen (autonomia, não vinculação hierárquica, mandatos fixos de seus dirigentes).[3] Ora, por que, então, o mercado de seguros não segue este mesmo passo? Trata-se, com efeito, de uma boa pergunta...

Tramita vagarosamente no Congresso Nacional o Projeto de Lei 5277/2016,[4] cuja finalidade é, justamente, transformar a Susep em agência reguladora. De sua exposição de motivos, esta passagem bem sintetiza a reflexão que se deseja propor por meio deste breve ensaio:

> O atual ambiente regulatório resulta em frequentes mudanças de diretrizes e procedimentos impostos ao mercado supervisionado, causando volatilidade ao ambiente de supervisão e regulação. Parte da volatilidade resulta da ausência de requisitos mínimos para a nomeação do Superintendente e dos Diretores, os quais poderiam, a qualquer momento, ser exonerados sem publicação dos motivos de seus desligamentos.

Assim como o mercado bancário clamou por regulação isenta, imparcial e técnica, o mercado de seguros também o faz. Os benefícios decorrentes da promulgação da LC 179/2021 são evidentes, sobretudo no sentido de gerar segurança jurídica e estabilidade a todos os *stakeholders* participantes desse mercado e, assim, fomentar mais investimentos.

Que nossas autoridades estejam atentas às reais necessidades do mercado de seguros.

Versão original publicada em: 08.02.2024.

---

3. A autonomia e os mandatos fixos dos diretores da ANP, ANATEL e ANEEL são observadas, respectivamente, nas Leis números 9.478/1997, 9.472/1997 e 9.427/1996.
4. Para informações ref. à tramitação do PL 5277/2016 – https://www.camara.leg.br/proposicoesWeb/fichadetramitacao?idProposicao=2084394#:~:text=PL%205277%2F2016%20Inteiro%20teor,Projeto%20de%20Lei&text=Altera%20o%20Decreto%2DLei%20nº,operações%20de%20seguros%20e%20resseguros. Acesso em: 30 jan. 2024.

SEGUROS DE GRANDES RISCOS

OS SEGUROS DE GRANDES RISCOS NO BRASIL – PARTE 1

Ilan Goldberg

Thiago Junqueira

Na qualidade de órgãos reguladores do mercado de seguros no País, o CNSP e a Susep sempre foram criticados por causa da rigidez imposta aos clausulados elaborados pelas seguradoras – o que, com efeito, decorria do disposto no Decreto-Lei 73, de 1966, especialmente de seu art. 36, alínea c.

Contextualizando-o historicamente, o referido Decreto-Lei foi publicado numa época em que o Estado brasileiro era intervencionista e tinha um papel desenvolvimentista, isto é, entendia-se que o Estado era vital ao desenvolvimento da economia brasileira, o que ia ao encontro, *e.g.*, da criação de diversas empresas estatais nos mais variados segmentos de nossa economia.

O Estado, supunha-se, deveria ser forte e criar as condições necessárias ao aquecimento das atividades econômicas. A iniciativa privada, carente de recursos, encontrava-se condicionada à iniciativa pública para, então, fazer frente às suas necessidades. Conveniente lembrar, ainda, que sob a perspectiva política, o Brasil vivia tempos sombrios, retratados pela ditadura militar.

Sobreveio a Constituição da República de 1988 e, com ela, todo um capítulo dedicado à ordem econômica[1] – arts. 173 e ss. –, valendo destacar que, logo no art. 1º, a livre iniciativa (inc. IV) foi qualificada como um dos fundamentos de nossa República, ao lado da dignidade da pessoa humana (inc. III).[2]

---

1. Importante, nessa perspectiva histórica, comparar os textos das Constituições de 1967/1969, com o de 1988, atentando à mudança do papel exercido pelo Estado: "Para uma perfeita percepção da mudança de direcionamento, será útil confrontar os textos do artigo 163 da Constituição de 1967/1969 e do artigo 173 da Constituição de 1988. Ei-los: '*Art. 163. São facultados a intervenção no domínio econômico e o monopólio de determinada indústria ou atividade, mediante lei federal, quando indispensável por motivo de segurança nacional ou para organizar setor que não possa ser desenvolvido com eficácia no regime de competição e de liberdade de iniciativa, assegurados os direitos e garantias individuais; art. 173. Ressalvados os casos previstos nesta Constituição, a exploração direta de atividade econômica pelo Estado só será permitida quando necessários aos imperativos de segurança nacional ou a relevante interesse coletivo, conforme definidos em lei.' Enquanto no texto de 1967/1969 se diz 'são facultados' a intervenção e o monopólio, o de 1988 determina que a exploração direta de atividade econômica pelo Estado 'só será permitida'. Enquanto no primeiro caso há uma faculdade aberta ao Estado, no segundo existe uma proibição que permite exceções.*" FONSECA, João Bosco Leopoldino da. *Direito econômico*. Rio de Janeiro: Forense, 2005. p. 137. (Destacou-se).
2. Constituição da República de 1988. "Art. 1º A República Federativa do Brasil, formada pela união indissolúvel dos Estados e Municípios e do Distrito Federal, constitui-se em Estado Democrático de Direito e tem como

Retornando ao mercado de seguros, pelo menos desde 1966, acostumou-se no Brasil a lidar com clausulados padronizados pela Susep e, *pari passu*, com a obrigatoriedade de que todo novo contrato fosse previamente submetido à chancela do órgão regulador.

O olhar da Susep, com efeito, sempre esteve vertido à higidez econômico-financeira das seguradoras e à tutela dos consumidores, o que se revelou louvável. Mas, a pensar na tutela da concorrência plena entre os participantes do mercado segurador brasileiro, como conciliá-la com os dois primeiros vetores? Seria possível, ao mesmo tempo, zelar pelas reservas técnicas e pelos direitos dos consumidores, além de estimular a concorrência entre seguradoras?

Formulando a questão em termos mais precisos, a exigência de clausulados padronizados, que, qualitativamente, representavam aos consumidores de seguros rigorosamente o mesmo produto, tonaria viável o fomento à concorrência plena entre os participantes do mercado? A resposta, até mesmo por uma questão de lógica, é negativa. No mercado de seguros ou em qualquer outro mercado, se a concorrência não tocar na qualidade do que é ofertado, mas apenas no preço, é intuitivo que o consumidor nem mesmo poderá escolher o melhor produto. Se as camisas A e B têm o mesmo tecido e durabilidade, variando apenas no preço, é óbvio que o consumidor não terá melhor atendimento baseado na sua escolha.[3] O preço, isoladamente, não pode ser o norte de uma ordem econômica cujo fundamento remete, expressamente, à livre concorrência (art. 170, inc. IV, da CF).[4]

No mercado de seguros nacional, até bem pouco tempo atrás, a concorrência entre as seguradoras não era exercida de forma plena, pois os segurados escolhiam apenas baseando-se no valor do prêmio que iriam pagar. Ninguém colocava luzes sobre a qualidade dos clausulados porque, como dito, da seguradora A à B ou à C, os clausulados eram, basicamente, os mesmos. Vale esclarecer que essa realidade funcionava dessa mesma maneira tanto para seguros massificados, quanto para seguros de grandes riscos, ou seja, o consumidor que quisesse comprar o seguro para o seu celular teria, sob o ponto de vista regulatório, semelhante tratamento empregado à grande petrolífera interessada na aquisição dos seguros às suas plataformas de petróleo. Talvez aqui o leitor já esteja se perguntando: isso faz algum sentido?

---

fundamentos: I – a soberania; II – a cidadania; III – *a dignidade da pessoa humana; IV – os valores sociais do trabalho e da livre-iniciativa*; V – o pluralismo político." (Destacou-se).

3. Além do fator preço, não se pode perder de vista que a reputação da seguradora e a qualidade no atendimento também impactavam na escolha do segurador pelo segurado; todavia, a similitude dos clausulados restringia consideravelmente a concorrência entre os *players*. Para uma análise profunda a respeito da qualidade do produto sob a óptica do direito concorrencial, confira-se: BARBOSA, Pedro Marcos Nunes. *Curso de Concorrência Desleal*. Rio de Janeiro: Editora Lumen Juris, 2022. p. 80 e ss.

4. Além do art. 170, inc. IV, da Constituição da República, o seu parágrafo único também é importante à compreensão da questão central discutida: "Art. 170. A ordem econômica, fundada na valorização do trabalho humano e na livre iniciativa, tem por fim assegurar a todos existência digna, conforme os ditames da justiça social, observados os seguintes princípios: I – soberania nacional; II – propriedade privada; III – função social da propriedade; *IV – livre concorrência*; V – defesa do consumidor; (...). Parágrafo único. *É assegurado a todos o livre exercício de qualquer atividade econômica, independentemente de autorização de órgãos públicos, salvo nos casos previstos em lei*" (Destacou-se).

A Susep, a partir de 2019, fez um esforço elogiável no sentido de reformar o seu arquétipo regulatório, muito extenso, complexo e de difícil acompanhamento por parte dos agentes regulados (segurados, corretores, seguradoras, resseguradoras etc.). Com o objetivo de promover uma regulação menos intrusiva e mais principiológica, diversos atos normativos foram revogados, sendo substituídos por outros menos detalhistas, zelando-se pela prevalência de uma maior dose de autonomia privada entre os contratantes, movimento respaldado pelo Decreto 10.139/2019.

Foi nesse contexto que o CNSP publicou a Resolução 407, em 29 de março de 2021, relativa aos contratos de seguros de danos para cobertura de grandes riscos,[5] e que vem causando nos últimos meses alvoroço no mercado.

Em 08 de fevereiro de 2022, o Partido dos Trabalhadores propôs ADI perante o STF, ao argumento de que a referida norma teria tanto uma inconstitucionalidade formal (em virtude de violação aos princípios da reserva legal e da separação dos poderes), quanto uma inconstitucionalidade material (pela violação ao princípio da ordem econômica e do interesse público).[6] Em suma, as principais alegações apresentadas foram no sentido de que a competência para legislar sobre o direito civil e o direito securitário pertence

---

5. "Essa categoria dos 'riscos vultosos' está presente nas análises de mercado da Superintendência de Seguros Privados (Susep), nos relatórios de subscrição do IRB, nas altas instâncias do Poder Judiciário, na exposição de motivos da Lei Complementar 126/2007 (estatuto do resseguro), nos dicionários de técnica securitária e nos comentários da doutrina. Nos últimos tempos, o fenômeno se expandiu para o centro da relação securitária e passou a ser observado no grupo dos 'grandes riscos' em comparação aos 'riscos massificados'". Conforme MELO, Gustavo de Medeiros. *A Resolução CNSP 407 dos seguros de grandes riscos*, republicado nesta obra.

6. No dia 11 de fevereiro de 2022, dois dias após a distribuição do feito para a relatoria do Ministro Gilmar Mendes no STF, o IBDS, curiosamente, requereu o seu ingresso como *amicus curiae* no julgamento, argumentando: "A pretexto de livrar o mercado de seguros brasileiro das 'amarras regulatórias', o CNSP promoveu inconstitucional usurpação de competência privativa do Poder Legislativo da República para legislar sobre a matéria". No dia 21 de março de 2022, a AGU se manifestou no seguinte sentido: "não se observa a ocorrência de violação a qualquer preceito constitucional, verificando-se, na verdade, que a Resolução 407/2021 do CNSP foi validamente editada no exercício de competência atribuída ao referido órgão e em atendimento ao interesse público", clamando, com efeito, pelo "não conhecimento da ação direta e, no mérito, pela improcedência do pedido formulado pelo requerente". Como anexos à sua petição, a AGU juntou aos autos a Nota Técnica SEI 7449/2022/ME, feita pela Secretaria Especial do Programa de Parcerias de Investimentos (SEPPI), um parecer da Coordenadoria-Geral de Seguros e Previdência Complementar (Parecer SEI 3024/2022/ME) e um parecer da Procuradoria da Fazenda Nacional (Parecer SEI 2772/2022/ME). Em comum, todos os documentos pugnam pela ausência de mérito da ADI. Posteriormente, no dia 04 de abril de 2022, a FENABER e a FENSEG requerem ingresso nos autos, também como *amicus curiae*, afirmando: "Diferentemente do que quer fazer crer o PT, o CNSP não violou a reserva de poderes com a edição da Resolução CNSP 407/2021, pois as diretrizes fixadas pelo Normativo estão totalmente em consonância com as suas atribuições previstas no Decreto-Lei 73/1966 e no Decreto 60.459/1967. Ademais, as mudanças estão de acordo com a Lei de Liberdade Econômica (Lei 13.874/2019), ao estabelecer a liberdade como garantia no exercício de atividades econômicas (art. 2º, inciso I) e impor aos reguladores a realização de análises de custo-benefício e de impacto regulatório a fim de aumentar a racionalidade do processo de regulamentação". Houve manifestação da Procuradoria Geral da República no dia 31 de maio de 2022, conforme será mencionado doravante neste texto. Em 24 de março de 2023, o IASP requereu ingresso como *amicus curiae*, defendendo a seguinte posição: "A inconstitucionalidade da Resolução – além de afrontar parâmetros formais e materiais que demonstram aderência da Resolução à CF88 – implicaria retrocesso para o mercado de seguros, colocando-o à margem dos demais mercados financeiros nacionais e do mercado internacional. Por esta razão, a ADI deve ser julgada improcedente". Até o envio deste artigo para publicação nesta obra, em 05 de abril de 2024, não havia sido apreciado pelo STF o pedido de concessão de medida cautelar formulado pelo PT para suspender a eficácia da Resolução CNSP 407/2021.

exclusivamente à União Federal, conforme estabelecido no artigo 22, incisos I e VII, da Constituição da República, e que, portanto, o Conselho Nacional de Seguros Privados (CNSP) teria ultrapassado suas competências.

Da petição inicial da referida ADI 7.074/DF, extrai-se que o CNSP teria inovado ao:

> listar os princípio *(sic)* e valores básicos que deveriam ser observados pelos segurados e tomadores, reforçando tanto no caput como em seus incisos a ideia de ampla liberdade contratual. Vejamos:
> Art. 4º Os contratos de seguro de danos para cobertura de grandes riscos serão regidos por condições contratuais livremente pactuadas entre segurados e tomadores, ou seus representantes legais, e a sociedade seguradora, devendo observar, no mínimo, os seguintes princípios e valores básicos:
> I – liberdade negocial ampla;
> II – boa fé *(sic)*;
> III – transparência e objetividade nas informações;
> IV – tratamento paritário entre as partes contratantes;
> V – estímulo às soluções alternativas de controvérsias; e
> VI – intervenção estatal subsidiária e excepcional na formatação dos produtos.

Segue referindo que a Resolução teria contrariado normas de hierarquia superior, como, *v.g.*, o art. 421-A do CC: "os contratos civis e empresariais se presumem paritários e simétricos até a presença de elementos concretos que justifiquem o afastamento desta presunção". Para o requerente, a norma traria uma presunção "como se fosse absoluta no sentido de que há plena capacidade de negociação das condições contratuais pelas partes".

Adiciona que:

> a fixação de paridade negocial, criada pelo artigo 4º da Resolução, atua em detrimento de segurados e beneficiários, uma vez que afasta a interpretação contra o predisponente, positivada no artigo 423 do Código Civil que determina 'quando houver no contrato de adesão cláusulas ambíguas ou contraditórias, dever-se-á adotar a interpretação mais favorável ao aderente'.

A respeito da consensualidade como traço característico dos contratos de seguros, a inicial afirma que "A Resolução cria, ainda, um requisito de forma para um contrato que é consensual e, assim, viola também o artigo 758 do Código Civil e ameaça a eficácia social do artigo 444 do Código de Processo Civil". A violação decorreria do disposto no 4º, § 2º, ao aduzir que: "§ 2º As condições contratuais do seguro deverão ser negociadas e acordadas, de forma que haja manifestação de vontade expressa dos segurados e tomadores, ou de seus representantes legais, e da sociedade seguradora."

Ainda, o CNSP não poderia criar princípios:

> O artigo 4º, inciso V, lista o 'estímulo às soluções alternativas de controvérsias' como sendo um dos princípios nos seguros de grandes riscos. Ainda que superada a imprecisão do texto – especialmente sobre em que consistiria esse estímulo, por exemplo – trata-se algo inédito na ordem jurídica.

Caminhando para o fim, a petição inicial da ADI refere que o conteúdo de determinadas cláusulas contratuais não poderia ficar ao talante da iniciativa privada, sob pena de ofensa ao princípio constitucional da primazia do interesse público, referindo, nesse particular, à parte final da norma, que cuida de seguros para atividades nucleares, aeronáuticas e marítimas.[7]

O Parecer da Procuradoria Geral da República, com data de 31 de maio de 2022, foi favorável ao acolhimento da ADI, essencialmente por concordar com a questão de *forma, não de substância*. Em síntese, lê-se:

> Cabe ressaltar que tais dispositivos da Resolução CNSP/407/2021 não retiram seu fundamento de validade de nenhuma norma primária. Ocorre, porém, que a produção legislativa sobre direito civil e seguro insere-se na competência privativa da União, por lei ordinária (CF, art. 22, I e VII).[8]

Conforme será evidenciado na segunda parte deste artigo, não procedem os argumentos do PT e da Procuradoria Geral da República. Além de não se vislumbrar qualquer ofensa à Constituição da República, a norma em disputa, ao consagrar a diferenciação entre seguros massificados e de grandes riscos – que, diga-se de passagem, é amplamente reconhecida internacionalmente – e diminuir a intervenção da Susep nos clausulados desses seguros, permite a comercialização de coberturas que acolham os efetivos interesses dos segurados e tomadores, à luz de suas particularidades, contribuindo com a concretização dos postulados da Lei da Liberdade Econômica.

Versão original publicada em: 14.06.2022.

---

7. Confira-se "48. É evidente, portanto, que a busca da acentuada autonomia privada, superando-se a necessidade de resguardo e preservação da autoridade do Estado enquanto ente normativo e regulamentador, fere o princípio da primazia do interesse público, a demonstrar a sua absoluta inconstitucionalidade".
8. O referido parecer está disponível em: https://www.conjur.com.br/dl/manifestacao-pgr-resolucao-seguros-risco.pdf. Acesso em: 10 jun. 2022.

OS SEGUROS DE GRANDES RISCOS NO BRASIL – PARTE 2

Ilan Goldberg

Thiago Junqueira

Na primeira parte deste artigo, foram postos em relevo os argumentos da petição inicial do PT e do parecer da Procuradoria Geral da República no âmbito da Ação Direta de Inconstitucionalidade 7.074/DF, de relatoria do Ministro Gilmar Mendes, que pretende seja declarada a inconstitucionalidade da Resolução CNSP 407, de 29 de março de 2021, que trata dos contratos de seguros de danos para cobertura de grandes riscos. Nesta segunda parte, demonstrar-se-á, sem a pretensão de exaustão, os motivos pelos quais a ação não merece prosperar.

Antes de se rebater as principais questões mencionadas na ADI, deseja-se traçar um rápido paralelo com o que o mercado de seguros brasileiro vem fazendo em termos de novas tecnologias, mais especificamente, das *Insurtechs*, do *sandbox* regulatório e do *Open Insurance*, todos temas relevantíssimos e da ordem do dia, seja no Brasil, seja mundo afora.

Os economistas, de maneira bem enfática, vêm bradando aos quatro cantos que estamos testemunhando a *uberização* da economia, numa alusão à forma de desenvolver negócios *peer-to-peer* (de pessoa para pessoa), por meio de plataformas tecnológicas. Assim cresceram formidavelmente plataformas nos mais diversos setores econômicos: transporte de passageiros e mercadorias, *e-commerce*, hotelaria, viagens, locação de veículos etc. Fala-se muito, ainda, da economia compartilhada e do uso de novas tecnologias, como a Inteligência Artificial, nos mais diversos setores.

O mercado de seguros, por óbvio, não está imune a toda essa revolução tecnológica e, nesse sentido, o CNSP e a Susep baixaram normas disciplinando o funcionamento do *sandbox* regulatório e do *Open Insurance*.

A leitura atenta dessas circulares e resoluções revela que os órgãos reguladores, ao disciplinarem o funcionamento desses instrumentos, criaram direitos, deveres, tudo por intermédio de atos normativos, isto é, não houve lei *stricto sensu* a cuidar desses temas, nada obstante a reserva legal de que trata a Constituição da República, empregada pelo PT como o fundamento central de sua ADI.

Haveria, então, dois pesos e duas medidas ou seria mesmo tudo inconstitucional? Em um setor dinâmico como o securitário, que se desenvolve de forma tão acelerada, faria mesmo sentido a necessidade de leis para o endereçamento dos mais variados temas?

De fato, a linha que se observa entre a competência para legislar (lei formal, *stricto sensu*) e o poder para exercer a regulação normativa, outorgada por lei à Susep e ao CNSP e a todos os órgãos reguladores de nosso País, é mesmo tênue. No que interessa à ADI, a questão central a ser respondida é: o CNSP e a Susep podem definir, motivados pelo exercício da regulação normativa, o que é um seguro para grandes riscos ou, pelo contrário, isto é competência exclusiva da União?[1]

Para responder, deseja-se, nos limites desse artigo, percorrer os principais argumentos ventilados na inicial da ADI 7.074/DF. Iniciando pelo art. 4º, sobre os princípios e valores da Resolução CNSP 407/2021, é preciso lembrar da Lei da Liberdade Econômica (Lei nº 13.874/2019) e da principiologia que a inspirou. Bem-vistas as coisas, a Resolução CNSP não é inovadora, como refere a peça inicial; ela tão somente concretiza, no âmbito infralegal, os postulados expressamente positivados pela indigitada lei. E faz isso seguindo os poderes que foram conferidos por lei ao CNSP.[2]

Tomando como exemplo a petrolífera que deseje contratar seguros às suas plataformas de petróleo, o que haveria de errado ("inconstitucional") ao propor liberdade negocial ampla, boa-fé, transparência e objetividade de informações, tratamento paritário, estímulo a soluções alternativas de litígios, tudo como consequência da interven-

---

1. Extravasa o horizonte deste estudo o exame da própria forma – principiológica ou prescritiva – que deveria prevalecer na regulação. Sobre a escolha feita pelo CNSP na Resolução 407/2021, confira-se o posicionamento da doutrina especializada: "Ao utilizar princípios em vez de regras detalhadas, a regulação permite às seguradoras que definam com maior liberdade os termos dos seus contratos e que possam customizá-los diante das necessidades do cliente, devendo observar sempre, nesse contexto, os ditames da boa-fé e a transparência e objetividade na veiculação de informação. Haveria alguma contrariedade desses objetivos com o direito brasileiro? Assim não parece. Como já afirmado em momento anterior, a Constituição Federal oferece larga margem de conformação para a aplicação de diversos modelos de intervenção do Estado na economia, não se afigurando como cogente o argumento em abstrato de que certas formas de regulação são favorecidas em detrimento de outras. (...) A constatação de que se trata de contratos entre grandes empresas, onde há menor incidência de problemas de assimetria informacional e desníveis de poder de barganha retira boa parte da atratividade das regras como instrumento de definição prévia das obrigações contratuais. Por outro lado, a demanda por maior diversificação de produtos e customização dos contratos se encontra em linha com utilização de um conjunto de normas regulatórias mais flexíveis, como é o caso dos princípios". CANTARELLI, Luiz Guilherme Pessoa; GONÇALVES FILHO; Péricles. Regulação por Princípios e Mercado de Seguros: considerações sobre a constitucionalidade da Resolução 407/2021 do Conselho Nacional de Seguros Privados. *Revista da PGBC*, v. 17, n. 1, p. 165 e 167, jun. 2023.
2. Art. 32 do Decreto-Lei 73, de 1966. "É criado o Conselho Nacional de Seguros Privados – CNSP, ao qual compete privativamente: I – Fixar as diretrizes e normas da política de seguros privados; (...) IV – Fixar as características gerais dos contratos de seguros". Confira-se, ainda, o art. 21, incs. I e IX do Decreto 60.459/1967. Ao contrário do que a inicial do PT leva a crer, a Resolução CNSP 407/2021 não torna os seguros de grandes riscos um velho oeste, tendo um capítulo próprio na norma com elementos mínimos obrigatórios nas condições contratuais do seguro (arts. 6º a 11). Além disso, as seguradoras que atuam no ramo terão que observar outros atos normativos, como a Resolução CNSP 382/2022, bem como o próprio Código Civil.

ção estatal mínima, prevista no art. 421, parágrafo único, do Código Civil c/c art. 170, parágrafo único, da Constituição da República?

O contra-argumento é conhecido: não haveria negociação em condições paritárias mesmo nos grandes riscos, o que decorreria de pressão de resseguradores. Ora, em termos de desenvolvimento de atividade econômica (seguro e resseguro assim se qualificam), eventual pressão de uma parte, numa relação privada, deve ser corrigida através da padronização dos clausulados?

A inicial da ADI afirma que a mencionada paridade negocial, proposta pela Resolução CNSP, inviabilizaria a aplicabilidade do art. 423 do CC (*contra proferentem*), é dizer, mesmo diante de cláusula mal redigida, a gerar dubiedade e problemas de interpretação, seria vedada a interpretação contra aquele que escreveu o texto.

É preciso, nesse particular, entender que a presença de uma relação paritária não afasta, em hipótese alguma, a aplicação da regra *contra proferentem*. *E.g.*, A e B são empresários, plenamente capazes. Se A, por contrato de adesão, firmar negócio jurídico com B, responsável pela elaboração do contrato, e, no clausulado respectivo, houver cláusula dúbia ou lacunosa, é óbvio que a referida incompreensão será interpretada contra B.

Não há que confundir uma contratação por adesão em relação paritária (refere-se aqui, apenas, à forma de contratação) com o conteúdo de determinada cláusula contratual, cuja validade/eficácia será examinada *in concreto*. Com efeito, a definição de que em um seguro para grandes riscos a petrolífera e a seguradora se colocam em posição paritária corresponde à realidade fática que, eventualmente, poderá ser afastada, se houver elementos aptos a ensejar tal medida. Significa isso dizer que a Resolução CNSP nº 407/2021 não está em desarmonia com o disposto no art. 421-A do CC.[3]

A ADI questiona a necessidade de manifestação de vontade expressa das partes, referindo ao art. 4º, § 2º.[4] Tal exigência teve como afã trazer maior segurança jurídica à relação, tendo em vista a complexidade e o alto valor de contratos de seguros de grandes riscos. Em regra, o dispositivo em tela irá justamente proteger os segurados e os tomadores (aqui, especialmente importantes no âmbito do seguro garantia) – e não os seguradores, sendo pouco compressível a irresignação.

Com relação ao estímulo às *"soluções alternativas de controvérsias"* (art. 4º, inc. V), duramente criticada pela inicial, qual seria o prejuízo, sob a perspectiva constitucional, de estimular soluções outras que não o recurso ao Poder Judiciário, sabidamente assoberbado? A duração razoável do processo é constitucionalmente assegurada (art. 5º, inc. LXXVIII, da CF) e reconhecidamente desrespeitada. A norma, ao estimular soluções alternativas de controvérsias, não faz nada além de procurar justamente ir ao encontro

---

3. Art. 421-A do CC. "Os contratos civis e empresariais presumem-se paritários e simétricos até a presença de elementos concretos que justifiquem o afastamento dessa presunção (...)".
4. Art. 4º, § 2º da Resolução CNSP 407/2021. "As condições contratuais do seguro deverão ser negociadas e acordadas, de forma que haja manifestação de vontade expressa dos segurados e tomadores, ou de seus representantes legais, e da sociedade seguradora".

da tutela de processos ágeis e eficientes.⁵ É inconteste que, frustradas as tentativas não litigiosas, as partes poderão recorrer ao Judiciário ou à Arbitragem, como melhor lhes aprouver.

Indo além, a ADI, com fincas no princípio da primazia do interesse público, afirma:

> a busca da acentuada autonomia privada, superando-se a necessidade de resguardo e preservação da autoridade do Estado enquanto ente normativo e regulamentador, fere o princípio da primazia do interesse público, a demonstrar a sua absoluta inconstitucionalidade.

Grandes tomadores de seguros, por exemplo, para riscos nucleares, aeronáuticos e marítimos, estariam a precisar de forte intervenção do Estado no conteúdo dos seus clausulados? Ora, não se pode perder de vista, para além do princípio da primazia do interesse público (que, na verdade, joga a favor da Resolução contestada), os princípios da livre iniciativa, livre concorrência e a intervenção mínima do Estado.

Na experiência estrangeira, como ocorre na Europa (Diretiva 2009/138/CE, de 25.11.2009),⁶ é nítida a diferença no tratamento legal e regulatório para os seguros massificados e os seguros de grandes riscos, servindo essa diferença justamente para salvaguardar os consumidores mais vulneráveis, que têm uma tutela protetiva mais ampla. A deficiência legal que observamos no Brasil, ainda que decorrente da pretendida aplicabilidade restritiva do Dec. Lei 73/1966, seria um óbice permanente ao desenvolvimento do mercado?

Por último, a dispensa de registro do contrato na Susep, nos termos do art. 7º da Resolução (e excepcionando a aplicação da Circular Susep 438/2012), ao contrário do que afirma o partido político, não elimina ou reduz significativamente a fiscalização da Susep, uma vez que, diante do disposto na Carta Circular Eletrônica 5/2021/DIR1/SUSEP, as seguradoras continuam obrigadas a enviar informações das apólices à Autarquia. Esse trâmite diferenciado permite justamente uma mais ampla liberdade na fixação dos termos contratuais, inclusive de modo a agasalhar melhor os interesses dos segurados e tomadores.⁷

As cláusulas gerais padronizadas de outrora eram caracterizadas por terem mais complexa compressão e nem sempre acolherem as particularidades das operações de

---

5. Recorde-se, por oportuno, do disposto no art. 3º do Código de Processo Civil: Art. 3º. "Não se excluirá da apreciação jurisdicional ameaça ou lesão a direito. § 1º É permitida a arbitragem, na forma da lei. § 2º O Estado promoverá, sempre que possível, a solução consensual dos conflitos. § 3º A conciliação, a mediação e outros métodos de solução consensual de conflitos deverão ser estimulados por juízes, advogados, defensores públicos e membros do Ministério Público, inclusive no curso do processo judicial".
6. Sobre o tema, seja consentindo remeter a GOLDBERG, Ilan; BERNARDES, Guilherme. *Os seguros para grandes riscos, os seguros massificados e o princípio da isonomia* – Parte 2, presente nesta obra.
7. Conforme bem pontuado pela FenSeg, nas razões de *amicus curiae*, somente em "situações muito específicas" a comercialização do produto ainda depende de prévia e expressa autorização da Susep: "Os planos de previdência (art. 38, inciso II da Lei Complementar 109/2001), seguros de pessoas com cobertura por sobrevivência (art. 8º, § 9º do Regulamento aprovado pelo Decreto 60.459/67), seguro rural com subvenção econômica do prêmio (art. 5º, § 1º do Decreto 5.121/2004) e títulos de capitalização (art. 3º da Circular Susep 656/2022) demandam prévia autorização da SUSEP para sua comercialização". (p. 23).

pessoas jurídicas que buscavam coberturas securitárias. Faz sentido pretendermos o retorno dessas amarras do passado?

Convém, nesse particular, lembrar trecho célebre de Oscar Wilde: "*Our proverbs want rewriting. They were made in winter, and it is summer now*".[8]

Versão original publicada em: 15.06.2022.

---

8. WILDE, Oscar. The picture of Dorian Gray. *Collection of britsh authors*, v. 4049. Leipzig, 1908. p. 91. Utilizando semelhante analogia, ainda que num contexto diverso, TEPEDINO, Gustavo. Premissas metodológicas para a constitucionalização do direito civil. *Temas de Direito Civil*. 4. ed. Rio de Janeiro: Renovar, 2008. p. 22.

OS SEGUROS PARA GRANDES RISCOS, OS SEGUROS MASSIFICADOS E O PRINCÍPIO DA ISONOMIA – PARTE 1

Ilan Goldberg

Guilherme Bernardes

O presente artigo, que será publicado em duas partes, tem por objetivo analisar a forma como o Projeto de Lei da Câmara 29, de 2017, que visa a instituir uma Lei Geral de Seguros no Brasil, trata os seguros de grandes riscos e os seguros massificados, à luz do princípio da isonomia.

Na quadra legislativa contemporânea, o tratamento empregado aos seguros para questões de ordem contratual ancora-se, essencialmente, em dois diplomas legais: o Código Civil (arts. 757 a 802) e o Código de Defesa do Consumidor (Lei 8.078/1990) que, em seu art. 3º, § 2º, expressamente possibilitou qualificar as relações jurídicas securitárias como de consumo.[1]

Consequentemente, abrem-se duas vias de tratamento legal, quais sejam: a primeira, vertida aos seguros classificados como de *grandes riscos*; e, a segunda, dirigida aos seguros chamados *massificados*. Os primeiros trazem relação entre partes hipersuficientes, dotadas de plenas capacidades técnica, econômica e jurídica, para que, com clareza, saibam o que estão contratando;[2-3] os segundos, por outro lado, ilustram relações marcadas pela hipossuficiência dos aderentes, a justificar, assim, o tratamento protetivo.[4]

---

1. Lei 8.078/1990. "Art. 3º Fornecedor é toda pessoa física ou jurídica, pública ou privada, nacional ou estrangeira, bem como os entes despersonalizados, que desenvolvem atividade de produção, montagem, criação, construção, transformação, importação, exportação, distribuição ou comercialização de produtos ou prestação de serviços. [...] § 2º Serviço é qualquer atividade fornecida no mercado de consumo, mediante remuneração, inclusive as de natureza bancária, financeira, de crédito e securitária, salvo as decorrentes das relações de caráter trabalhista".
2. Para uma análise dos pressupostos qualificantes dos chamados seguros para *grandes riscos*, remetemos ao nosso: GOLDBERG, Ilan. SeguroCast. CNSeg. *O que são 'Grandes riscos' no seguro e como funcionam esses contratos?* 18.07.2023. Disponível em: https://open.spotify.com/episode/1zFhgQzet3HZss3hWhvZSi.
3. Atualmente, a Resolução CNSP 407, de 2021, define, nos incisos de seu artigo 2º, como seguro de danos com cobertura para grandes riscos aqueles que: "Art. 2º Entendem-se como contratos de seguros de danos para cobertura de grandes riscos aqueles que apresentem as seguintes características: I – estejam compreendidos nos ramos ou grupos de ramos de riscos de petróleo, riscos nomeados e operacionais – RNO, global de bancos, aeronáuticos, marítimos e nucleares, além de, na hipótese de o segurado ser pessoa jurídica, crédito interno e crédito à exportação; ou II – demais ramos, desde que sejam contratados mediante pactuação expressa por pessoas jurídicas, incluindo tomadores, que apresentem, no momento da contratação e da renovação, pelo menos, uma das seguintes características: a) limite máximo de garantia (LMG) superior a R$ 15.000.000,00 (quinze milhões de reais); b) ativo total superior a R$ 27.000.000,00 (vinte e sete milhões de reais), no exercício imediatamente anterior; ou c) faturamento bruto anual superior a R$ 57.000.000,00 (cinquenta e sete milhões de reais), no exercício imediatamente anterior". Disponível em: https://www2.susep.gov.br/safe/scripts/bnweb/bnmapi.exe?router=upload/24494. Acesso em: 14 ago. 2023.
4. "Noutras palavras, é justamente a vulnerabilidade presente nos consumidores que justifica a existência do Código de Defesa do Consumidor" (GARCIA, Leonardo de Medeiros. *Direito do consumidor. Código comentado e jurisprudência*. 7. ed. São Paulo: Ed. Impetus, 2011. p. 42).

Ao intérprete, portanto, os dois caminhos referidos indicam como lidar com as querelas havidas nesses dois grandes grupos de contratos de seguros. Se se estiver diante de relação paritária, recorrer-se-á ao Código Civil, especialmente, aos artigos 421 a 424, que cuidam, respectivamente, da função social dos contratos, da boa-fé objetiva, da aplicabilidade do chamado *contra proferentem* quando houver cláusulas ambíguas ou contraditórias, e, ainda, do regime de nulidade de cláusulas que impliquem na renúncia antecipada a direitos resultantes da natureza do negócio jurídico celebrado.

O outro caminho, como sinalizado, também ensejará a aplicação dos artigos 757 a 802 do Código Civil, e, adicionalmente, dos remédios previstos na legislação consumerista para fins de reequilibrar a relação desenvolvida entre as partes contratantes. Entre outros, tem-se a inversão do ônus da prova (art. 6º, inc. VIII), a adoção de um rol amplo de cláusulas consideradas abusivas (art. 51), a desconsideração de personalidade jurídica submetida a pressupostos menos exigentes (art. 28) etc.

Entende-se que assim os "compradores" de seguros, sejam eles consumidores propriamente ditos (segundo a definição prevista na Lei 8.078/1990) ou não, encontram no ordenamento jurídico brasileiro soluções para problemas decorrentes do descumprimento de contratos pelas seguradoras (responsabilidade contratual) e, também, soluções para problemas outros, afetos à responsabilidade extracontratual.

Ilustrando o ora exposto, compradores de seguro automóvel, residencial e vida – i.e., consumidores – encontrarão na conjugação do Código Civil com o Código de Defesa do Consumidor um norte à solução de seus problemas, o que, inclusive, conforme já salientado, decorre da previsão expressa contida no art. 3º, § 2º, da lei protetiva. Por outro lado, em *não* se tratando de relação de consumo, a solução *não* poderá ser buscada no Código de Defesa do Consumidor, sob pena de, como se observa tão claramente, *oferecer tratamento igual aos desiguais* – e, assim, violar o princípio da isonomia.

Um consumidor de seguros leigo e vulnerável precisa das proteções consumeristas para que a sua dignidade seja preservada. Colocá-lo em relação de paridade seria, acima de tudo, extremamente injusto e contrário a princípios outros igualmente importantes, previstos em nossa Constituição da República como, *e.g.*, a defesa dos consumidores e, também, a própria dignidade da pessoa humana (CR, art. 5º, inc. XXXII e art. 170, inc. V, além do art. 1º, inc. III).

Procurando manter coerência, o comprador de seguros complexos, vultosos e sofisticados (*grandes riscos*, no jargão securitário) não poderá receber tratamento protetivo, sob pena de desequilibrar a relação paritária havida com a seguradora que lhe vendeu a apólice respectiva.

Este argumento, com efeito, não se trata de retórica vazia e dissociada da realidade. Grandes compradores de seguros possuem, em seu *staff*, os chamados *risk managers*, profissionais especializados em análise e gestão de risco; além disso, contam com assessoria de corretores de seguros especializados, e, ainda, muitas vezes, de escritórios de advocacia os mais gabaritados.

A essa altura, convém examinar se o fato de a contratação se materializar por adesão implica, obrigatoriamente, na incidência da legislação protetiva. A doutrina, de maneira tranquila, explica que não, e o faz por meio de alguns fundamentos diferentes.

Gustavo Tepedino, Carlos Nelson Konder e Paula Greco Bandeira atentam à existência de contratos de adesão fora do regime de proteção do Código de Defesa do Consumidor:

> Difusamente praticado nas relações de consumo, os contratos de adesão são encontrados também em relações civis e empresariais, como, por exemplo, nos contratos de locação, de franquia e de arrendamento mercantil. Por essa razão, estabelece o Código Civil duas regras aplicáveis aos contratos de adesão mesmo aqueles imunes à incidência da normativa consumerista. Em primeiro lugar, determina o art. 423 que, diante de cláusulas ambíguas ou contraditórias, deve prevalecer a interpretação mais favorável ao aderente, em atendimento ao princípio geral de que a clareza é ônus de quem estipula os termos do contrato (*interpretativo contra stipulatorem*). Mais incisiva é a regra cominada no art. 424, que determina regime de validade diferenciado para cláusulas contidas no contrato de adesão, coibindo qualquer cláusula que implique renúncia a direito resultante da natureza do negócio.[5]

Estudando os requisitos dos contratos de adesão, Orlando Gomes explica que neles o clausulado é preparado com vistas a uma massa de potenciais interessados, e não a uma parte individualmente considerada. Assim, são traços dessa espécie de contratação a uniformidade e abstratividade:

> [...] É a forma do consentimento que identifica a figura jurídica do contrato de adesão se, obviamente, a reconstituição unilateral do seu conteúdo for realizada para *contratos em massa*. Afinal, a aceitação em bloco de cláusulas preestabelecidas significa que o consentimento se dá por adesão. Na observação de *Saleilles, uma das partes dita a lei não mais a um indivíduo, mas a uma coletividade indeterminada*. [...] O modo de consentir não é bastante para caracterizar o contrato de adesão. Outras particularidades, tais como a *uniformidade e abstratividade das cláusulas pré-constituídas unilateralmente*, são indispensáveis à sua configuração[6] (Grifou-se).

Gomes prossegue em sua análise se referindo a alguns exemplos de contratos de adesão, citando, inclusive, os contratos de seguros. É muito interessante observar nessas lições a exemplificação atinente aos contratos de trabalho a depender de seus destinatários, o que implica na manutenção ou não da classificação como contrato de adesão:

> Enumeração completa dos contratos de adesão não seria possível, nem útil, até porque, segundo feliz expressão, são moeda corrente na vida moderna. Contudo, interessa registrar os mais comuns: contratos de seguro, o de transporte, os de fornecimento de luz, força, gás e água, prestação dos serviços de telefones e telégrafos, determinados contratos bancários, contratos de direito marítimo e venda de certas mercadorias. [...] O contrato de trabalho nas empresas de grandes dimensões realiza-se por adesão e regulamento ditado pelo empregador ou resultante de convenção com o próprio pessoal, ou ainda pelas associações profissionais representativas das categorias a que pertencem os interessados em sua conclusão. [...] *Também o contrato de trabalho deixa de ser contrato de adesão*

---

5. TEPEDINO, Gustavo. KONDER, Carlos Nelson. BANDEIRA, Paula Greco. *Fundamentos do direito civil. Contratos.* Rio de Janeiro: Forense, 2020. v. 3. p. 78.
6. GOMES, Orlando. *Contratos.* 26 ed. Rio de Janeiro: Forense, 2009. p. 130-132.

propriamente dito quando celebrado com pequeno empresário e se o candidato ao emprego se acha em posição de discutir suas condições[7] (Grifou-se).

Ao se verificarem os exemplos de contratos de adesão – seguros, transporte, luz, força, água e gás – forçoso concluir que Orlando Gomes tinha em mente os chamados contratos de massa, celebrados de maneira padronizada junto a grupos enormes de pessoas. Basta ver que, quanto ao exemplo que toca nos contratos de trabalho, o autor retira da categoria "de adesão" aqueles pactos firmados com pequenos empresários que, de alguma maneira, pudessem negociar as suas cláusulas. Estabelecendo um paralelo, os seguros massificados estariam para os contratos de trabalho ordinários, celebrados com uma multiplicidade de trabalhadores, assim como os grandes riscos estariam para contratos de trabalho individualizados, celebrados com os chamados pequenos empresários.

Nessa mesma direção, vale observar a perspicaz observação de Antônio Junqueira de Azevedo àquela que, para ele, representaria a verdadeira dicotomia dos contratos no Século XXI. Ao invés de contrapor os contratos paritários aos de adesão, o autor ensina que a real dicotomia dar-se-ia entre os contratos empresariais e os existenciais:

> [H]oje, contratos apartam-se entre "contratos empresariais" e "contratos existenciais", que incluem os contratos de consumo, contratos celebrados para viabilizar a subsistência da pessoa humana, compra da casa própria, contratos de trabalho e locações residenciais. "Essa nova dicotomia é, a nosso ver, a verdadeira dicotomia do sec. XXI". Trata-se de sistematização tão funcional para o nosso século quanto foi no século passado a distinção entre os contratos paritários e os contratos de adesão.[8]

Lembrando que a contratação de seguros para grandes riscos coloca, frente a frente, representantes de ambos os lados, dotados de amplo *know-how*, resta evidente que não há que se falar em incidência do regime protetivo. Com *risk managers*, escritórios de advocacia e *brokers* (corretores de seguros os mais especializados), pelo lado dos grandes segurados, realmente não há que se falar em hipossuficiência de espécie alguma, por qualquer ângulo que se observa essa relação segurado-seguradora.

Ignorando essa diferença capital, o PLC 29/2017, atualmente submetido ao exame do Senado da República, não propõe tratamento distinto para os seguros massificados e de grandes riscos. O texto, de viés fortemente protetivo, não separa os seguros massificados dos grandes riscos, aplicando-se aos chamados dois grandes grupos indistintamente, como se fossem iguais.

---

7. Ibidem, p. 132-133.
8. AZEVEDO, Antônio Junqueira de. Natureza jurídica de consórcio (sinalagma indireto). Onerosidade excessiva em contrato de consórcio. Resolução parcial de contrato. *Novos estudos e pareceres de direito privado*. São Paulo: Saraiva, 2009. p. 356. Em Portugal, Carlos Ferreira de Almeida acrescenta à categoria dos contratos de adesão os chamados contratos de adesão individualizados, que se apartam dos primeiros considerando a inexistência absoluta de negociação. Não há espaço para debate algum e apenas cabe à contraparte ou aceitar os termos postos ou recusá-los em bloco: "Assim, e considerando que está fundamentalmente em causa a inexistência de negociação, elaboração prévia tem de significar elaboração inicial, única e completa das cláusulas contratuais por uma das partes, isto é, comunicação por um dos eventuais contraentes ao outro, logo no início do processo de formação do contrato, de um projeto completo de clausulado, de tal modo que se compreenda não ficar para o destinatário outra alternativa além da adesão, no essencial, a esse projeto ou da sua recusa em globo" (ALMEIDA, Carlos Ferreira de. *Contratos I. Conceito. Fontes. Formação*. 5. ed. Lisboa: Almedina, 2015. p. 185).

Entre outros remédios protetivos dos consumidores de seguros previstos na emenda proposta pelo Senador Jader Barbalho, relator do projeto no Senado Federal, em 21.11.2023, a regra *"interpretatio contra proferentem"* (art. 55), o prazo decadencial de 30 dias para manifestação a respeito da cobertura (art. 84), o regime de contratação com aceitação tácita em 15 dias pela seguradora (art. 49) e de aceitação tácita em 20 dias pelo ressegurador (art. 58, parágrafo único), a imposição do foro e direito brasileiros para todas as arbitragens (art. 127), inclusive entre seguradores, resseguradores e retrocessionários (art. 129), serão invariavelmente aplicados também aos contratos de seguros para grandes riscos, desequilibrando, assim, a relação paritária entre as partes contratantes.[9]

Para que esse singelo texto não pareça uma opinião capturada por interesses egoísticos, desprovida de fundamentação jurídica, deseja-se chamar a atenção ao tratamento empregado em ordenamentos jurídicos europeus e latino-americanos para os seguros de grandes riscos e massificados, permitindo que, com a necessária serenidade e isenção, seja alcançada a conclusão a respeito do acerto ou desacerto do Projeto de Lei 29 à presente temática.

Versão original publicada em: 21.09.2023.

---

9. Foram propostas, ainda, outras quatro emendas, sendo que três delas envolvem diretamente os artigos citados: duas pelo Senador Sergio Moro, em 05.12.2023, a primeira para suprimir integralmente o Capítulo XI, que trata dos resseguros e que compreende os arts. 58 a 63, e outra para alterar a redação do *caput* art. 64 e suprimir o parágrafo único; bem como uma terceira, pelo Senador Carlos Portinho, em 13.12.2023, para suprimir integralmente todos os artigos que tratavam de resseguro, incluindo todo o capítulo dos resseguros e o parágrafo único do atual art. 129.

OS SEGUROS PARA GRANDES RISCOS, OS SEGUROS MASSIFICADOS E O PRINCÍPIO DA ISONOMIA – PARTE 2

Ilan Goldberg

Guilherme Bernardes

Dando continuidade à primeira parte deste artigo, passemos a analisar como os ordenamentos estrangeiros tratam a diferença entre seguros massificados e de grandes riscos. Na Europa, a distinção é objeto expresso da Diretiva 2009/138/CE, de 25.11.2009, chamada 'Solvência II'.

O art. 13º, n. 27, traz a definição do que qualifica um seguro para grandes riscos, fazendo-o de modo tipológico e quantitativo. A letra a) do dispositivo se refere a determinados tipos de contratos de seguros que se amoldam à natureza dos grandes riscos e a letra c) menciona critério quantitativo, a ser observado no balanço contábil, movimento líquido de negócios e número de empregados. A presença de dois desses três pressupostos também elege o seguro à categoria dos grandes riscos.[1]

Nesses termos, essa diferença de tratamento é observada em diversos Estados-membros da Comunidade Europeia. Veja-se, assim, na Espanha, a Ley 50/1980, especialmente os arts. 2º, 44 e 107, n. 2. O art. 2º determina a aplicabilidade da lei a todos os contratos de seguros, ao passo que os artigos 44 e 107, n. 2, excepcionam o tratamento protetivo aos contratos de seguros para grandes riscos:

> Artículo 2
> Las distintas modalidades del contrato de seguro, en defecto de Ley que les sea aplicable, se regirán por la presente Ley, cuyos preceptos tienen carácter imperativo, a no ser que en ellos se disponga otra cosa. No obstante, se entenderán válidas las cláusulas contractuales que sean más beneficiosas para el asegurado.
>
> Artículo 44
> [...]
> No será de aplicación a los contratos de seguros por grandes riesgos, tal como se delimitan en esta Ley, el mandato contenido en el artículo 2 de la misma
>
> Artículo 107.

---

1. Esses critérios tipológico e quantitativo também são observados na Resolução CNSP 407, que trata dos contratos de seguros de danos para grandes riscos.

1. La ley española sobre el contrato de seguro será de aplicación al seguro contra daños en los siguientes casos: a) Cuando se refiera a riesgos que estén localizados en territorio español y el tomador del seguro tenga en él su residencia habitual, si se trata de persona física, o su domicilio social o sede de gestión administrativa y dirección de los negocios, si se trata de persona jurídica. b) Cuando el contrato se concluya en cumplimiento de una obligación de asegurarse impuesta por la ley española.

2. En los contratos de seguro por grandes riesgos las partes tendrán libre elección de la ley aplicable. (Grifou-se).

Em Portugal, o Decreto Lei 72/2008, em seus artigos 12º e 13º, estabelece os regimes de imperatividade absoluta e relativa, flexibilizando-os quando os contratos em questão forem de grandes riscos. Observem-se, assim, os numerais 2 desses dois dispositivos:

Artigo 12º

Imperatividade absoluta

[...]

2 – Nos seguros de grandes riscos admite-se convenção em sentido diverso relativamente às disposições constantes dos artigos 59.º e 61.º

Artigo 13.º

Imperatividade relativa

[...]

2 – Nos seguros de grandes riscos não são imperativas as disposições referidas no número anterior.

A essa altura, cumpre abrir um breve parêntese para trazer a lição de J. C. Moitinho de Almeida, quando examinou a versão primitiva do PLC 29 – à época tramitava na Câmara dos Deputados o PL 3555/2004. A propósito da inexistência de distinção entre os seguros para grandes riscos e os massificados, assim afirmou o festejado autor português:

IV – Grandes riscos

23. Exclusão de disposições imperativas

O Projecto contempla inúmeras disposições imperativas que se não justificam no caso de seguros de grandes riscos. A exemplo, entre outras, das leis portuguesas (artigos 12º, n. 2, e 13º, n. 2), espanhola (artigos 2º e 44º), e alemã (§ 210º, da VVG) afigura-se de se estabelecer a distinção e de permitir a livre contratação de tais seguros.[2]

Fecha-se o parêntese e caminha-se à França, cujo *Code des Assurances* também determina tratamento distinto para seguros de grandes riscos e massificados. O art. L-111-6 conceitua os grandes riscos e o art. L.181-1, numeral 5, dispõe que cabe às partes a escolha da lei aplicável quando o contrato de fundo for do grupo grandes riscos.[3]

---

2. MOITINHO DE ALMEIDA, J. C. Contrato de seguro. Estudos. *Algumas observações sobre o Projecto de Lei brasileiro 3.555, de 2004.* Lisboa: Coimbra ed., 2009. p. 266.

3. «Article L111-6 Modifié par LOI 2023-171 du 9 mars 2023 – art. 1 Sont regardés comme *grands risques*: 1º Ceux qui relèvent des catégories suivantes : a) Les corps de véhicules ferroviaires, aériens, maritimes, lacustres et fluviaux ainsi que la responsabilité civile afférente auxdits véhicules ; b) Les marchandises transportées ; c) Le crédit et la caution, lorsque le souscripteur exerce à titre professionnel une activité industrielle, commerciale ou libérale, à condition que le risque se rapporte à cette activité ; d) Les installations d'énergies marines renouvelables, définies par un décret en Conseil d'Etat ; 2º Ceux qui concernent l'incendie et les éléments naturels, les autres dommages

Ainda na Europa, a lei de seguros alemã, de 2008, em seu artigo 210, reproduz de maneira idêntica os termos da Diretiva 2009/138, também definindo tratamento diferente para os seguros de grandes riscos e os seguros massificados.[4]

Prosseguindo, caso se pense que os ordenamentos jurídicos europeus não devam influenciar o legislador brasileiro ao argumento de que no velho mundo há menos assimetria de informação entre segurados e seguradoras, então passe-se ao exame dos ordenamentos latino-americanos.

Na Argentina, a Ley 17.418/1967, em seu art. 158, estabelece regime que se assemelha ao português, ao referir-se a algumas normas inderrogáveis, outras derrogáveis, o que se amolda à necessidade de maior flexibilidade aos seguros para grandes riscos.[5]

Obligatoriedad de las normas

Art. 158. Además de las normas que por su letra o naturaleza son total o parcialmente inmodificables, no se podrán variar por acuerdo de partes los artículos 5, 8, 9, 34 y 38 y sólo se podrán modificar en favor del asegurado los artículos 6, 7, 12, 15, 18 (segundo párrafo), 19, 29, 36, 37, 46, 49, 51, 52, 82, 108, 110, 114, 116, 130, 132, 135 y 140.

Cuando las disposiciones de las pólizas se aparten de las normas legales derogables, no podrán formar parte de las condiciones generales. No se incluyen los supuestos en que la ley prevé la derogación por pacto en contrario.

O Chile apresenta regime ainda mais liberal. A Ley 20.667/2013, em seu art. 542. § 2º, estabelece plena liberdade à contratação dos seguros para grandes riscos. Noutras palavras, a lei chilena é imperativa para todos os contratos de seguros, mas, quando os contratantes forem pessoas jurídicas e o prêmio for da ordem de 7.000 dólares estado-unidenses, o diploma legal converte-se em dispositivo.[6]

Finalizando o exame do direito estrangeiro latino-americano, a Colômbia, por intermédio da Ley 35, de 1993, excepcionou aos seguros para grandes riscos o tratamento

---

aux biens, la responsabilité civile générale, les pertes pécuniaires diverses, les corps de véhicules terrestres à moteur ainsi que la responsabilité civile, y compris celle du transporteur, afférente à ces véhicules, lorsque le souscripteur exerce une activité dont l'importance dépasse certains seuils, dans des conditions définies par décret en Conseil d'Etat. Article L181-1 [...] 5º Pour les grands risques tels qu'ils sont définis à l'article L. 111-6, *les parties ont le libre choix de la loi applicable au contrat.*» (Grifou-se). Disponível em: https://www.legifrance. gouv.fr/download/pdf/legiOrKali?id=LEGITEXT000006073984.pdf&size=2,2%20Mo&pathToFile=/LEGI/ TEXT/00/00/06/07/39/84/LEGITEXT000006073984/LEGITEXT000006073984.pdf&title=Code%20des%20 assurances. Acesso em: 02 ago. 2023.

4. Disponível em: https://www.gesetze-im-internet.de/englisch_vvg/englisch_vvg.html#p0858. Acesso em: 02 ago. 2023.
5. "Este art. 158 de la Ley de Seguros conforma una suerte de 'mínimo de orden público', cuyo loable objetivo es la adecuada protección de los derechos de los asegurados dentro de un marco de razonabilidad jurídica, equidad y buena fe. Para cumplir con tal objetivo el artículo en cuestión establece que determinadas normas de la Ley de Seguros son inmodificables, otras son modificables pero solamente a favor del asegurado y las restantes en principio sería libremente modificables dentro del principio de la autonomía de la voluntad" (LOPEZ SAAVERDA, Domingo M. *Ley de seguros 17.418 comentada y anotada*. Buenos Aires: La Ley, 2009. p. 275).
6. Disponível em: https://www.bcn.cl/leychile/navegar?idNorma=1050848. Acesso em: 02 ago. 2023.

protivo previsto na Ley 45, de 1990;[7] e no Peru, a Lei 29.946/2012, art. 3º, determina que quando as partes negociarem o clausulado, a lei tornar-se-á dispositiva.[8]

Concluindo, Argentina, Chile, Peru e Colômbia preveem tratamento legal distinto para seguros de grandes riscos e seguros massificados, a revelar, portanto, que o que se observou na Europa é comumente adotado em nossos países vizinhos.

Se assim é, pode-se afirmar, com convicção redobrada, que não cabe ao PLC 29/2017 reinventar essa roda, sob pena de prejudicar os próprios segurados. Refletindo em perspectiva a respeito da eventual aprovação desse texto do PL, que não distingue seguros de perfis completamente diferentes, é possível que seguradoras que operam em grandes riscos no País comecem a se desinteressar pelo mercado local. A considerar que essas empresas são, majoritariamente, multinacionais, igualmente presentes nos países vizinhos da região, não seria difícil imaginar que ao invés de seguir operando no Brasil, redirecionasse suas energias a países próximos, com regimes legais próprios ao desenvolvimento de seguros dessa natureza.

De maneira resumida, e, talvez propondo um paralelo exagerado, assim como a Consolidação das Leis do Trabalho não deve tratar o operário de chão de fábrica e um diretor de instituição financeira da mesma forma, o PL de seguros não pode empregar tratamento igual a negócios jurídicos claramente desiguais. Isto seria um severo atentado ao princípio da isonomia e, principalmente, aos longos anos de avanços da doutrina e jurisprudência consumeristas no País, que, baseada na principiologia constitucional de proteção ao consumidor, diferenciou pessoas físicas de pessoas jurídicas e criou, dentro deste último grupo, uma categoria apta à tutela protetiva, contanto que apresentem situação de vulnerabilidade.[9]

Para terminar, deseja-se ir além das fronteiras dos contratos de seguros e refletir de maneira mais abrangente, iluminando o caminho a ser trilhado pelo intérprete quando estiver lidando com contratos concebidos no âmbito de relações paritárias (empresariais). Assim, recorre-se à lição de Paula Forgioni que, com lucidez, estabelece critério certeiro:

> Definição dos contratos empresariais. A exclusão dos contratos com consumidores. Fixadas essas premissas, conclui-se que os contratos com consumidores (ou "B2C", na terminologia estadunidense) não mais integram o direito comercial. [...] *a confusão entre os contornos do direito comercial e do direito*

---

7. Ordóñez, Andrés E. Ordóñez. JARAMILLO, Carlos Ignacio. BARRERA, Carlos Darío. *Aniversario del Código de Comercio: pasado, presente y futuro de la regulación del contrato de seguro en el Código de Comercio Colombiano de 1971*. Disponível em: https://www.emercatoria.edu.co/PAGINAS/VOLUMEN11/HTML1/139.html. Acesso em: 30 jul. 2023.
8. "Artículo III. El contrato de seguro se celebra por adhesión, excepto en las cláusulas que se hayan negociado entre las partes y que difieran sustancialmente con las preredactadas". Disponível em: https://www2.congreso.gob.pe/Sicr/TraDocEstProc/Expvirt_2011.nsf/Repexpvirt?OpenForm&Db=201100028&View. Acesso em: 02 ago. 2023.
9. Neste sentido, trecho de recente julgado do Superior Tribunal de Justiça: "2. No âmbito desta Corte Superior se consolidou Teoria Finalista Mitigada acerca da aplicação da legislação consumerista, segundo a qual se prestigia o exame da vulnerabilidade no caso concreto, isto é, se existe, na hipótese analisada, uma evidente superioridade de uma das partes da relação jurídica capaz de afetar substancialmente o equilíbrio da relação" (STJ, REsp 1.926.477/SP, Rel. Min. Marco Aurélio Bellizze, 3ª Turma, j. 18.10.2022).

do consumidor pode comprometer a percepção dos fundamentos do primeiro. As matérias possuem lógicas diversas, de forma que a aplicação do Código do Consumidor deve ficar restrita às relações de consumo, ou seja, àquelas em que as partes não se colocam e não agem como empresa. De outra parte, se o vínculo se estabelece em torno ou em decorrência da atividade empresarial de ambas as partes, premidas pela busca do lucro, não se deve subsumi-lo à lógica consumerista, sob pena de comprometimento do bom fluxo de relações econômicas.[10]

O milenar princípio da isonomia nos ensina, de maneira aristotélica, que aos iguais deve ser aplicado tratamento igual e aos desiguais, tratamento desigual, na exata medida em que se desigualem. O PLC 29/2017, tal como posto, perde uma oportunidade preciosa para, em definitivo, tornar o nosso País afeito ao desenvolvimento dos seguros para grandes riscos.

Por último e a propósito da ADI 7074, proposta pelo Partido dos Trabalhadores contra a Resolução CNSP 407, essencialmente ao argumento de que o referido órgão não teria competência para legislar sobre seguros, o PLC 29 acaba por desperdiçar outra excelente oportunidade porque, a uma só vez, poderia resolver o que se discute nessa ADI, tornando, assim, prejudicado o seu objeto, além de redirecionar o Brasil à direção do quanto se observa tanto na Europa, quanto na América Latina, em termos de seguros para grandes riscos.[11]

Versão original publicada em: 28.09.2023.

---

10. FORGIONI, Paula A. *Teoria geral dos contratos empresariais*. São Paulo: Ed. RT, 2009. p. 29-34.
11. A ADI 7074 foi distribuída em 08.02.2022 e encontra-se conclusa ao Min. Relator, Sr. Gilmar Mendes, desde 23.03.2023.

A RESOLUÇÃO CNSP 407 DOS SEGUROS DE GRANDES RISCOS

Gustavo de Medeiros Melo

O mercado de seguros e resseguro brasileiro sempre conviveu com a classe dos chamados *"riscos vultosos"*, operação que envolve altos valores seguráveis e complexidade técnica maior no processo de subscrição do risco. O velho Decreto-lei 73/66 dizia que, a critério do Conselho Nacional de Seguros Privados (CNSP), se fosse interessante à economia e segurança do país, o Governo Federal poderia assumir *"riscos catastróficos e excepcionais"* por intermédio do então Instituto de Resseguros do Brasil (IRB).[1]

Essa categoria dos *"riscos vultosos"* está presente nas análises de mercado da Superintendência de Seguros Privados (Susep), nos relatórios de subscrição do IRB, nas altas instâncias do Poder Judiciário,[2] na exposição de motivos da Lei Complementar 126/2007 (estatuto do resseguro), nos dicionários de técnica securitária e nos comentários da doutrina.[3] Nos últimos tempos, o fenômeno se expandiu para o centro da relação securitária e passou a ser observado no grupo dos *"grandes riscos"* em comparação aos *"riscos massificados"*.[4]

O que fez então o Estado brasileiro diante dessa realidade? Há dois anos, o CNSP, órgão ligado ao Ministério da Fazenda, autorizado a fixar as diretrizes e normas da política de seguros privados e as características gerais dos contratos,[5] resolveu disciplinar essa

---

1. Decreto-Lei 73/66, art. 15 (revogado pela LC 126/2007).
2. 2º TAC-SP, 12ª Câmara, Agravo 780.511-0/1, Juiz Romeu Ricúpero, j. 13.03.2003; TJSP, 1ª Câmara, Agravo 406.407-4/2-00, Des. Erbetta Filho, j. 25.04.2006; STJ, REsp 1.758.756-RJ, Min. Marco Buzzi, j. 24.03.2020.
3. ALVIM, Pedro. *O contrato de seguro*. 3. ed. Rio de Janeiro: Forense, 2001, p. 332, 349, 356 e 365; MELO, Gustavo de Medeiros. O ressegurador na lide securitária. *Revista Brasileira de Direito do Seguro e da Responsabilidade Civil*. Anais do V Fórum de Direito do Seguro José Sollero Filho. São Paulo: MP, 2009, p. 210; HADDAD, Marcelo Mansur. *O Resseguro Internacional*. Rio de Janeiro: Funenseg, 2003, p. 64; RENTE, Eduardo Santos. *O Resseguro no Direito Internacional*. Rio de Janeiro: Funenseg, 2014, p. 18 e 37; PIZA, Paulo Luiz de Toledo. O risco no contrato de resseguro. *Seguros*: uma questão atual. São Paulo: MaxLimonad, 2001, p. 174 e 184; TZIRULNIK, Ernesto. *Seguro de riscos de engenharia*: instrumento do desenvolvimento. São Paulo: Roncarati, 2015, p. 21.
4. POLIDO, Walter. *Contrato de seguro e atividade seguradora no Brasil*: direitos do consumidor. São Paulo: Roncarati, 2015, p. 167; SANSEVERINO, Paulo de Tarso. Teoria do interesse e interpretação do contrato de seguro. *I Congresso Internacional de Direito do Seguro do Conselho da Justiça Federal e Superior Tribunal de Justiça*: VI Fórum de Direito do Seguro José Sollero Filho. São Paulo: Roncarati, 2015, p. 65 e 69; SEMENOVITCH, Leonardo & MACKENZIE, Derrick. Regulação de sinistros de grandes riscos. In: GOLDBERG, Ilan & JUNQUEIRA, Thiago (Coord.). *Temas Atuais de Direito dos Seguros*. São Paulo: Ed. RT, 2021, t. 1, p. 795; JÚNIOR WARDE, Walfrido Jorge. Os contratos de seguro de grandes riscos como contratos de adesão. *I Congresso Internacional de Direito do Seguro do Conselho da Justiça Federal e Superior Tribunal de Justiça*: VI Fórum de Direito do Seguro José Sollero Filho. São Paulo: Roncarati, 2015, p. 391.
5. Decreto-Lei 73/66, art. 32, I e IV.

categoria de riscos diferenciados em ato normativo próprio inspirado na Lei 13.874/2019, que instituiu a Declaração de Direitos de Liberdade Econômica.

Assim nasceu a Resolução CNSP 407, de 29/03/2021,[6] dispondo sobre os princípios e as características gerais para elaboração e comercialização de contratos de seguros de danos para cobertura de grandes riscos.

Que reflexões podemos extrair disso nos dias de hoje? O tema é da maior importância, sobretudo pelo debate instaurado no Supremo Tribunal Federal, objeto da ADI 7074-DF (Min. Gilmar Mendes), ajuizada pelo Partido dos Trabalhadores (PT).

A Resolução 407 estabeleceu *parâmetros* para *classificar* os chamados *seguros de grandes riscos*. Após consulta pública, tendo como referência a Diretiva 2009/138/CE do Parlamento Europeu e do Conselho da União Europeia, o CNSP segmentou os seguros compreendidos em determinados ramos, como riscos de petróleo, nomeados e operacionais, global de bancos, aeronáuticos, marítimos, nucleares, crédito interno e crédito à exportação. Fora daí, enquadrou os seguros contratados mediante pactuação expressa por pessoas jurídicas que apresentem, alternativamente, *(a)* limite de garantia superior a R$ 15 milhões, ou *(b)* ativo total superior a R$ 27 milhões, ou *(c)* faturamento bruto anual superior a R$ 57 milhões.

Na visão do órgão regulador, são estas as *características* que fazem um seguro ser qualificado no patamar dos *grandes riscos*. Mas qual é a finalidade dessa classificação? Para o CNSP, o enquadramento autoriza um regime mais flexível de fiscalização do produto junto à Susep. Sua comercialização não está condicionada a registro prévio, bastando que se mantenham arquivados, sob guarda da seguradora, as condições contratuais, a nota técnica e os documentos ligados à contratação e subscrição (art. 7º).

A autarquia pode solicitar a qualquer tempo tais documentos para checagem e controle, sob pena de sanções, procedimento de *reserva fiscalizatória* semelhante ao praticado há muitos anos nos processos de contratação de seguros no exterior.[7]

A Resolução 407 estimula a liberdade negocial e a concorrência em ambiente regulatório mais favorável à criatividade das partes em relação ao conteúdo dos contratos empresariais. Para tanto, ela dispõe que os seguros de grandes riscos serão regidos por condições contratuais livremente pactuadas, *devendo observar, no mínimo, os seguintes princípios* e *valores básicos*: I – liberdade negocial ampla; II – boa-fé; III – transparência e objetividade nas informações; IV – tratamento paritário entre as partes contratantes; V – estímulo às soluções alternativas de controvérsias; e VI – intervenção estatal subsidiária e excepcional na formatação dos produtos.

---

6. Processo Susep 15414.611072/2020-44.
7. Circular Susep 392/2009. Art. 10. Observado o disposto no artigo anterior, a Susep poderá, a qualquer tempo, solicitar ao segurado e/ou ao respectivo corretor os documentos que comprovem a conformidade com a regulamentação vigente para a contratação de seguros no exterior.
   Parágrafo único. A não apresentação da documentação descrita no artigo anterior sujeita o segurado e/ou seu intermediário, quando residente ou domiciliado no Brasil, às penalidades cabíveis, nos termos da legislação e regulamentação em vigor.

A resolução estabeleceu *diretrizes*[8] a serem observadas para implementar um espaço negocial mais condizente à alta capacidade dos agentes envolvidos. O CNSP está dizendo ao público que o sistema regulatório está aberto e as pessoas estão livres para negociar o conteúdo dos seguros de grandes riscos, mas não sem antes lembrar que essa liberdade precisa ser exercida de forma ampla, com boa-fé, transparência, objetividade e simetria. Princípios são espécies do gênero norma. Se tais *condições* estiverem presentes, duas serão as consequências a serem sopesadas em eventual conflito: *(a)* incidência do regime dos contratos paritários e *(b)* intervenção estatal subsidiária e excepcional no conteúdo do clausulado.

Do contrário, a não observância de tais condições terá o efeito de submeter o seguro de grandes riscos à disciplina dos contratos de adesão, cenário que atrai uma maior ingerência do Poder Judiciário, sujeitando o negócio às regras de interpretação do clausulado defeituoso a favor do aderente (CC, art. 423 e 424). A própria resolução informa que as seguradoras são responsáveis pela adequada e correta aplicação das condições contratuais (art. 25).

Portanto, não basta estarem classificados os seguros na moldura dos grandes riscos. A liberdade negocial ampla e a paridade de tratamento constituem *condições para que esses negócios possam funcionar como seguros empresariais paritários.*

É verdade que ainda existe forte hegemonia do mercado segurador na conformação dos contratos de seguro, sobretudo pela força invisível que exercem os resseguradores internacionais. É verdade também que grandes segurados muitas vezes não conseguem contratar ou renovar o seguro de sua atividade empresarial, a não ser sob extrema dificuldade, em razão do baixo apetite do mercado em alguns setores sensíveis da indústria (papel, madeira, plásticos), a deprimir ainda mais o poder negocial dos interessados.

Entretanto, é inegável que existem poderosos grupos econômicos que, estruturados com departamento interno especializado, ou munidos de corretora de seguros própria, conseguem negociar e interferir na estrutura das condições especiais e particulares da apólice.

O que fazer então diante disso? A solução é tratar todos indistintamente – *pequenos, médios, grandes e gigantes* – como "aderentes" dos modelos formatados pelo mercado? Ou, ao contrário, a solução é lançar os grandes segurados no jogo implacável dos contratos paritários, à distância do Poder Judiciário, com presunção absoluta de igualdade baseada em números e índices de performance contábil-financeira?

Qualquer dos extremos acima fecha os olhos para a realidade prática. Nem tanto ao mar, nem tanto à terra. A solução só pode ser extraída dos casos concretos e suas circunstâncias. Apesar de toda liberdade conferida pelo CNSP, se ainda assim não houver espaço para efetivo diálogo e composição entre segurado e seguradora,

---

8. FORGIONI, Paula. *Contratos Empresariais* – teoria geral e aplicação. 7. ed. São Paulo, 2022, p. 109.

tal estado de coisas haverá de ser sopesado pelo juiz na interpretação do contrato e definição do litígio.[9]

A vida dos negócios é muito maior que uma moeda de duas faces.[10] Mesmo no campo empresarial,[11] nada impede que o segurado seja aderente do programa predisposto pela companhia de seguros.[12] Nada impede também que, em nível de paridade, eventual cláusula duvidosa venha a ser interpretada a favor do segurado, se for possível identificar que ele não a redigiu,[13] à luz da função social e da boa-fé objetiva (CC, art. 113, § 1º, IV, 421, 422 e 765).[14] A própria lei de liberdade econômica ressalva as normas de *ordem pública* nos contratos empresariais paritários (art. 3º, VIII).[15]

De todo modo, preenchidas as faixas do risco vultoso, a presunção será sempre *relativa*, admitindo prova em sentido contrário, na linha do art. 421-A do Código Civil: "Os contratos civis e empresariais presumem-se paritários e simétricos até a presença de elementos concretos que justifiquem o afastamento dessa presunção, ressalvados os regimes jurídicos previstos em leis especiais".

A resolução fala também que as condições contratuais deverão ser negociadas e acordadas mediante manifestação *expressa* de vontade dos contratantes (art. 4º, § 2º). O PT acusa essa disposição de ofensiva ao princípio da liberdade das formas e à consensualidade dos contratos de seguro. Misturaram as coisas.

A Resolução 407 não trata de critério de aceitação de proposta, assunto objeto de outra norma – a Circular Susep 642/2021. O CNSP está se referindo ao poder de negociação das "condições contratuais". Se não houver manifestação explícita sobre o

---

9. MIRAGEM, Bruno. Seguro de grandes riscos: disciplina jurídica no direito brasileiro atual. In: TZIRULNIK, Ernesto et al (Org.). *Direito do Seguro. II Congresso Internacional de Direito do Seguro*. São Paulo: Contracorrente, 2022, p. 905; GOLDBERG, Ilan & JUNQUEIRA, Thiago. Seguros de grandes riscos no Brasil: que mercado queremos? (parte 2). Disponível em: https://www.conjur.com.br/2022-jun-15/seguros-contemporaneos-seguros-grandes-riscos-parte2.
10. GARBI, Carlos Alberto. "*Il Terzo Contratto*" – Surge uma nova categoria de contratos empresariais? Disponível em: https://www.conjur.com.br/2018-jul-30/direito-civil-atual-il-terzo-contratto-categoria-contratos-empresariais#sdfootnote1anc.
11. COMPARATO, Fábio Konder. Grupo societário fundado em controle contratual e abuso de poder do controlador. *Direito Empresarial*: estudos e pareceres. São Paulo: Saraiva, 1995, p. 289.
12. MARTINS-COSTA, Judith & XAVIER, Rafael Branco. A cláusula de "*ensuing loss*" nos seguros "*all risks*". In: TZIRULNIK, Ernesto et al (Org.). *Direito do Seguro Contemporâneo*. São Paulo: Contracorrente, 2020, v. 2, p. 25.
13. Identificação tanto mais difícil quanto maior a interação entre as partes: KONDER, Carlos Nelson & OLIVEIRA, Williana Nayara Carvalho de. A interpretação dos negócios jurídicos a partir da Lei de Liberdade Econômica. *Revista Fórum de Direito Civil – RFDC*. n. 25, p. 23, 2020.
14. Embora sob menor intensidade, os contratos paritários não são imunes às normas de ordem pública: STJ, 3ª Turma, RESP 1.799.039-SP, Min. Nancy Andrighi, j. 04.10.2022. Na doutrina: TEPEDINO, Gustavo & SCHREIBER, Anderson. Os Efeitos da Constituição em Relação à Cláusula da Boa-fé no Código de Defesa do Consumidor e no Código Civil. *Revista da EMERJ*. v. 6, n. 23, p. 149, 2003; FILHO OLIVEIRA, Paulo Furtado de & DEZEM, Renata Mota Maciel Madeira. Os reflexos da interpretação dos contratos empresariais pelo Poder Judiciário. *Cadernos Jurídicos*. n. 50, p. 127, 2019.
15. Os postulados da liberdade não podem ser dissociados da solidariedade, igualdade e valor social do trabalho: TEPEDINO, Gustavo & CAVALCANTI, Laís. Notas sobre as alterações promovidas pela Lei 13.874/2019 nos artigos 50, 113 e 421 do Código Civil. In: SALOMÃO, Luis Felipe; CUEVA, Ricardo Villas Bôas & FRAZÃO, Ana (Coord.). *Lei de Liberdade Econômica e seus impactos no Direito Brasileiro*. São Paulo: Ed. RT, 2020, p. 488.

clausulado, o negócio não será medido pela régua da simetria. Alterações unilaterais não terão efeito.

A declaração *expressa* é um modo de exteriorização do consentimento (oral, escrita e simbólica). Isso nada tem a ver com a solenidade obrigatória que caracteriza os contratos formais. O seguro não se torna "formal" pelo fato de exigir manifestação expressa da seguradora, assim como sua consensualidade não decorre do critério de aceitação tácita da proposta. A explicação é outra. O seguro é um negócio *consensual* porque a garantia pode ser constituída independentemente do seu principal instrumento de prova – a apólice.[16]

Nessa perspectiva, vistas as coisas com serenidade, não houve invasão no terreno da lei federal. A Resolução 407 apenas transitou pela teoria dos contratos empresariais e pela lei de liberdade econômica. Não impôs presunção "absoluta" de igualdade nos seguros de grandes riscos e não decretou a imunidade desses produtos ao controle de cláusulas abusivas. Apenas estabeleceu condições para o funcionamento de possível regime paritário.

Com escopo administrativo-regulatório, o CNSP mapeou a categoria dos grandes riscos e propiciou a eles um ambiente mais flexível à inovação do mercado, estimulando a negociação fora dos modelos preconcebidos pelo órgão regulador. O Estado deu liberdade. Se essa liberdade será respeitada na prática dos negócios, é uma questão probatória a ser verificada caso a caso. A norma não impede que os remédios sejam ministrados para reequilibrar situações de vulnerabilidade, hipossuficiência ou assimetria.

Enfim, pode-se não gostar da Resolução 407 em razão da linha político-ideológica que a impulsionou. Pode-se discordar das métricas fixadas para classificar um seguro de grandes riscos. Pode-se até criticar a redação de suas disposições, a falta de análise de impacto regulatório etc.[17] Mas, objetivamente, o CNSP não cometeu nenhum pecado constitucional, nem mesmo legal, em matéria de direito civil e securitário.

Versão original publicada em: 15.06.2023.

---

16. Com ampla remissão bibliográfica: MELO, Gustavo de Medeiros. *Ação direta da vítima no seguro de responsabilidade civil*. São Paulo: Contracorrente, 2016, p. 174.
17. BASTOS, Felipe. Os seguros para cobertura de grandes riscos na proposta de resolução brasileira. Comparação com a disciplina na união europeia e impressões jurídicas iniciais. Disponível em: https://www.migalhas.com.br/depeso/332939/os-seguros-para-cobertura-de-grandes-riscos-na-proposta-de-resolucao-brasileira--comparacao-com-a-disciplina-na-uniao-europeia-e-impressoes-juridicas-iniciais.

DEVERES CONTRATUAIS NAS RELAÇÕES SECURITÁRIAS

NOVOS RUMOS PARA O AGRAVAMENTO DO RISCO NO SEGURO DE VIDA EM VIRTUDE DA DIREÇÃO ALCOOLIZADA PELO SEGURADO

Ilan Goldberg

Thiago Junqueira

Dúvida que vem despertando debate acalorado há décadas no âmbito do seguro de vida é a seguinte: caso o segurado, após a ingestão de bebida alcoólica, conduza o seu automóvel e dê ensejo a um sinistro, em acidente no qual ele venha a falecer, o segurador estará vinculado a pagar o capital segurado ao beneficiário?

Diante da entrada em vigor da Circular Susep 667, de 04.07.2022, que tem um histórico de tramitação rico e enfrenta marginalmente a questão em sua versão final, convém trazer à ribalta alguns aspectos essenciais para o alcance da resposta à indagação.

Antes de mais, é preciso recordar um ponto básico, mas que por vezes passa despercebido: a diferença entre as *cláusulas de exclusão de risco* e as *cláusulas de perda de direitos* nos seguros. Conforme destaque da doutrina,

> [...] embora as cláusulas de exclusão e perda de direitos se assemelhem, constituindo hipóteses de delimitação negativa do risco, elas operam de modo distinto, não podendo ser confundidas. Na primeira, a cobertura é afastada de plano, desde o início da relação contratual. Na segunda, há cobertura para o evento, porém, no curso da relação contratual o segurado vem a perder o direito em razão de determinado ato ou comportamento.[1]

Essa precisão conceitual é fundamental, pois, no PARECER PF – SUSEP – 26.522/2007 (*que deu origem à Carta Circular Susep 8/2007*), após diferenciar a exclusão de risco e o agravamento do risco, apenas defendendo a *impossibilidade de exclusão de risco* de direção alcoolizada nos seguros de pessoas, o Procurador Paulo Penido, que subscreveu o parecer, concluiu:

> 13. Tendo em vista a distinção entre agravamento de risco e exclusão de risco, sendo certo que se pretende regular hipótese de agravamento de risco pela via imprópria de exclusão contratual, o parecer é desfavorável. 14. Portanto, deve ficar para a Jurisprudência a pertinência ou não da embriaguez como agravamento do risco no campo do seguro de pessoas.[2]

---

1. PETERSEN, Luiza. *O risco no contrato de seguro.* São Paulo: Roncarati, 2018. p. 106.
2. Parecer PRGER Assuntos Societários e Reg. Especiais 26.522/2007 (p. 6).

Uma leitura equivocada da referida Carta Circular Susep 8/2007,[3] que, repita-se, trata apenas da *impossibilidade de exclusão, de plano, de cobertura* na hipótese de sinistros decorrentes de atos praticados pelo segurado em estado de alcoolismo, acabou fazendo com que parte da jurisprudência entendesse que não seria permitida também a *perda de direitos* em virtude do agravamento do risco pela direção embriagada no âmbito do seguro de vida, mesmo quando presente o nexo causal entre o consumo do álcool e a concretização do sinistro. Esse posicionamento, porém, tem sido amplamente criticado pela doutrina e vem sendo ignorado em diversas decisões judiciais em primeira e segunda instâncias no País.[4]

Bem-vistas as coisas, a súmula 620 do STJ certamente não auxilia na resolução da controvérsia apontada. Isso porque, embora os julgados que deram origem a ela utilizem como principal argumento o disposto na Carta Circular Susep 8/2007, a sua literalidade vai muito além, não diferenciando a *exclusão do risco* da *perda de direitos*. Eis os seus termos: "A embriaguez do segurado não exime a seguradora do pagamento da indenização prevista em contrato de seguro de vida".

Nessa sede, examinar-se-á a discussão apenas sob a óptica da perda de direitos, inclusive levando-se em conta o art. 26 da Circular Susep 667/2022 (que, ao lado da Resolução CNSP 439/2022, estabeleceu um novo marco regulatório para os seguros de pessoas no Brasil).

O *caput* do indigitado artigo 26 estatui: "É vedado constar no rol de riscos excluídos do seguro eventos decorrentes de atos praticados pelo segurado em estado de insanidade mental, de embriaguez ou sob efeito de substâncias tóxicas". De toda relevância é o fato de que o parágrafo único da Consulta Pública 42, que deu origem à Circular Susep 667, foi retirado na versão final do normativo. O dispositivo era assim redigido: "O estado de insanidade mental, a embriaguez e o uso de substâncias tóxicas pelo segurado não poderão ser considerados como causa de agravamento de risco suscetível de levar à perda da cobertura".[5]

Resta claro, portanto, que, independentemente do ângulo em que se veja a questão, seja sob o da Carta Circular Susep 8/2007, revogada em 1º.08.2022, seja sob o da Cir-

---

3. Carta Circular SUSEP/ DETEC/ GAB/8/2007: "Comunicamos que, conforme recomendação jurídica contida no Parecer PF – SUSEP/ coordenadoria de Consultas, Assuntos Societários e Regimes Especiais – 26.522/ 2007, da Procuradoria Federal junto à SUSEP, a sociedade seguradora que prevê a exclusão de cobertura na hipótese de 'sinistros ou acidentes decorrentes de atos praticados pelos segurados em estado de insanidade mental, de alcoolismo ou sob o efeito de substâncias tóxicas', deverá promover, de imediato, alterações nas condições gerais de seus produtos, com base nas disposições abaixo: 1) Nos Seguros de Pessoas e Seguros de Danos, *é vedada a exclusão de cobertura* na hipótese de 'sinistros ou acidentes decorrentes de atos praticados pelo segurado em estado de insanidade mental, de alcoolismo ou sob efeito de substâncias tóxicas'. (...)". (Destacou-se).
4. Em sede doutrinária, consulte-se, por todos: CAMPOY, Adilson José. *Contrato de seguro de vida*. São Paulo: Ed. RT, 2014. p. 46; e SANTOS, Ricardo Bechara. Comentários a voto do Ministro Ricardo Cueva, no Resp. 1.665.701, sobre excludente do risco da embriaguez e agravamento de risco no seguro de vida. *Revista Jurídica de Seguros*, n. 8. Rio de Janeiro: CNseg, maio de 2018. p. 218 e ss., com amplos elementos. Na sequência deste artigo serão mencionados os exemplos no âmbito jurisprudencial.
5. Conforme "Quadro Comparativo", disponível no site da Susep: http://susep.gov.br/setores-susep/seger/2quadro-comparativo-circular-seg-pessoas-261021.pdf.

cular Susep 667/2022, em vigor a partir dessa mesma data, o agravamento do risco nos seguros de pessoa em virtude da direção alcoolizada não enfrenta resistência alguma no ordenamento jurídico nacional. Pelo contrário; existem vários argumentos que o legitimam, conforme será demonstrado a seguir.

De maneira geral, o instituto do agravamento do risco tem como funções a manutenção da equivalência das prestações entre segurado e segurador, bem como a sanção de ato intencional do segurado que acarrete a perda de tal equilíbrio. Há várias considerações de *ordem pública* e *moralidade*; *boa-fé* e *bons costumes*, bem como de *grau de censurabilidade da conduta* do indivíduo que dirige um automóvel após o consumo de álcool ou outras substâncias tóxicas, colocando em risco não apenas a sua própria vida, mas as vidas de outras pessoas inocentes.

Nesse sentido, cabe relembrar o óbvio: a direção embriagada enseja o comprometimento dos reflexos do condutor/segurado e, na maioria dos casos, a alteração relevante do risco, resultando em um aumento considerável da probabilidade e da severidade do sinistro. Para tanto, basta ler os seguintes trechos de notícias que consideram dados oficiais do Governo de São Paulo: "Embriaguez é *principal motivo de mortes ao volante* em SP".[6] "(...) dirigir sob efeito de álcool *aumenta em mais de três vezes a chance de morte*".[7]

O acréscimo da sensação de impunidade em relação ao crime disposto no Código de Trânsito Brasileiro (CTB) também não pode ser menosprezado. Isso porque, diante da sensação de que o crime não deve gerar consequências contratuais, em prejuízo da mutualidade, a tendência é de que esse crime venha a ser mais cometido (risco moral).

A evolução social acerca do tema pode ser facilmente notada ao se examinar o CTB. Ao longo do tempo este diploma legal veio progressivamente conferindo tratamento mais gravoso à conduta de dirigir embriagado como reflexo da reprovabilidade da referida conduta pela sociedade,[8] máxime em uma realidade que oferta aos consumidores vários meios de transportes alternativos.

Com efeito, impõe-se recordar lição da doutrina: "A manutenção da situação de risco é do interesse dos contratantes do seguro, porquanto a agravação aumenta a possibilidade do sinistro, com geral prejuízo, inclusive social".[9]

Além da perspectiva social, a questão pode ser vista sob outra perspectiva: nos moldes do art. 757 do CC, o segurador garante *riscos predeterminados* inerentes a garantia de *interesses legítimos* do segurado.

---

6. IstoÉ Dinheiro. Disponível em: https://www.istoedinheiro.com.br/transito-embriaguez-e-principal-motivo-de-mortes-ao-volante-em-sp/.
7. Agência Brasil. Disponível em: https://agenciabrasil.ebc.com.br/geral/noticia/2020-09/dirigir-alcoolizado-aumenta-mais-de-tres-vezes-chance-de-morte.
8. Confira-se, nesse particular, o art. 165 do CTB (Redação dada pela Lei 12.760, de 2012); o artigo 302, § 3º do CTB (Incluído pela Lei 13.546, de 2017); o art. 306 do CTB (Redação dada pela Lei 12.760, de 2012); e o art. 310 do CTB. Note-se que os crimes dispostos nos arts. 306 e 310 do CTB são de perigo abstrato, não sendo requisito para a sua respectiva configuração uma direção negligente ou imprudente por parte do condutor embriagado.
9. AGUIAR JÚNIOR, Ruy Rosado de. Agravamento de risco – conceitos e limites. *VII Fórum de Direito do Seguro José Sollero Filho*. São Paulo: Roncarati, 2018. p. 126.

É tudo, menos legítimo, o interesse de cobertura de um ato que envolva a direção embriagada de um veículo, aumentando o risco do segurado e da própria coletividade. Significa isso dizer que a súmula 620 do STJ vai de encontro ao regramento do agravamento do risco (que está disposto na *Parte Geral* dos artigos que tratam dos seguros no Código Civil, tendo plena aplicabilidade nos seguros de dano e nos seguros de pessoas), bem como é contrária à própria noção de seguros disposta no art. 757 do diploma legal – que pressupõe a existência de interesse legítimo na garantia do risco.

Indo além, a súmula 620 do STJ está em desarmonia também com o art. 799 do CC, que atesta:

> O segurador não pode eximir-se ao pagamento do seguro, ainda que da apólice conste a restrição, se a morte ou a incapacidade do segurado provier da utilização de meio de transporte mais arriscado, da prestação de serviço militar, da prática de esporte, ou de atos de humanidade em auxílio de outrem.

Ora, ao se examinar funcionalmente o artigo 799 do CC, fica claro que, em uma ponderação abstrata, o legislador concluiu, por serem socialmente positivas, que as hipóteses envolvendo serviço militar, prática de esportes, entre outras, deveriam ser cobertas pelas seguradoras. A direção embriagada ou com o uso de outras substâncias tóxicas, porém, é a *antítese* do que o legislador quis proteger.

Tampouco se pode afirmar que tal linha de raciocínio irá prejudicar o consumidor, uma vez que, para a configuração do agravamento do risco, além de ter de demonstrar que o segurado se encontrava embriagado no momento do sinistro, a jurisprudência costuma exigir a demonstração de um nexo de causalidade entre o ato (direção alcoolizada) e o fator determinante para a ocorrência do sinistro. A flexibilização do rigor da súmula 620 do STJ, ou até mesmo o seu cancelamento, a princípio em nada mudaria essa solução.

Outro argumento digno de nota é que o contrato de seguro de vida qualifica-se como uma estipulação em favor de terceiro. Nos termos dos arts. 436 e seguintes do CC, o direito do beneficiário ("terceiro", segundo o referido instituto do direito civil) não pode ser mais amplo do que o direito do próprio "estipulante" (o segurado) – direito esse prejudicado, no caso concreto, por sua conduta qualificante do agravamento do risco, em dissonância com o art. 768 do CC e, segundo o STJ, com os princípios do absenteísmo, da função social do contrato e da boa-fé objetiva.[10]

Em sede jurisprudencial, quando se decide contra a aplicação do instituto do agravamento do risco no seguro de vida em virtude de direção alcoolizada do segurado, geralmente são utilizados os argumentos da (revogada) Carta Circular Susep 8/2007 e da cobertura do suicídio após o prazo de carência legal. O primeiro argumento já foi refutado. Sobre o segundo, veja-se trecho de precedente na matéria:

> Deveras, apesar de o presente caso não guardar relação com hipótese de suicídio, pois a morte foi involuntária, em decorrência de ultrapassagem malsucedida, e embora o estado de embriaguez

---

10. Conforme, no âmbito do seguro de automóvel, STJ, REsp 1.485.717/SP, Min. Rel. Ricardo Villas Bôas Cueva, 3ª Turma, j. 22 nov. 2016.

possa eventualmente ter contribuído para que o sinistro ocorresse, a cobertura é devida pois, se ela seria admissível mesmo em caso de morte voluntária sem premeditação (suicídio), com mais justeza ela também é cabível nos casos de involuntária fatalidade.

Basta que se imagine, hipoteticamente, um contratante de seguro de vida que, em um final de semana com a família em sua casa de praia, depois de ingerir uma certa quantidade de bebida alcoólica, resolva navegar em sua lancha e, pego de surpresa por uma onda, caia da embarcação e morra afogado, ou que sofra um acidente de ultraleve. Nessas situações, a cobertura securitária lhe seria negada sob a alegação de que, tendo ingerido bebida alcoólica, deveria se abster da prática de atividades perigosas? Mas quais são as atividades perigosas? Ora, como disse Guimarães Rosa, "viver é muito perigoso"![11]

A equivalência entre o agravamento do risco pela direção sob influência de álcool e o suicídio no âmbito dos seguros de vida revela uma interpretação simplista e descontextualizada das disposições contratuais e legais. A condução veicular em estado de embriaguez, por sua natureza, introduz um elemento de risco não apenas para o próprio segurado, mas também para terceiros inocentes que compartilham o mesmo espaço na terra, no mar ou no ar. Isso contrasta marcadamente com o ato do suicídio, onde a ação deliberada do segurado visa exclusivamente a si próprio, sem implicar diretamente outros indivíduos em seu ato de autolesão.

A legislação e as apólices dos seguros de vida buscam equilibrar os princípios da proteção da expectativa legítima dos beneficiários e a prevenção contra comportamentos de risco que poderiam desequilibrar o sistema securitário. Ao mesmo tempo em que se reconhece o direito ao pagamento do capital segurado em casos de morte por suicídio após o período de carência – um reconhecimento da complexidade e da natureza multifacetada do sofrimento humano –, é fundamental também reconhecer que ações que aumentam deliberadamente o risco de sinistro, como dirigir embriagado, não podem ser equiparadas ou tratadas com a mesma leniência.

Com o devido respeito, a comparação entre o agravamento do risco pela direção embriagada e o suicídio do segurado – que, na verdade, não o agrava, mas sim o concretiza – é descabida. O artigo 798 do Código Civil proíbe a cobertura do sinistro nos primeiros dois anos no caso de sinistro do segurado e permite (e não impõe) sua cobertura após

---

11. STJ, 2ª Seção, Embargos de Divergência em Recurso Especial 973.725/SP, rel. Des. Convocado Lázaro Guimarães, j. 25.04.2018. Mais recentemente, no âmbito do seguro de acidentes pessoais: "5. A Segunda Seção desta Corte reafirmou o entendimento no sentido de que, 'nos seguros de pessoas, é vedada a exclusão de cobertura na hipótese de sinistros ou acidentes decorrentes de atos praticados pelo segurado em estado de insanidade mental, de alcoolismo ou sob efeito de substâncias tóxicas, ressalvado o suicídio ocorrido dentro dos dois primeiros anos do contrato' (REsp 1.999.624/PR, Segunda Seção, DJe 02.12.2022). 6. No mesmo julgamento, estabeleceu-se que 'o agravamento do risco pela embriaguez, assim como a existência de eventual cláusula excludente da indenização, são cruciais apenas para o seguro de coisas, sendo desimportante para o contrato de seguro de vida, nos casos de morte'. De maneira análoga, na hipótese de seguro de acidentes pessoais, modalidade de seguro de pessoas, a discussão acerca do suposto agravamento do risco do sinistro pelo segurado é desnecessária. 7. Se a cobertura nos seguros pessoais deve abranger até mesmo o suicídio premeditado após os dois primeiros anos do contrato, bem como os sinistros decorrentes de atos praticados pelo segurado em estado de insanidade mental, de alcoolismo ou sob efeito de substâncias tóxicas, não há como se afastar a cobertura securitária ao segurado que, por motivos desconhecidos, ao conduzir veículo em alta velocidade, invadiu a contramão e colidiu com terceiro, ocasionando acidente que culminou em sua morte" (STJ, REsp 2045637/SC, Rel. Ministra Nancy Andrighi, 3ª Turma, j. 09.05.2023).

o período de carência. A interpretação de que apenas no caso de suicídio nos primeiros dois anos do contrato ensejaria possível perda do direito à garantia do beneficiário não encontra fundamento no ordenamento jurídico brasileiro. Um exemplo disso é a perda da garantia em virtude da não declaração no questionário de avaliação do risco de uma doença que tenha causado a morte do segurado, conforme o próprio Superior Tribunal de Justiça reconhece ao aplicar o art. 766 do CC.[12]

Em parecer jurídico sobre o tema do presente artigo, afirma Gustavo Tepedino:

> Tal correlação agravamento do risco-perda da garantia se justifica em razão do princípio do mutualismo, que incide em todas as relações contratuais securitárias. (...) Nessa esteira, em atendimento à racionalidade econômica que orienta os contratos de seguro, o seguro de vida sujeita-se à regra geral contida no art. 768, Código Civil, revelando-se descabido restringir o dispositivo ao seguro de dano. Em definitivo, as disposições gerais do contrato de seguro, previstas no Código Civil, aplicam-se às duas espécies securitárias (seguro de dano e seguro de pessoa), incidindo inclusive aos seguros regidos por leis especiais (art. 777, Código Civil), não sendo dado ao intérprete efetuar distinções aonde o legislador não o fez. Assim sendo, o afastamento ou modelação dos efeitos jurídicos dessa norma aos seguros de pessoa dependeria de previsão legal específica, tal como ocorre nas hipóteses taxativamente descritas no art. 799, Código Civil; ou, no caso do suicídio, regulado expressamente pelo art. 798, Código Civil. Nesses casos, há inclusão legal de determinados riscos na cobertura contratada.[13]

Após mencionar diversos argumentos, conclui Tepedino:

> Por tais razões, a Súmula 620, STJ, há de ser interpretada de modo evolutivo, no sentido de que a *embriaguez do segurado não exime a seguradora do pagamento da indenização prevista em contrato de seguro de vida* desde que não reste demonstrado que o sinistro decorreu direta e necessariamente de ato do segurado. Em contrapartida, uma vez comprovado que o sinistro decorreu direta e necessariamente de ato do segurado embriagado, há de se afastar a cobertura nos contratos de seguro de vida.[14]

O debate acerca do agravamento do risco em razão de direção alcoolizada permanece aberto, e diversos julgados de tribunais locais têm relativizado acertadamente a aplicação da súmula 620 do STJ.[15] Isso demonstra que a revisão (ou o cancelamento) da súmula 620 do STJ é uma medida que não se pode rejeitar.

---

12. Por exemplo: "É lícita a recusa de cobertura securitária, por motivo de doença preexistente à celebração do contrato, se comprovada a má-fé do segurado, hipótese que não depende da exigência pela seguradora de exames prévios à contratação" (STJ, AgInt no AREsp 1.778.429/DF, 4ª Turma, rel. Min. Raul Araújo, j. 17.10.2022).
13. TEPEDINO, Gustavo. Súmula 620 do STJ – A embriaguez do segurado não exime a seguradora do pagamento da indenização prevista em contrato de seguro de vida. *Revista Jurídica de Seguros*, n. 17. Rio de Janeiro: CNseg, novembro de 2022. p. 210, 214-215.
14. Ibidem, p. 223.
15. Confira-se, por exemplo, julgados do TJSP, TJMG e TJSC, que, em virtude das particularidades fáticas, afastaram a cobertura do capital segurado no seguro de vida: "No caso em tela, o exame toxicológico transcrito em contestação concluiu que o segurado, por ocasião do acidente que lhe ceifou a vida, estava sob efeito de álcool, concentrado em 3,3 gramas por litro de sangue (fls. 70). Por isso, a seguradora negou o pagamento da indenização, tendo em vista a configuração de hipótese de exclusão por agravamento intencional do risco. *É certo que a embriaguez representa fator preponderante de agravamento do risco de acidente, pois os reflexos do motorista ficam comprometidos, tanto assim que a conduta foi tipificada como infração de natureza gravíssima pelo artigo 165 do Código de Trânsito Brasileiro e como crime pelo artigo 306 do mesmo texto normativo.* (...) Por outro lado, nem há que se cogitar na inexistência de nexo causal entre a ingestão de bebida alcoólica e a culpa da vítima pelo advento do acidente, pois, conforme consignado no histórico do boletim policial, *a motocicleta*

Em síntese conclusiva, os novos rumos do tema sob análise fazem com que a resposta mais adequada à pergunta que inaugura este artigo seja no sentido de que o segurador restará vinculado a pagar o capital segurado ao beneficiário apenas se, no caso concreto, não for constatado o efetivo agravamento do risco entre o consumo da bebida alcoólica pelo segurado e a ocorrência do sinistro.

Versão original publicada em: 25.07.2022.

---

conduzida pelo pai do autor trafegava em alta velocidade e invadiu a contramão, chocando-se contra o veículo Gol que trafegava regulamente em sua mão de direção". TJSP, 26ª Câmara de Direito Privado, Apelação Cível 1000397-35.2020.8.26.0586, Des. Rel. Vianna Cotrim, j. 06 dez. 2021. "Dessa forma, para que a seguradora se desobrigue do pagamento da indenização, necessária prova do nexo causal entre a conduta do segurado (ingestão de álcool) e o resultado (acidente que resultou em seu passamento). In casu, quando lavrado o Boletim de Ocorrência, restou atestado que o motorista perdeu o controle direcional da motocicleta quando trafegava, às 13h40min, em pista larga, reta, seca e devidamente sinalizada (ordem 2), não sendo registrada interferência de outro veículo, falha da motocicleta, imperfeições na pista ou animal na estrada que pudesse justificar a perda do controle direcional. Por outro lado, não foi comprovado pela beneficiária (autora) que o acidente ocorreria independentemente do estado de embriaguez seja por fato de terceiro, força maior ou outra causa exterior. Diante dessa situação, considero demonstrado o nexo de causalidade entre o acidente e a embriaguez do segurado, sendo esta determinante para a ocorrência do sinistro". TJMG, 12ª Câmara Cível, Apelação Cível 1.0000.19.092382-1/002, Des. Rel. Saldanha da Fonseca, j. 18 nov. 2021. Veja-se, ainda, TJSC, 2ª Turma, RI 0301332-22.2016.8.24.0034, Rel. Marco Aurélio Ghisi Machado, j. 15 set. 2020.

É NECESSÁRIA A ASSINATURA DA PROPOSTA NOS CONTRATOS DE SEGURO?

Ilan Goldberg

Guilherme Bernardes

O contrato de seguro é conhecido, há tempos, como "o contrato de boa-fé".[1] A definição está alinhada ao teor do artigo 765 do Código Civil, que determina às partes (segurado e segurador), a obrigação de guardar a "mais estrita boa-fé" – ou boa-fé qualificada – na conclusão e na execução do contato, consistindo na expressão mais intensa da vertente objetiva da boa-fé, a impor às partes deveres de informação, cooperação, transparência e lealdade contratual.

Por outro lado, a sua não observância, e dos deveres dela decorrentes, nas declarações iniciais, por ambas as partes, gerará o desequilíbrio da relação contratual e conduzirá, por exemplo, à perda do direito à garantia e ao pagamento do prêmio vencido (art. 766 do CC).[2]

De acordo com os artigos 9º e 10 do Decreto-Lei 73, de 21.11.1966, o seguro exige, para sua eficácia, uma série de requisitos, dentre eles que a proposta esteja assinada "pelo segurado, seu representante legal ou por corretor habilitado", exceto quando a contratação se der por meio de bilhete. A Superintendência de Seguros Privados (Susep), ao disciplinar o tema, foi além e estendeu a exigência para a celebração, a alteração ou a renovação não automática do contrato de seguro.[3]

De outra maneira, e direcionada aos contratos de seguro em grupo, a determinação também é reproduzida no art. 6º da Resolução CNSP 434, de 2021, normativo que entrou em vigor em 02.03.2022 e é destinado a disciplinar a figura do estipulante, aquele que representa o grupo segurado na modalidade coletiva.[4]

---

1. TARTUCE, Flávio. Comentários ao art. 765. In: SCHREIBER, Anderson et al. *Código Civil comentado*: doutrina e jurisprudência. 2. ed. Rio de Janeiro: Forense, 2020. p. 497.
2. Art. 766 do Código Civil: "Se o segurado, por si ou por seu representante, fizer declarações inexatas ou omitir circunstâncias que possam influir na aceitação da proposta ou na taxa do prêmio, perderá o direito à garantia, além de ficar obrigado ao prêmio vencido".
3. Trata-se do art. 3º da Circular Susep 642, de 2021. Art. 3º "A celebração, a alteração ou a renovação não automática do contrato de seguro somente poderão ser feitas mediante proposta preenchida e assinada pelo proponente, seu representante legal ou corretor de seguros, exceto quando a contratação se der por meio de bilhete". Disponível em: https://www2.susep.gov.br/safe/bnportal/internet/pt-BR/. Acesso em: 27 fev. 2022.
4. Art. 6º "A contratação de seguros por meio de apólice coletiva deve ser realizada mediante proposta de contratação assinada pelo estipulante e, se houver, pelo subestipulante. Parágrafo único. A adesão à apólice coletiva deverá

De acordo com a redação do dispositivo, deixa de haver a necessidade de o corretor assinar o contrato entabulado com a seguradora em conjunto com o estipulante – como ocorria na égide da Resolução CNSP 107, de 2004, revogada pela Resolução CNSP 434 –, podendo o próprio corretor assinar a proposta no lugar do segurado, conforme destacado pela Susep no "Quadro Comparativo consolidado" da Resolução CNSP 434, ao avaliar o art. 6º, *caput* e parágrafo único do normativo. Vejamos:

> O art. 9º do Decreto Lei 73, de 1966, *admite que o corretor assine a proposta no lugar do segurado*, o que no caso de contratação coletiva seria em relação à proposta de adesão. Será adaptada a redação do parágrafo único deste artigo da minuta para prever a possibilidade de assinatura pelo corretor.

Assim sendo, enquanto a letra da lei autorizava a interpretação da expressão "*seu representante legal ou por corretor habilitado*" como uma oposição entre o representante ou o corretor, a interpretação da Susep esclarece que o corretor, no entendimento dela, poderia até mesmo substituir o segurado e firmar a proposta de adesão em conjunto com o estipulante.[5]

Todavia, mesmo com a mudança na redação da norma que regula o estipulante, permanece na relação securitária a obrigação de que o segurado, seu representante ou o corretor de seguros informe ter tomado conhecimento das condições contratuais, conforme determinam o art. 7º da Circular Susep 621, de 2021, que disciplina o seguro de danos;[6] e do art. 9º, parágrafo único, da Circular Susep 667, de 2022, que dispõe sobre as regras complementares de funcionamento e os critérios para operação das coberturas de risco de seguros de pessoas.[7]

A indigitada exigência pré-contratual é aspecto do dever de informação que orienta os contratos de seguro e é essencial para que a relação securitária se estabeleça de forma equilibrada, sendo que alguns aspectos atinentes (i) ao segurador e ao segurado; e (ii) ao corretor, merecem ser destacados.

---

ser realizada mediante preenchimento e assinatura de proposta de adesão pelo proponente, seu representante legal ou corretor de seguros".

5. A interpretação é inovadora, na medida que o corretor não necessariamente atua por mandato, como procurador do segurado, inclusive havendo na norma a existência de duas figuras, a do representante (mandatário) e a do corretor. Trata-se de contratos diferentes, a corretagem e o mandato, cf. nos esclarece Tepedino: "Por essa razão, o contrato de corretagem não se confunde com o mandato, no qual o mandatário atua como representante do mandante, praticando atos ou administrando interesses em nome do mandante e no seu interesse, de modo a vincular o mandante diretamente ao negócio celebrado. A rigor, há verdadeira incompatibilidade entre a representação e a intermediação, 'na medida em que o representante defende interesses de um cliente, não podendo estar isento para expor as qualidades e defeitos do bem a ser negociado'". TEPEDINO, Gustavo et al. *Fundamentos do direito civil*. 2. ed. Rio de Janeiro: Forense, 2021. *E-book.*, v. 3 – Contratos, p. 655.
6. Circular Susep 621, de 12.02.2021. Art. 7º "As condições contratuais do seguro deverão estar à disposição do proponente previamente à emissão do bilhete ou à assinatura da respectiva proposta, devendo, neste último caso, o proponente, seu representante legal ou corretor de seguros assinar declaração, que poderá constar da própria proposta, de que tomou ciência das referidas condições contratuais". Disponível em: https://www2.susep.gov.br/safe/bnportal/internet/pt-BR/. Acesso em: 27 fev. 2022.
7. Art. 9º, Parágrafo único. "No caso das propostas de que trata o caput, o proponente, seu representante ou corretor de seguros deve assinar declaração, que poderá constar da própria proposta, de que tomou ciência das condições contratuais". Disponível em: https://www2.susep.gov.br/safe/scripts/bnweb/bnmapi.exe?router=upload/26148. Acesso em: 23 fev. 2024.

Em relação ao ponto (i), a assinatura na proposta servirá ao segurador como comprovativo do cumprimento de seu dever de informação dos "*e*lementos essenciais do interesse a ser garantido e do risco" (art. 759 do CC), enquanto resguardará segurado e segurador a respeito dos dados fornecidos pelo segurado, na proposta e no questionário, a motivar vindouras decisões a serem tomadas com base nessas informações, em sede de regulação de sinistro, por exemplo.

Já em relação ao ponto (ii) e ao corretor, o art. 13 da Lei 4.594, de 29/12/1964,[8] e o art. 19, da Circular Susep 510, de 22/01/2015,[9] determinam que *só ao corretor que tiver assinado a proposta devem ser pagas as comissões de corretagem*. Assim, sua assinatura na proposta é elemento relevantíssimo para a comprovação de seu atuar na aproximação das partes, lhe sendo devida a comissão de corretagem correspondente.

É, portanto, extremamente relevante – e constitui evidência da boa-fé exigida pelo artigo 765 do Código Civil – que a proposta contenha a assinatura dos legitimados no art. 9º do Decreto Lei 73/66.

Isto posto, não nos pode escapar que a evolução tecnológica emprestou às relações contratuais relevantes instrumentos para aumentar sua capilarização e volume e, considerando que a pandemia de SARS-CoV-2 (COVID-19) *acelerou* a necessidade por negócios em todos os lugares, por conta do necessário isolamento social, tornou-se excessivo exigir que a assinatura nas propostas seja física – a demandar a impressão de uma proposta – e não possa ser feita por meios remotos.

Nessa seara, verifica-se que o mercado securitário adota soluções engenhosas, como a utilização de entrevistas por teleconferência, *checkboxes* para a confirmação de identidade e confirmação por e-mail. A esse respeito, a Susep, provocada na consulta pública que deu origem à Resolução CNSP 434, que disciplina a figura do estipulante, teve a oportunidade de assim se manifestar, no "Quadro Comparativo consolidado"[10] relacionado ao normativo, especificamente em relação ao referido parágrafo único do artigo 6º do normativo:

> A regulamentação do uso de meios remotos nas operações de seguros se dá por meio da Resolução CNSP 408, de 2021.
>
> O art. 5º da citada resolução dispõe que 'as propostas de seguro e de previdência complementar aberta poderão ser preenchidas e formalizadas por meio remoto seguro aceito pelas partes como válido, necessariamente de forma autenticada e passível de comprovação da autoria e integridade'. Além disso, convém observar o que dispõe o restante do normativo, em especial o art. 3º.

---

8. Lei 4.594, Art. 13. "Somente ao corretor devidamente habilitado nos termos desta Lei e que houver assinado a proposta deverão ser pagas as corretagens pactuadas para cada modalidade de seguro, inclusive em caso de ajustamento de prêmios. (Redação dada pela Lei 14.430, de 2022)".
9. Circular SUSEP 510, Art. 19. "As comissões de corretagem só podem ser pagas ao corretor de seguros devidamente habilitado e registrado que houver assinado a proposta, não podendo haver distinção entre corretor de seguros pessoa física ou pessoa jurídica para efeito de pagamento de comissão". Disponível em: https://www2.susep.gov.br/safe/bnportal/internet/pt-BR/. Acesso em: 27 fev. 2022.
10. Trata-se do documento id. 1187387 parte do Processo Susep 15414.613987/2021-75.

Enquanto foge ao escopo deste artigo avaliar integralmente a mencionada Resolução CNSP 408, de 2021, alguns artigos merecem destaque, dentre eles os artigos 3º, incisos I a III, o artigo 7º e o próprio artigo 5º mencionado pela autarquia.

Tomando por base a letra da lei e o espírito da norma, o meio remoto deve ser aceito pelas partes como válido, ser necessariamente autenticado e passível de comprovação de autoria e integridade e, nesse sentido, alguma dúvida persiste na possibilidade de utilização de e-mail ou telefone[11] para a contratação.

Por outro lado, a adoção de sistema de confirmação digital, com utilização de login/senha, por exemplo, no mesmo local/meio em que o segurado deverá confirmar que teve ciência das condições gerais, seria meio remoto que se adequaria perfeitamente na exigência regulatória.[12] Essa era, inclusive, a determinação da Resolução CNSP 294, de 2013, revogada pela Resolução CNSP 408. Vejamos:

> Art. 5º Na contratação por apólice ou por certificado individual, as propostas de seguro e de previdência complementar aberta *poderão ser formalizadas por meio de login e senha ou certificado digital, necessariamente pré-cadastrados pelo proponente/representante legal em ambiente seguro.* (NR) (*Caput* alterado pela Resolução CNSP 359, de 2017)
> § 1º A tecnologia de identificação biométrica equivale à utilização de login e senha pelo usuário.
> § 2º A contratação a que se refere o caput quando intermediada por corretor deverá implicar no fornecimento de login e senha individualizados para o corretor e para o proponente/contratante. (Destacou-se)

Como se nota da norma, a utilização de sistema de meio remoto apresenta comando direto às seguradoras, de modo que os corretores poderiam imaginar estarem livres de terem que observar (mais) essa determinação regulatória na condução de seus negócios.

Embora essa percepção se confirme a partir de uma análise aprofundada das decisões do CRSNSP,[13] em que as seguradoras são o alvo das sanções impostas por ausência de elementos formais nas propostas de seguros (a assinatura como uma delas), não se pode desconsiderar que as "sanções" poderão advir de outra forma.

---

11. A esse respeito, o Conselho de Recursos do Sistema Nacional de Seguros Privados de Previdência Privada Aberta e de Capitalização (CRSNSP), no Recurso ao CRSNSP 7.057, relativo ao Processo Susep 15414.005459/2012-57, entendeu que a contratação por telefone, ou seja, sem o preenchimento de proposta de adesão, seria indevida e não comprovaria a adesão ao contrato coletivo. Ademais, o pagamento por mais de dois anos não seria hábil a comprovar a intenção do segurado aderente. Disponível em: https://www.gov.br/fazenda/pt-br/orgaos/orgaos-colegiados-do-me/crsnsp/busca-de-jurisprudencia/. Acesso em: 27 fev. 2022.
12. A esse respeito, o CRSNSP, no Recurso 7203, relativo ao Processo Susep 15414.200030/2013-52, entendeu que o recebimento de proposta assinada pelo segurado e pela corretora, por sistema de "login/senha", eximiria a seguradora de verificar a autenticidade das assinaturas, considerando o volume de negócios diário. Disponível em: https://www.gov.br/fazenda/pt-br/orgaos/orgaos-colegiados-do-me/crsnsp/busca-de-jurisprudencia/. Acesso em: 27 fev. 2022.
13. A consulta foi realizada em 27.02.2022 e resultou, em universo de mais de trinta decisões, na constatação de que são punidas, por esta infração, as seguradoras e seus administradores. O repositório de decisões do CRSNSP pode ser acessado em: https://www.gov.br/fazenda/pt-br/orgaos/orgaos-colegiados-do-me/crsnsp/busca-de-jurisprudencia/.

É costumeiro que as seguradoras imponham aos corretores de seguros, por via contratual, a responsabilidade por obter tais assinaturas, sob pena de multa em caso de descumprimento e consequente sanção regulatória. Neste compasso, ainda que a seguradora seja – atualmente – o alvo dos processos administrativos sancionadores, as corretoras também devem estar atentas aos requisitos formais exigidos para que a proposta seja aceita.

De um modo ou de outro, ganha em higidez o mercado com a colaboração entre os agentes para que os contratos sejam celebrados de acordo com as informações corretas de segurados e seguradores. Havendo o correto preenchimento da proposta e dos questionários, e sendo adequadamente informadas as coberturas e seus objetos, estarão *equilibradas* as prestações entre segurado e segurador, garantindo-se a cobertura dos riscos predeterminados, na forma do art. 757 do Código Civil.

Versão original publicada em: 03.03.2023.

O OCASO DA "MÁXIMA" BOA-FÉ NOS CONTRATOS DE SEGURO

Thiago Junqueira

1. INTRODUÇÃO

A atuação da boa-fé nos contratos de seguro é tão impactante que costuma ser qualificada: fala-se, no Brasil, de uma *máxima boa-fé*. A indigitada noção possui origem no Direito inglês e, não obstante tenha sido ecoada em vários países, vem enfrentando resistência nos últimos tempos. Antes de abordar essa polêmica, convêm fazer uma breve contextualização.[1]

Naquele que é considerado o primeiro tratado referente aos seguros (escrito no ano de 1552), ao solucionar determinado problema, Pedro Santarém afirmou: "Não por olhar à natureza do contrato, mas aquela boa-fé, que muito especialmente os mercadores devem observar".[2] É ainda mais antiga, porém, a menção à necessidade da boa-fé, especialmente nos seguros marítimos.

Com efeito, podem ser citados, *v.g.*, o *Statuto Dell'Uffizio di Mercanzia di Firenze Sull'assicurazione di navi e merci straniere* (1393), que seria a fonte mais vetusta de que se tem conhecimento com menção à necessidade da boa-fé no contrato de seguro, a Ordenação de Philippe II, da Antuérpia (1570), a Ordenação de Amsterdam (1598) e o *Guidon de la Mer* (1556 e 1584).[3]

A noção de "*máxima*" boa-fé ("*utmost good faith*" ou "*uberrima fides*"),[4] por sua vez, é usualmente atribuída ao *leading case* inglês *Carter vs Boehm* (1766). Todavia, a

---

1. O presente artigo retoma, seguindo de perto, tópico anteriormente examinado em: JUNQUEIRA, Thiago. Comentários ao art. 765 do Código Civil. In: GOLDBERG, Ilan; JUNQUEIRA, Thiago. *Direito dos Seguros*: comentários ao Código Civil. Rio de Janeiro: Forense, 2023. p. 220-223.
2. SANTARÉM, Pedro. *Tractatus de Assecurationibus et Sponsionibus*, 3. ed. (trad. Port). Lisboa: Instituto de Seguros de Portugal, 2006. p. 163.
3. MIRAGEM, Bruno; PETERSEN, Luiza. *Direito dos seguros*. Rio de Janeiro: Forense, 2022. p. 158-159. A origem da noção da boa-fé é quase imemorial, perdendo-se nas brumas da antiguidade. A "árdua e ingrata" evolução histórica (do direito romano à atualidade) desse princípio foi, na medida do possível, tirada da sombra na doutrina portuguesa pela obra resultante da tese de doutorado de CORDEIRO, António Menezes. *Da boa fé no direito civil*. Coimbra: Almedina, 1984 (reimp. 2011). p. 55-403. Na doutrina brasileira, é de consulta obrigatória MARTINS-COSTA, Judith. *A boa-fé no direito privado*: critérios para a sua aplicação. 2. ed. São Paulo: Saraiva Educação, 2018.
4. Sobre o uso da expressão latina em questão, confira-se a provocação da doutrina: "(...) a rule requiring '*uberrima fides*' from a contracting party is more impressive sounding than one merely requiring the exercise of the 'utmost good faith'". HASSON, R. A. The doctrine of *uberrima fides* in insurance law – a critical evaluation. *The modern law review*, v. 32, 1969. p. 615.

literatura especializada demonstra que Willian Murray (Lord Mansfield, *Chief Justice of the King's Bench* durante o período de 1756 a 1788) não utilizou tal expressão ou outra equivalente (*v.g., purest good faith*) no referido caso. Embora seja alvo de acesa controvérsia, a expressão aparentemente teria sido empregada pela primeira vez, na Inglaterra, em *Wolff vs Horncastle*, em ação julgada por Buller J. em 1798.[5] Ao longo do século XIX, a doutrina da máxima boa-fé ganhou progressivo terreno na jurisprudência desse país e foi legalmente consagrada no *Marine Insurance Act* de 1906 (seção 17). Na sequência, a noção foi transposta do seguro marítimo para o seguro terrestre, se replicou em inúmeras latitudes e, durante um período, foi detentora de grande prestígio internacional.[6]

A doutrina da máxima boa-fé não foi inicialmente acolhida de maneira legislativa por aqui. O Código Comercial brasileiro de 1850, nesse sentido, é exemplar. Embora tenha um artigo relativo à boa-fé como critério interpretativo, foi omisso ao tratar dos seguros marítimos (arts. 666 a 730). O mesmo se diga do esboço de Teixeira de Freitas (1864), que não dispunha de preceito próprio para os seguros, referenciando-o apenas tangencialmente, como um dos exemplos de contratos aleatórios (art. 2.271).

Por outro lado, o Código Civil de 1916, apesar de não ter consagrado um princípio da boa-fé nos contratos, fez menção à sua incidência em caráter geral a um único contrato em espécie, justamente o seguro (art. 1.443). Eis os seus termos: "O segurado e o segurador são obrigados a guardar no contrato a mais estrita boa fé e veracidade, assim a respeito do objeto, como das circunstâncias e declarações a ele concernentes".

Em passagem sucinta de seu Código Civil Comentado, Clovis Bevilaqua afirma que o art. 1.443 do CC de 1916 teve como fontes inspiradoras o art. 508 do Código Civil de Zurich (1855), o art. 9º da Lei belga de seguros (1874) e o art. 933 do projeto Coelho Rodrigues.[7] Ocorre que essas duas leis estrangeiras, na verdade, não faziam menção alguma a uma *máxima* boa-fé. No projeto Coelho Rodrigues, constava que as partes contratantes de um seguro eram obrigadas a guardar a "mais restricta sinceridade e boa fé",[8] o que já se encontrava em alguma doutrina pátria em relação às causas mercantis em geral.[9]

Como será discutido no próximo tópico, atualmente há sérias dúvidas quanto à conveniência de manter a noção de máxima boa-fé nos contratos de seguro.

---

5. BENNETT, Howard. The three ages of Utmost Good Faith. In: MITCHELL, Charles; WATTERSON, Stephen (Ed.). *The World of Maritime and Commercial Law*: Essays in Honour of Francis Rose. London: Hart Publishing, 2020. p. 66.
6. Na Inglaterra, a máxima boa-fé continua tendo relevo considerável.
7. BEVILAQUA, Clovis. *Codigo Civil dos Estados Unidos do Brasil Comentado*. Rio de Janeiro: Francisco Alves, 1926. v. V. p. 205.
8. No projeto Coelho Rodrigues, apresentado em 1893, constava (art. 933): "O segurado e o segurador são obrigados a guardar no respectivo contrato a *mais restricta* sinceridade e boa fé, tanto a respeito do objecto, como das circumstancias e das declarações pertinentes". O autor, que, ao receber a missão de fazer o projeto de um Código Civil foi para Zurich, teria sido influenciado pelo seu Código Civil. Para conferir a literalidade dos artigos do CC de Zurich (*rectius*, Código de Direito Privado do Cantão de Zurique) e da Lei belga, consulte-se MIRAGEM, Bruno; PETERSEN, Luiza. op. cit. p. 25.
9. CAMILO JUNIOR, Ruy Pereira. A recepção dos 'Principios de Direito Mercantil e Leis de Marinha', do Visconde de Cairu, pelos comercialistas brasileiros dos séculos XIX e XX. *Revista da Faculdade de Direito*, Universidade de São Paulo, São Paulo, v. 112, p. 126, jan./dez. 2017.

2. DECLÍNIO DA NOÇÃO DE MÁXIMA BOA-FÉ NOS SEGUROS

Historicamente, a dependência de informações providas pelo segurado para o contrato ser firmado em termos adequados, a potencialidade de os comportamentos do segurado influenciarem diretamente na ocorrência ou não do sinistro – ou, ao menos, na probabilidade de sua concretização –, e o fato desse vínculo geralmente se qualificar como de longa duração, colocavam, quando somados, os seguradores em uma posição de vulnerabilidade e, por isso, contribuíram para o florescimento da "máxima" boa-fé nas relações securitárias.

Na sua origem, a noção estava muito ligada ao dever pré-contratual de informação dos segurados, tendo poucas consequências práticas para as exigências de comportamentos dos seguradores. Gradualmente, seus contornos foram mudando e, no contexto atual, é indiscutível, independentemente de sua qualificação, a via de mão dupla da boa-fé, bem como os seus influxos ao longo de todo o vínculo contratual, inclusive nas fases anteriores e posteriores ao contrato.

O que tem sido mais e mais debatido é se, consolidado o princípio da boa-fé nos países de *civil law*, faria sentido manter esse conceito de máxima boa-fé nas relações securitárias, proveniente do *common law*. Entre inquietantes dúvidas, destaque-se: seria possível a gradação da boa-fé? O seguro demandaria parâmetro de conduta particular, ou seja, uma boa-fé qualificada? Quais seriam os reais impactos de uma qualificação nesse sentido? Considerando a amplitude da boa-fé objetiva presente no direito contratual brasileiro contemporâneo, haveria benefício na manutenção dessa noção?

Não se pretende, no presente artigo, analisar exaustivamente o tema. Buscar-se-á, tão somente, convidar o leitor a refletir sobre a conveniência da repetição dessa noção de máxima boa-fé nos seguros, ainda que seja, como por vezes tem ocorrido mais recentemente, para justificar padrões de conduta mais diligentes por parte dos seguradores.

Retornando ao contexto do Direito inglês, é relevante destacar que neste país não existia e ainda não existe um princípio geral de boa-fé contratual e um dever de informação anterior ao vínculo negocial. Conforme adverte Christian Twigg-Flesner: "*With the exception of a small category of contracts uberrimae fidei, English contract law does not have a general duty of disclosure in the pre-contractual context, reflecting its adversarial rather than co-operative ethic*".[10]

Como poderia o nascedouro da máxima boa-fé nos seguros não agasalhar o princípio geral da boa-fé nas relações contratuais? O paradoxo é meramente aparente. Foram justamente as especificidades dessa relação contratual e a ausência de uma boa-fé em geral que contribuíram para a qualificação dos seguros, entre outros poucos vínculos

---

10. TWIGG-FLESNER, Christian. *The Europeanisation of contract law*: current controversies in law. 2 ed. New York: Routledge, 2013. p. 146. Em sentido convergente: "Lord Mansfield was at the time attempting to import into English commercial law the civil law notion of good faith, but this ultimately proved unsuccessful and only survived for a very limited class of transactions, including insurance". LOWRY, John. Whither the duty of good faith in UK insurance contracts. *Connecticut insurance law journal*, v. 16, 1, 2009. p. 98.

obrigacionais, como um contrato de "*utmost good faith*", afastando assim a máxima *caveat emptor* ("toma cuidado, comprador"). Esse conceito ganhou tanta força que acabou sendo adotado, ainda que de forma indireta e justificável dentro de seu contexto histórico, por muitos outros países.

Na doutrina portuguesa, por exemplo, Margarida Lima Rego se opõe expressamente à aplicação do conceito de máxima boa-fé nos seguros. Após fazer alusão a Halperin e Morandi, que "mostram o seu espanto com as explicações que são avançadas por alguma doutrina sobre o significado desta qualificação, «como se existissem contratos que fosse possível executar com má intenção e subterfúgios (!)»", afirma a autora:

> Note-se que, até mesmo no seio do *common law*, se duvida actualmente da especialidade que tem este princípio no domínio dos seguros, desenvolvido no contexto muito específico dos primórdios do mercado do Lloyd's de Londres, em que, essencialmente, os proprietários dos navios e respectivas cargas se seguravam uns aos outros, e posteriormente plasmado na s. 17 do Marine Insurance Act de 1906. Friedmann, Good Faith, p. 311, observa que o princípio da máxima boa fé surgiu em direito inglês, no domínio do contrato de seguro, por contraposição à máxima *caveat emptor – let the buyer beware –* que reinava à época no restante direito dos contratos. Brown em Brown/Menezes, Insurance Law, p. 1-3, afirma que o princípio perdeu algum do seu significado porque, por um lado, os actuais níveis de protecção ao consumidor reduziram, de uma forma geral, a importância do princípio contra o qual fora criado o da máxima boa fé – *let the buyer beware* – e que, por outro lado, a sofisticação da indústria seguradora moderna dispensa a protecção de que os anteriores seguradores careceriam. Por seu lado, Botes, na monografia que dedica ao tema, *Utmost Good Faith*, salienta que o princípio nunca representou, no *common law*, um *maius* relativamente ao princípio da boa fé presente na tradição dos países de *civil law*, mas antes algo que poderia aproximadamente qualificar-se como o seu equivalente inglês, que, se nunca chegou a vingar no direito geral dos contratos, teve melhor sorte no domínio mais restrito, primeiro dos seguros marítimos, e mais tarde dos seguros em geral.[11]

Maria Inês de Oliveira Martins, também à luz do Direito dos Seguros português, menciona a necessidade de se reduzir as invocações à *uberrimae fidei* "às suas devidas proporções":

> Com efeito, se no Direito inglês a categoria dos contratos de "*utmost good faith*" demarca o conjunto dos contratos em que a boa fé impõe às partes especiais deveres de cooperação, já à face de ordens jurídicas que subordinam todos os negócios jurídicos ao parâmetro da boa-fé (§ 242 do BGB, artigos 236° e 762° do CC português, 113° e 422° do CC brasileiro), parece deslocado afirmar que um contrato seja "mais de boa fé" do que outros. Numa ordem jurídica como a alemã, onde a fertilidade do princípio foi particularmente patente nos últimos cem anos, tornou-se moeda corrente assinalar o caráter meramente retórico de tal *superlatividade* da boa fé em sede de contrato de seguro. De resto, com a codificação do Direito dos seguros e a positivação destas exigências de conduta, a mobilização de tal parâmetro foi acusada de se ter tornado falha de fundamento prático.[12]

---

11. REGO, Margarida Lima. *Contrato de Seguros e Terceiros*: estudos de direito civil. Coimbra: Coimbra Editora, 2010. p. 441.
12. MARTINS, Maria Inês de Oliveira. *Contrato de Seguro e Conduta dos Sujeitos Ligados ao Risco*. Coimbra: Almedina, 2018. p. 168 e 853.

Como última referência, cite-se Kevin Bork e Manfred Wandt, tratando em detalhes sobre o tema no contexto do ordenamento jurídico alemão:

> The meaning of the principle of utmost good faith remained vague through centuries and will neither be clarified by this analysis. Yet, the analysis will answer the question, whether a principle like utmost good faith has any standing in German contract law, with the conclusion that such a principle does not exist in German contract law. (…) German contract law does not entail a principle of utmost good faith in a sense of a duty of increased good faith. However, the nature of the contract is decisive to evaluate the specifications of good faith and all contracts, whatsoever, are strongly influenced by the principle of good faith.[13]

O autor deste artigo concorda plenamente com as observações feitas, tanto no que diz respeito ao desafio de diferenciar padrões de boa-fé, como no que se refere à grande envergadura do princípio geral da boa-fé objetiva, também no contexto do Direito brasileiro, o que torna desnecessário recorrer à boa-fé qualificada na atualidade.

Some-se, ainda, que, apesar de em alguns julgados brasileiros constar, de forma genérica, que a boa-fé assume "maior relevo" no contrato de seguro, e a caraterística de estar disposta a necessidade da "mais estrita boa-fé" no art. 765 do CC de 2002, certo é que não é retirada nenhuma consequência específica da boa-fé qualificada na práxis brasileira.

3. CONCLUSÃO

Se, durante um período no qual não havia um princípio geral da boa-fé objetiva nos contratos, justificava-se o apelo à noção de máxima boa-fé nos seguros, de resto consagrada legalmente, no contexto atual esse parece constituir um artifício retórico, desprovido de efetivas consequências. Ou seja, com o perdão do jogo de palavras, apenas para inglês ver.

Dito isso, advirta-se que não se está defendendo que ambas as partes – segurado e segurador – teriam deixado de estar vinculadas a rigorosos deveres de cooperação e a uma grande confiança negocial. Tampouco se considera que, à luz do ordenamento jurídico brasileiro posto, estaria equivocada tal classificação, ou que, especialmente na ausência de boa-fé subjetiva em sua concepção ética, as sanções punitivas dispostas em lei para os segurados e os seguradores deveriam ser afastadas.

O que se pretendeu registrar é a clara tendência de que o conceito em questão perca importância – o que, na prática, não fará diferença.

Versão original publicada em: 09.11.2023.

---

13. BORK, Kevin; WANDT, Manfred. "Utmost" good faith in German contract law. *ZVersWiss*, 109, p. 244 e 253, 2020. Disponível em: https://doi.org/10.1007/s12297-020-00478-6. Acesso em: 05 nov. 2023.

AVISO DO SINISTRO AO SEGURADOR: CONTRIBUTOS PARA A INTERPRETAÇÃO DO ART. 771 DO CÓDIGO CIVIL

Daniel Dias

Thiago Junqueira

1. INTRODUÇÃO

A vinculação do segurado em informar o segurador sobre a ocorrência do sinistro é um tema antigo no sistema jurídico brasileiro, presente no Código Comercial de 1850, no Código Civil de 1916 e no Código Civil de 2002.[1]

Apesar disso, a sua atual previsão é mais nebulosa do que à primeira vista parece. A forma com que está prevista no CC/2002 não corresponde à forma como tem sido entendida pela doutrina e aplicada pelos tribunais. Na verdade, como se perceberá, a interpretação que se dá ao dispositivo do Código Civil vigente corresponde a um curioso retorno, ainda que parcial, à previsão existente no CC/1916.

Este artigo tem como objetivo analisar criticamente e sistematizar os requisitos que levam à perda do direito à indenização por parte do segurado, quando este falha em informar prontamente o segurador sobre a ocorrência do sinistro. Para alcançar esse objetivo, a abordagem será estruturada em cinco tópicos distintos.

Após esta breve introdução, serão examinados alguns aspectos fundamentais relacionados ao aviso do sinistro ao segurador (*infra*, 2) e a sua regulamentação no Código Civil de 1916 (*infra*, 3). Em seguida, será esmiuçado o atual regramento da matéria no Código Civil de 2002, especialmente os requisitos necessários para que ocorra a perda do direito à indenização por parte do segurado (*infra*, 4, e seus subtópicos). Por fim, serão apresentadas as conclusões decorrentes desta análise (*infra*, 5).

---

1. Art. 719 do Código Comercial de 1850, ainda em vigor em relação aos seguros marítimos: "O segurado deve sem demora participar ao segurador, e, havendo mais de um, somente ao primeiro na ordem da subscrição, todas as notícias que receber de qualquer sinistro acontecido ao navio ou à carga. A omissão culposa do segurado a este respeito, pode ser qualificada de presunção de má-fé". O presente estudo retoma e aprofunda artigo publicado anteriormente por um dos seus coautores, conforme: DIAS, Daniel. *Sistematização do aviso do sinistro* – Partes 1 e 2, disponíveis em: https://www.conjur.com.br/2022-set-08/seguros-contemporaneos-sistematizacao-aviso-sinistro-segurador-parte. Acesso em: 24 fev. 2024. Tal qual ocorrido na publicação original, extravasa ao escopo do presente artigo o exame da matéria à luz de sua disciplina no Código Comercial.

2. ASPECTOS ESSENCIAIS DO AVISO DO SINISTRO AO SEGURADOR

A concretização do risco segurado e a consequente ocorrência do sinistro, em princípio, gera ao segurado o direito a ser indenizado pelo segurador. O processo de análise da cobertura e extensão da prestação do segurador, designado como regulação do sinistro,[2] inicia-se, em regra, com a participação do segurado ao segurador – contendo as circunstâncias e as prováveis causas e consequências do sinistro.

A relevância dessa comunicação do segurado – tecnicamente referida como aviso de sinistro – é mais do que intuitiva.[3] Conforme destacado por Menezes Cordeiro:

> O segurado, pela natureza das coisas, está numa situação privilegiada para se aperceber da ocorrência do sinistro. Ora este deve ser levado, o mais cedo possível, ao conhecimento do segurador: só assim este poderá tomar as medidas necessárias para minorar os danos. Além disso, apenas nos momentos imediatamente subsequentes ao evento, é possível, muitas vezes, apurar a extensão do dano e o processo etiológico donde ele derive.[4]

Na doutrina nacional, Pedro Alvim igualmente adverte:

> Tem o segurador necessidade de saber da ocorrência, não só para tomar as providências de pagamento da indenização, como conhecer as circunstâncias de que se revestiu o acontecimento, determinar suas causas imediatas e adotar as medidas que julgar oportunas para minorar os prejuízos, se for o caso.[5]

O aviso imediato do sinistro mantém mesmo relação próxima com as chamadas despesas de contenção/salvamento, a serem empregadas a fim de minorar as perdas do segurado e, ao mesmo tempo, da seguradora. Essa vinculação, presente na parte final do *caput* do art. 771 do CC/2002, remete à noção da mitigação das próprias perdas (*duty to mitigate the loss*, no direito anglo-saxão).

Tendo como exemplo a modalidade de seguro garantia de obra, o aviso tardio do sinistro pelo segurado tem o potencial de impedir a seguradora de, entre outras coisas: (i) atenuar os danos sofridos pelo segurado; (ii) controlar as condições e circunstâncias

---

2. "Didaticamente, é possível ilustrar a usual sequência de acontecimentos da seguinte maneira: após a ocorrência do sinistro, o segurado faz o seu aviso diretamente ao segurador ou ao corretor de seguros, que o repassará ao segurador, acompanhado da entrega de alguns documentos, conforme a modalidade de seguro envolta no caso concreto. O exame de tais documentos e das condições do sinistro será feito pelo regulador do sinistro. Na sequência, o regulador irá emitir um relatório que será utilizado como guia para a efetiva, ainda que parcial, cobertura do sinistro pelo segurador ou a sua recusa, que necessariamente terá quer ser fundamentada". GOLDBERG, Ilan; JUNQUEIRA, Thiago. Regulação do sinistro no século XXI. In: ROQUE, Andre Vasconcelos; OLIVA Milena Donato. *Direito na era digital*: aspectos negociais, processuais e registrais. Salvador: JusPodivm, 2022. p. 260.
3. A doutrina diverge sobre a correta qualificação do aviso do sinistro. Seria ela um dever, um ônus, uma incumbência, um encargo? Por limite de espaço, o tema não será enfrentado neste artigo, tendo-se optado pelo uso do termo "vinculação". Para um exame detalhado das figuras do ônus, do encargo (por vezes traduzido como incumbência) e do dever, consulte-se POÇAS, Luís. *O dever de declaração inicial do risco no contrato de seguro*. Lisboa: Almedina, 2013. p. 644 e ss.; DIAS, Daniel. *Mitigação de danos na responsabilidade civil*. São Paulo: Ed. RT, 2020, p. 245 e ss. Sobre a necessária interpretação ampliativa dessa vinculação de aviso tempestivo do sinistro às figuras do "tomador do seguro" e do "beneficiário", para além do "segurado", confira-se *infra*, 4.2.
4. CORDEIRO, António Menezes. *Direito dos Seguros*. Coimbra: Almedina, 2013. p. 698.
5. ALVIM, Pedro. *O Seguro e o novo Código Civil*. Rio de Janeiro: Forense, 2007. p. 67-68.

em que o sinistro se produziu; (iii) recolher elementos probatórios; (iv) eventualmente, substituir a construtora; e (v) tomar as medidas necessárias à proteção dos seus interesses, consubstanciado na efetivação da contragarantia firmada junto ao tomador do seguro. Por isso, o segurado deve informar o sinistro de forma ágil e assertiva.

Ao contrário do que costuma ocorrer na experiência estrangeira,[6] o legislador brasileiro não dispôs sobre um prazo decadencial contado em dias para o aviso do sinistro, tendo preferido utilizar a locução "logo que o saiba" para firmar a vinculação do segurado de reportar o sinistro ao segurador, sob pena de perder o direito à *indenização*.[7] Confira-se, nesse particular, a literalidade do *caput* do art. 771 do CC/2002: "Sob pena de perder o direito à indenização, o segurado participará o sinistro ao segurador, logo que o saiba, e tomará as providências imediatas para minorar-lhe as consequências".

Diante da gravidade da consequência de seu inadimplemento, mesmo sem a presença de um prazo decadencial fixo, uma parcela considerável da doutrina e jurisprudência têm temperado o rigor do indigitado dispositivo legal. Os requisitos para a perda do direito do segurado à indenização em virtude da demora no aviso do sinistro serão enfrentados nos próximos tópicos. Desde logo, cabe adiantar que, embora disposto na seção I ("Disposições gerais") do capítulo do CC/2002 que regula os seguros, a aplicação do art. 771 será distinta a depender da modalidade securitária. Esse fato, inclusive, está presente na forma do tratamento infralegal do tema no Brasil.

Conforme disposto no art. 41 da Circular Susep 621/2021, que trata dos seguros de danos, no clausulado da seguradora "[d]everão ser informados os procedimentos para comunicação, regulação e liquidação de sinistros, incluindo a listagem dos documentos básicos previstos a serem apresentados para cada cobertura, facultando-se às sociedades seguradoras, no caso de dúvida fundada e justificável expressamente informada ao segurado, a solicitação de outros documentos". No que aqui interessa, estatui o art. 42 da Circular: "É vedada a inclusão de cláusula que fixe prazo máximo para a comunicação de sinistro".

A proibição de fixação de um prazo determinado para o aviso de sinistro está disposta ainda no art. 50 da Circular Susep 667/2022 (que dispõe sobre as regras complementares de funcionamento e os critérios para operação das coberturas de risco de seguros de pessoas).

---

6. Por exemplo: prazo decadencial de oito dias, salvo estipulação contratual em contrário, no direito português (Decreto-Lei 72/2008 – "Regime Jurídico do Contrato de Seguro", art. 100º, n. 1), três dias, no direito argentino (Lei 17.418/1967 – "Ley de Seguros", art. 46), sete dias, salvo estipulação contratual de um prazo mais amplo, no direito espanhol (Lei 50/1980 – "Ley de Contrato de Seguro", art. 16), três dias, salvo nos seguros de animais, no qual o prazo é de 24h, no direito italiano (Codice Civile de 1942, art. 1913). Destaque-se, por oportuno, que algumas dessas leis possuem requisitos complementares a serem observados para a perda integral do direito à indenização pelo segurado.

7. A consequência do aviso intempestivo do sinistro é a *perda do direito à indenização* e não a *perda do direito à garantia* (disposta, por exemplo, no *caput* do art. 766 do CC/2002, que trata da declaração inicial do risco). Isso significa que, em regra, mesmo que o art. 771 do CC/2002 seja aplicado, a apólice em questão continuará em vigor e, na ocorrência de um sinistro diverso que atinja outro interesse legítimo do segurado, o seu aviso tempestivo poderá resultar na cobertura do sinistro pelo segurador.

No âmbito do seguro garantia, porém, não há semelhante proibição. Ao tratar do tema, o art. 19 da Circular Susep 662/2022 se restringe a mencionar: "A comunicação do sinistro deverá ser encaminhada à seguradora, logo após o conhecimento de sua caracterização, de acordo com os critérios e contendo os documentos definidos nas condições contratuais do seguro, para que seja iniciado o processo de regulação pela seguradora". Tampouco a norma que trata dos seguros do grupo de responsabilidades contém proibição semelhante. Sobre o tema, o art. 25 da Circular Susep 637/2021 ressalta apenas que

> [o]s seguros à base de reclamações com primeira manifestação ou descoberta devem apresentar, no mínimo, as seguintes informações adicionais: (...) III – o aviso de sinistro deve ser apresentado à sociedade seguradora tão logo o segurado descubra o sinistro ou quando ele se manifestar pela primeira vez, indicando, da forma mais completa possível, as características do evento ocorrido, a natureza dos danos ou das lesões corporais, entre outras informações que identifiquem a ocorrência.

Por serem modalidades alinhadas à categoria dos seguros de danos, pode-se concluir que atualmente a seguradora não poderá, em regra, dispor contratualmente de um prazo decadencial fixo para o aviso do sinistro, tanto no seguro garantia, quanto no seguro do grupo responsabilidades (por exemplo, seguro D&O, seguro E&O e seguro RC Geral). Há, todavia, uma importante exceção: se essas modalidades se constituírem, no caso concreto, em um seguro de danos para a cobertura de grandes riscos.[8]

Essa conclusão é alcançada pela leitura conjunta do art. 1º, § 2º, da Circular Susep 621/2021[9] e do art. 10 da Resolução CNSP 407/2021, que, ao tratar desses seguros vultosos, dispõe apenas o seguinte: "Deverão constar expressamente nas condições contratuais cláusulas dispondo, no mínimo, sobre: (...) VII – a comunicação, a regula-

---

8. Art. 2º da Resolução CNSP 407/2021: "Entendem-se como contratos de seguros de danos para cobertura de grandes riscos aqueles que apresentem as seguintes características: I – estejam compreendidos nos ramos ou grupos de ramos de riscos de petróleo, riscos nomeados e operacionais – RNO, global de bancos, aeronáuticos, marítimos e nucleares, além de, na hipótese de o segurado ser pessoa jurídica, crédito interno e crédito à exportação; ou II – demais ramos, desde que sejam contratados mediante pactuação expressa por pessoas jurídicas, incluindo tomadores, que apresentem, no momento da contratação e da renovação, pelo menos, uma das seguintes características: a) limite máximo de garantia (LMG) superior a R$ 15.000.000,00 (quinze milhões de reais); b) ativo total superior a R$ 27.000.000,00 (vinte e sete milhões de reais), no exercício imediatamente anterior; ou c) faturamento bruto anual superior a R$ 57.000.000,00 (cinquenta e sete milhões de reais), no exercício imediatamente anterior. § 1º Também poderão ser considerados seguros de danos para cobertura de grandes riscos, na forma prevista no inciso II deste artigo, aqueles seguros que tenham sido contratados, por meio de uma apólice individual, por mais de um tomador ou segurado, desde que, ao menos um dos tomadores ou segurados apresentem, pelo menos uma das características constantes das alíneas "b" ou "c" deste inciso. § 2º No caso do seguro garantia, o contrato também poderá ser classificado como de grandes riscos se o tomador ou segurado pertencer a um grupo econômico que atenda as disposições contidas nas alíneas "b" e "c" deste inciso, devendo constar na apólice expressa menção ao vínculo existente, de forma clara e objetiva. § 3º A hipótese prevista no parágrafo anterior aplica-se apenas ao tomador ou segurado que possua personalidade jurídica própria e integre grupo econômico sob controle ou direção administrativa comum ou ainda sob o mesmo controle acionário".
9. Art. 1º, § 2º, Circular Susep 621/2021: "As disposições desta Circular se aplicam facultativamente aos contratos de seguros de danos para coberturas de grandes riscos, na forma definida em regulamentação específica, não sendo vedada a aquisição de produtos regidos por esta Circular por contratantes de coberturas de grandes riscos".

ção e a liquidação de sinistros, incluindo a documentação mínima e o fluxo geral para regulação de sinistro".

No âmbito do seguro agrícola contratado por meio do programa de subvenção ao prêmio rural,[10] há norma fixando em dias o prazo para aviso de sinistros. É o que prevê a Resolução 73/2020 do Comitê Gestor Interministerial do Seguro Rural (CGSR):

> Art. 5º Nas apólices beneficiadas pelo PSR, deverão ser adotados os seguintes prazos no tocante à ocorrência de sinistros:
>
> I – Pelos produtores rurais: na ocorrência de evento(s) coberto(s), o segurado por si, ou por seu representante legal ou preposto, sob pena de perder o direito à indenização, deverá comunicar o fato à seguradora, através do canal de comunicação da respectiva empresa, tão logo saiba do evento ocorrido, respeitando o prazo em dias, conforme abaixo especificado:
>
> a) Prazo máximo de 8 (oito) dias corridos, a contar da data da ocorrência do evento, para as coberturas de: chuva excessiva na colheita, geada, granizo, incêndio/raio, inundação, variação excessiva de temperatura, ventos frios e ventos fortes/vendaval.
>
> b) Para as coberturas de seca e chuva excessiva, prazo máximo de 5 (cinco) dias corridos do término do período de estiagem ou chuva, limitado ainda a 30 (trinta) dias corridos do início da colheita.

O STJ já se pronunciou pela não abusividade de cláusula contratual que dispunha de prazo decadencial fixo para o aviso do sinistro.[11] A sua discussão, porém, parece manter-se em aberto, diante de alguns atos normativos endereçando a matéria de forma proibitiva ou omissiva e da carência de julgados recentes examinando a questão. Como exceções, podem ser mencionados os seguros de danos para a cobertura de grandes riscos e os seguros agrícolas subvencionados, modalidades nas quais é permitida a inclusão de um prazo decadencial fixo.

Navegando em outras águas, o ordenamento jurídico pátrio não estabelece uma forma especial para o aviso do sinistro. Por isso mesmo, há decisão do STJ mencionando

---

10. Conforme disposto na Resolução CGSR 96, de 14 de abril de 2023, o Ministério da Agricultura e Pecuária (MAPA) provisionou a quantia de R$ 1.063.376.377,00 para subsidiar a contratação do seguro rural (v.g., seguro agrícola, seguro pecuário, seguro de florestas) no ano de 2023 no Brasil.
11. "Tal e qual posto no voto vencido do Desembargador Maurílio Passos da Silva Braga, não se pode dizer abusiva cláusula que comanda a imediata comunicação do acidente quando o próprio direito positivo assim dispõe. De fato, tanto o art. 1.457 do Código Civil de 1916 quanto o art. 771 do Código Civil vigente têm dispositivos no mesmo sentido. Neste último, ainda mais severo é o comando legal mencionando a pena de perder o segurado o direito de indenização se não participar o sinistro ao segurador, 'logo que saiba, e tomará as providências imediatas para minorar-lhe as consequências'. Ora, no presente caso, como asseverou o voto vencido, 'se a segurada, sem qualquer comunicação à seguradora, desfaz o local do acidente e determinou que terceiros procedessem ao conserto do bem segurado, a toda evidência, não poderá imputar à seguradora a obrigação do pagamento do seguro, na medida em que retirou, da seguradora, o direito de vistoriar a coisa segurada e decidir ser ou não devida a indenização' (fls. 303/304). E destacou, ainda, ao meu sentir corretamente, que mesmo que se considerasse exíguo o prazo estabelecido na apólice, a questão 'torna-se irrelevante, na medida em que a seguradora só foi cientificada do acidente mais de um ano depois' (fl. 304). Não me parece razoável admitir que um atraso de 435 dias na comunicação da avaria deixe intacto o direito de receber o seguro. Pode até, como afirmou o voto prevalecente, não induzir 'fraude contumaz' (fl. 298), mas, certamente, não autoriza ultrapassar a limitação contratual sobre a comunicação. Afasto, portanto, a decretação de nulidade da cláusula. O fato de que tenha havido o atraso, evidentemente injustificado, tem consequências para a exoneração da seguradora". STJ, 3ª Turma, REsp 604510/RJ, Rel. Min. Carlos Alberto Menezes Direito, j. 14.06.2005, DJ 03.10.2005.

que "o segurado ou beneficiário pode fazer o aviso por telefone, e-mail, carta, ou qualquer outro meio de comunicação colocado à sua disposição pela seguradora".[12] Embora seja recomendável que o aviso seja feito de forma escrita, notadamente por e-mail, com os documentos pertinentes para a regulação do sinistro pelo segurador a ele anexos, de fato o segurado poderá se valer de outros meios, desde que eles tenham sido disponibilizados pelo segurador para esse fim.

Em decisão relativamente recente, o STJ decidiu que o termo inicial da prescrição seria a recusa de cobertura da seguradora,[13] e não a ciência do dano (ou seja, a ciência do sinistro, com a sua suspenção ao longo da regulação de sinistro, tal qual presente na súmula 229 do STJ).[14] Em face disso, afigura-se imperiosa uma análise mais rigorosa do aviso tardio do sinistro, sob pena de imprescritibilidade dos pleitos dos segurados (afinal, para a eventual recusa de cobertura a seguradora terá que ter sido previamente provocada para regular o sinistro) e uma grande insegurança para as seguradoras no provisionamento dos valores necessários para a quitação dos sinistros.

Ainda que considerando essa importante ressalva, a aplicação literal do art. 771 do CC/2002 pode não encontrar respaldo do ordenamento jurídico brasileiro em alguns casos. Antes de examinar a questão, convém pincelar a disciplina da matéria no CC/1916. É o que segue.

3. BREVE RELATO DA ABORDAGEM DA MATÉRIA NO CÓDIGO CIVIL DE 1916

No CC/1916, havia a seguinte previsão de vinculação do segurado de informar o segurador da ocorrência de sinistro:

> Art. 1.457. Verificando o sinistro, o segurado, logo que saiba, comunicá-lo-á ao segurador.
> Parágrafo único. A omissão injustificada exonera o segurador, se este provar que, oportunamente avisado, lhe teria sido possível evitar, ou atenuar, as consequências do sinistro.

Da leitura do dispositivo, extraem-se os seguintes requisitos para a "exoneração" do segurador (leia-se, a perda do direito à indenização do segurado): (i) verificação do sinistro; (ii) ciência do segurado; (iii) não comunicação imediata ao segurador; (iv) ausência de justificativa para omissão; e (v) possibilidade de o segurador evitar ou atenuar as consequências do sinistro.

No tópico subsequente, serão avaliados como esses requisitos se entrelaçam com a atual disciplina da matéria, provida no art. 771 do CC/2002, especialmente considerando os influxos da doutrina e da jurisprudência.

---

12. STJ, 3ª Turma, REsp 2.050.513/MT, Rel. Min. Nancy Andrighi, j. 25.04.2023, DJe 27.04.2023.
13. STJ, 3ª Turma, REsp 1.970.111/MG, Rel. Min. Nancy Andrighi, j. 15.03.2022, DJe 30.03.2022.
14. Súmula 229 do STJ: "O pedido do pagamento de indenização à seguradora suspende o prazo de prescrição até que o segurado tenha ciência da decisão".

4. DISCIPLINA DO AVISO DO SINISTRO NO CÓDIGO CIVIL DE 2002: EXAME DOS REQUISITOS PARA A PERDA DO DIREITO À INDENIZAÇÃO

No CC/2002, a vinculação do segurado de informar o segurador da ocorrência de sinistro encontra-se assim prevista:

> Art. 771. Sob pena de perder o direito à indenização, o segurado participará o sinistro ao segurador, logo que o saiba, e tomará as providências imediatas para minorar-lhe as consequências.
>
> Parágrafo único. Correm à conta do segurador, até o limite fixado no contrato, as despesas de salvamento consequente ao sinistro.

Fora a inserção da vinculação de minorar as consequências, que ultrapassa o horizonte do presente estudo, há uma diferença considerável em relação à previsão do CC/1916: a alteração do parágrafo único, com a consequente não repetição dos referidos requisitos de (iv) ausência de justificativa para omissão e (v) possibilidade do segurado de evitar ou atenuar as consequências do sinistro.

Essa norma corresponde em essência ao que já era previsto orginalmente no PL 634/1975 (art. 781).[15] A redação parece ter sido baseada no art. XII do Substitutivo ao Capítulo referente ao Contrato de Seguro no Anteprojeto de Código Civil, elaborado por Konder Comparato a pedido do Miguel Reale.[16] Nos debates parlamentares não se encontra as razões para as mudanças em relação ao CC/1916.

Trata-se, aparentemente, de um movimento de objetivação da norma e facilitação da sua incidência sob a perspectiva da seguradora, visando ao resguardo do fundo mutual. Acontece que essa supressão acabou sendo relativizada por considerável parcela da doutrina e da jurisprudência.

Na sequência, analisar-se-á um a um quais são os atuais pressupostos exigidos para que o segurado perca o direito à indenização em caso de descumprimento do aviso tempestivo do sinistro ao segurador.

4.1 Ocorrência do sinistro

Em primeiro lugar, tem de ter havido sinistro, isto é o risco assegurado tem de ter se concretizado. Como já lecionava J. M. Carvalho Santos, "a obrigação de dar o aviso pressupõe [...] um momento *objetivo*, a verificação do sinistro previsto no contrato".[17] Se a vinculação é de "participar o sinistro", sem a ocorrência do sinistro não há que se falar, em regra, em perda do direito à indenização a ele relativo.

---

15. PASSOS, Edilenice; LIMA, João Alberto de Oliveira. *Memória Legislativa do Código Civil*. Brasília: Senado Federal, 2012. v. 1. p. 211-212.
16. COMPARATO, Fábio Konder. Substitutivo ao Capítulo referente ao Contrato de Seguro no Anteprojeto de Código Civil. *Revista de direito mercantil, industrial, econômico e financeiro*, ano XI, n. 5, 1972. p. 144.
17. CARVALHO SANTOS, João Manuel de. *Código civil brasileiro interpretado*. 12 ed. Rio de Janeiro: Freitas Bastos, 1988. v. XIX: direito das obrigações (arts. 1.363-1.504), p. 351.

Em determinadas modalidades securitárias, porém, pode haver a necessidade de aviso da designada expectativa de sinistro. Ao tratar do seguro garantia (que tem por objetivo garantir o fiel cumprimento das obrigações garantidas, por exemplo, no âmbito de uma obra), a Circular Susep 662/2022 estabelece o seguinte:

> Art. 17. Define-se como expectativa de sinistro o fato ou ato que indique a possibilidade de caracterização do sinistro e o início da realização de trâmites e/ou verificação de critérios para comprovação da inadimplência, nos termos do §1º do art. 18.
>
> § 1º Caso seja prevista a expectativa de sinistro, as condições contratuais do seguro deverão descrever claramente o ato ou fato que a define e estabelecer se haverá, ou não, a exigência de sua comunicação à seguradora, hipótese em que deverão estar descritos os critérios para esta formalização.
>
> § 2º Na hipótese de ser prevista a exigência de comunicação da expectativa de sinistro à seguradora, sua não comunicação, ou sua não comunicação de acordo com os critérios estabelecidos nas condições contratuais do seguro, somente poderá gerar perda de direito ao segurado caso configure agravamento do risco e impeça a seguradora de adotar as medidas dos incisos II e III do artigo 29.[18]

Nos termos da referida norma, havendo previsão contratual exigindo o aviso da expectativa de sinistro à seguradora, em alguns casos a sua ausência poderá gerar a perda de direito à indenização pelo segurado.

Ademais, no âmbito do seguro de responsabilidade civil à base de reclamações (*claims made basis*) com notificações, a seguradora deverá dispor em seu clausulado o seguinte: "as notificações devem ser apresentadas tão logo o segurado tome conhecimento de fatos ou circunstâncias relevantes, potencialmente danosos, que possam acarretar uma reclamação futura por parte de terceiros, nelas indicando, da forma mais completa possível, informações do evento ocorrido, do terceiro atingido, da natureza dos danos ou lesões corporais, e suas possíveis consequências" (conforme o art. 24, inc. IV, da Circular SUSEP 637/2021).

Nessa modalidade contratual, o segurado, ao fazer a notificação tempestivamente, garante que, mesmo que a reclamação do terceiro ocorra após a vigência do seguro de responsabilidade civil, se o dano tiver ocorrido durante a sua vigência (ou no período de retroatividade contratado), a seguradora terá que cobrir o sinistro, desde que respeitados os demais termos contratuais.[19]

---

18. Art. 29 da Circular Susep 662/2022. "Desde que prévia e expressamente acordado entre as partes, o Seguro Garantia poderá prever, isolada ou conjuntamente, a possibilidade ou a obrigação de a seguradora: I – realizar o acompanhamento e/ou monitoramento do objeto principal; II – atuar como mediadora da inadimplência ou de eventual conflito entre segurado e tomador; ou III – prestar apoio e assistência ao tomador".

19. Para melhor compreensão, confira-se, ainda, os seguintes dispositivos da indigitada Circular Susep 637/2021: "Art. 2º Para fins desta Circular, são adotadas as seguintes definições: (...) III – seguro de responsabilidade civil à base de reclamações (*claims made basis*) com notificações: tipo de contratação em que a indenização a terceiros obedece aos seguintes requisitos: a) os danos ou o fato gerador tenham ocorrido durante o período de vigência da apólice, ou durante o período de retroatividade; ou b) o segurado tenha notificado fatos ou circunstâncias ocorridas durante a vigência da apólice, ou durante o período de retroatividade; e c) na hipótese "a", o terceiro apresente a reclamação ao segurado durante a vigência da apólice, ou durante o prazo adicional, conforme estabelecido na apólice; ou d) na hipótese "b", o terceiro apresente a reclamação ao segurado durante a vigência da apólice, ou durante os prazos prescricionais legais. (...) X – notificação: ato por meio do qual o tomador ou o segurado comunicam à sociedade seguradora, nos seguros à base de reclamações com notificações, exclusiva-

4.2 Ciência (efetiva ou potencial) do sinistro pelo segurado

Em segundo lugar, há o requisito da ciência do segurado em relação à verificação do sinistro. O art. 771 do CC/2002 fala que "o *segurado* participará o sinistro ao segurador, logo que o *saiba*" (destacou-se).

Uma primeira questão que se coloca é: a vinculação em tela é inerente apenas ao "segurado", ou também ao "tomador do seguro" e ao "beneficiário"?[20] Bem-vistas as coisas, a vinculação não se restringe ao segurado, podendo abarcar também as outras duas figuras mencionadas.[21]

No seguro de vida, por exemplo, em caso de morte do segurado, é claro que a vinculação não será mais dele, e, sim, do beneficiário. Por outro lado, no seguro D&O contratado por uma companhia para garantia dos interesses de seu diretor que seja responsabilizado por danos causados a terceiros, em consequência de atos ilícitos culposos praticados no exercício das funções para as quais tenha sido nomeado, a vinculação ao aviso do sinistro abrangerá tanto o tomador (companhia) quanto o segurado (diretor).

Apesar de o CC/2002 não fazer a referida ressalva, ela é facilmente extraída do ordenamento jurídico brasileiro. Melhor seria, todavia, se o Código tivesse tido uma maior precisão terminológica na matéria. A lei portuguesa de seguros, por exemplo, dispõe expressamente em seu art. 100: "1 – A verificação do sinistro deve ser comunicada ao

---

mente durante a vigência da apólice, fatos ou circunstâncias, potencialmente danosos, ocorridos entre a data limite de retroatividade e o término de vigência da apólice, os quais poderão levar a uma reclamação no futuro; (...) XIII – reclamação: manifestação de terceiro, pedindo indenização ao segurado, alegando sua responsabilidade civil por ato possivelmente danoso". Art. 24. "Os seguros à base de reclamações com notificações devem apresentar, no mínimo, as seguintes informações: I – que tais seguros cobrem, inclusive, reclamações futuras de terceiros prejudicados, relativas a fatos ou circunstâncias ocorridos entre a data limite de retroatividade e o término de vigência da apólice, desde que tenham sido notificados pelo segurado, durante a vigência da apólice; II – que a entrega de notificação à sociedade seguradora, dentro do período de vigência da apólice, garante que as condições desta serão aplicadas às reclamações futuras de terceiros, vinculadas ao fato ou à circunstância notificados pelo segurado; III – que mesmo quando contratada, a cláusula de notificações somente produzirá efeitos se o segurado tiver apresentado, durante a vigência da apólice, a notificação relacionada ao fato, ou à circunstância que gerou a reclamação efetuada pelo terceiro prejudicado".

20. Enquanto o "tomador do seguro" representa a pessoa que efetivamente celebra o contrato de seguro com o segurador, o "segurado" é a pessoa, nem sempre coincidente com o tomador, que abrange o risco presente no seguro em concreto. No seguro de responsabilidade civil dos diretores e administradores das companhias (seguros D&O), por exemplo, a companhia é quem costuma ser a tomadora e o seu administrador o segurado. Já a figura do beneficiário é a da pessoa que terá direito à prestação da indenização ou do capital segurado, geralmente por indicação expressa do segurado, na ocorrência do sinistro. Feita essa distinção conceitual, cabe aqui uma ressalva: a fim de se evitar a repetição do enunciado "tomador do seguro e, quando díspares, o segurado e o beneficiário" para referir-se àqueles que estão vinculados a avisar o sinistro ao segurador, utilizar-se-ão os termos "tomador do seguro" (ou, simplesmente, "tomador"), "segurado" e "beneficiário" com o mesmo sentido no presente texto. Sendo necessário diferenciar, chamar-se-á, tempestivamente, a atenção para tanto.

21. "El deber de comunicación del siniestro corresponde al tomador del seguro, al asegurado o al beneficiario. Cuando sean personas diversas, cualquiera de ellas habrá de efectuar esta comunicación. El cumplimiento por una de ellas libera de esa carga las demás, en cuanto que por medio de ese cumplimiento el asegurador adquiere conocimiento del hecho del siniestro". SÁNCHES CALERO, Fernando. *Ley de Contrato de Seguro: Comentarios a la Ley 50/1980, de 8 de octubre, y a sus modificaciones*. 4. ed. Navarra: Aranzadi, 2010. p. 401. Na doutrina nacional, *vide* BECHARA, Ricardo. *Direito de Seguro no Novo Código Civil e Legislação Própria*. 2. ed. Rio de Janeiro: Forense, 2008. p. 126.

segurador pelo tomador do seguro, pelo segurado ou pelo beneficiário, no prazo fixado no contrato ou, na falta deste, nos oito dias imediatos àquele em que tenha conhecimento". Ao comentar o referido artigo, Arnaldo Costa Oliveira assevera:

> O obrigado será quem, de entre aquelas categorias [tomador do seguro, segurado e beneficiário], esteja concretamente de posse da informação da ocorrência do sinistro. Se, p. ex., só o tomador do seguro é o obrigado e incumpre, é aplicável o previsto para o incumprimento – eventual responsabilização do tomador do seguro ante o segurado e ou o beneficiário far-se-á tão só ao abrigo de relação subjacente ao contrato de seguro, não ao abrigo deste.[22]

Uma segunda questão a ser examinada é se seria de fato necessária uma ciência *efetiva* ou bastaria que o segurado *pudesse e devesse* saber da verificação do sinistro?

Esse trecho do art. 771 do CC/2002 é idêntico ao que era previsto no art. 1.457 do CC/1916. A doutrina dessa época defendia posição, em consonância com o sentido literal do texto legal, de que era necessária ciência *efetiva*. Segundo J. M. Carvalho Santos, "a obrigação de dar o aviso pressupõe [...] um momento *subjetivo*, ou seja, o conhecimento do sinistro, da parte do segurado, mas conhecimento real e efetivo, não bastando haver suposição de que o segurado o deveria conhecer".[23]

Atualmente, porém, encontram-se posições diversas. Bruno Miragem e Luiza Petersen, por exemplo, *s.m.j.*, dão a entender que não seria indispensável a ciência efetiva, bastando que o segurado pudesse e devesse conhecer a verificação do sinistro. Em tópico sobre proteção do consumidor segurado na execução do contrato, afirmam que a obrigação de participação do sinistro deve ser considerada "de acordo com a capacidade e possibilidade concreta do consumidor de identificá-lo".[24]

Essa linha de raciocínio mais rigorosa à vinculação do segurado tem razão.[25] Contudo, destoa do que está literalmente previsto no art. 771 do CC/2002, afinal "logo que o *saiba*" é diferente de dizer "logo que o saiba *ou logo que pudesse e devesse saber do sinistro*". Por isso, essa posição, apesar de acertada, tem de se desincumbir de um ônus argumentativo de fundamentação.

Por conta da semelhança da problemática envolvida, para resolver essa questão, vale recorrer a uma discussão análoga em relação às duas concepções de boa-fé subjetiva: a *psicológica* e a *ética*. Como ensina António Menezes Cordeiro:

---

22. MARTINEZ, Pedro Romano et al. *Lei do Contrato de Seguro anotada*. Coimbra: Almedina, 2011. p. 383.
23. CARVALHO SANTOS, *Código civil brasileiro interpretado*, cit.. p. 351.
24. MIRAGEM, Bruno; PETERSEN, Luiza. *Direito dos Seguros*. Rio de Janeiro: Grupo GEN, 2022. p. 127.
25. Sobre o tema "saber" vs. "dever saber" nas relações securitárias, consulte-se TARTUCE, Flávio. Do contrato de seguro empresarial e algumas de suas polêmicas: natureza jurídica, boa-fé e agravamento do risco. In: GOLDBERG, Ilan; JUNQUEIRA, Thiago. *Temas atuais de direito dos seguros*. São Paulo: Thomson Reuters Brasil, 2020. t. I, p. 543; GOLDBERG, Ilan. *Saber ou dever saber?* Eis a questão. Disponível em: https://www.migalhas.com.br/coluna/migalhas-de-responsabilidade-civil/342338/saber-ou-dever-saber-eis-a-questao. Acesso em: 29 jul. 2023, e, mais recentemente, JUNQUEIRA, Thiago. Comentários ao art. 766 do Código Civil. In: GOLDBERG, Ilan; JUNQUEIRA, Thiago. *Direito dos Seguros*: comentários ao Código Civil. Rio de Janeiro: Forense, 2023. p. 253 e ss. Todos os autores mencionados defendem que, nas relações securitárias empresariais, as vinculações informativas podem também abranger as circunstâncias que os segurados deveriam saber.

a boa-fé subjetiva podia ser usada em dois sentidos diversos: – um sentido puramente psicológico: estaria de boa-fé quem pura e simplesmente desconhecesse certo facto ou estado de coisas, por muito óbvio que fosse; – um sentido ético: só estaria de boa-fé quem se encontrasse num desconhecimento não culposo; noutros termos: é considerada de má-fé a pessoa que, com culpa, desconheça aquilo que deveria conhecer.[26]

A concepção ética, portanto, "postula a presença de deveres de cuidado e de indagação: por simples que sejam, sempre se exigiria, ao agente, uma consideração elementar pelas posições dos outros".[27]

Menezes Cordeiro apresenta três fundamentos decisivos para preferir a concepção ética da boa-fé subjetiva em detrimento da concepção psicológica:

– a juridicidade do sistema: o Direito não associa consequências a puras casualidades como o ter ou não conhecimento de certa ocorrência; o Direito pretende intervir nas relações sociais; ora, ao lidar com uma boa-fé subjetiva ética ele está, de modo implícito, a incentivar o acatamento de deveres de cuidado e de diligência;

– a adequação do sistema: uma conceção puramente psicológica de boa-fé equivale a premiar os ignorantes, os distraídos e os egoístas, que desconheçam mesmo o mais evidente; paralelamente, ir-se-ia penalizar os diligentes, os dedicados e os argutos, que se aperceberiam do que escapa ao cidadão comum;

– a praticabilidade do sistema: não é possível (nem desejável) provar o que se passa no espírito das pessoas; assim e em última análise, nunca se poderá demonstrar que alguém conhecia ou não certo facto; apenas se poderá constatar que o sujeito considerado, dados os factos disponíveis, ou sabia ou devia saber; em qualquer das hipóteses, há má-fé.[28]

Esses três argumentos, somados aos influxos da boa-fé objetiva na matéria, podem ser aplicados aqui à questão da ciência do segurado e também levam à conclusão de que não se deve exigir a efetiva ciência do segurado, mas apenas que ele podia e devia saber da ocorrência do sinistro, pois: a) é mais adequado aceitar como requisito não só a efetiva ciência do segurado, mas também a sua *ignorância indesculpável*, uma vez que assim se incentiva o segurado à observância de deveres de cuidados (juridicidade do sistema); b) não se premia o segurado ignorante e distraído (adequação do sistema); e c) evita-se o obstáculo prático, muitas vezes insuperável para a seguradora, de ter de provar que o segurado efetivamente sabia da ocorrência do sinistro (praticabilidade do sistema).

Ainda que sejam bem-intencionadas, interpretações em sentido diverso vão de encontro ao padrão de conduta esperado e exigido pelo ordenamento jurídico ao longo de todo o vínculo negocial.

Por essas razões, não só a efetiva ciência, mas também a ignorância indesculpável, satisfazem o presente requisito do art. 771 do CC/2002.

---

26. CORDEIRO, António Menezes. *Tratado de Direito Civil I*. Coimbra: Almedina, 2016. p. 965.
27. CORDEIRO, António Menezes. *Tratado de Direito Civil I*, cit.. p. 965.
28. CORDEIRO, António Menezes. *Tratado de Direito Civil I*, cit., p. 966.

4.3 Não participação do sinistro ao segurador, logo que o soube: culpa do segurado (omissão injustificada)

Um terceiro requisito é que o segurado não deve deixar de comunicar o sinistro ao segurador "logo" após ter conhecimento de sua ocorrência. Mas o que exatamente essa exigência significa? Será que a previsão é absolutamente objetiva, requerendo que o segurado tome medidas imediatas, independentemente das circunstâncias? Ou será que ela permite uma análise subjetiva, levando em consideração as particularidades do caso e o comportamento do segurado, a fim de determinar se houve justificativa para sua omissão ou demora na comunicação, e se houve culpa de sua parte em não informar prontamente?

No CC/1916, a previsão do *caput* do art. 1.457 era muitas vezes entendida de maneira objetiva. Segundo J. M. Carvalho Santos, tratava-se de exigência de comunicação imediata: "o aviso deverá ser dado imediatamente, desde que a notícia do sinistro tenha chegado ao conhecimento do segurado, nada obstando que outro maior prazo seja estipulado na apólice".[29]

Por outro lado, havia no parágrafo único do art. 1.457 um requisito adicional, de ausência de justificativa da omissão, o que permitia que se analisasse o comportamento do segurado, se agiu ou não culposamente. Assim, segundo o mesmo Carvalho Santos,

> a *omissão injustificada*, diz o texto legal, deixando ver claramente que se o inadimplemento da obrigação de avisar a verificação do sinistro resultar de fôrça maior ou caso fortuito, em hipótese alguma poderá legitimar a recusa da Companhia em pagar a indenização. Mas, para tanto, é essencial que o segurado prove o caso fortuito.[30]

No CC/2002, a previsão do parágrafo único do art. 1.457 não foi repetida. E quais são as implicações disso? A intenção do legislador foi de objetivar a exigência de conduta do segurado, de modo a que ele precise informar o segurador imediatamente, aconteça o que acontecer?

Uma tal leitura em abstrato poderia, no caso concreto, ser excessivamente rigorosa com o segurado e, em princípio, deve ser repelida. Por outro lado, uma parcela da doutrina e da jurisprudência têm caminhado em direção diametralmente oposta e vêm consagrando o entendimento de que a omissão precisa ser dolosa ou decorrente de culpa grave do segurado.

Segundo José Augusto Delgado:

> A conclusão a que chegamos é no sentido de que o art. 771 do Código Civil de 2002 deve receber da jurisprudência uma interpretação harmônica com os objetivos do contrato de seguro. A literalidade do seu conteúdo não deve ser empregada com a força cogente que, ao primeiro exame, parece possuir.
>
> [...]

---

29. CARVALHO SANTOS, *Código civil brasileiro interpretado*, cit., p. 351-352.
30. CARVALHO SANTOS, *Código civil brasileiro interpretado*, cit., p. 351-352.

O segurador, na nossa opinião, para se liberar da obrigação de pagar a indenização, tem o ônus de provar a *omissão dolosa ou culposa, esta de forma grave, do segurado*, bem como a expansão do dano.[31]

O STJ já aplicou esse entendimento, em 2016, em um caso no qual o segurado teve o seu carro roubado, sinistro coberto pelo contrato de seguro de automóvel, mas demorou três dias para comunicar o evento à seguradora. Esta indeferiu o pedido administrativo do segurado à indenização, com base no art. 771 do CC/2002, alegando que "o atraso na notificação do sinistro é causa de perda do direito à indenização securitária".[32]

O Min. Ricardo Villas Bôas Cueva, relator do caso, em face do art. 771, afirmou:

Desse modo, é ônus do segurado comunicar prontamente ao ente segurador a ocorrência do sinistro, já que possibilita a este tomar medidas que possam amenizar os prejuízos da realização do risco bem como a sua propagação.

Todavia, não é em qualquer hipótese que a ausência da pronta notificação do sinistro acarretará a perda da indenização securitária; isto é, a sanção não incide de forma automática.

Com efeito, para tanto, deve ser imputada ao segurado uma omissão dolosa, que beire a má-fé, ou culpa grave, que prejudique, de forma desproporcional, a atuação da seguradora, que não poderá se beneficiar, concretamente, da redução dos prejuízos indenizáveis com possíveis medidas de salvamento, de preservação e de minimização das consequências.[33]

Assim, complementou o Ministro Cueva:

se existirem fatos relevantes que impeçam o segurado de promover a comunicação de sinistro e o acautelamento de eventuais consequências indesejadas – a exemplo de providências que lhe possam causar efeitos lesivos ou a outrem –, não há como penalizá-lo com a drástica sanção de perda do direito à indenização, especialmente considerando a presença da boa-fé objetiva, princípio-chave que permeia todas as relações contratuais, incluídas as de natureza securitária.[34]

O Min. Cueva chega a essa conclusão por meio de uma interpretação sistemática do art. 771 "com as cláusulas gerais da função social do contrato e de probidade, lealdade e boa-fé previstas nos arts. 113, 421, 422 e 765 do CC, devendo a punição recair primordialmente em posturas de má-fé ou culpa grave, que lesionem legítimos interesses da seguradora".[35]

Com base nisso, retornou o Min. Relator ao caso:

Na espécie, não houve má-fé ou omissão injustificada do segurado quanto ao atraso na comunicação do aviso de sinistro, de modo que não merece ser sancionado com a perda do direito à indenização securitária.

De fato, o atraso de 3 (três) dias para informar o roubo do automóvel se deu em razão de ameaças de morte feitas pelo criminoso quando da subtração do bem à mão armada no interior da residência

---

31. DELGADO, José Augusto. *Comentários ao novo Código Civil*: Das várias espécies de contrato. Do seguro. In: TEIXEIRA, Sálvio de Figueiredo (Coord.). Rio de Janeiro: Forense, 2004. v. XI, t. I, p. 291-295, itálico aditado.
32. STJ, 3ª Turma, REsp 1.546.178/SP, Rel. Min. Ricardo Villas Bôas Cueva, j. 13.09.2016, DJe 19.09.2016.
33. STJ, 3ª Turma, REsp 1.546.178/SP, Rel. Min. Ricardo Villas Bôas Cueva, j. 13.09.2016, DJe 19.09.2016.
34. STJ, 3ª Turma, REsp 1.546.178/SP, Rel. Min. Ricardo Villas Bôas Cueva, j. 13.09.2016, DJe 19.09.2016.
35. STJ, 3ª Turma, REsp 1.546.178/SP, Rel. Min. Ricardo Villas Bôas Cueva, j. 13.09.2016, DJe 19.09.2016.

da própria vítima. Na ocasião, o meliante havia prometido ao segurado "retornar para matar seus familiares, ordenando que não comunicasse a polícia por pelo menos uma semana" (fl. 560).

Assim, o temor de represálias era real e não seria razoável exigir do segurado comportamento diverso, que poderia colocar em risco não só sua segurança mas também de sua família.[36]

Da lição doutrinária e da decisão judicial percebe-se que, mesmo sem a previsão análoga à do parágrafo único do art. 1.457, a exigência de omissão injustificada acabou retornando. E, aparentemente, retornou agravada. Não bastaria omissão culposa, como era o caso, ter-se-ia agora supostamente de haver omissão dolosa ou por culpa grave.

Não há, porém, base legal ou sistemática para essa interpretação. Do ponto de vista legal, a situação atual seria aparentemente mais rigorosa para com o segurado do que era sob a vigência do CC/1916, pois houve a supressão do requisito da "omissão injustificada".

Por outro lado, pelas regras gerais do direito das obrigações, o CC/2002 na realidade estabelece uma interpretação e aplicação conjunta do art. 771 com o art. 392, norma geral do inadimplemento das obrigações, a qual prevê que, "nos contratos onerosos, responde cada uma das partes por culpa". E os argumentos apresentados não são capazes de agravar regramento legal expresso e findam por violá-lo.

A omissão do segurado, portanto, precisa ser culposa, com base na aplicação conjunta dos arts. 771 e 392, e não necessariamente decorrente de dolo ou culpa grave.[37] No caso julgado pelo STJ, a solução alcançada afigura-se adequada em virtude de suas particularidades (demora de poucos dias do segurado e ameaças de morte feita pelo criminoso caso o segurado tomasse providências). Não é recomendável, porém, que o requisito da culpa grave ou do dolo seja ampliado para outros casos, por exemplo, nos quais o atraso do aviso de sinistro seja contado em meses – ou até mesmo anos.[38]

Quisesse o legislador ter criado um sistema diverso, levando em consideração o grau de culpabilidade do segurado, especialmente para restringir a aplicação do dispositivo em análise apenas aos casos de dolo e culpa grave do segurado, o teria feito expressamente. Não foi esse o caso e, neste sentido, há de se ter em conta a discricionariedade do poder legislativo e do conjunto de legisladores que elaboraram e aprovaram o CC/2002.

4.4 Prejuízo para a seguradora pela falta ou demora na comunicação

A doutrina e a jurisprudência têm defendido mais um requisito para a incidência da perda do direito à indenização prevista no art. 771 do CC/2002: a não comunicação

---

36. STJ, 3ª Turma, REsp 1.546.178/SP, Rel. Min. Ricardo Villas Bôas Cueva, j. 13.09.2016, DJe 19.09.2016.
37. Em sentido convergente, NEVES, José Roberto de Castro. Comentários ao art. 771 do Código Civil. In: GOLDBERG, Ilan; JUNQUEIRA, Thiago. *Direito dos Seguros*: comentários ao Código Civil. Rio de Janeiro: Forense, 2023. p. 302.
38. Ora, se o próprio prazo prescricional nas relações securitárias é mais restrito – um ano, conforme disposto no CC/2002 – do que nos demais negócios jurídicos, como justificar algumas decisões judiciais que relativizam a mora no aviso do segurado, mesmo que ela tenha ocorrido diversos meses ou até mais de um ano depois do sinistro? Como a seguradora faria a devida regulação dos sinistros nesses casos?

do segurado, logo que soube do sinistro, tem de ter gerado prejuízo para a seguradora.³⁹ Ou seja, tem de ficar demonstrado que, caso tivesse sido avisada prontamente, a seguradora teria efetivamente podido evitar a ocorrência ou agravamento de consequências do sinistro.

Como visto, esse requisito era presente no parágrafo único do art. 1.457 do CC/1916, mas não foi repetido no CC/2002. Curiosamente, apesar disso, ele simplesmente retorna sendo construído pela doutrina e jurisprudência.

Nesse sentido, leciona José Roberto de Castro Neves:

> Entre nós, o melhor entendimento parece ser no sentido de que a mera ausência da comunicação ao segurador não funciona automaticamente como gatilho para a perda do direito à indenização pelo segurado. Deve o segurador provar que a ausência (ou atraso) de comunicação do sinistro provocou consequências (danos) que poderiam ter sido evitadas ou atenuadas caso o fato fosse comunicado imediatamente.
>
> Se a função da disposição legal consiste em evitar consequências maiores do que as já existentes, a norma deve ser interpretada a partir da sua finalidade. Na hipótese de a ausência de comunicação não ter gerado qualquer dano ao segurador, a aplicação da letra da norma garantirá ao segurador um benefício contrário à finalidade da norma. Deve-se provar, de igual modo, que a omissão foi dolosa ou culposa.⁴⁰

O STJ tem ecoado esse entendimento, conforme o caso do seguro de automóvel narrado anteriormente.⁴¹ O reconhecimento desse requisito faz sentido e está ligado à finalidade do art. 771. A vinculação de informar do segurado não é uma exigência meramente formal. De fato, serve ao propósito de permitir à seguradora a possibilidade de evitar, ou atenuar, as consequências do sinistro. Se tal possibilidade não havia de fato, não faz sentido privar o segurado da indenização. Essa sanção, numa tal hipótese, seria materialmente vazia.

Então, se a não participação do segurado ao segurador, logo que soube do sinistro, não prejudicar o segurador, o segurado não deve perder o direito à indenização. A conclusão deriva de uma interpretação teleológica do art. 771 do CC/2002. A análise desse requisito, porém, terá que ser rigorosa.

Além da ausência de provisão do sinistro ocorrido, que auxiliaria na adequada gestão do fundo mutual, especialmente nos seguros de danos, a incapacidade de se examinar o local do sinistro e suas reais circunstâncias tende a causar prejuízos ao segurador. Somem-se, ainda, as comuns hipóteses de o segurador restar negativamente

---

39. "Conquanto este dispositivo não faça referência à necessidade de prova do prejuízo decorrente de eventual atraso na comunicação do sinistro por parte do segurado (tal como fazia o CC/1916), esta é a solução que se impõe por decorrência do princípio da boa-fé objetiva, a que o segurador – tanto quanto o segurado – está obrigado, por força no disposto no art. 765 do CC". TEPEDINO, Gustavo; BARBOZA, Heloísa Helena; BODIN, Maria Celina. *Código Civil interpretado conforme a Constituição da República*. 2. ed. Rio de Janeiro: Renovar. 2012. v. II, p. 582-583. Mais recentemente, por exemplo, TEPEDINO, Gustavo; KONDER, Carlos Nelson; BANDEIRA, Paula Greco. *Fundamentos do Direito Civil*. Rio de Janeiro: Editora Forense, 2020. v. 3, Contratos, p. 472.
40. NEVES, José Roberto de Castro. Comentários ao art. 771 do Código Civil, cit., p. 302.
41. STJ, 3ª Turma, REsp 1.546.178/SP, Rel. Min. Ricardo Villas Bôas Cueva, j. 13.09.2016, DJe 19.09.2016.

afetado, em virtude de o aviso extemporâneo do sinistro pelo segurado, no contexto de sua sub-rogação nos direitos do segurado contra o terceiro causador do dano (imagine-se que o terceiro, que era solvente no momento do sinistro, deixou de sê-lo quando do aviso tardio do sinistro, obstaculizando a cobrança do segurador após o pagamento da indenização),[42] e, no seguro garantia, no contexto da execução do contrato de contragarantia firmado com o tomador do seguro.[43]

4.5 Necessidade ou interesse do aviso do sinistro

Em regra, o aviso do sinistro é imprescindível para que o segurador inicie a regulação do sinistro e a sua demora resulta nas consequências dispostas no art. 771 do CC/2002.

> O art. 771 do CC/02 exige que o segurado comunique o sinistro à seguradora, logo que o saiba, sob pena de perder o direito à indenização. Embora a finalidade precípua dessa norma seja evitar o agravamento das consequências geradas pelo sinistro, o aviso de sinistro representa a formalização do pedido de pagamento da indenização securitária. Antes disso, a seguradora não está obrigada a pagar, simplesmente porque não tem ciência do evento.[44]

Sem embargo, desde o CC/1916, uma parcela da doutrina defende que a vinculação do segurado de informar o segurador da ocorrência de sinistro "desaparece desde que se torne supérfluo qualquer aviso, pela notoriedade do fato, ou quando, pela espécie do seguro, não tenha a Companhia interesse algum em ser avisada imediatamente da ocorrência, como, por exemplo, no seguro sobre vida".[45]

O STJ já reconheceu e aplicou esse entendimento:

> Mesmo se não houvesse a efetiva comunicação do sinistro, situação que não se coaduna com a hipótese dos autos, o art. 771 do CC/2002 não autoriza a seguradora a recusar o pagamento da indenização pelo simples fato de o segurado não ter comunicado o sinistro, pois a obrigação de informar (a seguradora) desaparece desde que se torne supérfluo qualquer aviso, pela notoriedade do fato ou quando, pela espécie de seguro, não tenha a seguradora interesse algum em ser avisada imediatamente da ocorrência.[46]

A noção de ausência de interesse do segurador em ser prontamente avisado está entrelaçada ao requisito de necessidade de prejuízo oriundo da demora da aviso do sinistro para a aplicação integral do art. 771 do CC/2002. Nesse sentido, remete-se o leitor

---

42. Art. 786 do CC/2002. "Paga a indenização, o segurador sub-roga-se, nos limites do valor respectivo, nos direitos e ações que competirem ao segurado contra o autor do dano".
43. Conforme destaque da doutrina: "Posto não obrigatório, é comum que o contrato de seguro garantia seja acompanhado de contragarantia celebrada entre sociedade seguradora e tomador, a fim de proteger a própria seguradora contra a ocorrência do sinistro, já que lhe permite recobrar do tomador os valores despendidos em favor do segurado diante do implemento do risco". TERRA, Aline de Miranda Valverde. SALGADO, Bernardo. O risco no seguro garantia e o inadimplemento anterior ao termo. In: GOLDBERG, Ilan; JUNQUEIRA, Thiago (Coord.). *Temas atuais de Direito dos Seguros*. São Paulo: Thomson Reuters Brasil, 2020. p. 490.
44. STJ, 3ª Turma, REsp 2.050.513/MT, Rel. Min. Nancy Andrighi, j. 25.04.2023, DJe 27.04.2023.
45. CARVALHO SANTOS, *Código Civil brasileiro interpretado*, cit.. p. 351.
46. STJ, 3ª Turma, REsp 1.969.653/MS, Rel. Min. Nancy Andrighi, j. 29.03.2022, DJe 1º.04.2022.

ao tópico anterior, recordando que a modalidade securitária em causa influenciará na análise da amplitude da vinculação do segurado.[47]

Antes de se avançar na hipótese da notoriedade do sinistro, convém recordar que, em alguns casos, mesmo ocorrendo o sinistro, o segurado pode não ter interesse em reportá-lo: "imagine-se que não quer perder o bónus (hipótese frequente) ou que o sinistro ocorreu em circunstâncias que prefere manter secretas, sem com isso violar a lei (por exemplo: um acidente pouco significativo num local onde era suposto o segurado não se encontrar)".[48]

Na análise do tema, o intérprete não deve perder isso de vista, pois, caso contrário, impor-se-ia um ônus excessivo ao segurador de se autoinformar e tomar as medidas apropriadas para mitigação dos prejuízos, sem levar em consideração os próprios interesses do segurado.

Especificamente sobre a "notoriedade" do sinistro e de seu potencial conhecimento do segurador, ainda que não tenha havido a comunicação pelo segurado, é necessário considerar que geralmente as seguradoras possuem uma enorme quantidade de contratos em vigor, celebrados pelas suas equipes comerciais e de subscrição. Em situações de sinistro, o processo de regulação é conduzido por uma equipe própria que, a menos que tenha ocorrido algum sinistro anterior com o mesmo segurado ou com um segurado distinto na mesma apólice, provavelmente não terá conhecimento prévio do contrato em questão.

Como, então, delinear as circunstâncias que são ou deveriam ser conhecidas pelo segurador, posto notórias, tornando despiciendo o aviso tempestivo do sinistro pelo segurado? Infelizmente, não há uma fórmula mágica. A análise há de ser casuística, sendo um bom parâmetro a utilização de outra indagação: *será razoável que o segurado confie ser a participação do sinistro um fato totalmente supérfluo para a regulação do sinistro, em virtude de ter por certo o seu conhecimento pelo segurador?*[49] Em resposta positiva,

---

47. PETERSEN, Luíza Moreira. A prescrição e a decadência no contrato de seguro: a prescrição da pretensão do segurado e o aviso de sinistro. In: OSMA, Félix Benito (Coord.). *Revista CILA* (Comité Ibero-Latinoamericano de AIDA). 3/2015 (septiembre-diciembre). p. 102 e ss. A autora esclarece os impactos do aviso tardio no seguro de dano e de pessoas, explicando o motivo pelo qual, nos primeiros, a observância do "logo que o saiba" previsto no dispositivo se mostra ainda mais relevante: "Em primeiro lugar, o prazo deverá variar de acordo com a modalidade do seguro, de acordo com a natureza do interesse segurado e com o prejuízo que a demora do aviso poderá trazer à regulação do sinistro. Evidentemente, a urgência da comunicação do sinistro não será a mesma nos seguros de dano e nos seguros de vida. No primeiro caso, o aviso deve ocorrer o mais rápido possível, considerando que o segurador deverá intervir para minorar os danos e deverão ser apuradas – em tempo útil – a causa do sinistro e a extensão dos danos. Já, no caso do seguro de vida, não há tanta urgência para o aviso do sinistro. Este deve ocorrer, em prazo razoável, mas não há necessidade de se impor ao segurado e aos beneficiários prazo semelhante àquele estabelecido para os seguros de dano, tendo em vista que a natureza do interesse segurado não permite que a intervenção da seguradora para a minoração das consequências do sinistro e que a regulação tende a ser menos complexa" (p. 113).
48. CORDEIRO, António Menezes. *Direito dos Seguros*, cit., p. 534.
49. Em termos semelhantes, mas com relação à eventual desnecessidade de o candidato a segurado fornecer determinada informação no momento da subscrição do contrato, visto que tal circunstância já seria conhecida pelo segurador, POÇAS, Luís. *O dever de declaração inicial do risco no contrato de seguro*, cit., p. 439. Propondo cautela na análise casuística do ônus de conhecimento das circunstâncias inerentes ao segurador (inclusive levando em

que, adiante-se, ocorrerá apenas em casos muito excepcionais, a ausência de aviso do sinistro pelo segurado será suprida pela notoriedade do fato.

Desde o Código Civil de 1916, o requisito examinado neste tópico não possuía base legal expressa. No entanto, é possível reconhecê-lo, de forma restritiva, no caso concreto, através de uma interpretação teleológica do dispositivo.

Além do aviso do sinistro, o segurado geralmente precisa enviar diversos documentos para que a regulação do sinistro possa progredir. Nesse sentido, o prazo de trinta dias para a regulação do sinistro previsto pela Susep somente se iniciará com o recebimento destes documentos dispostos no clausulado da seguradora.[50]

5. CONSIDERAÇÕES FINAIS

A vinculação do segurado de informar o segurador da ocorrência de sinistro é prevista no art. 771 do CC/2002. A partir da leitura dessa previsão ter-se-ia apenas os seguintes três requisitos para a perda do direito do segurado à indenização: sinistro, ciência efetiva do segurado e não comunicação por parte do segurado logo que soube. Da leitura do dispositivo, fica-se com a impressão de que a simples não comunicação imediata, assim que o segurado ficou sabendo da verificação do sinistro, levaria à perda do direito à indenização.

Mas não é isso que acontece. O dispositivo costuma ser interpretado de maneira a dele se a extrair ao todo cinco requisitos: (i) ocorrência do sinistro; (ii) ciência efetiva ou ignorância indesculpável do segurado; (iii) a não comunicação culposa do segurado (omissão injustificada); (iv) prejuízo para a seguradora pela falta ou demora na comunicação; e (v) necessidade ou interesse da seguradora em ser avisada.

Dessa forma, é essencial considerar todos esses elementos na análise do dispositivo, de modo a evitar sobrecarregar o segurado de maneira não razoável e garantir o equilíbrio dos interesses divergentes entre as partes envolvidas no contrato de seguro.

---

conta o fato de que esse conhecimento possa ser insuficiente ou desatualizado) e, ainda, que durante a análise seja considerado o impacto da ausência dos dados oriundos da omissão do tomador/segurado, *vide* TELES, Joana Galvão. Deveres de informação das partes. *Temas de Direito dos Seguros*. Coimbra: Almedina, 2012. p. 262.

50. Conforme presente no art. 43 da Circular Susep 621/2021, que trata dos seguros de danos, o segurador deverá estabelecer "prazo para a liquidação dos sinistros, limitado a trinta dias, contados a partir da entrega de todos os documentos básicos previstos" no clausulado. O art. 41 da mesma Circular faculta "às sociedades seguradoras, no caso de dúvida fundada e justificável expressamente informada ao segurado, a solicitação de outros documentos". Retornando ao art. 43, cite-se o teor do § 1º "Deverá ser estabelecido que, no caso de solicitação de documentação complementar, na forma prevista no art. 41, o prazo de que trata o caput será suspenso, voltando a correr a partir do dia útil subsequente àquele em que forem atendidas as exigências", e do § 2º "Deverá ser estabelecido que o não pagamento da indenização no prazo previsto no caput implicará aplicação de juros de mora a partir daquela data, sem prejuízo de sua atualização, nos termos da legislação específica". No âmbito do seguro de responsabilidade civil profissional (seguro E&O), por exemplo, são comumente requeridos os seguintes documentos pelas seguradoras: (i) relatório circunstanciado sobre o fato gerador, com demonstrativo qualitativo e quantitativo das perdas e danos envoltas; (ii) reclamação formal do terceiro; (iii) cópia integral do processo objeto da reclamação (se houver); (iv) contrato de prestação de serviços firmado entre segurado e terceiro; (v) comprovante de vínculo entre funcionário, responsável pela falha, e o segurado; (vi) contrato social do segurado; e (vii) comprovante de eventuais pagamentos feitos pelo segurado ao terceiro.

É curioso notar que os requisitos (iii) e (iv) estavam presentes no CC/1916 e foram suprimidos no CC/2002, o que levou a doutrina e jurisprudência a ter de reafirmar sua existência, apesar da falta da mesma base legal. Nesse particular, pode-se concluir que houve, portanto, uma piora do regramento legal do CC/2002 em relação ao CC/1916.

Em relação ao requisito (iii), parcela da doutrina e da jurisprudência vão longe demais na proteção do segurado ao defender a necessidade de dolo ou culpa grave do segurado. O sistema já prevê a exigência de culpa (art. 392 do CC/2002), não sendo devido esse agravamento do regime geral.

Os requisitos (iv) e (v), apesar de não previstos expressamente, são extraíveis do art. 771 do CC/2002 a partir de interpretação teleológica do dispositivo. A aplicação desses requisitos, porém, deve ser feita de maneira rigorosa e atenta ao adequado ônus de fundamentação por parte do intérprete.

Versão original publicada em: 1º.09.2022 (parte 1) e 08.09.2022 (parte 2).

REGULAÇÃO DE SINISTRO

DIREITO DOS SEGUROS: LUZES E SOMBRAS DOS ENUNCIADOS DA IX JORNADA DE DIREITO CIVIL

Ilan Goldberg

Thiago Junqueira

Por ocasião da IX Jornada de Direito Civil, promovida pelo Conselho da Justiça Federal (CJF) em maio de 2022, foram aprovados dois enunciados que se referem ao Direito dos Seguros, quais sejam: (i) "Do princípio da boa-fé objetiva, resulta o direito do segurado, ou do beneficiário, de acesso aos relatórios e laudos técnicos produzidos na regulação do sinistro"; e (ii) "Diante do princípio da boa-fé objetiva, o regulador do sinistro tem o dever de probidade, imparcialidade e celeridade, o que significa que deve atuar com correção no cumprimento de suas atividades".

Os respectivos enunciados se unem aos demais aprovados em outras jornadas de Direito Civil, bem como aos enunciados das Jornadas de Direito Administrativo[1] e de Direito Comercial[2] que tratam dos contratos de seguro.

O presente artigo tem como afã tecer algumas reflexões sobre os enunciados recém-aprovados e sobre as Jornadas em si.

Promovidas desde 2002, as Jornadas de Direito Civil têm como objetivo, conforme afirmado pelo Centro de Estudos Judiciários,

> (...) reunir magistrados, professores, representantes das diversas carreiras jurídicas e estudiosos do Direito Civil para o debate, em mesa redonda, de temas sugeridos pelo Código Civil de 2002 e aprovar enunciados que representem o pensamento da maioria dos integrantes de cada uma das diversas comissões (Parte Geral, Direito das Obrigações, Direito das Coisas, Direito de Empresa, Responsabilidade Civil e Direito de Família e Sucessões).[3]

---

1. Conforme, por exemplo, o Enunciado 32 da I Jornada de Direito Administrativo: "É possível a contratação de seguro de responsabilidade civil aos administradores de empresas estatais, na forma do art. 17, § 1º, da Lei 13.303/2016, a qual não abrangerá a prática de atos fraudulentos de favorecimento pessoal ou práticas dolosas lesivas à companhia e ao mercado de capitais".
2. Confira-se, à guisa de ilustração, o Enunciado 84 da III Jornada de Direito Comercial: "O seguro contra risco de morte ou perda de integridade física de pessoas que vise garantir o direito patrimonial de terceiro ou que tenha finalidade indenizatória submete-se às regras do seguro de dano, mas o valor remanescente, quando houver, será destinado ao segurado, ao beneficiário indicado ou aos sucessores".
3. Cf. Jornadas de direito civil I, III, IV e V: enunciados aprovados / coordenador científico Ministro Ruy Rosado de Aguiar Júnior. Brasília: Conselho da Justiça Federal, Centro de Estudos Judiciários, 2012. p. 9. Disponível em: https://www.cjf.jus.br/cjf/corregedoria-da-justica-federal/centro-de-estudos-judiciarios-1/publicacoes-1/jornadas-cej/EnunciadosAprovados-Jornadas-1345.pdf. Acesso em: 24 maio 2022.

Nas primeiras jornadas, os enunciados eram aprovados incluindo o nome de seus respectivos proponentes. Essa prática foi posteriormente abandonada em favor de uma abordagem mais institucional, buscando evitar que a aprovação ou rejeição de proposições fosse influenciada por critérios pessoais. Com o tempo, especificamente a partir da VI Jornada em 2013, os enunciados passaram a ser publicados junto de suas respectivas justificativas, proporcionando um controle mais abrangente sobre sua fundamentação.[4] Essas alterações foram positivas e merecem reconhecimento contínuo.

Apesar de alguns enunciados serem inquestionáveis,[5] outros nunca chegaram a influenciar a doutrina e a jurisprudência, tendo pouco ou nenhum relevo no cenário nacional.[6]

Seja como for, convém recordar que tais enunciados não têm força vinculante e não se constituem como fonte de direito, servindo apenas como balizas iniciais de interpretação. De acordo com o próprio Centro de Estudos Judiciários:

> Os enunciados não expressam o entendimento do Conselho da Justiça Federal, que apenas promove o evento, menos ainda do Superior Tribunal de Justiça, mas representam o pensamento médio da maioria das respectivas comissões temáticas.[7]

Tendo em atenção os últimos enunciados aprovados, merece elogios o de número 657, que atesta: "Diante do princípio da boa-fé objetiva, o regulador do sinistro tem o dever de probidade, imparcialidade e celeridade, o que significa que deve atuar com correção no cumprimento de suas atividades".

Não há dúvida de que todos esses deveres são intrínsecos à função desempenhada pelos reguladores de sinistros, independentemente de serem internos (colaboradores da própria seguradora) ou externos (prestadores de serviços terceirizados designados para essa finalidade).[8] Um exemplo clássico de prática que se opõe à boa-fé objetiva é a vinculação da remuneração do regulador ao índice de sinistros pagos pelas seguradoras.

---

4. Confira-se, nesse particular: Jornadas de Direito Civil, 2018. Disponível em: https://www.stj.jus.br/docs_internet/revista/eletronica/stj-revista-jornadas-cjf-2018_1_capCapituloIDireitoCivil.pdf. Acesso em: 24 maio 2022.
5. Enunciado 170, da III Jornada de Direito Civil. "A boa-fé objetiva deve ser observada pelas partes na fase de negociações preliminares e após a execução do contrato, quando tal exigência decorrer da natureza do contrato".
6. Enunciado 187, da III Jornada de Direito Civil. "No contrato de seguro de vida, presume-se, de forma relativa, ser premeditado o suicídio cometido nos dois primeiros anos de vigência da cobertura, ressalvado ao beneficiário o ônus de demonstrar a ocorrência do chamado 'suicídio involuntário'".
7. Jornadas de direito civil I, III, IV e V. op. cit. p. 9.
8. Conforme já se pontuou em outra sede: "Mas quem ocupa, atualmente, a figura do regulador do sinistro? No Brasil, nada impede que um funcionário da seguradora atue nessa posição; pelo contrário, isso é comum. Dependendo do nível de complexidade do sinistro pode haver a contratação de reguladores externos, pessoas físicas ou jurídicas – *v.g.*, empresas especializadas ou escritórios de advocacia – para fazer a referida tarefa. Independentemente de quem o faça, é preciso que o exame seja sempre *objetivo* e *imparcial*". GOLDBERG, Ilan; JUNQUEIRA, Thiago. Regulação do sinistro no século XXI. In: ROQUE, Andre Vasconcelos; OLIVA Milena Donato. *Direito na era digital*: aspectos negociais, processuais e registrais. Salvador: JusPodivm, 2022. p. 257 e ss.

Em síntese essencial, o enunciado em tela consagra o que é de conhecimento dos que atuam no setor segurador. Como o óbvio às vezes também precisa ser dito, a sua aprovação não enseja maiores questionamentos e deve ser aplaudida.

Tal afirmativa não pode ser feita em relação ao outro enunciado aprovado (n. 656), que, se não aplicado *cum grano salis*, promete gerar confusão e situações indesejadas. Recorde-se os seus termos: "Do princípio da boa-fé objetiva, resulta o direito do segurado, ou do beneficiário, de acesso aos relatórios e laudos técnicos produzidos na regulação do sinistro".

Embora o enunciado seja sedutor, a sua aplicação de modo irrestrito não resiste a uma análise apurada. No que se refere aos laudos técnicos, por exemplo, de engenheiros e médicos, a sua correção é cristalina. Por certo, ao menos a versão final desses documentos deve ser partilhada com o segurado pela seguradora. Apenas dessa forma o segurado poderá examinar e se for o caso contrapor com argumentos técnicos as conclusões alcançadas pelos especialistas.

No que tange aos relatórios de regulação em si, de caráter eminentemente jurídico, o terreno fica mais nebuloso. Atualmente, as seguradoras não compartilham tais relatórios, uma vez que não possuem qualquer vinculação legal ou regulatória para tanto, sendo pouco expressivo o número de casos que são judicialmente compelidas a fazê-lo. O posicionamento das seguradoras, inclusive na esteira do que é exigido pela regulação da Superintendência de Seguros Privados (Susep),[9] é sempre repassado ao segurado por meio de uma carta justificada, com os principais argumentos da negativa ou da cobertura (ainda que parcial), o que igualmente permite um pedido de reanálise por parte do segurado/beneficiário ou até mesmo o ingresso de uma demanda judicial.

Seria o princípio da boa-fé objetiva apto a gerar um dever de compartilhamento integral dos relatórios de regulação do sinistro? A resposta certa a essa pergunta, na nossa visão, deve ficar vinculada aos contornos do caso concreto. Por exemplo, em caso de suspeita de fraude de beneficiário que supostamente teria dado fim à vida do segurado. Como a seguradora que atua no ramo vida poderá compartilhar tal informação sem causar danos ao beneficiário e ficar exposta a uma responsabilização nas esferas civil e penal? Certamente as sindicâncias estão fora do espectro desse enunciado, mas as suas conclusões acabam compondo os relatórios de regulação e, de alguma maneira, acabam sendo divulgadas ao segurado.

---

9. A normatização mais detalhada da etapa de regulação do sinistro nos seguros facultativos privados advém dos arts. 41 a 47 da Circular Susep 621, de 12 de fevereiro de 2021 (que dispõe sobre as regras de funcionamento e os critérios para operação das coberturas dos seguros de danos), em tópico denominado "Comunicação, regulação e liquidação de sinistros". No que aqui interessa, ressalte-se: Art. 46. "*Caso o processo de regulação de sinistros conclua que a indenização não é devida, o segurado deverá ser comunicado formalmente, com a justificativa para o não pagamento, dentro do prazo previsto no art. 43*". (Destacou-se). Ademais, sublinhe-se que a Resolução CNSP 382, de 04.03.2020 (que dispõe sobre princípios a serem observados nas práticas de conduta adotadas pelas sociedades seguradoras) afirma que os entes supervisionados devem assegurar, inclusive no processo de regulação do sinistro, a consistência de rotinas e de procedimentos operacionais afetos ao relacionamento e ao tratamento dos clientes, bem como sua adequação à política institucional de conduta (art. 7º, inc. VIII).

Ora, o segurador, no ordenamento jurídico brasileiro, não está vinculado a sequer seguir o relatório de regulação de sinistro. Imagine-se, por exemplo, se o regulador externo deixar de considerar uma condição particular devidamente destacada em negrito e que exclua expressamente a cobertura disposta nas condições gerais. Não obstante o relatório, poderá a seguradora optar pela negativa de cobertura, devendo justificar ao segurado/beneficiário a sua conclusão em carta própria, mediante a devida fundamentação. Eventuais condutas inadequadas por parte da seguradora poderão ensejar aumento de litígios, abalo à sua reputação entre os clientes e no próprio mercado, bem como sanções administrativas e judiciais.

É preciso, aqui, separar o joio do trigo. É comum que conste nos relatórios de regulação de sinistro que determinada cláusula contratual retira o direito à cobertura do segurado, mas que o Poder Judiciário brasileiro por vezes afasta a possibilidade de tal negativa. Como, então, pode-se obrigar o segurador a compartilhar esse documento, elaborado por seu departamento jurídico interno, com o segurado? A boa-fé realmente exigiria que o segurador agisse de maneira tão transparente, ou seria a carta justificada do segurador suficiente?

Vista a questão sob outro enfoque, caso o segurado contratasse um parecer sobre a legitimidade do seu pleito junto ao segurador e o parecerista entendesse que a ele não assiste razão, estaria o segurado vinculado, com base no princípio da boa-fé objetiva, a compartilhar tal documento com o segurador? A questão, que não é de simples resposta, ganha contornos ainda mais complexos quando se fala dos seguros de grandes riscos, em que o segurado e a seguradora estão em paridade de condições[10] e, portanto, não seria demais imaginar o interesse do segurador em acessar os relatórios produzidos por uma grande construtora de plataformas, por exemplo, a respeito dos danos causados ao equipamento, na ocasião de um sinistro.

Em sede doutrinária, o tema da amplitude da transparência inerente ao segurador é controvertido. Em importante obra, os professores Bruno Miragem e Luiza Petersen defendem que "os documentos coletados e produzidos na regulação deverão ser considerados comuns às partes", ressalvando, entretanto, que isso não se aplicará aos "reputados confidenciais ou sigilosos" pela seguradora.[11] No âmbito das pessoas físicas, a própria Lei Geral de Proteção de Dados elenca os "segredos industrial e comercial" como limites ao direito de acesso aos dados manuseados (art. 9º, inc. II) ou processados de forma automatizada (art. 20, § 1º) pelos agentes de tratamento.

---

10. Assim assevera, expressamente, o inciso IV do art. 4º da Resolução CNSP 407, de 29.03.2021 (que dispõe sobre os princípios e as características gerais para a elaboração e a comercialização de contratos de seguros de danos para cobertura de grandes riscos). Art. 4º "Os contratos de seguro de danos para cobertura de grandes riscos serão regidos por condições contratuais livremente pactuadas entre segurados e tomadores, ou seus representantes legais, e a sociedade seguradora, devendo observar, no mínimo, os seguintes princípios e valores básicos: [...] III – transparência e objetividade nas informações; IV – tratamento paritário entre as partes contratantes".
11. MIRAGEM, Bruno; PETERSEN, Luiza. *Direito dos seguros*. Rio de Janeiro: Forense, 2022. p. 254. Sobre o tema da transparência no setor de seguros, confira-se WANDT, Manfred. Transparency as a General Principle of Insurance Law. In: WANDT, Manfred; ÜNAN, Samim. *Transparency in Insurance Law*. Istanbul: AIDA, 2012. pp. 9-22.

No âmbito do Poder Judiciário, há importante decisão judicial do STJ apontando a desnecessidade por parte da seguradora de compartilhar com o segurado todos os documentos produzidos ao longo da regulação do sinistro:

> Ainda, apresentar todos os documentos obtidos no procedimento de regulação, a toda evidência, representaria extensa exposição ao mercado do modo de apurar da seguradora e de sua parceira reguladora (*know-how* de ambas), arriscando ocasionar dissabores, danos morais a segurados e a terceiros beneficiários de seguro, como também dificultando sobremaneira a eficiência da regulação dos contratos de seguro (facilitação de fraudes), a par de, em muitos casos, gerar riscos pessoais a terceiros que prestaram informações ao regulador e a seus funcionários.[12]

Seguindo essa linha de raciocínio, o próprio princípio da boa-fé objetiva, além dos aspectos mencionados anteriormente – por exemplo, de direito concorrencial – poderão justificar o não compartilhamento de algumas informações e relatórios por parte da seguradora com o segurado/beneficiário.

Quando não expuser demasiadamente o segurador ou o regulador do sinistro, porém, o compartilhamento será recomendável. Essa análise deverá ser feita casuisticamente, como se disse. A carta detalhada, contendo um resumo do sinistro e os argumentos para a sua cobertura ou negativa, será invariavelmente exigível do segurador, devendo ele zelar para repassar as informações de forma clara e compreensível ao segurado/beneficiário.

Em uma sentença, o enunciado em questão peca por sua generalidade e, inobstante bem-intencionado, se não forem atentadas as diversas exceções para tal dever de compartilhamento, gerará mais efeitos nocivos do que benéficos.

Versão original publicada em: 26.05.2022.

---

12. STJ, REsp 1.836.910/SP, 4ª Turma, Rel. Min. Luis Felipe Salomão, j. 27.09.2022.

AUTOMAÇÃO DA REGULAÇÃO DO SINISTRO: O EXEMPLO DOS SEGUROS PARAMÉTRICOS

Thiago Junqueira

A concretização do risco segurado em conformidade com as coberturas contratadas, e a consequente ocorrência do sinistro, em princípio, gera ao segurado o direito a ser indenizado pelo segurador. O processo de análise da cobertura e extensão da prestação do segurador, designado como *regulação do sinistro*,[1] não costuma, porém, ser simples.

Didaticamente, é possível ilustrar a usual sequência de acontecimentos da seguinte maneira: após a ocorrência do sinistro, o segurado faz o seu aviso diretamente ao segurador ou ao corretor de seguros, que o repassará ao segurador, acompanhado da entrega de alguns documentos, conforme a modalidade de seguro envolta no caso concreto. O exame de tais documentos e das condições do sinistro será feito pelo *regulador do sinistro*. Na sequência, o regulador irá emitir um relatório que será utilizado como guia para a efetiva, ainda que parcial, cobertura do sinistro pelo segurador ou a sua recusa, que necessariamente terá de ser fundamentada.

O procedimento de regulação do sinistro não raro envolve questões complexas e multidisciplinares, demandando uma avaliação extremamente técnica, inclusive por meio de exames e vistorias. Tenha-se em mente, por exemplo, a regulação de sinistros envolvendo plataformas petrolíferas. Existem, todavia, casos mais simples, como ocorre no seguro de vida em que não há suspeita de suicídio, doença preexistente não declarada ou agravamento do risco incorrido pelo segurado.

Embora não se questione que algumas linhas financeiras de seguros – que dependem visceralmente da interpretação dos termos da apólice em cotejo com as hipóteses fáticas – continuarão sendo reguladas de forma analógica por muito tempo (*v.g.*, seguro D&O e seguro E&O), deve-se reconhecer que uma parte considerável dos seguros será

---

1. Sobre o tema, são referências obrigatórias na doutrina brasileira TZIRULNIK, Ernesto (com a colaboração de Alessandro Octaviani). *Estudos de Direito do Seguro, Regulação de Sinistro (ensaio jurídico)* – Seguro e Fraude. São Paulo: Max Limonad, 1999. p. 55-124; MARTINS-COSTA, Judith. Boa-fé e regulação do sinistro. *VII Fórum de Direito do Seguro José Sollero Filho – IBDS. Lei de contrato de seguro*: solidariedade ou exclusão? São Paulo: Roncarati, 2018, p. 201-210; e o profundo estudo de MIRAGEM, Bruno; PERTERSEN, Luiza. Regulação do sinistro: pressupostos e efeitos na execução do contrato de seguro. *Revista dos Tribunais*, v. 1025, mar. 2021, p. 291-324. Confira-se, ademais, GOLDBERG, Ilan; JUNQUEIRA, Thiago. Regulação do sinistro no século XXI. In: ROQUE, Andre Vasconcelos; OLIVA Milena Donato. *Direito na era digital*: aspectos negociais, processuais e registrais. Salvador: JusPodivm, 2022.

impactada pelas novas tecnologias aplicadas na regulação de sinistros, sobretudo nos ramos massificados.[2]

A digitalização de ponta a ponta da regulação de sinistros pode ser segmentada em cinco fases, a saber: i) *prevenção de sinistros* (avisos de segurança e treinamento comportamental do cliente); ii) *aviso de sinistros* (por meio de *chatbots*, eventualmente com autenticação biométrica de clientes, ou até mesmo de forma automatizada, via telemática); iii) *gestão de reclamações* (predição das características das reclamações, segmentação das reclamações por tipo e complexidade, bem como análise aperfeiçoada das fraudes); iv) *avaliação e reparação das perdas* (estimativa automática ou semiautomática do valor do dano com base na imagem/reconhecimento de vídeo); e v) *resolução de sinistros* (processos de pagamento automatizados ou semiautomatizados).[3]

No presente artigo, pretende-se examinar o item v); mais especificamente, os denominados *seguros paramétricos*, que têm como nota distintiva a automação da regulação dos sinistros.

Paramétrico é aquilo que parte de entendidos e pressupostos. O que é predefinido não é, via de regra, objeto de longas discussões. Os seguros paramétricos prescindem de regulação do sinistro no sentido de investigações complexas da dinâmica do sinistro, porque, neles, bastará o cotejo entre o sinistro e uma lista preexistente de suportes fáticos autorizadores do acesso à indenização. Dito de outra forma, verificado o alcance de um parâmetro predeterminado, haverá o pagamento da indenização securitária, salvo a ocorrência de fraude.

Enquanto no seguro de danos tradicional, afirma Andre Martin, "é pago um prêmio em troca de uma promessa de cobrir a perda real incorrida de um incidente ou de um perigo nomeado", e a indenização só se concretiza "após uma avaliação e investigação das perdas reais, com o objetivo de colocar o segurado novamente na posição em que se encontrava antes do evento", as "soluções paramétricas (ou baseadas em índices) são um tipo de seguro que cobre a probabilidade de um evento predefinido acontecer em vez de indenizar as perdas efetivamente incorridas".[4]

---

2. Para uma análise detalhada dessas novas tecnologias (*Big Data*, Inteligência Artificial e Internet das Coisas) e seus impactos nas relações securitárias (*used base insurance, insurance on demand e P2P insurance*) e nos direitos da personalidade dos segurados, confira-se: JUNQUEIRA, Thiago. *Tratamento de dados pessoais e discriminação algorítmica nos seguros*. São Paulo: Thomson Reuters Brasil, 2020. p. 209 e ss.; GOLDBERG, Ilan. Inovação e disrupção no mercado de seguros. In: TEPEDINO, Gustavo; SILVA, Rodrigo da Guia. *O direito Civil na era da Inteligências Artificial*. São Paulo: Thomson Reuters Brasil, 2020. p. 531 e ss.; e, nessa obra citada por último, MIRAGEM, Bruno; PERTERSEN, Luiza. Seguro e inteligência artificial: novo paradigma tecnológico e seus reflexos na causa e na estrutura do contrato de seguro. p. 490 e ss.
3. Seguiu-se de perto a formulação proposta por MCKINSEY. *Claims in the digital age*. Disponível em: https://www.mckinsey.com/industries/financial-services/our-insights/%20claims-in-the-digital-age?reload. Advirta-se, por oportuno, que o acesso ao referido endereço eletrônico, bem como aos demais, mencionados em seguida, ocorreram pela última vez em 19 mar. 2021. Sublinhe-se, outrossim, que os trechos originários de idiomas estrangeiros e transcritos no presente estudo foram livremente traduzidos pelo autor.
4. MARTIN, Andre. *What is parametric insurance*? Disponível em: https://corporatesolutions.swissre.com/insights/knowledge/what_is_parametric_insurance.html. Em bom rigor, não há uma "promessa de cobrir" no seguro tradicional, mas sim a garantia do risco contratualmente delimitado pelo segurador.

Para tornar a compreensão do assunto mais simples, exemplifica-se. Determinada seguradora pode estabelecer que, na ocorrência de tremor de terra cuja magnitude seja igual ou superior a X pontos na Escala Richter, conforme mensuração feita por órgãos oficiais, o prejuízo do segurado será presumido e a indenização paga. Outros exemplos de seguros paramétricos no cenário internacional são os relacionados ao atraso ou ao cancelamento de voos e à inundação em propriedades.[5]

Na definição de Pedro Guilherme Souza:

> Os seguros paramétricos consistem em modalidade securitária que, no lugar de exigir a apuração de perdas e suas respectivas extensões no momento de liquidar um sinistro, utiliza como referência um índice ou parâmetro predefinido. Caso determinado índice seja atingido, *e.g.* ventos acima de setenta nós por mais de três horas consecutivas, o segurado é indenizado pelas perdas estimadas para eventos dessa natureza e magnitude.[6]

Os seguros paramétricos coadunam-se com o ordenamento jurídico pátrio e não há óbice para que sejam objeto de ato normativo pela Susep com o objetivo de fixar boas práticas e impulsionar a sua penetração no mercado brasileiro. Entre os seus benefícios, cabe destacar a celeridade e a objetividade na prestação da indenização – que independe de apuração do dano na regulação do sinistro –, bem como a mitigação do risco moral do segurado, pois o critério necessário para o gatilho da cobertura (parâmetro ou índice), além de ser modelável, necessariamente deverá ser fortuito.[7]

Não obstante a discussão relativa à (in)observância do tradicional princípio indenitário, podendo o seguro paramétrico, em alguns casos, ensejar o recebimento pelo segurado de uma indenização maior do que o dano concretizado, vale ressaltar que, na prática, isso já ocorre, excepcionalmente, em outras modalidades, como no seguro de automóvel (imagine-se uma indenização levando em conta o preço médio do mercado, de um automóvel em péssimas condições). Além disso, no âmbito do seguro de vida, não há aplicação do princípio indenitário (art. 789 do CC).

---

5. "Os seguros paramétricos vem aumentando em prevalência em todo o setor de seguros. Fixar pagamentos adiantados pode ser benéfico para alguns clientes em relação aos produtos de seguros tradicionais ao proporcionar maior certeza e rapidez nos pagamentos de sinistros. No Reino Unido, uma seguradora desenvolveu um produto de seguro contra inundações que envolve um pagamento imediato de um montante predeterminado a ser acionado quando a água da inundação atinge uma certa profundidade no sensor instalado pela seguradora na propriedade. Modelos semelhantes são também utilizados em produtos de seguro de atraso e cancelamento de voo, em que a integração com uma alimentação de dados – que fornece diretamente dados sobre o estado do voo – permite o pagamento quase instantâneo de um sinistro no caso de um voo atrasar ou ser cancelado". INTERNATIONAL ASSOCIATION OF INSURANCE SUPERVISORS. *Issues Paper on the Use of Big Data Analytics in Insurance*. Basel: IAIS, 2020. p. 27.
6. SOUZA, Pedro Guilherme Gonçalves de. Seguro paramétrico e política pública de defesa de calamidades no cenário nacional. *Revista Opinião.Seg*, n. 17, nov. 2019, p. 85.
7. "Um parâmetro ou índice adequado é qualquer medida objetiva que esteja correlacionada com um risco específico e, em última análise, com uma perda financeira para o segurado. Trata-se de um 'índice mensurável' relacionado com um 'cenário'. Por exemplo, chuva relacionada com o atraso de um projeto de construção ou terremoto relacionado com danos no patrimônio físico de uma empresa". MARTIN, Andre. *What is parametric insurance?* Disponível em: https://corporatesolutions.swissre.com/insights/knowledge/what_is_parametric_insurance.html.

Retornando a atenção aos seguros paramétricos, mesmo quando o parâmetro previamente fixado pelo segurador não seja atingido, o segurado pode vir a sofrer um dano considerável e não receber nenhuma indenização. Por isso mesmo deve ser afastada a corrente de pensamento que defende a mera presunção relativa do dano, suscetível de prova contrária do segurador, nessa modalidade. Ora, o segurador é mestre de seu ofício e certamente fixará parâmetros que, ao menos na maior parte das vezes, não ensejará o enriquecimento "indevido" do segurado.[8]

Há, porém, o perigo inverso: a fixação de parâmetros pelo segurador raramente alcançáveis, o que retiraria quase todo o conteúdo da garantia dos riscos inerentes ao segurado. Por isso mesmo, é importante que a regulação contenha normas que possam equilibrar a relação entre as partes, sem impedir a célere e praticamente incontestável liquidação do sinistro que caracterizam essa modalidade de seguros, bem como exigindo um bom nível de transparência do segurador sobre como os parâmetros são fixados e examinados nos casos concretos.

Versão original publicada em: 20.04.2021.

---

8. A principal vantagem dos seguros paramétricos é justamente a automação da liquidação de sinistro, desde que o parâmetro predeterminado seja alcançado, não se entrando na análise de efetivos danos sofridos pelo segurado.

A DURAÇÃO RAZOÁVEL DA REGULAÇÃO DO SINISTRO PELA SEGURADORA

Camila Oliveira Mazzarella

1. INTRODUÇÃO

É consenso que a intenção de resguardar o interesse legítimo em face de riscos predeterminados motiva o segurado a celebrar o contrato de seguro, mesmo com a esperança de que tais riscos jamais venham se concretizar.

Com a materialização do risco por meio da ocorrência do sinistro, nasce para o segurado o direito de exigir a indenização pela seguradora. Embora o sinistro seja qualificado como fato gerador deste direito pelo segurado, tornando exigível a prestação por parte da seguradora, esta não se dá de forma imediata, sendo indispensável a adoção de condutas pelos contratantes. Assim, ocorrido e comunicado o sinistro pelo segurado, a seguradora deve dar início a um procedimento denominado regulação do sinistro.

Consiste a regulação do sinistro em "procedimento conduzido pelo segurador para determinar a existência de sinistro coberto e a extensão da cobertura, com a mensuração da extensão dos danos e da quantia a ser paga pelo segurador".[1] Em outras palavras, a regulação do sinistro investiga o *an debeatur* e o *quantum debeatur*.

Além de constituir fase mais importante da execução do contrato de seguro, a regulação do sinistro é um dever acessório da seguradora, posto que o segurado tem direito de obter uma posição quanto à cobertura securitária. Constatado pela seguradora, ao final do citado procedimento, que o evento sinistrado atingiu o bem segurado, em conformidade com as disposições contratuais pactuadas, torna-se exigível o adimplemento da prestação, no caso, a respectiva indenização securitária.

Tamanha relevância, contudo, tem passado despercebida pelo legislador, inexistindo no Código Civil dispositivos que tratam do tema.[2] Desse modo, a normatização da

---

1. MIRAGEM, Bruno; PETERSEN, Luiza. Regulação do sinistro: pressupostos e efeitos na execução do contrato de seguro. *Revista dos Tribunais*, v. 1025, p. 291-324, mar. 2021. p. 3. Disponível em: 019-regulacao-do-sinistro-pressupostos-e-efeitos-na-execucao-do-contrato-de-seguro.pdf (brunomiragem.com.br). Acesso em: 06 fev. 2024.
2. Por outro lado, Ilan Goldberg e Thiago Junqueira explicitaram que "(...) em países nos quais há leis securitárias próprias, é comum que haja alguns artigos sobre o tema, como ocorre em Portugal (arts. 50, 102 e 104 do Decreto-Lei 72/2008; França (art. L113-5 do Code des Assurances); Espanha (arts. 18, 28 e 29 da Ley de Contrato de Seguro 50/1980); Alemanha (§ 31, § 82, § 84 e § 85 da *Versicherungsvertragsgesetz* – VVG) e no Uruguai (arts. 32 a 49 da Ley de Contrato de Seguro 19.678/2018) (...)". (GOLDBERG, Ilan; JUNQUEIRA, Thiago. *Regulação do sinistro no século XXI*. In: ROQUE, Andre Vasconcelos; OLIVA Milena Donato. *Direito na era digital*: aspectos negociais, processuais e registrais. Salvador: JusPodivm, 2022, p. 38).

matéria ficou delegada ao ambiente regulatório e às disposições contratuais, mas ainda persistem questões sem solução.

O PLC 29/2017[3] pretende sanar tal "lacuna" legislativa, já que há um capítulo dedicado à regulação do sinistro (cf. Capítulo XIII, da Regulação e liquidação de sinistros, em seus artigos 77 a 92). No entanto, ainda é incerto se o referido projeto se converterá em lei, diante da lentidão do processo legislativo e da plausível dúvida se o referido PLC dará tratamento adequado aos contratos de seguro.

Esse contexto de carência de regulamentação acerca da regulação do sinistro demanda do operador do direito perquirir a sua função no âmbito do contrato de seguro e como sua razoável duração, com pronta resposta da seguradora e eventual adimplemento da prestação devida, minimizará os efeitos patrimoniais negativos do evento sinistrado, não somente entre os contratantes, mas para terceiros interessados e a coletividade.

Assim, este artigo pretende discorrer, sem a intenção de esgotar o tema, como a regulação do sinistro se insere no processo obrigacional: como fase da execução do contrato de seguro e como dever acessório da seguradora, razão pela qual sua tramitação deve ocorrer em tempo razoável, mas, por outro lado, sem relegar a segundo plano a proteção do fundo mutual e a sua função social.

2. A REGULAÇÃO DO SINISTRO COMO FASE DA EXECUÇÃO DO CONTRATO DE SEGURO

A constitucionalização das relações privadas impôs significativa mudança na leitura dos institutos do Direito Civil. No lugar da tradicional visão estática da relação obrigacional, esta deve ser encarada sob o ponto de vista dinâmico, devendo os contratos serem analisados sob a perspectiva da sua função (para que servem?),[4] como forma de instrumentalizar os valores constitucionais.

É nesse panorama que a obrigação, na lição de Clóvis do Couto e Silva,[5] deve ser encarada como um sistema de processos, de atividades necessárias, que se encadeia e se desdobra em direção ao adimplemento, ou seja, à satisfação dos interesses do credor.

---

3. O PLC 29/2017, ainda em tramitação no Senado Federal, dispõe sobre normas de seguro privado, revogando todos os dispositivos do Código Civil a respeito da matéria.
4. "Todo negócio jurídico é composto por uma estrutura e uma função. A identificação da função que se pretende alcançar e sua compatibilidade com os valores constitucionais precedem e definem a estrutura a ser utilizada. Não será, pois, a estrutura do negócio, ou seja, o modus operandi (os dispositivos do Código Civil previstos para determinada tipologia ou modelo), que definirá a função a ser desempenhada, mas, ao contrário, é a função que se pretende desempenhar que indicará a estrutura a ser utilizada diante do determinado arranjo negocial. Tal perspectiva funcional é informada pela tábua axiológica do ordenamento que se associa à utilidade social das relações jurídicas, de modo a justificar a promoção dos interesses socialmente relevantes dos respectivos titulares de direitos." (TEPEDINO, Gustavo José Mendes. Relações contratuais e a funcionalização do direito civil. *Pensar* – Revista de Ciências Jurídicas, v. 28, p. 2, 2023).
5. COUTO E SILVA, Clóvis. *A obrigação como processo*. Rio de Janeiro: FGV. 2005. p. 17.

No processo obrigacional do contrato de seguro, a regulação do sinistro é uma etapa da sua execução, marcando a transição da garantia prestada pela seguradora, para o adimplemento da indenização, de modo que sua principal função é preparar o cumprimento da prestação pela seguradora.

Dessa função extrai-se que o procedimento em exame é condição de exigibilidade da prestação devida, na medida em que ainda não se sabe se o segurado tem realmente direito à indenização, nem quanto é o valor a ser pago pela seguradora.

Também tem a regulação do sinistro a função de preservar a operação do seguro,[6] visto que ao segurador

> (...) cumpre não apenas pagar as indenizações previstas, mas controlar e zelar para que somente se indenizem os sinistros previstos no seguro e apenas dentro dos limites e condições nele estatuídos. (...) Cabe ao segurador, em outras palavras, administrar valores constitutivos do capital comum, de modo a tornar tecnicamente possível o funcionamento do mecanismo securitário.[7]

Assim, cumpre ao citado procedimento apurar os fatos descritos no aviso de sinistro e se estes efetivamente ocorreram da forma comunicada, bem como a prática de eventuais fraudes com o intuito de recebimento da indenização securitária. Também serão objeto de análise se o segurado descumpriu algum dever de informação na fase pré-contratual e se houve comunicação tempestiva do evento.

Ultrapassadas essas questões, passa-se ao exame da aderência dos fatos apurados com a garantia contratada, o que demanda minuciosa análise das cláusulas constantes do contrato de seguro, em especial as que se referem às excludentes de cobertura. Mas não é só isto. É verificada eventual situação que importe eventual hipótese de perda de direito, como ocorre em agravamento intencional do risco, assim como o período de vigência da apólice e a abrangência territorial da cobertura contratada. Ao final deste processo, a seguradora estará apta a qualificar o evento como sinistro indenizável, devendo, se for o caso, proceder à apuração do *quantum* a indenizar.[8]

Como se vê, a regulação do sinistro constitui-se em atividade complexa, que demanda não somente a investigação de fatos, mas também o cotejo de questões jurídicas, que invariavelmente carecem de tempo de reflexão para correta (e necessária) tomada de decisão.

---

6. Bruno Miragem e Luiza Petersen entendem que a função da regulação do sinistro deve ser compreendida em sentido amplo, também envolvendo adoção de medidas preventivas, de salvamento, destinadas a evitar ou minorar as consequências do sinistro (MIRAGEM, Bruno; PETERSEN, Luiza, op. cit., p.4).
7. THEODORO JR., Humberto. *A regulação do sinistro no direito atual e no projeto de Lei 3.555, de 2004*. IV Fórum de Direito do Seguro "José Sollero Filho" – IBDS. São Paulo: MP, 2004. p. 193.
8. "Indo além, outros aspectos examinados, a depender da modalidade do seguro em questão, são a cláusula de rateio, no caso de sinistros parciais (art. 783 do CC), a extensão das despesas no salvamento de bens, a aplicação de uma franquia ou participação obrigatória do segurado, bem como de um prazo de carência (sendo que, neste último caso, o segurador não responderá na ocorrência do sinistro, conforme estipula o art. 797 do CC), e os meandros do sinistro (v.g., se ele foi oriundo de um suicídio do segurado durante os primeiros 2 anos de vigência do seguro de vida, cf. o art. 798 do CC)." GOLDBERG, Ilan; JUNQUEIRA, op. cit., p. 42.

3. A REGULAÇÃO DO SINISTRO COMO DEVER ACESSÓRIO DA SEGURADORA

A regulação do sinistro também é um dever acessório imposto à seguradora, uma vez que somente por meio do referido procedimento o segurado poderá ser informado de forma adequada sobre a existência e extensão do seu direito.

Desse modo, tal procedimento é, ao mesmo tempo, "função instrumental para o cumprimento, bem como, será ela própria parte do cumprimento do contrato",[9] já que, ocorrido o sinistro, deflagra-se o direito do segurado à indenização, mas para tanto se faz necessária a regulação do sinistro que deverá ser provocada, mediante o aviso, pelo próprio segurado.

Com efeito, deve a seguradora conduzir o procedimento de forma diligente, empregando os meios adequados para correta análise dos fatos e sua adequação às coberturas contratadas e em menor tempo possível,[10] mas não importa no reconhecimento de qualquer obrigação ou na concessão automática da respectiva indenização.

Dentre outras condutas que não são objeto do presente trabalho, a seguradora descumpre seu dever de regular o sinistro ao não observar o prazo razoável para conclusão, na medida em que não atende às expectativas do segurado de obter, de forma rápida, o seu crédito, ou seja, a prestação principal do contrato de seguro.

Contudo, o desafio que se coloca é obter o necessário ponto de equilíbrio desta equação: conferir celeridade à regulação do sinistro, atendendo aos anseios do segurado de rápida recomposição do interesse segurado, com o compromisso da seguradora de zelar pela equação econômica do contrato, analisando adequadamente a pertinência e o alcance da cobertura securitária pretendida.

4. A DURAÇÃO RAZOÁVEL DA REGULAÇÃO DO SINISTRO

Como sinalizado acima, o tratamento da matéria referente ao tempo que a seguradora dispõe para realizar a regulação do sinistro é objeto de normas administrativas e de disposições contratuais.

No seguro de danos, o tema é tratado pela Circular Susep 621 de 12/02/2021. O seu artigo 43 dispõe que "deverá ser estabelecido prazo para a liquidação dos sinistros, limitado a trinta dias, contados a partir da entrega de todos os documentos básicos previstos no art. 41." Caso necessária a apresentação de documentação complementar, o parágrafo 1º do mesmo dispositivo explicita a suspensão do referido prazo, voltando a correr no dia útil subsequente à apresentação da referida documentação.

---

9. TZIRULNIK, Ernesto. *Regulação do sinistro*. 3. ed. São Paulo: Max Limonad. 2001. p. 35.
10. Neste sentido é o Enunciado 657 da IX Jornada de Direito Civil: "Diante do princípio da boa-fé objetiva, o regulador do sinistro tem o dever de probidade, imparcialidade e celeridade, o que significa que deve atuar com correção no cumprimento de suas atividades".

No mesmo sentido é a Circular Susep 667, de 04/07/2022, que trata do seguro de pessoas, cujo artigo 48[11] possui semelhante redação ao dispositivo citado acima.

O exame dessas disposições administrativas demonstra que não se afiguram suficientes para resolver a variedade de questões relacionadas ao tempo de tramitação da regulação do sinistro, nas centenas de procedimentos que as seguradoras são instadas diariamente a iniciar.

Isso porque o prazo de 30 dias[12] imposto para conclusão do procedimento se mostra de difícil observância quando se faz necessária a cabal aferição da causa do sinistro, para posterior verificação da aderência à cobertura securitária contratada.

Toma-se como exemplo a contratação de apólice de seguro para resguardar determinados danos ocorridos em uma residência, mas que excluem expressamente a cobertura para sinistros ocorridos por desgaste natural de uso. Ocorrido um sinistro decorrente de um vazamento de tubulação de água, somente com a realização de exame pericial poderá a seguradora aferir a causa do evento e se amolda às coberturas contratadas. Parece razoável afirmar a impossibilidade de se iniciar a regulação, realizar o exame pericial para aferição da causa do sinistro, proceder à liquidação dos danos e efetivamente pagar a indenização securitária em exíguos 30 dias.

Uma alternativa, diante dessas situações, seria conferir às partes a possibilidade de ajustarem o prazo para conclusão do procedimento, fazendo uso de expediente similar ao contido na Circular 621/2021, que possibilita a extensão do prazo da liquidação do sinistro.[13] A adoção de tal postura evitaria eventuais discussões administrativas e judiciais em torno do tema, com possível imposição à seguradora de consectários decorrentes da mora.

---

11. Circular Susep 667, de 04.07.2022, art. 48 da: "Deverá ser estabelecido prazo para a liquidação dos sinistros, limitado a trinta dias, contados a partir da entrega de todos os documentos básicos previstos no art. 47. § 1º Deverá ser estabelecido que, no caso de solicitação de documentação complementar, na forma prevista no art. 47, o prazo de que trata o caput será suspenso, voltando a correr a partir do dia útil subsequente àquele em que forem atendidas as exigências. § 2º Deverá ser estabelecido que o não pagamento da indenização no prazo previsto no caput implicará aplicação de juros de mora a partir daquela data, sem prejuízo de sua atualização, nos termos da legislação específica".
12. Vale observar que o art. 84 do PLC 29-2017 estabelece que a seguradora terá o prazo máximo de 30 dias para manifestar-se sobre a cobertura. Mas dispõe o seu § 5º que a Autoridade Fiscalizadora poderá fixar prazo superior ao disposto no *caput*, para tipos de seguro em que a verificação da existência de cobertura implique maior complexidade na apuração, respeitado o limite máximo de 120 dias. E, caso reconhecida a cobertura, o art. 85 dispõe que a seguradora terá mais 30 dias para pagar a indenização.
13. Circular 621/2021, art. 47: "*As condições contratuais poderão admitir, para fins de indenização, preferencialmente, as hipóteses de pagamento em dinheiro, reposição ou reparo do bem ou prestação de serviços, sem prejuízo de outras formas pactuadas mediante acordo entre as partes. § 1º Na impossibilidade de reposição do bem segurado à época da liquidação, dentro do prazo previsto no art. 43, a indenização deverá ser paga em dinheiro ou conforme pactuado entre as partes. § 2º Em caso de reparo do bem, a regulação do sinistro deverá ser concluída no prazo previsto no art. 43 e o prazo para liquidação do sinistro poderá ser estendido, de acordo com o previsto nas condições contratuais. § 3º Caso seja verificada a impossibilidade de reparo do bem, mesmo após a extensão do prazo para liquidação do sinistro prevista no §2º deste artigo, a indenização deverá ser paga em dinheiro ou conforme pactuado entre as partes.*" (Destacou-se).

Muito menos é possível observar o citado prazo de 30 dias em regulações que envolvam apólices com coberturas de grandes riscos (por exemplo, rompimento de uma barragem), cuja complexidade das questões e os valores envolvidos impõem uma minuciosa análise por parte dos reguladores e que invariavelmente repercute no tempo de tramitação do procedimento.

Atenta a essa realidade, a própria Circular Susep 621/2021, em seu artigo 1º, § 2º[14] faculta (e não obriga) a sua incidência em seguros de danos dessa natureza, afastando, por consequência, a imposição automática do prazo de 30 dias para conclusão da respectiva regulação do sinistro e alinhando-se ao contido na Resolução CNSP 407/2021, que faculta às partes envolvidas pactuar as condições contratuais, em especial o fluxo geral para regulação do sinistro, o que naturalmente inclui o prazo de sua duração (cf. artigo 4º[15] c/c artigo 10, inciso VII).[16]

Por outro lado, sempre que possível, a regulação deve caminhar com a liquidação do sinistro. Assim, avançados os esclarecimentos acerca da causa do evento e sua conformação com as disposições contratuais pactuadas, a seguradora deve efetivar a antecipação da indenização, a fim de rapidamente recompor danos do segurado e de terceiros, eventualmente envolvidos.

Portanto, restará a caracterizada a duração razoável da regulação do sinistro quando esta viabilizar a recomposição do interesse segurado de forma útil, minimizando os efeitos negativos do evento sinistrado, considerando não somente o centro de interesse existente entre o segurado e a seguradora, mas também os demais segurados participantes do fundo por eles constituído, e terceiros interessados, que contam com a existência e validade do contrato de seguro, com a finalidade de não sofrer as consequências de um risco não desejado.[17]

---

14. Art. 1º, § 2º da Circular 621/2021: "§ 2º As disposições desta Circular se aplicam facultativamente aos contratos de seguros de danos para coberturas de grandes riscos, na forma definida em regulamentação específica, não sendo vedada a aquisição de produtos regidos por esta Circular por contratantes de coberturas de grandes riscos."
15. Art. 4º da Resolução CNSP 407/2021: "Os contratos de seguro de danos para cobertura de grandes riscos serão regidos por condições contratuais livremente pactuadas entre segurados e tomadores, ou seus representantes legais, e a sociedade seguradora, devendo observar, no mínimo, os seguintes princípios e valores básicos: I – liberdade negocial ampla (...) § 1º O princípio da liberdade contratual de que trata o inciso I prevalece sobre as demais exigências regulamentares específicas que tratam de planos de seguros, desde que não contrariem as disposições desta Resolução, refletindo a plena capacidade de negociação das condições contratuais pelas partes."
16. Art. 10, inciso VII da Resolução CNSP 407/2021: "Deverão constar expressamente nas condições contratuais cláusulas dispondo, no mínimo, sobre: (...) VII – a comunicação, a regulação e a liquidação de sinistros, incluindo a documentação mínima e o fluxo geral para regulação de sinistro."
17. "(...) sendo o seguro um contrato comunitário, a relação estabelecida entre seguradora e segurado deve observar não apenas os objetivos perquiridos pelas partes em suas relações isoladas, mas sim o fim almejado pelo conjunto de relações que compõem a base mutuária do sistema, permitindo a sua própria existência e, além desses, os objetivos socialmente relevantes, na medida em que, além da sua função econômica própria, o contrato de seguro deve respeitar a função social dos contratos." (RITO, Fernanda Paes Leme Peyneau. Função, funcionalização e função social do contrato de seguro. In: GOLDBERG, Ilan; JUNQUEIRA, Thiago. *Temas Atuais de Direito dos Seguros*. São Paulo (SP): Ed. RT, 2021. p. 283).

5. CONSIDERAÇÕES FINAIS

Pretendeu-se ao longo do presente artigo discorrer que a ausência de regulamentação acerca do procedimento de regulação do sinistro impõe o exame do contrato de seguro dentro da concepção contemporânea da teoria geral das obrigações, com a finalidade de fornecer elementos para categorização da regulação de sinistro, identificando sua função dentro do processo obrigacional e o complexo de direitos e deveres das partes nessa etapa contratual.

Consistindo a regulação do sinistro como fase de execução do contrato de seguro e dever acessório da seguradora, voltada ao adimplemento da prestação, este deve ser efetivada em prazo razoável, levando em consideração as peculiaridades do caso, de modo a viabilizar recomposição útil ao interesse segurado, mas sem deixar de observar a base mutuária do sistema e os interesses da coletividade.

Versão original publicada em: 28.03.2024.

O SINISTRO E A FRAUDE NOS SEGUROS

Luís Poças

1. INTRODUÇÃO. A NOÇÃO DE FRAUDE

O fenómeno da fraude acompanha o contrato de seguro, desde a sua origem,[1] como uma patologia tipicamente endémica do mesmo. Com enorme relevância nos planos económico, social e jurídico, entre outros, a fraude em seguros é um objeto de estudo comum a diferentes ciências e disciplinas do conhecimento (Direito, Economia, Sociologia, Criminologia, Psicologia etc.).

Situemo-nos, antes de mais, quanto à noção de *fraude*, partindo do ordenamento português. No plano jurídico, o termo designa, na linha da tradição romana (*fraus*), um prejuízo doloso, que soma à *intenção* lesiva a efetiva produção de um *dano*.[2] A noção – situada nos antípodas da *máxima boa fé*[3] exigida pelo contrato de seguro – assume, desde logo, relevância criminal, apelando ao tipo penal de *burla*, simples ou qualificada (respetivamente, arts. 217º e 218º do Código Penal), ou, de forma mais direcionada, ao de *burla relativa a seguros* (art. 219º do mesmo código).[4] Não obstante, a prática da fraude em seguros pode envolver outros tipos penais, como os de *falsificação de documentos* e o de *simulação de crime* (respetivamente, arts. 256º ss. e 366º do citado código).

No Regime Jurídico do Contrato de Seguro (aprovado pelo Decreto-Lei 72/2008, de 16 de abril), o termo coexiste com uma expressão sinónima – a de *dolo com o propósito de obter uma vantagem* – que traduz um dolo agravado, correspondente ao grau de culpa mais censurável que pode qualificar o comportamento do tomador do seguro ou do segurado.[5] Ademais, encontramos, em Direito institucional dos seguros, uma noção com conteúdo operatório na alínea f) do art. 3º da Norma Regulamentar 4/2022-R, de 31 de maio, da Autoridade de Supervisão de Seguros e Fundos de Pensões, segundo a qual a *fraude nos seguros* consiste na prática de atos ou omissões intencionais, ainda que sob a forma tentada, com vista à obtenção de vantagem ilícita para si ou para terceiro, no âmbito da *celebração* ou da *execução* de contratos de seguro ou da subscrição de operações de capitalização, designadamente os que visem uma cobertura ou pagamento indevido.

---

1. Cfr. exemplos em SANTARÉM, Pedro de. *Tractatus de Assecurationibus et Sponsionibus*. Antuérpia, 1552, III, 10 ss.
2. J. BEDARRIDE. *Traité du Dol et de la Fraude en Matière Civile & Commerciale*. Paris: Librairie Marescq Ainé, 1887, t. II, p. 188; CRUZ, Sebastião. *Direito Romano (Ius Romanum)*. 4. ed. Coimbra, s.n., 1984, p. 266 e 317.
3. P. ex., COPO, Abel Veiga. *Tratado del Contrato de Seguro*, I. 6. ed. Cizur Menor: Thomson Reuters, 2019, p. 250 ss.
4. Cfr., sobre o tema, COSTA, António Almeida. *A Burla no Código Penal Português*. Coimbra: Almedina, 2020, p. 15 ss. No ordenamento brasileiro, cfr. o art. 171, § 2º, V do Código Penal.
5. POÇAS, Luís. *O Dever de Declaração Inicial do Risco no Contrato de Seguro*. Coimbra: Almedina, 2013, p. 472 ss.

O presente texto orientar-se-á por esta última noção, que está alinhada com aquelas com que nos deparamos na generalidade dos ordenamentos.[6]

2. TIPOLOGIAS DE FRAUDE NOS SEGUROS

A fraude em seguros pode ser classificada de acordo com várias tipologias. Desde logo, quanto ao *momento* em que é praticada, importa distinguir a fraude na *formação* do contrato de seguro (no contexto da declaração inicial do risco)[7] da fraude na *execução* do contrato (associada à participação do sinistro),[8] correspondendo a esta última vertente o âmbito do presente texto.

Relativamente à reação preventivo-repressiva do Direito, podemos também distinguir a cominação *penal*, que pune criminalmente a conduta do agente,[9] da *civil*, que afeta as obrigações fundadas no contrato, determinando a resolubilidade dos vínculos negociais assumidos e a eventual emergência de um dever de indemnizar.[10]

Quanto à *intensidade* da atuação fraudulenta, cumpre distinguir a *fraude ligeira* ou *de oportunidade* – relativa ao exagero dos danos reportados em sede de participação de um sinistro real –, da *fraude severa* ou *grave*, que se estende a situações de simulação do sinistro (por vezes, com a cumplicidade de peritos, médicos, prestadores de serviços diversos etc.), de falsificação de documentos, ou até de sinistro deliberadamente provocado pelo segurado. Da fraude ligeira distingue-se, por vezes (em regra, em seguros de saúde), o *abuso*, que consiste numa tentativa de aproveitamento do contrato de seguro no limiar da licitude.

Outra classificação, de grande relevância, atende ao caráter *pontual* ou *reiterado* da atuação do segurado defraudador. No primeiro caso, o comportamento fraudulento pode ser frequentemente explicado à luz da teoria do *triângulo da fraude*. Segundo esta teoria, desenvolvida por Cressey,[11] a fraude é condicionada pela concorrência de três dimensões de verificação cumulativa: a *pressão* (decorrente de dificuldades financeiras do defraudador, que constituem o cerne da motivação para agir), a *oportunidade* (propiciada por circunstâncias facilitadoras) e a *racionalização* (processo cognitivo que configura o ato fraudulento como justificável). Já no segundo caso, a fraude corresponde

---

6. Cfr., a título exemplificativo, BIRDS, John. *Birds' Modern Insurance Law*. 11. ed. London, Sweet & Maxwell, 2019, p. 300 ss.; e BEIGNIER, Bernard. *Droit des Assurances*. Paris: Montchrestien, 2011, p. 442 ss. Distinguindo o dolo da fraude no contexto do ordenamento brasileiro, cfr. BENETTI, Giovana. Dolo e fraude no contrato de seguro: duas faces da mesma moeda? In: GOLDBERG, Ilan e JUNQUEIRA, Thiago (Coord.). *Temas Atuais de Direito dos Seguros*. São Paulo, Thomson Reuters – Revista dos Tribunais, 2021, v. I, p. 607 ss.
7. Desenvolvidamente, POÇAS, Luís. *O Dever de Declaração Inicial do Risco no Contrato de Seguro*, cit., p. 480 ss.
8. Cfr. POÇAS, Luís. A cominação civil da fraude na execução do contrato de seguro: ocorrência e participação do sinistro. In: POÇAS, Luís. *Problemas e Soluções de Direito dos Seguros*. Coimbra: Almedina, 2019, p. 81-128.
9. Sobre o enquadramento criminal, cfr. POÇAS, Luís. *O Dever de Declaração Inicial do Risco no Contrato de Seguro*, cit., p. 799 ss.; e COSTA, António Almeida. *A Burla no Código Penal Português*, cit., p. 65 ss.
10. POÇAS, Luís. A cominação civil da fraude na execução do contrato de seguro: ocorrência e participação do sinistro, cit.
11. CRESSEY, Donald R. *Other People's Money* – A Study of the Social Psychology of Embezzlement. Glencoe: The Free Press, 1953.

a uma atividade recorrente, a um modo de vida à margem da lei, suportado, por vezes, em autênticas redes criminosas (abrangendo, por exemplo, no caso do seguro automóvel, o envolvimento de importadores de viaturas, condutores contratados, oficinas, reboques, peritos etc.).

3. CARACTERÍSTICAS DA FRAUDE NA EXECUÇÃO DO CONTRATO DE SEGURO

Como referimos, a fraude praticada na vigência do contrato de seguro surge, em regra, ligada à ocorrência e à participação do sinistro, e, por essa via, associada ao propósito do defraudador de receber do segurador uma indemnização ou capital total ou parcialmente indevidos.

Em certos casos, verifica-se a provocação deliberada de um sinistro: por exemplo, um incêndio em bens sobreavaliados; o choque frontal de uma viatura, também sobreavaliada; ou a automutilação "acidental", visando o recebimento de um capital por acidentes pessoais.

Noutros casos, recorre-se à encenação de um sinistro simulado: por exemplo, um alegado furto de objetos de valor (inexistentes ou previamente postos a salvo) num imóvel; ou o furto simulado de uma viatura, depois clandestinamente exportada para outro país; ou a falsificação de uma fatura de intervenção cirúrgica ou de tratamentos médicos, suportando a reclamação, ao segurador, do respetivo reembolso; o fingimento ou a invocação de um alegado acidente de trabalho, para beneficiar de um período de baixa; ou até a simulação de uma morte com desaparecimento do corpo da pessoa segura (que depois muda de identidade e de país de residência).

Noutros casos ainda, o defraudador aproveita a ocorrência de um sinistro real para exagerar os danos reclamados: por exemplo, num furto por arrombamento, ou num incêndio, o segurado invoca, respetivamente, a subtração ou a destruição de bens que, na verdade, não possuía sequer ou que não chegaram a ser furtados ou destruídos; ou, num choque automóvel real, o segurado reclama danos da viatura que eram preexistentes, ou o terceiro lesado reclama danos corporais preexistentes ou de difícil verificação (como o famoso "golpe de chicote" – *whiplash*).[12]

Alguns dos exemplos citados colocam em evidência, entre os seus traços comuns, a relevância do estado subjetivo do segurado. No exemplo do chamado "condutor *kamikaze*" (ou *crash for cash*),[13] a colisão frontal de um veículo automóvel contra uma árvore poderá ser um acidente fortuito, devido a distração do condutor e coberto pelo seguro de danos próprios, ou, diversamente, resultar de um comportamento intencional, caso em que se tratará de uma fraude. À mesma factualidade objetiva – a colisão – poderão,

---

12. Cfr. vários exemplos de atuação fraudulenta em MARTINS, João Valente. *Contrato de Seguro* – Notas Práticas. Lisboa: Quid Juris?, 2006, p. 97-98.
13. A expressão assume um sentido mais amplo, reportando-se, em geral, a todas as fraudes em seguro automóvel envolvendo o choque ou colisão de veículos, ainda que alguns conduzidos por terceiros inocentes.

portanto, corresponder duas qualificações distintas: uma lícita, contratualmente enquadrada entre as garantias do seguro, e outra ilícita, de natureza fraudulenta e, portanto, juridicamente inadmissível.

Outra característica comum que sobressai dos vários exemplos dados é a dificuldade de deteção e prova da fraude.[14] Como distinguir um incêndio provocado por uma ação dolosa de terceiros *contra* o segurado (ato de vandalismo contratualmente coberto pelo seguro) de um outro em que os "terceiros" atuam *por conta e a mando* do segurado? Como aferir, ante um efetivo furto com arrombamento, se determinados bens foram, na realidade, furtados? Ou, num sinistro de perda de bagagem, como confirmar o conteúdo real da bagagem desaparecida?

4. A PREVENÇÃO E O COMBATE À FRAUDE

Apesar das dificuldades enunciadas, os seguradores foram desenvolvendo técnicas progressivamente mais eficazes de prevenção e combate à fraude. Desde logo, há técnicas de prevenção que passam pela sensibilização e formação antifraude, pelo conhecimento das atuações fraudulentas mais frequentes e implementação de técnicas de despiste. O conhecimento do perfil do cliente, dos seus padrões de comportamento e nível de sinistralidade jogam um papel importante, permitindo identificar clientes de maior risco ou até indesejáveis.

Por outro lado, as circunstâncias do sinistro poderão revelar indícios que logo permitem classificá-lo como suspeito. Um sinistro ocorrido no início do contrato, ou subsequente a um aumento dos capitais seguros, entre muitos outros exemplos, sinalizam-no para uma investigação mais aturada. Os fatores de suspeita são facilmente identificáveis, quer por um gestor de sinistros experiente, quer por um sistema informático de gestão de sinistros programado para, em função de um leque de indicadores relevantes, atribuir uma pontuação de risco de fraude a cada sinistro.[15] A tecnologia de informação tem aqui um papel muito relevante, estribando-se em modelos preditivos assentes nos dados históricos do segurador, enquanto a inteligência artificial abre novas oportunidades e perspetivas de uma deteção mais eficiente.

---

14. Cfr. TZIRULNIK, Ernesto e OCTAVIANI, Alessandro. *Seguro e Fraude* – As Provas. Disponível em: https://silo.tips/download/seguro-e-fraude-as-provas-1. Acesso em: 03 jul. 2022.
15. Neste contexto, e em casos de atuação fraudulenta reiterada, a verificação de regularidades estatísticas ajuda igualmente a detetar comportamentos fraudulentos. Cfr. exemplos em MÜLLER, Katja. *The Identification of Insurance Fraud*: An Empirical Analysis. Schweiz: Institute of Insurance Economics – University of St. Gallen, 2013+ Disponível em: https://www.ivw.unisg.ch/~/media/internet/content/dateien/instituteundcenters/ivw/wps/wp137.pdf. Acesso em: 03 jul. 2022. Com relevância, e apelando à abordagem das *redes*, cfr. também Carlos Fernandes Francisco, *Utilização de Redes para a Deteção de Casos de Fraude em Apólices de Seguro Automóvel* – Trabalho de Projeto para obtenção do grau de Mestre, Lisboa, Instituto Superior de Estatística e Gestão de Informação da Universidade Nova de Lisboa, 2014 (polic.). Disponível em: https://run.unl.pt/bitstream/10362/14533/1/TEGI0354.pdf. Acesso em: 04 fev. 2024; e AMADO, Margarida Pinheiro. *Sistema para Deteção de Fraude na Indústria Seguradora*: A Aplicação de Redes ao Ramo da Saúde. Dissertação de Mestrado, Lisboa, Instituto Superior de Estatística e Gestão de Informação da Universidade Nova de Lisboa, 2014 (polic.). Disponível em: https://run.unl.pt/bitstream/10362/14534/1/TEGI0355.pdf. Acesso em: 04 fev. 2024.

Em função do grau de suspeita e do nível de risco de fraude, ou em virtude de informações recebidas em canais dedicados de denúncia anónima, o segurador pode lançar mão de uma análise aturada das provas, recorrendo a peritos, averiguadores, investigadores, ou, sendo os indícios importantes, à própria investigação policial subsequente a uma queixa-crime.[16]

Nas situações de fraude sistemática ligada ao crime organizado – com exemplos amplamente divulgados na comunicação social – a eficácia da luta antifraude passa também, em grande medida, por um combate concertado com cruzamento de informação entre diferentes seguradores.[17]

5. A RELEVÂNCIA ECONÓMICA DA FRAUDE EM SEGUROS

As referidas dificuldades de deteção e prova da fraude inviabilizam uma estimativa rigorosa do respetivo impacto económico no mercado segurador, de tal forma que o conhecimento da fraude em seguros se assemelha um pouco à imagem de um *iceberg*, em que, quanto à parte submersa, apenas são possíveis exercícios de cálculo especulativos.

Ainda assim, estima-se que a fraude não detetada represente, na Europa, cerca de 10% dos custos com sinistros,[18] enquanto no Brasil a estimativa pode situar-se entre os 20% e os 30%.[19] Segundo o relatório da Associação Portuguesa de Seguradores (APS) denominado *Fraudes aos Seguros*, respeitante a 2022 e divulgado à imprensa,[20] num universo de 1,37 milhões de sinistros participados no referido ano, perto de 139 mil (cerca de 10%, representando um custo potencial de 67,5 milhões de euros) foram considerados suspeitos e, destes, 89 mil deram lugar a averiguação, permitindo identificar 18 mil casos de fraude comprovada (1,31% da totalidade dos sinistros). No Brasil, para o mesmo período, a CNseg (Confederação Nacional das Seguradoras) divulgou que 3,41% dos sinistros (representando 11,42% do respetivo valor) foram considerados suspeitos e 0,56% (representando 1,84% do respetivo montante) corresponderam a casos de fraude comprovada.[21]

---

16. Sobre o papel da auditoria interna na prevenção e combate à fraude, cfr. CARTIS, Denisa Lucia. *A Importância da Auditoria Interna na Prevenção da Fraude no Setor Segurador em Portugal*. Dissertação de mestrado em Auditoria Empresarial e Pública, Coimbra, Instituto Superior de Contabilidade e Administração, 2021 (polic.). Disponível em: https://comum.rcaap.pt/bitstream/10400.26/38752/1/Denisa_Cartis.pdf. Acesso em: 04 fev. 2024.
17. Neste domínio, o Regulamento Geral de Proteção de Dados (RGPD) veio suscitar desafios importantes quanto à licitude dessa partilha de informação. Sobre a matéria, cfr. POÇAS, Luís. Os seguros de pessoas e o tratamento de dados sensíveis. In: GOLDBERG, Ilan e JUNQUEIRA, Thiago (Coord.). *Temas Atuais de Direito dos Seguros*, v I, cit., p. 65 ss.
18. Cfr. Insurance Europe, *The Impact of Insurance Fraud*, Brussels, Insurance Europe, 2013, p. 9 – disponível em: https://insuranceeurope.eu/publications/492/the-impact-of-insurance-fraud/. Acesso em: 02 jul. 2022.
19. Cfr. SANTOS, Ricardo Bechara. *A Fraude Contra o Seguro*. Disponível em: https://sindicatodasseguradorasrj.org.br/artigo/a-fraude-contra-o-seguro/. Acesso em: 02 fev. 2024.
20. BOTELHO, Francisco. Seguradoras suspeitam de fraude em um de cada dez sinistros participados. *Eco Seguros*, 07.09.2023. Disponível em: https://eco.sapo.pt/2023/09/07/seguradoras-suspeitam-de-fraude-em-um-de-cada-dez-sinistros-participados/. Acesso em: 03 fev. 2024.
21. CNseg, *Quantificação da Fraude no Mercado de Seguros Brasileiro* – Relatório de 2022, p. 7. Disponível em: https://issuu.com/confederacaocnseg/docs/sqf_20_ciclo_2_-_v10. Acesso em: 04 fev. 2024.

6. O PARADOXO ECONÓMICO E SOCIAL DO FENÓMENO

São diversas as vertentes que propiciam uma abordagem económica ao fenómeno da fraude em seguros. Uma delas incide sobre a forma como o desenho contratual pode influenciar o comportamento fraudulento. Nesta perspetiva, vários são os recursos que o contrato de seguro disponibiliza no sentido de repartir o risco com o tomador do seguro, desincentivando a fraude. Entre eles, o formato *bónus-malus* e o recurso a franquias têm revelado alguma eficácia.[22]

Mas é noutra dimensão que uma análise económica e até sociológica à fraude evidencia um autêntico paradoxo. Com efeito, e não obstante a gravidade objetiva dos comportamentos que comporta e da inerente severidade das sanções penais que lhes correspondem, a fraude em seguros beneficia de uma estranha tolerância da consciência social[23] (e até, por vezes, do poder judicial),[24] sob a errónea ideia de que a mesma não prejudica ninguém (correspondendo a um "crime sem vítimas"). Ora, este clima de benevolência pode ser explicado à luz do chamado *síndroma de Robin Hood*, nos termos do qual a coletividade reprova, como imoral, o prejuízo causado a uma pessoa, mas, paradoxalmente, não condena o prejuízo causado a uma organização (especialmente, se for considerada rica e poderosa), mesmo tendo consciência da ilicitude do comportamento em causa.[25]

Porém, este sentir social descura as bases mutualistas – logo, solidarísticas e de autêntica justiça distributiva – da atividade seguradora. Ignora, portanto, o princípio da mutualidade, segundo o qual o segurador é um gestor da massa dos prémios da mutualidade dos segurados, que, por seu turno, suporta a sinistralidade verificada. Logo, os custos com sinistralidade – empolados por situações fraudulentas não detetadas – refletem-se num necessário incremento dos prémios, de modo a evitar o colapso do sistema. Em suma, portanto, o sinistro fraudulento do segurado individual (o suposto herói da floresta se *Sherwood*) vem onerar, na verdade, não tanto o segurador (gestor da mutualidade), mas, sobretudo, a complacente coletividade segura.[26-27]

---

22. Cfr. SANTOS, Sonia de Lucas et al. *Efecto Disuasorio del Tipo de Contrato sobre el Fraude*. Madrid: Fundación Mapfre, 2012, p. 13 ss. e 105 ss.
23. Cfr. MAIO, Laura Costa. *Fraude nos Seguros*: A Tolerância à Fraude no Seguro Automóvel. Dissertação de Mestrado em Criminologia, Porto, Faculdade der Direito da Universidade do Porto, 2013 (polic.). Disponível em: https://repositorio-aberto.up.pt/bitstream/10216/69868/2/24918.pdf. Acesso em: 03 fev. 2024.
24. CAVALCANTI, Bruno. *Princípio da Boa-Fé e os Contratos de Seguro*. Recife: Nossa Livraria, 2000, p. 59.
25. LORETO, Daniele Di. Il fenomeno della frode nell'esperienza assicurativa. *Assicurazioni*, ano LXXI, n. 4 out./dez. 2004, p. 552.
26. Cfr. POÇAS, Luís. Aproximação económica à declaração do risco no contrato de seguro. In: POÇAS, Luís. *Problemas e Soluções de Direito dos Seguros*, cit., p. 73 ss. O conflito entre os interesses individuais, orientados por uma lógica racional de benefício / custo, alheia a considerações éticas, e os interesses coletivos, traduz o paradoxo de Olson: a contradição entre o interesse individual em beneficiar do bem coletivo e o interesse em não suportar o respetivo custo (esperando que sejam os outros a suportá-lo). Cfr. OLSON, Mancur. *The Logic of Collective Action*, Cambridge (Mass.): Harvard University Press, 1971 – trad. port., *A Lógica da Ação Coletiva – Bens Públicos e Teoria dos Grupos*. Oeiras: Celta, 1998.
27. O fenómeno encontra paralelo na tolerância social à fuga aos impostos, a qual, reduzindo a receita tributária e implicando, portanto, um correspondente aumento da carga fiscal, acaba por onerar os contribuintes cumpridores.

Em conclusão, os custos da fraude são efetivamente suportados pelos consumidores de seguros, de tal forma que a prevenção e a eficaz deteção da fraude se repercutem, não tanto sobre os lucros do segurador – sempre limitados por efeito da competitividade em contexto de mercado de livre concorrência –, mas, sobretudo, na redução média dos prémios cobrados.[28] Ademais, só uma eficaz atividade antifraude – quer no plano da prevenção, quer no do combate – contribui para a solvência do segurador, protegendo, assim, globalmente, a mutualidade de segurados.[29] Em suma, a fraude contra os seguradores é, na verdade, uma fraude contra a sociedade.[30]

Versão original publicada em: 21.07.2022.

---

[28]. CAVALCANTI, Bruno. *Princípio da Boa-Fé e os Contratos de Seguro*, cit., p. 57 e 61; e LITTON, Roger A. *Crime and Crime Prevention for Insurance Practice*. Aldershot: Gower Publishing, 1990, p. 1.

[29]. Refira-se, a propósito, que o n. 13 do artigo 72º do Regime Jurídico de Acesso e Exercício da Atividade Seguradora e Resseguradora (RJASR), aprovado pela Lei 147/2015, de 9/09, estabelece a obrigatoriedade de os seguradores definirem uma política de prevenção, deteção e reporte de situações de fraude nos seguros, como componente do sistema de gestão de riscos. Embora de forma mediata, é aqui evidente o propósito de proteção do consumidor de seguros, já que o referido diploma legal – peça normativa central da supervisão de seguros –, determina igualmente, no seu artigo 22º, que o objetivo principal da supervisão é a proteção dos tomadores de seguros, segurados e beneficiários.

[30]. CORREIA, Alda e PIMENTA, Carlos. Notas soltas sobre a fraude (II). *APS Notícias*, n. 26, jul./dez. 2009, p. 38.

PARTE III
SEGUROS EM ESPÉCIE E PLANOS DE SAÚDE

SEGURO DE DIRETORES E ADMINISTRADORES (SEGURO *D&O*)

A IMPORTÂNCIA DOS ASPECTOS SUBJETIVO, TEMPORAL E CAUSAL NO SEGURO *D&O*

Ilan Goldberg

Giovanna Fernandes Lopes

O seguro de responsabilidade civil para diretores e conselheiros (seguro RC *D&O*, no jargão empregado pela Susep) é, sem dúvida, um importante instrumento ao exercício dos atos de gestão das sociedades, que enfrentam uma crescente necessidade de proteção financeira contra eventuais reclamações decorrentes de suas ações ou omissões. A complexidade do ambiente empresarial, aliada à variedade de situações que podem dar origem a essas reclamações, demandam uma análise meticulosa do escopo da cobertura comumente oferecida pelas apólices *D&O*.

A fim de, didaticamente, estruturar o que deve ser examinado pelo intérprete a fim de conhecer o alcance da cobertura contratada, três aspectos se afiguram de fundamental importância, quais sejam: (i) o subjetivo, (ii) o temporal e (iii) o causal.

Os dois primeiros usualmente serão de solução mais fácil, por assim dizer, considerando que a análise será mais pragmática. Pelo primeiro – o vetor *subjetivo* – deseja-se saber se a pessoa em xeque é ou não uma administradora (diretora, conselheira, CEO, CFO, COO, entre outras nomenclaturas possíveis).

O que se deseja conhecer quando se investiga esse primeiro vetor, é se a pessoa implicada está em posição de exercer um ato de gestão em nome da sociedade e se a representa, para os fins de direito. Veja-se que o administrador poderá ser regulamente eleito (um diretor estatutário, por exemplo), ou, até mesmo, um diretor *de fato*, tudo a depender, nesse particular, dos termos da apólice convencionada.

Ainda com relação ao primeiro vetor, é importante ter em mente que o seguro *D&O* é usualmente contratado por uma empresa (tomador), por conta de seus administradores (os segurados). Não se trata, como o próprio nome do seguro explicita, de um seguro concebido para a tutela do patrimônio da pessoa jurídica (tomador), mas da pessoa física dos administradores – em inglês, *directors and officers liability insurance*. Há possibilidade jurídica de contratação diretamente pela pessoa física do administrador, nos termos da regulação em vigor (Circular Susep 637/2021), mas, na prática, essa modalidade quase não ocorre.

Sob uma perspectiva cronológica, o exame assertivo quanto à existência de cobertura passará, em primeiro lugar, pela análise de *quem* está a requerer a cobertura respectiva. Se for um administrador, de direito ou de fato (aqui, a depender do conteúdo do contrato), deverá haver cobertura, o que autoriza o intérprete a passar para o segundo vetor, qual seja, o temporal.

Também dispondo de uma considerável dose de pragmatismo, o vetor temporal decorre da modalidade de contratação comumente adotada pelo mercado segurador, tanto no Brasil quanto no exterior, para comercializar essas apólices.

Fazendo aqui um breve percurso histórico, os seguros, em geral, sempre foram contratados à base de ocorrência. Nesta forma de contratação, se o sinistro (um incêndio, por exemplo), ocorresse durante o período de vigência da apólice, sob a perspectiva temporal haveria cobertura. Esse mesmo raciocínio se afigurava perfeito para sinistros em ramos como automóvel, vida, entre outras espécies dos chamados ramos elementares, e isto por uma razão singela: a identificação do fato gerador de cobertura, no tempo, afigurava-se objetiva.

Nos anos 50/60 do Século passado, especialmente nos Estados Unidos da América, o escândalo a propósito do uso da talidomida (medicamento que, tempos mais tarde, gerou o nascimento de fetos com má formação congênita), e também o uso do amianto na construção civil, forçaram uma mudança radical em termos de exposição do mercado segurador, uma vez que os sinistros se materializavam muito tempo depois de esgotada a vigência dos seguros respectivos.

Diante de uma exposição enorme e descontrolada, as seguradoras, então, introduziram, em adição à contratação à base de ocorrência, a contratação à base de reclamação. Ao invés de examinar o fato gerador (o incêndio, anteriormente mencionado), agora a análise passaria a concentrar-se na data em que o terceiro formulasse a reclamação contra o segurado. Se ela ocorresse durante o período de vigência, ou, também, no período adicional (complementar ou suplementar), o sinistro estaria coberto.

A finalidade da introdução da contratação à base de reclamação foi mesmo delimitar no tempo a exposição das seguradoras, considerando que, principalmente nos seguros de responsabilidades (*D&O*, E&O, *cyber*, RC geral, entre outros), reconheceu-se a dificuldade de identificar quando e se os terceiros apresentariam as suas reclamações. Além dos períodos adicionais, voltados ao futuro, isto é, depois de esgotada a vigência da apólice, há também de considerar o período de retroatividade da apólice e a data de conhecimento dos fatos geradores pelo segurado, dirigidos ao passado, isto é, antes de concluída a contratação.

Após a introdução da contratação à base de reclamação, surgiu uma modalidade ainda mais refinada, qual seja, a contratação à base de reclamação com notificação. A finalidade da notificação foi, diante de expectativas de sinistro (e não sinistros propriamente ditos), possibilitar que os segurados as avisassem às seguradoras, vinculando as apólices em questão mesmo se os sinistros respectivos fossem reclamados em apólices posteriores. Trata-se de um ferramental criado a fim de gerar ainda mais informações pelas seguradoras a respeito da sinistralidade que se avizinha e gerar proteção aos segurados conscientes de seus possíveis fatos geradores.

A identificação das expectativas de sinistros e dos sinistros, no tempo, nem sempre é fácil, considerando que, em não raras vezes, os fatos são complexos, afigurando-se difícil precisar, com exatidão, quando ocorreram e se tornaram de conhecimento dos segurados. Seja como for, ainda se nota uma carga considerável de pragmatismo nesta análise.

O terceiro vetor, depois de cumprido o exame dos dois primeiros – subjetivo e temporal – é o causal, possivelmente o mais complexo de todos. A doutrina societária, de maneira uníssona, reputa difícil a definição do que seja um ato de gestão. Veja-se, a propósito, a lição de Marcelo Vieira von Adamek:[1]

> Logo, a irresponsabilidade do administrador tem como pressuposto a prática de 'ato regular de gestão', impondo a necessidade de definir essa expressão, cujo alcance não foi expressamente posto na atual lei acionária nem na anterior (DL 2.627 I 40, art. 121).
>
> A noção antagônica da expressão 'ato regular de gestão' deve compreender-se logicamente na expressão antitética 'ato irregular de gestão', como verso e reverso da mesma moeda. E, como necessariamente os únicos parâmetros válidos para a aferição da regularidade do ato do administrador devem ser encontrados na lei ou no estatuto (ato-norma), segue-se que irregular será o ato de gestão praticado com violação da lei ou do estatuto; também o será o ato praticado fora dos limites das atribuições de seu cargo, já que semelhante atuação, por evidente, contrastará igualmente com a lei e com o estatuto.

Ora, se os seguros *D&O* são voltados à cobertura dos atos de gestão, a dificuldade para defini-los acaba, consequentemente, também gerando dificuldade para entender o *que* esse seguro verdadeiramente cobre. E, nessa toada, cabe ao estudioso aprofundar o seu exame não em questões próprias do direito dos seguros, mas do direito societário, mais especificamente numa disciplina que, pelos comercialistas, é reputada uma das mais instigantes nesse ramo do direito, qual seja, a responsabilidade dos administradores.

A Susep, por intermédio da Circular 637/2021, em seu art. 12,[2] ilumina a questão em torno da cobertura para o ato de gestão, mas padece da dificuldade referida ao não o conceituar. Gerir uma empresa pode compreender uma miríade de afazeres os mais diversos e, às vezes, até mesmo certas obrigações de não fazer, como, *e.g.*, abster-se da prática de uma conduta anticoncorrencial.

Nessa altura, todo o capítulo dedicado à responsabilidade dos administradores, previsto nos artigos 153 a 159 da Lei 6.404/1976 (lei das S.A.) deve ser trazido à baila. Para facilidade de análise, e respeitando os estreitos limites dessa coluna, dois são os principais deveres a serem observados pelos administradores, quais sejam, diligência (LSA, art. 153) e lealdade (art. 155).

---

1. ADAMEK, Marcelo Vieira von. *Responsabilidade civil dos administradores de S/A (e as ações correlatas)*. São Paulo: Saraiva, 2009, p. 212.
2. Art. 12 da Circular Susep 637/2021. "Além de outras exclusões previstas em lei, o seguro de RC D&O não cobre os riscos de responsabilização civil dos segurados em decorrência de danos causados a terceiros, quando fora do exercício de seus cargos no tomador, em suas subsidiárias ou em suas coligadas. Parágrafo único. Devem ser enquadrados no ramo de seguro de Responsabilidade Civil Geral, os seguros destinados a garantir apenas o interesse específico das pessoas jurídicas responsabilizadas pelos danos causados a terceiros, em consequência de atos ilícitos culposos praticados por pessoa física, que exerça ou tenha exercido cargos executivos de administração ou de gestão".

Contratos de seguro *D&O*, sob a perspectiva causal (o terceiro vetor), estarão voltados a violações do dever de diligência porque a sua antítese é a negligência que, no Direito Civil, remete à conduta culposa. E é justamente porque nós, seres humanos, cometemos erros (culpa), que contratamos os seguros de responsabilidades (entre eles, os seguros *D&O*).

Já se vê mecânica completamente diferente quando se tem em mente o dever de lealdade (LSA, art. 155), cuja antítese é a deslealdade e, no Direito Civil, o dolo, este, reconhecidamente, o inimigo número um dos seguros – leia-se, a propósito, o art. 762 do CC.[3]

Exemplificando, violações ao dever de lealdade são materializadas pelo *insider trading*, um dos pecados capitais no âmbito do mercado de bolsa de valores, por representar uma traição à confiança depositada pela sociedade no administrador que, a um só tempo, também viola a fidúcia de investidores e de acionistas como um todo.

Os três vetores referidos – subjetivo, temporal e causal – são fundamentais à análise de cobertura nos seguros *D&O*.

Versão original publicada em: 02.05.2024.

---

3. Art. 762 do CC. "Nulo será o contrato para garantia de risco proveniente de ato doloso do segurado, do beneficiário, ou de representante de um ou de outro."

PARA QUE SERVE O CONTRATO DE SEGURO *D&O*?
PARTE 1

Ilan Goldberg

O contrato de seguro de responsabilidade civil para administradores de sociedades, mais conhecido pelo público como seguro *D&O*, vem, paulatinamente, despertando a atenção do empresariado brasileiro. *Compliance*, governança corporativa, pacotes de benefícios oferecidos a executivos, entre outras variadas razões, vêm impulsionando uma penetração cada vez maior deste contrato de seguro no País.

Para além das razões ora mencionadas, há uma, em especial, que permite referir a uma "quase obrigatoriedade" quanto à sua contratação, qual seja, o risco de que os administradores venham a ser responsabilizados, bastando, para tanto, que assumam funções de diretoria, conselhos de administração e fiscal, membros de comitês de auditoria etc.[1]

É que ser administrador é o quanto basta para que surjam as mais variadas demandas de responsabilidade, cuja origem pode variar de maneira amplíssima. *E.g.* questões de ordem consumerista, trabalhista, tributária, concorrencial, regulatória, ambiental, civil, societária, entre tantas outras, apresentam um efeito colateral que vai ao encontro da assertiva formulada acima: o administrador consciente de sua responsabilidade não assumirá o encargo respectivo sem uma robusta apólice de seguro *D&O*, para a qual se opere a transferência dos riscos financeiros que pesam sobre o seu próprio patrimônio.

O seguro *D&O*, assim, tem por finalidade oferecer proteção ao ato de gestão praticado pelo administrador. Noutras palavras, em sendo deflagradas demandas de responsabilidade causalmente relacionadas ao ato de gestão, o pressuposto fundamental à cobertura securitária estará preenchido.

A definição do que seja o ato de gestão reveste-se de alguma complexidade, o que dificulta a correta compreensão do risco coberto por este contrato de seguro. A doutrina, assim, para chegar à definição, parte de uma construção inversa, qual seja, a definição

---

1. Afirma-se de maneira atécnica a respeito de uma "quase obrigatoriedade" porque, do ponto de vista estritamente legal, ou a contratação é obrigatória ou não é; não há espaço para "meia obrigação". Ocorre, todavia, que sem embargo da inexistência de uma previsão legal que torne compulsória a contratação do seguro *D&O* pelo empresariado brasileiro, os fatos demonstram que, ao menos nas sociedades anônimas cotizadas, dentre aquelas que compõem o índice BMF-Bovespa a contratação do seguro *D&O* é muito próxima aos 100%. Dentre as 53 companhias que compõem o índice BMF-Bovepsa, apenas uma revelou não contratar o seguro *D&O*. Informações disponíveis no relatório 83/2016-CVM/SEP/GEA-3, elaborado pela Comissão de Valores Mobiliários.

do ato irregular de gestão. Examinando o art. 158 da Lei 6.404, de 15.12.1976, a primeira parte do *caput* assinala que

> o administrador não é pessoalmente responsável pelas obrigações que contrair em nome da sociedade e em virtude de ato regular de gestão", ao passo que a parte final assevera "responde, porém, civilmente, pelos prejuízos que causar, quando proceder: I – dentro de suas atribuições ou poderes, com culpa ou dolo; II – com violação da lei ou do estatuto.

Extraindo o conteúdo normativo do dispositivo, conceitua-se o ato irregular de gestão como aquele no qual estejam presentes a culpa ou o dolo do administrador, além das violações da lei e/ou do estatuto. É dizer que restando verificadas essas hipóteses, haverá responsabilidade do administrador.

Quanto à interseção entre a ora formulada acima e a cobertura provida pelo seguro *D&O*, cumpre formular um corte metodológico importante: para condutas culposas, o seguro *D&O* oferecerá cobertura; para condutas dolosas, não. Exatamente nesses termos apresentava-se a Circular Susep 553, de 23.05.2017, designadamente o art. 5º, ao definir que

> no seguro de RC D & O, a sociedade seguradora garante aos segurados, quando responsabilizados por danos causados a terceiros, em consequência de atos ilícitos culposos praticados no exercício das funções para as quais tenham sido nomeados, eleitos e/ou contratados [...].[2]

A exclusão de cobertura para condutas dolosas encontra-se assinalada nas definições, cujo art. 3º, inc. XVII, enfatiza que "a garantia do seguro não se aplica nos casos em que os danos causados a terceiros decorram de atos ilícitos dolosos, isto é, praticados pelo segurado comprovadamente com dolo ou culpa grave".[3]

À diferença de outros tantos contratos de seguros nos quais há facilidade para examinar a culpa e o dolo do segurado, o seguro *D&O* requer o aprofundamento de ao menos uma disciplina adicional, qual seja, a responsabilidade do administrador e, mais precisamente, o exame do que representam os deveres de diligência e de lealdade, previstos, respectivamente, nos artigos 153[4] e 155[5] da Lei 6.404, de 15.12.1976.

---

2. Nesse mesmo sentido o art. 11, *caput*, da Circular SUSEP 637 de 2022, que revogou a Circular 553. A novel norma regula os seguros do chamado grupo responsabilidades. "Art. 11. No seguro de RC *D&O*, a sociedade seguradora deve garantir o interesse do segurado que for responsabilizado por danos causados a terceiros, em consequência de atos ilícitos culposos praticados no exercício das funções para as quais tenha sido nomeado, eleito ou contratado, e obrigado a indenizá-los, por decisão judicial ou decisão em juízo arbitral, ou por acordo com os terceiros prejudicados, mediante a anuência da sociedade seguradora, desde que atendidas as disposições do contrato".
3. A equiparação da culpa grave ao dolo merece atenção especial em matéria de responsabilidade de administradores, o que gera consequências diretas à órbita do contrato de seguro *D&O*. Para um aprofundamento dessa temática seja permitido referir ao nosso: GOLDBERG, Ilan. *O contrato de seguro D&O*. 2 ed. São Paulo: Thomson Reuters Brasil, 2022. Com relação à exclusão de cobertura prevista na Circular SUSEP 553, a Circular 637 não a reproduziu. Sem embargo, as condutas dolosas não são merecedoras de tutela nos seguros *D&O*.
4. Lei 6.404, de 15.12.1976. Art. 153. O administrador da companhia deve empregar, no exercício de suas funções, o cuidado e diligência que todo homem ativo e probo costuma empregar na administração dos seus próprios negócios.
5. Art. 155. O administrador deve servir com lealdade à companhia e manter reserva sobre os seus negócios, sendo-lhe vedado: I – usar, em benefício próprio ou de outrem, com ou sem prejuízo para a companhia, as oportunidades comerciais de que tenha conhecimento em razão do exercício de seu cargo; II – omitir-se no

Nos seguros automóvel e incêndio, por exemplo, a culpa e dolo por parte do segurado serão muito facilmente verificados. Com efeito, distrair-se e atropelar um pedestre e/ou deixar de fazer manutenção no sistema de *sprinklers* e, assim, acabar gerando a propagação do fogo, jamais serão equiparáveis à assunção da direção de um veículo com o objetivo de atropelar e matar um inimigo, ou com o empresário que, deliberadamente, ateia fogo em seu estabelecimento comercial para receber a soma segurada.

A culpa do administrador requer o exame detido do conteúdo do dever de diligência. Não há como responder à pergunta formulada no título sem estudar esta disciplina. Qualificar-se, informar-se, vigiar e, conforme for, investigar, além de, adicionalmente, informar ao mercado a respeito de fatos relevantes, tratam-se de desdobramentos do dever de diligência.[6]

Por outro lado, o dolo do administrador encontra fonte diversa, qual seja, a violação ao dever de lealdade. O administrador que se aproveitar de oportunidade endereçada à sociedade, que estabelecer concorrência com a mesma valendo-se de informação privilegiada, que comprar ou vender ações às vésperas da divulgação de fato relevante, que, ao argumento de que a sociedade se encontra endividada dirigir a oportunidade para proveito próprio, não deve esperar a cobertura do seguro *D&O*.[7]

Em matéria de responsabilidade do administrador, a doutrina ensina que um grave problema de compreensão desta disciplina decorre da tentativa de compreendê-la sem que segmentem os campos de incidência dos deveres diligência e de lealdade. O pretenso

---

exercício ou proteção de direitos da companhia ou, visando à obtenção de vantagens, para si ou para outrem, deixar de aproveitar oportunidades de negócio de interesse da companhia; III – adquirir, para revender com lucro, bem ou direito que sabe necessário à companhia, ou que esta tencione adquirir. § 1º Cumpre, ademais, ao administrador de companhia aberta, guardar sigilo sobre qualquer informação que ainda não tenha sido divulgada para conhecimento do mercado, obtida em razão do cargo e capaz de influir de modo ponderável na cotação de valores mobiliários, sendo-lhe vedado valer-se da informação para obter, para si ou para outrem, vantagem mediante compra ou venda de valores mobiliários. § 2º O administrador deve zelar para que a violação do disposto no § 1º não possa ocorrer através de subordinados ou terceiros de sua confiança. § 3º A pessoa prejudicada em compra e venda de valores mobiliários, contratada com infração do disposto nos §§ 1º e 2º, tem direito de haver do infrator indenização por perdas e danos, a menos que ao contratar já conhecesse a informação. § 4º É vedada a utilização de informação relevante ainda não divulgada, por qualquer pessoa que a ela tenha tido acesso, com a finalidade de auferir vantagem, para si ou para outrem, no mercado de valores mobiliários.

6. A propósito da complexidade de que se reveste o dever de diligência, refere-se às seguintes obras: BRIGAGÃO, Pedro Henrique Castello. *A administração de companhias e a business judgment rule*. São Paulo: Quartier Latin, 2017. p. 62. BARRETO, Júlio. *O conflito de interesses entre a companhia e seus administradores*. Rio de Janeiro: Renovar, 2009. p. 133., PARENTE, Flávia. *O dever de diligência dos administradores de sociedades anônimas*. Rio de Janeiro: Renovar, 2005. p. 34. Na Espanha, GUERRERO TREVIJANO, Cristina G. *El deber de diligencia de los administradores en el gobierno de las sociedades de capital. La incorporación de los principios de la* business judgment rule *al ordenamiento español*. Cizur Menor (Navarra): Thomson Reuters/Aranzadi, 2014. p. 131. Em Portugal, RAMOS, Maria Elisabete Gomes. *O seguro de responsabilidade civil dos administradores*: entre a exposição ao risco e a delimitação da cobertura. Coimbra: Almedina, 2010. p. 105.

7. Referências específicas ao dever de lealdade podem ser observadas em PORTELLANO DIEZ, Pedro. *Deber de fidelidad de los administradores de sociedades mecantiles y oportunidades de negocio*. Madrid: Civitas, 1996. BROWN, J. *When opportunity knocks*: an analysis of the Bridney & Clark and ALI Principles of Corporate Governance Proposals for deciding corporate opportunity claims. J Corp, L. 1986, p. 257. EISENBERG, Melvin Aron. *An overview of the principles of corporate governance*. The Business Lawyer. v. 48. 263.

exame conjunto peca justamente porque deixa de estabelecer o corte metodológico a que nos referimos anteriormente, cujos efeitos para o seguro *D&O* são importantíssimos.[8]

Enquanto o administrador negligente – *rectius*, não diligente – acaba por prejudicar-se em razão de sua conduta, seja pela perda de bônus, críticas as mais variadas e até mesmo a sua demissão, o administrador desleal pode auferir ganhos vultosíssimos como consequência de sua conduta.

Ontologicamente, esses dois deveres não se confundem e, a consequência prática disto decorrente para o contrato de seguro *D&O* é exatamente a cobertura para as violações ao dever de diligência e a exclusão do risco decorrente das violações ao dever de lealdade. Iterativa, a propósito, a lição extraída do julgamento do Recurso Especial 1.601.555/SP, Relator o Ministro Ricardo Villas Bôas Cueva que, analisando hipótese na qual o segurado atuou como *insider trading*, assentou:

> o seguro de RC D&O somente possui cobertura para (i) atos culposos de diretores, administradores e conselheiros (ii) praticados no exercício de suas funções (atos de gestão). Em outras palavras, atos fraudulentos e desonestos de favorecimento pessoal e práticas dolosas lesivas à companhia e ao mercado de capitais, a exemplo do insider trading, não estão abrangidos na garantia securitária.[9]

Respondendo sinteticamente à questão formulada no título, o contrato de seguro *D&O* serve às violações ao dever de diligência e em hipótese alguma servirá às violações ao dever de lealdade.

Versão original publicada em: 20.05.2019.

---

8. Em matéria de responsabilidade de administradores de sociedades, Cándido Paz-Ares faz anotação enfática: "No pueden meterse dentro del mismo saco la regulación de los 'actos de gestión indebida' y la regulación de los 'actos de apropiación indebida'". PAZ-ARES, Cándido. La responsabilidad de los administradores como instrumento de gobierno corporativo. *Revista para el Análisis del Derecho*. ISSN-e 1698-739X, n. 4, 2003. p. 4-5. No mesmo sentido RAMOS, Maria Elisabete Gomes. *O seguro de responsabilidade civil dos administradores*: entre a exposição ao risco e a delimitação da cobertura. Coimbra: Almedina, 2010. p. 172-173.
9. STJ. REsp 1.601.555, Rel. Min. Ricardo Villas Bôas Cueva, 3ª T, DJ 14.2.2017.

PARA QUE SERVE O CONTRATO DE SEGURO *D&O*? PARTE 2

Ilan Goldberg

Na coluna anterior, explicamos que o contrato de seguro *D&O* está voltado à cobertura de riscos financeiros que emanam do chamado ato regular de gestão. Para defini-lo, recorremos à 'ferramenta' habitualmente empregada pela doutrina que, inversamente, conceitua o ato irregular de gestão, fazendo-o a partir do disposto no art. 158 da Lei 6.404, de 15.12.1976.

Demonstramos a clara convergência existente entre as violações ao dever de diligência por parte dos administradores e a cobertura oferecida pelo seguro *D&O* e, por outro lado, também sinalizamos quanto à inexistência de interseção entre as violações ao dever de lealdade e a cobertura disponibilizada, uma vez que o dolo do administrador, usualmente, emanará de violações a este dever.

Compreendidos estes pontos fulcrais, fomos além e trouxemos à arena a *business judgment rule*. A finalidade de incluir este novo personagem ao objeto do exame compreende-se facilmente. É que a *business judgment rule*, em uma linha, tem por finalidade proteger o ato regular de gestão proveniente de decisão informada, refletida e desinteressada, tal e qual o contrato de seguro *D&O*. O objetivo aqui é ir além e explicitar as semelhanças e as diferenças.

A *business judgment rule* é um instituto de origem norte-americana, cujo exame, por primeiro, já data de mais de 200 anos.[1] A sua utilização em ordenamentos jurídicos anglo-saxões é muito comum e decorre, entre outras razões, da percepção de que a revisão do mérito de uma decisão negocial por um juiz de direito, ou um árbitro, traria efeitos deletérios à administração das sociedades.

---

1. "A primeira decisão a respeito da *business judgment rule* data de 1829 e se refere ao caso Percy v. Millaudon, de Louisiana. Na ocasião, a Corte estadual decidiu que o simples prejuízo não faz o administrador responsável; para a responsabilização seria necessária a comprovação de ter o administrador praticado ato inadmissível ao padrão do homem comum em semelhantes condições. O precedente integrou seguidas decisões jurisprudenciais antes de qualquer menção em standards. Por influência da jurisprudência norte-americana, veio a constar do art. 72°, n. 2 do Código das Sociedades de Portugal, de forma a determinar a exclusão da responsabilidade do administrador se provado que este atuou 'em termos informados, livre de qualquer interesse pessoal e segundo critérios de racionalidade empresarial'" (HENTZ, Luiz Antônio Soares. Ação social de responsabilidade e business judgment rule. *Revista de Direito Bancário e do Mercado de Capitais*. v. 68. p. 99-112. abr./jun. 2015).

Se os administradores precisam ser argutos e dinâmicos, a imposição de revisões *ex post facto* os colocaria permanentemente em situação de ameaça de responsabilização pessoal, prejudicando-os, em primeiro lugar, e, como consequência, tornando a administração das sociedades cada vez mais ineficiente.[2]

É preciso entender, com efeito, que a *business judgment rule* não produz efeitos próprios de um 'escudo impenetrável', capaz de gerar imunidade aos administradores em quaisquer circunstâncias. Se este fosse o caso, a administração gravemente negligente estaria protegida, com sérios prejuízos à sociedade.

Assim é que o acionamento do instituto requer, em primeiro lugar, que a decisão do administrador seja informada. Ao decidir pela realização de um investimento, pela abertura de uma subsidiária, pela oferta com vistas à aquisição de um concorrente, uma condição primordial deve ser preenchida, qual seja, o dever de se informar. A *contrario sensu*, a decisão emanada da não obtenção de informações não deve ser protegida pelo instituto.[3]

O segundo pressuposto vem à continuação do primeiro: após obter informação, o administrador dever refletir a respeito da decisão em questão. Independentemente do tempo escasso, das pressões de acionistas, concorrentes e órgãos reguladores, o administrador deverá refletir a respeito da decisão a ser ou não tomada.

O terceiro e último pressuposto está relacionado ao desinteresse pessoal do administrador na questão de fundo, é dizer, a decisão deverá ser tomada no interesse da sociedade, jamais no interesse pessoal do administrador, questões que se encontram intrinsicamente relacionadas ao dever de lealdade.[4]

Portanto, se a decisão for informada, refletida e desinteressada, a *business judgment rule* deverá produzir os seus efeitos de maneira plena, evitando a responsabilização dos administradores pela decisão tomada, devendo prevalecer o reverso se os pressupostos não restarem preenchidos.

Em síntese, a *business judgment rule* encontra-se alinhada com o preenchimento do dever de diligência, que se desdobra nos deveres de (i) qualificar-se para o exercício

---

2. É paradigmático, no Brasil, o acórdão proferido pela Comissão de Valores Mobiliários no processo administrativo sancionador RJ 2005/1.443 no qual, de forma explícita, o órgão aderiu à aplicação da *business judgment rule* em suas decisões. O relator foi o diretor Pedro Oliva Marcílio de Sousa.
3. A negligência grave é considerara o oposto da diligência regular (informar-se e refletir antes da tomada da decisão) e, quando verificada, importa na não aplicação do instituto. "Em casos que envolvem decisões negociais, a diligência exigida de conselheiros e diretores vem sendo pautada pelas cortes com base no conceito da negligência grave (ou *gross negligence*). Isto é, será considerado devidamente diligente aquele que não for gravemente negligente" (BRIGAGÃO, Pedro Henrique Castello. *A administração de companhias e a business judgment rule*. São Paulo: Quartier Latin, 2017. p. 137).
4. "The business judgment rule does not protect decisions by directors that constitute fraud, illegality or ultra vires conduct". (BLOCK, Dennis J.; BARTON, Nancy E; RADIN, Stephen A. *The business judgment rule*: fiduciary duties of corporate directors. 5. ed. New York: Aspen Law and Business, 1998. p. 90). Especificamente quanto à inaplicabilidade do instituto às decisões que impliquem em violação ao dever de lealdade, refere-se a PARGENDLER, Mariana. Responsabilidade civil dos administradores e business judgment rule no direito brasileiro. *Revista dos Tribunais*. v. 953, p. 51-74, mar. 2015.

da função, (ii) informa-se, (iii) vigiar e, atento à hipótese, investigar e (iv) informar ao mercado a respeito de fatos considerados relevantes. A falta grave para com o dever de diligência (que corresponde à negligência), não será protegida pelo instituto.

Imaginando-se hipótese na qual a decisão tenha sido informada, refletida e desinteressada, o racional exposto acima estaria a revelar a desnecessidade de contratação do seguro *D&O*, posto que não haveria risco. O problema, neste particular, decorre de uma constatação muito antiga e que é proveniente de estudos clássicos quanto ao contrato de seguro de responsabilidade civil: no direito francês, Jacques Hémard, em 1912, afirmou que a grande vantagem dos seguros de responsabilidade civil seria o oferecimento de cobertura para culpa sem sinistro, e para sinistro sem culpa.[5]

A primeira assertiva, a esta altura, revela-se desinfluente: o segurado atropela um transeunte na rua que, por questões as mais variadas, não resolve processá-lo. Há culpa do segurado, mas não há sinistro. A segunda assertiva é que vai ao encontro da deficiência apresentada pela *business judgment rule*: o administrador não age com culpa, mas um acionista minoritário resolve processá-lo. Haverá sinistro, mesmo que sem culpa.

A *business judgment rule* seria perfeita numa sociedade utópica igualmente perfeita, na qual não existiriam demandas descabidas, as chamadas aventuras jurídicas que, é como é sabido, avolumam-se nos tribunais. No mundo real e, como afirmado na primeira coluna, ser administrador é o quanto basta para passar a responder por demandas de responsabilidade as mais diversas. O furor em torno da objetivação da responsabilidade, da responsabilidade preventiva e da responsabilidade com presunção do nexo de causalidade revelam o quão importante é o contrato de seguro *D&O*, para além da *business judgment rule*.

Uma palavra final quanto à culpa grave, a *business judgment rule* e o seguro *D&O*. Consoante observado, o instituto não se presta para oferecer proteção à administração gravemente negligente, o que faz todo sentido considerando os prejuízos respectivos.

Com relação ao seguro *D&O*, é muito conhecida a equiparação comumente formulada entre as condutas gravemente culposa e dolosa, o que é bastante antigo em nosso País, com origens que remontam ao Direito Romano e ao velho brocardo *culpa lata dolo aequiparatur* – a culpa grave é equiparável ao dolo.

Explicamos na coluna anterior que, ontologicamente, a culpa grave e dolo nascem de violações a deveres distintos – diligência e lealdade – o que gera alguma dificuldade para fazer a equiparação referida de maneira açodada.

---

5. «La garantie des dépenses joue que l'assuré soit ou non reconnu responsable, dès lors qu'il a dû résister à une action en justice. Hémard soulignait en ces termes le rôle de la réclamation de la victime: «Ainsi peut-il y avoir tant sinistre sans responsabilité, qu'inversement responsabilité sans sinistre. Le sinistre est réalisé sans qu'il y ait responsabilité, quand la demande du tiers a été jugée mal fondée; alors l'indemnité d'assurance ne comprend que les frais judiciaires exposés. La responsabilité existe sans sinistre, quand l'assuré responsable n'est l'objet d'aucune poursuite en raison de la négligence ou de l'ignorance de la victime» (LAMBERT-FAIVRE, Yvonne. *Droit des assurances*. 11 ed. Paris: Dalloz, 2001. p. 485). No mesmo sentido Picard et Besson. *Assurance terrestres*. v. 1, n. 350, 1971. E Luc Mayaux em *Responsabilité civile et assurance*. In *Les grandes questions du droit des assurances*. Paris: L.G.D.J, 2011. p. 257-275.

Seja como for, entendemos que a exclusão de cobertura baseada em culpa grave do administrador não poderá ser arguida antes de que sejam apresentadas as evidências respectivas. Não há como, *prima facie*, afirmar que há culpa grave e que, por esta razão, não serão devidos os custos de defesa. Entendemos pela antecipação dos custos de defesa e, posteriormente, uma vez demonstrada a culpa grave, haverá direito à repetição pela seguradora, seja com base no enriquecimento sem causa (CC, arts. 884 e 885), seja com base no pagamento indevido (CC, art. 876).

Concluindo, enquanto que a *business judgment rule* não oferecerá proteção à conduta gravemente culposa, o contrato de seguro *D&O*, ao menos no tocante ao adiantamento dos custos de defesa, poderá oferecer, subordinando-se a cobertura à repetição em favor da seguradora uma vez demonstrada a culpa grave.

Versão original publicada em: 1º.07.2019.

PARA QUE SERVE O CONTRATO DE SEGURO *D&O*?
PARTE 3

Ilan Goldberg

Na primeira coluna alusiva à presente temática tivemos a oportunidade de, ainda que resumidamente, dissecar o risco que, essencialmente, interessa ao contrato de seguro *D&O*, qual seja, a responsabilidade do administrador, fazendo-o por meio do exame dos deveres de diligência e de lealdade.

A segunda coluna, por sua vez, ocupou-se das zonas de convergência e de divergência existentes entre a *business judgment rule* e o contrato de seguro em referência, formulando-se conclusão no sentido de que, nada obstante a proteção conferida por aquele instituto, o contrato de seguro permanece relevantíssimo, sobretudo considerando a severidade que, cada vez mais, caracteriza o regime de responsabilidade dos administradores no direito brasileiro.

Compreendidos os dois pontos acima, acredita-se que para esta terceira e última coluna seja importante explicar, estruturalmente, como as coberturas comumente oferecidas pelo contrato de seguro *D&O* se apresentam para, a seguir, designadamente observar a cobertura destinada a reembolsar os gastos havidos pela sociedade (tomadora) para custear a defesa de seus executivos, com o olhar voltado aos contratos de indenidade.

Basicamente, o contrato de seguro em exame oferece duas coberturas principais aos segurados, quais sejam, o custo de defesa e a indenização. Há, em adição, uma série de coberturas adicionais que, inclusive, motivam comentários da doutrina no sentido de que este seguro seria de natureza multirriscos ao invés de, como afirma o órgão regulador brasileiro, um típico seguro de responsabilidade civil. Refiro-me, *e.g.*, às coberturas para penhora online, crises emergenciais, abalos à imagem da sociedade (tomadora), entre outras.

As duas coberturas mencionadas – custo de defesa e indenização – se apresentam por meio de três faces ou lados, denominados A, B e C, compondo o todo de uma esquemática figura geométrica. A cobertura A refere-se ao custeio, pela seguradora, diretamente aos administradores, do quanto for necessário para a sua defesa (inglês); a cobertura B destina-se ao reembolso à sociedade, pela seguradora, das verbas empenhadas na defesa de seus executivos (*corporate indemnity*) e a cobertura C, por seu turno, provê cobertura para a própria tomadora que, desta maneira, passa também à condição de segurada.

A generalidade das apólices brasileiras restringe a cobertura C a reclamações cuja origem diz respeito a valores mobiliários. No exterior, designadamente na Alemanha e Espanha, esta cobertura vai além e, por exemplo, oferece garantia à tomadora para práticas trabalhistas indevidas etc.

As três faces ou lados desta imaginária figura geométrica estruturam o contrato de seguro *D&O* como um todo, mas, vale ter em mente que, a bem da verdade, a cobertura que realmente importa aos administradores é a A, cujo pagamento será efetuado diretamente pela seguradora. As coberturas B e C, como se pôde observar, operam no interesse da sociedade (tomadora), nada obstante a B tenha por finalidade gerar o reembolso à sociedade das verbas despendidas com a defesa de seus administradores.

Esta constatação revela uma fragilidade do modelo até então adotado pelo mercado segurador brasileiro em comparação com mercados seguradores mais desenvolvidos como, exemplificativamente, os norte-americano e o inglês.

No Brasil, a generalidade das apólices de seguro *D&O* oferece as coberturas A e B compondo um mesmo 'pacote'. Se o limite segurado corresponder a 100 moedas e estas 100 moedas forem despendidas com reembolso à sociedade (tomadora), nada remanescerá aos administradores a título de cobertura A. A cobertura C, se contratada, integrará este mesmo limite, talvez até mediante o estabelecimento de um sublimite, porém dentro do limite maior referido (as 100 moedas).

A depender da complexidade da reclamação formulada contra diversos administradores que, com certa naturalidade, desejarão defesas distintas, a cargo de profissionais distintos, muito provavelmente a cobertura A fará mais sentido do que a B, a revelar que o 'pacote' comumente observado no Brasil, num futuro próximo, enfrentará problemas decorrentes de possíveis conflitos de interesses entre os administradores e a sociedade (tomadora).

Comparativamente, Estados Unidos da América e Inglaterra apresentam os desenhos de suas apólices de maneira totalmente flexível. É comum observar a contratação da cobertura A com uma seguradora, e das coberturas B e C com outra seguradora. Como forma de gerar limites segurados mais robustos, contrata-se, como se observou, A com uma seguradora, B e C com outra seguradora e, ainda em adição ao limite contratado com a seguradora responsável pela cobertura A, as chamadas torres de seguros (*insurance towers*), somando limites em camadas justamente para a cobertura que, inclusive, remete ao nome deste contrato – *director's and officer's liability insurance*.

O último aspecto que se deseja cobrir nesta terceira coluna, conforme antecipado anteriormente, diz respeito às semelhanças e diferenças existentes entre a cobertura B (*corporate reimbursement*) e os contratos de indenidade, objeto de recente parecer de orientação publicado pela Comissão de Valores Mobiliários (CVM).

Em síntese, a CVM é favorável ao estabelecimento de contratos de indenidade entre as sociedades reguladas e seus executivos, contanto que sejam observadas algumas condições. Para fazer jus ao contrato de indenidade, o executivo não poderá ter agido de maneira gravemente culposa ou dolosa, não deverá ter cometido fraude contra a sociedade, não poderá aproveitar-se de oportunidade dirigida à sociedade, o que remete ao quanto restou explicitado na primeira coluna quanto aos deveres de diligência e de lealdade.

Versão original publicada em: 19.07.2019.

O SEGURO *D&O* VISTO PELO STJ

Ilan Goldberg

Em boa hora, o Superior Tribunal de Justiça voltou a examinar os contratos de seguro *D&O*, novamente o fazendo de maneira didática e exemplar. A primeira oportunidade na qual a Corte Superior analisou esse importante contrato ao empresariado brasileiro se deu em 14.02.2017, por ocasião do julgamento do Recurso Especial 1.601.555/SP, Rel. Min. Ricardo Villas Bôas Cueva, 3ª Turma, por unanimidade de votos.

Naquela ocasião, pela primeira vez a Corte enfrentou um problema seríssimo à administração das companhias abertas, qual seja, o *insider trading*,[1] e seus impactos à validade do contrato de seguro de diretores e administradores (geralmente referido como seguro *D&O*).

Por meio de voto magistral, que, com efeito, debruçou-se sobre a ainda árida doutrina brasileira a cuidar do tema – responsabilidade de administradores, iluminada pelos contratos de seguro *D&O* –, o Ministro Cueva decidiu que, na hipótese examinada não haveria que se falar em validade da apólice porque o administrador, *in casu*, valeu-se da posição privilegiada que ocupava na administração da companhia para auferir benefícios próprios, em detrimento dos interesses da sociedade.

O *insider trading*, como ensina a doutrina societária de escol, corresponde a um dos problemas mais sensíveis à administração das companhias, justamente porque, a bem da verdade, qualifica-se como a sua antítese. O *insider*, ao invés de zelar pelos interesses da sociedade que o elegeu à administração, restringe a sua atuação a interesses pessoais e, assim, além de prejudicar a companhia, provoca uma crise aguda de confiança por

---

1. Fábio Konder Comparato, em 1978, escreveu a respeito da necessidade de moralização do mercado de bolsa de valores no Brasil e, nessa linha, da repressão ao *insider trading*. Confira-se: "Na *insider trading*, o que existe é o aproveitamento de informações reservadas sobre a sociedade emissora dos títulos em detrimento do outro contratante, que as ignora. Há, por conseguinte, antes uma omissão volitiva, do que uma atuação ou pressão sobre o valor de mercado dos direitos ou papéis negociados. O comportamento do *insider* é tipicamente de dolo por omissão, silenciando intencionalmente a respeito de fato ou qualidade que a outra parte ignorava, de tal arte que esta não teria por certo, celebrado o contrato se não existisse a omissão dolosa". (COMPARATO, Fábio Konder. *"Insider Trading": sugestões para uma moralização do nosso mercado de capitais*. In Ensaios e pareceres de direito empresarial. Rio de Janeiro: Forense, 1978, p. 13-14). Modesto Carvalhosa, por sua vez, afirma que na questão concernente à obtenção de vantagem pessoal em detrimento da sociedade haverá de se presumir o dolo do administrador: "Enquanto a lei Societária fala em dolo, está simplesmente qualificando a conduta do administrador. Não se pode presumir o dolo do administrador, embora, nos casos de se conduzir para obtenção de benefício próprio em detrimento da companhia, torna-se presumido o dolo" (CARVALHOSA, Modesto e KUYVEN, Fernando. Sociedades Anônimas. *Tratado de Direito Empresarial*. São Paulo: Ed. RT, 2016. v. 3. p. 881).

parte do mercado como um todo, seja dos acionistas da companhia, seja dos investidores em geral.

Segundo o voto do Min. Cueva,

> A apólice do seguro de RC D&O não pode cobrir atos dolosos, principalmente se cometidos para favorecer a própria pessoa do administrador, o que evita forte redução do grau de diligência do gestor ou a assunção de riscos excessivos, a comprometer tanto a atividade de compliance da empresa quanto as boas práticas de governança corporativa. [...] *Em outras palavras, atos fraudulentos e desonestos de favorecimento pessoal e práticas dolosas lesivas à companhia e ao mercado de capitais, a exemplo do insider trading, não estão abrangidos na garantia securitária.* (Grifou-se).

Para além da questão do *insider trading*, essencial à formação da convicção do julgador, pesou também no resultado final o fato de ter ocorrido violação ao dever de declaração inicial do risco pela tomadora da apólice, aquela que a contratou em nome de seus administradores, atraindo, *in casu*, a sanção prevista no art. 766, *caput*, do Código Civil.

Mais recentemente, através de acórdão datado de 16.08.2022, o Superior Tribunal de Justiça voltou a debater os contratos de seguro *D&O*, nesta oportunidade por meio de sua 4ª Turma. Também por unanimidade de votos e com acórdão do Min. Raul Araújo, a Corte Superior entendeu por manter o acórdão proveniente do Tribunal de Justiça de São Paulo, tendo como pano de fundo a interessantíssima discussão relacionada à administração do Banco Santos e seu acionista controlador.

O lapidar acórdão do Tribunal de Justiça de São Paulo, relatado pelo Des. Vito Guglielmi, 6ª Câmara de Direito Privado, julgado em 11.12.2008, já havia impressionado pela riqueza da pesquisa elaborada por S. Excelência. À época, com efeito, praticamente não havia doutrina publicada no País a respeito desse contrato de seguro, o que provocou o esforço por parte do magistrado no sentido de pesquisar tanto doutrina quanto jurisprudência proveniente de Estados Unidos e Inglaterra, países em que o contrato em questão se apresenta desenvolvidíssimo de longa data.

Com a chegada do feito ao STJ, coube ao Min. Raul Araújo proferir exemplar voto, no qual, entre outros aspectos, decidiu que:

> O seguro de responsabilidade civil de conselheiros, diretores e administradores de sociedades comerciais (RC D&O) *tem por objetivo garantir o risco de eventuais prejuízos causados em consequência de atos ilícitos culposos* praticados por executivos durante a gestão de sociedade, e/ou suas subsidiárias, e/ou suas coligadas. (Grifou-se).

Extrai-se dos autos examinados pela Corte Superior que houve confusão patrimonial entre o acionista controlador do Banco Santos e a pessoa jurídica, a revelar sérios problemas no tocante à administração da companhia.[2] O final da história atinente à

---

2. Os seguintes trechos do acórdão proveniente do TJ/SP são esclarecedores: "[...] De outro lado, e diante desse quadro, caminhou o seguro para cada vez mais criar cláusulas de exclusão de responsabilidade. Dentre as mais importantes, destacam-se a *insured versus insured*, *dishonesty or fraud*, *known actions* e *deliberate acts*. Essencial, portanto, que lições do direito comparado sejam colacionadas, para igualmente definir e delimitar a incidên-

administração do Banco Santos é conhecido do público em geral, o qual culminou com o decreto de sua falência e inúmeros prejuízos causados a seus correntistas, trabalhadores e à sociedade como um todo.

A análise que se fez, pelo STJ, a respeito dessa conduta à luz do contrato de seguro *D&O*, revela que administradores que violem o *dever de lealdade* – a confusão patrimonial a que se aludiu bem ilustra hipótese de violação a esse dever – não estão aptos ao merecimento de cobertura.

O segundo aspecto ressaltado pelo voto do Min. Raul Araújo, assim como destacado no voto do Min. Ricardo Villas Bôas Cueva, refere à violação ao dever de declaração inicial do risco e a consequente perda do direito à garantia securitária. É o que se lê nesta passagem da ementa:

> 2. O segurado que agir de má-fé ao fazer declarações inexatas ou omitir circunstâncias que possam influir na aceitação da proposta pela seguradora ou na taxa do prêmio está sujeito à perda da garantia securitária, conforme dispõem os arts. 765 e 766 do Código Civil.

Na qualidade de observador assíduo dos contratos de seguro *D&O* há tempos,[3] confesso que o nascimento dessa jurisprudência de elevadíssima qualidade por parte do Superior Tribunal de Justiça é alvissareira. Espero, nesse sentido, que ela sirva de norte aos próximos acórdãos que serão publicados Brasil afora a respeito dessa apaixonante temática.[4]

Versão original publicada em: 15.09.2022.

---

cia ou não, no caso específico, delas. Bem por isso mesmo que doutrina se debruça sobre essas cláusulas [...]. Também a respeito da possibilidade de exclusão de cobertura a partir do reconhecimento de fraude, explica DAVID GISCHE (op. cit.) que a cláusula compreende as condutas desonestas, fraudulentas ou dolosas em violação às leis ou estatutos ou que tragam ganhos ilícitos ao segurado, e que comprovada a ocorrência dessas práticas não podem ser elas atribuídas a terceiros diversos do segurado para que haja a cobertura. [...] Os demais procedimentos, ainda que posteriores à proposta, mais caracterizam essa prática. Não só se verifica infração ao dever de lealdade, como do cuidado. Bem de ver, caracterizam a administração voltada para o interesse pessoal e não da companhia. [...] Assim a administração voltada para o exclusivo interesse pessoal do autor, acionista controlador, de modo a paulatinamente retirar capital do Banco Santos S/A (em prejuízo exclusivo aos investidores, já que não tem a instituição ações cotadas em bolsa, pois detém ele a quase integralidade do capital, repita-se) para as empresas satélites, em especial aquelas com sede em locais denominados de 'paraísos fiscais', e bem as constantes alterações das estruturas societárias de modo a deformar as informações. Aliás, e nessa mesma ordem de ideias, o Banco foi instado (e os procedimentos administrativos disso dão conta) a regularizar suas informações contábeis, de tal modo nela inseridos elementos fictícios".

3. Para um aprofundamento a propósito desse tema, seja permitido referir ao nosso GOLDBERG, Ilan. *O contrato de seguro D&O*. 2. ed. São Paulo: Thomson Reuters Brasil, 2022.
4. Vale referir ainda ao REsp 1.990.918/SP, rel. a Min. Nancy Andrighi, 3ª T., j. 17.10.2023, votação por maioria, também relacionado aos contratos de seguro *D&O*. Neste acórdão foram observadas duas questões essenciais: (i) qualificando-se os seguros *D&O* como espécie de seguro de responsabilidade civil, segundo o art. 206, § 1º, inc. II, letra a) do CC, o termo inicial de contagem do prazo prescricional operou-se com o conhecimento de demanda contra o segurado, capaz de responsabilizá-lo, independentemente do fato de não ter havido citação formal; (ii) a inexistência de cobertura securitária para obrigações de natureza trabalhista.

HÁ VULNERABILIDADE NOS CONTRATOS DE SEGURO *D&O*?

Ilan Goldberg

"*Com grandes poderes vêm grandes responsabilidades*".[1] A célebre frase restou imortalizada no diálogo mantido por Peter Parker e seu Tio Ben, no momento em que o jovem Homem Aranha começava a se dar conta de seus superpoderes e, ao mesmo tempo, das elevadas cargas de responsabilidade por eles atraídas.

O ensinamento transmitido ao super-herói diz muito em termos das acentuadas cargas de responsabilidade impostas aos administradores de empresas na contemporaneidade. Se, por um lado, ditos profissionais farão jus a elevados salários, bônus, planos para aquisição de ações da companhia, por outro lado terão inúmeros deveres a cumprir, potencializados pelo elevado nível de diligência que se espera de profissionais desse quilate.[2]

Não é por outra razão que, em termos de direito empresarial e da responsabilidade de administradores, o velhaco *bonus pater familiae* foi sentar-se no banco de reservas, sendo substituído pelo arrojado homem experiente de negócios – o *businessman*. A doutrina comercialista é uniforme no sentido de apregoar essa diligência qualificada, considerada essencial para o desenvolvimento satisfatório das obrigações exigíveis de um administrador em seu cotidiano.[3]

Respostas evasivas do tipo: "mas eu não sabia", "mas eu não vi", "mas isto não era de minha alçada" chocam-se com as grandes responsabilidades impostas a esses executivos. Caso se reflita a propósito da densidade de suas obrigações de maneira correspectiva, é como se seus ganhos (salários, bônus, ações etc.) fossem proporcionais aos deveres que devem observar diuturnamente.

---

1. Para examinar o diálogo em português, seja permitido referir a https://www.youtube.com/watch?v=guuYU74wU70. A frase, no original em inglês – "*With great power comes great responsibility*", é corretamente empregada pela mídia em meios os mais variados. Referências: *With great power, comes great responsibility*. The Malta Independent». www.independent.com.mt. *Is CRISPR really a gene-ius discovery*? The Daily Campus.; Editor, Parker Otto. *Marvel Cinematic Universe evolves film itself*. Northern Star Online; Steve Ditko's Gift To All: *With Great Power Comes Great Responsibility'*. The Federalist. 9 de julho de 2018. Consultados em: 14 mar. 2023.
2. Seja consentido remeter ao nosso GOLDBERG, Ilan. *O contrato de seguro D&O*. 2 ed. São Paulo: Thomson Reuters Brasil, 2022, especialmente o capítulo 2, que detalhada o regimento de responsabilidade dos administradores sob a ótica das apólices *D&O*.
3. "O dever de diligência, de acordo com o moderno direito societário, não pode mais ser entendido simplesmente como o cuidado do bom pai de família. Atualmente, para se verificar se um administrador observou o dever de diligência, é preciso comparar, hipoteticamente, sua atuação com o de um bom administrador de empresas [...]". (EIZIRIK, Nelson. Deveres dos administradores de S.A. Conflito de Interesses. Diretor de S.A. indicado para conselho de companhia concorrente. *Temas de direito societário*. Rio de Janeiro: Renovar, 2005, p. 68).

Com essa breve introdução, já é possível avançar à questão formulada no título desta singela coluna, o que faremos, inicialmente, traçando o contexto no qual o Código de Defesa do Consumidor foi promulgado.

Retroagindo à publicação da Constituição da República de 05.10.1988, o momento histórico que lhe antecedeu, sob a perspectiva jurídica, era de acentuado desequilíbrio entre fornecedores e consumidores. *Civilisticamente*, o Código Civil de 1916 não colaborava muito, considerando sua massiva influência francesa de viés liberal, aqui sintetizada num *pacta sunt servanda* potencializado.

O *combinado*, por mais *caro* que fosse ao consumidor, tinha que ser cumprido, livre da influência de princípios tais como a função social dos contratos e a boa-fé objetiva, positivados pelo Código Civil de 2002, inspirados, segundo Miguel Reale, em axiomas fundamentais como a eticidade, socialidade e a operabilidade.

Esse retorno histórico é mesmo importante para sublinhar quão paradigmática foi a Lei 8.078/1990, no sentido de reestabelecer a Justiça e a equidade nas chamadas relações de consumo. A vedação às cláusulas abusivas, resolução unilateral de contratos, o estabelecimento da inversão do ônus da prova, entre outros instrumentos foram e, até hoje, são essenciais à promoção de equilíbrio contratual no seio dessas chamadas relações jurídicas caracterizadas pela hipossuficiência de seus partícipes.

Adentrando na arena dos contratos de seguros, segurados frágeis, despidos de conhecimento, de recursos técnico-financeiros, precisavam da proteção outorgada pela lei consumerista, densamente influenciada pela principiologia constitucional. É o que se observava, *e.g.*, designadamente nos chamados seguros massificados: vida, residencial, automóvel, saúde.

Examinando agora os contratos de seguros ditos empresariais (grandes riscos), aquele aspecto de vulnerabilidade começa a se transformar, considerando, justamente, a ausência dos pressupostos referidos no parágrafo anterior. Antes ainda de chegar ao objeto específico desse ensaio, pense-se, por exemplo, em grandes empresas contratantes de seguros empresariais para suas linhas de transmissão de energia elétrica, plataformas de petróleo, e/ou barragens à exploração/produção de minério de ferro.

Por mais que nesses simples exemplos as contratantes dessas apólices figurem como destinatárias finais dos seguros respectivos, é preciso ter em mente que o elemento crucial à incidência do Código de Defesa do Consumidor revela-se ausente. Em definitivo, grandes tomadores de seguros dispõem, para além de seu *staff* interno (advogados, engenheiros, *risk managers*, às vezes, corretoras de seguros cativas), de corretores de seguros os mais especializados, que se sentam à negociação com seguradoras e resseguradoras de maneira habitual, pleiteando melhores condições técnicas e comerciais aos seus clientes.

Todo esse aparato negocial fulmina o requisito essencial à incidência do CDC a essas relações, qual seja, a *vulnerabilidade*, cirurgicamente examinada pelo STJ por ocasião do julgamento do REsp 1.926.477/SP, Relator o e. Min. Marco Aurélio Bellizze:

> Recursos especiais. Contrato de seguro. Negativa de prestação jurisdicional. Não ocorrência. Seguro RC D&O. Inaplicabilidade do CDC. Cláusula de participação. Retenção de 10% da indenização securitária. Revisão das conclusões do acórdão recorrido. Súmulas 5 e 7/STJ. Honorários sucumbenciais. Incidência do CPC/1973. Marco temporal. Sentença. Equidade. Possibilidade. Recursos especiais desprovidos. (...).

2. No âmbito desta Corte Superior se consolidou Teoria Finalista Mitigada acerca da aplicação da legislação consumerista, segundo a qual se prestigia o exame da vulnerabilidade no caso concreto, isto é, se existe, na hipótese analisada, uma evidente superioridade de uma das partes da relação jurídica capaz de afetar substancialmente o equilíbrio da relação.

3. Prevalece o entendimento de haver relação de consumo no seguro empresarial se a pessoa jurídica contrata a proteção do próprio patrimônio, com destinação pessoal, sem o integrar nos produtos ou serviços que oferece, pois, nessa hipótese, atuaria como destinatária final dos serviços securitários.

4. Entretanto, no Seguro RC D&O, o objeto é diverso daquele relativo ao seguro patrimonial da pessoa jurídica, pois busca garantir o risco de eventuais prejuízos causados em consequência de atos ilícitos culposos praticados por executivos durante a gestão da sociedade, o que acaba fomentando administrações arrojadas e empreendedoras, as quais poderiam não acontecer caso houvesse a possibilidade de responsabilização pessoal delas decorrente. Assim, a sociedade empresária segurada não atua como destinatária final do seguro, utilizando a proteção securitária como insumo para suas atividades e para alcançar melhores resultados societários. (...).

7. Recursos especiais desprovidos" (STJ, REsp 1.926.477/SP, Terceira Turma, Rel. Ministro Marco Aurélio Bellizze, j. 18.10.2022, DJe 27.10.2022 – destacou-se).

No item 2 da ementa, S. Excelência esclarece que no STJ adota-se a chamada *teoria finalista mitigada*, segundo a qual compete ao Juiz examinar, no caso concreto, a presença ou não de vulnerabilidade por parte do tomador do contrato para fins de incidência da lei protetiva.

Prosseguindo, o acórdão caminha pela incidência do CDC às relações empresariais nas quais a sociedade funcione como destinatária final do seguro contratado para, então, propor o necessário *distinguishing* desta hipótese daquela qualificada pelos seguros D&O.

Parafraseando S. Excelência, o e. Min. Bellizze, "a sociedade empresária segurada não atua como destinatária final do seguro, utilizando a proteção securitária como insumo para suas atividades e para alcançar melhores resultados societários". A 3ª Turma da Corte Superior, por unanimidade, acompanhou o voto do relator.

Em pesquisa empírica, foram encontrados diversos acórdãos no TJ/SP, todos no sentido de afastar o CDC das relações desenvolvidas nos seguros D&O.[4] O TJ/RJ caminha na mesma direção.[5]

---

4. "*A luz da natureza empresarial da apólice de responsabilidade civil 'D&O'*, que é moldado especificamente (e isso é importante) de acordo com os riscos inerentes às atividades, faturamento e mercado de cada empresa visando ao fomento da sua produção e não como destinatária final *não há falar-se em evidente relação de consumo* (sic) (fls. 577)" (Apelação 1125989-63.2018.8.26.0100, 1ª Câmara de Direito Privado, Rel. Desembargador RUI CASCALDI, j. 06.07.2021, DJe 07.07.2021 – destacou-se). "Apelação – Ação declaratória – Apólice de seguro de responsabilidade civil geral de administradores – [...] – Não provimento. [...]. "Neste ponto, de se salientar que mesmo que fossem aplicadas as disposições do CDC — o que é discutível porque *a natureza do seguro de responsabilidade civil geral do administrador se aproxima de um contrato empresarial, no qual grandes companhias buscam proteger financeiramente o administrador na condução do negócio*, as disposições do contrato são claras, válidas e foram aprovadas pela SUSEP Superintendência de Seguros Privados"(Apelação 1025767-63.2013.8.26.0100, 4ª Câmara de Direito Privado, Rel. Desembargador Enio Zuliani, j. 22.05.2014, DJe 16.06.2014 – destacou-se). "*Risível a alegação pela aplicação do Código de Defesa do Consumidor a uma das maiores empresas do Brasil em um contrato de nítido caráter empresarial como o de seguro de responsabilidade civil dos administradores da empresa*, em razão da função por eles exercidas. É o que basta para afastar o regime jurídico pretendido" (Processo 1108961-19.2017.8.26.0100, 11ª Vara Cível do Foro Central da Comarca da Capital, Magistrado Prolator Christopher Alexander Roisin, j. 02.08.2018, DJe 07.08.2018 – destacou-se).

5. "Apelação cível. Ação indenizatória securitária. [...]. À hipótese dos autos não se aplica o Código de Defesa do Consumidor. Isto porque a apelante utiliza o serviço adquirido na atividade econômica por ela desenvolvida. Não

A diferença entre o veneno e a cura está, precisamente, no tamanho da dose. *Aristotelicamente*, é preciso tratar os iguais igualmente e os desiguais desigualmente, na medida de sua desigualdade. Às relações empresariais[6] que nutrem as apólices D&O, o CDC é inaplicável.

Versão original publicada em: 16.03.2023.

---

se enquadra na definição de consumidor a pessoa jurídica que celebra contrato que tem por objeto o fomento das atividades empresariais. Não restou demonstrada a vulnerabilidade técnica, jurídica ou econômica frente à parte ré. Precedentes. *A autora ajuizou a presente ação na condição de segurada do contrato de seguro D&O, Seguro de Responsabilidade Civil de Administradores,* cujo objeto se refere ao pagamento, a título de perdas, devido a terceiros pela pessoa segurada decorrente de reclamação. (...). Sentença mantida. Desprovimento do recurso" (Apelação 0237546-73.2018.8.19.0001, 23ª Câmara Cível, Rel. Desembargadora Sônia De Fátima Dias, j. 29.06.2022, DJe 18.07.2022 – destacou-se). "Apelação cível. Direito securitário. Agravos retidos não conhecidos, pois não reiterados. *Contrato de seguro de responsabilidade civil por ato de administradores – RC D&O (Directors and Officers Insurance). Relação de consumo não configurada. Contrato celebrado entre pessoas jurídicas de grande porte. Inexistência de vulnerabilidade. Equilíbrio contratual.* Modalidade de contrato de seguro de responsabilidade civil cujo objetivo é garantir o risco de eventuais prejuízos causados por atos de gestão de diretores, administradores e conselheiros que, na atividade profissional, agirem com culpa (Circular/Susep 541/2016). Finalidade de preservação do patrimônio individual dos administradores (segurados), com consequente incremento das práticas corporativas inovadoras, do patrimônio social da empresa tomadora do seguro e de seus acionistas. Prestígio aos princípios da função social da empresa e da livre iniciativa. Pretensão de indenização por Custos de Defesa suportados em decorrência da deflagração de ação penal de natureza ambiental. (...). Recurso desprovido" (Apelação 0035225-17.2012.8.19.0209, 18ª Câmara Cível, Rel. Desembargador Carlos Eduardo da Rosa da Fonseca Passos, j. 11.10.2017, DJe 16.10.2017 – destacou-se).

6. "De outra parte, se o vínculo se estabelece em torno ou em decorrência da atividade empresarial de ambas as partes, premidas pela busca do lucro, não se deve subsumi-lo à lógica consumerista, sob pena de comprometimento do bom fluxo de relações econômicas" (FORGIONI, Paula A. *Teoria geral dos contratos empresariais.* São Paulo: Ed. RT, 2009, p. 29-34).

SEGUROS *D&O* EM PORTUGAL: DESAFIOS AO MODELO CONTRATUAL DE REGULAÇÃO

Maria Elisabete Ramos

1. NO PRINCÍPIO ESTÁ O CONTRATO DE SEGURO

O *"Study on directors' duties and liability"*[1] documenta que o *D&O Insurance* está presente em todos os Estados-membros da União Europeia. Em Portugal, nem o Código das Sociedades Comerciais nem o Código dos Valores Mobiliários contemplam normas que, direta ou indiretamente, autorizem a contratação do seguro pela sociedade. Também o *Código de Governo das Sociedades*,[2] instrumento de *soft law* preparado pelo Instituto Português de *Corporate Governance*, é silente sobre o *D&O Insurance*.

Na Alemanha, o § 93 Abs. 2 S. 3 *AktG* (Lei das S.A) pressupõe que é lícita a contratação do seguro pela sociedade anónima. Também é esta a solução que vigora no Reino Unido, por força da *section* 233 do *Companies Act* de 2006. O § 93 *AktG* exige que seja estipulada uma franquia, fixando os respetivos valores mínimos e máximos.

A experiência portuguesa desconhece *condições-modelo* aplicáveis ao seguro de responsabilidade civil dos administradores, elaboradas pela indústria seguradora. Na Alemanha, a *Gesamtverband der Deutschen Versicherungswirtschaft* (GDV), associação que congrega as empresas de seguros, publica um modelo de "Condições Gerais de Seguro para o seguro de responsabilidade civil por perdas financeiras dos conselhos de supervisão, de administração e de direção (AVB-AVG) (seguro D&O)".[3]

Vigora em Portugal um *modelo contratual* de regulação do *D&O Insurance*, devolvendo à estipulação das partes, dentro dos limites da lei, a conformação do respetivo conteúdo contratual. O que está em sintonia com o *princípio da liberdade contratual* que rege o contrato de seguro, assumindo, em regra, natureza supletiva as normas do Regime Jurídico do Contrato de Seguro (Decreto Lei nº 72/2008, de 16 de Abril, designado como "RJCS"). Acresce ainda que, tendencialmente, o *D&O Insurance* é um seguro de grandes riscos e, por ser desnecessária a tutela da sociedade-tomadora

---

1. Disponível em: http://eprints.lse.ac.uk/50438/1/__Libfile_repository_Content_Gerner-Beuerle,%20C_Study%20on%20directors%E2%80%99%20duties%20and%20liability(lsero).pdf. Acesso em: 1º dez. 2021.
2. Disponível em: https://cgov.pt/base-de-dados/codigos-de-governo. Acesso em: 20 dez. 2021.
3. Na versão original "Allgemeine Versicherungsbedingungen für die Vermögensschaden-Haftpflichtversicherung von Aufsichtsräten, Vorständen und Geschäftsführern (AVB-AVG) (D&O-Versicherung)", conhecidas na prática como "D&O-Vers", disponíveis em: https://www.gdv.de/service/suche/de/4422?query=AVB-AVG%29+%-28D%26O#more.

de seguro, não se lhe aplicam as restrições próprias das normas relativamente imperativas (art. 13º, 2, do RJCS).

Neste quadro normativo podem ser questionadas: *a)* a necessidade de imposição legal de franquia na cobertura *side A*; *b)* a necessidade de explicitação legal de critério de repartição do capital seguro entre os vários administradores-segurados, quando estipulada(s) cláusulas de antecipação de despesas; e *c)* a obrigatoriedade do seguro D&O.

2. RISCO MORAL: ABORDAGEM CONTRATUAL OU DISCIPLINA LEGAL-IMPERATIVA?

Para as sociedades anónimas, cotadas e não cotadas, o § 93, 2, 3ª frase, *AktG*, continua a exigir a estipulação da franquia, fixando o montante mínimo e máximo.[4] Na doutrina, opõem-se as posições a favor e contra esta solução legislativa. Também se questionou a constitucionalidade do § 93.2 frase 3, do ponto de vista do tratamento desigual ou de uma violação da liberdade contratual.

As cláusulas-modelo elaboradas pela indústria alemã (*AVB D&O*) não aplicam a franquia às despesas de defesa, o que corresponde à opinião predominante, mas não incontestada, na doutrina alemã.[5] Argumenta-se que a finalidade preventiva da responsabilidade civil dos administradores *não exige* que a franquia seja devida até que a responsabilidade de um membro do conselho de administração tenha sido finalmente determinada.[6]

A franquia, quando aplicada à cobertura *Side A*, representa o incentivo económico dissuasor de violação dos deveres dos administradores, porquanto parte da indemnização ao lesado fica a cargo do património de segurado(s).

A doutrina alemã, contudo, expressa algumas dúvidas sobre o exato efeito preventivo da franquia, porque se admite que seja segurável o risco correspondente à franquia. O que, do ponto de vista da política legislativa, parece contrariar o efeito preventivo da franquia.[7] Por fim, a doutrina alemã tende a considerar válido o contrato de seguro que, em violação do § 93 *AktG*, não estipula a franquia para a cobertura *Side A*.

A ordem jurídica portuguesa não exige franquia para a cobertura *Side A*, seja qual for o tipo societário ou a natureza (cotada ou não cotada) da sociedade-tomadora do seguro. De facto, é duvidoso que a imposição legal de franquia no *Side A* tenha um efeito preventivo se, simultaneamente, for admitida a segurabilidade deste risco e a plena validade de contratos de seguro sem a cláusula de franquia. A solução portuguesa

---

4. FLEISCHER. AktG, § 93 Sorgfaltspflicht und Verantwortlichkeit der Vorstandsmitglieder. Spindler/Stilz, *Aktiengesetz*, 4. Auflage 2019, Stand: 15.01.2020, Rn, 288. l.
5. FLEISCHER. AktG § 93 Sorgfaltspflicht und Verantwortlichkeit der Vorstandsmitglieder, Rn. 294.
6. FLEISCHER. AktG § 93 Sorgfaltspflicht und Verantwortlichkeit der Vorstandsmitglieder, Rn. 294.
7. KOCH. AktG § 93 Sorgfaltspflicht und Verantwortlichkeit der Vorstandsmitglieder, Hüffer/Koch, Aktiengesetz. 15. Auflage 2021, Rn. 58-59.

permite que o conteúdo das apólices seja ajustado a diferentes tendências do mercado e, em particular, à da não previsão de franquia.

Parece-nos que o regime da responsabilidade civil dos administradores tem, essencialmente, uma função reparadora de danos (da sociedade e de terceiros). São, essencialmente, os mecanismos jurídico-societários que devem promover o cumprimento dos deveres funcionais dos administradores, sendo especialmente relevante a prevenção de conflitos de interesses.

3. ADIANTAMENTO DE DESPESAS DE DEFESA E REPARTIÇÃO DO CAPITAL SEGURO PELOS SEGURADOS

Do ponto de vista comercial, o risco de despesas de defesa é o motivo determinante da contratação do *D&O insurance*. Atualmente, este risco é exponenciado pelo ativismo dos "*third party litigation funds*" que já estão a financiar ações populares em Portugal.

Aos administradores segurados interessa o chamado *adiantamento das despesas de defesa*, ou seja, que o segurador realize os respetivos pagamentos em momento anterior ao do trânsito em julgado da sentença. O segurador paga as despesas de defesa à medida que os pagamentos vão sendo solicitados pelo segurado, mediante a apresentação de comprovativo. Porque estes pagamentos feitos pelo segurador têm *natureza provisória* e função auxiliar da cobertura da responsabilidade civil, os segurados devem devolver os montantes prestados pelo segurador, se os factos pelos quais são condenados não estiverem cobertos pela apólice.

Não tendo sido estipulados sublimites para o custeio das despesas de defesa, pode acontecer que o capital seguro se esgote integramente na satisfação destas despesas e, por esta razão, caduque o contrato de seguro (art. 110º do RJCS). Mas não se extingue a responsabilidade civil do administrador. Pode acontecer que os administradores-segurados não disponham de meios suficientes para devolver os montantes *provisoriamente* pagos pelo segurador. Notícias recentes mostram práticas de opacidade patrimonial adotadas por administradores, que as regras europeias e nacionais sobre o beneficiário efetivo não conseguiram inverter completamente. É, pois, conveniente estipular sublimites para as coberturas de despesas de defesa, conjugando interesses de segurados, segurador e terceiros lesados.

Sabendo que tipicamente o *D&O insurance* é contratado para toda a equipa de gestores, a lei portuguesa não dispõe de norma expressa aplicável ao concurso de segurados quando o capital seguro é insuficiente para cobrir todas as despesas de defesa. No panorama internacional encontramos a regra da distribuição proporcional e a regra *first come first served*. O critério da distribuição proporcional vigora em Portugal no art. 604º do Código Civil, relativo ao *concurso de credores*, e inspira o art. 142º do RJCS, relativo à pluralidade de lesados. Aplicando-se o critério *first come first served*, a seguradora vai pagando consoante as reclamações que lhe são apresentadas. Esgotado o capital seguro, caduca o contrato de seguro (art. 110º, 1, do RJCS) e cessam os pagamentos. Ou seja, pode acontecer que o capital seguro para despesas de defesa seja consumido em reclamações apresentadas por um ou parte da equipa de administradores.

O critério proporcional, aplicável ao "concurso de credores", pode *paralisar* o pagamento das despesas de defesa por parte do segurador, pois esta regra não responde à pergunta essencial que é saber "quanto deve o segurador a cada um dos segurados".[8]

Perante estas dificuldades, é necessária a intervenção legislativa? Não me parece. Há, sim, toda a conveniência que este aspeto seja regulado contratualmente, de modo que, antecipadamente, cada administrador-segurado saiba qual é o seu quinhão no capital seguro.

4. DEVER DE SEGURAR, COM FUNDAMENTO EM DEVER DE DILIGÊNCIA DOS ADMINISTRADORES?

Em Portugal, o *D&O Insurance* é um seguro facultativo, seja qual for o tipo societário, dimensão da sociedade, sua natureza cotada ou não. Nem a sociedade nem os administradores estão legalmente obrigados a contratar o *D&O Insurance*. Debate-se internacionalmente se o *D&O Insurance* deve tornar-se um seguro obrigatório. Mais especificamente, discute-se a pertinência do dever geral de segurar com base no dever geral de cuidado.[9]

Não se discute que, como parte de estratégia de gestão de riscos, seja adequado que os titulares do órgão de administração sejam cobertos por um seguro de *D&O*. Esta decisão de contratar o seguro (justificada por razões de estratégia empresarial) serve também o interesse da sociedade em obter a satisfação do seu crédito à indemnização de que são devedores os administradores. E hoje é admitido que a sociedade-tomadora do seguro é, para efeitos de reclamações contra os administradores, um terceiro-lesado.

Todavia, à luz da ordem jurídica portuguesa, não existe fundamento para retirar dos deveres legais gerais de cuidado (art. 64º, 1, *a*), do Código das Sociedades Comerciais) o dever legal de o administrador contratar o *D&O Insurance*. A decisão de contratar ou não contratar o seguro depende de avaliação do grau de risco e do valor dos prémios de seguro. Pense-se, por exemplo, em sociedades *startups*, pequenas ou micro sociedades que poderão não ter meios económicos para financiar o prémio de seguro. Acresce que exigir que sejam os administradores a custear este prémio constituirá um entrave ao recrutamento, em vez de favorecer os interesses da sociedade. Além disso, os seguradores podem não ter interesse comercial em contratar o seguro com sociedades muito jovens ou que exerçam atividades consideradas especialmente danosas. Assim, contratar ou não o *D&O Insurance* é uma decisão discricionária, e não imposta legalmente pelos deveres de cuidado dos administradores.

---

8. REGO, Margarida Lima. Adiantamento de custos de defesa nos seguros *D&O*. In: ANTUNES, Maria João e MARTINS, Alexandre de Soveral (Coord.). *Colóquio Internacional Governação das Sociedades, Responsabilidade Civil e Proteção dos Administradores*. Coimbra: Instituto Jurídico, 2018, p. 88.
9. KOCH. AktG § 93 Sorgfaltspflicht und Verantwortlichkeit der Vorstandsmitglieder. Hüffer/Koch, *Aktiengesetz*. 15. Auflage 2021, Rn. 58-59, Beckonline.

Por outro lado, ainda que se admita que também a sociedade tem deveres de lealdade e de diligência para com os seus órgãos de gestão, como reconhece a doutrina alemã, de tal dever de diligência e de cuidado não pode ser extraído o dever legal de a sociedade contratar e financiar o *D&O Insurance* por conta dos administradores. Se os administradores (futuros segurados da cobertura *side A*) têm interesse em que a sociedade contrate por sua conta um seguro D&O, deve tal obrigação ser estipulada em convenção celebrada entre estes e a sociedade.

Por fim, discute-se se o *D&O Insurance*, especialmente no caso de sociedades cotadas, deve evoluir para um seguro cuja contratação é imposta por lei. Na Alemanha, a Comissão Governamental sobre a Governação Societária pronunciou-se contra o seguro obrigatório de responsabilidade civil dos administradores. No Reino Unido, o Relatório Higgs de 2003[10] aponta na direção oposta.

Em si mesma, a imposição legal de contratação de seguro *D&O* não é suficiente para proteger os terceiros lesados, porque, inexistindo sublimites para despesas de defesa, o capital seguro pode esgotar-se no pagamento de despesas de defesa de administradores, caducando o contrato de seguro. Além disso, o *D&O Insurance* obrigatório não pode ignorar que o tecido empresarial português é constituído por pequenas e médias empresas, que necessitariam de condições adequadas ao seu grau de risco e às suas limitações financeiras. A fixação geral e abstrata, por via legal, de capitais seguros pode mostrar-se excessiva para determinadas sociedades e insuficiente para outras. Por fim, a alternativa de exigir que o seguro seja financiado total ou parcialmente pelos administradores pode representar entraves ao recrutamento dos mais capazes. E não devemos ignorar que num contexto internacionalizado e de "concorrência de regulações", como é o das sociedades cotadas, a imposição nacional de *D&O Insurance* obrigatório pode constituir um fator de desvantagem para as sociedades de direito português.

Assim, de momento, parecem não existir razões que fundamentem a evolução para a obrigatoriedade do *D&O Insurance*.

5. CONCLUSÃO

O modelo contratual de regulação do contrato de seguro parece dar resposta às questões suscitadas pela franquia, pela antecipação de despesas de defesa e pela decisão de contratação do seguro. Sendo a liberdade de iniciativa privada um direito económico consagrado constitucionalmente, parece não haver fundamentos ponderosos que justifiquem, quanto àquelas matérias, a intervenção do legislador.

Versão original publicada em: 06.02.2022.

---

10. Review of the Role and Effectiveness of Non-executive Directors, 2003, n. 14.19.

SEGURO CIBERNÉTICO

O QUE ESPERAR DA EXCLUSÃO DE COBERTURA PARA GUERRA, TERRORISMO E EXTORSÃO NO AMBIENTE CIBERNÉTICO?

Ilan Goldberg

A contemporaneidade revela que o nosso entendimento a propósito do conceito de guerra vem sendo seriamente ampliado. Se, para fins de boa compreensão, admitir-se a existência das guerras física (presencial) e cibernética (deflagrada no ambiente tecnológico), não há dúvida de que o potencial lesivo decorrente da conjugação das duas modalidades é mesmo terrível.

Para além da guerra e suas perdas respectivas, parecem caminhar conjuntamente as questões relativas ao terrorismo e à extorsão, a agravar ainda mais essa quadra de severos prejuízos. Embora um ataque terrorista não seja, *prima facie*, decorrente do que se possa entender por 'estado de guerra', as suas consequências são equiparáveis. E, no ambiente cibernético, ganham notoriedade cada vez maior os pedidos de resgate formulados por criminosos a fim de restituir o acesso aos dados indisponibilizados por meio de *softwares* maliciosos (*ransomware*).

A literatura especializada, inclusive, no que se refere ao potencial lesivo dos ataques cibernéticos, já chegou a equipará-los a perdas sofridas pela humanidade como consequência de catástrofes nucleares.[1]

Antes de, propriamente, debater a exclusão de cobertura para terrorismo, extorsão e guerra nas apólices de seguros, entende-se pertinente percorrer o racional empregado por um determinado subscritor de risco no sentido de cobri-lo, ou de decliná-lo. Em geral, a absorção de um risco requer, por parte de uma seguradora, certa dose de previsibilidade e estatística (atuária). Tome-se, *e.g.*, o número de acidentes de automóveis ocorridos na Zona Sul da Cidade do Rio de Janeiro, entre condutores de 30 a 40 anos

---

1. "This was not, however, the work of regular criminal hackers. The CIA believed the attacks to have been a Russian state-sponsored attack on Ukraine. It concluded with a high degree of confidence that the Russian GRU military spy agency created NotPetya with the goal of disrupting Ukraine's financial system. The military hackers used malware that appeared to be ransomware, which encrypts data and decrypts it only if a ransom is paid, to make it appear as though criminal hackers were responsible rather than a nation state. Because of this deception, it took days to understand that NotPetya was permanently deleting data. The result was more than $10 billion in damage, according to Tom Bossert, a United States Homeland Security adviser at the time of the attacks. While there was no loss of life, Bossert characterised the attacks as being "the equivalent of using a nuclear bomb to achieve a small tactical victory"" (GREENBERG, Andy. *The untold story of NotPetya, the most devastating cyberattack in history*. Disponível em: https://www.wired.com/story/notpetya-cyberattack-ukraine-russia-codecrashed-the-world/. Acesso em: 02 jun. 2022).

de idade, do gênero masculino. Por mais que, individualmente, haja aleatoriedade no tocante à ocorrência do sinistro, o exame de um conjunto de amostras possui grande dose de assertividade, a permitir, como se comentou, elevadas margens de previsibilidade tendo em conta os parâmetros frequência e severidade.[2]

Quando se tem em mente as consequências decorrentes de uma guerra, física ou cibernética, praticamente não há dados que permitam um exame mais assertivo, no sentido de poder comparar e, assim, prever perdas futuras. Há enormes dificuldades para quantificar as contingências financeiras decorrentes, por exemplo, da Guerra da Coreia (1950-1953), da Guerra do Golfo (1990-1991), da Invasão do Iraque (2003), ou, mais recentemente, da Guerra entre Rússia e Ucrânia (2022). E, na exata medida em que falta estatística/previsibilidade, mais refratária será a indústria do seguro à subscrição de riscos dessa natureza.

É com esse raciocínio que contratos de seguros os mais diversos comumente excluem a cobertura para guerra, terrorismo ou extorsão, tendo como norte as chamadas guerras físicas. Com o advento das chamadas guerras cibernéticas, esse padrão de comportamento estaria a sofrer mudanças dignas de nota?

Em meados de 2017, um ataque cibernético ganhou notoriedade a nível global. Chamado de *Petya* ou *NotPetya*, esse terrível vírus se espalhou quase que de maneira instantânea pela França, Alemanha, Itália, Polônia, Estados Unidos da América, além de Rússia e Ucrânia. As perdas foram contabilizadas em mais de US$ 10 bilhões, espraiando-se em *1st party* (sofridas pelos próprios segurados) e *3rd party* (sofridas por terceiros), decorrentes da inutilização de *hardware* e *software*, interrupção de negócios, vazamento e perda de dados etc. Especulou-se que a iniciativa tenha sido engendrada pelo governo russo, que, por sua vez, sempre negou a autoria.[3]

No que diretamente interessa à presente coluna, as perdas sofridas pela Mondelez International Inc., uma das maiores companhias de alimentos de mundo, foram estimadas em mais de US$ 100 milhões. O referido vírus se instalou em seus sistemas de TI e, quase que automaticamente, causou a perda de 1.700 servidores, além de 24.000 laptops. Conhecida seguradora global foi responsável pela emissão de uma apólice *all risks property* à segurada, ou seja, não fora requisitada a emissão de um seguro típico para riscos cibernéticos.[4]

Avisado e regulado o sinistro pela seguradora, a conclusão foi pela negativa de cobertura, essencialmente com fincas em cláusula contratual que excluiu os riscos relacionados à guerra, nos seguintes termos:

---

2. O que remete à clássica lição do matemático suíço Jacob Bernoulli e à conhecida "Lei dos Grandes Números", tão importante à ciência atuarial e à atividade securitária.
3. NAKASHIMA, Ellen. *Russian military was behind 'NotPetya' cyberattack in Ukraine, CIA concludes*. Disponível em: The Washington Post https://www.washingtonpost.com/world/national-security/russian-military-was-behind-notpetya-cyberattack-in-ukraine-cia-concludes. Acesso em: 02 jun. 2022.
4. Para mais informações a respeito do caso, consulte-se: https://www.databreachninja.com/wp-content/uploads/sites/63/2019/01/MONDELEZ-INTERNATIONAL-INC-Plaintiff-v-ZURICH-AMERICAN-INSURANCE-COMPANY-Defenda.pdf. Acesso em: 02 jun. 2022.

This Policy excludes loss or damage directly or indirectly caused by or resulting from any of the following regardless of any other cause or event, whether or not insured under this Policy, contributing concurrently or in any other sequence to the loss:

2) (a) *hostile or warlike action in time of peace or war*, including action in hindering, combating or defending against an actual, impending or expected attack by any: (i) *government or sovereign power (de jure or de facto)*; (ii) military, naval, or air force; or (iii) agent or authority of any party specified in I or ii above. (Grifou-se)

Das partes acima realçadas, interessante observar que o conteúdo da cláusula excludente é amplo, a compreender atos hostis e assemelhados à guerra tanto em tempos de paz quanto em tempos de guerra; na sequência, atos por iniciativa de órgão de governo ou de organização soberana de fato ou de direito, isto é, independentemente de reconhecimento formal, também acrescentam densidade à exclusão.

Segundo interessante artigo elaborado por Dominic T. Clarke,[5] esta teria sido a primeira oportunidade na qual uma seguradora teria invocado a exclusão de cobertura guerra (leia-se, para guerra "física") para negar indenização derivada de ataque cibernético, a revelar, portanto, o ineditismo do tema.

Considerando as dificuldades em torno da interpretação da cláusula destacada, seja por sua aplicação ou recusa para tanto, as partes acabaram por encerrar a disputa por intermédio de acordo, cujos detalhes não vieram a público.[6]

Debates a propósito do alcance da exclusão de cobertura para guerra não são novos nos Estados Unidos da América. Clarke menciona, *e.g.*, o caso *Vanderbilt v. Travelers' Insurance Company*, julgado em 1920.[7] Um navio britânico, quando fazia a travessia de Nova Iorque a Liverpool, fora atingido por projétil proveniente de um submarino alemão, vindo a naufragar. A discussão se referiu ao alcance da exclusão de cobertura para guerra no âmbito de uma apólice de seguro de vida de um dos viajantes que se encontrava a bordo da embarcação.

Embora os Estados Unidos da América não tenham formalmente participado da 1ª Guerra Mundial, a Corte de Justiça de Nova Iorque entendeu que o navio afundou como consequência de um ato de guerra, prestigiando, portanto, a cláusula contratual desafiada.

---

5. CLARKE, Dominic T. *Cyber Warfare and the Act of War Exclusion*. International Comparative Legal Guides. Insurance & Reinsurance 2020. 9th ed., p. 11-16.
6. "Zurich, Mondelez settle longstanding lawsuit over $100 million claim. Suit alleged that the insurer had failed to honor its promises. [...] Specific details of the settlement were not disclosed. The Register reached out to Mondelez for comment, but the food company declined to provide word. A spokesperson for Zurich said that '*the parties have mutually resolved the matter.*' 'I would be willing to bet a lot that, especially the carrier, did not want to publicly reveal what their settlement position is on the applicability of war exclusions, and particularly both sides wanted to avoid a judge making a definitive ruling on that,' Theon Technology advisory council member and attorney Bryan Cunningham told The Register." Disponível em: https://www.insurancebusinessmag.com/us/news/cyber/zurich-mondelez-settle-longstanding-lawsuit-over-100-million-claim-426741.aspx. Acesso em: 04 fev. 2024.
7. Disponível em: https://casetext.com/case/vanderbilt-v-travelers-insurance-co. Acesso em: 1º jun. 2022.

De maneira mais refinada, as perdas relacionadas aos ataques à base americana de Pearl Harbour, no Havaí (dezembro de 1941), um pouco antes do ingresso formal daquele país na 2º Grande Guerra, motivaram acalorados debates a respeito do que deveria ser entendido por atos de guerra (*acts of war*) e estado de guerra (*state of war*). Em *Gladys Ching Pang v. Sun Life Assurance Co. of Canada*,[8] a demanda foi proposta por beneficiário de seguro de vida de um bombeiro que acabou morto pelo ataque à referida base. Segundo os termos da apólice, eventos fatais causados de maneira acidental motivariam o recebimento do dobro do capital segurado, sem embargo da existência de cláusula contratual que excluía a cobertura em caso de guerra declarada.

No caso, como o ataque à Pearl Harbour justamente antecedeu o ingresso formal dos Estados Unidos na guerra, ou seja, ainda não havia guerra declarada, a Corte do Havaí entendeu pela procedência da pretensão do beneficiário, designadamente porque não havia que se confundir um ato de guerra (*act of war*) com o estado de guerra (*state of war*).[9]

Passando a refletir a propósito da exclusão para guerra, terrorismo e extorsão no ambiente cibernético, pode-se intuir que as apólices por assim dizer genéricas, para riscos nomeados (um seguro *property*, abstratamente considerado), não estão preparadas para lidar com riscos dessa magnitude. Não se sabe qual seria o resultado do julgamento do caso *Mondelez vs. Zurich* pelas Cortes norte-americanas; nada obstante, se essa mesma temática fosse endereçada aos tribunais brasileiros, parece razoável assumir que as partes não imaginaram, por ocasião da concepção do contrato, que os riscos para guerra cibernética estariam cobertos (Código Civil, arts. 112 e 113).

Por outro lado, no contexto de um seguro próprio para riscos cibernéticos, o exame do tema requer uma atenção diferenciada. Mesmo considerando as chamadas guerras físicas, é preciso ter em mente que, há tempos, organizações não estatais motivam perdas próprias às chamadas guerras convencionais. Considerando que uma organização terrorista, ao menos em tese, não possui laços com governos formalmente estabelecidos, uma exclusão para guerra baseada na necessidade de seu reconhecimento formal por governo parece dissociada da realidade que já se mostra presente.

No contexto das chamadas guerras cibernéticas, essa realidade cambiante mostra-se ainda mais latente. Que grupo anônimo – ou, melhor dizendo, "*Anonymous*", parafraseando a mais conhecida e temida organização coletiva com vistas aos ataques cibernéticos, deixará rastros, isto é, divulgará o governo ou organização a que pertence, por ocasião de seus ataques?[10]

---

8. Conforme: https://casetext.com/case/pang-v-sun-life-assur-co-of-canada?q=Gladys%20Ching%20Pang%20 v.%20Sun%20Life%20Assurance%20Co.%20of%20Canada&sort=relevance&p=1&type=case. Acesso em: 1º jun. 2022.
9. Vale dizer que, segundo relato de Dominic Clarke, pouco tempo depois a Corte de Apelações de Nova Iorque entendeu que, nada obstante o não ingresso formal dos Estados Unidos na 2ª Grande Guerra, à época do ataque à base de Pearl Harbour já havia o chamado estado de guerra. Nesse sentido: *New York Life Insurance Company v. Bennion*. Disponível em: https://casetext.com/case/new-york-life-ins-co-v-bennion. Acesso em: 1º jun. 2022.
10. Para uma referência ao indigitado grupo, veja-se: https://tecnoblog.net/responde/qual-a-origem-e-historia-do-grupo-anonymous/. Acesso em: 1º jun. 2022.

O alerta da OCDE é incontestável. Os riscos cibernéticos se qualificam como a principal ameaça à sociedade em que vivemos. Sob a perspectiva dos riscos e coberturas para guerra, terrorismo e extorsão nesse ambiente, é preciso repensá-los com a gravidade e a atualidade exigidas.[11]

Versão original publicada em: 09.06.2022.

---

11. OECD. *Enhancing the Role of Insurance in Cyber Risk Management*. Paris: OECD Publishing, 2017. Disponível em: http://dx.doi.org/10.1787/9789264282148-en. Acesso em: 02 jun. 2022.

A PROPÓSITO DA
"SILENT CYBER COVERAGE"

Ilan Goldberg

Se por um lado afirma-se que os dados pessoais correspondem, no Século XXI, ao petróleo de outrora, por outro lado não há dúvida de que com os bônus vêm os ônus, ora representados por demandas de responsabilidade as mais variadas que podem ser deflagradas contra aqueles que os detenham.

Sem embargo das pretensões indenizatórias a serem apresentadas pelos titulares dos dados que, eventualmente, sejam violados, a possibilidade de que a as autoridades responsáveis possam, desde 1º.08.2021, aplicar as duras sanções previstas na Lei Geral de Proteção de Dados (art. 52 da Lei 13.709/2018[1]), vem reforçar o risco de responsabilização e, a reboque, a necessidade de que seja verdadeiramente sedimentada uma cultura em torno da proteção dos dados.

Sob a perspectiva das espécies contratuais securitárias que dialogam com as questões acima assinaladas, a primeira a despertar a atenção é o chamado contrato de seguro para riscos cibernéticos – no jargão anglo-saxão, o *cyber insurance* – o que se explica com naturalidade considerando que, muitas vezes, os vazamentos de dados, paralização de funcionamento de servidores, colapso de *softwares* e *hardwares*, além de danos reputacionais etc., terão como origem, essencialmente, o ambiente virtual representado pela grande rede.

A primeira visada, como se afirmou, de fato conduz a questão concernente ao tratamento/proteção de dados pessoais ao chamado seguro para riscos cibernéticos, mas, um exame um pouco mais aprofundado revela que, na realidade, esses riscos podem repercutir também para outras espécies securitárias.

Pode-se pensar, *e.g.*, nos seguros E&O (erros e omissões – seguro de responsabilidade civil profissional), considerando tomadores cuja atividade fim seja a prestação de serviços de tecnologia. Imagine-se, assim, uma sociedade dedicada ao desenvolvimento de *softwares* que, uma vez concebidos e entregues a um determinado contratante, cau-

---

1. Art. 52. "Os agentes de tratamento de dados, em razão das infrações cometidas às normas previstas nesta Lei, ficam sujeitos às seguintes sanções administrativas aplicáveis pela autoridade nacional: I – advertência, com indicação de prazo para adoção de medidas corretivas; II – multa simples, de até 2% (dois por cento) do faturamento da pessoa jurídica de direito privado, grupo ou conglomerado no Brasil no seu último exercício, excluídos os tributos, limitada, no total, a R$ 50.000.000,00 (cinquenta milhões de reais) por infração [...]".

sem-lhe severos danos de ordem material. Parece bem nítido que, para essa hipótese, um seguro E&O seria mesmo o mais indicado à tutela dos interesses patrimoniais da referida empresa de tecnologia.[2]

Prosseguindo, pode-se pensar nos seguros de responsabilidade civil geral para situações nas quais um determinado risco cibernético venha a causar danos materiais a terceiros. É iterativo aqui o exemplo proveniente de perdas relevantes ocorridas nos Estados Unidos da América, originados no Estado do Texas e espraiados por quase toda a costa leste daquele país, quando *hackers* invadiram os sistemas de tecnologia de uma distribuidora de combustíveis, colapsando-os.[3]

A terceira espécie que se deseja ressaltar é a dos seguros *D&O* – os seguros de responsabilidades concebidos para, entre outros, diretores e membros dos conselhos de administração e fiscal. Não se deseja empregar aqui um tom alarmista, mas, o exame realizado em mercados seguradores mais desenvolvidos que o brasileiro revela que a questão atinente aos riscos cibernéticos deixou de ser, apenas, um problema das empresas para passar a ser um problema de suas diretorias e conselhos de administração.[4]

Os riscos cibernéticos, na atualidade, segundo estudo elaborado pela OCDE, representam um enorme potencial de perdas que, com efeito, *devem* ocupar as pautas das diretorias e conselhos de administração. A atualidade e relevância do tema requer que medidas sejam tomadas com o objetivo de implementar sistemas de segurança da informação/dados e, mais do que isso, zelar pelo seu funcionamento adequado ao longo do tempo.[5] Diante do cenário atual e de tudo o que vem sendo ventilado a respeito da

---

2. Curioso notar que, na origem, os seguros cibernéticos estiveram mesmo relacionados aos seguros de responsabilidade civil profissional: "Cyber insurance coverage has been available since the late 1970s. The market evolved from the technical risks/technical errors and omissions (E&O) sector. The 1980s saw the introduction of the first tech E&O insurance policies, which included cybersecurity insurance and were developed primarily for financial institutions as well as blue chip companies. The development and launch of cyber insurance as a stand-alone product was a response to the Y2K problem and was intended to close existing gaps in the insurance coverage of traditional property and casualty policies" (WREDE, Dirk et all. *Affirmative and silent cyber coverage in traditional insurance policies*: Qualitative content analysis of selected insurance products from the German insurance market. Disponível em The Geneva Papers on Risk and Insurance - Issues and Practice (2020), p. 660.
3. Há vasto noticiário a respeito: "Colonial hack: How did cyber-attackers shut off pipeline?" Disponível em: https://www.bbc.com/news/technology-57063636.amp. Acesso em: 08 set. 2021 e "Extreme weather is the culprit in the Texas power crisis, but that's not our worst problem". Disponível em: https://amp.usatoday.com/amp/4491652001. Acesso em: 08 set. 2021.
4. "On the flip-side, however, the day may come when the perceptions of regulators and investors change. Although cyber-attacks will undoubtedly continue to plague the business world, stakeholders will take increasingly closer looks at what was done to minimize the harm at the top" (YELLEN, Rob. *D&O risk in the age of cyber insecurity*. Disponível em: https://www.willistowerswatson.com/en-US/Insights/2017/06/d-o-risk-in-the-age-of-cyber--insecurity. Acesso em: 20 set. 2021).
5. "Directors and Officers liability policies: Companies impacted by a significant cyber incident with implications for business performance could face lawsuits from shareholders over the role of company executives or the company's board in ensuring appropriate management of cyber risks (including response to a breach and, for US public companies, the level of risk disclosure relative to the SEC's disclosure guidance) – although so far, such lawsuits have rarely led to findings or settlements in favour of shareholders in the United States. In New York State, a director or senior officer of a financial institution is now required to

matéria, é inegável o dever de cautela a ser diligentemente adotado pelas administrações de empresas, a buscar junto a especialistas (à luz do princípio do *rely on others*) a consultoria técnica mais adequada para a proteção do interesse social desses riscos cibernéticos e seus impactos. A ausência de diligência nesse contexto pode levar à responsabilização do administrador pelos danos causados.

Podem ser observadas nos Estados Unidos, Europa, Reino Unido e Ásia diversas ações coletivas (*class actions*) fundamentadas, justamente, em violações aos sistemas de proteção de dados de usuários/consumidores, propostas contra diretores e conselheiros.[6] E não se está aqui a afirmar que os requeridos são, exclusivamente, os *DPOs* (*data protection officers*), isto é, os encarregados designados para essa função a teor do disposto no art. 41 da Lei Geral de Proteção de Dados. As grandes sociedades abertas, comumente, disporão dos *CROs – chief risk officers* ou, também, dos diretores responsáveis pela tecnologia da informação.[7] Tudo isso, sem contar com a possibilidade de, nas companhias brasileiras, administradores serem chamados a responder por atos de outros administradores, na forma dos parágrafos 1º a 4º do artigo 158, da Lei das S.A.[8]

O título da presente coluna remete à chamada *silent cyber coverage*, temática que, na Europa e nos Estados Unidos da América, vem despertando a atenção de seus mercados de seguros e resseguro de uma maneira bem ampla. Sinteticamente, entende-se por *silent cyber coverage* a constatação segundo a qual um determinado programa de seguros do tomador não afirme, categoricamente, nem pela existência de cobertura

---

    certify compliance with the state's Cyber Security Requirements for Financial Services Companies which could provide a new avenue for shareholder claims". (OECD, *Enhancing the Role of Insurance in Cyber Risk Management*, OECD Publishing, Paris. p. 79. Disponível em: http://dx.doi.org/10.1787/9789264282148-en. Acesso em: 03 set. 2021).

6. "The importance of this issue outside of the United States is likely to increase due to: (i) the spread of securities (and other) class action lawsuits to the United Kingdom, continental Europe and countries in Asia; (ii) the recent precedent of large (USD 1 billion) directors and officers settlements in the United Kingdom; and (iii) the implementation of the General Data Protection Regulation (GDPR) in 2018 which should lead to more widespread publication of data confidentiality breaches in Europe. The GDPR requires the establishment of a Data Protection Officer with responsibilities that could lead to liability and some insurers have accordingly extended their definition of insured persons to include Data Protection Officers." (Ibidem, p. 79-80).
7. Lei 13.709/2018. Art. 41. "O controlador deverá indicar encarregado pelo tratamento de dados pessoais. [...]".
8. Sobre o tema, vide os parágrafos 1º a 4º do artigo 158, LSA: "[...] § 1º O administrador não é responsável por atos ilícitos de outros administradores, salvo se com eles for conivente, se negligenciar em descobri-los ou se, deles tendo conhecimento, deixar de agir para impedir a sua prática. Exime-se de responsabilidade o administrador dissidente que faça consignar sua divergência em ata de reunião do órgão de administração ou, não sendo possível, dela dê ciência imediata e por escrito ao órgão da administração, no conselho fiscal, se em funcionamento, ou à assembleia-geral. § 2º Os administradores são solidariamente responsáveis pelos prejuízos causados em virtude do não cumprimento dos deveres impostos por lei para assegurar o funcionamento normal da companhia, ainda que, pelo estatuto, tais deveres não caibam a todos eles. § 3º Nas companhias abertas, a responsabilidade de que trata o § 2º ficará restrita, ressalvado o disposto no § 4º, aos administradores que, por disposição do estatuto, tenham atribuição específica de dar cumprimento àqueles deveres. § 4º O administrador que, tendo conhecimento do não cumprimento desses deveres por seu predecessor, ou pelo administrador competente nos termos do § 3º, deixar de comunicar o fato a assembleia-geral, tornar-se-á por ele solidariamente responsável".

para riscos de ordem cibernética, tampouco pela inexistência, ou seja, nota-se, de fato, um *silêncio* bem preocupante.

A oposição à *silent cyber coverage* seria a *affirmative coverage*, isto é, em vez de detectar-se uma ambiguidade, o conteúdo contratual concebido pelas partes primaria pela clareza quanto à efetiva cobertura ou exclusão dos riscos de origem cibernética.[9]

Retomando a abordagem relacionada à interseção entre os riscos cibernéticos e a responsabilidade de administradores, a realidade vem revelando uma busca cada vez maior por parte de administradores participantes desta arena tecnológica por seguros *D&O* que sejam capazes de lhes oferecer garantias tais como, *e.g.*, antecipação de custos de defesa, danos à reputação/imagem, cobertura para multas impostas pelas autoridades responsáveis e, também, eventuais indenizações a serem pagas a terceiros decorrentes de problemas de ordem cibernética.[10]

Sugere-se, assim, um olhar com redobrada atenção aos programas de seguros contratados pelas tomadoras e, de igual sorte, que as seguradoras revisitem os seus programas de resseguro, tudo com o objetivo de evitar a chamada *silent cyber coverage* e seus efeitos deletérios por ocasião das regulações/liquidações de sinistros.

Concluindo, deseja-se estabelecer um rápido paralelo que o mercado segurador brasileiro observou entre os ramos ambiental e *D&O*, possivelmente útil àquilo que, com efeito, provavelmente ver-se-á no curto/médio prazo com os ramos *cyber* e *D&O*.

Sintetizando temas complexos, o que se justifica pelos limites desta coluna, as tragédias ambientais de Mariana e Brumadinho, ocorridos em Minas Gerais, ocasionaram a perda de valor mobiliário das ações da mineradora responsável pelos sítios respectivos. A segunda catástrofe, em particular, trouxe à tona discussão acalorada a respeito da responsabilidade (ou não) de diretores e membros do conselho de administração da companhia, ao argumento de que poderiam/deveriam ter tomado medidas a fim de evitar o mau maior.

Verificou-se, à época, portanto, demandas típicas da arena dos seguros *D&O* motivadas por questões de fundo ambientais, ou seja, uma clara convergência entre os dois ramos. Ditas demandas de responsabilidade deveriam ter sido alocadas nos seguros *D&O* ou nos seguros ambientais – seguro de responsabilidade ambiental ou seguro ambiental típico?

---

9. Há vasta literatura a propósito da silent cyber coverage. Exemplificativamente, remete-se a LACROIX, Kevin M. Addressing "Silent Cyber" and the Risk of Coverage Gaps. January 20, 2020. Disponível em: https://www.dandodiary.com/2020/01/articles/cyber-liability/addressing-silent-cyber-and-the-risk-of-coverage-gaps. Acesso em: 27 set. 2021.
10. "Riscos cibernéticos na pandemia e LGPD aceleram Cyber Seguros e D&O". Disponível em: https://www.revistaapolice.com.br/2021/02/riscos-cibernticos-na-pandemia-e-lgpd-aceleram-cyber-seguros=-e-do/#:~:text-Riscos%20cibern%C3%A9ticos%20na%20pandemia%20e%20LGPD%20aceleram%20Cyber%20Seguros%20e%20D%26O&text=Em%2050%25%20das%20ap%C3%B3lices%20contratadas,gest%C3%A3o%20de%20dados%20nas%20empresas. Acesso em: 22 set. 2021.

A probabilidade de que inquietações como a acima referida também se apresentem agora com relação aos seguros *cyber* e *D&O* é concreta, cabendo aos segurados/tomadores, seguradores e resseguradores, além dos *brokers*, a serenidade para que tomem a decisões corretas no tocante às coberturas/alocações/exclusões. Deve-se a todo custo evitar a *silent cyber coverage*, e, consequentemente, todos os desgastes que a mesma, fatalmente, ocasionará.

Versão original publicada em: 30.09.2021.

OS SEGUROS CIBERNÉTICOS E A COBERTURA PARA MULTAS APLICADAS PELA ANPD

Guilherme Bernardes

De acordo com dados obtidos no Sistema de Estatísticas da Superintendência de Seguros Privados ("SES"), criado e alimentado pela autarquia com dados fornecidos pelo mercado,[1] os seguros de riscos cibernéticos – ou mais especificamente os seguros de responsabilidade civil para riscos cibernéticos[2] – tiveram um crescimento de 77,7% no período entre janeiro e novembro de 2022, se comparado com o mesmo período em 2021.

Em termos financeiros, o mercado arrecadou, ao longo deste período de 2022, pouco mais de 160 milhões de reais em prêmios, um aumento de mais de 70 milhões em relação à 2021, quando foram arrecadados pouco mais de 90 milhões. O crescimento não é espantoso, visto que as sociedades empresariais estão cada vez mais atentas aos riscos cibernéticos, diante do aumento do número de ameaças e da criatividade dos cibercriminosos para a prática de crimes.

Para ficar apenas no ataque por *ransomware* – tipo de vírus malicioso de computador –, fala-se atualmente que os *hackers* deixaram há muito de apenas sequestrar, passando a atuar em quatro tipos de extorsão:[3] (i) criptografia dos dados; (ii) extração dos dados; (iii) ataques de negação de serviço ("DDoS"), interditando o sistema; e (iv) assédio à vítima, com ameaças de divulgação dos dados de clientes e de comunicação a parceiros e à mídia do vazamento dos dados. Com o sucesso do ataque, é exigido o pagamento de um resgate (*ransom* em língua inglesa), para que os dados sejam descriptografados, devolvidos/apagados, o sistema seja desbloqueado e clientes e parceiros não sejam acessados, respectivamente.

Por conta desta atividade, parece consenso que é impossível para uma companhia estar cem por cento protegida contra-ataques cibernéticos, já que a mais grave e mais impactante invasão sempre é a que está por vir. A conclusão é lógica e bastante aproximada

---

1. Disponível em: https://www2.susep.gov.br/safe/menuestatistica/pims.html. Acesso em: 14 jan. 2023.
2. De acordo com o art. 4º, inc. IV, da Circular Susep 637, de 20.07.2021, esse seguro tem por objeto cobrir os *"riscos decorrentes da responsabilização civil vinculada a incidentes cibernéticos (danos aos equipamentos e sistemas de tecnologia da informação, às suas informações ou à sua segurança)"*, sendo nomeado pela autarquia como *"seguro de Responsabilidade Civil Compreensivo Riscos Cibernéticos (RC Riscos Cibernéticos)"*.
3. UNIT 42. PALO ALTO NETWORKS. *2022 Ransomware Threat Report*. p. 3. Disponível em: https://www.paloaltonetworks.com/content/dam/pan/en_US/assets/pdf/reports/2022-unit42-ransomware-threat-report-final.pdf. Acesso em: 14 jan. 2023.

ao que se vê na medicina: à medida que as defesas imunológicas vão sendo reforçadas, somente um invasor mais potente e desenvolvido a vencer estas barreiras iniciais, ou diferente dos já mapeados, é que terá sucesso. Os danos causados, portanto, serão mais aprofundados ou até mesmo desconhecidos, a depender da variação do ataque. Nesse último caso, inclusive, a questão é mais preocupante, a depender do tempo e da eficiência para as respostas.

Essa criatividade acendeu um alerta nas empresas, que, temendo estarem expostas ao apetite dos criminosos, passaram a investir no incremento da maturidade cibernética de seus empregados e colaboradores, aplicando treinamentos e contratando tecnologias e equipamentos, tudo com o fim de atingir o maior nível possível de "higiene cibernética" – o jogo de palavras não é aleatório, já que o objetivo é impedir ataques de vírus.

Dados do mesmo SES, já referido, indicam que, nos períodos de janeiro a novembro de 2021 e 2022, os sinistros pagos reduziram pouco mais de 46%, passando de cerca de 29 milhões de reais para cerca de 15 milhões de reais.

A influência desta redução na quantidade de danos decorrentes de ataques cibernéticos frente ao aumento de prêmios recebidos é forte evidência que mais sociedades estão buscando a contratação do seguro e, para isso, estão tendo que aumentar sua maturidade cibernética.

Uma das principais características deste tipo de seguro é um escrutínio por parte das seguradoras no momento da contratação do seguro e subscrição dos riscos, por meio de um questionário detalhado. Ao responder as perguntas, o proponente deve evidenciar que a empresa é higiênica em termos cibernéticos e que boas práticas são adotadas em relação aos seus parceiros e sistemas, com a realização de treinamentos, utilização de defesas e criação de políticas internas. Não raro, as seguradoras negam a contratação do seguro, diante da baixa cultura cibernética das empresas.

Além da ameaça *ransomware*, outro grande fator para a contratação do seguro para riscos cibernéticos é a Lei Geral de Proteção de Dados e a entrada em vigor, em 1º de agosto de 2021, do art. 52, que prevê as sanções por infrações às normas de proteção de dados previstas na lei, dentre elas a possibilidade de aplicação multa, pela Autoridade Nacional de Proteção de Dados ("ANPD"), no valor de até 50 milhões de reais por infração.

Por se tratar de quantia bastante elevada – e considerando que a ANPD já começou efetivamente sancionar as sociedades[4] – é motivo de grande preocupação dos proponentes de seguro para riscos cibernéticos a (não) existência de cobertura para este tipo de multa, principalmente se tomada como parâmetro a experiência europeia.

---

4. Foram aplicadas duas multas à mesma empresa, no total de R$ 14.400,00, sendo este o limite máximo para o valor das duas sanções por se tratar a apenada de uma microempresa, que tem como limite máximo 2% do faturamento bruto da empresa, na forma do art. 52, II, da LGPD. Disponível em: https://www.gov.br/anpd/pt-br/assuntos/noticias/anpd-aplica-a-primeira-multa-por-descumprimento-a-lgpd. Acesso em: 23 fev. 2024.

Analisando os clausulados e ordenamentos de alguns dos países com incidência do *General Data Protection Regulation* (GDPR – lei que regula a proteção de dados no âmbito europeu), a cobertura para multas – de qualquer espécie – dificilmente pode ser contratada.

A questão passa por argumentos de ordem moral e financeira, já que o pagamento da multa pela seguradora iria contra o objetivo da multa aplicada, a de punir o segurado com o pagamento de valor para desestimular a reincidência individual e coletiva, além de poder incentivar, com o pagamento por terceiro, uma conduta mais negligente do segurado. Em Portugal,[5] por exemplo, a restrição é legal a qualquer tipo de multas, enquanto em outros ordenamentos, como Espanha, Itália, França e no Reino Unido, há a possibilidade da cobertura de multas, desde que não sejam provenientes de condutas dolosas ou com culpa grave.[6]

Entretanto, mesmo nesses países em que haveria possibilidade, as multas aplicadas pelas autoridades nacionais por infração ao regulamento geral de proteção de dados europeu não encontram cobertura nas apólices de seguros de riscos cibernéticos, conforme demonstra relatório elaborado pela corretora AON e pelo escritório de advocacia DLA Piper. As razões envolvem restrições legais, além de ser contra a ordem pública a cobertura de multas, por serem destinadas a ser suportadas pelo sancionado, não podendo ser transferidas a outros.[7]

No Brasil, a questão não parece enfrentar maiores obstáculos, tanto pela autorização regulatória para que as seguradoras ofereçam coberturas para multas, como pela expressa previsão da garantia em algumas das apólices oferecidas no mercado.

Como é cediço, o contrato de seguro no Brasil é disciplinado nos arts. 757 a 802 do Código Civil e o seguro de responsabilidade civil, no qual se enquadra o seguro para riscos cibernéticos, é especialmente disciplinado nos artigos 787 e 788, com o segundo especialmente direcionado aos seguros obrigatórios.

---

5. Decreto-Lei 72, de 16/04/2008, que estabelece o Regime Jurídico do Contrato de Seguro. "Artigo 14º – Seguros proibidos 1 – Sem prejuízo das regras gerais sobre licitude do conteúdo negocial, é proibida a celebração de contrato de seguro que cubra os seguintes riscos: a) Responsabilidade criminal, contraordenacional ou disciplinar;". Disponível em: https://www.pgdlisboa.pt/leis/lei_mostra_articulado.php?nid=2657&tabela=leis&so_miolo. Acesso em: 14 jan. 2023.
6. Para uma aprofundada compreensão do tema, recomenda-se a leitura da nota de rodapé 310 de GOLDBERG, Ilan. *O Contrato de Seguro D&O*. 2. ed. São Paulo: Thomson Reuters Brasil, 2022. p. 473-474.
7. Na análise feita para a cobertura de multas aplicadas por autoridades por violações a proteção de dados, algumas são as conclusões apresentadas: i) em França, as multas são consideradas como quase criminosas e o seguro contra elas é contra a ordem pública, uma vez que se destinam a ser suportadas pessoalmente pela parte; ii) em Itália, as multas não são seguráveis porque entende-se que o efeito de dissuadir o ofensor seria perdido se ele pudesse transferi-las para um terceiro; iii) em Portugal, os contratos de seguro que cobrem os riscos relacionados a responsabilidade decorrente de infrações administrativas e responsabilidade criminal são proibidos por lei; iv) em Espanha, o setor de seguros vem questionando a impossibilidade de cobrir multas regulatórias, embora, até a elaboração do relatório, em maio de 2019, o órgão regulador não tenha alterado sua posição para admiti-las. AON AND DLA PIPER (2019). *The Price of Data Security (Second Edition)*. p. 13-12. Disponível em: https://www.dlapiper.com/fr/france/insights/publications/2019/07/updated-guide-on-theinsurability-of-gdpr-fines--across-europe/. Acesso em: 14 jan. 2023.

Não sendo prevista – positivamente ou negativamente – a cobertura para multas nestes dois artigos, coube à Susep, por delegação legal,[8] a disciplina detalhada dos seguros de responsabilidade civil, o que atualmente se dá por meio da Circular Susep 637, de 2021, e em cujo art. 3º, § 3º, é expressamente prevista a possibilidade de cobertura para multas:

> Art. 3º No seguro de responsabilidade civil, a sociedade seguradora garante o interesse do segurado, quando este for responsabilizado por danos causados a terceiros e obrigado a indenizá-los, a título de reparação, por decisão judicial ou decisão em juízo arbitral, ou por acordo com os terceiros prejudicados, mediante a anuência da sociedade seguradora, desde que atendidas as disposições do contrato.
>
> [...]
>
> § 3º *A sociedade seguradora poderá oferecer outras coberturas*, além daquela descrita no caput, *inclusive* para os custos de defesa dos segurados, e *a cobertura de multas e penalidades impostas aos segurados*. (Destacou-se)

A respeito, dois pontos relevam destaque: (i) a disciplina anterior e (ii) o processo de construção da norma atual. Tratando do ponto (i), é preciso esclarecer que a Susep nem sempre autorizou a cobertura de multas impostas ao segurado, a exemplo do como agora o faz expressamente, tendo inclusive já se posicionado de maneira contrária, entendendo que a existência de um seguro que cobrisse multas seria desprovido de interesse legítimo, o que é um dos requisitos do art. 757 do Código Civil.[9]

O primeiro normativo a assim fazê-lo foi o art. 5º, § 4º, da Circular Susep 541, de 2017,[10] que estabelecia "diretrizes gerais aplicáveis aos seguros de responsabilidade civil de diretores e administradores de pessoas jurídicas (seguro de RCD&O)" e previa expressamente a possibilidade de cobertura para multas civis e administrativas.

Essa redação foi reproduzida na Circular Susep 553, de 2017, bem como na minuta que deu origem à Circular Susep 637, nos trazendo ao ponto (ii). Após manifestação do mercado pela liberdade em poder oferecer cobertura para multas de caráter criminal (como aquelas que podem ser aplicadas a partir da Lei 9.605, a Lei de Crimes Ambientais), a Susep deixou de prever a natureza das multas, chegando à redação atual, transcrita anteriormente.

Assim sendo, se um dia a autarquia já se posicionou contra a cobertura para multas, passando a autorizar, em seguida, a garantia daquelas de natureza civil e administrativa no Seguro D&O e hoje sequer menciona qualquer natureza e estendeu a possibilidade a todos os seguros de responsabilidade civil, abrindo espaço para a cobertura de multas

---

8. Decreto-Lei 73, de 1966. "Art 36. Compete à Susep, na qualidade de executora da política traçada pelo CNSP, como órgão fiscalizador da constituição, organização, funcionamento e operações das Sociedades Seguradoras: [...] b) baixar instruções e expedir circulares relativas à regulamentação das operações de seguro, de acordo com as diretrizes do CNSP".
9. A manifestação se deu por meio do Parecer/PRGER/assuntos societários e registros especiais s/n. p. 2-5. Para uma análise aprofundada do tema, remete-se a GOLDBERG, Ilan. *O Contrato de Seguro D&O*. 2 ed. São Paulo: Thomson Reuters Brasil, 2022. p. 476-477 e nota de rodapé 311.
10. "Art. 5º [...] § 4º A garantia poderá abranger cobertura de multas e penalidades contratuais e administrativas impostas aos segurados quando no exercício de suas funções, no tomador, e/ou em suas subsidiárias, e/ou em suas coligadas".

criminais, certo é que não há qualquer impeditivo para a cobertura de multas aplicadas pela ANPD por violações envolvendo o tratamento de dados pessoais.

Nesse sentido, dentre as principais seguradoras que atuam no ramo atualmente, quase a totalidade oferece expressamente cobertura, básica ou por extensão, para multas e penalidades aplicadas por órgão público regulador autorizado a supervisionar e processar as leis e regulamentos de proteção de dados, ou seja, a ANPD.[11]

É possível que o cenário venha a ser modificado no futuro e as seguradoras, por decisão comercial, venham a deixar de oferecer essa cobertura, se as multas a serem aplicadas aumentarem excessivamente, a exemplo do que já se projeta para os ciberataques.[12] Para evitar esse futuro indesejado, investir em prudência e higiene cibernética são a saída.

Versão original publicada em: 19.01.2023.

---

11. A amostragem foi obtida no Sistema de Estatísticas da Susep, para o ano de 2022, especificamente no ramo "0327 – Compreensivo Riscos Cibernéticos", utilizando as apólices disponíveis na internet para as cinco primeiras seguradoras no *ranking* de prêmios. Disponível em: https://www2.susep.gov.br/safe/menuestatistica/pims.html. Acesso em: 14 jan. 2023.
12. Disponível em: https://www.editoraroncarati.com.br/v2/Artigos-e-Noticias/Artigos-e-Noticias/Zurich-ataques-ciberneticos-poderao-ser-nao-seguraveis.html. Acesso em: 14 jan. 2023.

ATAQUES À PROPRIEDADE VIRTUAL E O SEGURO *CYBER*

Francisco Auler

Gabriel Justo

A crescente expansão de investimentos no universo digital, impulsionados por novas tendências como as criptomoedas, os NFTs e o metaverso, está estimulando a procura por proteção contra ataques cibernéticos, cada vez mais precisos e sofisticados, aproveitando as falhas de segurança neste novo ambiente conectado e integrado. Exemplos não faltam. Recentemente, a Lincoln College, nos EUA, fundada há mais de 150 anos, foi forçada a paralisar suas atividades devido a um ataque "*ransomware*", que permitiu o acesso de *hackers* aos sistemas de informação da instituição, impedindo o acesso a dados administrativos e financeiros, além da admissão de novos alunos. Este cenário de incerteza e insegurança leva à constatação da necessidade urgente de adoção de um seguro cibernético, de forma a proteger os consumidores de tais fatalidades.

Esse novo modo de proteção cibernética pode se apoiar nas inovações trazidas pela Lei Geral de Proteção de Dados Pessoais (LGPD), que instituiu um novo marco legal para a coleta e o tratamento de informações pessoais e sensíveis no ambiente de negócios público e privado. A nova legislação tem como proposta aumentar o controle e evitar a exposição de dados que possam ser utilizados de forma abusiva ou mesmo ilegal, dando origem a crimes financeiros no meio digital. De acordo com a revista Isto é Dinheiro,[1] o Brasil é o sexto país com o maior número de roubo de dados no planeta, enquanto um levantamento da *Accenture*[2] estimou em US$ 7 milhões o custo médio de um ataque cibernético em solo brasileiro. Desta forma, o *cyber* seguro é o meio que as seguradoras encontraram para fornecer o mínimo de garantia aos seus clientes em meio ao desenvolvimento não planejado e controlado das tecnologias na sociedade contemporânea. Entretanto, embora as grandes empresas estejam atentas ao risco, o seguro cibernético ainda não é de conhecimento público.

---

1. Segurança de dados: Brasil é o 6º país com mais vazamentos, diz pesquisa. *Istoé Dinheiro*, 2022. Disponível em: https://www.istoedinheiro.com.br/seguranca-de-dados-brasil-e-o-6o-pais-com-mais-vazamentos-diz-pesquisa/. Acesso em: 24 maio 2022.
2. Mercado segurador avança na prevenção de riscos cibernéticos. *CNSEG*, 2021. Disponível em: https://cnseg.org.br/noticias/mercado-segurador-avanca-na-prevencao-de-riscos-ciberneticos.html#:~:text=O%20representante%20da%20Susep%20apresentou,US%24%2015%20milh%C3%B5es%20no%20mundo. Acesso em: 26 maio 2022.

A Superintendência de Seguros Privados (Susep), uma autarquia da administração pública federal responsável pela autorização e fiscalização do mercado de seguros, classifica o risco cibernético como a

> possibilidade de ocorrência de perdas resultantes do comprometimento da confidencialidade, integridade ou disponibilidade de dados e informações em suporte digital, em decorrência da sua manipulação indevida ou de danos a equipamentos e sistemas utilizados para seu armazenamento, processamento ou transmissão.[3]

A ameaça pode ser avaliada de duas formas, com base em quem é o alvo do ataque: a engenharia social que atinge a população em geral e os ataques refinados realizados contra corporações, buscando dados que possam ser vendidos para terceiros ou até mesmo para a própria empresa, a fim de evitar o vazamento de tais informações.

Como dito anteriormente, a função do *cyber* seguro é suprir a grande demanda proveniente do risco cibernético. Interesse que é explicitado ao analisar o estudo da *Fortinet Threat Intelligence Insider Latin America*,[4] no qual o Brasil está em segundo lugar na lista de países que mais sofrem ataques cibernéticos no mundo, com 65 milhões por dia e 24 bilhões por ano. Diante do exposto, torna-se imperativo entender especificamente quais tipos de ataques no ambiente virtual esse seguro pode cobrir.

Ao analisar uma apólice de seguros cibernéticos proposta pela AIG,[5] por exemplo, podemos ter noção de como o mercado de seguros nacional está encarando esse novo modelo de proteção ao segurado. É descrito no próprio site que a apólice se destina a empresas de diversas áreas, porém não há menção a propostas individuais, para os cidadãos comuns. Na cobertura prevista, o segurado poderá contar com proteções já conhecidas, como: custos de defesa; investigação; sanções administrativas; restituição de imagem da sociedade. Além disso, existem as proteções já direcionadas aos danos causados por ataques cibernéticos, como: custos para restauração de dados eletrônicos e responsabilidade por empresas terceirizadas.

Assim, com base nessas informações, podemos agora realizar um pequeno exercício e imaginar o que poderia ter acontecido caso a *Lincoln College* tivesse contratado o seguro da AIG citado anteriormente para danos cibernéticos. No caso em questão, a universidade sofreu um ataque "*ransomware*"[6] de um grupo de *hackers* que, após se apoderar das informações de matrícula dos alunos, demandou uma quantia em dinheiro para a devolução e não destruição desses dados. Caso a universidade possuísse o seguro,

---

3. Circular Susep 638, de 27 de julho de 2021. Disponível em: https://www.in.gov.br/en/web/dou/-/circular-susep-n-638-de-27-de-julho-de-2021-335760591. Acesso em: 26 maio 2022.
4. Entenda o que é o Seguro Cyber e como ele protege de ataques cibernéticos. *Jusbrasil*, 2020. Disponível em: https://blog.jusbrasil.com.br/artigos/1100132273/entenda-o-que-e-o-seguro-cyber-e-como-ele-protege-de-ataques-cibernéticos. Acesso em: 26 maio 2022.
5. AIG. CyberEdge® – Responsabilidade Cibernética. Disponível em: https://www.aig.com.br/home/seguros/cibernetico. Acesso em: 26 maio 2022.
6. CHAPPELL, Bill. Lincoln College closes after 157 years, blaming COVID-19 and cyberattack disruptions. *NPR*, 2022. Disponível em: https://www.npr.org/2022/05/10/1097855295/lincoln-college-closes-157-years-covid-cyberattack. Acesso em: 30 maio 2022.

após a perda das informações, a seção de Dados Eletrônicos iria "determinar se os dados eletrônicos podem ser ou não restaurados, restabelecidos ou recriados, e os custos para restaurar, restabelecer ou recriar tais dados eletrônicos".[7] Ou seja, seria realizada uma intervenção visando à recuperação e/ou recriação dessas informações valiosas. Caso a seguradora não conseguisse reaver os dados, em última instância, e, caso previamente expresso no contrato, a seguradora pagaria o custo da extorsão pedida pelos criminosos.

Embora tenhamos falado de um caso hipotético sobre a utilização do seguro cibernético, é importante discorrer sobre outro caso real. Em 2011, a *Sony's Playstation Network* sofreu um ataque no qual os dados de 77 milhões de usuários foram parar nas mãos de criminosos.[8] Após sofrer um prejuízo de aproximadamente US$ 171 milhões, a empresa tentou acionar sua seguradora. Entretanto, o seguro que a empresa possuía não era relacionado aos riscos cibernéticos, de modo que, após disputa nos tribunais, a *Sony* precisou arcar com o prejuízo. Isso acontece porque as apólices de seguro tradicionais ignoram os riscos cibernéticos, de forma que o crescimento do mercado da proteção virtual se dá por separado das apólices de danos físicos.

Cabe, então, analisar como o seguro cyber se desenvolveu em face das necessidades existentes. Para isso, ressalta-se que, pelo fato dessa modalidade ser extremamente recente, é necessário que esteja em constante adaptação e evolução, para que possa responder às novas ameaças derivadas do desenvolvimento tecnológico desenfreado. A pandemia da COVID-19 pode ser vista como o momento ideal para analisar o desenvolvimento do seguro cibernético, uma vez que nesse período os ataques cibernéticos aumentaram cerca de 300%, de acordo com estudo da EY. Assim, é preciso considerar o fato de que as empresas aderiram ao sistema de *home office* sem o preparo devido, aumentando os riscos de ataques cibernéticos. Na pesquisa, oito em cada dez líderes entrevistados alegaram que tiveram prejuízos por conta dos crimes virtuais, principalmente o *phishing*. Como consequência, criou-se uma maior preocupação com a coleta e o tratamento de dados, abrindo espaço para o mercado de *cyber*-seguro, atendendo a atual necessidade dos consumidores.

No que tange à evolução desse novo mercado, pode-se analisar que, provavelmente, haverá a expansão do *cyber*-seguro do meio empresarial para o meio interpessoal. Ou seja, como as pessoas estão cada vez mais conscientes dos riscos cibernéticos, a procura por mais segurança dos dados pessoais aumentará consideravelmente. Fato é que não foi só a tecnologia que se desenvolveu, mas também os golpes cibernéticos, de modo que está cada vez mais difícil ficar protegido. De acordo com a CNN, mais de 5 milhões de brasileiros caíram em golpes via o aplicativo mais utilizado no país, o *Whatsapp*.[9] O dado

---

7. AIG. CyberEdge® – Responsabilidade Cibernética. Disponível em: https://www.aig.com.br/home/seguros/cibernetico. Acesso em: 30 maio 2022.
8. QUINN, Ben e ARTHUR, Charles. PlayStation Network hackers access data of 77 million users. *The Guardian*, 2011. Disponível em: https://www.theguardian.com/technology/2011/apr/26/playstation-network-hackers-data. Acesso em: 7 jun. 2022.
9. AMÉRICO, Tiago. Mais de 5 milhões de brasileiros caíram em golpes no WhatsApp em 2020. *CNN*, 2021. Disponível em: https://www.cnnbrasil.com.br/business/whatsapp-em-2020/. Acesso em: 2 jun. 2022.

citado representa a urgência das seguradoras de se adaptar mais uma vez ao mercado e conseguir suprir as necessidades dos potenciais prejudicados.

Posto isso, acreditamos que existe um grande mercado a ser explorado e a possibilidade de captação de novos clientes, visto que cada vez mais estamos dependentes da tecnologia para realizar atividades do cotidiano, como guardar e transferir dinheiro, trabalhar e nos comunicar. Então, eventualmente, haverá a necessidade real de maior proteção aos dados pessoais, especialmente os financeiros, enquanto as novas tecnologias continuarão em expansão. Uma boa oportunidade para as seguradoras, uma vez que é perceptível o potencial desse novo mercado.

Assim, após expormos as aplicações do seguro *cyber*, as suas diferenças para o seguro tradicional, os casos hipotéticos e concretos de sua utilização e a postura do mercado diante desse novo modelo, é cabível ressaltar também qual a nossa opinião acerca do atual estado dos seguros e riscos cibernéticos em geral. Com o mundo digital se tornando cada vez mais complexo e essencial à vida das empresas e dos cidadãos, é animador ver que o mercado de seguros está trabalhando para se manter sempre atualizado contra as novas formas de ataques à propriedade e às informações confidenciais dos indivíduos.

Entretanto, embora grande parte das empresas com vínculo comercial ou cadastral na internet já se interessem ou tenham o seguro cibernético, é necessário lembrar de que os seguros devem servir também aos cidadãos. Usando o Brasil como exemplo, um país de mais de 200 milhões de habitantes, em que 81% das pessoas possuem acesso à internet,[10] e tendo sofrido 88,5 bilhões de ataques cibernéticos,[11] é urgente que o mercado de seguros ofereça algum tipo de sugestão ou plano para a proteção da população em geral. Países como os EUA já oferecem seguros *cyber* como um aditivo nas apólices tradicionais, como explicitado em matéria da Forbes,[12] um exemplo que deveria ser seguido pelas seguradoras nacionais.

Versão original publicada em: 07.07.2022.

---

10. Individuals using the Internet (% of population) – Brazil. *The World Bank*, 2020. Disponível em: https://data.worldbank.org/indicator/IT.NET.USER.ZS?locations=BR. Acesso em: 7 jun. de 2022.
11. GUERRA, Guilherme. Brasil foi alvo de 88,5 bilhões de ataques hacker em 2021, diz Fortinet. *Estadão*, 2022. Disponível em: https://link.estadao.com.br/noticias/cultura-digital,brasil-foi-alvo-de-88-5-bilhoes-de-ataques-hacker-em-2021-diz-fortinet,70003972070. Acesso em: 7 jun. 2022.
12. METZ, Jason. Do You Need Personal Cyber Insurance For Cyberattacks? *Forbes*, 2022. Disponível em: https://www.forbes.com/advisor/homeowners-insurance/personal-cyber-insurance/. Acesso em: 7 jun. 2022.

SEGURO GARANTIA

A BUSCA PELA EFETIVIDADE DO SEGURO GARANTIA NAS CONTRATAÇÕES PÚBLICAS

Roque de Holanda Melo

1. EM BUSCA DO MODELO IDEAL

Inicialmente, cumpre-nos diferenciar, para fins meramente didáticos, as particularidades e diferenças entre as expressões *"eficiência"*; *"eficácia"* e *"efetividade"*.

Nesse sentido, pode-se definir *eficácia* como a qualidade daquilo que alcança os resultados planejados; característica do que produz os efeitos esperados, do que é eficaz ou, simplesmente, que faz o que lhe é esperado.

Fazendo uma aplicação, evidentemente simplista e direta nas relações securitárias, mais especificamente no seguro garantia envolvendo contratações públicas, eficaz é o seguro garantia que, ao fim e ao cabo, uma vez ocorrendo o sinistro, promove a indenização na exata medida dos prejuízos suportados pelo segurado, bem como realiza o pagamento das penalidades/multas aplicadas, até o limite máximo da importância segurada prevista na apólice.

Logo, espera-se de um seguro garantia eficaz nada a mais, nem menos, daquilo que a modalidade de seguro efetivamente se propõe em caso de sinistro, ou seja, proteger o segurado contra riscos futuros e incertos, de modo a promover a justa e correta reparação dos prejuízos eventualmente suportados por este caso sobrevenha o sinistro.

Por outro lado, *eficiência*, ainda se atendo ao mesmo exemplo, está mais relacionada à forma com que a indenização irá se operar. Espera-se que um seguro garantia eficiente alcance/entregue o resultado proposto da melhor forma possível, ou seja, com menor desperdício, promovendo maior economia para o erário, e dentro do menor tempo.

Por fim, *efetiva* seria a forma de indenização por intermédio da qual se obtém o efeito esperado (*eficácia*), da melhor forma possível (*eficiência*).

Portanto, e de maneira lógica, sobrevém a constatação de que para o Estado não basta apenas que o seguro garantia seja *eficiente* ou *eficaz*, sendo crucial que esta modalidade de seguro seja especialmente *efetiva*, ou seja, tenha a capacidade de produzir o efeito esperado (*eficácia*), da melhor forma possível (*eficiência*).

2. A EFETIVIDADE ESPERADA

Conforme se observou, fácil depreender que o esperado é que a indenização ocorra, em tempo e modo, em sobrevindo o sinistro. Porém, qual seria a forma mais *efetiva* de indenização para o Estado?

A resposta é simples: aquela que atenda ao anseio mais elementar do agente público, ou seja, a retomada e conclusão de uma obra sinistrada por parte de empresa contratada pelo agente garantidor, sem a necessidade de um novo e moroso processo de licitação, bem como aportes adicionais por parte do Estado, salvo o quanto previsto no orçamento original.

Ocorre que de todas as formas de garantia previstas atualmente, sobretudo aquelas constantes na nova lei de licitações, 14.133/2021 (Artigo 96, § 1º), a única forma de garantia que permite ao agente público contar com a possibilidade de retomada e conclusão da obra por empresa contratada diretamente pelo agente garantidor é o seguro garantia.

Exatamente por isso, a nova lei outorgou singular protagonismo a esta modalidade de seguro, posto ser a única forma de garantia que poderá auxiliar o Estado na conclusão das obras inacabadas no Brasil. Portanto, por um lado a nova lei evidencia e reconhece a importância do seguro garantia, e por outro impõe grande responsabilidade para os diferentes atores que atuam ou, de alguma forma, intervêm no produto seguro garantia no mercado brasileiro (seguradores, resseguradores, tomadores, corretores de seguro, segurados e legislador).

Isto se diz, considerando que todos os atores citados possuem papel fundamental e responsabilidades intrínsecas no tocante à criação de um ambiente favorável e que, de fato, possibilitará o atingimento do primordial anseio do Estado no sentido de contar com uma forma de garantia efetiva e que possa acabar, ou ao menos reduzir, substancialmente, o número de obras inacabadas no Brasil, de modo a contribuir para o desenvolvimento do país.

3. A RESPONSABILIDADE ELEMENTAR DO ESTADO

Consoante defendido alhures, definitivamente, é preciso ficar claro que o ônus que se pretende impor ao mercado segurador, mais especificamente no tocante à *priorização* pela retomada e conclusão da obra por parte do agente garantidor, deve ser acompanhado por requisitos mínimos a possibilitar que a retomada e conclusão das obras realmente ocorra.

Tais requisitos, importante destacar, permeiam toda a cadeia de contratação, impondo-se, como já destacado, a participação ativa de todos os players que atuam, direta ou indiretamente, na criação de leis, durante o processo de concorrência, assinatura do contrato e emissão das respectivas apólices de seguro garantia afetas a cada contratação.

Ainda que não tenhamos a intenção de esgotar o tema, especialmente no tocante à individualização das responsabilidades correlatas existentes durante o processo de contratação pública, impende destacar alguns desses requisitos primordiais a começar pela escolha do correto percentual de garantia que possa, de fato, oferecer condições para a retomada e conclusão das obras por parte do agente garantidor.

A propósito, a experiência internacional já demonstrou que percentuais abaixo de 30% não oferecem condições para retomada e conclusão da maioria das obras, eis que insuficientes para fazer frente ao sobrecusto da nova contratação. Portanto, caso o ente público insista em exigir percentuais inferiores a 30% do valor do contrato, conforme prerrogativa conferida pela lei, precisa estar ciente de que está assumindo a responsabilidade, em nome do Estado, de não oferecer condições mínimas para que a retomada e conclusão da obra se opere.

Ou seja, na hipótese de fixação de percentual de garantia inferior a 30% sobre o valor do contrato, estar-se-á falando de um seguro garantia que não obstante continue sendo eficaz, pois respeitadas as demais condições previstas na apólice e legislação em vigor, poderá ensejar o pagamento da indenização devida, conforme limites máximos previstos na respectiva apólice, não atingirá o anseio do Estado em termos de efetividade, posto que, *não havendo valor de garantia suficiente para fazer frente ao sobrecusto com a nova contratação, impossibilitada estará a seguradora de promover a retomada e conclusão da obra.*

Dito de outra forma, antes de exigir que o modelo funcione na prática, cabe ao Estado fazer a sua parte, iniciando pela correta escolha do percentual de garantia para cada contratação (*30% caso a opção seja uma garantia com cláusula de retomada*), sob pena de ele próprio (Estado) inviabilizar a efetividade do seguro garantia e, por consequência, o atingimento do principal anseio do Estado nas contratações públicas.

4. A ESPERADA PRECISÃO E CLAREZA DO LEGISLADOR

Não obstante a louvável iniciativa, que evidencia o objetivo do legislador em garantir o interesse maior do Estado na busca pela melhor e mais efetiva dentre as formas de garantias previstas em lei, o fato é que a mera previsão legal não é suficiente para materializar esse tão almejado anseio. Impondo-se, à toda vista, o oferecimento de condições que, de fato, permitam ao mercado segurador se valer da prerrogativa de contratar uma empresa, terceira, para assumir e concluir a obra inacabada, nos termos previstos na Lei.

Assim, mesmo considerando que a nova lei representa um grande avanço no tocante às contratações públicas, o capítulo destinado às "garantias" merece especial atenção, a fim de que o texto seja revisto ou devidamente regulamentado, com vistas a dirimir dúvidas e evitar contradições que podem prejudicar ou quiçá inviabilizar a efetividade que se pretende obter com o seguro garantia.

Nesse sentido, é fundamental que haja a necessária adequação do texto legal ou a devida regulamentação que conduza a uma priorização da importância segurada para a retomada e conclusão da obra. Isso se diz, considerando que, conforme disposições legais e regulamentares, há um limite máximo de cobertura (que deve ser de 30% do valor do contrato, conforme já defendido, para os contratos que exijam cláusula de retomada), o que significa dizer que há um limite de valor a ser indenizado pela seguradora, seja em forma de pagamento de indenização ou aporte para retomada e conclusão da obra em caso de sinistro admitido e, ao mesmo tempo, o Estado poderá exigir coberturas adicionais, a exemplo de multas/penalidades, assim como cobertura adicional para verbas trabalhistas e previdenciárias, a depender do contrato. Em tais casos, se não houver uma orientação/regulamentação que conduza à priorização do percentual de cobertura, primeiramente para a retomada e conclusão da obra e a utilização da cobertura securitária para outros fins, apenas após uma vez entregue e aceita a obra ou caso a retomada não tenha consumido a integralidade da importância segurada, os valores consumidos com outras coberturas certamente inviabilizarão a retomada e conclusão da obra, frustrando, pois, o maior anseio do Estado. O objetivo aqui, portanto e para ausência de dúvidas, seria primeiro oportunizar à seguradora utilizar a totalidade da importância segurada para retomada e conclusão da obra e, somente uma vez não consumida a totalidade da importância segurada, ser permitida sua utilização para cobertura de outros riscos, obviamente, desde que cobertos pela apólice.

Ademais, é fundamental que a lei ou regulamentação específica reforce a previsão constante na apólice, no sentido de que a cobertura se limita ao risco atuarialmente subscrito e coberto, ou seja, a retomada e conclusão da obra por parte do agente garantidor, estando excluídos outros riscos, a exemplo de indenizações por dados ambientais; responsabilidade civil contra terceiros; inadimplementos de obrigações tributárias do tomador *ou qualquer outro risco não coberto pela apólice*, e ainda, que a seguradora não sucede, sob nenhum aspecto, a construtora que deu causa ao sinistro em nenhuma de suas obrigações contratuais perante o Estado e/ou terceiros.

Os pontos elencados acima precisam, necessariamente, serem endereçados, sob pena de inviabilidade do modelo *step in* no Brasil, uma vez que nenhuma seguradora optará por exercer a retomada da obra se não contar com a segurança jurídica necessária que lhe permita garantir a eficiência do produto na exata proporção dos riscos contratualmente garantidos.

5. O PROTAGONISMO ESPERADO DO MERCADO SEGURADOR

Por sua vez, o Estado espera que o mercado segurador, igualmente, faça a sua parte, no sentido de promover os necessários ajustes, não apenas no tocante à análise de riscos, mas também, e especialmente, quanto ao acompanhamento e monitoramento da obra com o fim de mitigar riscos, auxiliar as partes (Contratante e Contratado) a superar eventuais percalços no curso do contrato, bem como estar preparado para a assunção do contrato, por intermédio de empresa terceira contratada, em caso de consumação definitiva de sinistro.

Para que isso seja possível, não basta apenas e tão somente boa vontade, mas serão necessários investimentos adicionais e uma reestruturação no tocante à análise de riscos, até porque as seguradoras serão chamadas a assinar, na qualidade de intervenientes anuentes, os contratos firmados entre as empresas contratadas e o órgão público.

Essa nova sistemática também imporá a revisão completa dos instrumentos afetos à contratação, a exemplo dos clausulados da apólice, o contrato de contragarantia firmado com o tomador da apólice, bem como o *takeover agreement* (contrato de retomada da obra) a ser firmado entre a seguradora e a empresa contratada para retomar a obra. Tal revisão será fundamental para o fim de proporcionar harmonia entre os instrumentos contratuais, assim como melhor delimitar as responsabilidades contratuais ante a ausência de precisão e clareza do texto legal, de modo a evitar a assunção de responsabilidades do tomador, inequivocamente, não cobertas pela apólice, a exemplo dos débitos tributários, responsabilidade perante terceiros, e assim sucessivamente.

Para o mercado segurador, portanto, a nova lei de licitações representa uma virada de página, que exigirá um reposicionamento e reestruturação das seguradoras que pretenderem operar essa modalidade de risco com cláusula de retomada, visto que apesar de, *alternativamente*, ser conferida a possibilidade de retomada e conclusão da obra ou o pagamento da importância segurada, é notório que o Estado não tem qualquer interesse em receber a indenização em dinheiro, preferindo que a seguradora assuma a responsabilidade pela conclusão e entrega definitiva da obra.

Portanto, o mercado terá a responsabilidade de fazer a sua parte para que, havendo a convergência de outros fatores, sobretudo relacionado ao papel dos demais atores que atuam no ambiente de contratação pública, de fato haja condições para se operar a retomada e conclusão da obra por parte do agente garantidor e que esta seja, *sempre*, a primeira opção/alternativa a ser perseguida.

6. A NECESSÁRIA MUDANÇA DE POSTURA DAS CONTRATADAS

Ao longo dos últimos anos, alguns fatores extrínsecos à contratação de seguro garantia acabaram por consolidar um *modus operandi* nada saudável no tocante à análise de riscos inerente aos contratos garantidos.

A abundância de capacidade de resseguro para as seguradoras e o crescente número de seguradoras de garantia operando no mercado brasileiro acabou facilitando, e muito, o acesso dos tomadores ao seguro garantia. A ponto de as construtoras, quando instadas a apresentarem as apólices de seguros para garantir os contratos, buscarem cotações junto ao mercado de seguros com vista à obtenção do menor preço para suas garantias e sem se preocuparem em apresentar informações mínimas sobre os riscos que seriam assumidos, bem como poucas informações financeiras sobre as empresas tomadoras, quando apresentadas.

Essa prática, que perdurou por longos anos, deverá ser revista, eis que o mercado segurador necessitará fazer análises muito mais profundas do risco a ser garantido, bem como da capacidade econômica da empresa e, quando aplicável, da estrutura de financiamento dos projetos a serem garantidos.

Tal fato exigirá, necessariamente, que as empresas que pretendam apresentar garantias junto aos órgãos públicos, sobretudo com cláusula de retomada, passem a atuar com antecedência, mantendo suas informações atualizadas juntos à seguradora com quem pretenda operar. Tal procedimento permitirá não apenas uma análise mais criteriosa, mas também que as seguradoras, além de subscreverem os respectivos riscos, possam atuar como consultoras das empresas interessadas no processo de licitação.

Aliás, para aqueles que procuram buscar paradigmas nos modelos internacionais, nem sempre aplicáveis à realidade brasileira, diga-se de passagem, importante conhecerem um pouco mais da relação existente entre os tomadores e as seguradoras no mercado americano. Trata-se de uma relação de muita proximidade e parceria, em que os tomadores (empresas que contratam as apólices de seguro) escolhem as seguradoras que farão as emissões de todos, ou a maioria, dos riscos de seu portifólio. E, para tanto, tais empresas abrem para a seguradora todas as informações necessárias e afetas não somente ao risco que se pretende garantir, assim como demais informações que possibilitem ao agente garantidor o completo acompanhamento da saúde financeira da empresa.

As vantagens decorrentes desse modelo de relação incluem não apenas uma melhor precificação, mas também a possibilidade de a seguradora focar sua atenção na análise do risco a ser efetivamente subscrito, posto que já dispõe, de antemão, de todas as informações necessárias à avaliação financeira de seu cliente.

O fato é que o mercado brasileiro está muito distante dessa realidade. E, portanto, certamente sairão na frente aquelas empresas que, proativamente, resolverem se antecipar e encontrarem parceiros de negócio, criando novos modelos de compartilhamento de informações e análises de riscos que não apenas facilitem o processo, mas criem uma sinergia maior entre a empresa tomadora e a respectiva seguradora.

7. A RELEVANTE ATUAÇÃO DOS CORRETORES DE SEGURO

Não há como falar em seguro, de maneira indistinta, sem tratar também a figura do corretor de seguros que, semelhantemente ao que ocorre com as demais modalidades de seguro, ajudou a construir a história do seguro garantia no Brasil.

O papel do corretor, que sempre foi de fundamental importância, ganha especial relevância dentro desse novo cenário, eis que caberá a esse profissional atuar como verdadeiro *consultor* em busca não apenas do melhor preço, mas, acima de tudo, das melhores condições de negócio para seu cliente.

Nesse sentido, será fundamental possuir um conhecimento cada vez mais completo sobre os riscos a serem subscritos, o contrato a ser firmado, bem como o diferencial que cada empresa de seguro poderá proporcionar, de modo a agregar valor para seu cliente.

Esse profissional tende a ser cada vez mais valorizado e terá um papel de ainda mais protagonismo no âmbito das contratações públicas, pois terá a importante missão de conduzir os tomadores e as seguradoras a terem um nível de relacionamento cada vez mais próximo, bem como auxiliar os tomadores a apresentarem aos segurados garantias emitidas por seguradoras que, de fato, tenham condições de honrar com as obrigações que lhe serão impostas caso sobrevenha um sinistro.

Aliás, contar com um profissional experiente e que conheça o mercado segurador e as características de cada seguradora poderá fazer a diferença entre apresentar uma garantia para meramente cumprir um requisito legal ou oferecer uma garantia que, de fato, possa atender aos anseios do Estado no tocante à efetividade.

8. O PAPEL CRUCIAL DOS RESSEGURADORES

Apesar de não estarem nominados na apólice de seguro emitida e apresentada ao segurado, os resseguradores desempenham um dos papéis mais primordiais nessa "cadeia" de responsabilidade entre os agentes que atuam no âmbito das contratações púbicas, assim como em qualquer outra operação de seguros que exija contratação de resseguro, qual seja, ofertar capacidade para as seguradoras que atuam no mercado brasileiro.

Nessa linha, se há uma seguradora emitindo seguro garantia no Brasil, é porque certamente há um painel de resseguradores que supre sua necessidade de capacidade financeira para pulverizar os riscos assumidos.

Portanto, cabe a cada ressegurador a importante missão de analisar, monitorar e exigir das seguradoras para quem oferta capacidade o cumprimento de requisitos mínimos para que tais seguradoras possam estar aptas ao cumprimento das exigências previstas na nova lei de licitações.

Trata-se, à toda vista, de um exercício constante e de extrema relevância para que, a um só tempo, haja uma transformação do mercado segurador e ressegurador que permita às seguradoras proporcionarem a segurança esperada pelo Estado, bem como crie condições para o constante e necessário aperfeiçoamento do modelo.

Aliás, se há um ator nessa relação que conhece o modelo de seguro com cláusula de retomada, certamente são os resseguradores que, na sua quase totalidade, oferecem suporte de resseguros também para seguradoras que atuam em outros países, sobretudo os Estados Unidos, e estão acostumadas, portanto, a ressegurar contratos firmados com agente público com previsão de cláusula de retomada (*step-in rights*).

9. DÚVIDAS E INCERTEZAS

Não obstante o indiscutível avanço trazido pela nova lei de licitações no tocante ao processo de contratação pública para o Brasil, o fato é que ainda pairam muitas dúvidas e incertezas, sobretudo no tocante ao funcionamento das disposições legais *versus* a dinâmica e prática atualmente existente.

Obviamente que resumir o sucesso, insucesso ou ainda a efetividade do seguro garantia, única e exclusivamente, baseando-se no percentual de garantia a ser exigido, seria demasiadamente simplista para não dizer equivocado.

Ademais, consoante buscou-se demonstrar nos tópicos anteriores, o fato é que há a necessidade inerente de atuação pautada por boas práticas e que devem ser adotadas por absolutamente todas as partes envolvidas no processo de contratação (segurador, ressegurador, tomador, corretor de seguros, segurado e legislador), bastando que apenas um desses atores deixe de cumprir adequadamente seu papel para que reste impossibilitado o atingimento do fim almejado.

A esse respeito, aliás, necessário destacar que procurou-se abordar nos tópicos anteriores apenas as mais importantes atribuições de cada um dos *players* envolvidos no processo de contratação pública, sem nenhuma pretensão de esgotar as atribuições que são peculiares e afetas a cada um desses agentes. Aliás, necessário ponderar que há outros aspectos, igualmente relevantes, e que devem ser considerados nas discussões a fim de se criar um ambiente favorável e que de fato possibilite a efetividade da garantia a ser apresentada.

De igual forma, poderíamos incluir nesse rol, meramente exemplificativo, outros tantos e importantes atores que, igualmente, desempenharão papel de fundamental relevância no processo de contatação pública, a exemplo dos consultores jurídicos; empresas de regulação de sinistros; empresas de gerenciamento de riscos, e assim por diante.

Há, de fato, muito mais para ser discutido, novos regulamentos a serem criados e uma profunda e mais detalhada revisão dos instrumentos legais vigentes, inclusive a nova lei de licitações, de modo que o ambiente de contratações públicas possa entrar num círculo virtuoso de evolução contínua.

Enquanto todas essas revisões não forem promovidas, impõe-se o aprimoramento do diálogo entre as partes e a necessária vulnerabilidade para que todos reconheçam as próprias falhas e limitações, e promovam os ajustes necessários com vista ao atingimento do objetivo maior que é garantir, de forma efetiva, a proteção dos interesses do Estado/Sociedade nas contratações públicas.

10. CONCLUSÃO

A despeito de ser o seguro garantia a única modalidade de garantia a possibilitar a retomada e conclusão da obra por parte do agente garantidor, a finalidade/resultado precípuo desta modalidade de seguro nas contratações públicas somente será passível de ser alcançada na medida em que *todos* os atores envolvidos nesse processo desempenharem adequadamente os seus papéis.

Basta que apenas um dos agentes citados nesse exercício deixe de cumprir seu relevante papel, para que os efeitos negativos possam ser experimentados por todos os demais, fazendo sucumbir não apenas o anseio do Estado, mas a efetividade do seguro garantia no âmbito das contratações púbicas.

Ademais, sem embargo às obrigações e responsabilidades inerentes a cada ator envolvido no processo de contratação, ainda há muitas dúvidas e incertezas sobre os desdobramentos e futuro das contratações públicas a partir da realidade exigidas pela nova lei de licitações, impondo-se maior diálogo entre as partes envolvidas a fim de que, a um só tempo, possam ser superadas as dúvidas existentes, bem como pavimentado o caminho para que seja construído um modelo de contratação e de garantia que contribua para o crescimento e desenvolvimento do país.

A propósito, duas certezas se revelam inexoráveis nesse processo, que certamente está longe de um desfecho conclusivo: a primeira, no sentido de que muitos erros ainda serão cometidos. A frase, necessário esclarecer, revela-se não como uma crítica, mas sim como um necessário exercício de vulnerabilidade, que exigirá o reconhecimento dos erros e a adoção de medidas rápidas para adequar eventuais falhas/lacunas existentes na lei, bem como no atual modelo de garantia e contratação. O segundo aspecto, e não menos importante, é que existe apenas um caminho a ser perseguido, o diálogo e a busca por soluções convergentes.

A intenção do autor com esses singelos apontamentos não é outra senão despertar a atenção para aspectos relevantes, dentre tantos outros que poderiam ser citados e que envolvem as contratações públicas no Brasil face a nova lei de licitações, bem como reforçar que, embora não sendo perfeito, o modelo já está em vigor e é exigido nas novas contratações públicas, impondo-se constantes debates e necessários aprimoramentos e adaptações do modelo para que se possa, de forma ágil e efetiva, superar outras dificuldades que certamente serão encontradas pelo caminho.

O fato é que após mais de duas décadas de discussão o tema ainda guarda incertezas e dúvidas para muitos, absolutamente justificáveis ante a imprecisão de alguns dispositivos legais. Resta-nos, pois, duas alternativas: fechar os olhos e afirmar que o modelo não é factível de ser operado ou ainda que não funcionará no Brasil, ou agirmos conjuntamente em busca dos constantes aprimoramentos legais e operacionais necessários ao atingimento do objetivo maior, que é contar com um mecanismo de garantia efetivo e que proporcionará maior segurança para o Estado e com reflexos positivos para toda a sociedade.

Por fim, é importante se ter em mente que a nova lei não representa um fim, mas apenas o meio de um processo de transformação, que se iniciou há mais de 25 anos (tempo aproximado de tramitação da nova lei de licitações), e que somente será efetivo, caso mantido o diálogo e disposição de *todos* na busca pelos melhores caminhos para tornar o seguro garantia ainda mais efetivo no Brasil.

Versão original publicada em: 21.10.2021 (parte 1) e 28.10.2021 (parte 2).

A RECUPERAÇÃO JUDICIAL E O CONTRATO DE SEGURO GARANTIA

Márcio Souza Guimarães

Incertezas são elementos que se encontram presentes em todas as escolhas e ações humanas, em todas as esferas da sociedade.

Por ser inafastável, o risco tornou-se um fator a ser minorado e bem enfrentado com o manejo de diversas ferramentas, criadas com o fim de proporcionar maior segurança e previsibilidade frente aos inevitáveis imprevistos e infortúnios porventura encontrados.[1]

No universo jurídico, revelam-se, dentre estas ferramentas de controle de incertezas, diversas modalidades de contratos de seguro, os quais estarão submetidos ao regime de recuperação judicial previsto na Lei 11.101/2005, na hipótese de crise da empresa.

Pelo seu escopo próprio, a legislação de insolvência empresarial tem aplicação destinada aos agentes econômicos listados na lei, com a exclusão de outros, que ficam submetidos a regime diverso.[2] É este o caso das companhias seguradoras, que se submetem à regulação própria, estipulada, especialmente, pela Superintendência de Seguros Privados – Susep, lastreada no Decreto-Lei 73/1966, artigos 94 a 107.[3]

Referido regime regulatório tem por objetivo evitar a ocorrência de eventos de insolvência, com potencial impacto sistêmico[4] a todo o mercado securitário, através do estabelecimento de regras de caráter prudencial:

> Regulação prudencial diz respeito ao estabelecimento de regras que visem a resguardar a solvência das sociedades e entidades supervisionadas pela Susep (ou seja, sua capacidade financeira para cum-

---

1. "Na Análise Econômica do Direito (AED), os contratos e as sociedades aparecem como instrumentos cuja primeira razão está na redução das incertezas nas interações sociais que regulam". SALDANHA Jr, Roland Veras. Economia do direito securitário. In: SCHALCH, Débora. *Seguros e Resseguros*. São Paulo: Saraiva, 2012. p. 121.
2. "A Lei 11.101/05 restringe sua incidência ao devedor empresário e à sociedade empresária, e assim remete à teoria da empresa disposta no art. 966 e p.ú do Código Civil, abrindo a possibilidade de uma série de discussões sobre a classificação de tais destinatários, tornando inseguro e, não raro, injusto o alcance do sistema de insolvência empresarial". GUIMARÃES, Márcio Souza. A ultrapassada teoria da empresa e o direito das empresas em dificuldades. In: WAISBERG, Ivo e RIBEIRO, J. Horácio H. Rezende (Coord.). *Temas de Direito da Insolvência – Estudos em homenagem ao professor Manoel Justino Bezerra Filho*. São Paulo: IASP, 2017. p. 799.
3. A demonstrar a subsidiariedade da LRF perante o Dec. Lei 73/1966, confira-se o disposto no art. 107, *caput*, do Decreto: "Art. 107. Nos casos omissos, são aplicáveis as disposições da legislação de falências, desde que não contrariem as disposições do presente Decreto-lei".
4. MIRAGEM, Bruno; PETERSEN, Luiza. *Direito dos seguros*. Rio de Janeiro: Forense, 2022. p. 77.

prir os compromissos assumidos junto aos segurados e beneficiários) mesmo em face de eventuais acontecimentos desfavoráveis.[5]

Neste sentido, a intervenção regulatória do Estado no mercado de seguros objetiva dupla proteção, tanto do ponto de vista do segurado, quanto das próprias seguradoras.[6]

Assim, na eventual ocorrência de crise de uma seguradora, não se aplica, em um primeiro momento, o regramento disposto na Lei 11.101/2005, mas sim o regime próprio regulatório consubstanciado no regramento estabelecido pelo órgão regulador do mercado, adstrito, essencialmente, aos termos constantes no Dec. Lei 73/1966.[7]

Em que pese a distinção posta entre a legislação aplicável, é inegável que a submissão de determinado agente econômico ao regime de insolvência empresarial implica em consequências a diversos *players* econômicos que com ele se relacionem, a exemplo das companhias seguradoras.

São diversas as controvérsias encontradas na interface entre recuperação judicial e seguros, não sendo naturalmente nossa pretensão exaurir o tema posto nesse breve ensaio. Assim, cite-se o caso dos contratos de seguro garantia,[8] nos quais a sociedade em regime de recuperação judicial figure como tomadora do contrato.[9] Na referida modalidade de seguros, o tomador (proponente do contrato de seguro) é o devedor da obrigação principal garantida e contrata, junto à seguradora, uma apólice, que garante ao credor (segurado) o fiel cumprimento da obrigação pactuada. Trata-se de importante instrumento contratual de minoração de riscos, muito utilizado em contratos de prestação de serviços e na construção civil.

Por meio desta modalidade de contrato, na hipótese da ocorrência do evento não desejado (sinistro), em que o tomador do seguro não arque com a obrigação garantida (objeto principal do contrato), a seguradora indenizará o segurado (credor) mediante: (i) pagamento em dinheiro dos prejuízos ou (ii) a execução da obrigação garantida.

---

5. Disponível em: https://www.gov.br/susep/pt-br/assuntos/informacoes-ao-mercado/solvencia-regulacao-prudencial-1. Acesso em: 16 fev. 2023.
6. MIRAGEM, Bruno; PETERSEN, Luiza. *Direito dos seguros*. Rio de Janeiro: Forense, 2022. p. 76.
7. A incidência das regras da Lei 11.101/2005, estão previstas no art. 26 do Decreto-Lei 73/1966: "As sociedades Seguradoras não poderão requerer concordata e não estão sujeitas à falência, salvo, neste último caso, se decretada a liquidação extrajudicial, o ativo não for suficiente para o pagamento de pelo menos a metade dos credores quirografários, ou quando houver fundados indícios da ocorrência de crime falimentar".
8. Disciplinado pela Circular Susep 662/2022.
9. "O Seguro Garantia é o seguro que visa garantir o fiel cumprimento das obrigações assumidas pelo tomador junto ao segurado no objeto principal. Em outras palavras, é o seguro destinado a garantir/cobrir um objeto principal contra o risco de default/inadimplemento, pelo tomador, de obrigações garantidas. Na prática, mediante o pagamento de prêmio, a seguradora obriga-se ao pagamento da indenização, caso o tomador não cumpra a obrigação garantida, conforme estabelecido no objeto principal ou em sua legislação específica, respeitadas as condições e limites estabelecidos no contrato de seguro". Disponível em: https://www.gov.br/susep/pt-br/planos-e-produtos/seguros/seguro-garantia. Acesso em: 12 fev. 2023.

Em vista das disposições do artigo 6º, II[10] e 49, §1º,[11] da Lei 11.101/2005, questiona-se: na eventual submissão do tomador do contrato de seguro ao regime de recuperação judicial, a seguradora pode ser acionada, devendo arcar com o pagamento da indenização, relativa à obrigação principal pactuada?

A controvérsia foi objeto de decisão do Superior Tribunal de Justiça, em sede de conflito de competência suscitado entre a justiça trabalhista e a comum (cível), definindo que a natureza da relação existente entre a seguradora e o credor da obrigação principal garantida (exequente) difere substancialmente daquela mantida com os coobrigados em geral, razão pela qual a execução pode seguir contra estes (coobrigados), mas nem sempre contra a seguradora, uma vez que a sua obrigação se origina diretamente do contrato de seguro firmado e não do título da obrigação.[12]

Assim, no entendimento do relator do recurso, Ministro Ricardo Villas Bôas Cueva, a submissão da tomadora de um seguro garantia ao regime de recuperação judicial, além de extinguir a execução contra o devedor principal da obrigação, só implica em obrigação para a seguradora de arcar com o prejuízo naqueles casos em que o fato gerador da obrigação (sinistro) tenha ocorrido em momento anterior ao pedido de recuperação judicial:[13]

> Diante de tais premissas, ou seja, de que o dever de pagar a indenização por parte da seguradora nasce a partir da ocorrência do fato gerador do sinistro e de que a aprovação do plano de recuperação judicial implica a novação da dívida garantida, é possível concluir que: 1) se o fato caracterizador do sinistro não tiver ocorrido até o deferimento do processamento do pedido de recuperação judicial, a novação da dívida garantida impede a execução da apólice, e 2) se o fato caracterizador do sinistro tiver ocorrido antes do deferimento do pedido de recuperação judicial e por qualquer motivo ainda não houver sido realizado o pagamento da indenização, poderá o juízo determinar que a seguradora o faça, sobretudo porque tal determinação: a) não acarreta a diminuição do patrimônio da empresa recuperanda, visto que a incumbência do depósito recairá sobre a companhia seguradora e b) não ofende o princípio da *pars conditio creditorum*, considerando que a seguradora, ao se sub-rogar nos direitos e privilégios do segurado contra o tomador, terá que habilitar seu crédito na recuperação judicial.

O julgado proferido consubstancia, em nosso sentir, importante marco para o mercado securitário, atribuindo maior previsibilidade e segurança jurídica a todos os seus participantes.

---

10. "A decretação da falência ou o deferimento do processamento da recuperação judicial implica: (...). suspensão das execuções ajuizadas contra o devedor, inclusive daquelas dos credores particulares do sócio solidário, relativa a créditos ou obrigações sujeitos à recuperação judicial ou à falência".
11. "Os credores do devedor em recuperação judicial conservam seus direitos e privilégios contra os coobrigados, fiadores e obrigados de regresso".
12. "No seguro-garantia judicial, a relação existente entre o garantidor (seguradora) e o credor (segurado) é distinta daquela existente entre credor (exequente) e o garantidor do título (coobrigado), visto que no primeiro caso a relação resulta do contrato de seguro firmado e, no segundo, do próprio título, somente sendo devida a indenização se e quando ficar caracterizado o sinistro". Superior Tribunal de Justiça. 3ª Turma. Conflito de Competência 161.667-GO. Relator: Ministro Ricardo Villas Bôas Cueva. Data de Julgamento: 26.08.2020. DJe: 31.08.2020.
13. Superior Tribunal de Justiça. 3ª Turma. Conflito de Competência 161.667-GO. Relator: Ministro Ricardo Villas Bôas Cueva. Data de Julgamento: 26.08.2020. DJe: 31.08.2020. p. 16.

Os contratos de seguro e a recuperação judicial são, ambos, instrumentos de relevantíssima função social, de forma que a sua harmonização e adequada compreensão tornam-se fundamentais para cumprirem, cada qual, com seus objetivos na seara econômica, como bem concretizado no âmbito do relevante julgado do Superior Tribunal de Justiça.

Versão original publicada em: 02.03.2023.

O CONTRATO DE CONTRAGARANTIA COMO TÍTULO EXECUTIVO EXTRAJUDICIAL

Gustavo de Medeiros Melo

A ordem natural do processo é o órgão julgador – primeiro – *conhecer* o conflito (cognição) para depois *decidir* quem tem razão e *executar* o patrimônio do devedor, se necessário. Esse raciocínio tem raízes em brocardo antiquíssimo que só admite invasão patrimonial pelo Estado com suporte em decisão jurisdicional que a autorize ("*nulla executio sine titulo*").

Além dos pronunciamentos jurisdicionais (judiciais e arbitrais), o sistema atribui eficácia executiva também a determinados *documentos* qualificados como *títulos executivos extrajudiciais* (CPC, art. 784).[1] Aqui, o caminho é mais curto. A conformação do título executivo pela lei abre um atalho na busca pelo bem da vida, não sendo mais necessária a fase de conhecimento (cognição) do processo para definir a controvérsia sobre *quem* deve a *quem* e qual é o *objeto* da prestação devida.

Recentemente, a Lei 14.711, de 30/10/2023, o marco legal das garantias, criou mais uma espécie de título executivo extrajudicial no sistema processual civil brasileiro: *o contrato de contragarantia ou qualquer outro instrumento que materialize o direito de ressarcimento da seguradora contra tomadores de seguro-garantia e seus garantidores* (CPC, art. 784, XI-A).

Mas, afinal, o que são esses *contratos de contragarantia (CCG) e seguro-garantia*? Falemos primeiro deste para depois entrarmos no CCG.

O seguro-garantia é um negócio celebrado pelo devedor de determinada obrigação, junto a uma companhia de seguros, para garantir ao credor que os compromissos assumidos em determinado projeto, geralmente de infraestrutura, serão cumpridos na forma convencionada,[2] seja pela indenização equivalente ao prejuízo resultante da

---

1. É comum a doutrina afirmar que a eficácia executiva do título se deve muito mais à representação documental típica do crédito: "*Tutto questo induce a ritenere, pertanto, che la efficacia propria del titolo esecutivo va ricollegata non all'atto giuridico materiale, ma al documento: più esattamente, ad una rappresentazione documentale tipica del credito, la quale si inserisce nella esperienza del fenomeno esecutivo come un atto del processo di esecuzione forzata*" (ANDOLINA, Italo. Contributo alla dottrina del titolo esecutivo. Milano: Giuffrè, 1982, p. 129-130).
2. Obra de referência no Brasil: POLLETO, Gladimir Adriani. *O seguro-garantia*: eficiência e proteção para o desenvolvimento. São Paulo: Roncarati, 2021, p. 89.

inadimplência, seja pela intervenção de outro prestador, providenciado pela seguradora, para dar continuidade à obra ou serviço paralisado[3] (cláusula de retomada).[4]

Essa relação tem três personagens: o tomador contrata a garantia no mercado, paga o preço correspondente (prêmio), e a seguradora emite a apólice em favor do segurado. Havendo sinistro, representado pela *inadimplência* do tomador que não cumpriu a obrigação que lhe cabia, a seguradora deve ser prontamente avisada para investigar as causas da crise contratual, verificar a existência de cobertura e liquidar o dano causado ao segurado, se for o caso. Se houver pagamento da indenização, ela assume o lugar do segurado na relação jurídica de origem e ganha o direito de exercer sua *pretensão de ressarcimento* contra o devedor da obrigação, *como se fosse o próprio segurado*.

Essa transmissão de direitos e pretensões é produto da sub-rogação prevista para as companhias de seguros (CC, art. 786;[5] STF, Súmula 188).[6]

Pois bem. Antes de emitir a apólice, a seguradora exige uma contrapartida do tomador para assegurar a execução futura desse possível crédito a ser cobrado por força da sub-rogação, incluindo eventual pendência de prêmios não pagos. Chegamos no tema do presente ensaio.

O pacto de *contragarantia* procura dar segurança de que existe patrimônio suficiente reservado a satisfazer a pretensão de "regresso" da companhia,[7] se e quando houver sub-rogação a ser exercida contra o tomador do seguro. Esse negócio costuma carregar também compromisso de fiadores que assinam o instrumento em caráter solidário, além de obrigações colaterais para reforço da garantia.

Com isso fechamos o círculo. O contrato de *contragarantia* é um negócio celebrado à parte – entre seguradora e tomador – para assegurar o possível ressarcimento a ser obtido via sub-rogação.[8] De livre pactuação, não tem natureza securitária e não se submete à fiscalização da entidade reguladora do mercado – a Superintendência de Seguros Privados (Susep).[9]

---

3. Lei 14.133/2021, art. 102; Circular SUSEP 662/2022, art. 21, inc. II.
4. GOLDBERG, Ilan. Reflexões a respeito do seguro garantia e da nova Lei de Licitações. *Revista IBERC*, Belo Horizonte, v. 5, n. 2, p. 76, maio/ago. 2022.
5. CC, Art. 786. Paga a indenização, o segurador sub-roga-se, nos limites do valor respectivo, nos direitos e ações que competirem ao segurado contra o autor do dano.
6. MELO, Gustavo de Medeiros. *Sub-rogação nos contratos de seguro*: o termo inicial do prazo de prescrição. São Paulo: Contracorrente, 2021, p. 29.
7. Expressão amplamente utilizada pelos tribunais brasileiros, mas tecnicamente imprecisa, porque a pretensão transmitida pela sub-rogação não se confunde com "direito de regresso": MELO, Gustavo de Medeiros. *Sub-rogação nos contratos de seguro*: o termo inicial do prazo de prescrição. São Paulo: Contracorrente, 2021, p. 65.
8. O precedente-referência é o caso Copersucar: STJ, 3ª Turma, RESP 1.713.150-SP, Min. Moura Ribeiro, j. 20.04.2021.
9. Circular Susep 662/2022, art. 32. O contrato de contragarantia, que rege as relações obrigacionais entre a seguradora e o tomador, quando houver, será livremente pactuado, não podendo interferir no direito do segurado. *Parágrafo único*. O contrato de contragarantia de que trata o *caput*, não está inserido no âmbito de atuação da Susep.

Tradicionalmente, os litígios envolvendo seguradora e tomador são levados ao Poder Judiciário por dois canais de comunicação: *(a)* ação condenatória do procedimento comum ou *(b)* ação monitória. A primeira é o caminho mais longo das disputas judiciais que precisam passar pela fase prévia de conhecimento, para definir o mérito da controvérsia, só depois possibilitando a satisfação do direito reconhecido pela sentença.

A segunda é uma espécie de tutela diferenciada que pode imprimir mais celeridade na constituição do título executivo judicial a ser formado contra o tomador. Prevista em procedimento especial do CPC, à disposição do credor de quantia certa, coisa infungível, coisa móvel determinada ou obrigação de fazer ou não fazer, a monitória requer prova do crédito por *documento escrito sem eficácia de título executivo* (CPC, art. 700).

Assim, a petição inicial da seguradora deve apontar a dívida líquida, conforme memória de cálculo, e a documentação necessária à prova da relação jurídica e do cumprimento da obrigação pela seguradora.[10] Se tudo estiver aparentemente organizado, o juiz determina que o executado efetue o pagamento em 15 dias, o qual reduz sua verba de honorários de sucumbência para 5% e o isenta das custas. Mas o tomador pode também apresentar sua defesa, na forma de embargos monitórios, o que transforma a monitória em ação do procedimento comum. Por fim, se não fizer o pagamento e nem contestar, fica constituído o título executivo judicial, *convertendo-se a ação em execução*.

A Lei 14.711/2023, como apontado de início, abreviou mais esse percurso sinuoso. A companhia de seguros agora pode mover ação de execução de título extrajudicial para constranger o tomador a lhe reembolsar o valor pago como indenização do seguro-garantia. Para isso, a petição inicial deve ser estruturada com cópia do *instrumento de contragarantia ou outro documento que materialize o direito de ressarcimento da seguradora contra tomadores de seguro-garantia e seus garantidores* (CPC, art. 784, XI-A).

Aqui, é importante entender o significado da locução "outro documento que materialize o direito de ressarcimento da seguradora". Se acaso não formalizada a contragarantia em instrumento próprio, a lei está exigindo ao menos alguma prova escrita de sua existência, ou seja, o compromisso selado com o tomador e seus garantidores (fiadores), a demonstrar o caráter consensual desse contrato.

Se tudo estiver em ordem, o executado será citado para pagamento em 3 dias, majorada a dívida em 10% de honorários, sob pena de penhora e avaliação, que será feita por Oficial de Justiça sobre os bens indicados pela seguradora exequente. Se essa ordem de pagamento for atendida pelo executado, sua condenação na verba de sucumbência diminui para 5% (CPC, art. 827).

Como se vê, quem tem *pretensão executiva* já entra em juízo com vantagem sobre o adversário. Nessa fase, diferentemente do módulo cognitivo exauriente que preside o processo de conhecimento, o juiz autoriza desde o início a prática de atos de agressão à esfera jurídica do executado com base em cognição sumária da documentação.[11]

---

10. TJSP, 17ª Câmara de Direito Privado, Ap. 1080101-47.2013.8.26.0100, Des. Souza Lopes, j. 05.06.2019.
11. SICA, Heitor Vitor Mendonça. *Cognição do juiz na execução civil*. São Paulo: Ed. RT, 2017, p. 156.

A colocação da contragarantia no rol dos títulos executivos representa importante conquista esperada pelo mercado de seguros há muito tempo, um instrumento de mitigação dos *riscos de crédito* das seguradoras que operam nesse ramo, diminuindo os custos da litigância e da própria operação. Aqui, o preço da garantia não tem o propósito de constituir fundo coletivo de prêmios regido pela mutualidade,[12] mas sim uma operação "creditícia"[13] cuja subscrição significa um "selo de qualidade"[14] a cargo de quem tem alta *expertise* em avaliar capacidade técnica e financeira do possível devedor, muitas vezes o motivo determinante na celebração do contrato principal.

Entretanto, é importante não cair na "ilusão" de que o título executivo extrajudicial esgota toda a discussão do direito material subjacente.[15] O documento que o reveste não é a prova final de que o seu portador tem direito ao bem da vida nele descrito (ressarcimento). O título apenas confere ao sujeito o direito de provocar a atividade jurisdicional executiva do Estado.

É o que se passa no contrato de contragarantia. Ele não predefine a solução da controvérsia instaurada entre segurado e tomador, até porque foi celebrado no início da relação, quando sequer havia conflito. A contragarantia apenas compromete o patrimônio do devedor e seu garantidor, que poderá ser executado para satisfazer a pretensão da seguradora de ser reembolsada do montante que vier a despender como indenização securitária, ou para cobrança de prêmios não pagos.

A contragarantia constitui título executivo extrajudicial *sob condição a ser implementada no futuro* (CPC, art. 787 e 798, I, "c").[16] Sua celebração, por si só, não contém liquidez e exigibilidade suficientes para executar o patrimônio do tomador e seus garantidores, a não ser quando sobrevierem o sinistro, o pagamento da indenização, a notificação do tomador e o vencimento do prazo assinalado pela seguradora, eventos que, devidamente documentados, constituem a prova necessária ao aperfeiçoamento de sua *eficácia executiva*.

Por outro lado, a discussão não acaba aqui. Mesmo havendo título executivo, é possível também que o *mérito* da controvérsia – questões fáticas e jurídicas em torno de quem deu causa ao descumprimento contratual – venha a ser debatido durante o processo de execução. Na condição de executado, o tomador dispõe de um leque amplo de

---

12. GOLDBERG, Ilan. Reflexões a respeito do seguro garantia e da nova Lei de Licitações. *Revista IBERC*, Belo Horizonte, v. 5, n. 2, p. 70, maio/ago. 2022.
13. Comparato, Fábio Konder. Seguro de garantia de obrigações contratuais. *Novos ensaios e pareceres de direito empresarial*. Rio de Janeiro: Forense, 1981, p. 367.
14. CARVALHO, Carlos Eduardo Staudacher de. Reflexões sobre o agravamento de risco no contrato de seguro garantia *performance bond*. *Revista de Direito Privado*. v. 112, p. 274, 2022.
15. LUCON, Paulo Henrique dos Santos. Títulos executivos extrajudiciais e o novo CPC. In: ARRUDA ALVIM et al. (Coord.). *Execução civil e temas afins* – do CPC/1973 ao novo CPC. Estudos em homenagem ao Professor Araken de Assis. São Paulo: Ed. RT, 2014, p. 826; SICA, Heitor Vitor Mendonça. *Cognição do juiz na execução civil*. São Paulo: Ed. RT, 2017, p. 195.
16. Condição suspensiva aplicável também aos títulos executivos extrajudiciais: BARBOSA MOREIRA, J. C. Execução sujeita a condição ou a termo no processo civil brasileiro. *Temas de direito processual (Sétima Série)*. São Paulo: Saraiva, 2001, p. 113.

defesa, em sede de embargos à execução, podendo impugnar não só defeitos formais do título, mas também *qualquer matéria que lhe seria lícito deduzir como defesa em processo de conhecimento* (CPC, art. 917).

O executado pode debater a crise contratual, imputando ao segurado e a terceiros a culpa exclusiva por sua inadimplência no contrato principal, suscitar excludentes de responsabilidade como fortuito, força maior, fato de terceiro, para questionar o nexo casual que o vincula, matérias como prescrição, decadência etc.[17] São questões que podem influenciar inclusive na concessão do efeito suspensivo à execução, em reforço à garantia do juízo.

Os embargos à execução geram um processo incidental que comporta instrução probatória e produz sentença de mérito. Se forem acolhidos com fundamento em alguma daquelas matérias suscitadas pelo tomador, sua decisão declara que a companhia de seguros não faz jus ao reembolso do valor despendido como indenização. Vale dizer, ela exerceu sua *pretensão executiva*, mas sem direito concreto ao ressarcimento no plano da relação jurídica material.

Em outras palavras, o contrato de contragarantia abre as portas do processo de execução para constrangimento imediato do devedor e seus garantidores, sujeitando-os a prazo de pagamento, penhora e avaliação de bens, mas não é uma "sentença declaratória" de que a seguradora tem direito ao reembolso decorrente da sub-rogação.

Esse processo de execução precisa estar bem aparelhado com a prova de existência da contragarantia, mas também preparado, se for o caso, para discutir os fatos relevantes diretamente ligados à responsabilidade do tomador como causador do sinistro.

As conexões entre o direito material e o processo são verdadeiro dínamo de produção da norma jurídica concreta a reger as relações em crise. Seguro-garantia, contragarantia, sub-rogação e os instrumentos processuais voltados à tutela do direito material constituem o "combo" representativo dessa instrumentalidade, inseridos no movimento *lógico-circular* de que falava Carnelutti: o processo existe como instrumento do direito material, mas este também não vive sem aquele como garantia de sua boa execução.[18]

Versão original publicada em: 30.11.2023.

---

17. Robusto acórdão do STJ debateu a amplitude dos embargos à execução em Contrato Particular de Licenciamento de Software e Aplicativos: "A discussão acerca do efetivo direito de crédito deverá ser realizada dentro dos embargos do devedor, quando confrontada a existência de culpa" (3ª T., RESP 1.622.547-SP, Min. Paulo de Tarso Sanseverino, j. 22.03.2018).
18. CARNELUTTI, Francesco. "Profilo dei rapporti tra diritto e processo". *Três Conferências*. Lisboa, 1962, p. 28.

O PAPEL DO JUIZ NO SEGURO GARANTIA JUDICIAL

Gustavo de Medeiros Melo

Em 2020, pela boa iniciativa de Solange Paiva Vieira, a Superintendência de Seguros Privados (Susep) abriu processo de consulta pública para atualizar o seguro-garantia, movimento que resultou na Circular Susep 662/2022, editada na gestão seguinte de Alexandre Camillo.

A norma procurou dar a essa modalidade securitária uma disciplina mais adaptada às novas figuras praticadas no mercado, unificando os setores público e privado, com ênfase nas obrigações garantidas e riscos excluídos, um detalhamento maior na configuração do sinistro, seu momento de expectativa, o regime de comunicação dos eventos relevantes e a alteração do risco vinculado ao contrato principal.

No entanto, existe uma disposição que não ficou clara até hoje. Seu art. 2º apresenta um rol de definições básicas sobre os elementos do seguro-garantia, contendo dois parágrafos. O primeiro fala que a obrigação garantida pode se limitar a fases, etapas ou entregas parciais do objeto principal. Já o segundo parágrafo dispõe que "Nos casos em que o objeto principal for um processo judicial, o juízo poderá agir em nome do segurado na apólice, de acordo e nos limites da legislação específica do objeto principal".

Eis o ponto. Ao que parece, a circular está se referindo ao *seguro garantia judicial*. Duas interrogações se abrem. Primeiro, o que significa o juízo agir em "nome" do segurado? Segundo, qual é a finalidade dessa atuação? Não há resposta no texto normativo.

O Manual de Seguro Garantia, material didático recentemente estruturado pela Susep, pode dar alguma pista. Existe uma passagem nele dizendo o seguinte: "Além dessas partes envolvidas, o juízo que julgará esse processo poderá participar da apólice agindo em nome do segurado, de acordo e nos limites da legislação específica do referido processo".[1]

A explicação ficou igualmente enigmática: *o juízo poderá participar da apólice para agir em "nome" do segurado*. O que a entidade reguladora está querendo dizer? Falar em nome de outrem supõe defesa do interesse alheio. Nesse caso, seria o órgão judicial um mandatário, representante ou gestor de negócios do segurado?

---

1. Disponível em: https://www.gov.br/susep/pt-br/central-de-conteudos/noticias/2023/dezembro/susep-lanca-manual-tecnico-de-seguro-garantia.

Talvez uma visita à exposição de motivos da Circular Susep 662/2022 possa abrir algum caminho à vista das anotações realizadas no processo administrativo.[2] Ali, em determinado momento da consulta pública, apareceu uma proposta para definir o "segurado" dessa forma: "credor das obrigações assumidas pelo tomador na relação principal ou órgão do Poder Judiciário nos casos de processo judicial".

Observe-se: a proposição era no sentido de colocar o aparelho judiciário como segurado nas apólices de garantia. De fato, existe um fenômeno curioso no mercado. As companhias costumam emitir o documento nominando o tribunal (TJ/TRF), a vara e sua secretaria judiciária (ou cartório) no espaço do frontispício reservado ao "segurado". Talvez o impulso de alguém que pensou na função de "garantia do juízo" atribuída aos depósitos e atos de penhora.

Entretanto, garantir o juízo para fins processuais, providência exigida pelo sistema para ajudar a suspender os atos executivos enquanto o devedor se defende, não é a mesma coisa que garantir os interesses econômicos de alguém relacionados com o risco de descumprimento da ordem judicial. Aqui, a operação securitária tem uma racionalidade diferente. O glossário das condições gerais define o segurado como *potencial credor da obrigação pecuniária "sub judice"*. Não é o Estado, certamente.

Em termos práticos, essa colocação também não traz nenhuma vantagem para o andamento do processo. Pelo contrário. Pode gerar riscos desnecessários, como o juiz querer remanejar a garantia para outros litígios da mesma vara, envolvendo o mesmo devedor, a pretexto de haver saldo na importância segurada.

No final das contas, a Susep não aceitou a sugestão de qualificar o juízo como segurado, ficando sua definição restrita ao credor das obrigações assumidas pelo tomador no objeto principal.[3] Mas a ideia não foi descartada por inteiro. A superintendência abriu um parágrafo na minuta da circular para afirmar que "Nos casos em que o objeto principal for um processo judicial, o juízo poderá agir em nome do segurado na apólice, de acordo e nos limites da legislação específica do objeto principal".

As entidades ouvidas acompanharam essa proposição, com exceção do Grupo de Estudos Tributários Aplicados (Cetap), que sugeriu suprimir o enunciado dando a seguinte justificativa:

> Em relação ao seguro, compete ao juiz ouvir as partes e se posicionar a favor ou contrariamente aos interesses do segurado, conforme as circunstâncias. Não nos parece razoável atribuir ao juízo poderes para, por conta própria, agir em nome do segurado. A prevalecer essa orientação, podemos nos deparar com a situação de o juízo determinar, de ofício, por exemplo, a execução da garantia.

A crítica não foi acolhida. A Susep manteve o dispositivo afirmando que pretendia apenas deixar clara a possibilidade de atuação do órgão, segundo as regras processuais,

---

2. Susep – Processo 15414.603660/2020-12.
3. Circular Susep 662/2022 – "segurado: credor das obrigações assumidas pelo tomador no objeto principal" (Art. 2º, IV).

como "quarta figura na apólice" em função das características e funcionamento do processo judicial.

Agora as coisas começam a ficar mais claras. A menção feita à "quarta figura" significa uma posição intermediária de quem não é segurado, mas pode falar em seu "nome". Finalmente, encontramos a fonte do § 2º do art. 2º da Circular 662/2022.

Não parece correta essa colocação, com todo respeito. Vejamos o que se passa nos processos de execução fiscal. Quando a obrigação de pagar quantia certa se consolida pela rejeição dos embargos do executado, ou por sua não apresentação, o terceiro garantidor (se houver) será intimado para remir o bem (se a garantia for real) *ou pagar o valor da dívida indicada na Certidão de Dívida Ativa (se a garantia for fidejussória), sob pena de contra ele prosseguir a execução nos próprios autos* (Lei 6.830/80, art. 19, inc. I e II).[4]

Esse gatilho do redirecionamento da execução contra os fiadores profissionais[5] conta hoje com recente novidade. A Lei 14.689/2023 acabou de estabelecer que as garantias apresentadas somente serão liquidadas, no todo ou em parte, "(...) após o trânsito em julgado da decisão de mérito em desfavor do contribuinte, vedada a sua liquidação antecipada" (Lei 6.830/80, art. 9º, § 7º).[6]

Vale dizer, os bancos e seguradoras que emitiram fiança e seguro, respectivamente, só estão obrigados a depositar o valor da garantia nos autos *após o trânsito em julgado da decisão que reconheceu o crédito da fazenda pública*.[7]

De todo modo, independentemente do momento de liquidação, existe uma confluência de dois interesses seguráveis no seguro judicial: o interesse do *devedor* de não ser constrangido pelas medidas agressivas do processo de execução, e o interesse do *credor* de receber o dinheiro.[8]

Nesse contexto, o órgão do Poder Judiciário não faz jus à prestação inadimplida e tampouco é destinatário do produto dessa garantia. Enfim, não é titular do interesse segurável posto em risco.

Além disso, o agente público também não "representa" o segurado para qualquer finalidade, como se fosse uma espécie de "estipulante" de seguros coletivos. Como sujeito imparcial, o juiz não fala em nome das partes na interlocução com o público, mas sim como órgão do Estado. Não se comunica em nome do autor ou do réu quando

---

4. Cf. art. 10 da Portaria Normativa 41/2022 da Procuradoria-Geral Federal.
5. MELO, Gustavo de Medeiros. Redirecionamento da execução civil contra os fiadores profissionais: uma leitura sistemática do § 5º do art. 513 do CPC. *Revista de Processo*. v. 334, p. 133, 2022.
6. Para um panorama geral anterior à Lei 14.689/2023: JUNQUEIRA, Thiago. Críticas à liquidação antecipada do seguro garantia judicial antes do trânsito em julgado dos embargos à execução fiscal. *AGIRE – Direito Privado em Ação*, n. 93, 2023.
7. O STJ está dando por encerrada a controvérsia e aplicando de imediato a nova lei para os processos pendentes: RESP 2.093.036-SP, Ministra Regina Helena Costa, j. 02.02.2024.
8. MELO, Gustavo de Medeiros. Seguro garantia judicial – aspectos processuais e materiais de uma figura ainda desconhecida. *Revista de Processo*. v. 201, p. 105, 2011; POLETTO, Gladimir Adriani. *O Seguro-Garantia*: eficiência e proteção para o desenvolvimento. São Paulo: Roncarati, 2021, p. 152.

convoca terceiros a participar do processo, quando solicita informações e documentos necessários à instrução da causa.

O magistrado não fala em nome do exequente quando intima o devedor a indicar bens penhoráveis, sua localização ou a prova de sua propriedade, quando determina a entrega do bem depositado em poder do executado, quando ordena à instituição financeira que torne indisponíveis os ativos financeiros do devedor. No âmbito das convenções processuais, o juiz não se apresenta em nome do autor ou do réu para exigir o cumprimento do negócio jurídico processual celebrado nos autos.[9]

O mesmo ocorre no gerenciamento das garantias prestadas por terceiros. O juiz exerce funções de *gestão do procedimento* voltada a imprimir celeridade e eficiência na prestação jurisdicional, o que se faz em cooperação com as partes, e não em nome das partes (CPC, art. 6º e 8º).[10]

O acesso à Justiça, que vai do ajuizamento da ação à satisfação do direito (CPC, art. 4º),[11] impulsiona a atuação do Estado-juiz pelo interesse público que move o sistema de Justiça, como assinalou o Supremo Tribunal Federal no precedente das medidas executivas atípicas.[12]

Nessa perspectiva, não faz sentido dizer que o juízo agirá em "nome" do segurado. A Circular Susep 662/2022 poderia apenas informar o seguinte: *nos seguros emitidos para garantir o cumprimento de decisões judiciais e arbitrais, o juízo poderá intimar a companhia seguradora para fins de execução da garantia, nos termos da legislação processual.*

Fica aqui uma sugestão para futuras regulações.

Versão original publicada em: 22.02.2024.

---

9. Há um rico debate na doutrina sobre a posição do juiz na convenção processual: CABRAL, Antonio do Passo. *Convenções processuais*: Teoria geral dos negócios jurídicos processuais. 3. ed. Salvador: JusPodivm, 2020, p. 269.
10. NOGUEIRA, Pedro Henrique. Gestão da execução por meio de negócios jurídicos processuais no processo civil brasileiro. *Revista de Processo*. v. 286, p. 325, 2018; ANDRADE, Érico. Gestão processual flexível, colaborativa e proporcional: cenários para implementação das novas tendências no CPC/2015. *Revista da Faculdade de Direito UFMG*. n. 76, p. 183, 2020; CABRAL, Trícia Navarro Xavier. *Case Management* no Brasil. *Revista ANNEP de Direito Processual*. v. 1, n. 2, p. 13, 2020.
11. MELO, Gustavo de Medeiros. A tutela adequada na Reforma Constitucional de 2004. *Revista de Processo*. v 124, p. 76, 2005.
12. STF: "Em síntese, a efetiva solução do conflito, com a respectiva satisfação da pretensão do credor, é inerente à ideia de acesso à justiça e aproveita não apenas o vencedor de uma ação específica, mas todo o sistema jurisdicional" (ADI 5.941-DF, Min. Luiz Fux, j. 09.02.2023).

PLANOS DE SAÚDE

IMPACTO DAS NOVAS TECNOLOGIAS NO ROL DE COBERTURA DO SEGURO-SAÚDE: O INÍCIO DE UMA LONGA JORNADA

Andrea Zanetti

No Brasil, o seguro de doença grave ou terminal é um seguro de pessoas que apresenta limite ao capital segurado e poderá incluir cobertura de despesas médicas, além de um montante em dinheiro. Trata-se de um produto supervisionado pela Superintendência de Seguros Privados (Susep), modalidade habitualmente relacionada aos seguros de vida e acidentes. Esse produto não se confunde com o "seguro de assistência à saúde", ou simplesmente seguro-saúde, uma das modalidades contratuais regidas pela Lei de Plano de Saúde (LPS) – Lei 9.656/1998, objeto de nossa reflexão, com breves considerações sobre as recentes mudanças legislativas no setor de saúde suplementar.

O seguro-saúde é um seguro de pessoas com relevância social, compreendido como um contrato de característica *existencial*,[1] cuja finalidade contratual é de interesse do Estado (na medida em que a saúde suplementar, esfera de atuação própria dos agentes privados, contribui para o acesso da população à saúde), razões que justificam o pouco espaço para a liberdade contratual e, consequentemente, o predomínio do dirigismo contratual.

Nesse sentido, a LPS determina uma cobertura de assistência à saúde ampla para o seguro-saúde, realizada a partir da classificação internacional de doenças da Organização Mundial de Saúde (OMS), não sujeita a *limitação financeira* (art. 1º, I, da LPS), o que se diferencia da regra geral dos seguros, inclusive o seguro-saúde em outros regimes jurídicos, a exemplo do espanhol e do português.[2]

Ademais, a seleção de risco para fins de contratação, seja a partir da idade, de condição especial de saúde ou deficiência,[3] está proibida expressamente por disposição legal. Tais aspectos não podem impedir a participação da pessoa no seguro-saúde ou

---

1. Conferir conceito: AGUIAR JR., Ruy Rosado de. Contratos relacionais, existenciais e de lucro. *Revista Trimestral de Direito Civil (RTDC)*, Rio de Janeiro, v. 12, n. 45, p. 101 (91-110), jan./mar. 2011; MARTINS-COSTA, Judith. *A boa-fé no direito privado*: critérios para sua aplicação. São Paulo: Marcial Pons, 2015. p. 248.
2. O seguro-saúde, em Portugal, está previsto no art. 213.º da Lei do Contrato de Seguro e, na Espanha, no art. 106.º da Lei do Contrato de Seguro espanhola (o artigo divide o tema entre seguro-doença e prestação de serviços à saúde).
3. SCHMITT, Cristiano Heineck. Dever de cuidado, consumidores hipervulneráveis e contratos de planos e de seguros de saúde. In: MIRAGEM, Bruno; CARLINI, Angélica (Org.). *Direito dos seguros*: fundamentos de direito civil, direito empresarial e direito do consumidor. São Paulo: Ed. RT, 2015. p. 253-274.

mesmo afastar coberturas já determinadas legalmente para um segmento específico (art. 14 da LPS).[4]

Como forma de equilíbrio econômico do contrato, a LPS permite a incidência de carências, franquias, cláusulas de agravamento e reajustes do prêmio (art. 16, VIII e IX), porém os intervalos temporais de incidência, os limites ou as condições como devem ocorrer estão previamente definidos pela própria LPS, por resoluções do Conselho Nacional de Saúde Suplementar (Consu) e da Agência Nacional de Saúde (ANS).

Especialmente quanto aos reajustes anuais, eles são necessários e permitidos a partir de justificativa, ainda que, para as modalidades individual e familiar do contrato, o percentual máximo esteja definido pela própria ANS, o que não ocorre na modalidade coletiva por adesão e empresarial. Vale lembrar, ainda, que o reajuste é composto pela variação dos preços de serviço de saúde e insumos do setor, acrescida da frequência de uso do seguro e da incorporação das *novas tecnologias*,[5] o que auxilia na compreensão da tecnologia como fator de impacto econômico no setor.

No regime brasileiro, o seguro-saúde que se submete aos efeitos da LPS deve contemplar o rol mínimo de doenças cobertas pelo seguro (art. 10), o que considera a Classificação Estatística Internacional de Doenças e Problemas Relacionados com a Saúde (CID) da OMS. Entretanto, a compreensão do rol obrigatório da ANS foi gradativamente estruturada para relativizar seu caráter referencial a partir de prescrições médicas que apontam outros tratamentos e procedimentos não presentes no rol, à medida que eles seriam melhores ou potencialmente mais eficientes para os pacientes do que aqueles presentes na listagem da ANS.

Nessa linha, parece-nos que tal mudança, concretizada pelas alterações decorrentes das Leis 14.454/2022 e 14.307/2022 no art. 10 da LPS, demonstra o impacto das novas tecnologias no setor da saúde, o que poderá pressionar um dos aspectos econômicos que compõem o cálculo do prêmio (ou mensalidade) que será pago pelo segurado (consumidor), em outros termos, a listagem de procedimentos médico-hospitalares e odontológicos de cobertura obrigatória pela LPS.

Como podemos aproximar o conceito das *novas tecnologias* para o setor de saúde suplementar? A própria pergunta nos auxilia a compreender que novas tecnologias apresentam sentido multifacetado, adquirindo contornos particulares conforme a área de estudo. Nessa linha, em estudos econômicos, como aponta William Brian Arthur, de acordo com as definições de Joseph Schumpeter, as novas tecnologias seriam combinações dos meios de produção ou novas combinações de tecnologias já existentes, de modo a obter resultados inovadores a partir de seus componentes iniciais,[6] em constante evolução.

---

4. Súmula Normativa da ANS 19/2011 e Súmula Normativa 27/2015.
5. Conferir: BRASIL. *ANS*. ANS estabelece teto para reajuste de planos de saúde individuais e familiares. Disponível em: www.gov.br. Acesso em: 22 jan. 2023.
6. BRIAN ARTUR, William. *The nature of technology*: what it is and how it evolves. New York: Free Press, 2009. p. 19.

Na área da saúde, na percepção de Hudson Pacífico da Silva, novas tecnologias são novos conhecimentos incorporados "num artefato físico (um equipamento, dispositivo ou medicamento (por exemplo) ou mesmo a partir de 'ideias', na forma de novos procedimentos (ou práticas) ou de (re)organização dos serviços".[7]

Quando se trata dos contratos de seguro-saúde e dos denominados planos de saúde, as resoluções da ANS e a LPS não apresentam diretamente uma definição de novas tecnologias, todavia, a cada novo procedimento, medicamento e teste, a ANS atualiza o rol a partir de suas resoluções. Aliás, as novas tecnologias no setor de saúde impulsionam mudanças frequentes na área de saúde suplementar, o que torna a avaliação de seu impacto econômico nas relações contratuais extremamente complexa e especializada.

Consequentemente, uma das principais alterações da Lei 14.307/2022, ao incluir o art. 10-D na LPS, estabelece a criação de uma comissão para atualização do rol de procedimentos e eventos, composta por um representante de cada uma das seguintes entidades: (i) Conselho Federal de Medicina; (ii) sociedade da especialidade médica, apontada pela Associação Médica Brasileira, relacionada à *área terapêutica* ou ao *uso da tecnologia a ser analisada;* (iii) entidade representativa de consumidores; (iv) entidade representativa dos prestadores de serviços na saúde suplementar; (v) entidade representativa das operadoras de planos privados de assistência à saúde; e (vi) representantes de áreas de atuação profissional da saúde relacionadas ao evento ou procedimento sob análise (§§ 2º e 4º do art. 10-D).

A finalidade da comissão é apresentar um relatório especializado avaliando aspectos não somente técnicos, o que inclui a nova tecnologia a ser incorporada ao seguro-saúde, mas também econômicos, o que contemplará a comparação de custos e benefícios do novo procedimento em relação ao anterior, introduzindo a necessária análise do impacto econômico para a ampliação da cobertura no âmbito da saúde suplementar, evitando desequilíbrios que possam inviabilizar a manutenção do próprio contrato e do negócio.

Os processos administrativos de atualização do rol de procedimentos e eventos em saúde suplementar deverão apresentar duração máxima de 180 dias (com prorrogação possível de 90 dias) ou 120 dias (com prorrogação possível de 60 dias) para os temas prioritários, segundo os §§ 7º e 8º do art. 10 da LPS com as alterações da Lei 14.307/2022.

Além disso, outro aspecto que evidencia a reestruturação do setor de saúde suplementar a partir das novas tecnologias é a disposição do § 10 do art. 10, incluído pela Lei 14.307/2022. Nesse ponto, a inclusão obrigatória no rol de cobertura da ANS de tecnologias avaliadas e recomendadas positivamente pela Comissão Nacional de Incorporação de Tecnologias no Sistema Único de Saúde (Conitec) – comissão que avalia a incorporação, a exclusão ou a alteração de tecnologias na rede de saúde pública (SUS) –, em até 60 dias da publicação da decisão, exige que o setor de saúde suplementar ofereça, no mínimo, as mesmas tecnologias incorporadas na saúde pública.

---

7. SILVA, Hudson Pacífico da. *Dimensões da saúde no Brasil:* proteção social, inovação tecnológica e acumulação de capital. 2007. Tese (Doutorado) – Faculdade de Medicina da USP, São Paulo, 2007, p. 45.

Em nosso sentir, a incorporação de uma nova tecnologia deve revelar-se eficiente, segura, com precificação estável e aprimoramento da tecnologia anterior para que se inicie a discussão sobre sua inserção ou não no sistema de saúde. Portanto, haverá prévio reconhecimento de uma coletividade técnica, grau de certeza quanto à sua eficiência e relevância social.

Entre as atribuições da Conitec, está a análise dos critérios suprarreferidos para o SUS, contudo as diretrizes da saúde suplementar são constitucionalmente distintas da saúde pública (arts. 196 e 198 da CF). Portanto, trata-se de um aspecto que precisa ser considerado no futuro, quando da interpretação e do aprimoramento da norma, para evitar distorções e diminuição da concorrência, considerando o fato de não ser função da Conitec a avaliação dos impactos econômicos para a absorção e a difusão das tecnologias no setor privado de saúde.

Afinal, com o regime jurídico atual, não se descarta a possibilidade de que a mudança impacte a diminuição do número de operadoras e seguradoras no mercado, permanecendo aquelas que apresentem porte financeiro capaz de atender as novas exigências relativas ao rol, situação que também acarretará efeitos para o mercado consumidor com a redução de suas possibilidades de escolha. Portanto, é essencial acompanhar técnica e juridicamente os efeitos das mudanças legislativas no setor.

Na técnica dos seguros, a provisão de recursos é necessária e, apesar de as seguradoras ou operadoras lidarem com riscos relacionados à saúde, estes precisam ser mensuráveis matematicamente a partir de estatísticas e dos cálculos atuariais, considerando tanto os eventos cobertos (doenças) quanto a extensão dos procedimentos incluídos no contrato. O rol de procedimentos da ANS deve ser tratado como o referencial a ser exigido das seguradoras e operadoras. Essa compreensão é relevante para a segurança dos devidos parâmetros técnicos ao cálculo do valor de referência do prêmio e para o reajuste anual.

Todavia, o modelo atual (i) trata o rol de cobertura como *básico* (art. 10, § 12, da LPS) e (ii) concede relativizações para a ampliação da cobertura, nem sempre considerando impactos econômico-financeiros. Desse modo, essas duas novas disposições legislativas serão traduzidas como fatores econômicos que poderão justificar o aumento do preço do seguro-saúde oferecido (ou, ainda, a aplicação de reajuste).

Isso porque não há como prever antecipadamente que toda nova tecnologia, a partir de sua eficiência, represente necessariamente a redução de custos finais. No setor de saúde, ela deve ser eficiente para a cura ou o aprimoramento do tratamento, mas isso não significa que haverá automática redução de custos. O aumento dos valores poderá levar ao agravamento do acesso à saúde suplementar por parte significativa da população brasileira, restringindo-se àqueles com maior poder aquisitivo, em contradição à esperada vocação social desse contrato. Por isso, a análise casuística será relevante na busca de soluções.

A delimitação do rol de cobertura é essencial, inclusive, para a manutenção do seguro-saúde, a fim de que os efeitos econômicos do sinistro sejam adequadamente suportados pelo grupo segurado (mutualidade).

Nesse sentido, é problemática a redação legislativa do § 13 do art. 10 da LPS, incluído pela Lei 14.454/2022, pois indica que a *operadora* (o que inclui a segurada que opera com seguro-saúde) deverá autorizar *tratamento ou procedimento prescrito por médico ou odontólogo* mesmo que não previsto no rol, uma vez preenchidos os requisitos descritos nos incisos I e II do § 13 do art. 10 da LPS. Tais requisitos, entretanto, dada a vagueza dos termos empregados, poderão não garantir a segurança técnica necessária, colocando em risco a sobrevivência do contrato para determinado grupo segurado, pois não contempla os efeitos econômicos dessa autorização.

Afinal, exigir *comprovação da eficácia, à luz das ciências da saúde, baseada em evidências científicas e plano terapêutico* sem definir, por exemplo, o parâmetro de *evidências científicas*, leva à interpretação imprecisa, o que demandará esforço técnico, doutrinário e judicial para soluções. A mesma dificuldade é observada se a recomendação é dada por *órgão de avaliação de tecnologias em saúde que tenha renome internacional, desde que sejam aprovadas também para seus nacionais.*

Portanto, alguns requisitos do atual § 13 do art. 10 da LPS poderão resultar em interpretações diversas, por vezes colidentes, ou ainda facilitar a ocorrência de risco moral.[8] Observa-se que os trechos anteriormente citados não indicam a necessidade de um relatório de custos ou estudo de impacto financeiro. Considere, por exemplo, um medicamento de terapia genética de milhões de reais autorizado nessas circunstâncias: como o equilíbrio econômico será mantido por um grupo de segurados com pouco mais de trinta membros?

É necessário refletir sobre a preservação da dimensão social não apenas no momento imediato, mas também na perspectiva do grupo segurado, da coletividade a médio e longo prazos, inclusive com o mapeamento dos possíveis reflexos na saúde pública para a sustentabilidade do próprio direito constitucional à saúde. Essas breves questões iniciais, longe de esgotarem o debate, são o prenúncio de que ainda há muito por fazer, seja em matéria de sustentabilidade financeira do contrato, seja no desenvolvimento social do setor.

Versão original publicada em: 02.02.2023.

---

8. ZANETTI, Andrea Cristina. *Contratos de seguro-saúde*: aspectos da denúncia sob o regime português e brasileiro. São Paulo: Almedina, 2023.

TECNOLOGIA EM SAÚDE – IMPACTO NA SAÚDE SUPLEMENTAR

Angélica L. Carlini

Fernanda Paes Leme

Vivian Vicente de Almeida

1. INTRODUÇÃO

A saúde suplementar no Brasil sofreu forte impacto no ano de 2022, quando a lei federal 14.454, tornou o rol de procedimentos e eventos em saúde da Agência Nacional de Saúde Suplementar – ANS, flexível e não mais taxativo.

No mesmo ano, uma decisão do Superior Tribunal de Justiça – STJ havia criado a figura jurídica da taxatividade mitigada, com critérios a serem observados, o que também trouxe apreensão para as operadoras de planos e seguros saúde, porque a taxatividade do rol é fundamental para o equilíbrio econômico-financeiro dos contratos de saúde suplementar.

O que faz com que a taxatividade do rol seja tão criticada pela sociedade brasileira, pela mídia e até pelos juristas? A ideia de que ela restringe ao beneficiário do contrato de saúde suplementar o acesso irrestrito para o tratamento, o que é considerado uma agressão ao direito que todos temos de tentar, por todas as formas, ter acesso aos recursos que permitam a preservação de nossa saúde.

As novas tecnologias em saúde são, na atualidade, um paradoxo em muitos países do mundo, alguns dos quais com economia muito mais pujante que o Brasil. Alemanha, Holanda, Reino Unido, Estados Unidos, todos têm sérias preocupações com o avanço das tecnologias em saúde que impactam o equilíbrio dos orçamentos públicos e privados.

Todos querem acesso às novas tecnologias e, exatamente por serem novas, custam muito mais caro. A grande pergunta é: realmente as novas tecnologias em saúde são mais eficientes, ou seja, podem produzir os melhores resultados com os menores custos?

Este trabalho pretende analisar o papel da Avaliação de Novas Tecnologias – ATS, que tem sido objeto de estudo em muitos países, inclusive com a formação de redes que contribuem para a atualização dos resultados de utilização das novas tecnologias.

A ATS é considerada a melhor estratégia, neste momento, para garantia da segurança dos pacientes e para o equilíbrio dos recursos finitos destinados à saúde pública e privada.

2. O ROL DE PROCEDIMENTOS E EVENTOS DE SAÚDE DA ANS E A AVALIAÇÃO DE NOVAS TECNOLOGIAS – ATS

A Resolução Normativa 555, de 2022, da Agência Nacional de Saúde Suplementar – ANS, ao determinar as diretrizes que o processo de atualização do rol deverá seguir, elencou os princípios da avaliação de tecnologias em saúde – ATS como uma das diretrizes essenciais.

No artigo 2º da mesma resolução a ANS definiu avaliação de tecnologias em saúde como

> processo contínuo e abrangente de avaliação dos impactos clínicos, sociais e econômicos das tecnologias em saúde, que leva em consideração aspectos tais como eficácia, efetividade, acurácia, segurança, custos, entre outros, com objetivo principal de auxiliar os gestores em saúde na tomada de decisões quanto à incorporação, alteração de uso ou retirada de tecnologias em sistemas de saúde; (...)

Lima, Brito e Andrade[1] ressaltam como objetivos da metodologia

> A ATS tem como principal objetivo auxiliar os gestores em saúde na tomada de decisões coerentes e racionais quanto à incorporação de novas tecnologias, evitando a introdução de tecnologias cujo valor é incerto para os sistemas de saúde e optando por uma abordagem política responsável (*accountable*) pelas decisões para a população.

O imperativo de agir com responsabilidade na incorporação de novas tecnologias em saúde é muito importante em tempos como os atuais em que há forte pressão da indústria de medicamentos, equipamentos para realização de exames de imagem e clínicos, fabricantes de órteses, próteses e material especial (*stents* coronarianos, placas e parafusos para cirurgias ortopédicas, de coluna e outras) e outros insumos de saúde.

Incorporar novas tecnologias com responsabilidade e segurança em um momento em que a indústria produz de forma contínua novas tecnologias para a área de saúde, beneficiada pelo aumento da pesquisa e do conhecimento científico e, também pelo grande impulso da circulação de informações que as redes sociais e a internet permitem, é sem dúvida, um desafio de enormes proporções.

Nesse sentido, Hans Jonas[2] destaca que a ciência vive do retorno que sua aplicação técnica lhe confere, ou seja, o pesquisador não faz pesquisa por interesse ou curiosidade como no início da fase histórica de utilização do método científico. Ao contrário, no mundo contemporâneo os objetivos de pesquisa foram substancialmente modificados para que tragam sempre algum resultado que possa ter utilização prática. Nesse contexto, o financiamento para custeio de pesquisa será mais facilmente obtido se dela resultarem benefícios no campo prático, o que é positivo para a pesquisa científica porque

---

1. LIMA, Sandra Gonçalves Gomes, BRITO, Cláudia de e ANDRADE, Carlos José Coelho de. O processo de incorporação de tecnologias em saúde no Brasil em uma perspectiva internacional. *Ciência & Saúde Coletiva* [online]. 2019, v. 24, n. 5. p. 1709-1722. Disponível em: https://doi.org/10.1590/1413-81232018245.17582017. Epub 30 Maio 2019. ISSN 1678-4561. https://doi.org/10.1590/1413-81232018245.17582017. Acesso em: 17 fev. 2022.
2. JONAS, Hans. *Técnica, Medicina e Ética*. S.Paulo: Paulus, 2013, p. 107.

quanto maior a aplicabilidade maiores recursos serão destinados aos pesquisadores e seus centros e institutos. Mas essa relação entre resultados financeiros favoráveis para os investidores em pesquisa e a responsabilidade ética dos pesquisadores, precisa ser analisada com objetividade.

Hans Jonas[3] conclui que em razão do relacionamento entre a produção de pesquisa e os resultados práticos, a ciência ingressa no campo da ação social e todos devem responder pelos seus atos

> (...) a onipresente experiência de que os potenciais de uso das descobertas científicas tornam-se irresistíveis no mercado de benefício e de poder – que o que mostraram como exequível se faz, com ou sem prévio consentimento à respeito – e ficará suficientemente claro que nenhuma insularidade da teoria protege agora o teórico de ser autor de enorme e incalculáveis consequências.

Os procedimentos para a realização de uma pesquisa que atenda rigorosamente os métodos científicos e as fases clínicas definidas por parâmetros objetivos de segurança perdem em velocidade para as necessidades da sociedade que cada vez mais deseja novas tecnologias em saúde, principalmente na área de medicamentos.

Paula Moura F. de Lemos Pereira[4] ressalta sobre esse aspecto que

> Nos séculos XX e XXI a procura pelo progresso, pelo saber científico ligado à medicina, se desenvolveu de forma acelerada e novos interesses conduziram as pesquisas. A medicina acabou influenciando na definição dos comportamentos, pessoas e coisas e na busca por medicamentos que são utilizados para propósitos que muitas vezes extrapolam a função precípua de aliviar sintomas e curar doenças. Procuram-se novos serviços não apenas para fins terapêuticos, mas também para o desenvolvimento de especialidades médicas. (...) A força do setor farmacêutico – guiado por causas superficiais a serviço da lógica do mercado – introduz novas tendências, que aumentam o consumo de medicamentos. (...) Constantemente as indústrias farmacêuticas utilizam métodos para construir sua hegemonia, valendo-se não só de propaganda e publicidade dirigidas aos médicos e aos consumidores, mas também controlando investigações, financiando congressos, cursos de formação etc. O resultado pode ser o uso irracional dos medicamentos, a intensificação de processo de medicalização e o incremento da automedicação, com a mercantilização da produção e da prescrição.

A autora[5] revela, ainda, a possível adoção de padrões éticos diferenciados da indústria farmacêutica para países desenvolvidos e países periféricos. Para estes quaisquer benefícios resultantes dos experimentos já seriam superiores àquilo de que dispõem em seu sistema de saúde pública. A proposta caracterizaria dupla ética de pesquisa com seres humanos, uma para países economicamente mais desenvolvidos e outra para países periféricos, questão já discutida pelo Conselho Nacional de Saúde e pelo Ministério da Saúde.[6]

---

3. Obra citada, p. 108.
4. PEREIRA, Paula Moura Francesconi de Lemos. *Responsabilidade Civil nos Ensaios Clínicos*. Indaiatuba: Editora Foco, 2019, p. 13-15.
5. Obra citada, p. 16.
6. Resolução 404/2008 do CNS. (...) *considerando que apesar de haver item na Declaração de Helsinque recomendando que, se possível, os voluntários tenham acesso aos cuidados de saúde reconhecidamente eficazes independente de seu local de origem e capacidade econômica bem como item recomendando não utilizar placebo quando há tra-*

Com esse cenário é indiscutível que a ética e a responsabilidade precisam ser valorizadas quando se trata de pesquisa científica e incorporação de novas tecnologias em saúde.

O Brasil, infelizmente, já foi protagonista de um episódio lamentável em termos de inserção de substância não aprovada pela Agência Nacional de Vigilância Sanitária – Anvisa, não aprovada por órgãos de fiscalização em nenhuma parte do mundo e, severamente questionada pelos especialistas da área. Trata-se da *fosfoetanolamina* que foi chamada de *pílula do câncer*, produzida e fornecida indevidamente por um pesquisador da Universidade de São Paulo – USP, no campus de São Carlos, interior de São Paulo.

Vários pacientes receberam prescrição de seus médicos para utilizarem essa substância que não estava registrada na Anvisa, não estava sendo testada com métodos de pesquisa clínica e para a qual sequer se conhecia a posologia adequada para utilização. Todos eram pacientes portadores de algum tipo de câncer em diferentes estágios.

O Supremo Tribunal Federal, em outubro de 2015, em decisão monocrática do Ministro Luiz Edson Fachin, concedeu liminar para suspensão da decisão denegatória do Tribunal de Justiça do Estado de São Paulo e autorizou que a substância fosse oferecida ao paciente. Desnecessário lembrar que na esteira dessa decisão outras milhares de liminares foram concedidas para que outras tantas pessoas pudessem utilizar a substância.

Não havia pesquisa e nem evidência científica de que a *fosfoetanolamina* pudessem ser benéfica para portadores de câncer. De outro lado, foram muitas opiniões de oncologistas desfavoráveis a utilização exatamente pela completa ausência de sustentação científica para garantir a eficiência da substância e, principalmente, que ela poderia agravar o estado de saúde dos usuários.

Neste caso específico, a pressão sequer foi da indústria de fármacos, mas dos próprios portadores de câncer que diante da possibilidade de encontrarem auxílio para o tratamento, não hesitaram em optar por ingerir substância duvidosa. O que impressiona é que para todos os casos em juízo, havia prescrição médica para que o paciente pudesse ingerir substância que não havia sido objeto de ensaios clínicos e nem tão pouco aprovada pela Anvisa.

Durante a pandemia de Covid-19, no Brasil, também foram divulgados medicamentos e procedimentos que, hipoteticamente, poderiam contribuir para a prevenção e até para o tratamento da doença, porém não foram apresentados estudos científicos em condições de garantir com veracidade a eficiência desses medicamentos.

Importa ressaltar, ainda, que a publicação de um artigo científico por si só não representa credibilidade, é preciso verificar em que periódico científico ele foi publicado porque existem revistas consideradas predatórias, que publicam artigos mediante

---

tamento eficaz, duas notas de esclarecimento sobre estes dois itens enfraqueceram estes requisitos abrindo espaço para excepcionalidades que facilitam o duplo standard (tratamento diferente de voluntários dependendo de sua origem e capacidade econômica); Disponível em: http://www.mp.go.gov.br/portalweb/hp/9/docs/res_conama_404_-_estabelece_criterios_e_diretrizes_para_o.pdf. Acesso em: 27 mar. 2022.

recebimento de valores em dinheiro dos autores e sem critério técnico para seleção de artigos.[7]

Sem avaliação de tecnologia em saúde realizada de forma científica e confiável, atendendo às melhores normas internacionais das redes de ATS existentes em várias partes do mundo, com resultados publicados em periódicos com credibilidade junto à comunidade científica, não haverá como garantir que o atendimento em saúde seja eficiente, seguro, ético e responsável.

Se a velocidade para a incorporação de novas tecnologias atende a anseios legítimos da sociedade, também coloca em risco a segurança e amplia a vulnerabilidade para as pressões financeiras da cadeia de suprimentos do setor de saúde suplementar.

3. CONCLUSÃO

Parte da sociedade brasileira fez uma clara opção pela contratação de saúde suplementar por entender que o Sistema Único de Saúde – SUS, em que pese todos os esforços de seus trabalhadores, ainda não atende com eficiência todo o território nacional. Neste momento, são 51 milhões de pessoas que contratam saúde suplementar no país, segundo dados da Agência Nacional de Saúde Suplementar.[8]

Manter o sistema de saúde suplementar sustentável e solvente com atendimento de qualidade para os beneficiários é papel primordial das operadoras de saúde e da ANS, porém, a segurança na incorporação de novas tecnologias em saúde é, também, um aspecto essencial que não pode ser negligenciado.

Velocidade de incorporação e ampliação do escopo dos procedimentos podem, por esse critério, transitarem de possibilidades para objetivos, sem que necessariamente se traduzam em benefício para os usuários. A avaliação de tecnologias de saúde surge, exatamente, como importante ferramenta para adoção das melhores técnicas. A

---

7. GUIMARÃES, J. A. C.; HAYASHI, M. C. P. I. Revistas predatórias: um inimigo a ser combatido na comunicação científica. RDBCI: Revista Digital de Biblioteconomia e Ciência da Informação, v. 21, p. e023003, 2023. *Resumo. Introdução: A produção científica constitui elemento fundamental para a reputação de um pesquisador e de uma universidade de tal modo que a pressão por publicar se torna cada vez mais preponderante no meio acadêmico. Objetivo: Busca-se analisar o crescente fenômeno das revistas predatórias como uma ameaça ao universo científico e as formas para que possam ser identificadas e evitadas. Metodologia: Com base na literatura internacional, discute-se o conceito, características e as formas de identificação das revistas predatórias, além de algumas questões que podem iluminar as reflexões sobre os impactos que essa realidade vem trazendo ao meio acadêmico. Resultados: Evidencia-se a necessidade de fazer frente a essa ameaça por meio de uma ação conjunta de autores (os investigadores), editores, instituições de ensino e pesquisa, agências de fomento à pesquisa, e bases de dados bibliográficas no sentido de garantir que a comunicação científica nos mais diversos campos do conhecimento se faça em moldes éticos, transparentes e defensáveis. Conclusão: Torna-se necessário o desenvolvimento, por parte dos investigadores, de uma competência específica para distinguir entre as revistas confiáveis e as fraudulentas desconsiderando os convites, muitas vezes tentadores, para publicar ou integrar comitês editoriais de periódicos predatórias.* Disponível em: https://www.scielo.br/j/rdbci/a/vDRj6bhnWBLFvGrt6jypS3m/abstract/?lang=pt#. Acesso em: 20 fev. 2024.
8. Sala de Situação da Agência Nacional de Saúde Suplementar – ANS – Beneficiários – 48.945.306. Disponível em: https://www.ans.gov.br/images/stories/Materiais_para_pesquisa/Perfil_setor/sala-de-situacao.html. Acesso em: 20 fev. 2024.

pressão financeira da indústria de suprimentos da cadeia de fornecedores para saúde é intensa, isso ocorre em todos os países do mundo e tem preocupado os gestores em saúde pública e privada.

Segurança na incorporação com uso de avaliação de tecnologia em saúde é tema que precisa estar presente nas reflexões sobre o rol de procedimentos e eventos em saúde da ANS.

Versão original publicada em: 31.03.2022.

O ROL DA ANS
E A SAÚDE BASEADA EM EVIDÊNCIAS

Henderson Fürst

1. INTRODUÇÃO

Quando este texto foi originalmente publicado na prestigiosa coluna *Seguros Contemporâneos*, a 2ª Seção do STJ tinha acabado de julgar e pacificar o seu entendimento da taxatividade do rol de procedimentos cobertos por planos e seguros de saúde no EREsp 1.886.929. Dissemos, naquela ocasião, que o debate estava longe de acabar, seja porque ainda não vinculou definitivamente, como se pode ver por recente notícia veiculada pela Conjur de decisão do TJSP mantendo o entendimento contrário,[1] seja porque a questão se encontra em discussão no STF pelas ADIs 7088 e 7183 e a recém proposta ADPF 986.

Pouco depois, o Congresso Nacional reagiu com a publicação da Lei 14.454, de 21 de setembro de 2022, estabelecendo que o rol seria taxativo observado as seguintes condições:

I – exista comprovação da eficácia, à luz das ciências da saúde, baseada em evidências científicas e plano terapêutico; ou

II – existam recomendações pela Comissão Nacional de Incorporação de Tecnologias no Sistema Único de Saúde (Conitec), ou exista recomendação de, no mínimo, 1 (um) órgão de avaliação de tecnologias em saúde que tenha renome internacional, desde que sejam aprovadas também para seus nacionais.

Muito embora tenha sido uma resposta do Congresso Nacional à decisão do STJ, há diversos pontos em comum que mantém a preocupação que já havíamos antecipado na ocasião do texto anterior e ainda se mantém com o texto da lei.

2. A SAÚDE BASEADA EM EVIDÊNCIAS

Tanto o STJ quanto a lei trouxeram um ponto importante: a referência à saúde baseada em evidências. Trata-se de um relevante movimento científico que configura um paradigma científico de tratamento. Um dos primeiros marcos históricos da saúde baseada em evidências ocorreu em 1747, quando James Lind conduziu um experimento que é considerado o primeiro ensaio clínico controlado da era moderna. No estudo em questão, Lind procurou identificar um tratamento que fosse efetivo para o tratamento do escorbuto, doença que foi muito conhecida entre os séculos XVI e XVIII por atingir e matar muitos marinheiros durante as viagens transatlânticas. Para descobrir um tra-

---

1. Disponível em: https://www.conjur.com.br/2022-jun-27/apesar-decisao-stj-tj-sp-rol-ans-exemplificativo.

tamento eficiente, Lind separou doze marinheiros em duplas e, para cada par, interveio diferentemente. Lind observou que os marinheiros que receberam frutos cítricos ao longo da viagem se recuperaram, enquanto as demais não tiveram evoluções favoráveis. Com isso, posteriormente, fundamentou-se a decisão clínica de indicar alimentos ricos em vitamina C para pacientes com escorbuto.[2]

Outro marco no desenvolvimento da consciência científica ocorreu em 1943, quando o primeiro ensaio clínico duplo-cego foi realizado para investigar extrato de penicilina como tratamento de resfriado.[3] A importância da metodologia pioneira do estudo foi instituir procedimentos para garantir a anonimização do tipo de tratamento administrado aos participantes, de modo que sequer os pesquisadores soubessem quem receberia o que, evitando que crenças preestabelecidas sobre os efeitos do tratamento pudessem exercer qualquer influência nos resultados do estudo.

Após isso, outro ensaio clínico que se destacou por ser o primeiro randomizado foi realizado em 1946, investigando os efeitos da estreptomia no tratamento da tuberculose.

Em 1967, o professor da Escola Médica da Universidade de Yale, Alvan Feinstein, escreveu um livro em que questionava a autoridade do conhecimento médico e o julgamento clínico decorrente da experiência do próprio clínico,[4] propondo um método para aplicar critérios científicos ao conhecimento clínico. Tais ideias influenciaram David Sackett, que foi o primeiro diretor do Departamento de Epidemiologia Clínica e Bioestatística da escola médica criada em 1967 na Universidade McMaster, Ontário, Canadá. A escola, por si, decorria de um relatório do governo canadense que recomendava a criação de uma escola médica cuja metodologia fosse uma nova abordagem, considerando que a prática médica precisava ser atualizada.

Quase concomitante, na década de 1970, Archibald Cochrane[5] defendia os RCT com pacientes como forma de estabelecer garantia de eficiência e eficácia nos procedi-

---

2. PACHITO, Daniela. *Saúde baseada em evidências*. São Paulo: SENAC, 2020.
3. BHATT, Arun. Evoluion of clinical research: a history before and beyond James Lind. *Perspectives in Clinical Research*, v. 1, n. 1, p. 6-10, 2010. Disponível em: http://www.ncbi.nlm.nih.gov/pubmed/21829774.
4. FEINSTEIN, Alvan R. *Clinical judgment*. Baltimore: Williams and Wilkins, 1967.
5. "Two of the most striking changes in word usage in the last twenty years are the upgrading of "opinion" in comparison with other types of evidence, and the downgrading of the word "experiment". (...) The general scientific problem with which we are primarily concerned is that of testing a hypothesis that a certain treatment alters the natural history of a disease for the better. The particular problem is the value of various types of evidence in testing the hypothesis. The oldest, and probably still the commonest form of evidence proffered, is clinical opinion. This varies in value with the ability of the clinician and the width of his experience, but it value must be rated low, because there is no quantitative measurement, no attempt to discover what would have happened if the patients had had no treatment, and ever possibility of bias affecting the assessment of the result. It could be described as the simplest (worst) type of observational evidence." COCHRANE, A. L. *Effectiveness & Efficiency*: Random Reflections on Health Services. London: The Nuffield Provincial Hospitals Trust, 1972, p. 20-21.
   "Duas das mudanças mais marcantes no uso da palavra nos últimos vinte anos são a valorização da "opinião" em relação a outros tipos de evidência e o rebaixamento da palavra "experiência". (...) O problema científico geral com o qual estamos principalmente preocupados é testar a hipótese de que um determinado tratamento altera para melhor a história natural de uma doença. O problema particular é o valor de vários tipos de evidência para testar a hipótese. A mais antiga, e provavelmente ainda a forma mais comum de evidência oferecida, é a opinião clínica. Isso varia em valor com a habilidade do clínico e a extensão de sua experiência, mas deve ser classificado

mentos de prevenção e terapêutica no âmbito do Sistema Nacional de Saúde britânico, o NHS, difundindo e sistematizando estudos pioneiros de estatística médica realizados por Austin Bradford Hill na década de 1930.

Assim, na década de 1970, o dilema científico da saúde se encontrava em torno de quais as regras de evidências deveriam ser utilizadas como base na prática clínica, e se somente as evidências validadas por RCT poderiam ser utilizadas para mitigar a utilização de recursos terapêuticos sem eficácia ou segurança aos pacientes, bem como qual o nível de vivência clínica experimentada poderia ser admitido como base para maximizar potenciais benefícios à saúde.[6]

Um relevante ponto para o debate foi acrescido em 1976 por Hendrik Wulff, que chamou a atenção da diferença entre a eficácia terapêutica, medida pela probabilidade estatística obtida dos RCT e a efetividade clínica, medida pela apreciação subjetiva do médico na análise do caso específico, calculada com a aplicação do teorema de Bayes. Em sua pesquisa, verificou que mesmo os pacientes com quadros análogos diferem em um importante número de aspectos, de modo que nem sempre é racionalmente certo que o médico baseie sua probabilidade subjetiva na experiência média de um grupo de probabilidade estatística. Assim, o médico deve avaliar o modo adequado de aplicar a probabilidade estatística ao caso individual.[7]

De todo modo, a tendência do raciocínio baseado em evidências já se tornara um paradigma crescente. No final da década de 1970, a Fundação Rockefeller financiou a criação da Rede Internacional de Epidemiologia Clínica (INCLEN), estabelecida para difundir o treinamento de médicos para replicar o ensino de métodos da epidemiologia clínica e promover mudanças curriculares e nas políticas de saúde em países ditos "terceiro mundo".[8]

Com isso, mesmo com as barreiras decorrentes da necessidade de conhecimentos e competências matemáticas e estatísticas, a epidemiologia clínica passará a ser difundida internacionalmente a partir da década de 1980.[9]

Ponto fundamental à consolidação ocorrerá em 1989, quando Iain Geoffrey Chalmers publica a primeira revisão sistemática de RCT com colaboração internacional que levará à origem da Cochrane Collaborations e ao Centro Cochrane da Universidade de

---

como baixo, porque não há medida quantitativa, nenhuma tentativa de descobrir o que teria acontecido se os pacientes não tivessem recebido tratamento, e nunca possibilidade de viés afetando a avaliação do resultado. Poderia ser descrito como o tipo mais simples (pior) de evidência observacional." (tradução livre)

6. SACKETT, D. L. Rules of evidence and clinical recommendations on the use of antithrombotic agents. *Chest*, v. 89, n. 2 Suppl, p. 2S-3S, 1986.
7. WULFF, Henrik R. Rational Diagnosis and Treatment. *The Journal of Medicine and Philosophy*: A Forum for Bioethics and Philosophy of Medicine, v. 11, n. 2, p. 123-134 (p. 130), 1986. Cf. também, WULFF, Henrik R.; GØTZSCHE, Peter C. *Rational Diagnosis and treatment*: Evidence-based clinical decision-making. Oxford: Blackwell, 1999.
8. WHITE, Kerr L. *Healing the schism*: epidemiology, medicine, and the public's health. New York: Springer-Verlag, 1991.
9. FLETCHER, Robert H.; FLETCHER, Suzanne W. *Clinical epidemiology: the essentials*. 4. ed. Philadelphia: Lippincott Williams & Wilkins, 2005.

Oxford em 1992, com recursos do NHS. Nesta mesma ocasião, David Sackett é convidado para se transferir para a Universidade de Oxford, onde fundará e dirigirá o Centro de Medicina Baseada em Evidências de 1995 a 2010.[10] Aliás, é neste contexto de aumento da consciência científica nos estudos da saúde, bem como na prática médica nos anos 1990 que surgirá o termo "medicina baseada em evidências", posteriormente definido por David Sackett como "o uso consciente e judicioso da melhor evidência corrente, gerada pela pesquisa clínica, para o manejo de pacientes individuais",[11] sendo, posteriormente, ampliado o termo para "saúde baseada em evidências", de modo a alcançar as diversas áreas e práticas da saúde.

Retornando ao Canadá, a Universidade de McMaster apresentou o seu Grupo de Medicina Baseada em Evidências ao público internacional em 1991[12] e em 1992,[13] com textos em periódicos científicos internacionais que apresentou a Medicina Baseada em Evidências (*evidence-based medicine*) como um novo paradigma de ensino da medicina e também de prática médica, exigindo dos médicos novas habilidades para buscar e avaliar evidências clínicas na literatura, criticando e desvalorizando o raciocínio médico intuitivo, a experiência clínica assistemática e o raciocínio fisiopatológico como base suficiente para a tomada de decisão clínica.

A institucionalização da medicina baseada em evidências também se deu editorialmente, com o lançamento da *British Medical Journal Evidence-Based Medicine* (BMJ EBM)[14] em 1995.

Como a prática dos cuidados em saúde baseados em evidências implica na integração da melhor evidência disponível com *expertise* clínica e as circunstâncias de pacientes e seus valores,[15] encontrar a melhor evidência pode ser algo que se torne complexo e confuso, ainda mais com o constante desenvolvimento do conhecimento científico e a vasta publicação feita em diversas plataformas de divulgação de conhecimento científico.

Para facilitar, em 2001, Haynes propôs um modelo de pirâmide para facilitar a seleção de evidências científicas na prática de cuidados em saúde. Naquele modelo, as evidências estavam organizadas em 4 níveis ("4S pyramid"), que estabelecia na base os estudos originais já avaliados pelo mérito científico, depois revisões sistemáticas, até chegar à melhores evidências, que seriam sistemas de informação baseados em evidên-

---

10. *JAMA, Journal of American Medical Association*. Evidence-Based Medicine: An Oral History. 2014. Disponível em: https://ebm.jamanetwork.com/; SMITH, Richard; RENNIE, Drummond. Evidence-Based Medicine – An Oral History. JAMA, v. 311, n. 4, p. 365–367, 2014.
11. SACKETT, David L. Evidence-based medicine. *Sminars in perinatology*, v. 21, n.1, p. 3-5 (3), 1997. Disponível em: https://linkinghub.elsevier.com/retrieve/pii/S014600059780013.
12. GUYATT, Gordon H. Editorial: Evidence-based medicine. *ACP Journal Club*, v. 114, n. 2, p. A16, 1991.
13. GUYATT, Gordon et al. Evidence-Based Medicine: A New Approach to Teaching the Practice of Medicine. *JAMA*, v. 268, n. 17, p. 2420–2425, 1992.
14. Disponível em: https://ebm.bmj.com/.
15. Sackett DL, Rosenberg WMC, Gray JAM, et al. Evidence-based medicine: what it is and what it isn't. *BMJ* 1996;312:71–2.

cias específicas ao fluxo de trabalho clínico.[16] Posteriormente, em 2006, Haynes propôs a pirâmide 5S,[17] incluindo resumos médicos perto do topo da pirâmide, reconhecendo que poderiam fornecer o caminho mais rápido às melhores evidências de pesquisa para prevenir ou gerenciar problemas de saúde. Depois, em 2009,[18] propôs a pirâmide 6S, em que dividia as sinopses entre as de estudos e as de sínteses. Como os debates não deixaram de ocorrer, bem como o questionamento do tipo de evidências e recursos de obtê-las, em 2014, Alper propôs um modelo para esclarecer como as diretrizes baseadas em evidência se enquadram na produção da evidência para a orientação no local de atendimento, com 9 níveis de evidências.[19] Com a complexidade para a prática, Alper e Haynes reúnem seus esforços e propõem, em 2016,[20] um modelo da pirâmide simplificada em 5 níveis, facilitando a prática dos cuidados em saúde baseado em evidência para o cotidiano.

A representação figurativa da força de evidências científicas ainda enseja discussões e propostas de leitura,[21] mas se tornou uma forma prática e didática de se compreender qual o nível de evidência se está lidando ao avaliar um estudo.

3. QUAL A EVIDÊNCIA PARA O DIREITO À SAÚDE?

No Brasil, o respeito à medicina baseada em evidências ganhou destaque com a pandemia, pois se compreendeu (finalmente) que não há direito à saúde adequadamente efetivado se não for aquele pelo paradigma científico contemporâneo mais adequado à comprovação de segurança e eficácia do tratamento.

O primeiro paradigma histórico de parametrização da atuação judicial em matéria de saúde no STF, que é a Suspensão de Tutela Antecipada (STA) 175, publicado em 17.03.2010, já trazia a preocupação com evidências científicas para o exercício do direito a saúde, muito embora o foco jurídico tenha permanecido apenas quanto à parametrização num contexto de uma profunda crítica doutrinária ao ativismo judicial, em especial no âmbito da saúde.[22]

Naquela ocasião, o Ministro relator expressamente enfatizou:

---

16. Haynes RB. Of studies, summaries, synopses, and systems: the "4S" evolution of services for finding current best evidence. ACP J Club 2001;134:A11-3.
17. Haynes RB. Of studies, summaries, synopses, and systems: the "5S" evolution of services for finding current best evidence. ACP J Club 2006;145:A8-9.
18. DiCenso A, Bayley E, Haynes RB. Accessing preappraised evidence: fine-tuning the 5S model into a 6S model. Ann Intern Med 2009;151:JC3-2.
19. Alper BS. Evolution of EBM: from synthesized evidence and varied guidance to synthesized guidance. Presented at International Society for Evidence-based Health Care (ISEHC) conference; Taipei, Taiwan. 7 November 2014. http://www.isehc2014.tw/files/ptt/SL-01-Brian%20S.%20Alper.pdf.
20. Alper, B. S. and Haynes, R. B. (2016). EBHC pyramid 5.0 for accessing preappraised evidence and guidance. Evidence Based Medicine. 21 (4) 123-125.
21. Murad, M Hassan et al. "New evidence pyramid." Evidence-based medicine vol. 21,4 (2016): 125-7.
22. Cf., por exemplo, a manifestação da prof. Ada Pellegrini Grinover no 3º Congresso LFG de Estudos de Casos Jurídicos, que ocorreu em São Paulo/SP em 08.8.2009, conforme relatado em MATSUURA, Lilian. STF já apontou situações para o ativismo judicial. Conjur. Disponível em: https://www.conjur.com.br/2009-ago-12/stf-apontou-tres-limites-ativismo-judicial-politicas-publicas/.

O Sistema Único de Saúde se filiou à corrente da 'medicina com base em evidências'. Com isso, adotaram-se os 'Protocolos Clínicos e Diretrizes Terapêuticas', que consistem num conjunto de critérios que permitem determinar o diagnóstico de doenças e o tratamento correspondente com os medicamentos disponíveis e as respectivas doses. Assim, um medicamento ou tratamento em desconformidade com o Protocolo deve ser visto com cautela, pois tende a contrariar um consenso científico vigente.[23]

Ressaltou-se que tal conclusão não afetaria a possibilidade do Poder Judiciário ou da própria Administração Pública decidir por medida diferente da custeada e incorporada pelo SUS, se comprovado que há razões individuais do organismo da pessoa que comprove que o tratamento fornecido não é eficaz ao seu caso.

Todavia, situação diferente seria aquela em que não houvesse qualquer tratamento na rede pública e, neste aspecto, seria relevante diferenciar o que seria puramente experimental daquilo que se pode considerar propriamente um tratamento ainda não testado pelo Sistema de Saúde brasileiro. E, considerando isso, é que o ministro manifesta:

> Parece certo que a inexistência de Protocolo Clínico no SUS não pode significar violação ao princípio da integralidade do sistema, nem justificar a diferença entre as opções acessíveis aos usuários da rede pública e as disponíveis aos usuários da rede pública e as disponíveis aos usuários da rede privada. Nesses casos, a omissão administrativa no tratamento de determinada patologia poderá ser objeto de impugnação judicial, tanto por ações individuais como coletivas. No entanto, é imprescindível que haja instrução processual, com ampla produção de provas, o que poderá configurar-se um obstáculo à concessão de medida cautelar.

> Portanto, independentemente da hipótese levada à consideração do Poder Judiciário, as premissas analisadas deixam clara a necessidade de instrução das demandas de saúde para que não ocorra a produção padronizada de iniciais, contestações e sentenças, peças processuais que, muitas vezes, não contemplam as especificidades do caso concreto examinado, impedindo que o julgador concilie a dimensão subjetiva (individual e coletiva) com a dimensão objetiva do direito à saúde. Esse é mais um dado incontestável, colhido na Audiência Pública – Saúde.[24]

A estrutura de padronização da prestação jurisdicional estabelecida naquela ocasião pode ser estabelecida como um sistema de quatro níveis: (1) o tratamento está registrado na Anvisa? (i) Se não estiver, então não deve ser fornecido, (ii) se estiver, então deve-se passar ao segundo nível; (2) o tratamento foi incorporado pelo SUS? (i) se sim, então há obrigação de fornecer o tratamento requisitado, (ii) se não, então deve-se passar ao terceiro nível; (3) há alternativas terapêuticas adequadas de tratamento no SUS? (i) se sim, então não há obrigação de fornecimento, (ii) se não, então se dirige ao último nível; (4) Está disponível no setor privado para aquisição há tempo considerável? (i) Se não, então não há dever de fornecimento, mas (ii) se sim, então há dever de custear.[25]

---

23. Idem, p. 95.
24. Idem, p. 98.
25. WANG, Daniel W. L. Courts as healthcare policy-makers: the problem, the responses to the problem and problems in the responses. *Research Paper Series* – Legal Studies São Paulo Law School of Fundação Getúlio Vargas, Paper n. 75, p. 33.

Seja pelo precedente da STA 175, seja pela expressa menção feita pela Lei 14.454/2022, confirma-se, então, que o direito à saúde só pode ser compreendido enquanto direito à saúde baseado em evidências.

4. A QUESTÃO DO DIÁLOGO SANITÁRIO INTERNACIONAL

Tanto a decisão do STJ quanto a Lei 14.454/2022 trouxeram a possibilidade de fornecimento quando exista recomendações de órgãos internacionais, como se pode ver pela expressão acrescida pela Lei:

> 4.3: haja recomendações de órgãos técnicos de renome nacionais e estrangeiros" da decisão e o inciso "existam recomendações pela Comissão Nacional de Incorporação de Tecnologias no Sistema Único de Saúde (Conitec), ou exista recomendação de, no mínimo, 1 (um) órgão de avaliação de tecnologias em saúde que tenha renome internacional, desde que sejam aprovadas também para seus nacionais.

Muito embora seja louvável a iniciativa de deferência aos entes nacionais de avaliação de tecnologia, é preciso considerar que há um importante diálogo global administrativo entre as entidades sanitárias. A determinação de considerar apenas pelo "renome internacional" pode causar embaraços diplomáticos e se trata de abertura semântica que pode contrariar o próprio direito à saúde, uma vez que cada sistema de saúde possui peculiaridades próprias ao decidir por incorporar (ou não) um medicamento. No diálogo sanitário, há mecanismos desenvolvidos para se aproveitar de atos como reconhecimento e aprovação por autoridade estrangeira equivalente, e no direito interno brasileiro se encontra regulado, por exemplo, pela Instrução Normativa 289/2024 da ANVISA.[26] Também no caso do aproveitamento de autoridade estrangeira equivalente quanto ao reconhecimento de decisões para tratamentos é preciso que se observe regras mínimas do diálogo sanitário já praticado pela ANVISA.

5. A PROCEDURALIZAÇÃO EM DIREITO À SAÚDE

Por fim, a decisão estabelecia a possibilidade inédita de resolução adequada de conflitos complexos pelo diálogo interinstitucional com "entes ou pessoas com expertise técnica na área de saúde, incluída a comissão de atualização do rol de procedimentos em saúde suplementar", opção que não foi estabelecida pela lei, mas que é muito bem-vinda ao sistema.

Trata-se de um mecanismo de proceduralização judicial que é estabelecido pelo Tribunal, mas sem indicar precisamente o seu conteúdo. A proposta da proceduralização, neste caso, é fomentar a jurisdição com um mecanismo sofisticado que possibilite melhor adequação de resposta jurídica a problemas complexos da sociedade, especialmente aqueles que envolvam (bio)tecnologia.[27] A resposta jurídica não estaria fechada

---

26. Disponível em: https://antigo.anvisa.gov.br/documents/10181/6354042/IN_289_2024_.pdf/ec565fb0-e17e--4e0a-a8c0-a88935fb6cca.
27. ABBOUD, Georges. *Processo Constitucional Brasileiro*. São Paulo: Ed. RT, 2018, p. 1.256.

e definitiva, mas aberta e flexível ao influxo do desenvolvimento das novas tecnologias e do desenvolvimento da ciência.

Anteriormente falamos sobre o tema,[28] demonstrando como três características precisam ser observadas para as aplicações de técnicas de proceduralização em temas que envolvam saúde: a abertura, a atualização e a prudência. Neste sentido, se o processo se tornar um espaço de diálogo interinstitucional para que possa também ser um momento de desenvolvimento institucional, é preciso que também a sociedade civil possa participar do debate, pois certamente repercutirá para outros pacientes e familiares, o que enseja melhor organização da sociedade civil para a adequada *advocacy*.

Quanto à atualização, importa ressaltar que o processo de um paciente não tem, no atual estado de prática processualística brasileira, instrumentos para ser o lugar adequado para debates interinstitucionais de avanços de atualização – sem contar o tempo necessário para tanto, que pode atrapalhar a própria atenção em saúde do paciente que pleiteia. Por outro lado, pode ser um interessante mecanismo de ações coletivas, muito embora seja importante considerar os movimentos dados pela própria ANS que, após a Resolução ANS 470/2021 e Lei 14.307/2022, reduziu o prazo de atualização do rol de 18 meses para 180 dias e já apresentou duas novas incorporações: a ampliação de cobertura assistencial para pacientes com transtornos globais do desenvolvimento, pela RN 539/2022, e a ampliação de cobertura de tratamento antineoplásicos de uso oral para tratamento de câncer, por meio da RN 540/2022, de 5 de julho de 2022.

6. CONCLUSÃO

Tanto a decisão dada pelo STJ quanto a Lei 14.454/2022 abriram novos espaços de debates, bem como novos capítulos a serem acompanhados pela experiência do setor, dos pacientes, da atuação institucional e da judicialização. Mas, em todos eles, é preciso sempre se ater à previsibilidade, segurança e eficácia dos tratamentos disponíveis ao paciente, como manutenção do próprio paradigma de medicina baseada em evidência para a realização do direito fundamental à saúde.

Versão original publicada em: 04.08.2022.

---

28. FÜRST, Henderson. Proceduralização Jurídica e Biodireito. In: FÜRST, Henderson; GOUVÊA, Carina. *Advocacia em bioética*. Belo Horizonte: Casa do Direito, 2022, p. 65.

O PLANO DE SAÚDE COLETIVO DE MICROGRUPOS (OU "FALSO COLETIVO") – ADMISSÃO DA FIGURA JURÍDICA E SUAS CONSEQUÊNCIAS

Gustavo Kloh

1. PLANOS DE SAÚDE E A MIGRAÇÃO PARA OS MODELOS COLETIVOS

No sistema atual, regido pela Lei 9.656/98, os planos de saúde se apresentam como divididos em dois grandes modelos de contratação. O art. 16, VII, é claro ao afirmar que os planos podem ter dois "regimes" distintos, individual ou coletivo, e o coletivo dividido em duas modalidades, por adesão ou empresarial. Os planos individuais se caracterizam por uma rígida proteção do usuário, que não pode ser submetido a reajustes superiores aos autorizados pela ANS, nem sofrer rescisão unilateral. Não dependem da formação de um grupo, de uma coletividade, podendo ser contratados sem a adição de outros usuários.

Os planos individuais, imaginou o legislador, seriam o padrão de contratação mais usual, sendo os planos coletivos reservados para situações nas quais houvesse a busca por vantagens negociais efetivas, que decorressem de um grupo associativo real ou ainda de um grupo de pessoas ligadas a uma empresa. O que não foi possível prever foi a progressiva "coletivização" dos planos de saúde, oriunda de alguns fatores, destacados por Joana Cruz:

> As operadoras possuem maior liberdade para reajustar os valores dos planos, uma vez que os reajustes em contratos coletivos não são regulados pela ANS e independem de autorização prévia da Agência (ao contrário do que ocorre no caso dos planos individuais/familiares); Como a legislação não proíbe expressamente a rescisão unilateral pelas operadoras nos contratos coletivos, toda vez que estes não se apresentem mais vantajosos aos interesses econômico-financeiros daquelas, o consumidor encontra-se impossibilitado de obter acesso à assistência à saúde contratada.[1]

Em contrapartida, a relação cobertura/prestação mensal é otimizada por estes fatores, resultando em valores substancialmente mais aceitáveis, que fazem frente a uma cobertura mais ampliada. Existe mesmo um certo desinteresse de algumas operadoras

---

1. Disponível em: https://idec.org.br/em-acao/artigo/a-falsa-coletivizaco-de-contratos-nos-planos-de-saude?utm_campaign=DSA_|_Target_+35&utm_adgroup=DSA_|_Sa%C3%BAde&creative=252407851813&keyword=&gclid=Cj0KCQjwqoibBhDUARIsAH2OpWhTwErn7K0vdySJdWBffd3IvmC8C0Sb1EyzTClIAA1T-ZyIicd3PIFYaAl3LEALw_wcB.

(mas não de todas) em comercializar planos individuais, face à maior flexibilidade negocial e menor carga de direitos mínimos obrigatórios incidentes nos planos coletivos.[2] O surgimento das administradoras também acelerou este processo.[3]

Ocorre que essa divisão estanque começou há cerca de cinco anos a ser desconstruída, diante da admissão, por órgãos reguladores,[4] estudiosos, e pelos julgados dos tribunais, da aplicação de proteções típicas dos planos individuais a determinados pequenos grupos (que denominaremos de microgrupos). Este fenômeno adiciona mais uma camada à análise: em vez de se falar apenas em coletivização, já se admite uma "falsa coletivização", ou seja, que em alguns casos não estão presentes "verdadeiras" características grupais, devendo ser expandidas tutelas para grupos que podem ser tão pequenos quanto apenas duas pessoas. Mas seria teoricamente esta construção aceitável, e se for, será desejável?

2. QUALIFICAÇÃO DOS CONTRATOS E PLANOS DE SAÚDE

Existe suporte teórico para que um contrato, conquanto nominalmente direcionado a um regime, seja associado a outro, em virtude da identificação de elementos que assim o justifiquem. Trata-se da aplicação da teoria da qualificação dos contratos, tratada com profundidade em Portugal[5] e bem debatida já por autores brasileiros.[6] Esta teoria justifica a legitimidade conceitual para, dentre outras considerações, combinar ou desviar efeitos de diferentes contratos. Além disso, com seu amparo é possível reconhecer a formação de um "tipo" social, não previsto em lei, mas oriundo do comportamento reiterado de partes, que, em um primado da boa-fé objetiva, comportam-se como se contratos de uma dada característica fossem do mesmo tipo.[7] As condutas esperadas e previsíveis passam a ser de certo modo obrigatórias, e um novo tipo de contrato é reconhecido.

É exatamente isso que fazem os Tribunais nacionais ao reconhecer esse novo "tipo" – realidade jurídica autonomizada, associável a um regime jurídico, com contornos próprios – que é por eles denominado "plano de saúde falso coletivo". Particularmente, não pensamos que esse seja o melhor nome, visto insinuar uma tentativa de burla ou simulação. Na verdade, a possibilidade de busca de um negócio interessante para ambas as partes o fomenta. Preferiríamos o nome microgrupo ou coletivo de pequenos grupos,

---

2. ANDRIETTA, Lucas S. (2022). Falsa coletivização de planos de saúde: expansão, reajustes e judicialização (2014-2019). *Revista De Direito Sanitário*, 22(1), e0004. Disponível em: https://doi.org/10.11606/issn.2316-9044.rdisan.2022.177216.
3. SOUZA, Nícia Olga Andrade de. A comercialização de planos de saúde "Falsos Coletivos": conversão substancial e nova qualificação categorial do contrato. *Revista de Direito do Consumidor*. v. 108. ano 25. p. 211-240. São Paulo: Ed. RT, nov./dez. 2016.
4. Por exemplo no entendimento DIFIS 02 – 07 DE ABRIL DE 2016, colhido em: http://www.ans.gov.br/component/legislacao/?view=legislacao&task=textoLei&format=raw&id=MzIzNA==.
5. Ver DUARTE, Rui Pinto. *Tipicidade e Atipicidade dos Contratos*. Coimbra, Almedina, 2000.
6. Conforme o texto de Carlos Nelson Konder. Disponível em: https://www.cidp.pt/revistas/rjlb/2018/1/2018_01_0355_0404.pdf.
7. Sobre geração indutiva do tipo, ver o último capítulo de LARENZ, Karl. *Metodologia da Ciência do Direito*. 3. ed. Coimbra: Fundação Calouste Gulbenkian, 1995.

porque é este dado objetivo, e não propriamente uma falsidade, que individualiza e caracteriza essa situação contratual. É esse o elemento definidor. O Superior Tribunal de Justiça já reconheceu os planos com menos de trinta beneficiários[8] (ou menos) como sendo pertencentes a este outro regime jurídico contratual:

> As questões controvertidas nestes autos são: se é válida a cláusula contratual que admite a rescisão unilateral e imotivada do plano de saúde coletivo empresarial que contém menos de 30 (trinta) beneficiários e se a devolução das quantias de mensalidades pagas a maior deve se dar a partir de cada desembolso ou do ajuizamento da demanda. (...) 5. Os contratos grupais de assistência à saúde com menos de 30 (trinta) beneficiários possuem características híbridas, pois ostentam alguns comportamentos dos contratos individuais ou familiares, apesar de serem coletivos. De fato, tais avenças com número pequeno de usuários contêm atuária similar aos planos individuais, já que há reduzida diluição do risco, além de possuírem a exigência do cumprimento de carências. Em contrapartida, estão sujeitos à rescisão unilateral pela operadora e possuem reajustes livremente pactuados, o que lhes possibilita a comercialização no mercado por preços mais baixos e atraentes. 6. Diante da vulnerabilidade dos planos coletivos com quantidade inferior a 30 (trinta) usuários, cujos estipulantes possuem pouco poder de negociação em relação à operadora, sendo maior o ônus de mudança para outra empresa caso as condições oferecidas não sejam satisfatórias, e para dissipar de forma mais equilibrada o risco, a ANS editou a RN 309/2012, dispondo sobre o agrupamento desses contratos coletivos pela operadora para fins de cálculo e aplicação de reajuste anual. 7. Os contratos coletivos de plano de saúde com menos de 30 (trinta) beneficiários não podem ser transmudados em plano familiar, que não possui a figura do estipulante e cuja contratação é individual. A precificação entre eles é diversa, não podendo o CDC ser usado para desnaturar a contratação. 8. Em vista das características dos contratos coletivos, a rescisão unilateral pela operadora é possível, pois não se aplica a vedação do art. 13, parágrafo único, II, da Lei 9.656/1998, mas, ante a natureza híbrida e a vulnerabilidade do grupo possuidor de menos de 30 (trinta) beneficiários, deve tal resilição conter temperamentos, incidindo, no ponto, a legislação do consumidor para coibir abusividades, primando também pela conservação contratual (princípio da conservação dos contratos).(...) (REsp 1.553.013/SP, Rel. Ministro Ricardo Villas Bôas Cueva, Terceira Turma, j. 13.03.2018, DJe 20.03.2018).[9]

O Superior Tribunal de Justiça admitiu, é importante dizer, não a aplicação da proteção legal aos planos familiares *tout court*, mas o reconhecimento dos planos de microgrupos como figura híbrida, capaz de atrair proteções (como a vedação à rescisão imotivada), mas com temperamentos. Todavia, nas duas características especiais dos planos coletivos, já é possível verificar que a equiparação já está se materializando, e que a atração do regime protetivo é relevante.

3. RESCISÃO UNILATERAL LIMITADA

Neste tema particular são várias as decisões do Superior Tribunal de Justiça, bastando uma como exemplo:

---

8. O número é extraído da Resolução Normativa 309/2012 da ANS. Ver também a boa análise feita por TRETTEL, D. B., KOZAN, J. F., & SCHEFFER, M. C. (2018). Judicialização em planos de saúde coletivos: os efeitos da opção regulatória da Agência Nacional de Saúde Suplementar nos conflitos entre consumidores e operadoras. *Revista De Direito Sanitário*, 19(1), 166-187. https://doi.org/10.11606/issn.2316-9044.v19i1p166-187.

9. Em sentido idêntico decisão mais recente: Recurso Especial 1881425 – SP, 2020/0154008-9, Relator Ministro Moura Ribeiro.

> Direito privado. Recurso especial. Ação de obrigação de fazer c/c compensação por danos morais. Planos de saúde. Regime de contratação. Coletivo. População vinculada à pessoa jurídica. Empresário individual. Dois beneficiários. Rescisão unilateral e imotivada. Dirigismo contratual. Confronto entre problemas. Analogia. Dissídio jurisprudencial. Similitude fática. Ausência. Honorários de sucumbência recursal. Majoração. (...) 4. A contratação por uma microempresa de plano de saúde em favor de dois únicos beneficiários não atinge o escopo da norma que regula os contratos coletivos, justamente por faltar o elemento essencial de uma população de beneficiários 5. Não se verifica a violação do art. 13, parágrafo único, II, da Lei 9.656/98 pelo Tribunal de origem, pois a hipótese sob exame revela um atípico contrato coletivo que, em verdade, reclama o excepcional tratamento como individual/familiar. 6. Recurso especial conhecido e não provido, com majoração de honorários recursais. (REsp 1.701.600/SP, Rel. Ministra Nancy Andrighi, Terceira Turma, j. 06.03.2018, DJe 09.03.2018).

O caso acima mencionado também revela a mesma lógica, de formação de um modelo híbrido. Não é vedada a rescisão, como ocorreria em um plano individual, mas depende de motivação a rescisão do contrato coletivo.

No mesmo sentido, precedente recente do mesmo STJ:

> Agravo interno no agravo em recurso especial. Ação cominatória com pedido de tutela de urgência c/c nulidade de cláusula contratual. Plano de saúde coletivo com menos de 30 beneficiários. Rescisão contratual unilateral. Possibilidade. Índole abusiva da cláusula não evidenciada. Decisão de acordo com a jurisprudência do STJ. Incidência da súmula 83/STJ. Agravo desprovido.
>
> 1. Nos termos da jurisprudência desta Corte, "O art. 13, parágrafo único, II, da Lei 9.656/98, que veda a resilição unilateral dos contratos de plano de saúde, não se aplica às modalidades coletivas, tendo incidência apenas nas espécies individuais ou familiares" (REsp 1.346.495/RS, Relator Ministro Luis Felipe Salomão, Quarta Turma, julgado em 11.06.2019, DJe de 02.08.2019).
>
> 2. Outrossim, "os contratos de plano de saúde com menos de 30 (trinta) usuários não podem ser trasmudados para planos familiares, com vistas à aplicação da vedação do art. 13, parágrafo único, II, da Lei 9.656/1998, mas a rescisão unilateral, nessa hipótese, deve ser devidamente motivada, haja vista a natureza híbrida da avença e a vulnerabilidade do grupo possuidor de poucos beneficiários, incidindo a legislação consumerista e o princípio da conservação dos contratos" (AgInt no REsp 2.012.675/SP, Relator Ministro Marco Buzzi, Quarta Turma, julgado em 03.04.2023, DJe de 11.04.2023).
>
> 3. Estando a decisão de acordo com a jurisprudência desta Corte, o recurso encontra óbice na Súmula 83/STJ, pelas alíneas "a" e "c" do permissivo constitucional.
>
> 4. Agravo interno desprovido" (AgInt no AREsp 1.591.331/SP, relator Ministro Raul Araújo, Quarta Turma, julgado em 14.08.2023, DJe de 18.8.2023).

4. VEDAÇÃO A REAJUSTE ACIMA DA TABELA DA ANS LIMITADA

Menos decisões são encontradas aplicando a vedação a aumentos que suplantem a tabela da ANS para os microgrupos, mas elas existem, inclusive no âmbito do Superior Tribunal de Justiça:

> Agravo interno nos embargos de declaração no agravo em recurso especial. Ação cominatória cumulada com declaração de nulidade de cláusula contratual. Plano de saúde coletivo empresarial que beneficia apenas quatro empregados. Contrato coletivo atípico. Aplicabilidade do código de defesa do consumidor. Reajuste com base na sinistralidade. Ausência de motivação idônea. Quebra da boa-fé

objetiva. Ofensa ao princípio da razoabilidade. Agravo provido. (...) 5. Não se verifica a violação do art. 13, parágrafo único, II, da Lei 9.656/98 pelo Tribunal de origem, pois a hipótese sob exame revela um atípico contrato coletivo que, em verdade, reclama o excepcional tratamento como individual/familiar (REsp 1.701.600/SP, Rel. Ministra Nancy Andrighi, Terceira Turma, DJe de 9/3/2018). 3. Hipótese em que o acórdão recorrido está em consonância com a jurisprudência do STJ, no sentido de que, embora se tratando de contrato firmado por pessoa jurídica, o contrato coletivo de plano de saúde que possua número ínfimo de participantes, no caso apenas quatro beneficiários, dado o seu caráter de contrato coletivo atípico, justifica a incidência do Código de Defesa do Consumidor, autorizando tratamento excepcional como plano individual ou familiar. Ademais, nos termos do reconhecido pelas instâncias ordinárias, o reajuste pretendido, fundado em suposto aumento da sinistralidade do grupo, não foi minimamente justificado pela operadora, razão pela qual autorizado, tão somente, reajuste aprovado pela ANS para o período. 4. Agravo interno provido para conhecer do agravo e negar provimento ao recurso especial da operadora de plano de saúde. (AgInt nos EDcl no AREsp 1.137.152/SP, Rel. Ministro Raul Araújo, Quarta Turma, j. 02.04.2019, DJe 15.04.2019).

É possível também encontrar decisões de tribunais locais na mesma direção,[10] do que se depreende que o reconhecimento deste outro tipo contratual, não exatamente individual nem coletivo, está dando origem a um regime jurídico normativo, de feição mais jurisprudencial do que legislativa ou administrativa, a demandar atenção e análise.

5. CONCLUSÃO: UMA CRÍTICA À LUZ DA LEI DE LIBERDADE ECONÔMICA

A admissão de um tipo contratual próprio, com regime distinto, deve ser cotejada com as disposições da Lei de Liberdade Econômica, nas alterações por ela trazidas ao art. 421 do Código Civil, em especial quando o microgrupo está associado a uma empresa (contratos coletivos empresariais). Neste caso, vale a crítica de que este contrato deve ser entendido *a priori* como paritário (Código Civil, art. 421-A), e que a alocação inicial de riscos deve ser respeitada.

O surgimento dos microgrupos é resposta econômica válida do ponto de vista da formação de preço. Admitir que existe liberdade negocial de entrada (para formar tais grupos e contratar serviços e preços competitivos) mas não liberdade de saída (no momento da crise contratual) seria dar tratamento diverso, em momentos diversos, aos mesmos contratantes. Tal atitude não seria paritária. Como efeito econômico, haveria desestímulo para a contratação com microgrupos (como ocorreu nos contratos individuais), ou ainda impacto severo nos preços. Neste particular, proteger desmesuradamente os microgrupos pode semear a extinção desta forma de contratar.

---

10. "Plano de saúde. Tutela de urgência. Indeferimento do pedido de redução imediata das mensalidades. Correções anuais que elevaram a mensalidade cerca do dobro do valor que se obteria pela atualização segundo os índices da ANS. Plano coletivo empresarial não sujeito aos índices previstos pela ANS. Plano da autora, contudo, que se qualifica como "falso coletivo", para cobrir apenas um núcleo familiar de quatro vidas. Contratação de plano nitidamente individual – pelo seu escopo e função econômica – como plano coletivo tem a finalidade de driblar e fugir do controle de normas cogentes. Aplicação do Código de Defesa Consumidor. Liminar concedida para limitar os reajustes aos índices da ANS. Recurso provido" (TJSP; Agravo de Instrumento 2055151-19.2020.8.26.0000; Rel. Francisco Loureiro; 1ª Câmara de Direito Privado; j. 24.04.2020, p. 24.04.2020).

Ademais, a ausência de regulação dos planos coletivos, existindo autoridade que poderia fazê-lo, apenas sinaliza para o espaço da liberdade contratual, que é regra e não exceção. As alterações no art. 421 do Código Civil reforçam tal leitura, sendo certo que o Código Civil foi alterado, mas a Lei 9.565/98 segue amparando a liberdade para contratar planos coletivos. Devemos estar vigilantes para os próximos desdobramentos, nunca descuidando do frágil equilíbrio no qual se ampara este mercado.

Versão original publicada em: 10.11.2022.

SAÚDE SUPLEMENTAR: PRESERVAÇÃO E SUSTENTABILIDADE

Carolina Cardoso Francisco

1. MEDIDAS GERAIS PARA PRESERVAÇÃO E SUSTENTABILIDADE

Há alguns anos a sociedade vem se interessando por uma alimentação mais equilibrada, pela prática constante de exercícios físicos, investindo em práticas que tornem a vida mais saudável, buscando não apenas a melhor forma física, mas também evolução cognitiva, equilíbrio emocional, manutenção do bem estar e, especialmente, a longevidade tanto almejada por todos.

Segundo dados do Instituto Brasileiro de Geografia e Estatística – IBGE, a expectativa de vida do brasileiro ao nascer vem aumentando durante as últimas décadas. Após sofrer enorme decréscimo durante a pandemia do Covid-19, o número voltou a subir, atingindo expectativa de vida de 75,5 anos em 2022.[1]

Não há dúvidas de que tanto o aumento do cuidado com a saúde quanto o envelhecimento da população causa impacto na sociedade, especialmente no sistema de saúde, seja ele público ou particular. Quanto mais as pessoas investem na prevenção de doenças, adotam hábitos saudáveis e focam na manutenção da saúde, menos precisam de tratamentos e procedimentos médicos. Por outro lado, é inconteste que, ao viver mais, o cidadão requer cuidados por maior período.

Nesse contexto, torna-se relevante não apenas o aumento do período da vida, mas também o tempo de vida sem debilidades ou doenças. Diante disso, inúmeros estudos e pesquisas têm sido realizados com o objetivo de indicar o caminho para alcançar o que vem sendo chamado de *healthspan* (número de anos saudáveis que uma pessoa vive). De acordo com o médico Peter Attia, "a expectativa de vida e o *healthspan* não são variáveis independentes, mas estão fortemente interligadas".[2]

Visando contribuir para o estímulo da promoção da saúde e prevenção de doenças, a Constituição Federal dispõe, em seu artigo 196, que devem ser adotadas políticas sociais

---

1. Disponível em: https://agenciadenoticias.ibge.gov.br/agencia-sala-de-imprensa/2013-agencia-de-noticias/releases/38455-em-2022-expectativa-de-vida-era-de-75-5-anos.
2. De acordo com o mencionado médico, "(s)e você aumentar a força muscular e melhorar a capacidade cardiorrespiratória, também vai reduzir o risco de morrer por qualquer causa em um grau muito maior do que tomando qualquer coquetel de medicamentos. O mesmo vale para uma melhor saúde cognitiva e emocional. As atitudes que tomamos para melhorar nosso *healthspan* quase sempre vão aumentar também a nossa expectativa de vida" (*Outlive*: A arte e a ciência de viver mais e melhor. Trad. Bruno Fiuza e Roberta Clapp. Rio de Janeiro: Intrínseca, 2023, p. 58).

e econômicas que visem à redução do risco de doença e de outros agravos, garantindo de modo universal e igualitário o acesso aos serviços e ações para a promoção, proteção e recuperação da saúde.

A Lei 9.656, de 03/06/1998, por sua vez, ao dispor sobre os planos e seguros privados de assistência à saúde, estabelece que a assistência médica, hospitalar e odontológica suplementar nela aludida compreende a recuperação, manutenção e reabilitação da saúde, assim como "todas as ações necessárias à prevenção da doença" (art. 35-F).

Além de campanhas para esclarecer os usuários acerca da importância da prevenção de doenças, tanto o governo como as operadoras de planos de saúde vêm adotando medidas para a promoção da saúde.

Como se sabe, um dos critérios para a aplicação de reajuste no prêmio (mensalidade paga pelo usuário para a utilização do plano) consiste na sinistralidade, que afeta diretamente a saúde financeira das operadoras de planos e seguros privados de assistência à saúde.

Quanto menor a utilização do plano, por força da manutenção da saúde dos seus usuários, menos reajustes serão aplicados e melhor será o resultado da operadora, beneficiando diretamente o próprio usuário que dele necessita para um atendimento diferenciado e privado.

A sustentabilidade do sistema de saúde suplementar como um todo beneficia não apenas os seus usuários, mas toda a sociedade. Diante de uma estrutura sólida e sustentável, evita-se que o sistema público de saúde seja sobrecarregado, podendo concentrar o atendimento naqueles que realmente dele necessitam e não têm condições de arcar com o pagamento da mensalidade de planos e seguros privados de assistência à saúde.

A fim de aumentar a qualidade de vida de seus usuários e reduzir custos que podem ser evitados, vêm sendo adotadas no âmbito do sistema de saúde suplementar diversas medidas para promover a saúde e prevenir riscos e doenças, como medicina preventiva, disponibilização de aplicativos e plataformas digitais com informações sobre alimentação saudável, atividades físicas, controle de estresse, indicadores de saúde, além de telemedicina, entre outros.

Com o objetivo de mudar o modelo assistencial no sistema de saúde suplementar e incentivar a adaptação das operadoras de planos de saúde, a Agência Nacional de Saúde Suplementar – ANS desenvolveu alguns programas específicos.[3]

Buscando uma mudança de paradigma, além de programas de qualificação dos serviços prestados,[4] a autarquia incentiva a adoção de ações estratégicas e integradas

---

3. Disponível em: https://www.gov.br/ans/pt-br/assuntos/operadoras/compromissos-e-interacoes-com-a-ans-1/programas-ans-1.
4. Disponível em: https://www.gov.br/ans/pt-br/assuntos/operadoras/compromissos-e-interacoes-com-a-ans-1/programas-ans-1/qualificacao-ans.
https://www.gov.br/ans/pt-br/assuntos/operadoras/compromissos-e-interacoes-com-a-ans-1/programas--ans-1/qualiss-programa-de-qualificacao-dos-prestadores-de-servicos-de-saude.

para promoção da saúde; prevenção de riscos, agravos e doenças, com cuidados preventivos; redução dos anos perdidos por incapacidade; aumento da qualidade de vida dos indivíduos e populações, entre outros.[5] Tudo com o objetivo de produzir a saúde e não apenas tratar a doença.

De acordo com a própria ANS, busca-se "Qualidade em Atenção à Saúde", mediante ações que contribuem para o atendimento das necessidades de saúde dos beneficiários, com ênfase nas ações de promoção, prevenção e assistência à saúde prestada; "Garantia de Acesso", com a análise das condições relacionadas à rede assistencial, abrangendo a oferta de rede de prestadores; "Sustentabilidade no Mercado", com o monitoramento da sustentabilidade da operadora, considerando o equilíbrio econômico-financeiro, passando pela satisfação do beneficiário e compromissos com prestadores; e "Gestão de Processos e Regulação", aferindo-se o cumprimento das obrigações técnicas e cadastrais das operadoras junto à ANS.

Inequivocamente, o investimento na saúde e a racionalização de despesas assistenciais dará sustentabilidade ao mercado a longo prazo, ensejando maior qualidade de atendimento e assistência, mantendo os seus usuários no sistema suplementar, e ainda desafogando o já combalido sistema de saúde público.

2. O PAPEL DO PODER JUDICIÁRIO E A IMPORTÂNCIA DE SUAS DECISÕES PARA A PRESERVAÇÃO DO EQUILÍBRIO ALMEJADO

Inobstante a importância de todas essas normas e incentivos, que objetivam a sustentabilidade a longo prazo, a realidade é que as medidas adotadas não são suficientes, por si só, para a garantia de preservação do setor de saúde suplementar.

Há muito se vem ressaltando a importância das decisões proferidas pelo Poder Judiciário sobre diversos aspectos relacionados ao setor de saúde suplementar, diante das consequências nas relações jurídicas estabelecidas.

Para além das leis promulgadas no Brasil, é preciso ter em mente que também os julgamentos dos milhares de processos em curso no país devem se dar mediante acurada reflexão acerca dos impactos por eles causados no sistema de saúde – tanto suplementar como público, pois, como dito, os problemas e desafios enfrentados pelo primeiro não só são replicados como certamente sobrecarregarão o segundo.[6]

De acordo com os últimos dados divulgados pela ANS, o setor de saúde suplementar encerrou o ano de 2023 com mais de 51 milhões de beneficiários em planos de assistência médica. Segundo Censo realizado pelo Instituto Brasileiro de Geografia e Estatística – IBGE, a população do Brasil atingiu mais de 203 milhões de pessoas em

---

5. Disponível em: https://www.gov.br/ans/pt-br/assuntos/operadoras/compromissos-e-interacoes-com-a-ans-1/programas-ans-1/promoprev.
6. Entre os diversos desafios enfrentados estão o envelhecimento da população, a alta inflação, o custo dos procedimentos e medicamentos, a sinistralidade, o combate às fraudes, a judicialização em massa, aspectos fiscais, entre muitos outros.

2022. Ou seja, aproximadamente 25% da população brasileira utiliza esses serviços, o que revela a importância dessa prestação pelas empresas privadas e a necessidade de preservação do setor.[7]

Importantes julgados foram proferidos nos últimos tempos envolvendo o sistema de saúde suplementar, especialmente no âmbito do Superior Tribunal de Justiça, os quais sopesaram as consequências das decisões judiciais proferidas, especialmente no que se refere ao equilíbrio econômico e financeiro dos contratos e planos de saúde, refletindo na manutenção das relações existentes e, ao cabo, do próprio setor.

Entre eles, podemos destacar o emblemático julgamento realizado pela Segunda Seção do Superior Tribunal de Justiça, nos autos dos Embargos de Divergência 1.886.929/SP e 1.889.704/SP, sob a relatoria do Ministro Luis Felipe Salomão, no qual se decidiu pela *taxatividade*, em regra, do *Rol de Procedimentos e Eventos em Saúde Suplementar elaborado pela ANS*, não estando as operadoras de saúde obrigadas a cobrir tratamentos nele não previstos, salvo em situações excepcionais.

Naquela oportunidade, o STJ fixou a seguinte tese:

1 – o Rol de Procedimentos e Eventos em Saúde Suplementar é, em regra, taxativo;

2 – a operadora de plano ou seguro de saúde não é obrigada a arcar com tratamento não constante do Rol da ANS se existe, para a cura do paciente, outro procedimento eficaz, efetivo e seguro já incorporado ao Rol;

3 – é possível a contratação de cobertura ampliada ou a negociação de aditivo contratual para a cobertura de procedimento extra Rol;

4 – não havendo substituto terapêutico ou esgotados os procedimentos do Rol da ANS, pode haver, a título excepcional, a cobertura do tratamento indicado pelo médico ou odontólogo assistente, desde que (i) não tenha sido indeferido expressamente, pela ANS, a incorporação do procedimento ao Rol da Saúde Suplementar; (ii) haja comprovação da eficácia do tratamento à luz da medicina baseada em evidências; (iii) haja recomendações de órgãos técnicos de renome nacionais (como CONITEC e NATJUS) e estrangeiros; e (iv) seja realizado, quando possível, o diálogo interinstitucional do magistrado com entes ou pessoas com expertise técnica na área da saúde, incluída a Comissão de Atualização do Rol de Procedimentos e Eventos em Saúde Suplementar, sem deslocamento da competência do julgamento do feito para a Justiça Federal, ante a ilegitimidade passiva ad causam da ANS.

Consoante se destacou no referido julgamento, "cabe ao Poder Judiciário um papel fundamental, o de promover uma interpretação justa e equilibrada da legislação pertinente à matéria".

Tratando especificamente dos riscos ao setor de saúde suplementar, relacionados à fixação de tese acerca da natureza do Rol da ANS, especialmente no que se refere à sustentabilidade e ao equilíbrio das prestações no tempo, também se ressaltou que

---

7. Segundo ensina o Ministro Marco Aurélio Mello, "é por meio das operadoras de planos de saúde que os indivíduos pertencentes às classes menos abastadas conseguem ter acesso aos mais modernos tratamentos trazidos ao Brasil" (Saúde Suplementar, Segurança Jurídica e Equilíbrio Econômico-Financeiro. *Planos de Saúde* – Aspectos Jurídicos e Econômicos. Rio de Janeiro: Forense, 2012, p, 5).

é digno de registro que a uníssona doutrina especializada e a majoritária consumerista alertam para a necessidade de não se inviabilizar a saúde suplementar, realçando que 'uma das grandes dificuldades em relação ao contrato de seguro e planos de assistência à saúde diz respeito à manutenção do equilíbrio das prestações no tempo.

Em outros importantes julgamentos realizados no âmbito do Superior Tribunal de Justiça, a necessidade de preservar a manutenção do equilíbrio econômico e financeiro foi destacada, como se verifica no julgamento da *Tese 1032/STJ*, que tratou da *validade da cláusula de coparticipação nos casos de internação psiquiátrica superior a 30 dias por ano*:

> Recurso Especial Representativo de Controvérsia – (...)
>
> 1.1 Nos contratos de plano de saúde não é abusiva a cláusula de coparticipação expressamente ajustada e informada ao consumidor, à razão máxima de 50% (cinquenta por cento) do valor das despesas, nos casos de internação superior a 30 (trinta) dias por ano, decorrente de transtornos psiquiátricos, preservada a manutenção do equilíbrio financeiro. (....). (Recurso Especial 1.755.866/SP, 2ª Seção, Rel. Min. Marco Buzzi, j. 09.12.2020).

Afastou-se a alegação de abusividade da cláusula de coparticipação expressamente contratada e informada ao consumidor, justamente por entender que ela tem por finalidade a manutenção do equilíbrio entre as prestações e contraprestações que envolvem a gestão dos custos dos contratos de planos privados de saúde.

Recentemente, na fixação da *Tese 1067/STJ*, alusiva à *obrigatoriedade ou não de cobertura, pelos planos de saúde, da técnica de fertilização in vitro*, a Segunda Seção do Superior Tribunal de Justiça definiu que "Salvo disposição contratual expressa, os planos de saúde não são obrigados a custear o tratamento médico de fertilização *in vitro*".

E assim o fez, entre outros motivos, por entender que:

> Permitir interpretação absolutamente abrangente – tal como consignado pelo eg. Tribunal de origem – acerca do alcance do termo 'planejamento familiar', de modo a determinar cobertura obrigatória da fertilização in vitro, acarretará, inegavelmente, direta e indesejável *repercussão no equilíbrio econômico-financeiro do plano, a prejudicar, sem dúvida, os segurados e a própria higidez do sistema de suplementação privada de assistência à saúde.*
>
> Em controvérsias deste jaez a interpretação deve ocorrer de maneira sistemática e teleológica, de modo a conferir exegese que garanta o *equilíbrio atuarial do sistema de suplementação privada de assistência à saúde*, não podendo as operadoras de plano de saúde serem obrigadas ao custeio de procedimentos que são, segundo a lei de regência e a própria regulamentação da ANS, de natureza facultativa, salvo, evidentemente, expressa previsão contratual. (Destacou-se).

Ao analisar a *cláusula de reajuste por faixa etária em planos individuais e coletivos* (*Tema 952/STJ* e *Tema 1016/STJ*), o Superior Tribunal de Justiça confirmou a sua validade, em julgamento realizado no âmbito de sua Segunda Seção, destacando a necessidade de preservação do equilíbrio financeiro-atuarial do contrato:

> 3. Os gastos de tratamento médico-hospitalar de pessoas idosas são geralmente mais altos do que os de pessoas mais jovens, isto é, o risco assistencial varia consideravelmente em função da idade. Com vistas a obter maior *equilíbrio financeiro ao plano de saúde*, foram estabelecidos preços fracionados em grupos etários a fim de que tanto os jovens quanto os de idade mais avançada paguem um valor compatível com os seus perfis de utilização dos serviços de atenção à saúde. (...)

9. Se for reconhecida a abusividade do aumento praticado pela operadora de plano de saúde em virtude da alteração de faixa etária do usuário, para não haver *desequilíbrio contratual*, faz-se necessária, nos termos do art. 51, § 2º, do CDC, a apuração de percentual adequado e razoável de majoração da mensalidade em virtude da inserção do consumidor na nova faixa de risco, o que deverá ser feito por meio de cálculos atuariais na fase de cumprimento de sentença. (Destacou-se).

E concluiu no acórdão proferido no julgamento da Tese 952/STJ, relativa aos planos individuais (aplicável aos planos coletivos, nos termos da Tese 1016/STJ):

Conclui-se que a cláusula de aumento de mensalidade de plano de saúde conforme a mudança de faixa etária encontra fundamento no mutualismo e na solidariedade intergeracional, além de ser regra atuarial e asseguradora de riscos, o que concorre para a *manutenção do equilíbrio econômico-financeiro do próprio plano*. (...)

Dessa forma, o órgão regulador da área faz um acompanhamento das práticas atuariais de formação de preços, que não é aleatória, com vistas a prevenir os atos comerciais abusivos e o desequilíbrio econômico-financeiro do plano de saúde. (Destacou-se).

Como se vê, a jurisprudência do Superior Tribunal de Justiça vem se consolidando no sentido de observar o equilíbrio econômico-financeiro dos contratos e planos de saúde, tudo de forma a preservar a sustentabilidade do setor de saúde suplementar, diante da importância dos serviços prestados pelas empresas privadas.

Essa é também a orientação da doutrina:

Assim, é fundamental que o julgador, ao examinar as questões atinentes aos contratos celebrados entre usuários e plano de saúde, leve em consideração o mutualismo e a estrutura técnico-econômica, tendo sempre presente a ideia de que a concessão de benefícios não cobertos e a criação de novos direitos sem amparo contratual desfalcarão o fundo mútuo, formado pelas contribuições da coletividade de segurados, que será diretamente atingida por aquela decisão.[8]

3. CONCLUSÃO

Muito por óbvio, é almejado por todos um sistema de saúde que suporte a integralidade das despesas necessárias ao alcance da saúde e ao tratamento de todas as doenças dos seus usuários. No entanto, não há no mundo um sistema de saúde que cubra ou seja capaz de cobrir a integralidade desses custos, especialmente considerando o avanço da medicina e os preços cobrados nas novas tecnologias que vêm sendo criadas em velocidade galopante.

Não se pode perder de vista que é dever do Estado garantir saúde a todos, mediante acesso universal e igualitário, na forma do já mencionado artigo 196 da Constituição Federal, até porque é financiado pelos tributos arrecadados de toda a sociedade.

Mesmo diante dessa previsão constitucional, destacou-se no julgamento do recurso extraordinário 566.471, perante o Supremo Tribunal Federal, ao tratar especificamente dos medicamentos de alto custo, que "Não há sistema de saúde que possa resistir a um

---

8. MATHIAS, Guilherme Valdetaro. O Código Civil e o Código do Consumidor na Saúde Suplementar. *Planos de Saúde* – Aspectos Jurídicos e Econômicos. Rio de Janeiro: Forense, 2012, p. 110.

modelo em que todos os remédios, independentemente de seu custo e impacto financeiro, devam ser oferecidos pelo Estado a todas as pessoas".

Diante disso, cabe à população primeiramente fazer a sua parte, ou seja, cuidar da saúde da melhor forma, buscando alcançar melhor qualidade de vida em maior espaço de tempo, assim beneficiando todo o sistema e ampliando a própria expectativa de vida e o número de anos saudáveis que viverá.

O art. 8º da Lei 9.656/98 estabelece a viabilidade econômico-financeira dos planos de assistência à saúde como um dos requisitos para autorizar as operadoras a funcionar, de forma a resguardar a própria coletividade.

Considerando que a higidez das empresas está diretamente ligada ao conceito de equilíbrio econômico-financeiro dos contratos, cabe ao Poder Judiciário zelar pela aplicação das normas incidentes, evitando qualquer espécie de paternalismo jurídico.

Como acertadamente vem decidindo o Superior Tribunal de Justiça, é preciso aplicar freios às pretensões apresentadas perante o Poder Judiciário, especialmente quando se verifica a possibilidade de causar sério desequilíbrio nos seguros e planos de saúde, pondo em risco a própria sustentabilidade do sistema de saúde suplementar.

E é sob essa perspectiva que deverão ser julgadas as relevantes questões postas à apreciação dos Tribunais locais e das Cortes Superiores, na medida em que capazes de causar enorme impacto nos contratos existentes, assim como as relações futuras, devendo ser preservada a segurança jurídica, essencial ao mercado de seguros de saúde, mediante previsibilidade e coerência na aplicação das leis.

Versão original publicada em: 12.03.2024.

Parte IV
QUESTÕES SOCIAIS, ECONÔMICAS, AMBIENTAIS E PROCESSUAIS

TRATAMENTO LEGAL
DOS SEGUROS EM PERSPECTIVA

O CÓDIGO DO CANTÃO DE ZURIQUE E O DIREITO DOS SEGUROS BRASILEIRO – PARTE 1

Bruno Miragem

Luiza Petersen

Historicamente, a cultura jurídica brasileira sempre se mostrou aberta a recepcionar teorias, institutos e conceitos jurídicos estrangeiros. Conforme conhecida afirmação, o direito brasileiro é galho da árvore do direito português. Sua origem se explica a partir de longa tradição, de sede romana, mas que se bifurca, em linha de continuidade com o direito português, combinado com a grande influência de outros sistemas jurídicos. Neste particular, são significativos os aportes do direito francês, alemão (este, inicialmente, a partir das traduções de originais para o francês, no séc. XIX) e italiano. No direito privado brasileiro, a influência estrangeira é observada tanto nas codificações civis, de 1916 e de 2002, e comercial, de 1850, como na doutrina, que se caracteriza pela tradição comparatista, assim, desde Teixeira de Freitas, passando por Clóvis Beviláqua, Pontes de Miranda, Haroldo Valadão, entre outros, até os dias atuais.[1]

O Direito dos Seguros brasileiro se insere nesta tradição de abertura a outros sistemas jurídicos. Suas origens legislativas e doutrinárias na tradição portuguesa, sendo determinante, no ponto, a obra do Visconde de Cairu ("Princípios de direito mercantil e leis da marinha"), publicada em 1798, e a contribuição do mesmo autor para a elaboração do Código Comercial brasileiro, de 1850. Receberá também, forte influência do direito francês, como resultado da disciplina do seguro marítimo no Código Comercial. Mais recentemente destaca-se a importância do direito italiano, observada, por exemplo, pela aceitação da teoria da empresa, desenvolvida por Cesare Vivante, na doutrina brasileira,[2] e pelas disposições do Código Civil de 2002 inspiradas no Código Civil italiano – a exemplo do art. 798, que ao dispor sobre o suicídio no seguro de vida, prevê o prazo de carência de 2 anos.[3] Merece registro, ainda, a opção do legislador de 2002, ao distinguir e disciplinar em seções distintas os seguros de danos e de pessoas, após a previsão de disposições gerais, inspirado nos modelos consagrados em França, Alemanha e Itália.[4]

---

1. MIRAGEM, Bruno. *Teoria Geral do Direito Civil*. Rio de Janeiro: Forense, 2021. p. 12 e ss. p. 45 e ss.
2. TZIRULNIK; CAVALCANTI; PIMENTEL, Ayrton. *O Contrato de Seguro*. 3. ed. São Paulo: Roncarati, 2016. p. 61-62.
3. Sobre o debate no direito brasileiro: JUNQUEIRA, Thiago. O debate em torno do suicídio do segurado na experiência brasileira. *VII Fórum de Direito do Seguro* – IBDS. São Paulo: Roncarati, 2018.
4. COMPARATO, Fábio Konder. Substitutivo ao capítulo referente ao contrato de seguro no anteprojeto do Código Civil. *Revista de Direito Mercantil, Industrial, Econômico e Financeiro*, São Paulo, ano XI, n. 5, p. 143-152, 1972. p. 146 e ss.

Porém, não tão conhecida ou explorada pela doutrina brasileira é a contribuição do direito suíço, mais especificamente, do Código do Cantão de Zurique, para a formação do Direito dos Seguros brasileiro. Trata-se de influência legislativa que resultou da recepção de suas normas relativas ao contrato de seguro, pelo Código Civil de 1916, e que terá repercussões até hoje, podendo ser observada em uma série de disposições do atual Código Civil. É explicada por duas circunstâncias relacionadas ao processo de codificação no Brasil. Em primeiro lugar, a forte inspiração do Projeto Coêlho Rodrigues no Código do Cantão de Zurique, não apenas em matéria de seguro, mas em diversos outros temas. De outro lado, pela grande aceitação que o Projeto Coêlho Rodrigues teve no Projeto Beviláqua, no tocante à disciplina do contrato de seguro, tomando dele a inspiração no modelo suíço.

Pontes de Miranda, ao expor a respeito do contrato de seguro no Código Civil de 1916, é categórico ao afirmar: "diremos pouco; a fonte principal foi o Código Civil do Cantão de Zurique".[5] A assertiva pode ser confirmada pelo próprio Clóvis Beviláqua, em seus comentários doutrinários, ao sinalizar que, dos 45 dispositivos do capítulo relativo ao contrato de seguro (Cap. XIV, Título V, Livro III), pelo menos 38 teriam alguma influência, direta ou indireta, do Código de Direito Privado do Cantão de Zurique (*Privatrechtliches Gesetzbuch für den Kanton Zürich*).[6]

O Código de Direito Privado do Cantão de Zurique, de 1855, é fruto da pandectística suíça, de autoria de Bluntschli, um dos principais expoentes desta escola de pensamento.[7] Caracterizou-se pelo espírito de conservar e inovar, ou seja, de preservar a tradição sem deixar de propor inovações quando necessário.[8] Especificamente em relação ao contrato de seguro, se insere no movimento legislativo iniciado na segunda metade do século XIX, de regulamentação dos seguros terrestres – até então, apenas os marítimos eram objeto de disciplina legal, e o seguro carecia de um corpo legislativo capaz de tratar de forma uniforme e sistematizada os seus diversos tipos.[9] Na sua versão original, o Código do Cantão regulou o contrato de seguro em seção específica (Seção XI, do Livro IV (Direito das obrigações), arts. 1704 a 1760), dividida em três capítulos. O primeiro, com disposições gerais, a respeito da forma e condições do contrato, das obrigações do segurado e do segurador, e da prescrição. O segundo, sobre o seguro mutual. E o terceiro, dispondo a respeito de algumas espécies, a saber: seguro de incêndio, granizo, transporte, vida e morte de gado.[10] Mais adiante, na revisão do Código do Cantão, em

---

5. PONTES DE MIRANDA. *Fontes e evolução do direito civil brasileiro*. 2. ed. Rio de Janeiro: Forense. 1981. p. 324.
6. BEVILÁQUA, Clóvis. *Código Civil dos Estados Unidos do Brasil*. 5. tir. Rio de Janeiro: Rio, 1973. P. 560 e ss. Neste particular, o autor também observa a influência de outros sistemas jurídicos, como o direito belga, espanhol, português, italiano. Porém, prevalece a influência do Código de Zurique.
7. WIEACKER, Franz. *História do direito privado moderno*. Lisboa: Fundação Calouste Gulbenkian, 2010, p. 506, 562 e 567.
8. LEHR, Ernest. *Code Civil du Canton de Zurich de 1887*. Traduit et annoté. Paris: Imprimerie Nationale, 1890. P. LI e ss.
9. DONATI, Antigono. *Trattato del Diritto delle Assicurazioni Private*. I. Milano: Giuffrè, 1952. P. 77 e ss.
10. BLUNTSCHLI, Johann Caspar. *Privatrechtliches Gesetzbuch für den Kanton Zürich. Das zürcherische Obligationenrecht*. 3. Band. Zürich: Schulthess, 1855. p. 572 e ss.

1887, empreendida por Albert Schneider, o seguro passou a constar dos arts. 496 a 552, da Seção VII, Livro III (Direito das Obrigações). Manteve-se, na ocasião, a mesma estrutura da seção, com a previsão de três capítulos: o primeiro, com disposições gerais; o segundo, sobre o seguro mutual; e o terceiro sobre os diferentes tipos, com o acréscimo do seguro de sobrevivência.[11] Em relação ao conteúdo propriamente dito das normas, preservou-se, naquilo que possível, a redação original, promovendo-se alterações pontuais, necessárias à sua adequação à nova legislação federal suíça.[12] O Código cantonal então, cuja notoriedade, à época, transcendeu os limites do próprio território suíço, viria, mais tarde, a influenciar o direito brasileiro.

Conforme já se destacou, a influência do Código do Cantão de Zurique sobre o direito dos seguros no Brasil se dá por intermédio do Projeto de Código Civil de Coêlho Rodrigues.[13] Apresentado em 1893, o projeto é fruto da escalação de Antônio Coêlho Rodrigues, ainda pelo governo de Deodoro da Fonseca, em 1890, para a redação do Código Civil brasileiro. Para a realização do trabalho, Coêlho Rodrigues instalou-se em Genebra, onde receberia os influxos do que havia de mais moderno no direito suíço.[14] Daí a sua forte inspiração no Código do Cantão de Zurique. O aporte suíço, inclusive, não passaria despercebido pela comissão revisora do projeto. Em uma das suas manifestações, esta chegou a observar o seguinte a propósito da disciplina dos direitos reais:

> por ter encontrado originalidade em algumas disposições do Código Civil do cantão de Zurich, mas sem indagar si essas disposições consagravam apenas usos locaes (...), resolveu-se o autor a, com ligeira e ás vezes damnosa modificação de fórma, trasladal-o para o seu projecto, em toda a parte relativa aos direitos reaes, capitulo por capitulo, secção por secção, artigo por artigo. Foi uma cópia servil (...).

Nesse contexto, lança duras críticas ao que seria, no âmbito do instituto da servidão, um transplante "sem reflexão" do Código de Zurique.[15] Por diversas razões, então, o projeto acabou não sendo acolhido, após sua apresentação, no governo de Floriano Peixoto.

Em relação à disciplina do contrato de seguro, o Projeto Coêlho Rodrigues seguiu o modelo suíço do Código de Zurique na estrutura e conteúdo de suas normas. Tratou do seguro em título específico (Título IX), art. 922 e ss., do livro relativo ao direito das obrigações (Livro 1). Sua estrutura era dividida em três capítulos. O primeiro, com disposições gerais (seção I), seguidas das obrigações do segurado (seção II) e do segurador (seção III); o segundo, disciplinando o seguro mútuo; e o terceiro, tratando das diferentes espécies de seguro: contra fogo (seção I), contra seca e chuva (seção II), contra

---

11. SCHNEIDER, Albert. *Privatrechtliches Gesetzbuch für den Kanton Zürich*: auf grundlage des bluntschli'schen kommentars. Zürich: Schulthess, 1888. p. 48 e ss.
12. LEHR, Ernest. *Code Civil du Canton de Zurich de 1887*, cit. p. 122 e ss.
13. COÊLHO RODRIGUES, Antônio. *Projeto do Código Civil Brazileiro, precedido de um projecto de lei preliminar*. Rio de Janeiro: Imprensa Nacional, 1893.
14. CARVALHO, Nayra Rodrigues; ARAÚJO, Johny Santana de. *História e memória de Antônio Coelho Rodrigues*: sua contribuição para a formação do estado nacional brasileiro.
15. COÊLHO RODRIGUES, Antônio. *Projeto do Código Civil. Parecer da comissão, exposição de motivos, refutação do parecer e resposta pela comissão dada à refutação*. Rio de Janeiro: Imprensa Nacional, 1893. p. 14 e 15 da "resposta pela comissão dada à refutação".

riscos do transporte (seção III), seguro de vida (seção IV), de sobrevivência (seção V) e de gado (seção VI). No conteúdo, igualmente, muitas de suas normas também eram transplantes do direito suíço em maior ou menor grau.[16]

Porém, tendo sido o projeto refutado pela Comissão Revisora, a recepção do modelo suíço no tocante à disciplina do contrato de seguro seria levada a efeito mais adiante, pelo projeto de Beviláqua, que resultou no Código de 1916. Conforme reconhecido pelo próprio Beviláqua, "principalmente o Esboço de Teixeira de Freitas e o Projecto do Dr. Coelho Rodrigues, mais seguidamente este que aquelle, forneceram-me copiosos elementos para a construcção que me havia sido confiada".[17] Igualmente, nas palavras de Pontes de Miranda,

> o Esboço de Teixeira de Feitas e o Projeto de Coelho Rodrigues – fontes memoráveis do Código Civil – caracterizam-se, principalmente o primeiro, por forte poder inventivo (....) O Código Civil brasileiro, pelo que deve a Clóvis Bevilaqua, é uma codificação para as Faculdades de Direito, mais do que para a vida. O que nele morde (digamos) a realidade vem de Teixeira de Freitas, ou de Coelho Rodrigues.[18]

Versão original publicada em: 11.11.2021.

---

16. COÊLHO RODRIGUES, Antônio. *Projeto do Código Civil Brazileiro*, cit. p. 113 e ss.
17. BEVILÁQUA, Clóvis. *Em defesa do projecto de Código Civil Brazileiro*. Rio de Janeiro: Livraria Francisco Alves, 1906. p. 26.
18. PONTES DE MIRANDA. *Fontes e evolução do direito civil brasileiro*, cit. p. 86-87.

O CÓDIGO DO CANTÃO DE ZURIQUE E O DIREITO DOS SEGUROS BRASILEIRO – PARTE 2

Bruno Miragem

Luiza Petersen

A influência do Projeto Coêlho Rodrigues (conforme destacado na primeira parte deste estudo), e do direito suíço que incorpora, sobre a disciplina do contrato de seguro no Código Civil de 1916, diz respeito mais às definições essenciais – ou ao conteúdo das normas – do que a aspectos de sua estrutura. O Código de 1916 tratava do seguro em capítulo específico, dentre as várias espécies de contratos típicos (Cap. XIV, do Título V, Livro III, arts. 1.432 e ss.). O capítulo era dividido em cinco seções. A primeira, com disposições gerais sobre o contrato. A segunda, com as obrigações do segurado. A terceira, com as obrigações do segurador. A quarta, dispondo sobre o seguro mútuo. E a quinta, sobre o seguro de vida. Nesse contexto, observa-se que o Código de 1916, à semelhança do Projeto Coêlho Rodrigues e do Código de Zurique, disciplinava o seguro com a previsão de disposições gerais, as quais eram seguidas das obrigações do segurado e do segurador, e de disposições especiais, relativas às várias espécies. Diferentemente, contudo, o capítulo não estava dividido em três partes, como nos anteriores. E, nas disposições especiais, tratava apenas dos seguros mútuo e de vida.

Neste particular, a mais notável contribuição do Código de Zurique, por intermédio do Projeto Coêlho Rodrigues, refere-se à sistematização e ao tratamento unitário do seguro terrestre. O Código de 1916, ao prever um capítulo específico ao contrato de seguro, estabelece, pela primeira vez na legislação brasileira, uma disciplina geral e abrangente, até então contemplada apenas pelas disposições do Código Comercial sobre os seguros marítimos. Isso levou a que, em relação aos demais seguros, a ausência de normas legais, o exercício da liberdade contratual pelos seguradores revelasse simples tradução das apólices de seguradores estrangeiros com atuação no Brasil, dando causa a imprecisões e contradições com elementos característicos do sistema jurídico brasileiro.[1] O Código de 1916, aproveitando-se da influência do direito estrangeiro, cumpre o propósito de promover a sistematização até então inexistente, a partir de uma disciplina razoavelmente abrangente dos principais aspectos do contrato de seguro.

Essa disciplina sistemática e unitária resultou, em grande medida, do transplante de diversas normas e institutos do direito suíço para o direito brasileiro. Algumas delas representando verdadeira inovação no sistema jurídico; outras, por outro lado,

---

1. ALVIM, Pedro. *Do contrato de seguro*. Rio de Janeiro: Forense, 1999, p. 53.

reforçando o que já era reconhecido na tradição brasileira, ou mesmo, modificando-a quanto a certos aspectos.

Merece destaque, neste contexto, a positivação do dever de boa-fé no contrato de seguro (art. 1.443: "o segurado e o segurador são obrigados a guardar no contrato a mais estrita boa-fé e veracidade, assim a respeito do objeto, como das circunstâncias e declarações a ele concernentes"). A norma em questão, que, aliás, será reproduzida, com pequenas modificações, no Código Civil de 2002 (art. 765),[2] teve inspiração no art. 508 do Código de Zurique,[3] segundo o qual, "na conclusão de um contrato de seguro ambos os contratantes são obrigados à veracidade e lealdade" ("Bei Schliessung des Versicherungsvertrages sind beide Parteien zur Wahrhaftigkeit und Treue verpflichtet").[4] Sua previsão legal não representou uma completa inovação; antes, reforçou a tradição jurídica brasileira que, em alguma medida, já reconhecia o papel proeminente da boa-fé no seguro.

Da mesma forma, é possível perceber a influência do Código de Zurique na disciplina conferida ao seguro de vida pelo Código de 1916.[5] Neste aspecto, chamam atenção duas disposições.

O art. 1.400, que se ocupou de reconhecer a legitimidade do seguro de vida e de outras modalidades de seguro de pessoas ("A vida e as faculdades humanas também se podem estimar como objeto segurável, e segurar, no valor ajustado, contra os riscos possíveis, como o de morte involuntária, inabilitação para trabalhar, ou outros semelhantes");[6] assim, sob inspiração do art. 505 do Código de Zurique: "Pessoas e atributos pessoais também podem, no entanto, ser estimadas em um valor de seguro e este ser segurado contra riscos, como, por exemplo, a morte ou incapacidade para o trabalho".[7]

Do mesmo modo, o art. 1.472 do Código Civil de 1916 declarava a legitimidade do seguro sobre a vida de outrem, para tanto introduzindo o critério do interesse na preservação da vida da pessoa ("Pode uma pessoa fazer o seguro sobre a própria vida,

---

2. Art. 765 do CC. "O segurado e o segurador são obrigados a guardar na conclusão e na execução do contrato, a mais estrita boa-fé e veracidade, tanto a respeito do objeto como das circunstâncias e declarações a ele concernentes".
3. BEVILÁQUA, Clóvis. *Código Civil dos Estados Unidos do Brasil*, cit. p. 573. Segundo o autor, a norma também teria como inspiração o art. 9 da Lei Belga (1874), segundo o qual: "Toute réticence, toute fausse déclaration de la part de l'assuré, même sans mauvaise foi, rendent l'assurance nulle lorsqu'elles diminuent l'opinion du risque ou en changent le sujet, de telle sorte que l'assureur, s'il en avait eu connaissance, n'aurait pas contracté aux mêmes conditions".
4. SCHNEIDER, Albert. *Privatrechtliches Gesetzbuch für den Kanton Zürich*, cit. p. 52. Na primeira versão do Código do de Zurique, a norma correspondia ao § 1716 (BLUNTSCHLI, Johann Caspar. Privatrechtliches Gesetzbuch für den Kanton Zürich, cit. p. 577). Na tradução para o francês, de Ernest Lehr: "Au moment où elles traitent, les deux parties sont tenues d'être sincères et bonne foi" (Code Civil du Canton de Zurich de 1887, cit. p. 124). No projeto Coêlho Rodrigues, correspondia ao art. 933 "o segurado e o segurador são obrigados a guardar no respectivo contrato a mais restricta sinceridade e boa fé, tanto a respeito do objecto, como das circunstancias e das declarações pertinentes (COÊLHO RODRIGUES, Antônio. *Projeto do Código Civil Brazileiro*, cit. p. 114).
5. BEVILÁQUA, Clóvis. *Código Civil dos Estados Unidos do Brasil*, cit. p. 596 e ss.
6. No projeto Coêlho Rodrigues, encontra correspondência no art. 930.
7. No original. "Es können aber auch Personen und persönliche Eigenschaften zu einem Versicherungswerthe angeschlagen und dieser gegen Gefahren, z. B. des Todes oder der Arbeitsunfähigkeit, versichert warden" (SCHNEIDER, Albert. Privatrechtliches Gesetzbuch für den Kanton Zürich, cit. p. 51). No francês: "Des personnes et des facultés personnelles peuvent être estimées à une valeur d'assurance et cette valeur assurée contre certains risques, par exemple, de décès ou d'incapacité de travail" (LEHR, Ernest. Code Civil du Canton de Zurich de 1887, cit. p. 124).

ou sobre a de outrem, justificando, porém, neste último caso, o seu interesse pela preservação daquela que segura, sob pena de não valer o seguro, em se provando ser falso o motivo alegado").[8] Assim, sob os influxos do art. 548 do Código de Zurique ("O segurado pode fazer o seguro para sua própria vida ou para a vida de outro, mas este último caso somente se o segurado tiver um interesse na continuidade da vida da pessoa para a qual o seguro é feito. Caso contrário, o negócio é tratado como um contrato de jogo").[9] A regra constará, mais tarde, também do Código Civil brasileiro de 2002, ainda que com algumas modificações (art. 790).[10]

A contribuição do Código de Zurique pode ser observada, igualmente, a propósito de outros aspectos tradicionais do contrato de seguro. Assim, por exemplo: a) no tocante à vedação da cobertura de ato ilícito do segurado (art. 1.436 do CC/16), sob a influência do art. 500 do Código de Zurique, e mais tarde será compreendido como vedação à cobertura de ato doloso do segurado (art. 762 do CC/02); b) a proibição, decorrente do princípio indenitário nos seguros de danos, de contração de seguro por valor que supere o bem ou de mais de um seguro para o mesmo bem (art. 1.437), que guardaria correspondência parcial com o art. 501 do Código de Zurique, e que, sob nova roupagem, constará da disciplina do CC/02 relativa aos seguros de danos (art. 778 e ss.); c) em sentido inverso, no seguro de vida, a permissão de mais de uma apólice sobre o mesmo interesse e a liberdade dos contratantes de estipulação do seu valor (art. 1.441 do CC/16), regra inspirada no art. 506 do Código de Zurique e atualmente presente no art. 789 do CC/02; d) a exigência de comunicação do agravamento do risco (art. 1.455 do CC/16), correspondente ao art. 520 do Código de Zurique, e que constará, em outros termos, no art. 769 do CC/02;[11] e e) a previsão de ausência de cobertura para os danos decorrentes de vício intrínseco da coisa (art. 1.459 do CC/16), conforme art. 524 do Código de Zurique, ora definida no art. 784 do CC/02.[12]

Esses exemplos, dentre outros tantos que por limites de espaço não são trazidos aqui, revelam o importante papel do Código do Cantão de Zurique para a disciplina do contrato de seguro. Sua influência transcende as contribuições originais para a primeira codificação civil, repercutindo ainda hoje, nos vários estratos do Direito dos Seguros brasileiro.

Versão original publicada em: 18.11.2021.

---

8. No projeto Coêlho Rodrigues, encontra correspondência no art. 976.
9. No original. "Der Versicherte kann die Versicherung auf sein eigenes oder auf ein fremdes Leben abschliessen, letzteres aber nur, wenn der Versicherte ein Interesse an dem Fortleben der Person hat, auf welche die Versicherung abgestellt wird. Im entgegengesetzten Falle wird das Geschäft als ein Spielvertrag behandelt" (SCHNEIDER, Albert. *Privatrechtliches Gesetzbuch für den Kanton Zürich*, cit. p. 66). Na tradução para o francês: "Celui qui traite avec la compagnie peut faire l'assurance sur as propre vie ou sur celle d'um tiers; mais, dans ce dernier cas, il faut qu'il ait um intêret à la continuation de l avie de ce tiers. Sinon, l'operation est considérée comme un jeu" (LEHR, Ernest. *Code Civil du Canton de Zurich de 1887*, cit. p. 132).
10. Art. 790 do CC. "No seguro sobre a vida de outros, o proponente é obrigado a declarar, sob pena de falsidade, o seu interesse pela preservação da vida do segurado".
11. Sobre a disciplina do risco no contrato de seguro no CC-02 e sua comparação em relação ao CC-16: PETERSEN, Luiza. *O risco no contrato de seguro*. Roncarati: São Paulo, 2018.
12. BEVILÁQUA, Clóvis. *Código Civil dos Estados Unidos do Brasil*, cit. p. 560 e ss.

PROJETO DE LEI DE SEGUROS: UMA VISÃO CRÍTICA GERAL E UMA ESPECÍFICA NOS SEGUROS DE RESPONSABILIDADE CIVIL

Bárbara Bassani

O tema de uma nova legislação de seguros voltou a estar em evidência com os desdobramentos do Projeto de Lei da Câmara (PLC) 29/2017, que dispõe sobre normas de seguros privados e revoga dispositivos do Código Civil.

O PLC consiste, atualmente,[1] em cento e trinta e dois artigos, divididos em seis títulos: (i) Disposições Gerais (arts. 1 a 86); (ii) Seguros de Danos (arts. 87 a 109); (iii) Seguros sobre a Vida e a Integridade Física (arts. 110 a 122); (iv) Seguros Obrigatórios (art. 123); (v) Prescrição (art. 124 a 125); e (vi) Disposições Finais e Transitórias (arts. 126 a 132).

Uma simples leitura da divisão sistemática proposta já revela uma falha técnica, pois nas disposições gerais são cerca de noventa artigos, que englobam temas como cosseguro, seguro em favor de terceiro e resseguro, que, nem de longe, se referem a aspectos gerais aplicáveis a toda e qualquer relação securitária. Aliás, o resseguro sequer deveria estar presente no texto, dada a sua especificidade e o fato de que não deve jamais ser confundido com o seguro.

Não se faz necessária uma nova legislação securitária em diploma separado, tal como proposto no PLC, tendo em vista que a publicação do Código Civil é recente e o Capítulo XV, que trata do seguro, contém dispositivos que mereceriam ser aproveitados. Idealmente, uma nova lei de seguros deveria manter os bons dispositivos já existentes no Código Civil, em vez de revogá-los ou transformá-los por completo, aproveitando, quiçá, o processo de atualização da legislação civil.

Não é isso que se vê no PLC. Ao contrário, observamos uma série de falhas no texto proposto. Por exemplo, os artigos 96 a 105, que tratam do Seguro de Responsabilidade Civil, em muitas passagens, além de não se coadunarem com a melhor prática que permeia essa espécie securitária, contrariam a própria natureza desse seguro e alteram a legislação processual vigente.

---

1. Conforme versão disponível em 14.02.2024 no sítio eletrônico do Senado Federal, nos termos do parecer favorável com emenda substitutiva do relator da matéria, Senador Jader Barbalho.

O artigo 96,[2] *caput*, consagra o entendimento de que o seguro de responsabilidade civil protege o patrimônio do segurado, na primeira parte. Todavia, peca na segunda parte, ao se referir ao interesse dos terceiros prejudicados à indenização, o que poderá trazer consequências. Ora, o seguro de responsabilidade civil protege o patrimônio do segurado, e não o de terceiro, mesmo porque o limite máximo garantido pode ser exaurido com a reclamação de um único terceiro prejudicado pelo segurado ou alguns poucos terceiros.

O artigo 100, *caput*,[3] consagra a Súmula 529[4] do STJ, mas de uma forma mais rígida, ao criar uma dispensa de litisconsórcio em seu parágrafo único.[5] O § 2º[6] do artigo 96 afirma o que já vem ocorrendo na prática com relação à cobertura para custos de defesa, muito embora, consigne, de forma expressa, que a fixação do valor para tal cobertura específica é diversa daquela destinada à indenização dos prejudicados, o que poderia levar a conclusão de que a sua utilização não abrange os valores das demais coberturas, desrespeitando a sistemática de previsão no tocante ao limite máximo de garantia previsto na apólice.

O artigo 98[7] trata do dever de colaboração e das consequências da falta desse dever por parte do segurado e do "responsável garantido pelo seguro", expressão que deixa dúvida. Se vigente a disposição pretendida no PLC, o segurado simplesmente pode ficar motivado a não comunicar à seguradora acerca da ocorrência de fato que pode vir a gerar a sua responsabilidade, pois a consequência não mais será a perda do direito ao recebimento da indenização securitária, mas a responsabilidade por perdas e danos. Em outras palavras, caberá à seguradora demonstrar que a conduta do segurado foi ilícita e lhe ocasionou danos indenizáveis, inviabilizando os aspectos econômicos que permeiam o seguro, já que, em paralelo, caberá à seguradora regular o sinistro.

Aliás, o PLC, em diversos momentos, trata de consequências relacionadas à culpa ou ao dolo do segurado, em substituição ao mero descumprimento contratual como sendo suficiente para gerar consequências no âmbito de uma apólice, desconsiderando

---

2. Capítulo II do Seguro de Responsabilidade Civil
   Art. 96. O seguro de responsabilidade civil garante o interesse do segurado contra os efeitos da imputação de responsabilidade e do seu reconhecimento, assim como o dos terceiros prejudicados à indenização.
3. Art. 100. Os prejudicados poderão exercer seu direito de ação contra a seguradora, desde que em litisconsórcio passivo com o segurado.
4. No seguro de responsabilidade civil facultativo, não cabe o ajuizamento de ação pelo terceiro prejudicado direta e exclusivamente em face da seguradora do apontado causador do dano.
5. *Parágrafo único*. O litisconsórcio será dispensado quando o segurado não tiver domicílio no Brasil.
6. § 2º Na garantia de gastos com a defesa contra a imputação de responsabilidade, deverá ser estabelecido um limite específico e diverso daquele destinado à indenização dos prejudicados.
7. Art. 98. O responsável garantido pelo seguro que não colaborar com a seguradora ou praticar atos em detrimento dela responderá pelos prejuízos a que der causa, cabendo-lhe:
   I – informar prontamente a seguradora das comunicações recebidas que possam gerar uma reclamação futura;
   II – fornecer os documentos e outros elementos a que tiver acesso e que lhe forem solicitados pela seguradora;
   III – comparecer aos atos processuais para os quais for intimado; e
   IV – abster-se de agir em detrimento dos direitos e pretensões da seguradora.

a dificuldade de comprovação de situações de fraude e dolo, em negativas administrativas, inclusive.

Para que o segurado transacione com o terceiro não será mais necessária a anuência da seguradora,[8] na medida em que o PLC é silente quanto à vedação da celebração de acordo entre o segurado e o terceiro prejudicado, sem a anuência da seguradora.

A regra imposta pelo artigo 105[9] é, igualmente, desafiadora porque supõe o entendimento de que a seguradora somente ficará liberada com a prestação da totalidade das indenizações a todos os prejudicados, salvo se ignorar a existência dos demais. Todavia, não é essa a sistemática do seguro de responsabilidade civil. O seguro tem foco no patrimônio do segurado e não no de terceiro. Além disso, irá indenizar até o limite máximo garantido da apólice, e esse limite, muitas vezes, é insuficiente para indenizar todos os terceiros envolvidos. Ainda, causa perplexidade a previsão contida no artigo 103,[10] no sentido de que o segurado deverá empreender todos os esforços para informar os terceiros prejudicados sobre a existência e o conteúdo do seguro contratado.

O artigo 99, parágrafo único,[11] por sua vez, confunde os institutos de direito processual civil de chamamento ao processo e de denunciação da lide, ao prever que o segurado poderá chamar a seguradora a integrar o processo, na condição de litisconsorte, sem responsabilidade solidária. A legislação processual civil estabelece que, no chamamento ao processo, há existência de solidariedade entre os "chamados", razão pela qual se verifica uma impropriedade técnica ao mencionar o chamamento sem responsabilidade solidária. Aliás, o Código de Processo Civil atual prevê que, na denunciação da lide, procedente o pedido da lide primária, pode o autor, se for o caso, requerer o cumprimento da sentença também contra o denunciado, nos limites da sua condenação na ação regressiva.

Quanto à prescrição,[12] não há mais regra específica para os seguros de responsabilidade civil, sendo suprimida a previsão de que o prazo ânuo para o segurado seria

---

8. Art. 104. Salvo disposição em contrário, a seguradora poderá celebrar transação com os prejudicados, o que não implicará o reconhecimento de responsabilidade do segurado, nem prejudicará aqueles a quem é imputada a responsabilidade.
9. Art. 105. Se houver pluralidade de prejudicados em um mesmo evento, a seguradora ficará liberada com a prestação da totalidade das indenizações decorrentes da garantia do seguro a um ou mais prejudicados, sempre que ignorar a existência dos demais.
10. Art. 103. O segurado deve empreender os melhores esforços para informar os terceiros prejudicados sobre a existência e o conteúdo do seguro contratado.
11. *Parágrafo único*. O segurado poderá chamar a seguradora a integrar o processo, na condição de litisconsorte, sem responsabilidade solidária.
12. Art. 124. Prescrevem:
    I – em um ano, contado da ciência do respectivo fato gerador:
    a) a pretensão da seguradora para a cobrança do prêmio ou qualquer outra pretensão contra o segurado e o estipulante do seguro;
    b) a pretensão dos intervenientes corretores de seguro, agentes ou representantes de seguro e estipulantes para a cobrança de suas remunerações;
    c) as pretensões das cosseguradoras, entre si;
    d) as pretensões existentes entre seguradoras, resseguradoras e retrocessionárias;

contado a partir da sua citação na demanda proposta pelo terceiro. Como os demais seguros, o prazo será de um ano, contado da ciência da recusa expressa e motivada da seguradora. No entanto, o PLC prevê o prazo de três anos para que o terceiro prejudicado exija a indenização securitária da seguradora, tendo início o referido prazo a partir da ciência do fato gerador.

Nesse tocante, há o surgimento de diversas questões, que necessitarão de exercício hermenêutico para sua solução. Fica consagrada a possibilidade de relação entre o terceiro prejudicado e a seguradora e nasce para o terceiro um prazo de três anos contra a seguradora, prazo esse maior do que aquele previsto para o próprio segurado, que é de um ano. Para além disso, haverá discussão quanto ao conceito de fato gerador apto a ensejar a abertura do prazo prescricional do terceiro em face da seguradora.

Na versão atual, foi suprimida a previsão de prorrogação do seguro destinado a garantir interesses que recaírem sobre empreendimentos, o que é positivo, já que os seguros de responsabilidade civil geral são comumente contratados em grandes obras.

Apesar disso, o PLC segue com forte interferência na legislação de arbitragem e em dispositivos de cunho processual, conforme se depreende da simples leitura dos artigos 127,[13] 128[14] e 129,[15] ponto esse que merece ser revisto pelo Congresso.

É inegável que as normas regulatórias editadas pela SUSEP e CNSP, muitas vezes, acabam suprimindo a ausência de legislação específica federal em determinados assuntos, o que poderia ser, de certo modo, evitado se existisse uma lei de seguros. Porém, considerando os diversos tipos de seguro, dos mais comuns aos massificados e grandes riscos, não é possível que um único texto legal seja aplicado, indistintamente, às mais variadas espécies e situações concretas que existem no mercado, sob pena de causar uma distorção que, hoje, não existe.

E mais, sob pena de prejudicar o próprio segurado, pois se as seguradoras tiverem que adaptar suas rotinas e operações para uma forma única legislativa aplicável a todo

---

II – em um ano, contado da ciência da recepção da recusa expressa e motivada da seguradora, a pretensão do segurado para exigir indenização, capital, reserva matemática, prestações vencidas de rendas temporárias ou vitalícias e restituição de prêmio em seu favor;

III – em três anos, contados da ciência do respectivo fato gerador, a pretensão dos beneficiários ou terceiros prejudicados para exigir da seguradora indenização, capital, reserva matemática, prestações vencidas de rendas temporárias ou vitalícias.

13. Art. 127. Nos contratos de seguro sujeitos a esta Lei, poderá ser pactuada, mediante instrumento assinado pelas partes, a resolução de litígios por meios alternativos, que será feita no Brasil e submetida às regras do direito brasileiro, inclusive na modalidade de arbitragem.
    Parágrafo único. A autoridade fiscalizadora disciplinará a divulgação obrigatória dos conflitos e das decisões respectivas, sem identificações particulares, em repositório de fácil acesso aos interessados.
14. Art. 128. É absoluta a competência da justiça brasileira para a composição de litígios relativos aos contratos de seguro sujeitos a esta Lei, sem prejuízo do previsto no art. 127.
15. Art. 129. O foro competente para as ações de seguro é o do domicílio do segurado ou do beneficiário, salvo se eles ajuizarem a ação optando por qualquer domicílio da seguradora ou de agente dela.
    Parágrafo único. A seguradora, a resseguradora e a retrocessionária, para as ações e arbitragens promovidas entre si, em que sejam discutidos conflitos que possam interferir diretamente na execução dos contratos de seguro sujeitos a esta Lei, respondem no foro de seu domicílio no Brasil.

e qualquer seguro, o custo, muito provavelmente, será repassado na precificação dos seguros.

O PLC, além de elevar o segurado a uma categoria a qual é dada maior proteção daquela atribuída ao próprio consumidor, na legislação pertinente, desconsidera, por completo, qualquer análise de impacto regulatório que terá a necessidade de alteração de inúmeras regras atualmente consagradas, bem como o custo e o tempo que demandará seja do regulador, seja das seguradoras, dos resseguradores, dos prestadores, e de todos aqueles que, de algum modo, se relacionam com a atividade securitária. Isso sem esquecer do grande segurado, obviamente, que celebrou, e muito, a liberdade concedida pelo regulador nos últimos três anos, que acabaria, em grande parte, suprimida com a nova lei.

Não se nega que o PLC tenha tramitado da Câmara para o Senado, com a realização de audiências públicas e a participação de *players* importantes. Porém, merece reflexão se esse mesmo texto, aprovado em uma das Casas no passado, é compatível com a nova realidade imposta em um mundo pós-pandemia e com o desenvolvimento almejado em seguros e resseguros.

A resposta, com o devido respeito às opiniões divergentes, é apenas uma: o PLC, que já nasceu com sérios problemas quando chegou ao Senado, mesmo no cenário atual, após os ajustes veiculados no parecer de seu relator, representaria um retrocesso em muitos de seus dispositivos, sendo necessário um exercício hermenêutico robusto tanto por parte da doutrina como por parte dos julgadores, caso seja aprovado da forma como está.

Versão original publicada em: 29.06.2023.

O PLC 29 DE 2017
SOBRE CONTRATOS DE SEGURO

Gustavo de Medeiros Melo

O Projeto de Lei da Câmara 29 de 2017 é o desdobramento do Projeto de Lei 3.555, apresentado pelo então Dep. José Eduardo Martins Cardozo (PT-SP) em 2004, propondo uma lei para os contratos de seguro no Brasil. Passei a acompanhá-lo em 2007, quando tramitava na Comissão de Direito Econômico, Indústria e Comércio (CDEIC) da Câmara dos Deputados. No ano seguinte, foi aprovado como substitutivo do Dep. Leandro Sampaio e, a partir dali, passou a ter outras numerações em razão de arquivamentos e apensamentos: PL 8.034/2010, Dep. Moreira Mendes, e PL 8.290/2014, Dep. Marcos Montes.

Em 13.12.2016, o PL 3.555/2004 passou pela Comissão Especial da Câmara, como substitutivo do Dep. Lucas Vergílio, em caráter terminativo. Uma sessão apática, quase vazia, com 16 votos favoráveis.[1] Em 2017, o texto foi enviado ao Senado como Projeto de Lei da Câmara 29, ingressando na Comissão de Constituição, Justiça e Cidadania (CCJ). Após audiência pública e parecer favorável do Sen. Rodrigo Pacheco, foi arquivado. Os anos se passaram e, em março de 2023, por força de compromissos pessoais do governo PT, o PLC 29/2017 voltou de repente.

Desde sua origem, o projeto sempre encontrou forte rejeição do mercado e suas instituições, acusado de intervencionismo estatal e protecionismo pró-segurado carregado de interesses unipessoais isolados. No início de 2023, notícia na mídia de que seria aprovado a toque de caixa, sem qualquer modificação, deixou todos de cabelo em pé. Professores, advogados e instituições passaram a reestudar o assunto, e as mais importantes entidades do setor se manifestaram contrárias à versão atual do PLC.

O PL 3.555/2004 teve o mérito de provocar um intenso debate sobre os temas mais relevantes que envolvem os contratos de seguro e resseguro no Brasil, com realização de eventos, publicações e participação de estudiosos nacionais e estrangeiros. Vivenciei esse processo com entusiasmo pelo capítulo dos seguros de responsabilidade civil. A ideia foi dar mais clareza à função social dessa garantia, integrando o terceiro prejudicado (vítima do sinistro) na disciplina material e processual correspondente.[2]

---

1. Disponível em: https://www.camara.leg.br/evento-legislativo/46160.
2. Sobre ação direta e as formas de intervenção de terceiros na lide securitária: MELO, Gustavo de Medeiros. *Ação direta da vítima no seguro de responsabilidade civil*. São Paulo: Contracorrente, 2016, p. 119.

Entretanto, é inegável que ainda existem problemas a serem tratados. A ausência de distinção entre seguros massificados e grandes riscos é uma falha apontada no PL 3.555/2004 pelo jurista português José Carlos Moitinho de Almeida 15 anos atrás,[3] omissão injustificável frente à experiência de Portugal, Espanha, França, Alemanha, Argentina, Chile, Colômbia, Peru etc.[4] Essa crítica só aumentou após a Resolução CNSP 407/2021, que estabeleceu um regime regulatório mais flexível para determinados seguros classificados pelo órgão regulador na categoria dos grandes riscos.[5]

Um ponto bastante problemático é a exigência de *aprovação prévia* dos produtos pelo Estado. O PL 3.555/2004 dizia que só podem pactuar contratos de seguros companhias que tenham *depositado* as condições contratuais e as respectivas notas técnicas e atuariais junto à Superintendência de Seguros Privados (Susep). Os projetos 8.034/2010 e 8.290/2014 aumentaram o intervencionismo ao substituir o *"depósito"* pela *"aprovação"* das condições contratuais e notas técnicas e atuariais junto ao órgão fiscalizador.

O PLC 29/2017, por sua vez, endureceu mais esse regime ao exigir que tais instrumentos sejam *elaborados e aprovados* perante o órgão supervisor e fiscalizador de seguros, o que caminha na contramão[6] do atual Sistema de Registro Eletrônico de Produtos (REP).[7] Após muita resistência, um acordo negociado com o governo e seus interlocutores parece ter retirado essa exigência de aprovação prévia.[8]

O capítulo da regulação e liquidação de sinistro merece referência. O relatório do regulador é qualificado como *documento comum* às partes interessadas (art. 84). Essa classificação permite que segurados e beneficiários possam acessá-lo, ou exigir sua exibição forçada, para compreender as razões que motivaram eventual negativa de cobertura. De fato, a regulação do sinistro integra a cadeia obrigacional da seguradora e seu relatório constitui peça fundamental desse contrato a lastrear a decisão da companhia dirigida ao segurado ou beneficiário.

Por outro lado, o PLC 29 diz que a seguradora deverá entregar ao segurado ou beneficiário os documentos produzidos ou obtidos durante a regulação e liquidação do sinistro que fundamentem a decisão negativa, com exceção daqueles confidenciais, sigilosos ou que possam causar danos a terceiros, a menos que haja determinação judicial ou arbitral (art. 86).

Hoje, com visão mais ampla, reconheço ser um exagero. O processamento de uma regulação de sinistro contém intimidades da gestão empresarial, como diálogos entre

---

3. MOITINHO DE ALMEIDA, José Carlos. *Contrato de Seguros*: Estudos. Coimbra: Coimbra, 2009, p. 266.
4. GOLDBERG, Ilan & BERNARDES, Guilherme. Seguros para grandes riscos, seguros massificados e a isonomia (partes 1 e 2). *Consultor Jurídico*, 21 e 28.09.2023.
5. MELO, Gustavo de Medeiros. A Resolução CNSP 407 dos seguros de grandes riscos. *Consultor Jurídico*, 15.06.2023.
6. BERNARDES, Guilherme & GOLDBERG, Ilan. O PLC 29/2017 na contramão do sistema regulatório. JOTA, 16.05.2023.
7. Circular Susep 657/2022, que dispõe sobre o registro de produtos na Susep.
8. CNSeg faz "acordo" com Fernando Haddad e PL 29 de seguros será aprovado com "alguns" ajustes. *Sonho Seguro* – notícia de 05.10.2023.

reguladores, técnicos, empregados, diretores, advogados internos e externos da seguradora, memorandos e opiniões legais, que não podem ser devassados.[9] O que se entende por documento sigiloso e confidencial, ou potencial danoso a terceiros, na linguagem genérica do projeto, tem tudo para ser uma fonte eterna de conflitos. É preciso um limite objetivo: exibição da *carta negativa* e do *relatório final de regulação*.

Aliás, essa disposição fazia algum sentido no passado porque os projetos anteriores diziam que o relatório de regulação era documento comum às partes, *assim como todos os elementos que tenham sido utilizados para sua elaboração* (PL 3.555/2004, 8.034/2010 e 8.290/2014). A segunda parte da mensagem, no entanto, foi retirada do PLC 29, deixando um descasamento entre as disposições. Assim, qual é a necessidade do art. 84 dizer que o relatório de regulação é documento comum ao segurado, se o art. 86 esgarça a obrigação exibitória para *todos os documentos produzidos ou obtidos durante a regulação e liquidação do sinistro que fundamentem a decisão*? Um terreno fértil para a litigiosidade.

Ainda nesse capítulo, existe outro ponto inflamável que veio escalando no tempo: o encerramento do processo de regulação e liquidação do sinistro. Em sua origem, o PL 3.555/2004 propunha o prazo máximo de 90 dias para a seguradora executar os procedimentos de regulação e liquidação, contado da apresentação da reclamação pelo interessado, sujeito às *suspensões* eventualmente cabíveis pela necessidade de dilação probatória.

O PL 8.034/2010 reproduziu esse prazo de 90 dias e inseriu multa de 5% sobre o montante devido em caso de atraso, correção monetária, juros legais e indenização pela mora. O PL 8.290/2014 reduziu o prazo para 30 dias, o tempo regulamentar adotado pela Susep, mas estabeleceu um regime de *decadência* para o direito de recusar a cobertura pela companhia. No mais, manteve os 90 dias para executar os procedimentos de regulação e liquidação do sinistro.

Sempre pareceu confusa essa previsão de dois prazos simultâneos (30 e 90), sendo um deles de *decadência*. O PLC 29/2017, entretanto, complicou mais a situação. Separou o assunto em dois dispositivos, mas deixou o *efeito suspensivo restrito ao prazo de 90 dias para regular e liquidar*. O prazo de 30 dias ficou imune a qualquer espécie de interferência, o que representa uma extravagância dobrada.

Detalhe: essa decadência foi discretamente plantada em voto separado do Dep. Eduardo Cunha, em 2014. O regime não é comum nos sistemas estrangeiros, embora exista na Argentina. Mesmo lá, não há reconhecimento automático de cobertura no vencimento do prazo, mas sim na fase das *diligências complementares* solicitadas pela seguradora (Lei 17.418/67, art. 56).[10]

---

9. Acórdão da 9ª Câmara do TJSP, relatado pelo Des. Alexandre Lazzarini, colocou limite correto nessa intervenção: AI 2117804-67.2014.8.26.0000, j. 16.09.2014.
10. Art. 56. "*El asegurador debe pronunciarse acerca del derecho del asegurado dentro de los treinta días de recibida la información complementaria prevista en los párrafos 2º y 3º del artículo 46. La omisión de pronunciarse importa aceptación*".

Recentemente, um texto negociado junto ao governo manteve a decadência em 30 dias, passível de interrupção, e prazo maior a ser estabelecido pela Susep para sinistros complexos. Apesar disso, não tem aderência à nossa realidade, não faz parte da experiência cultural brasileira (comercial, contratual e regulatória) que sempre caminhou na direção contrária.

O capítulo do resseguro é outro terreno cheio de problemas. Os projetos 3.555/2004 e 8.034/2010 não tratavam de prazo para o ressegurador avaliar a proposta da seguradora. Em 2014, o PL 8.290 começou a tocar nesse assunto, dizendo que o resseguro será formado segundo o mesmo regime de *aceitação tácita* aplicável ao contrato de seguro, *na metade (sic) do prazo previsto no art. 55 e seus parágrafos*. Aqui, o art. 55 estabelecia prazo máximo de 15 dias para recusa da proposta pela seguradora, sob pena de *aceitação tácita*. Logo, o prazo do ressegurador seria metade de 15. Além do *caput*, havia 10 parágrafos falando de outros prazos. Impossível entender o que queria dizer o PL 8.290.

Veio então o PLC 29 colocando que o contrato de resseguro será formado segundo o mesmo regime de *aceitação tácita* aplicável ao contrato de seguro, no prazo de 10 dias contados da recepção da proposta pela resseguradora. De novo: não tem aderência à nossa realidade. A doutrina classifica esse critério de "anômalo" e "extravagante",[11] contrário à prática de mercado regulada pelo consentimento expresso,[12] dada a complexidade da operação e o nível de responsabilidade assumido pelo ressegurador. Expoentes da indústria alertam para um reflexo perigoso junto ao mercado internacional.

Dias atrás, o acordo negociado com o governo trocou a expressão *"aceitação tácita"* pelo *"silêncio do ressegurador no prazo de vinte dias"*. Aumentou o prazo, mas piorou o mecanismo. *Aceitação tácita* é o comportamento concludente. O *silêncio* é a omissão completa do destinatário, a exemplo de uma mensagem eletrônica não respondida pelo ressegurador. Esse silêncio não pode ser equiparado à anuência, porque isso não representa os usos ou circunstâncias da prática nacional e internacional do resseguro, como exige o art. 111 do CC.

Ainda nesse tema, o PL 3.555/2004 dizia que a resseguradora não responde, *em nenhum caso*, perante o segurado e o beneficiário de seguro. Os projetos 8.034/2010, 8.290/2014 e 29/2017 flexibilizaram a regra, assinalando que, *salvo disposição em contrário (fonte contratual ou legal?)*, a resseguradora não responde, com fundamento no negócio de resseguro, perante o segurado, o beneficiário ou o prejudicado. Em 2014, o PL 8.290 emendou afirmando que é *válido o pagamento feito diretamente pelo ressegurador ao segurado quando a seguradora se encontrar insolvente*.

De fato, o resseguro é negócio *estranho* ao segurado, porque celebrado entre seguradora e ressegurador, mas tem hipóteses excepcionais que podem abrandar essa regra. Estas, por sua vez, estão definidas no art. 14 da Lei Complementar 126/2007, que não

---

11. POLIDO, Walter Antonio. *Contratos de resseguro na arbitragem*: teoria e prática. Curitiba: Juruá, 2023, p. 33-34.
12. Resolução CNSP 168/2007, art. 168; Resolução CNSP 451/2022, art. 10.

se reduzem à situação genérica do estado de *insolvência*. Um conflito de normas à vista no horizonte.

Na sequência, o PLC 29/2017 assinala:

> Demandada para revisão ou cumprimento do contrato de seguro que motivou a contratação de resseguro facultativo, a seguradora, no prazo da contestação, deverá promover a notificação judicial ou extrajudicial da resseguradora, comunicando-lhe o ajuizamento da causa, salvo disposição contratual em contrário.

Dispositivo confuso. A lei não precisa regular esse dever de comunicação entre seguradora e ressegurador. O negócio formado entre eles já dispõe a respeito. Aliás, a parte final contradiz o caráter peremptório da proposição: "salvo disposição contratual em contrário". O que seria isso? O contrato de resseguro pode mencionar que a seguradora não precisa comunicar o ressegurador no prazo de suas contestações?

O projeto está exigindo da seguradora notificação *judicial* ou *extrajudicial* do ressegurador em toda e qualquer ação do segurado para revisão do contrato de seguro, ou para condenação da seguradora ao pagamento de indenização (capital segurado), se tiver resseguro facultativo. Pois bem. Se a companhia de seguros escolher a via *judicial*, qual será o efeito dessa notificação ao ressegurador? Dir-se-á que ele pode intervir na causa como *assistente simples*. Isso não dissolve a dúvida. Assistência simples é típica intervenção *voluntária* do terceiro que tem interesse jurídico na vitória de uma das partes (CPC, art. 121). Logo, pode intervir apenas para auxiliar a seguradora, sem se tornar sujeito passivo da pretensão.

Outra coisa é a intervenção *provocada* do terceiro. Promover a notificação significa a seguradora pagar a taxa judiciária e requerer ao juiz que determine a expedição de carta ou mandado a ser entregue ao ressegurador. O que ele deve fazer então ao receber uma *notificação judicial* proveniente de ação indenizatória do segurado contra sua seguradora? Ficar quieto e correr o risco de ser tratado como litisconsorte por força de denunciação da lide ou chamamento ao processo?

A preocupação não é aleatória. Idêntica "obrigação" está projetada para o regime do cosseguro. No prazo de contestação, a cosseguradora-líder *deve* comunicar suas congêneres sobre a existência do cosseguro e promover a *notificação judicial* ou *extrajudicial* delas, de modo que a sentença contra a líder fará coisa julgada em relação às demais, que serão executadas nos mesmos autos (art. 37).

Saindo da projeção e voltando à vida real, o Código Civil estabelece que, ajuizada a ação do terceiro contra o segurado, *este dará ciência da lide ao segurador* (art. 787, § 3º). O que significa essa "ciência"? O Min. Eduardo Ribeiro, assim que entrou em vigor, respondeu: "Ocorrendo, ou não, a intervenção, ficará vinculado ao desfecho da causa, não podendo questionar a correção do julgamento".[13]

---

13. OLIVEIRA, Eduardo Ribeiro de. Contrato de seguro – alguns tópicos. In: FRANCIULLI NETTO, Domingos; MENDES, Gilmar Ferreira & MARTINS FILHO, Ives Gandra da Silva (Coord.). *O novo Código Civil* – Estudos em homenagem ao Professor Miguel Reale. São Paulo: LTr, 2003, p. 745.

Avançando um pouco mais, o descumprimento dessa "obrigação legal" gera a perda do direito da seguradora à recuperação ressecuritária? Essa foi uma pergunta do Min. Athos Gusmão Carneiro décadas atrás, já antevendo a celeuma montada em torno desse dispositivo no PL 3.555/2004.[14] Afinal, ônus ou obrigação? Não se sabe. É outra fonte de litígios para mais 20 anos, a exemplo do rastro de controvérsia deixado pelo Dec.-lei 73/66 sobre a posição processual do antigo Instituto de Resseguros do Brasil (IRB), época do monopólio, entre litisconsórcio necessário, denunciação da lide e assistência litisconsorcial.[15]

O PLC 29/2017 não representou uma evolução de equilíbrio frente ao PL 3.555/2004, ao menos nesses pontos. Pelo contrário. Desequilibrou mais os pratos da balança, o que reclama a intervenção independente do Senado, sob a lupa atenta das entidades e agentes do setor, para que não passem essas e outras extravagâncias. Que venham as audiências públicas e os trabalhos de revisão do Código Civil para as devidas adequações. A pressa é inimiga dos interesses transindividuais.

Versão original publicada em: 12.10.2023.

---

14. CARNEIRO, Athos Gusmão. Resseguro, co-seguro e seguro cumulativo. *IV Fórum de Direito do Seguro José Sollero Filho*. São Paulo: IBDS, 2006, p. 358.
15. Para entender essa história: MELO, Gustavo de Medeiros. O ressegurador na lide securitária. *Revista Brasileira de Direito do Seguro e da Responsabilidade Civil*. São Paulo: MP Editora, 2009, p. 203.

A (IN)APLICABILIDADE DO CÓDIGO DE DEFESA DO CONSUMIDOR E A INVERSÃO DO ÔNUS DA PROVA NAS AÇÕES JUDICIAIS DE SEGUROS AGRÍCOLAS

Carla Aretuza Cunha

Luiza Oliveira Gracioso Terra

1. INTRODUÇÃO

O seguro agrícola, ou, como popularmente conhecido, o seguro agro, é um ramo promissor no mercado securitário. Com o excepcional crescimento de 15,1% em 2023, o agronegócio foi o setor que mais contribuiu para o PIB (Produto Interno Bruto) do País naquele ano, que aumentou 2,9% em relação ao ano de 2022.[1] Deste aumento, incríveis 1,3% correspondem apenas à agropecuária.[2]

Assim como a arte pode imitar a vida (ou vice-versa), o direito reflete as dinâmicas da sociedade em que vivemos. Neste contexto, temos observado um amadurecimento do judiciário no enfrentamento de questões ligadas ao direito agrário e ao direito dos seguros. Esse ponto é especialmente evidente em casos relacionados ao seguro agrícola e à (in)aplicabilidade do Código de Defesa do Consumidor, bem como à inversão do ônus da prova, temas que abordaremos neste artigo, sem a pretensão de esgotar a discussão.

2. HÁ RELAÇÃO DE CONSUMO NO DIREITO SECURITÁRIO AGRÁRIO?

A Lei 8.078, de 1990, que dispõe sobre a proteção ao consumidor, foi paradigmática para reestabelecer a Justiça e a equidade nas chamadas relações de consumo,[3] uma vez que representou uma significativa conquista no âmbito legislativo brasileiro, estabelecendo bases fundamentais para a proteção dos direitos dos consumidores, tais como

---

1. Disponível em: https://agenciadenoticias.ibge.gov.br/agencia-sala-de-imprensa/2013-agencia-de-noticias/releases/39303-pib-cresce-2-9-em-2023-e-fecha-o-ano-em-r-10-9-trilhoes#:~:text=Em%202023%2C%20o%20PIB%20(Produto,Servi%C3%A7os%20(2%2C4%25).&text=O%20PIB%20totalizou%20R%24%2010%2C9%20trilh%C3%B5es%20em%202023. Acesso em 02/03/2022.
2. Disponível em https://globorural.globo.com/economia/noticia/2024/03/agro-nao-deve-contribuir-tanto--com-o-pib-em-2024-dizem-especialistas.ghtml. Acesso em: 02 mar. 2024.
3. GOLDBERG, Ilan. *Há vulnerabilidade nos contratos de seguro D&O?* Conjur. Disponível em: https://www.conjur.com.br/2023-mar-16/seguros-contemporaneos-debate-vulnerabilidade-contratos-seguro/. Acesso em: 12 mar. 2024.

[a] vedação às cláusulas abusivas, resolução unilateral de contratos, o estabelecimento da inversão do ônus da prova, entre outros instrumentos, [que] foram e, até hoje, são essenciais à promoção de equilíbrio contratual no seio dessas chamadas relações jurídicas caracterizadas pela hipossuficiência de seus partícipes.[4]

No que concerne às relações de natureza securitária, como regra geral, atualmente aplica-se o Código de Defesa do Consumidor, desde que a relação em análise se caracterize também como uma relação de consumo.

Para que se configure uma relação de consumo, deve haver a presença de um fornecedor de produtos ou serviços e do destinatário final. De acordo com o artigo 2º do Código Consumerista, "consumidor é toda pessoa física ou jurídica que adquire ou utiliza produto ou serviço como *destinatário final*". Já o fornecedor "(...) é toda pessoa física ou jurídica, pública ou privada, nacional ou estrangeira, bem como os entes despersonalizados, que desenvolvem atividade de (...) prestação de serviços". O serviço, por sua vez, é contemplado como uma atividade fornecida no mercado, mediante remuneração, entre elas, as de natureza securitária.

Além disso, requisito fundamental para se estabelecer a relação de consumo é a *vulnerabilidade* do consumidor, na forma do artigo 4º, inciso I do CDC. Este requisito é um pilar da teoria finalista, segundo a qual o conceito de consumidor deve ser submetido a uma interpretação restritiva, "calcada na sua vulnerabilidade presumida, limitando a proteção legal a quem retira o produto ou o serviço do mercado para uso não profissional, ou seja, para satisfação de necessidades próprias ou de sua família".[5] Nesse sentido,

(...) contanto que haja um consumidor, assim entendido, *um não profissional*, que atue sem finalidade lucrativa, como destinatário final da garantia prestada pelo segurador, o seguro torna-se contrato de consumo, atraindo a incidência do regime protetivo do Código de Defesa do Consumidor. (Destacado no original).[6]

Claudia Lima Marques, do mesmo modo, entende que

Destinatário final é aquele destinatário fático e econômico do bem ou serviço, seja ele pessoa jurídica ou física. Logo, segundo esta interpretação teleológica não basta ser destinatário fático do produto e retirá-lo da cadeia de produção, e levá-lo para o escritório ou residência, é necessário ser destinatário final econômico do bem, não adquiri-lo para revenda, não adquiri-lo para uso profissional, pois o bem seria novamente um instrumento de produção cujo preço será incluído no preço final do profissional que o adquiriu.[7]

Importa mencionar, nessa seara, que atualmente o Superior Tribunal de Justiça adota o entendimento da teoria finalista mitigada nas relações de consumo, ao reconhecer "a existência das relações de consumo mesmo em face de consumidores que fazem um

---

4. Idem.
5. SCHREIBER, Anderson. *Manual de direito civil contemporâneo*. 2. ed. São Paulo: Saraiva Educação, 2019, p. 679.
6. MIRAGEM, Bruno; PETERSEN, Luiza. *Direito dos seguros*. 2. ed. Rio de Janeiro: Forense, 2024, p. 75.
7. MARQUES, Claudia Lima. *Contratos no Código de Defesa do Consumidor*: O novo regime das relações contratuais. São Paulo: Ed. RT, 2004, p. 253-254.

uso profissional do produto ou do serviço, mas exige para tanto a caracterização da sua vulnerabilidade técnica, jurídica ou econômica".[8]

Desse modo, insta questionar: na relação entre uma seguradora e um segurado que contrata seguro agrícola para sua produção haverá relação de consumo? A resposta é: depende. Caso o segurado seja um pequeno e vulnerável agricultor, que realiza a plantação para a própria subsistência e a de sua família, por exemplo, então seria possível caracterizar a relação consumerista, com base na teoria finalista mitigada. Mas pense no caso em que o segurado é um agricultor que realiza cultivo em larga escala para comercialização. O cenário permaneceria o mesmo?

Alguns autores, como Juliano Ferrer e Maria Izabel Indrusiak Pereira, defendem que sequer haveria espaço para a aplicação da teoria finalista mitigada nas demandas envolvendo produtores rurais, e que o mais correto seria a aplicação da teoria finalista nesses casos. Segundo eles, "[o] objetivo do Código de Defesa do Consumidor é tutelar de maneira especial um grupo da sociedade que é efetivamente mais vulnerável. Não é o caso, especialmente neste particular, do produtor rural".[9]

3. ANÁLISE JURISPRUDENCIAL DA APLICAÇÃO DO CDC E INVERSÃO DO ÔNUS DA PROVA NO SEGURO AGRÍCOLA

Com o objetivo de investigar o que tem ocorrido nas demandas judiciais envolvendo o seguro agrícola e o produtor rural, foi realizada pesquisa no *site* de buscas jurisprudenciais do Tribunal de Justiça do Paraná, estado com grande representatividade no setor do agronegócio do Brasil. Foram aplicados os seguintes os parâmetros: "CDC", "seguro" e "agrícola", entre o início de setembro de 2023 e o início de janeiro de 2024. De 31 julgados selecionados, 24 aplicaram o CDC e a inversão do ônus da prova, enquanto apenas 1 deixou de aplicá-los.[10] Dos julgados restantes, 1 se absteve da análise por carência de interesse recursal e 5 não se aplicavam à pesquisa.

Em vez de corroborar o caminho a ser seguido, os números dispostos acima são rechaçáveis. *Data maxima venia*, nos parece necessário um aprofundamento na análise dessa temática, afinal, os agricultores muitas vezes produzem em larga escala e o fazem de forma organizada e com o intuito de obter lucro. Ou seja, constituem verdadeiramente uma *empresa agrícola*. A contratação dos seguros por estes produtores, *empresários do agronegócio*, representam uma fonte de segurança para que sua operação comercial seja bem-sucedida. Nesse diapasão, o seguro é contratado como *insumo* à produção, e os segurados, a toda evidência, não poderiam ser qualificados como destinatários finais dos serviços prestados pela seguradora.

---

8. SCHREIBER, Anderson. Ibidem. p. 680.
9. FERRER, Juliano; PEREIRA, Maria Izabel Indrusiak. Uma análise da obrigação legal e contratual que deve ser observada pelo segurado, como elemento essencial à quantificação e aceitação de risco. *Seguros em artigos de acadêmicos* – Acervo de Cátedras da ANSP. São Paulo, 2022.
10. TJPR; Agravo de Instrumento 0038737-51.2023.8.16.0000, Des.ª Themis de Almeida Furquim, 8ª Câmara de Direito Privado; j. 22.09.2023.

Essa mesma linha de raciocínio é adotada pelo Superior Tribunal de Justiça (STJ), que entendeu, em demanda de seguro agrícola, que o *"Código de Defesa do Consumidor não se aplica no caso em que o produto ou serviço é contratado para implementação de atividade econômica*, já que não estaria configurado o destinatário final da relação de consumo (teoria finalista ou subjetiva)".[11] A Corte Superior de Justiça firmou o entendimento de que admite o abrandamento da regra apenas "quando ficar demonstrada a condição de hipossuficiência técnica, jurídica ou econômica da pessoa jurídica, autorizando, *excepcionalmente*, a aplicação das normas do CDC (teoria finalista mitigada)".[12] Assim também é o entendimento do STJ, em regra, para outras demandas envolvendo contratos de seguros empresariais.[13]

Ou seja, diferente do que vem ocorrendo na prática – salvo alguns excelentes precedentes – [14] a aplicabilidade do diploma consumerista nas demandas de seguro agrícola, usualmente, deveria ser afastada, sendo admitida apenas quando se *comprovar* a hipossuficiência do segurado, em circunstâncias excepcionais. Nas ações judiciais relativas ao seguro agrícola, portanto, denota-se que a hipossuficiência das partes não deveria ser presumida, mas comprovada e analisada caso a caso.

4. UMA ANÁLISE RELATIVA À VULNERABILIDADE DOS PRODUTORES RURAIS

Com base na pesquisa realizada como uma amostra do que vem ocorrendo no judiciário, a vulnerabilidade dos produtores rurais segurados, na grande maioria dos casos, ainda tem sido reconhecida de forma presumida, sem que haja a necessária comprovação de sua hipossuficiência. É certo que as vulnerabilidades, sejam elas técnica, jurídica, econômica ou informacional – esta última que tem se agregado às três hipóteses tradicionais[15] – devem ser analisadas em conformidade com as circunstâncias particulares de cada caso. Todavia, discorreremos de forma breve sobre o porquê da hipossuficiência não se aplicar aos empresários do agronegócio nos casos de contratação de seguro agrícola.

Em primeiro lugar, conforme esclarecido pela doutrina: "[a] *vulnerabilidade técnica* caracteriza-se quando o contratante não detém ou detém reduzido conhecimento específico sobre a natureza do contrato ou objeto da contratação, sujeitando-se ao poder

---

11. STJ; AgInt no AREsp 1.973.453/RS; Relator Ministro Luis Felipe Salomão; Quarta Turma; j. 11.04.2022; p. 19.04.2022.
12. Idem.
13. Nesse sentido, confira-se: STJ, REsp 1.926.477/SP, relator Ministro Marco Aurélio Bellizze, Terceira Turma, j. 18.10.2022, p. 27.10.2022; STJ, AgInt no AREsp 1.096.881/SP, relator Ministro Luis Felipe Salomão, Quarta Turma, j. 15.03.2018, p. 20.03.2018; STJ, AgInt no AgInt nos EDcl no AgInt no AREsp 1.326.846/RS, relator Ministro Luis Felipe Salomão, Quarta Turma, j. 30.05.2022, p. 1º.06.2022.
14. Por exemplo: TJRS, Agravo de Instrumento 5228355-09.2021.8.21.7000, Quinta Câmara Cível, Rel. Desembargador Jorge André Pereira Gailhard, j. 05.12.2022; TJSP, Apelação Cível 1001173-54.2018.8.26.0279, relatora Mary Grün, 32ª Câmara de Direito Privado, j. 12.05.2022, p. 13.05.2022; TJMT, Agravo de Instrumento 1017352-39.2021.8.11.0000, relator João Ferreira Filho, Primeira Câmara de Direito Privado, j. 08.02.2022, p. 14.02.2022.
15. SCHREIBER, Anderson. Ibidem, p. 680.

técnico da outra parte".[16] Este não é o caso dos empresários rurais, que, além de contar com corretoras especializadas em seguro agrícola, que os representam e negociam melhores condições com as seguradoras, possuem todo um aparato técnico, com equipes de assessoria agrônoma, jurídica e contábil, por exemplo.

Em relação à *vulnerabilidade econômica*, ela se verifica "quando o contratante se sujeita ao poder econômico ostensivamente superior da contraparte na imposição da contratação em si ou das suas condições".[17] Isto muitas vezes também não ocorre com os segurados em questão, sendo certo que alguns deles possuem situação econômica semelhante ou até mesmo superior à das seguradoras. Mesmo que em alguns casos possam vir a apresentar poder econômico inferior ao das seguradoras, essa diferença não é significativa à ponto de configurar vulnerabilidade.

"A *vulnerabilidade jurídica*, por sua vez, caracteriza-se quando o contratante carece de conhecimentos relativos ao exercício dos seus próprios direitos na relação jurídica que se estabelece",[18] o que também não sucede com os empresários do ramo agrícola, sendo certo que não se tem notícia de quaisquer dificuldades no ajuizamento da ação e no exercício do próprio direito pelos segurados, que possuem o aparato jurídico necessário para auxiliá-los e por vezes são procurados por advogados após um evento climático adverso.

Podemos mencionar, ainda, a *"vulnerabilidade informacional*, caracterizada pelo fato de o contratante possuir 'dados insuficientes sobre o produto ou serviço capazes de influenciar no processo decisório de compra'".[19] Mais uma vez, percebe-se que este não é o caso, pois os empresários do agronegócio estão acostumados à natureza das transações securitárias e dos termos adotados no seguro agrícola.

Nesse sentido, quando o segurado, empreendedor do ramo do agronegócio, trata das informações técnicas do plantio objeto do seguro, não nos parece que o Código de Defesa do Consumidor seja aplicável. E, ainda que se entenda o contrário, é necessário que o Juízo responsável pelo julgamento da demanda verifique se deverá ser aplicada a inversão do ônus da prova, medida autorizada pelo art. 6º, inciso VIII, do CDC, que excepcionaliza a regra tradicional do art. 373, *caput*, do Código de Processo Civil.

É correto afirmar, então, que a inversão do *onus probandi* não ocorre de maneira automática à aplicação do CDC, uma vez que possui natureza excepcional, podendo ser aplicada apenas quando o juiz constatar a verossimilhança das alegações autorais e a hipossuficiência do consumidor. Essa análise se mostra importante, pois, como mencionado anteriormente, não raras vezes o segurado/empresário não possui qualquer vulnerabilidade, e ainda conta com um corpo de engenheiros agrônomos e aparato técnico necessário para que o cultivo lhe proporcione o lucro almejado.

---

16. Idem. (Destacado no original).
17. Idem.
18. Idem. (Destacado no original).
19. Idem. (Destacado no original).

5. CONCLUSÕES

Diante desse cenário, o que mais importa às partes litigantes, que acionam o judiciário buscando a tutela de seus direitos, é que a aplicação da lei seja a mais adequada possível, pois os regramentos trazidos pelo Código de Defesa do Consumidor ou qualquer outra lei não se prestam a propiciar proteção desmedida a uma das partes, relegando à parte adversa a certeza do insucesso. A finalidade do ordenamento jurídico repousa na paridade de armas e no equilíbrio processual, observadas as características próprias das partes envolvidas, para o regular desenvolvimento do processo que produzirá um resultado que atenda aos anseios sociais nos termos da legislação vigente.

Em conclusão, a questão da (in)aplicabilidade do Código de Defesa do Consumidor e da inversão do ônus da prova em ações judiciais de seguros agrícolas é complexa e necessita de uma análise cuidadosa das circunstâncias específicas de cada caso. A jurisprudência dos tribunais estaduais demonstra uma tendência à proteção do segurado, porém, como visto, nem sempre a sua figura se enquadra na definição tradicional de consumidor, especialmente no contexto do agronegócio, onde muitas vezes a produção é em larga escala e com finalidades comerciais.

Assim, a distinção entre o segurado consumidor e o segurado empresário se faz crucial para determinar a aplicabilidade do CDC e a possibilidade de inversão do ônus da prova. É fundamental que o judiciário equilibre a proteção ao consumidor com a necessidade de não presumir a vulnerabilidade de forma automática, garantindo, assim, a justiça e a equidade nas relações contratuais securitárias, respeitando as particularidades do setor agrícola e contribuindo para o desenvolvimento sustentável e econômico do país.

Versão original publicada em: 18.04.2024.

SEGUROS E QUESTÕES SOCIAIS, ECONÔMICAS E AMBIENTAIS

A CONTRIBUIÇÃO DO CONTRATO DE SEGURO PARA A ARTE

José Roberto de Castro Neves

Não havia contrato de seguro na Antiguidade Clássica. Nem na Alta Idade Média. Esse tipo de contrato apenas vai surgir pouco antes da Idade Moderna, como um importante acessório aos negócios de transporte, notadamente com o início das grandes navegações. Desejava-se, como se pode imaginar, mitigar os enormes riscos envolvidos nessas viagens marítimas. Historicamente, os primeiros contratos de seguro, ainda rudimentares, datam de meados do século XIV.

Ao contrário da compra e venda, da doação, da locação, entre outros contratos definidos e tipificados pelo mundo jurídico há muitos séculos, o seguro é mais recente. Como consequência, não foi referido nos clássicos da literatura. Fez falta. A Bíblia, por exemplo, fala da ordinária compra e venda em profusão, Dante cuida do empréstimo na *Divina Comédia*, mas em nenhuma dessas obras se encontra qualquer referência ao seguro.

Em *O Mercador de Veneza*, de Shakespeare, por exemplo, escrita no final do século XVI, Antônio pega uma quantia emprestada com Shylock, imaginando que a devolveria quando seus navios retornassem de suas jornadas comerciais. Como os barcos não voltam, Antônio não consegue quitar sua dívida no prazo combinado. É, por isso, levado a julgamento. Antônio quase morre, pois havia dado uma libra de sua própria carne como garantia. O seguro dos navios de Antônio teria evitado a discussão...

Franz Kafka, possivelmente o mais seminal dos autores literários do século XX, formou-se em Direito e trabalhou, parte de sua breve vida, numa empresa de seguros. Essa experiência lhe forneceu elementos para elaborar *O processo*, no qual o protagonista se vê enredado num processo judicial, embora desconheça os motivos e não consiga compreender o trâmite – dando a origem do termo "kafkaniano". Teria Kafka exposto em sua obra o drama que assistiu, ao receber os pleitos dos segurados reclamando alguma indenização?

Embora o seguro não esteja presente de forma ostensiva nas artes – não se tem registro de algum mestre da pintura retratando a conclusão desse negócio –, o mundo das artes, por outro lado, não viveria sem o contrato de seguro. Mais ainda, o contrato de seguro estimula o acesso à arte.

Como se sabe, as grandes obras de arte têm, hoje, no mercado, preços estratosféricos. Bens de valor tão elevado demandam a contratação de seguro pelos seus proprietários, que temem sua perda ou danificação. Esses seguros não são baratos. Imagine-se, por exemplo, qual será o custo de segurar a Mona Lisa de Da Vinci (uma curiosidade: em 1963, a Mona Lisa foi exposta nos Estados Unidos, a pedido da então primeira-dama Jacqueline Kennedy. Na época, o valor do seguro cobria US$ 100 milhões, o que equivale hoje, a US$ 865 milhões – em reais, cerca de estonteantes 5 bilhões).

Atualmente, a chamada *fine art insurance* tem corrente uso, envolvendo quantias titânicas, protegendo as obras de arte de todo tipo de risco, desde incêndio ao roubo, de intempéries às guerras, passando por atos de vandalismo e iconoclastia.

Nesse tipo de seguro, um dos temas mais discutidos se relaciona à atribuição do valor da peça de arte, o que geralmente impacta diretamente no montante segurado. Isso porque esse mercado assiste a considerável variação de preço, ainda mais porque cada obra costuma ser única. Como mostra a experiência, duas peças do mesmo artista podem ter valor bem distinto, dependendo da fase, do tamanho, do material empregado na sua confecção. Há, além disso, um grau de subjetivismo no momento de precificar esses objetos.

O arbitramento do valor do bem, para fins de estabelecer esses negócios, pode ser um ponto de atrito entre segurado e seguradora. A análise pela seguradora do bem a ser segurado se revela especialmente importante diante da quantidade de obras falsificadas ou equivocadamente atribuídas a artistas mais renomados do que seus verdadeiros autores.

Na prática, acaba-se por respeitar o valor acordado pelas partes, o *agreed value*, que, normalmente, vem chancelado por um perito (o que protege a todos de uma disparidade profunda entre, de um lado, o valor atribuído e, de outro, o "real" valor do bem).

Além dos seguros mais conhecidos das obras de arte, que visam a proteger o segurado dos riscos naturais a que uma obra de arte se encontra sujeita, o mercado também se vale do chamado seguro "*nail to nail*" – "prego a prego, numa tradução literal. Vale-se desse tipo de contrato nos casos nos quais se deseja segurar uma obra que se desloca de um lugar a outro, normalmente para uma exposição, fora do local onde o objeto fica normalmente exposto. Esses seguros cobrem o risco desde o momento em que a peça de arte deixa sua origem, até ser colocada no novo ponto de exibição.

Para atrair as obras de arte, os museus costumam oferecer aos donos dessas preciosidades o compromisso de garantir a conservação das obras e de segurá-las. Dessa forma, os proprietários desses ativos ganham vivo estímulo para entregar suas obras aos museus, que passam a ser responsáveis por contratar o seguro daquele bem, arcando com esse custo e assumindo os riscos.

Essa operação traz vantagens a todos os envolvidos: os proprietários das obras de arte transferem o oneroso risco da manutenção de suas peças – inclusive a de segurá-las –; os museus, embora passem a arcar com esses ônus, enriquecem seu acervo. Por fim, o público tem acesso à arte (muitas peças, não fossem essas circunstâncias, ficariam guardadas em algum armazém, longe dos olhos dos amantes das artes).

Diante disso, pode-se dizer que o seguro das obras de arte – o *fine art insurance* –funciona, na prática, como grande vetor de acesso à arte. Mais uma bela função social desse contrato.

Em 1900, Thomas Mann encerra o manuscrito de *Os Buddenbrooks* – monumental romance sobre a decadência de uma família. Em seguida, Mann envia os originais do livro – evidentemente, naquela época, não havia cópias – para a editora. Para se proteger do risco de extravio dos manuscritos, Thomas Mann contrata um seguro, de mil marcos em ouro, devidos na hipótese de perda dos originais de sua obra. Para o bem da literatura mundial, esse seguro nunca foi acionado. Os mil marcos de ouro jamais repaririam o dano.

Versão original publicada em: 16.09.2021.

A IMPORTÂNCIA DA ECONOMIA DOS SEGUROS

Marcio Serôa de Araujo Coriolano

Por sua dimensão e relevância na vida do Brasil, o setor segurador brasileiro, nele incluídos o seguro, a previdência complementar aberta, a capitalização e a saúde suplementar, tem exigido avanço consistente do Direito do Seguro. Considero de suma importância a discussão dos temas desse campo do conhecimento tão rico em sua dimensão teórica e tão importante para nossa atividade. É com alegria que vejo o crescimento do espaço dedicado a esse tema em publicações jurídicas prestigiadas como a Conjur. Agradeço, honrado, o convite para contribuir com ela e peço licença para, como economista que sou por formação, abordar e comemorar a progressiva incorporação dos fundamentos e avanços teóricos e metodológicos da Economia dos Seguros ao Direito Securitário.

Essa mescla de especialidades tem servido para o melhor entendimento e superação da judicialização que ainda impacta fortemente o mercado de seguros, a começar por extinguir o mito que atribui a judicialização exclusivamente a falhas regulatórias. Felizmente, hoje cresce o entendimento de que é exatamente o contrário: quanto mais se regula, quanto mais se desce a minúcias em cada parágrafo de um contrato, mais se estimula a busca por brechas. Derivada dessa primeira interpretação equivocada, vem um segundo mito: a existência de "letras miúdas" nos contratos que impedem a compreensão do conteúdo pelo consumidor. Em uma inequívoca demonstração da inutilidade do excesso de regulação, essa avaliação continua a guiar a opinião pública sobre a transparência dos contratos, embora desde 2009 vigore instrução normativa[1] que determina até a fonte e o tamanho da letra a ser utilizada em tais contratos – Times New Roman 12 – utilizada pela maior parte dos veículos impressos de comunicação. A inteligência do consumidor é subestimada a ponto de levar a ANS a editar o "Guia de Leitura Contratual", de motivação autoexplicativa, igualmente editado em Times New Roman 12.

Sem querer correr o risco de cair no extremo oposto, considero que toda regulação governamental deveria inspirar-se na Constituição dos Estados Unidos da América, que tem sete artigos e recebeu apenas 26 emendas ao longo dos últimos dois séculos. Esclareço, portanto, que meu objetivo neste artigo não é negar o avanço que representou a passagem de uma lógica regulatória totalmente prescritiva para a atual, mais preocupada com princípios. Essa sempre foi uma reivindicação das seguradoras, que têm,

---

1. Disponível em: https://bvsms.saude.gov.br/bvs/saudelegis/dipro/2009/int0020_29_09_2009.html. Acesso em: 22 fev. 2024.

atualmente, uma flexibilidade inédita na criação e comercialização de produtos – exceção feita à saúde suplementar, que será abordada adiante.

O ponto é que, em seu conjunto, os avanços recentes feitos pela Superintendência de Seguros Privados (Susep) não deverão ter maior impacto sobre a receita anual do setor, hoje equivalente a 6,4% do PIB (ou 3,2%, excluindo-se a Saúde Suplementar). E isso não acontece porque a população brasileira não tenha a cultura do seguro. A ausência dessa cultura tornou-se uma lenda, como demonstram os números. Em plena pandemia da Covid-19, o setor confirmou a tendência de crescimento acima do Produto Interno Bruto (PIB) *per capita*. Mais recentemente, até outubro de 2023, os seguros de danos apresentaram crescimento de 10,9% sobre o mesmo período do ano anterior e, dentre eles, os de automóveis responderam por aumento de 11,8%. A previdência privada registrou aumento de 6,6%. Ou seja, não se trata de uma população que não entende a importância do seguro, mas de uma população que não tem renda suficiente para acessar esse importante mecanismo de proteção social.

Os números falam por si. De 2011 até o terceiro trimestre de 2023, em termos reais a economia brasileira praticamente ficou estagnada. Mais de 2/3 das famílias brasileiras ganham hoje até dois salários-mínimos. É esse o pano de fundo, e é preciso ouvir o que pensa, quer e pode esse consumidor. Dois exemplos objetivos, que explicito a seguir, explicam o problema que considero mais importante: o microsseguro, voltado para o atendimento às camadas mais vulneráveis da população, e o seguro-saúde.

O microsseguro é uma salvaguarda para o patrimônio das pessoas com renda menor e pode reduzir o impacto negativo dos imprevistos financeiros em suas vidas. É, também, um produto que tem vocação para complementar os programas de proteção social do Estado. No entanto, embora reconhecendo os avanços do marco regulatório dos microsseguros editado em agosto de 2020, e tendo presente que ainda é cedo para avaliar seu impacto, volto a bater em uma tecla importante: é preciso promover mudanças na distribuição e nos custos de transação da oferta de tais produtos. A redução desses custos é a chave para atender a quem mais necessita.

O acesso é também o grande desafio para a saúde suplementar, segmento que enfrenta ainda uma regulamentação pesada e antiga. É preciso uma discussão que não se limite ao formalismo do marco legal, mas que vá ao encontro do que a população diga necessitar. Precisamos facilitar a vida das pessoas, inclusive incrementar a transparência dos resultados das linhas do cuidado assistencial e o acesso à tecnologia digital.

Acompanhei de perto as discussões que resultaram na Lei 9.656, de 1998.[2] Passaram-se 25 anos, uma geração, e continuamos às voltas com as mesmas questões. As falhas regulatórias são as mesmas, as falhas de compreensão também. Não se pode esquecer que o setor privado de saúde nunca vai abranger a população inteira. Para isso, existe o SUS. Mas o sistema privado precisa abrir acesso, ser mais inclusivo, para que ele possa

---

2. Disponível em: https://www2.camara.leg.br/legin/fed/lei/1998/lei-9656-3-junho-1998-353439-publicacaoo-riginal-1-pl.html. Acesso em: 22 fev. 2024.

atender melhor as pessoas e incluir o maior contingente possível da população. Para contribuir nesse debate, listo aqui três pontos que, a meu ver, devem ser prioritários na estratégia de aumentar a abrangência da saúde suplementar.

1) Racionalidade da incorporação tecnológica: é preciso haver um sistema de avaliação independente de custo-benefício da introdução de procedimentos, medicamentos, equipamentos, tecnologias. Repetindo, somos uma sociedade pobre. Dar acesso a mais gente exige racionalização e redução de custos.

2) Prioridade para a atenção primária: é preciso reduzir o uso das tecnologias caras para garantir o básico a mais gente.

3) Revisão do modelo de remuneração dos serviços médicos: o setor é intensivo em capital, em tecnologia, e remunera por quantidade, em vez de qualidade, e cada vez mais isso drena recursos para uma medicina mais sofisticada, tirando espaço da atenção primária de saúde.

Estamos vivendo a promessa de uma revolução no sistema de seguros. O *open insurance*, que a exemplo do que começa a ocorrer no *open finance*, promete facilitar as transações entre partes para dar maior poder de escolha às pessoas. É aí que entra um tema inescapável: a subsegmentação – ou modulação de coberturas. Lembremos que a citada Lei 9.656 foi automaticamente modificada por Medida Provisória, assemelhada aos Decretos-Leis do período pré-democratização. O tema então havia saído da Câmara em 1998, com um texto que obrigava as empresas a oferecerem o plano completo, com consultas, exames e internação, porém podiam ter em carteira outros produtos. Ou seja, o consumidor podia optar. O resultado final, que incorporou 44 edições da Medida Provisória, fez com que o assunto resultasse em um modelo engessado que vigora até hoje.

Teoricamente, só podem existir cinco tipos de planos: planos referência (os completos), ambulatorial, hospitalar com ou sem obstetrícia e odontológico. As regras atuais permitem apenas fazer combinações entre as segmentações assistenciais disponíveis e, ainda assim, na prática, existem apenas os planos referência e os odontológicos. Com a subsegmentação, seria possível oferecer produtos adequados às necessidades e às capacidades de pagamento de cada indivíduo, família ou empresa.

Com a chance de nova formatação nas coberturas, poderiam ser ofertados produtos verdadeiramente ambulatoriais, que cobririam consultas e exames simples, assim como opções específicas para terapias, produtos odontológicos e hospitalares – para os quais, é bom registrar, ficaria preservada a mesma cobertura prevista no atual arcabouço regulatório e legal. A cobertura de urgências e emergências, assim como a de exames e terapias complexas, deve estar vinculada exclusivamente aos produtos hospitalares, sob pena de inviabilizar os ambulatoriais, como ocorre atualmente.

Precisa ser considerada também a alternativa de o conjunto de procedimentos e eventos em saúde cobertos pelos planos poder variar conforme a região. É importante que as operadoras possam modular o que é ofertado, a fim de adequar disponibilidades e preços regionalmente. Isso permitiria maior quantidade de opções de produtos oferecidos. Um maior grau de liberdade certamente produzirá melhores resultados para todos, dentro de uma estratégia mais vantajosa para o consumidor: quanto mais escolhas, mais condições haverá para viabilizar a cobertura de saúde que se adapte às suas necessidades, diante de suas possibilidades orçamentárias.

Para viabilizar a flexibilização, os contratos deverão ser ainda mais claros, explicitando de forma inequívoca os procedimentos cobertos e excluídos. Também deverão se consolidar práticas como a coparticipação, que faz o consumidor ter conhecimento dos custos efetivos e arcar com parte do gasto com cada procedimento. São mudanças que certamente contribuirão para o avanço da medicina privada no Brasil, beneficiando mais consumidores e contribuindo para desafogar o sistema público de saúde.

Como contraponto, e para lembrar o potencial desse mercado, gostaria de lembrar como a saúde privada brasileira avançou nesse período. De 2007 a 2022, a arrecadação da saúde privada cresceu 6 vezes. Estamos falando de uma taxa de quase 15% ao ano. O PIB cresceu 75%, ou uma taxa anual de 3,8%. Isso quer dizer que o volume de consultas, exames, terapias, internações, atendimentos, medicamentos, equipamentos, tecnologias cresceu naquela fantástica proporção. Houve então um extraordinário avanço no cuidado da saúde das pessoas. E não foi só em volume. Foi em qualidade também. Isso está investido em infraestrutura médica, tecnologia, cuidado, pessoal. A medicina brasileira não tem nada a dever à praticada no resto do mundo, inclusive a dos países mais desenvolvidos. Os hospitais e laboratórios privados, que estão nesses números de crescimento, clínicas de diagnóstico, profissionais de saúde, toda essa imensa engrenagem é remunerada com o dinheiro das pessoas que contratam planos e seguros de saúde.

Do mesmo modo, o desempenho recente dos microsseguros mostra enorme potencial desse segmento. Ainda que com todas as limitações, entre 2016 e 2022, os prêmios dos produtos classificados nos ramos de microsseguros no Brasil cresceram mais de 60%, avanço superior ao observado para o segmento de Danos e Responsabilidades. No mesmo período, o número de seguradoras que emitiram prêmios de microsseguros, passou de 17 para 24. Outro sinal importante é que outros produtos, que não estão classificados formalmente como microsseguros, vêm ganhando apelo junto às populações com renda mais baixa, como o residencial, que entre 2016 e 2022, cresceu 50%.

Estas considerações são mais uma contribuição do setor de seguros à inclusão de mais brasileiros ao fundamental sistema de proteção contra riscos. Ressaltamos que, com ativos financeiros garantidores dos contratos equivalentes a 25% da dívida pública brasileira, o setor é parceiro estratégico do poder público em áreas nevrálgicas como a infraestrutura. Lembramos também, no entanto, que investimentos privados demandam ambiente de segurança jurídica e previsibilidade, regido por marcos regulatórios atualizados. As representações setoriais dos seguros e dos planos de saúde reconhecem as dificuldades atravessadas pelo Brasil, recordando que, nas últimas décadas, redemocratizamos o País, derrotamos a hiperinflação, resistimos a grandes terremotos financeiros internacionais, fizemos as reformas trabalhista e da previdência e avançamos na regulação de serviços essenciais, como energia, telefonia e saneamento. Neste início de 2024, desejo reafirmar a confiança em nosso País.

Versão original publicada em: 25.11.2021.

MEIO AMBIENTE E O SETOR DE SEGUROS

Gabriella Pampillón Gutemberg

Thiago Junqueira

O surgimento do Direito Internacional do Meio Ambiente é frequentemente associado à realização de uma das primeiras grandes conferências das Nações Unidas na década de 70. Sobreveio da Conferência de Estocolmo sobre o Meio Ambiente Humano, em 1972, um alvissareiro manifesto, reconhecido pelos ambientalistas como a certidão de nascimento da proteção ao meio ambiente. De maneira visionária, o documento já identificava que a intervenção desproporcional do ser humano na natureza impactaria não só na degradação e no esgotamento dos recursos naturais, como também inviabilizaria – a longo prazo – o progresso sob o ponto de vista econômico.

A tutela ecológica, desde então, dá ensejo a progressivas discussões que, por vezes, convertem-se em tratados, protocolos, convenções e documentos dos mais diversos. Temas como as mudanças climáticas e a perda massiva da biodiversidade, por exemplo, interligam-se com o que alguns cientistas defendem ser um "novo período geológico", por conta de tamanha magnitude que o impacto da intervenção humana engendrou na natureza.

Apesar de cambiante e subestimada, a agenda sustentável ganhou significativo espaço na última década. Ainda que impulsionado por crises ecológicas, o conjunto global de esforços atinge tanto o Sistema ONU de proteção aos Direitos Humanos, quanto os sistemas regionais – em particular, o Sistema Interamericano de Proteção de Direitos Humanos (SIDH), que agasalha diretamente as pautas brasileiras.

É possível dizer que, até 2017, a questão ambiental foi tratada de forma indireta e algo periférica pela jurisprudência internacional, quando, então, uma guinada foi promovida. Por meio da apresentação da Opinião Consultiva 23 (OC-23/17), intitulada de "*Medio Ambiente y Derechos Humanos*",[1] a Corte Interamericana de Direitos Humanos (CIDH) estabeleceu uma nova diretriz de interpretação do direito humano ao meio ambiente, tornando-o intrinsecamente ligado ao princípio da dignidade da pessoa humana. *Pari passu*, no mesmo ano, o Supremo Tribunal Federal brasileiro reconheceu, por meio da Ação Direta de Inconstitucionalidade (ADI) 4066, o status de supralegalidade de todos os tratados internacionais em matéria ambiental.

---

1. Disponível em: https://www.corteidh.or.cr/docs/opiniones/seriea_23_esp.pdf. Acesso em: 22 abr. 2021.

Seguindo a agenda internacional, em 2018 a Confederação Nacional das Seguradoras (CNseg) elaborou importante estudo delineando as *guidelines* para o desenvolvimento sustentável entrelaçado ao setor de (res)seguros. A análise desenvolvida no documento supracitado relembra que o

> [...] setor de resseguros foi o primeiro a alertar sobre o aquecimento do planeta, ao notar, já em 1973, que a quantidade de sinistros relacionados às enchentes estava aumentando cada vez mais [...] e, desde então, o setor de seguros se tornou um dos pioneiros na promoção da importância de se atentar para as mudanças climáticas.[2]

Por óbvio, a subscrição dos riscos sempre esteve à frente na investigação de potenciais ameaças ou responsabilidades inerentes aos segurados e, consequentemente, na avaliação do meio social que esses estariam inseridos. Sem embargo, quando as condições verificadas denotam um horizonte de incremento e refinamento dos riscos, em uma quase espécie de avesso da intencionalidade, o equilíbrio financeiro das (res)seguradoras é posto em xeque, na medida em que as obrigações assumidas pelas partes se tornam desproporcionais frente ao agravamento dos índices de ocorrência e severidade dos desastres ecológicos.

À guisa de ilustração, se até 2020 era comum o fato de que epidemias e pandemias se afigurassem como risco excluído nas apólices de seguro de vida, a realidade de riscos extraordinários se avizinha em meio a uma realidade instável ocasionada pela crise ecológica. Assim, a legitimidade de uma excludente relacionada a potenciais eventos desconhecidos passa a ser questionada, ao mesmo tempo em que a costumeira mensuração prévia dos riscos se mostra insuficiente.

Forçoso concluir, portanto, que não só a segurança dos seres humanos, como também o futuro das relações negociais se mostra dependente da saúde em escala planetária, reforçando que a solução para esses graves problemas, proporcionados pela deficiente proteção ambiental, só virá quando, na mesma magnitude do estrago, forem enfrentados em escala global.

Além disso, o quadro pós-pandemia, do ponto de vista político ou do Direito Internacional dos Direitos Humanos, já é motivo de preocupação para muitos países da comunidade europeia, que vêm empregando esforços para que não haja um retrocesso das políticas ambientais, notadamente em razão de toda a crise econômica ligada à pandemia da Covid-19.

É o que mostrou uma pesquisa realizada em 2021 pela Ernest Young,[3] que acompanhou quarenta e sete seguradoras distribuídas por seis mercados europeus: França, Alemanha, Itália, Holanda, Suíça e Reino Unido. O grupo, que inclui cinco grandes

---

2. CNseg. *Sustentabilidade em seguros*: tendências, desafios e oportunidades. 2018. Disponível em: https://cnseg.org.br/data/files/31/62/74/39/6506A61069CEB5A63A8AA8A8/CNseg_site_livreto_sustentabilidade-121218_mf.pdf. Acesso em: 22 abr. 2021.
3. LOFTS, Gill et. al. *How European insurers are advancing the sustainability agenda*. Disponível em: https://www.ey.com/en_gl/sustainability-financial-services/how-european-insurers-are-advancing-the-sustainability-agenda. Acesso em: 22 abr. 2021.

seguradoras, estabeleceu a meta coletiva de até 2024 fazer aproximadamente US$ 70 bilhões em investimentos relacionados à ESG (sigla em inglês que representa iniciativas Ambientais, Sociais e de Governança Corporativa).

A agenda de sustentabilidade, agora, é uma das prioridades estratégicas para muitas seguradoras que se mostram comprometidas para além de seus produtos e serviços, investimentos e gestão de risco, pautando suas deliberações com base na responsabilidade social corporativa, o que as consolida como uma voz de liderança em ameaças ecossistêmicas e mitigação dos riscos em particular.

O *benchmarking* dos líderes da indústria, paulatinamente, passa a ser não mais com base em sua capacidade de cobrir as consequências econômicas do risco transferido pelo proponente, mas igualmente por sua habilidade em promover a prevenção dos riscos, postas as sinistralidades que não comportam efetiva compensação.

O relatório de sustentabilidade apresentado pelas empresas europeias, mencionado anteriormente, indicou que, já naquela altura, seus desempenhos estavam muito à frente dos pares globais. A pesquisa atestou que 70% das seguradoras analisadas se mostram comprometidas com o desenvolvimento de "produtos verdes", que incluem, *e.g.*, taxas de seguro especiais para moradias ou carros com eficiência energética e seguros de viagem que incorporam compensações de carbono.[4]

Não bastassem os resultados bastante inspiradores, alguns meses após a publicação dessa investigação, a União Europeia promulgou a Lei Europeia do Clima, estabelecendo, de forma vinculativa para todos os Estados-Membros, o objetivo de alcançar a neutralidade climática até 2050. Em consonância com a legislação, as expectativas direcionadas ao setor privado foram ampliadas por meio da Diretiva de Relatórios de Sustentabilidade Corporativa (CSRD), que entrou em vigor em janeiro de 2023, exigindo das grandes empresas o compartilhamento de informações sobre seus processos de monitoramento das questões de ASG e os respectivos impactos subsequentes no meio ambiente.

Os especialistas em sustentabilidade antecipam que a CSRD resultará em uma transformação substancial nos relatórios, englobando uma gama mais abrangente de empresas e demandando não apenas dados mais precisos, mas também uma análise mais criteriosa por parte das partes interessadas do que previamente.[5] Esses mesmos objetivos também estão sendo refinados a nível nacional, de modo a melhor orientar o setor de seguros em meio às novas demandas regulatórias.

---

4. Ibidem. Ademais, transcendendo o espectro meramente ecológico, a maturidade organizacional europeia fomenta outras pautas tão prementes quanto, como o fortalecimento da *D&I*, que significa ampliar a diversidade e inclusão de pessoas multidimensionais no corpo corporativo, o encorajamento da liderança feminina e remunerações equiparadas. A amostra sugere que, embora o setor segurador europeu conte com um nível abaixo da paridade, a região lidera a pauta ASG, traduzida em 33% de mulheres ocupando o conselho executivo das seguradoras e 35% dos membros do conselho de seguradoras europeias formados por um grupo cultural minoritário.
5. Disponível em: https://www.pwc.co.uk/issues/esg/sustainability-reporting/corporate-sustainability-reporting-directive.html. Acesso em: 12 fev. 2024.

É o que se observa através das normas contidas na Circular Susep 666, publicada em junho de 2022. A normativa estipula a obrigação de divulgar anualmente relatórios de sustentabilidade, com o objetivo de tornar públicas as ações relacionadas à política de sustentabilidade e aspectos relevantes da gestão dos riscos de subscrição, de crédito, de mercado, operacional e de liquidez. Tais documentos devem ainda ser aprovados pelos diretores responsáveis pela política de sustentabilidade adotada e encaminhado aos órgãos de administração e aos comitês de auditorias e de riscos, para ciência desses.

Além disso, reconhece que o setor de seguros é afetado diretamente pela recorrência de eventos climáticos extremos, o que torna imperativa a necessidade de integrar riscos climáticos, ambientais, sociais, de interesse comum e de sustentabilidade à gestão de riscos. Consequentemente, processos de precificação e subscrição de riscos, com ou sem imposição de condições especiais, devem considerar aspectos como o histórico e comprometimento do cliente (potencial segurado) em temas sustentáveis, sua capacidade e disposição em mitigar riscos desses assuntos provenientes e, eventualmente, aplicar restrições ou limites que se mostrem pertinentes durante a condução dos negócios.

Por conseguinte, o "*corporate greening*", termo utilizado para identificar a tendência empresarial de adotar práticas ecologicamente responsáveis em suas operações, é uma realidade impossível de ser ignorada e, a julgar pela capacidade de impacto do mercado segurador, que abrange não só relações contratuais diretas, como também terceiros e fornecedores de um sistema social bem mais amplo, será mandatório o investimento do setor em ações de responsabilidade social para a melhoria e desenvolvimento sustentável de outros setores interligados.

Entre as empresas mais jovens, é possível notar o engajamento prático de políticas verdes desde a concepção. Em 2018, por exemplo, Daniel Schreiber, CEO da seguradora norte-americana Lemonade, apontou o setor segurador norte-americano como o segundo maior ramo do país que investia em petróleo, gás, carvão e outros combustíveis fósseis, acusando-o de negligência ante às causas sustentáveis. Na sequência, o diretor executivo da empresa fez um apelo aos seus parceiros de indústria – resseguradoras, concorrentes e empresas de seguro saúde e vida – para se juntarem ao compromisso ético de não mais investirem em projetos poluentes, aduzindo que fazer a coisa certa beneficia não só clientes e acionistas, mas também o futuro comum a todos.[6]

Indo além, ao criar o inovador projeto "*Lemonade Giveback*", a seguradora em tela promete "*transformar o seguro de um mal necessário em um bem social*", e, apresentando-se como uma alternativa inovadora aos seguros tradicionais, permite que seus segurados elejam uma causa filantrópica para destinar o restante dos prêmios que não foram utilizados no pagamento de sinistros.[7]

---

6. SCHREIBER, Daniel. *Why Lemonade Won't Invest In Coal*. Disponível em: https://www.lemonade.com/blog/divest_coal/. Acesso em: 22 abr. 2021.
7. Disponível em: https://www.lemonade.com/giveback; e https://www.lemonade.com/giveback-2020. Acessos em: 20 abr. 2021. Vale ressaltar que o aporte da Lemonade a instituições de caridade, somente no ano de 2020, foi contabilizado em US$ 1.128.109,89.

No cenário nacional, merecem realce os crescentes investimentos ASG realizados pela Zurich Seguros, que envolvem desde a implementação de energia renovável até o desenvolvimento de saneamento básico e universalização do acesso ao esgotamento sanitário. De acordo com levantamento feito pela mídia especializada, durante o ano de 2020 foram R$ 230.000.000,00 destinados a títulos verdes, representando cerca de 6% de suas reservas técnicas.[8]

Salta aos olhos, portanto, que o setor segurador deve ser protagonista nas metas de sustentabilidade. Já não é suficiente vê-lo apenas como um gestor de riscos; é essencial reconhecê-lo também como um investidor institucional ativo em iniciativas de sustentabilidade e como um agente preventivo contra danos à sociedade. Somente assim se poderá afirmar que ele cumpre verdadeiramente sua função social.

Versão original publicada em: 04.05.2021.

---

8. Conforme: https://www.istoedinheiro.com.br/um-sopro-de-dinheiro-verde-para-as-seguradoras/https://www.istoedinheiro.com.br/um-sopro-de-dinheiro-verde-para-as-seguradoras/. Acesso em: 21 abr. 2021.

SEGUROS E GUERRA: VINHOS NOVOS EM ODRES VELHOS?

João Quinelato

Renato Chalfin

Para além dos impactos humanitários, econômicos e diplomáticos globais, a invasão da Ucrânia pela Rússia expõe dois principais reflexos, agora nos contratos de seguros: os incrementos nos riscos segurados pelos seguros de *cyber insurance* dadas as particularidades do conflito e, ainda, nos contratos de seguros de danos e pessoas em geral, desafiando a interpretação das usuais causas de exclusão de cobertura por guerras, destacando-se, por exemplo, os contratos de seguros de vida, marítimo, aéreo, rural,[1] de crédito[2] etc.

A propósito dos impactos da invasão da Ucrânia pela Rússia, segundo informações da agência Fitch Ratings, as particularidades desta guerra incrementaram os riscos de *cyber* ataques. Apenas o ataque do *malware* "NotPeya" teria causado prejuízos de U$ 1.4 bilhões a um só segurado.[3] Isto porque para além de um conflito armado, a guerra em curso apresenta uma batalha paralela de desinformação, *fake news* e constantes ataques cibernéticos.[4]

Pode-se afirmar que é praxe de mercado incluir no rol de causas excludentes de cobertura riscos causados por guerra ou por atos hostis. Algumas dúvidas emanam ao analisarem-se tais exclusões: como interpretar as exclusões nos casos em que não se consegue identificar o autor do *cyber* ataque? Como a seguradora comprovará a relação entre o incidente cibernético e a guerra? Um *cyber* ataque praticado no contexto da guerra pode ser caracterizado como ato de guerra para fins de exclusão da cobertura? Quando a apólice não excluir e nem incluir o risco cibernético, como interpretar tal silêncio, à luz do que se convencionou chamar de *sylent cyber coverage*? Qual a importância que os segurados devem dar para a saúde cibernética interna, com a imposição de autenticação em multifatores, por exemplo?

---

1. No Brasil, por exemplo, por conta da alta dependência do setor agrícola aos fertilizantes russos, é possível que haja um aumento de sinistralidade no que diz respeito ao seguro rural.
2. Sabe-se que a guerra exerce altíssima influência econômica, podendo impactar nas taxas de juros, por exemplo.
3. Disponível em: https://www.fitchratings.com/research/insurance/russian-cyberattacks-may-test-insurer-war-r-exclusion-policy-language-01-03-2022. Acesso em: 09 mar. 2022.
4. SCHERIBER, Anderson. *O Direito em tempos de ciberguerra*. Disponível em: https://blogs.oglobo.globo.com/fumus-boni-iuris/post/anderson-schreiber-o-direito-em-tempos-de-ciberguerra.html. Acesso em: 09 mar. 2022.

As exclusões de guerra têm uma longa história em seguros, mas a sua aplicação em incidentes cibernéticos representa uma novidade, justificada pela própria sofisticação tecnológica dos últimos anos. Um produto que já sofre com uma inegável dificuldade de identificar adequadamente os riscos a que a companhia segurada está exposta, bem como de precificar o prêmio correspondente, se vê diante de desafios ainda mais nebulosos, provocados pela métrica da guerra moderna, cujos reflexos serão imensuráveis à nível global.

Ressalvadas as diferenças inerentes a cada, o presente embate não desafina daquele iniciado nos meados do ano de 2020, e que prosseguiu meses a fio, com relação à pandemia do novo coronavírus, posto que usual, como se disse, constar nas apólices de seguros a exclusão de riscos de pandemia (assim como, *v.g.*, guerras e terremotos) que teriam impactos devastadores no grupo segurado e na sociedade. Lá e cá, a estabilidade financeira e a capacidade de pagamento de reivindicações das seguradoras ficariam fortemente comprometidas, tendo em vista a grande concentração, no tempo e espaço, de sinistros com mensuração atuarial praticamente inalcançável.[5]

Já se definiu nessa coluna o seguro de riscos cibernéticos como aquele apto a segurar danos decorrentes de "vazamentos de dados, paralisação de funcionamento de servidores, colapso de softwares e hardwares".[6] O interesse segurado nessa espécie contratual, portanto, é a higidez e incolumidade dos sistemas cibernéticos cobertos pela apólice.

No âmbito da cobertura dos riscos cibernéticos, observa-se certa tendência de mercado em impor aos segurados que adotem medidas eficazes de segurança informática em suas operações. O próprio legislador brasileiro, na Lei Geral de Proteção de Dados Pessoais (Lei 13.709/18), fomenta uma postura proativa do agente de tratamento de dados pessoais, incentivando-o a adotar previamente à ocorrência de qualquer dano, a "adoção de medidas para prevenir a ocorrência de danos em virtude do tratamento de dados pessoais" (art. 6º VIII) e "utilização de medidas técnicas e administrativas aptas a proteger os dados pessoais de acessos não autorizados e de situações acidentais ou ilícitas de destruição, perda, alteração, comunicação ou difusão" (art. 6º VII), induzindo a um regime de responsabilidade civil proativo na LGPD.[7]

Indaga-se se a não adoção de medidas preventivas à ocorrência do dano ensejaria, à luz do Código Civil Brasileiro, a perda de cobertura por agravamento do risco. Afora a acesa controvérsia doutrinária a respeito da necessidade do elemento intencional para caracterizar o agravamento do risco apto a ensejar a perda de cobertura, na forma

---

5. JUNQUEIRA, Thiago. *Os seguros privados cobrem eventos associados a pandemias?* Disponível em: https://www.conjur.com.br/2020-abr-01/direito-civil-atual-seguros-privados-cobrem-eventos-associados-pandemias. Acesso em: 14 mar. 2022.
6. GOLDBERG, Ilan. A propósito da *silent cyber coverage*. Disponível em: https://www.conjur.com.br/2021-set-30/seguros-contemporaneos-proposito-silent-cyber-coverage. Acesso em: 09 mar. 2022.
7. Seja consentido remeter-se a: BODIN DE MORAES, Maria Celina; QUINELATO, João. autodeterminação informativa e responsabilização proativa: novos instrumentos de tutela da pessoa humana na LGPD. Cadernos Adenauer XX (2019), n. 3. *Proteção de dados pessoais: privacidade versus avanço tecnológico*. Rio de Janeiro: Fundação Konrad Adenauer, outubro 2019, p. 113-134.

do art. 757 do Código Civil,[8] pode-se afirmar que o alto grau de descuido na adoção de medidas preventivas basilares em estruturas tecnológicas poderá ensejar a perda da cobertura, ainda que de forma não intencional. Ora, se ao deixar "o carro estacionado na rua, com as portas destrancadas, os vidros abertos e a chave na ignição afasta a possibilidade de indenização do seguro pelo furto do veículo",[9] com igual razão perderá direito a indenização o segurado que não for diligente ao deixar de adotar medidas razoavelmente eficazes de proteção dos dados pessoais relacionados à sua operação, de seus servidores e seus sistemas essenciais, sendo irrelevante se tal comportamento se deu de maneira intencional.

É preciso concluir, portanto, que a adoção de medidas preventivas em tempos de *cyber* ataques e *cyber* guerras é conduta que legitimamente se pode esperar do segurado, sobretudo em decorrência dos deveres de lealdade e cooperação que devem guardar segurados e seguradores por incidência direta da boa-fé objetiva nos contratos de seguro. Mas o que seria razoável de se esperar de um segurado precavido, especialmente no cenário atual, em que grandes batalhas tecnológicas são travadas pela conquista de "fronteiras virtuais"?

Ao dever de atuar preventivamente em sua estrutura tecnológica interna, soma-se o – já conhecido – dever do segurado de comunicar ao segurador imediatamente quaisquer incidentes que possam ser caracterizados como sinistros,[10] dever esse que exige, em tempos de *cyber* ataques, postura mais proativa se comparado a demais espécies de sinistros, considerando que os danos ocorrem em segundos – ou em seus milésimos. À medida em que os sinistros se tornaram mais sofisticados, espera-se, em igual tempo e de outro lado, acentuação do dever de lealdade, transparência e cooperação do segurado junto ao segurador, atuando a boa-fé objetiva como uma via de mão dupla e não só do segurador ao segurado.

As interseções entre seguros e guerra residem, em sua maioria, nas regras de interpretação que se lançarão sobre as cláusulas de exclusão de cobertura baseadas na guerra. Com o fim da Segunda Guerra Mundial e a criação da ONU (1945), bem como com a promulgação da carta das Nações Unidas, esperava-se que a paz mundial estivesse sido alcançada e que a intensa globalização e a dependência energética, financeira e produtiva entre nações impediria a eclosão de novos conflitos bélicos mundiais. Ao subscrever qualquer risco nas últimas décadas, portanto, nem mesmo o mais avisado dos seguradores poderia prever a eclosão de uma guerra. Por essa razão, por os riscos serem dimensionados não prevendo a eclosão de guerras mundiais, é que o mercado adotou por praxe a inclusão de cláusulas excludentes de cobertura baseadas em guerra – e, por igual motivo, é raríssimo o segurado que, por mais precavido que seja, contrate cobertura específica para riscos provindos de guerra. Reacendem-se, com efeito, as divergências

---
8. Art. 768. O segurado perderá o direito à garantia se agravar intencionalmente o risco objeto do contrato.
9. TEPEDINO, Gustavo; BARBOZA, Heloisa Helena; BODIN DE MORAES, Maria Celina. *Código Civil interpretado conforme a Constituição da República*. Rio de Janeiro: Renovar, 2012, v. II, p. 580.
10. Art. 771. Sob pena de perder o direito à indenização, o segurado participará o sinistro ao segurador, logo que o saiba, e tomará as providências imediatas para minorar-lhe as consequências.

a respeito das regras de interpretação dos contratos de seguro – e, em especial sobre as cláusulas excludentes de cobertura.

Por força do disposto no artigo 757 e 760 do Código Civil, o segurador se obriga a garantir o interesse legítimo do segurado contra *riscos predeterminados*, razão pela qual devem ser interpretados restritivamente. Ao expressamente prever a não cobertura de *danos decorrentes de guerras*, a seguradora cumpre fielmente com seus deveres de transparência, lealdade e cooperação com o segurado.[11]

Tal limitação decorre da dúplice função social do sistema nacional de seguros: de um lado socializa riscos, em cumprimento do art. 3º, I da Carta da República e, de outro, assegura que os danos cobertos sejam indenizados, atendendo ao direito fundamental da reparação integral, evitando que a vítima reste desprotegida.

Para que o sistema securitário funcione de maneira controlada, é preciso atender a princípios que permitem que as instituições se integrem no processo econômico e social do país, se aperfeiçoem e consigam preservar a sua liquidez e a sua solvência, nos exatos termos do artigo 5º, I, IV e V, do Decreto-Lei 73/1966.

Diretamente conectado à função social do seguro está o princípio do mutualismo, segundo o qual "*todos os participantes contribuem com um valor relativamente baixo, em relação ao bem segurado, para que a pessoa que tenha o prejuízo naquele período receba a indenização*".[12] É pressuposto básico para manter a liquidez do sistema de seguros privados, à medida em que diminui o risco assumido pela companhia seguradora diante de um risco ou de um inadimplemento individual, permitindo a manutenção das suas operações sem prejuízo à coletividade, conforme já assentou a jurisprudência do STJ em numerosos julgados.[13]

Ao limitar, portanto, os riscos decorrentes da guerra, as seguradoras assim o fazem em cumprimento a princípios essenciais, já conhecidos e indispensável ao direito dos seguros – especialmente a predeterminação de riscos, aos limites do contrato e ao mutualismo.

---

11. Se reconhecida a incidência do diploma consumerista à hipótese, advoga-se a necessidade de a apólice ser escrita com caracteres ostensivos e legíveis, em tamanho de fonte padrão, desenvolvida justamente para facilitar a compreensão do segurado, nos termos do art. 54, § 3º do CDC.
12. "Mutualismo – Portal SUSEP de Educação Financeira – Glossário". Disponível em: https://www.meufuturoseguro.gov.br/glossario?letra=M&b_start:int=10. Acesso em: 08 abr. 2021.
13. "Registre-se que a operação de seguro funda-se no mutualismo. Isto é, ela somente existe diante da possibilidade de realização de cálculos estatísticos e atuariais pelo segurador que lhe permitem pulverizar os riscos pela coletividade de segurados. Pode-se afirmar, portanto, que o seguro tem por principal característica transferir o risco de um indivíduo para um grupo e dividir perdas numa base equitativa por todos os membros do grupo. Assim, os seguradores são obrigados a manter capital social e reservas técnicas para suas operações, na forma determinada pelo Conselho Nacional de Seguros Privados (CNSP) e regulamentada pela Superintendência de Seguros Privados (SUSEP). Isso porque, entre as muitas situações que podem acontecer no tocante ao segurador, está a alteração superveniente das circunstâncias que tornem insuportável para ele a continuidade da contratação" (STJ, AgInt no REsp 1.608.929/PR, 3ª T., Rel. Min. Ricardo Villas Bôas Cueva, j. 02.02.2017, DJe 13.02.2017).

Sem prejuízo, assim como se ressalvou quanto ao novo coronavírus, é difícil projetar o efetivo impacto da guerra nas relações securitárias. O velho equilíbrio entre a tutela do segurado, a saúde financeira da seguradora e a coletividade segurada dependerá, para além da boa-fé dos envolvidos em cada regulação de sinistro, de uma análise bastante cuidadosa de cada caso concreto, sem decisões generalizadas.

Por tudo que se viu até aqui, todavia, os novos sinistros que decorrem da guerra amparar-se-ão nas velhas regras interpretativas que regem os contratos de seguros. De "novo", a guerra, e de velho, os remédios jurídicos oferecidos pelo ordenamento. Pode-se dizer que, pelo menos por ora, não será preciso que o intérprete recorra a novas regras interpretativas ou que seja preciso radical adaptação legislativa para que sinistros decorrentes de ataques cibernéticos e/ou quaisquer outros decorrentes de guerra tenham justa resposta jurídica. Em vez de inventar-se a roda, é preciso que o exegeta procure no ordenamento remédios já bem assentados – como a boa-fé e seus influxos sobre os contratos de seguro, as regras de interpretação das cláusulas excludentes e tantos outros parâmetros hermenêuticos contidos no ordenamento – para os novos problemas.

Seguros e guerra, portanto, equiparam-se à vinhos novos em odres velhos. É como infere-se da parábola dos Vinhos Novos em Odres Velhos, no Evangelho de Lucas no Novo Testamento:

> Ninguém tira remendo de vestido novo e o põe em vestido velho; de outra forma rasgará o novo, e o remendo do novo não condirá com o velho. Outrossim ninguém põe vinho novo em odres velhos; de outra forma o vinho novo arrebentará os odres, e ele se derramará, e estragar-se-ão os odres. Pelo contrário vinho novo deve ser posto em odres novos. Ninguém que já bebeu vinho velho, quer o novo; porque diz: O velho é bom.[14]

Versão original publicada em: 17.03.2022.

---

14. Novo Testamento, Lucas 5:33-39.

OS SEGUROS PRIVADOS COBREM EVENTOS ASSOCIADOS A PANDEMIAS?

Thiago Junqueira

Ficaram eternizadas as palavras ditas por Cuthbert Heath em 1906, após terremoto com magnitude 8,25 na escala Richter, seguido de três dias de incêndios que devastaram a cidade de São Francisco, na Califórnia: "Paguem todos os segurados na íntegra, independentemente dos termos de suas apólices".[1] A atitude do referido subscritor inglês, considerado um dos principais nomes dos seguros, contribuiu para que o grupo segurador Lloyd's of London se consolidasse no mercado dos Estados Unidos da América.

Em tempos de pandemia do novo coronavírus (SARS-CoV-2), há um crescente apelo político e social para que medida semelhante seja tomada pelo setor de seguros brasileiro. Seria esse, porém, o melhor caminho? Antes de responder à pergunta em tela, afigura-se essencial esquadrinhar os seguintes pontos: i) os riscos relacionados a pandemias são comumente garantidos por contratos de seguros privados?; ii) existem atos normativos sobre o tema no Brasil?; iii) quais têm sido as respostas das seguradoras e da Susep aos recentes acontecimentos?

De partida, convém relembrar que existem diversos seguros dos ramos pessoa e dano que serão impactados por eventos associados à pandemia. Caso se mantenham a estimativa – relativamente baixa – de letalidade da doença e a ampla paralisação do comércio e da indústria em virtude do isolamento social, é bem provável que riscos relacionados ao inadimplemento de obrigações e danos patrimoniais (*v.g.*, lucros cessantes ocasionados pela interrupção da produção nas indústrias) despertem disputas jurídicas com montas significativamente mais elevadas do que as relacionadas aos gastos de saúde dos segurados/consumidores. Entre os diversos seguros potencialmente afetados, destaquem-se os de: i) vida; ii) saúde; iii) viagem; iv) garantia; v) educacional; vi) D&O e vii) riscos operacionais.

Apesar de não haver a proibição e, tampouco, uma obrigação legal de cobertura pelo segurador, é praxe no mercado a exclusão de riscos em caso de sinistros associados a epidemias e pandemias declaradas por órgãos competentes. Argumenta-se, nesse

---

1. "Como o terremoto de São Francisco mudou o Lloyd's e o setor de seguros? A atitude de Heath em relação às reivindicações de São Francisco foi recompensada em benefício do mercado de seguros de Londres. Suas ações destacaram a excelente reputação do Lloyd's de pagar reivindicações válidas – uma reputação que ainda existe hoje – e os negócios prosperaram. [...] O terremoto acabou custando ao Lloyd's mais de US$50 milhões – uma soma impressionante naquela época e equivalente a mais de US$1 bilhão de dólares atualmente". Cf.: 4BUSINNES. *Famous Insurance Claims of The Past*. Disponível em: https://4-business.co.uk/2019/12/10/famous-insurance--claims-of-the-past/. (Tradução livre).

sentido, que, se assim não fosse, a estabilidade financeira das seguradoras e a capacidade de pagamento de reivindicações ficariam fortemente comprometidas, tendo em vista a grande concentração, no tempo e espaço, de sinistros com mensuração atuarial praticamente inalcançável.

Ao tratar da exclusão em tela, Bruno Miragem destaca:

> seu fundamento legítimo é evitar que eventos cuja extensão imprevista supere de modo expressivo o cálculo do risco originalmente definido pela técnica atuarial, comprometa a solvência do segurador.[2]

De fato, a inserção da cobertura de pandemia na lógica dos seguros é tudo, menos simples. De um lado, temos o pagamento de prêmios relativamente baixos por muitos segurados e, do outro, a efetiva cobertura pelo segurador de reivindicações que podem ser eventualmente elevadíssimas, ou seja, da parte daqueles segurados que venham a sofrer um sinistro.

Como mensurar as perdas potenciais de uma pandemia? E como controlar a taxa de sinistralidade em períodos atípicos? Para enfrentar esses desafios, é comum que as apólices de seguros excluam riscos de pandemia, bem como outros eventos catastróficos, como guerras e terremotos, devido aos seus possíveis impactos devastadores. Seriam tais exclusões, porém, incontestáveis?[3]

O necessário controle de merecimento de tutela da referida cláusula contratual de exclusão de riscos – nas mais variadas modalidades de seguro – não pode perder de vista o tratamento normativo da questão no País. Embora não dê a última palavra, frise-se, a sua consideração é racionalmente impositiva para a solução do problema.

Nesse pano de fundo, urge, desde logo, reconhecer a permissibilidade da exclusão da cobertura de pandemia pelos dispositivos normativos e medidas administrativas da Susep. Ao regular os planos de microsseguro de pessoas, o art. 12, inc. I, al. d), da Circular Susep 440, de 27 de junho de 2012, por exemplo, autoriza, de modo expresso, a exclusão de riscos causados por "epidemia ou pandemia declarada por órgão competente". No que toca ao seguro de pessoas, os principais atos normativos são omissos; o item 69 da designada "Lista de verificação" (versão de setembro/2012), que traz requisitos para o envio de novos planos de seguro de pessoas à Susep (em busca da aprovação de sua comercialização), aponta, todavia, o seguinte:

> Riscos excluídos – Epidemias e Pandemias (Orientação da Procuradoria Federal junto à Susep). Caso a sociedade seguradora queira excluir a morte do segurado decorrente de epidemias ou pandemias, deverá redigir: 'epidemias e pandemias declaradas por órgão competente'.[4]

---

2. MIRAGEM, Bruno. Nota relativa à pandemia de coronavírus e suas repercussões sobre os contratos e a responsabilidade civil. *Revista dos Tribunais*, Rio de Janeiro, v. 1015, p. 4, maio 2020.
3. Para uma análise mais detalhada sobre o tema, seja consentido remeter a JUNQUEIRA, Thiago. Dilemas contemporâneos: os seguros privados e a cobertura das pandemias. *Revista Jurídica de Seguros*, v. 12, maio 2020.
4. Nota de atualização: a mencionada Circular Susep 440/2012 foi revogada pela Circular Susep 632, de 14 de julho de 2021. Atualmente, os microsseguros são tratados, em especial, pela Resolução CNSP 409, de 30 de junho de 2021, que é omissa acerca da cobertura de pandemias e epidemias. A referida "lista de verificação" levava em conta os requisitos presentes nas normas anteriores que abordavam os seguros de pessoa para coberturas de

Isso basta para reforçar a conclusão já enunciada: em condições normais de temperatura e pressão, o segurador possui respaldo da Susep para que a delimitação do seu risco contratual não agasalhe eventos associados a epidemias e pandemias. Seria tal respaldo, no entanto, suficiente? Dito de outra forma: o segurador poderá escudar-se do pagamento de indenizações associadas à pandemia da Covid-19 com base em cláusula de exclusão de riscos imposta ao segurado em contrato por adesão?

Como nunca havia sido posta à prova, praticamente inexistiu discussão jurídica sobre a efetiva validade dessa exclusão à luz dos preceitos do Código Civil, do CDC e da legalidade constitucional. Há nítida tendência de que, nos próximos meses, o assunto ganhe protagonismo no mercado e no Judiciário. Conforme espirituosa afirmação de Luc Mayaux: "Enquanto o coronavírus coloca a França em quarentena, advogados se isolam para trabalhar no assunto".[5]

As autoridades brasileiras, nesse sentido, poderiam contribuir para o alcance de solução menos belicosa do que a que parece se avizinhar. Diferentemente do que ocorreu, por exemplo, em terras lusitanas, com manifestações da Autoridade de Supervisão de Seguros e Fundos de Pensões e da própria Associação Portuguesa de Seguradores, até o momento a Susep não se pronunciou sobre o tema da cobertura de sinistros relacionados à Covid-19.[6]

Tem sido noticiado que algumas seguradoras assumiram o compromisso público de cobrir a morte de segurados ocasionadas pela Covid-19. Tal medida vai ao encontro de apelo feito pela Federação Nacional dos Corretores de Seguros Privados (Fenacor), em comunicado à sociedade, no qual clama às seguradoras, particularmente àquelas que atuem na área de "proteção da vida e da saúde das pessoas", que não se socorram de "quaisquer cláusulas de exclusão ou restritivas de direitos relacionadas às epidemias ou pandemias".[7]

Quase na mesma velocidade da expansão do vírus, surgiram propostas legislativas que visam a obrigar as seguradoras a garantir as mortes causadas por pandemias, tal qual a Covid-19, nos seguros de vida.[8] De igual sorte, começa a ganhar eco a defesa de que o Judiciário deveria afastar a aplicabilidade das cláusulas de exclusão de riscos. Antes da

---

risco (Resolução CNSP 117/2004 e Circular Susep 302/2005). *S.m.j.*, a Susep não possui documento semelhante considerando as normativas atuais dos seguros de pessoa para cobertura de riscos (Resolução CNSP 439/2022 e Circular Susep 667/2022). Advirta-se, por oportuno, que essas normas não tratam diretamente das hipóteses de pandemia e epidemia.

5. MAYAUX, Luc. *Coronavirus et assurance*. La semaine juridique – Edition générale, n. 11, 16 mars 2020. Disponível em: http://www.tendancedroit.fr/wp-content/uploads/2020/03/LIP-MAYAUX.pdf. Em grande medida, a afirmação pode ser transposta ao Brasil.

6. Cf., respectivamente: ASF. *Alertas ao consumidor – Covid-19*. (https://www.asf.com.pt/.); e APS. *Coronavírus*: posição do Setor Segurador (https://www.apseguradores.pt/pt/.). Sem que se possa aprofundar o debate, registre-se que, no âmbito da saúde suplementar, a ANS adotou, no dia 12 de março último, resolução normativa que torna obrigatória a cobertura de testes diagnósticos para infecção pela Covid-19 (cf. Resolução Normativa 453).

7. Disponível em: https://www.fenacor.org.br/noticias/comunicado-a-sociedade-e-a-imprensa.

8. Disponível em: https://www12.senado.leg.br/noticias/materias/2020/03/12/senadores-apresentam-propostas-para-enfrentar-pandemia-do-coronavirus.

tomada de medidas precipitadas, porém, o cenário deve ser analisado de forma sóbria e individualizada.

Assim como foi considerada infeliz a manifestação de algumas autoridades defendendo que a economia não poderia ficar suspensa em virtude de um "resfriadinho", não se deve endossar acriticamente a afirmação de que o segurador não poderia negar cobertura por um sinistro associado a uma "gripe". Para além dos gastos com a liquidação dos sinistros, a forte desvalorização das bolsas de valores tende a impactar as reservas técnicas dos seguradores e a diminuir o retorno de investimentos feitos com os prêmios dos segurados. Ainda que se argumente que os resseguradores e retrocessionários, na prática, contribuirão na quitação de indenizações, o afastamento de cláusula de exclusão de riscos, em tempos de sinistros abundantes como o atual, é uma medida séria e não deve ser feita sem a devida reflexão.

Nas relações de consumo, o cumprimento do dever de informação pelo segurador (art. 30 c/c art. 46 do CDC) e a abusividade da cláusula de exclusão de responsabilidade disposta em um contrato por adesão (art. 51 do CDC) estão entre as questões a gerar mais embates. Para se ficar no exemplo de escola, o falecimento, na sequência de uma infecção pela Covid-19, provavelmente acabará sendo coberto pelos seguradores, a despeito de eventual cláusula que estipule o contrário.

Tal relativização da exclusão de cobertura não deverá ser considerada uma "confissão de culpa" do segurador, gerando-se uma aplicação automática do mesmo raciocínio a outras modalidades. Ora, é reconhecida, pela jurisprudência do STJ, a especialidade das relações de consumo de seguro de vida,[9] o que permite um maior espaço de manobra da solidariedade na base mutualística desse seguro.

Navegando em outras águas, a cobertura de interrupção de negócios (lucros cessantes) nos seguros de riscos operacionais demonstra-se um terreno fértil para discussões jurídicas atinentes à Covid-19. Em que pese a cobertura do segurador geralmente se restringir a avarias, perdas e danos materiais, decorrentes de acidente de origem súbita e imprevista, causada diretamente a bens segurados, a falta de clareza de algumas apólices tende a gerar disputas nada desprezíveis. Cite-se, à guisa de ilustração, o ingresso de demanda, na Corte de Oklahoma, por parte de um cassino, requerendo lucros cessantes das seguradoras pela interrupção de suas atividades.[10]

Outro campo que envolve quantias volumosas no setor de seguros internacional é o do seguro para eventos – que, em alguns casos, garante expressamente riscos associados a pandemias. De acordo com analistas, apenas o adiamento das Olimpíadas de Tóquio gerará uma obrigação de dois bilhões de dólares aos seguradores (e resseguradores).[11]

---

9. Por todos, STJ, AgInt no REsp 1.728.428/SC, 3ª Turma, Relator Ministro Ricardo Villas Bôas Cueva, j. 25.02.2019.
10. BARLYN, Suzanne. *UPDATE 1-Native American casino owner sues Lloyd's, AIG over coronavirus losses*. Disponível em: https://www.reuters.com/article/health-coronavirus-insurers-idUSL1N2BH1SQ.
11. HAY, Laura. *Do insurers have COVID-19 covered?* Disponível em: https://home.kpmg/xx/en/home/insights/2020/03/do-insurers-have-covid-19-covered.html.

Tudo isso a demonstrar que as mais variadas modalidades de seguro serão impactadas e que as seguradoras terão de fazer um gerenciamento de riscos – financeiro e reputacional – deveras cuidadoso.

Como a maioria dos setores da economia, o setor segurador não está imune a crises sistêmicas. É provável que, no futuro, muitos dos desafios atuais sejam mitigados por meio de subscrição, seja pelo aumento dos prêmios para incluir a cobertura de riscos associados a pandemias dentre as coberturas básicas, seja pela oferta de cobertura adicional para pandemias. Outra possibilidade é a criação de um *pool* de resseguro obrigatório para riscos pandêmicos, conforme proposto pelo U.S. House Financial Services Committee.[12] No entanto, no momento, a situação permanece bastante incerta.

A sociedade enfrenta desafios sem precedentes, e prever o impacto real do novo coronavírus nas relações securitárias é uma tarefa complexa. O delicado equilíbrio entre proteger os interesses do segurado, da seguradora e do fundo mutual dependerá de decisões precisas. Tais decisões devem equilibrar os interesses contrapostos, sendo responsabilidade da Susep e do Judiciário. Além disso, os próprios segurados e seguradores devem negociar cada regulação de sinistro com boa-fé.

Voltando os olhos para o caso de São Francisco, naquela ocasião se discutiu a respeito da cobertura, no seguro residencial, de incêndio (risco coberto) causado na sequência de terremoto (risco contratualmente excluído). Apesar de a passagem ter se tornado folclórica, o ato solidário de Cuthbert Heath não se encaixa facilmente no presente contexto. Mesmo que astronômicas (estima-se que metade da população havia ficado sem lar e mais de 80% da cidade fora destruída), ele foi capaz de mensurar o tamanho de suas perdas, ao contrário do que, até onde vai a vista, ocorre na quadra atual.

O que não costuma ser lembrado é que ao menos doze seguradoras faliram no episódio e vários segurados também foram prejudicados.[13] Por isso mesmo, espera-se que a ainda incerta resposta à pergunta que intitula estas notas seja alcançada de forma técnica, atenta às particularidades de cada hipótese fática, e que, na sua busca, não se desconsidere antigo ensinamento do médico suíço Phillipus von Hohenheim (1493-1541): *o que diferencia o remédio do veneno é a dose.*

Versão original publicada em: 1º.04.2020.

---

12. Cf. BUENO, Denise. *EUA estudam criar seguro obrigatório, com subsídios para pandemias.* Disponível em: https://www.sonhoseguro.com.br/2020/03/eua-estudam-criar-seguro-obrigatorio-com-subsidios-para-pandemias--ficaadica/.
13. CENICEROS, Roberto. *Decisions to pay claims from quake were momentous.* Disponível em: https://www.businessinsurance.com/article/20060416/story/100018725/decisions-to-pay-claims-from-quake-were-momentous.

A NOVA ERA DA PARENTALIDADE: COMO OS SEGUROS PODEM VIABILIZAR O PLANEJAMENTO FAMILIAR

Thaminy Teixeira

Segundo dados do Instituto Brasileiro de Geografia e Estatística (IBGE), em 2021, mulheres com 30 anos ou mais representaram 38% das novas mães, um avanço de 7,7% em comparação com 2010 e de 11,8% em relação ao ano 2000. Já as mães que deram à luz entre 20 e 29 anos, em que pese ainda fossem a maioria, seu percentual tem diminuído progressivamente: em 2000 e 2010 elas eram 54,5% e 53,1% das novas mães, respectivamente, e agora são 49,1%.[1] Esse fenômeno é denominado de parentalidade tardia,[2] qual seja, a concretização da maternidade e da paternidade após a casa dos 20 anos.

Em que pese esse cenário, é fato que a genética não espera, uma vez que com essa idade há uma redução gradativa da taxa de fecundação das mulheres,[3] o que implica na necessidade de serem buscados recursos biotecnológicos que viabilizem a realização do projeto parental, como a criopreservação de óvulos, fertilização *in vitro* e inseminação artificial.[4]

O Relatório Sis Embrio, publicado pela Anvisa em 2020, revelou que, naquele ano, cerca de 100 mil embriões foram congelados, e a expectativa é que o conjunto de negócios envolvendo reprodução humana assistida movimente mais de 20 bilhões de dólares até 2025.[5] E em que pese esses sejam mecanismos mais conhecidos atualmente,

---

1. IBGE: mães entre 20 e 29 anos ainda são maioria, mas número vem reduzindo. *Correio do Povo*, 16 fev. 2023. Disponível em: https://www.correiodopovo.com.br/not%C3%ADcias/cidades/ibge-m%C3%A3es-entre-20-e--29-anos-ainda-s%C3%A3o-maioria-mas-n%C3%BAmero-vem-reduzindo-1.987195. Acesso em: 25 mar. 2024.
2. ALMEIDA, Vitor. Planejando a família in vitro: o direito ao planejamento familiar e as famílias monoparentais. *IBDFAM*, 14 jun. 2013. Disponível em: https://ibdfam.org.br/artigos/893/Planejando+a+família+in+vitro:+o+-direito+. Acesso em: 24 mar. 2024.
3. A partir dos 35 anos ocorre uma redução gradativa na taxa de fecundação – enquanto até essa idade a taxa é de 20% ao mês, a partir dela o declínio é de 10% ao ano, do total do ano anterior, até que, a partir dos 40 anos, o percentual mensal é de 5% de fecundidade (GEBER, Selmo. ROQUE, Matheus. HURTADO, Rodrigo. SAMPAIO, Marcos. *Guia de bolso de Técnicas de Reprodução Assistida*. São Paulo: Atheneu, 2016).
4. A criopreservação consiste na conservação de células e tecidos em temperaturas extremamente baixas (-196°C) com a utilização de nitrogênio líquido. A fertilização *in vitro*, por sua vez, é uma técnica de reprodução assistida que consiste na fecundação do óvulo e do espermatozoide em laboratório, formando embriões. Finalmente, a inseminação artificial também é uma técnica de reprodução assistida, na qual a amostra de sêmen, preparada em laboratório, é inserida no útero. (Ibidem).
5. MAIA, Bruna. Congelamento de óvulos: o mercado de 'seguro-maternidade'. *Você S/A*, 10 jul. 2022. Disponível em: https://vocesa.abril.com.br/carreira/congelamento-de-ovulos-o-mercado-de-seguro-maternidade. Acesso em: 25 mar. 2024.

os altos custos dos tratamentos – a criopreservação e a fertilização *in vitro* custam cerca de R$ 30 mil por ciclo[6-7] – acabam por inviabilizar a concretização do planejamento parental, impedindo que não apenas mulheres e homens mais velhos, mas também casais homossexuais, transexuais, pessoas solteiras ou com problemas de fertilidade se vejam impedidos de exercer o seu direito fundamental à parentalidade e à procriação previstos no art. 226, § 7º da Constituição da República.[8]

E é nesse contexto que os seguros se revelam: enquanto um importante mecanismo viabilizador do planejamento familiar e do projeto parental por meio da democratização do acesso a essas técnicas.

O seguro se constitui como um instrumento de compartilhamento do risco, ou seja, a seguradora, mediante uma contraprestação (o prêmio), "garante as consequências patrimoniais de determinado risco que ameaça interesse legítimo do segurado".[9] Aqui, o interesse legítimo é a concretização do planejamento familiar, que é ameaçado pelos altos custos dos tratamentos que viabilizam a parentalidade.

A Lei 9.656/1998, com a redação dada pela Lei 11.935/2009, disciplina em seu art. 35-C que é obrigatório aos planos de saúde prestar atendimentos de planejamento familiar. No entanto, o Superior Tribunal de Justiça (STJ), em 2020, no Tema 1.067,[10] fixou que eles não são obrigados a custear tratamentos de fertilização *in vitro*.[11] Inobstante esse cenário, seguros com coberturas diversas podem ser oferecidos ao público e contratados não só pelos pais, mas também por clínicas e empresas, além de serem integrados às políticas públicas do governo.

---

6. No congelamento de óvulos ainda é preciso arcar com cerca de R$ 1 mil por ano com custos de manutenção. Além disso, também é preciso pensar que, por serem procedimentos sensíveis, são grandes as chances de perda do material, desde a coleta até a efetiva fecundação, implicando em gastos com novas tentativas (HUNTINGTON EUGIN GROUP. Disponível em: https://www.huntington.com.br/blog/congelamento-de-ovulos-quais-sao-os-custos-envolvidos/. Acesso em: 25 mar. 2024).
7. QUANTO custa uma fertilização in vitro em 2024? Disponível em: https://blog.oya.care/fertilidade/fertilizacao-in-vitro-preco/. Acesso em: 05 mar. 2024.
8. Conforme termo cunhado pela professora Maria Celina Bodin de Moraes, a família hoje é entendida como democrática, e possui um papel de instrumento voltado para o desenvolvimento da personalidade de seus membros (BODIN DE MORAES, Maria Celina. *A família democrática*. Disponível em: https://ibdfam.org.br/assets/upload/anais/31.pdf. Acesso em: 26 mar. 2024). Nessa linha, o professor Vitor Almeida defende que a previsão constitucional implica no reconhecimento da autonomia reprodutiva dos sujeitos, além de o "reconhecimento do aspecto conceptivo (ou positivo) do direito ao planejamento familiar embasa[r] a existência de um direito à procriação", de modo que a maternidade e a paternidade podem ser encaradas enquanto um projeto de vida, "relacionado[s] à autonomia reprodutiva e ao próprio desenvolvimento da personalidade de quem almeja ser genitor" (ALMEIDA, Vitor. O direito ao planejamento familiar e as novas formas de parentalidade na legalidade constitucional. In: HIRONAKA, Giselda; SANTOS, Romualdo Baptista dos. (Org.). *Direito Civil*: Estudos: I Coletânea do XV Encontro dos Grupos de Pesquisa. IBDCIVIL. São Paulo: Blucher, 2018, p. 422).
9. MIRAGEM, Bruno; PETERSEN, Luiza. *Direito dos seguros*. Rio de Janeiro: Forense, 2022, p. 49.
10. Tema 1.067 do STJ: "Salvo disposição contratual expressa, os planos de saúde não são obrigados a custear o tratamento médico de fertilização in vitro".
11. Diferentemente, alguns estados dos Estados Unidos possuem leis que fixam a obrigatoriedade de os planos de saúde cobrirem tratamentos decorrentes de infertilidade. Disponível em: https://ivfoptions.com/ivf-coverage-by-state-2023/.

A seguradora japonesa Mitsui Sumitomo divulgou, agora em 2024, a comercialização de um seguro para óvulos não fertilizados cujo objetivo é proteger eventuais danos causados durante o transporte, congelamento e armazenamento. O prêmio será arcado pela clínica, sem repasse dos custos aos clientes, além de contar com subsídios financeiros do governo japonês, com vistas a aumentar a taxa de natalidade no país.[12-13] Já em países da Europa, algumas clínicas viabilizam a contratação de programas que garantem a devolução do valor investido caso o interessado não tenha um filho dentro de 24 meses.[14]

Além disso, aqui no Brasil já existem empresas que oferecem benefícios aos empregados que buscam concretizar a parentalidade. O LinkedIn, por exemplo, oferece um reembolso de até R$ 22 mil aos funcionários, por tentativa de fertilização. Já na PepsiCo, o benefício é de R$ 25 mil para qualquer tratamento de reprodução humana assistida e congelamento de óvulos, e no Mercado Livre, 70% dos custos da criopreservação de óvulos são arcados pela empresa.[15] A cobertura para apólices coletivas, figurando o empregador enquanto estipulante, portanto, é um meio viável.

No que se refere à integração do Estado nessa dinâmica, é preciso destacar que o art. 226, § 7º da Constituição da República prevê que, além de ser de livre decisão do casal – o que aqui estendemos também às pessoas solteiras –, o planejamento familiar deve ser incentivado, mediante recursos educacionais e científicos que viabilizem o exercício desse direito fundamental.[16] E a atividade securitária pode ser um instrumento de viabilização de políticas públicas para auxiliar na efetivação desse dever estatal.

Segundo argumentam os autores Bruno Miragem e Luiza Petersen, além de estimularem a atividade econômica do país, os seguros devem ser levados em conta na criação de políticas de desenvolvimento que envolvam investimento público, de modo a resguardar os riscos financeiros associados,[17] e contribuir para a redução das desigualdades sociais, tal qual previsto no art. 170, VII da CF. Em contrapartida, caberá ao Estado atuar para fiscalizar a atividade da seguradora, e aferir o cumprimento das normas e das leis, além da efetiva realização dos princípios constitucionais.

Desse modo, é possível demonstrar que o seguro se articula com o objetivo de desenvolvimento nacional não apenas em relação à livre iniciativa e à ordem econômica

---

12. CNSEG. Seguro para óvulos humanos não fertilizados: novidade chega ao Japão em março. *Notícias do Seguro*, 29 fev. 2024. Disponível em: https://noticiasdoseguro.org.br/noticias/seguro-para-ovulos-humanos-nao-fertilizados-novidade-chega-ao-japao-em-marco. Acesso em: 24 mar. 2024.
13. JAPAN'S First Egg Freezing Insurance for Woman. *News On Japan*, 22 fev. 2024. Disponível em: https://newsonjapan.com/article/140857.php. Acesso em: 24 mar. 2024.
14. IVI BABY. Disponível em: https://ivi.pt/tratamentos-procriacao-assistida/ivi-baby/. Acesso em: 24 mar. 2024.
15. ALMEIDA, Fernanda de. Empresas oferecem tratamentos de fertilidade como benefício corporativo. *Forbes*, 18 out. 2022. Disponível em: https://forbes.com.br/carreira/2022/10/empresas-oferecem-tratamentos-de-fertilidade/. Acesso em: 25 mar. 2024.
16. Renata de Lima Rodrigues argumenta que "o uso da biotecnologia não pode ser uma ferramenta descartada ou negada a nenhuma pessoa, sob pena de violação da garantia de iguais espaços de liberdade de atuação para que todos possam se tornar aquilo que pretendem ser" (RODRIGUES, Renata de Lima. *Planejamento familiar*: limites e liberdades parentais. Indaiatuba: Foco, 2021. E-book).
17. MIRAGEM, Bruno; PETERSEN, Luiza. *Direito dos seguros*. Rio de Janeiro: Forense, 2022, p. 62.

brasileira, mas, além disso, pode auxiliar "[n]a ampla proteção dos direitos fundamentais" previstos na Constituição, se revelando enquanto um importante meio de concretização do exercício da autonomia privada[18] e, consequentemente, dos mais diversos projetos parentais.

Em razão disso, a democratização no acesso aos tratamentos de reprodução humana assistida e criopreservação de óvulos poderia ocorrer mediante o incentivo, pelo Estado, à programas de seguros que auxiliem nos custos financeiros dessas técnicas. À exemplo do Japão, o governo poderia firmar parcerias com instituições privadas e seguradoras, direcionando recursos para a contratação de seguros, mediante a inclusão dessas medidas na Política Nacional de Atenção Integral em Reprodução Humana Assistida (Portaria 3.149/2012), permitindo que mais pessoas tenham acesso a esses procedimentos, em razão do compartilhamento do risco econômico com as seguradoras.

Não obstante, pode-se dizer que os seguros não só viabilizam, mas integram o planejamento familiar. Isso porque diversos podem ser os tipos de seguro, com variadas coberturas ofertadas, a serem contratados pelos segurados de acordo com a sua realidade específica. Uma clínica de fertilidade nos Estados Unidos, por exemplo, viabiliza aos pacientes a contratação de três modalidades de seguro, cujas coberturas envolvem, a depender do plano escolhido, (i) procedimentos necessários para diagnóstico das causas de infertilidade, (ii) tratamentos para estimular a ovulação e, posteriormente, a inseminação artificial, com alguns medicamentos inclusos, e (iii) todos os tratamentos e medicamentos injetáveis, inclusive fertilização *in vitro*, com um limite de tentativas.[19]

Podem ser adquiridas coberturas apenas para a realização de exames para verificar os tratamentos possíveis para a gestação, como já é coberto por diversos planos de saúde; a disponibilização de um rol de médicos e clínicas referenciadas; custos decorrentes de eventuais danos havidos entre a coleta, o armazenamento e o transporte; a própria realização das técnicas de reprodução assistida e criopreservação de óvulos; reembolso em caso de não haver a gestação; ou ainda uma combinação de diversas coberturas. Tudo dependerá da viabilidade das opções inseridas no ambiente de cada estrutura familiar e do risco a ser coberto, com prêmios que se adequem à realidade de cada segurado ou às possibilidades ofertadas pelos empregadores e pelo Estado, se o caso.

Há que se destacar, ainda, que as coberturas podem ser incluídas em planos de saúde, seguro de danos ou de pessoas, os primeiros regidos pela Lei 9.656/1998 e sob a fiscalização da Agência Nacional de Saúde Suplementar (ANS), e os demais sob a as regras do Conselho Nacional de Seguros Privados (CNSP) e da Superintendência de Seguros Privados (Susep). Exemplifica-se a seguir cada uma das possibilidades, sem o objetivo de exaurir o tema, que tanto demanda discussões.

---

18. MIRAGEM, Bruno; PETERSEN, Luiza. *Direito dos seguros*. Rio de Janeiro: Forense, 2022, p. 34-45.
19. IVFMD TEXAS. Disponível em: https://www.ivfmd.net/resources/financing/insurance-options/. Acesso em: 08 abr. 2024.

No caso dos planos de saúde, o segurado pode, por exemplo, buscar contratar planos que cubram não apenas os exames de diagnóstico, mas as próprias técnicas de fertilização *in vitro* e inseminação artificial, mediante lista de médicos e clínicas credenciados ou referenciados. Neste caso, não haveria custos adicionais com o tratamento, uma vez que já estariam incluídos na mensalidade paga à operadora.

Similarmente, pode-se pensar também na contratação de seguro de pessoas, nas modalidades individual ou coletiva, cujo objetivo seja a cobertura para despesas médicas e hospitalares, internação ou outras que se enquadrem enquanto riscos de seguros de pessoas, tal qual autoriza o art. 74 da Circular Susep 667/2022.[20] Neste caso, deve ser estipulado um capital segurado, que pode corresponder, por exemplo, ao valor total gasto com a contratação da clínica de fertilização, os remédios, exames e outros custos econômicos decorrentes, passível de ser reembolsado caso a gestação não seja efetivada.

Já, caso o objetivo seja contratar um seguro para garantir o congelamento dos óvulos, poderíamos falar de um seguro de danos. Neste cenário, o objetivo seria "garantir ao segurado a restauração da sua situação patrimonial anterior ao sinistro coberto pela apólice, mediante o pagamento de indenização dos prejuízos sofridos".[21] Assim, podemos falar na hipótese em que, anos após ter congelado seus óvulos, a mulher retorna à clínica e descobre que o material se perdeu ou não tem mais chances de ser fecundado. Neste caso, poderia acionar o seguro, obtendo como indenização o valor total gasto com a técnica, voltando ao *status quo* ante em termos patrimoniais.

Resumidamente, é evidenciado que, a partir da contratação de seguros, o segurado passa a ter um maior leque de opções para a concretização do desejo de ter filhos, pois tem a sua disposição "recursos materiais e intelectuais para alcançar seu pleno potencial, conforme suas predileções e aptidões".[22] O valor dos procedimentos deixa, portanto, de ser um fator inviabilizador e a seguradora passa a ser uma parceira na concretização do planejamento parental.

No mais, destaca-se ainda a efetivação do princípio da parentalidade responsável, uma vez que, ao serem mitigados os custos com os tratamentos por meio da contratação dos seguros, a família incorre em um alívio na sua realidade financeira, e o valor médio de R$ 30 mil antes comprometido com os custos das técnicas biotecnológicas pode ser destinado à criança ao nascer, atendendo às condições necessárias para o seu pleno desenvolvimento.[23]

---

20. Circular Susep 667/2022: Art. 74. É facultada às sociedades seguradoras a estruturação de outras coberturas nos termos dessa Circular, além daquelas expressamente previstas, desde que os riscos cobertos sejam enquadrados como riscos de seguro de pessoas.
21. TEPEDINO, Gustavo; BANDEIRA, Paula Greco; MACHADO, Bruna Vilanova. Comentários ao art. 778 do Código Civil. In: GOLDBERG, Ilan; JUNQUEIRA, Thiago (Org.). *Direito dos seguros*: comentários ao Código Civil. Rio de Janeiro: Forense, 2023, p. 365.
22. RODRIGUES, Renata de Lima. *Planejamento familiar*: limites e liberdades parentais. Indaiatuba: Foco, 2021. E-book.
23. ALMEIDA, Vitor. Planejando a família in vitro: o direito ao planejamento familiar e as famílias monoparentais. *IBDFAM*, 14 jun. 2013. Disponível em: https://ibdfam.org.br/artigos/893/Planejando+a+família+in+vitro:+o+-direito+. Acesso em: 24 mar. 2024.

Conclui-se, então, que os seguros despontam enquanto um mecanismo que não só viabiliza, mas incentiva a concretização dos mais diversos projetos parentais, tornando o acesso a esses procedimentos mais acessível, mediante a realização da autonomia privada e, consequentemente, dos direitos fundamentais previstos na Constituição da República.

Versão original publicada em: 16.05.2024.

M&A: OPERAÇÕES DE FUSÕES E AQUISIÇÕES NO SETOR DE SEGUROS

Claudio Luiz de Miranda

Ricardo Azevedo

Como é de conhecimento público, o desenvolvimento de empresas e grupos empresariais pode ocorrer, em linhas gerais, de forma orgânica, por intermédio do desenvolvimento de novas operações, abertura de escritórios e filiais e ganho de escala dentro da estrutura empresarial, ou de maneira inorgânica, por meio da aquisição de outras entidades do mercado, assim como da realização de operações de fusão ou incorporação com empresas do setor.

Com o intuito de se manterem competitivas frente à forte concorrência do mercado ou, até mesmo, de superar as dificuldades trazidas pela crise econômico-financeira vivenciada nacionalmente, as companhias brasileiras vêm, nos últimos anos, investindo nas operações de Fusões e Aquisições, também conhecidas pela sigla em inglês *Mergers and Acquisitions (M&A)*. Nas palavras de Bruna Nakamura:[1]

> As operações de fusões e aquisições de participações societárias (*Mergers and Acquisitions*), conhecidas amplamente como M&A, são instrumentos muito importantes do ponto de vista econômico e empresarial, na medida que visam aumentar o *market share* (participação no mercado), agregar valor futuro na operação, diversificar investimentos, aumentar o lucro, otimizar os custos e muito mais.

De acordo com estudos realizados em 2021 pela KPMG, uma das maiores empresas de auditoria de todo o mundo, o Brasil registrou naquele ano um total de 1.963 (mil novecentas e sessenta e três) operações de M&A, ultrapassando a marca do ano anterior em 59% (cinquenta e nove por cento) e alcançando o maior desempenho nos últimos 25 anos.[2]

Trata-se, inclusive, de movimento enraizado na cultura nacional recente, de forma que a tendência de alta nas operações de fusões e aquisições no país permanece para o presente ano, registrando-se, até o final do primeiro trimestre, o montante de 553 (qui-

---

1. Disponível em: https://www.migalhas.com.br/depeso/371497/m-a--operacoes-de-fusoes-e-aquisicoes-de--participacoes-societarias.
2. Para maiores informações sobre a pesquisa, vide: https://home.kpmg/br/pt/home/insights/2022/03/volume--fusoes-aquisicoes-alcancou-recorde-2021.html. Acesso em: 16 ago. 2022.

nhentas e cinquenta e três) operações, número superior em 47,4%, quando comparado ao mesmo período de 2021.[3]

E, com o mercado de seguros, objeto central deste artigo, o contexto não é diferente. O setor desponta na 12ª (décima segunda) posição no ranking de setores em que as operações dessa natureza se efetivaram recentemente, com um total de 33 (trinta e três) operações de M&A em 2021 e notórias 13 (treze) operações contabilizadas apenas no primeiro trimestre de 2022.[4]

Nessa linha, o propósito deste breve artigo consiste em buscar depurar as peculiaridades aplicáveis às operações de M&A no setor de seguros nacional, sobretudo à luz de sua realidade de mercado, dos impactos regulatórios e das características desenvolvidas no âmbito das operações mais emblemáticas recentemente articuladas nesse setor.

Inicialmente, cumpre registrar três características centrais identificadas no âmbito das principais operações envolvendo M&As no setor de seguros, quais sejam: (i) as especificidades regulatórias aplicáveis, por se tratar de setor densamente regulado da economia nacional; (ii) os altos valores envolvidos, considerando a complexidade das operações e as relevantes somas praticadas; e (iii) a importância de se endereçarem questões jurídicas e práticas relativas à continuidade das operações, comumente denominadas de *runoff*.[5] Tais pontos serão mais bem detalhados nas linhas a seguir.

Em se tratando de empresas atuantes no setor de seguro, para além das exigências legais impostas pelo Código Civil, em operações envolvendo sociedades limitadas, e pela Lei 6.404/76, quando das operações envolvendo sociedades anônimas, há de se observar requisitos e cumprir as exigências regulatórias impostas pela Superintendência de Seguros Privados – Susep, a fim de se obter as aprovações necessárias para a efetividade da operação de M&A.

Sobre o tema, destaca-se a disciplina normativa trazida pela Circular Susep 529, de 25 de fevereiro de 2016, e pela Resolução CNSP 422, de 11 de novembro de 2021, que regulam, dentre outros temas, os procedimentos a serem seguidos para fins de implementação de operações dessa natureza.

É importante registrar que, não obstante a regra geral seja no sentido de permitir a livre negociação e implementação de operações de reestruturação societária, observadas as normas corporativas, legais e de concorrência cabíveis, por se tratar de setor fortemente regulado, as empresas integrantes do setor de seguros precisam obter autorização prévia do órgão regulador.

---

3. Para maiores informações sobre a pesquisa, vide: https://fusoesaquisicoes.com/relatorios-setoriais/financas--seguros/setor-de-seguro-registra-13-operacoes-de-fusoes-e-aquisicoes-no-1o-tri-de-2022/. Acesso em: 16 ago. 2022.
4. Ibidem.
5. Termo inglês que se refere à continuidade, no tempo, dos resultados e da sinistralidade de um contrato ou carteira cancelados, como definido em: https://www.fundacionmapfre.com.br/publicacoes/diccionario-mapfre-seguros/run-off/#:~:text=Termo%20ingl%C3%AAs%20que%20se%20refere,um%20contrato%20ou%20carteira%20cancelados. Acesso em: 16 ago. 2022.

Nessa linha, para a prática de alteração de controle e reorganização societária, as sociedades envolvidas devem protocolar requerimento de autorização prévia na Superintendência de Seguros Privados – Susep, direcionado à coordenação geral responsável por registros e autorizações, identificando o responsável pela condução do projeto perante a Susep. Trata-se, assim, de relevante requisito prévio e antecedente à execução da operação de M&A em si, a ser instruído com a documentação disposta nas normas mencionadas acima e necessariamente observado pelas partes envolvidas, sob pena de infração às normas regulatórias e não aprovação da operação.

Além de requisito regulatório, tal contexto deve ser enxergado sob a perspectiva negocial e jurídica pelas partes envolvidas na negociação. Com efeito, a operação de M&A carrega, em seu âmago, relevantes aspectos interdisciplinares, a envolver elementos jurídicos, financeiros, econômicos e operacionais. Em se tratando de operação sujeita à prévia autorização do órgão regulatório, tais aspectos devem estar, a um só tempo, endereçados nos instrumentos da operação firmados quando de sua assinatura, e adaptados aos efeitos do tempo a serem aplicados sobre a dinâmica em construção e ainda sujeita à aprovação. Devem ser disciplinadas, ainda, as hipóteses decorrentes da não autorização da operação pela Susep ou da desistência de suas partes em razão das alterações nos termos e condições de mercado ou das empresas envolvidas, sendo fundamental que os assessores envolvidos antecipem e negociem os efeitos da não ocorrência do negócio em questão.

Vale registrar, ainda, que nem todas as operações de M&A no setor de seguros são sujeitas à aprovação prévia, havendo hipóteses em que a Circular Susep prevê apenas a necessidade de provimento de informação ao órgão regulador.

Diferentemente do caso anterior, nessa hipótese, a Susep é simplesmente informada da operação, sem possuir poderes para não a autorizar. Tratam-se dos pedidos de homologação, formulados pelas sociedades seguradoras, de capitalização, resseguradoras locais e entidades abertas de previdência complementar, relativos à aquisição ou expansão de participação qualificada, instalação, alteração ou encerramento de dependências e representações, aumento do capital social e modificação do estatuto social, em todas as suas espécies, que devem apenas ser protocolados na Susep, direcionados à coordenação-geral responsável por registros e autorizações (artigo 18 da Circular 529/2016). Ademais, devem ser comunicados à Susep os atos de fusão, cisão ou incorporação de resseguradores estrangeiros.

Como exemplo das mais recentes operações de M&A realizadas no setor, a corroborar com os pontos mencionados acima, pode-se destacar a aquisição da Sulamérica Seguros pela Rede D'Or, avaliada em torno de R$ 15 bilhões.[6] Os comunicados ao mercado realizados por ambas as companhias são de interessante análise para fins de confirmação dos aspectos regulatórios ressaltados acima.

---

6. Para maiores informações sobre a pesquisa, vide: https://fusoesaquisicoes.com/relatorios-setoriais/financas--seguros/setor-de-seguro-registra-13-operacoes-de-fusoes-e-aquisicoes-no-1o-tri-de-2022/. Acesso em: 16 ago. 2022.

Por se tratar de operação que tratou da aquisição de uma seguradora que opera no setor de saúde, além de outros ramos correlatos, a sua implementação também se sujeita às amarras regulatórias típicas estabelecidas pela Agência Nacional de Saúde Suplementar – ANS. Não obstante não seja o enfoque desta publicação, é importante registrar que se trata de rito igualmente formal e relevante para que operações de M&A no setor sejam realizadas, estando em curso, atualmente, as providências formais por parte das empresas envolvidas para buscar a aprovação da operação.[7]

Por envolver companhias abertas de elevado porte, importantes em suas áreas de atuação, e com negócios em setores regulados da economia, restou definido no fato relevante comunicado em conjunto ao mercado o rito a ser seguido, assim como a forma com que todas essas questões regulatórias seriam enfrentadas pelas administrações das empresas envolvidas.[8] Destaca-se, ainda, a exposição dos objetivos da operação, reproduzida a seguir, a enfatizar os reflexos econômicos e financeiros desse relevante M&A:

> A Rede D'Or, por sua vez, assumirá o controle das sociedades atualmente controladas, direta ou indiretamente, pela SASA, destacadamente as sociedades que operam os negócios de saúde, odontologia, seguros de vida e previdência. Destaca-se além das operações de seguros, o relevante papel da SulAmérica Investimentos, uma das principais gestoras e administradoras de recursos independentes do País, que manterá seu time de gestão, sua operação e estratégia de sucesso inalteradas. A Operação engloba dois líderes do mercado de saúde no Brasil, juntando a maior rede hospitalar a uma das principais seguradoras independentes do País. A combinação entre as Companhias baseia-se em fundamentos estratégicos para expansão e alinhamento dos seus ecossistemas de saúde, incluindo os negócios de saúde, odonto, vida, previdência e investimentos, em favor de todos os clientes, beneficiários e parceiros de negócio.[9]

Por fim, convém enfatizar os custos e riscos da operação, sobretudo quanto à continuidade das atividades.[10]

---

7. Para maiores informações sobre os requisitos regulatórios aplicáveis, assim como sobre as dificuldades enfrentadas pelas empresas envolvidas para a aprovação da operação, contando, inclusive, com posicionamentos iniciais desfavoráveis da Agência, vide: https://www.revistacobertura.com.br/noticias/cobertura-especial-noticias/nada-muda-com-a-aquisicao-por-parte-da-rede-dor-segundo-presidente-da-sulamerica/.
8. "A Operação será oportunamente submetida às aprovações das Assembleias Gerais das duas Companhias e aos órgãos reguladores competentes, em especial Conselho Administrativo de Defesa Econômica - CADE, Agência Nacional de Saúde Suplementar – ANS, Superintendência de Seguros Privados – SUSEP e Banco Central do Brasil – BCB". Vide: https://api.mziq.com/mzfilemanager/v2/d/5ecded6f-d02b-4439-bd60-b78400f01f1e/fad53715-9c6c-c988-abe5-d05fc5afe035?origin=1. Acesso em: 16 ago. 2022.
9. Disponível em: https://api.mziq.com/mzfilemanager/v2/d/5ecded6f-d02b-4439-bd60-b78400f01f1e/fad-53715-9c6c-c988-abe5-d05fc5afe035?origin=1. Acesso em: 16 ago. 2022.
10. "As administrações das Companhias estimam que os custos para consumação da Operação serão de, aproximadamente, R$45 milhões, os quais incluem, principalmente, custos com assessoria financeira, assessoria jurídica, avaliações e publicações, entre outros necessários à implementação da Operação. As Companhias não vislumbram riscos significativos decorrentes da consumação da Operação. Não obstante, os planos de crescimento sustentável atrelados à Operação podem ser significativamente influenciados por fatores externos, tais como riscos de mercado, fatores macroeconômicos, instabilidade política, entre outros". Vide: https://api.mziq.com/mzfilemanager/v2/d/5ecded6f-d02b-4439-bd60-b78400f01f1e/fad53715-9c6c-c988-abe5-d05fc5afe035?origin=1. Acesso em: 16 ago. 2022.

Destaca-se, portanto, e sem a pretensão de esgotar a matéria em apreço, que as atividades desenvolvidas no setor de M&A envolvendo empresas atuantes com seguros são, a um só tempo, desafiadoras e relevantes. Além de abrangerem altas somas financeiras e terem requisitos regulatórios e jurídicos rígidos, elas possuem o condão de potencialmente impactar, de forma relevante, o mercado em que tais empresas atuam e, até mesmo, toda a economia nacional.

Versão original publicada em: 18.08.2022.

PROCESSO CIVIL
E SOLUÇÃO DE CONFLITOS

SEGUROS, PRESCRIÇÃO E FAZENDA PÚBLICA

Renato Chalfin

Em 30.11.2021, por ocasião do julgamento do Recurso Especial 1.303.374/ES, a 2ª Seção do Superior Tribunal de Justiça firmou a seguinte tese para efeito do artigo 947 do CPC:

> É ânuo o prazo prescricional para exercício de qualquer pretensão do segurado em face do segurador – e vice-versa – baseada em suposto inadimplemento de deveres (principais, secundários ou anexos) derivados do contrato de seguro, ex vi do disposto no artigo 206, § 1º, II, "b", do Código Civil de 2002 (artigo 178, § 6º, II, do Código Civil de 1916).

Disciplinada de forma geral nos artigos 205 e 206 do Código Civil (CC), a prescrição, em matéria de seguros, recebeu um tratamento específico do legislador brasileiro. Isso não evitou, contudo, que por vezes surgissem decisões judiciais respaldadas por outros dispositivos e, consequentemente, diferentes prazos prescricionais para a solução de conflitos entre as referidas partes. Seja o prazo quinquenal disposto no art. 27 do Código de Defesa do Consumidor, sejam os demais presentes no CC – prazo de três anos da reparação civil (art. 206, § 3º, inciso IV) e da pretensão de enriquecimento sem causa (art. 206, § 3º, inciso V), ou prazo geral de dez anos, quando a lei não tiver fixado prazo menor (art. 205) –, a verdade é que, até a aprovação da tese acima, carecia uniformização da matéria na jurisprudência.

O acórdão proferido em assunção de competência serviu como pá de cal nesta desarmonia, consignando que, independentemente da natureza da pretensão nascida na relação securitária, o prazo prescricional será de um ano. Quando julgou conveniente, ressalvou exceções à esta regra, afirmando

> que tal proposição não alcança, por óbvio, os seguros-saúde e planos de saúde, (...) aos quais esta Corte assentou a observância dos prazos prescricionais decenal ou trienal, a depender da natureza da pretensão", tampouco "o seguro de responsabilidade civil obrigatório (o seguro DPVAT), cujo prazo trienal decorre de dicção legal específica (artigo 206, § 3º, inciso IX, do Código Civil).

Embora jamais mencionada pelo acórdão, desponta, ainda com certa timidez, uma suposta terceira hipótese de relativização do prazo ânuo, a se buscar considerar que as pretensões exercidas pelo ente público contra o segurador se sujeitariam ao prazo prescricional de cinco anos, por analogia, consoante art. 1º do Decreto 20.910/32:

> As dívidas passivas da União, dos Estados e dos Municípios, bem assim todo e qualquer direito ou ação contra a Fazenda federal, estadual ou municipal, seja qual for a sua natureza, prescrevem em cinco anos contados da data do ato ou fato do qual se originarem.

A questão que se pretende analisar neste artigo é se o prazo prescricional ânuo do artigo 206, § 1º, inciso II do Código Civil se aplicaria a demandas de seguro envolvendo entidades da Fazenda Pública, ou se sobressairia o prazo quinquenal do art. 1º do Decreto 20.910/32.

Entre os que advogam por esta segunda solução, é comum a alegação de que a matéria teria sido decidida pelo STJ, em julgamento de Recurso Especial Representativo de Controvérsia,[1] que assentou o prazo quinquenal previsto no citado Decreto à toda ação indenizatória ajuizada pela e contra a Fazenda Pública,[2] nada obstante o referido julgado não cuide de demanda proposta por segurado contra seguradora.

Geralmente ocupando-se de casos vertidos a contrato de seguro-garantia facultado pelo art. 56, § 1º, inciso II da Lei 8.666/93,[3] as parcas decisões que buscam respaldar o prazo de cinco anos alegam:

> em sendo a apelada uma autarquia estadual, faz jus aos privilégios legalmente previstos e destinados às entidades fazendárias, além do que o seguro garantia decorreu de obrigação assumida em processo de licitação e contrato administrativo, daí sua natureza jurídica de direito público.[4]

Eis o primeiro equívoco. Os contratos administrativos são contratos típicos da Administração, sobre os quais incidem as normas de direito público. Os *contratos privados da Administração Pública*, por sua vez, são contratos regulados pelas normas de direito privado. Convém ressaltar que, quando a Administração Pública celebra contratos regulados por normas de direito privado, situa-se no mesmo plano jurídico da outra parte, ou seja, não há supremacia de uma parte sobre a outra, o que justifica, inclusive, a redação do artigo 62, § 3º, inciso I da Lei 8.666/93, segundo a qual, o contrato de seguro será regido, predominantemente, por normas de direito privado, previstas a partir do artigo 757 do CC.[5]

Com efeito, o contrato de seguro-garantia, em que o ente público figura como segurado, ou seja, terceiro beneficiário, assume a natureza jurídica de direito privado, a atrair a disciplina geral do CC. Como bem ensina Gustavo Tepedino,[6] "[a]final, trata-se de estipulação em favor de terceiro, em que o segurado não é parte da relação jurídica de direito privado estabelecida entre o tomador (contratado da Administração Pública)

---

1. STJ, REsp 1.251.993/PR, Rel. Min. Mauro Campbell Marques, 1ª Seção, j. 12.12.2012.
2. TJSP, Apelação 1011451-55.2014.8.26.0053, Rel. Des. Francisco Bianco, 5ª Câmara de Direito Público, j. 11.11.2019.
3. "Art. 56. A critério da autoridade competente, em cada caso, e desde que prevista no instrumento convocatório, poderá ser exigida prestação de garantia nas contratações de obras, serviços e compras. § 1º Caberá ao contratado optar por uma das seguintes modalidades de garantia: (...) II – seguro-garantia".
4. TJSP, Apelação 0008423-88.2006.8.26.0114, Rel. Des. Sidney Reis, 6ª Câmara de Direito Público, j. 14.09.2020.
5. TJRJ, Apelação 0197657-49.2017.8.19.0001, Rel. Des. Marcos Chut, 23ª Câmara Cível, j. 19.02.2020. Nesse mesmo sentido: TRF4, Apelação 5046612-35.2019.4.04.7100, 3ª Turma, Rel. Des. Rogerio Favreto, j. 21.09.2021. Confira-se, ainda, a parte final do *caput* do art. 89 da Lei 14.133/2021.
6. Trecho extraído de Opinião Doutrinária acostada aos autos do processo 5106638-36.2019.4.02.5101, atualmente em trâmite na 6ª Turma Especializada do TRF da 2ª Região, em que enfrenta diretamente o prazo prescricional que incide sobre as pretensões envolvendo segurador e segurado, esse último na condição de ente público.

e o segurador, mas sim terceiro", assim "a ela se aplicam as normas de direito privado, dentre as quais a que regula a prescrição".[7]

O segundo equívoco recai sobre a premissa de que,

embora o Código Civil seja posterior ao Decreto-Lei Federal 20.910/32, este último diploma legal é norma especial, incidente nas relações jurídicas de cunho administrativo. E, por prever um regramento especial referente ao prazo prescricional para as pretensões contra a Fazenda Pública, deve prevalecer o lapso quinquenal.[8]

Especificamente no tocante à alegada especialidade do Decreto *vis à vis* o Código Civil, o que soa claro é que, ao menos com relação à pretensão para cobrança de capital segurado, é o Código Civil que se apresenta especial em comparação ao Decreto, simplesmente porque de cobrança de indenização securitária o Decreto não cuida. Isto é, para além da questão temporal ventilada, não há dúvida de que o CC de 2002 é especial frente ao Decreto de 1932 por uma razão singela: quem cuida de prescrição para cobrança de seguro é o Código, e não o Decreto.

O art. 206, § 1º, inciso II do CC é norma especial em matéria securitária, produzindo efeitos em qualquer que seja a natureza jurídica do segurado, público ou privado. Para ilustrar ainda mais essa especialidade, o STJ, no já referido acórdão do incidente de assunção de competência, consagrou o entendimento de que, em se tratando de cobrança de seguro (e deveres anexos), pouco importa a presença de relação de consumo, sendo aplicável o prazo ânuo disposto no CC, e não o prazo quinquenal do art. 27 do CDC. O recado que se extrai desta interpretação é apenas um: em matéria de prescrição securitária, especial é o CC perante qualquer outra lei.

De acordo com tese firmada em julgamento de casos repetitivos, a analogia não pode ser admitida em relação à prescrição, uma vez que a interpretação das regras jurídicas a esse respeito deve ser restritiva.[9] Quer dizer, se o legislador, expressamente, determinou o prazo prescricional ânuo para pretensões de segurado contra segurador e vice-versa, o intérprete não pode, valendo-se de *legislação mais antiga e genérica*, concluir pela aplicabilidade do prazo de cinco anos que, como visto, sequer cuida de prescrição em contratos de seguros.

---

7. Exatamente desta forma já decidiu o Tribunal de Justiça do Distrito Federal e dos Territórios: "A alegação do apelante no sentido de não ser o segurado por não ter contratado o seguro garantia não merece acolhimento, já que consta da apólice (ID 50631994, p. 2) que a Secretaria de Estado de Planejamento e Gestão figura como sendo a efetivamente segurada e a empresa a Fênix Consultoria Administração e Serviços EIRELI EPP consta apenas como a tomadora do contrato de seguro. E se ainda assim o ente estatal não se qualifica como parte segurada, ao menos não se afasta a hipótese da estipulação em seu favor, o que assim o submete aos precisos termos da estipulação. Dessa forma, apesar do contrato não ter sido celebrado diretamente pelo autor é ele efetivamente o segurado ou beneficiário em razão do contrato. (...) Aplica-se, portanto, o prazo prescricional estabelecido no artigo 206, § 1º, II, 'a' do Código Civil" (Apelação 0710241-05.2019.8.07.0018, Rel. Des. Carlos Rodrigues, 1ª Turma Cível, j. 19.08.2020).

8. TJSP, Agravo de Instrumento 2114168-20.2019.8.26.0000, Rel. Des. Afonso Faro Jr., 11ª Câmara de Direito Público, j. 06.08.2019.

9. STJ, REsp 1.823.911/PE, Rel. Min. Ricardo Villas Bôas Cueva, 2ª Seção, j. em 28.10.2020.

A prevalecer esse entendimento, estar-se-ia desvirtuando toda a lógica por trás da fixação do prazo ânuo. Em matéria de seguro, seja em território brasileiro, seja em território estrangeiro,[10] os prazos prescricionais devem ser mesmo curtos.

Trata-se de prática adotada mundo afora justamente para assegurar a higidez econômica das seguradoras e do mercado como um todo, a qual deve prevalecer independentemente da natureza jurídica do segurado. Quanto mais tempo permanecer constituída reserva técnica, pior será ao segurador, a seus acionistas e ao mercado, sobretudo para que novos riscos possam ser absorvidos mediante a emissão de mais e mais apólices. É, portanto, não só benéfico ao segurador, mas também aos segurados, que passam a ter acesso ao seguro com preços mais baratos e não são surpreendidos com a necessidade de aumento considerável do prêmio em sua renovação.[11]

Por derradeiro, sublinha-se que o Decreto 20.910/32, ao fixar, como regra geral, o prazo prescricional de cinco anos para o *exercício de pretensões contra o ente público*, tinha por objetivo conferir tratamento mais favorável à Fazenda Pública, tendo em vista que o CC de 1916, vigente à época de sua promulgação, acenava com prazos prescricionais consideravelmente mais amplos (*v.g.*, o prazo de vinte anos a que aludia o art. 177 desse diploma). Não por outro motivo que o art. 10 do Decreto[12] estabelece que as pretensões exercidas contra a Fazenda Pública prescrevem em cinco anos, salvo nos casos em que a lei prever prazos menores, justamente para beneficiar a tutela do interesse público.

Logo, se ao particular aplica-se o menor prazo prescricional previsto em lei para pretensões contra a Fazenda Pública, pelo princípio da isonomia,[13] deve-se utilizar esse

---

10. Veja-se, exemplificativamente, os prazos na Espanha (2 anos, art. 23 da *Ley* 50/1980), na França (2 anos, article L114-1 *Code des Assurances*) e na Argentina (1 ano, art. 56, *Ley* 17.418/1967).
11. Confira-se, nesse sentido, as lições de Pedro Alvim: "O prazo prescricional do seguro varia de acordo com as diferentes legislações, mas é geralmente curto, de um a dois anos. (...) Constitui uma necessidade imperiosa, pondera J. C. Moitinho de Almeida, para a gestão do seguro, a existência de pequenos prazos para o exercício, pelo segurado, dos direitos derivados do contrato. Na sua falta, por um lado, desaparecem os vestígios dos sinistros, o que dá origem a simulações ou dificuldades de defesa dos seguradores, por outro, aumentam os custos do seguro, na medida em que se torna necessário conservar abertos processos antigos, assim como para eles manter as respectivas reservas". ALVIM, Pedro. *O contrato de seguro*. Rio de Janeiro: Forense, 1999, p. 507-508.
12. Art. 10. "O disposto nos artigos anteriores não altera as prescrições de menor prazo, constantes das leis e regulamentos, as quais ficam subordinadas às mesmas regras".
13. Novamente, recorre-se às lições lançadas por Gustavo Tepedino na Opinião Doutrinária datada de 03.10.2022 e acostada à ação 5106638-36.2019.4.02.5101:
    "Com a superveniência do Código Civil de 2002, que passou a produzir efeitos em 11 de janeiro de 2003, os prazos prescricionais sofreram drástica redução, refletindo a redução universal das distâncias em decorrência da evolução dos transportes e dos meios de comunicação. Destaque-se o prazo prescricional para as pretensões indenizatórias, reduzido de 20 (vinte) para 3 (três) anos (art. 206, § 3º, V, do Código Civil), assim como as pretensões de enriquecimento sem causa e de repetição de indébito, sujeitas ao mesmo prazo trienal (art. 206, § 3º, IV).
    Assim, diversos prazos prescricionais inferiores a 5 (cinco) anos passarão a reger as relações paritárias, convivendo, no âmbito do sistema, com o prazo quinquenal destinado às relações entabuladas com a Fazenda Pública. Nesse cenário, em determinadas situações, os prazos prescricionais previstos no Código Civil se revelarão mais benéficos do que àquele quinquenal estabelecido pelo Decreto 20.910/1932. Na esteira do tratamento privilegiado dispensado à Fazenda Pública, caso se configure o suporte fático para incidência da norma prescricional do Código Civil, que estabeleça prazo inferior a 5 (cinco) anos, tal prazo do diploma codificado há de prevalecer

mesmo prazo para pretensões do ente público contra o privado, relacionadas à mesma matéria. Se o segurador possui um ano para exercer seu direito de ação contra o segurado, independentemente da natureza jurídica deste, é este o prazo a que o segurado, seja ele público ou privado, estará igualmente sujeito para fins de prescrição.

Em síntese essencial, as pretensões entre segurador e segurado, independentemente deste último constituir ente público, se sujeitam à prescrição ânua, pois (a) o STJ já pacificou esse entendimento; (b) além de ser posterior, o Código Civil de 2002 é especial frente ao Decreto 20.910/1932; (c) em matéria de prescrição, deve-se imprimir interpretação restritiva; (d) este prazo é razoável e necessariamente curto, com vistas a garantir a higidez econômica do mercado como um todo; (e) respeita o objetivo elementar do próprio Decreto, que era exatamente constituir prazos menores às pretensões de terceiros contra a Fazenda Pública; e (f) observa o princípio da isonomia.

Versão original publicada em: 27.10.2022.

---

nas relações com a Fazenda Pública, em observância ao art. 10, Decreto 20.910/1932, anteriormente mencionado, sob pena de se atribuir ao particular tratamento mais benéfico do que aquele dispensado ao ente público, rompendo a lógica do sistema.

(...) Como visto, as pretensões securitárias que têm por titular segurado em face do segurador e vice-versa se subordinam ao prazo prescricional de 1 (um) ano, a contar da ciência do fato gerador da pretensão. *A se considerar que as pretensões exercidas pelo segurador contra a Fazenda Pública se sujeitam ao prazo prescricional de 1 (um) ano, inferior àquele previsto no Decreto 20.910/32 – mais benéfico, portanto, ao ente público –, pelo princípio da isonomia, também as pretensões da Fazenda Pública, na qualidade de segurada, exercidos em face do segurador, se sujeitarão ao prazo ânuo, afastando-se, portanto, o prazo prescricional quinquenal".* (Destacou-se).

A ARGUIÇÃO DE RELEVÂNCIA DA QUESTÃO FEDERAL SECURITÁRIA

Gustavo de Medeiros Melo

A crise dos tribunais superiores é assunto que corre pelo Brasil e mundo afora há muito tempo.[1] Aqui, sempre houve uma preocupação constante com a chamada crise do Supremo Tribunal Federal.

Nos anos 40, *Filadelfo Azevedo*, então ministro do STF, tratou da "Crise do Supremo Tribunal", afirmando que o acesso à Corte deveria caber em casos excepcionais dignos desse amparo, e nunca a título de revisão em terceira instância, tudo no intuito de evitar a "avalanche de recursos extraordinários" que permite a qualquer um levar seu pleito egoisticamente ao exame do maior Tribunal do país, em prejuízo de suas funções mais nobres e úteis.[2]

Na mesma época, *Levi Carneiro* dizia que o STF enfrentava uma situação de acúmulo de processos "verdadeiramente insuportável", impondo restringir as tarefas da Corte a um número relativamente pequeno de casos da maior importância que pudessem ser estudados e aprofundados.[3]

Dali em diante, esse coro foi aumentando ao longo de todas as décadas do século passado com *Noé Azevedo*,[4] *Cândido de Oliveira Filho*,[5] *Alfredo Buzaid*,[6] *José Afonso da Silva*,[7] *Miguel Seabra Fagundes*,[8] *Calmon de Passos*,[9] *Moreira Alves*,[10] *Sydney Sanches*,[11] *Arruda Alvim*,[12] *Ovídio Baptista da Silva*,[13] entre outros tantos.

---

1. Para uma noção do que se passa na Corte de Cassação italiana: TARUFFO, Michele. *Processo civil comparado*: Ensaios. São Paulo: Marcial Pons, 2013, p. 117.
2. AZEVEDO, Filadelfo. A crise do Supremo Tribunal. *Arquivos do Ministério da Justiça e Negócios Interiores*, n. 1, 1943, p. 9.
3. CARNEIRO, Levi. Ainda a crise do Supremo Tribunal Federal. *Arquivos do Ministério da Justiça e Negócios Interiores*, n. 2, 1943, p. 4, 5 e 9.
4. AZEVEDO, Noé. A crise do Supremo Tribunal e dos Tribunais de Apelação. *RT*, v. 147, p. 812, 1944.
5. OLIVEIRA FILHO, Cândido de. A Crise do Supremo Tribunal Federal. *RT*, v. 156, p. 868, 1945.
6. BUZAID, Alfredo. *Estudos de Direito*. São Paulo: Saraiva, 1972, v. I, p. 144.
7. SILVA, José Afonso da. *Do Recurso Extraordinário no Direito Processual Civil Brasileiro*. São Paulo: RT, 1963, p. 446.
8. SEABRA FAGUNDES, Miguel. A Reforma do Poder Judiciário e a Reestruturação do Supremo Tribunal Federal. *Revista Forense*, v. 215, p. 07, 1966.
9. CALMON DE PASSOS, J. J. O recurso extraordinário e a Emenda n. 3 do Regimento Interno do Supremo Tribunal Federal. *Revista de Processo*, n. 5, p. 45, 1977.
10. MOREIRA ALVES, J. C. A Missão Constitucional do Supremo Tribunal Federal e a Arguição de Relevância de Questão Federal. *Revista do Instituto dos Advogados Brasileiros*, n. 58 e 59, p. 42-45, 1982.
11. SANCHES, Sydney. Arguição de relevância da questão federal. *RT*, v. 627, p. 257-263, 1988.

Nos anos 70, o Regimento Interno da Corte previu um mecanismo de triagem de casos relevantes conhecido como arguição de relevância da questão federal, experiência não muito aplaudida pela alta discricionariedade e baixa transparência.[14] A Constituição de 1988 não o adotou. No entanto, 16 anos depois, reapareceu a arguição em nova roupagem. A EC 45/2004 batizou o filtro de *repercussão geral*, a Lei 11.418/2006 o acomodou no CPC/1973 e o Regimento Interno se encarregou do resto.

São 15 anos de experiência com a repercussão geral, que efetivamente conseguiu mitigar a tradicional crise do STF, proporcionando melhores condições para o julgamento das grandes questões constitucionais que ultrapassam os interesses subjetivos da causa, embora ainda seja enorme a quantidade de feitos batendo à sua porta.

Mas o STJ também entrou em crise. Aqui, os números são ainda mais assustadores. Pinçando o ano judiciário de 2018 por amostragem, a Corte julgou 511.761 processos, equivalente a 1.402 julgamentos por dia, média de 15.508 para cada um dos 33 ministros naquele ano.

Faz anos que a palavra de ordem passou a ser "redução do estoque". Atualmente, a questão não é mais saber se é necessário um mecanismo de seleção de casos relevantes a serem apreciados pelo guardião da lei federal. O problema hoje está em definir *qual* é o filtro que queremos implantar e *como* deve ser ele aplicado. Chegamos então na EC 125, de 14/07/2022.

A reforma constitucional introduziu o § 2º no art. 105 da CF/88 dizendo que, no recurso especial, o recorrente deve demonstrar a relevância das questões de direito federal infraconstitucional discutidas no caso, nos termos da lei, a fim de que a admissão do recurso seja examinada pelo tribunal. Na sequência, o § 3º do artigo estabelece uma *presunção de relevância* para determinadas causas, sem prejuízo de sua ampliação por força de lei.

Como se vê, o recorrente tem o *ônus* argumentativo de demonstrar a importância da questão federal discutida. O anteprojeto de lei enviado pelo STJ ao Congresso propõe que essa demonstração seja feita "em tópico específico e fundamentado".

Agora podemos ingressar no ambiente mais específico de nossa análise: o direito securitário. Quais são os canais de acesso para as questões federais securitárias serem apreciadas em recurso especial?

Serão duas as hipóteses mais frequentes: *(a)* causas superiores a 500 salários-mínimos e *(b)* contrariedade à jurisprudência dominante do STJ. Na primeira, o esforço

---

12. ARRUDA ALVIM, J. M. *A arguição de relevância no recurso extraordinário*. São Paulo: Ed. RT, 1988; e O antigo recurso extraordinário e o recurso especial (na Constituição Federal de 1988). In: TEIXEIRA, Sálvio de Figueiredo (Coord.). *Recursos no Superior Tribunal de Justiça*. São Paulo: Saraiva, 1991, p. 153-154.
13. SILVA, Ovídio Baptista da. A função dos tribunais superiores. *STJ 10 anos*: obra comemorativa 1989-1999. Brasília: STJ, 1999, p. 145.
14. LIMA, Alcides de Mendonça. Arguição de relevância da questão federal. *Revista de Processo*, v. 58, p. 118-119, 1990.

será mais objetivo, seja para atualizar o valor da causa, seja para demonstrar que existe um proveito econômico significativo nas profundezas do pleito judicial iniciado com pedido ilíquido.

De todo modo, não está o recorrente dispensado do apontamento em caráter *preliminar*, mesmo para as causas superiores à alçada.[15] Todo esforço será louvável na demonstração dos impactos que a questão jurídica é capaz de gerar, não só para tonificar o mérito da impugnação, como também facilitar a superação de eventual defeito formal sanável (CPC, art. 1.029, § 3º).[16] Aqui entra a segunda hipótese.

O que é *jurisprudência dominante*? A expressão é ampla a significar a orientação consolidada pela reiteração de julgados proferidos no mesmo sentido. Atualmente, o STJ possui um vasto catálogo de enunciados de súmula de jurisprudência em matéria de seguros: Súmulas 31, 101, 229, 246, 257, 278, 402, 405, 426, 465, 473, 474, 529,[17] 537, 540, 544, 573, 580, 609, 610, 616, 620 e 632.

Diante desse quadro, o recurso especial que demonstrar a contrariedade do acórdão local (TJ/TRF) a qualquer desses enunciados certamente terá grande chance de ser aceito com fundamento em jurisprudência dominante.

Além das súmulas, o Tribunal carrega um repertório bastante semelhante chamado *Jurisprudência em Teses*. Os assuntos estão organizados em temas e selecionados por edição, como a Edição 6: seguro obrigatório (DPVAT) – I; Edição 8: seguro obrigatório (DPVAT) – II; Edição 10: seguro; Edição 95: seguro de pessoas – I; Edição 98: seguro de pessoas – II. A mais recente foi a Edição 230.

A Edição 10, por exemplo, reúne uma dezena de teses em matéria securitária, algumas já presentes em súmula, outras não, como a que diz que "O pedido dirigido à seguradora para que reconsidere indenização securitária não suspende o prazo prescricional de ação em que se pleiteia a indenização denegada".[18] Essas teses são extratos genéricos da orientação fixada no julgamento de casos repetitivos geralmente afetados ao órgão de uniformização.[19]

Por fim, além das súmulas e das teses, o STJ contém orientações construídas à moda antiga, pela reprodução em série de julgados que se formam no mesmo sentido no âmbito das turmas. Por exemplo: entende-se que o prazo prescricional para a seguradora

---

15. Experiência do STF com a repercussão geral presumida: STF, 2ª T., Ag. Reg. no RE com Agravo 729.359-MG, Min. Ricardo Lewandowski, j. 13.08.2013. Na doutrina: Arruda Alvim, Teresa; Uzeda, Carolina; Meyer, Ernani. Mais um filtro, agora para o STJ. *Revista de Processo*, v. 330, p. 8, 2022.
16. DOTTI, Rogéria Fagundes. A relevância das questões de direito federal: a mutação funcional do STJ. *Relevância no RESP*: pontos e contrapontos. São Paulo: Ed. RT, 2022, p. 155.
17. Com críticas à imposição do litisconsórcio passivo necessário: MELO, Gustavo de Medeiros. *Ação direta da vítima no seguro de responsabilidade civil*. São Paulo: Contracorrente, 2016, p. 119.
18. MELO, Gustavo de Medeiros. O pedido dirigido à seguradora para que reconsidere indenização securitária não suspende o prazo prescricional de ação em que se pleiteia a indenização denegada. In: ARRUDA ALVIM et al (Coord.). *Teses Jurídicas dos Tribunais Superiores: Direito Civil*. São Paulo: Ed. RT, 2017, v. I, p. 583-590.
19. BIZARRIA, Juliana Carolina Frutuoso. Identificação do elemento vinculante do precedente: *ratio decidendi* x tese jurídica. *Revista de Processo*, v. 333, p. 365, 2022.

pleitear do terceiro responsável o ressarcimento do quanto ela pagou ao segurado, via sub-rogação, só começa a correr após o *pagamento* da indenização securitária (CC, art. 786).[20] Tal interpretação não consta de súmula, tampouco de suas teses, mas pode ser extraída de numerosos acórdãos das turmas de Direito Privado.[21]

A categoria *jurisprudência dominante* vem de uma escalada histórica[22] que vai além dos precedentes obrigatórios do art. 927 do CPC.[23]

Por outro lado, nem sempre as correntezas fluem mansas e pacíficas. De tempos em tempos, aparece uma divergência no seio de algum órgão fracionário a colocar em xeque a posição cristalizada. Essa divergência pode surgir de um voto vencido sem impacto no resultado do julgamento, mas pode também se alastrar pela turma a ponto de alterar o entendimento do colegiado. Quando isso ocorre, é evidente que algo muito relevante está acontecendo dentro de casa.

Primeiro, se o dissídio entre tribunais da federação constitui uma hipótese que a Constituição já considera importante para fins de cabimento do recurso especial (CF, art. 105, III, "c"), equivalente relevância terá o *dissídio interno* em que os próprios ministros da Corte Superior não chegaram a um consenso em torno da questão federal discutida.

Segundo, se o Congresso Nacional considera relevante o fato de haver afronta à *jurisprudência dominante*, então é justo inferir que tão relevante quanto isso é a circunstância de haver desaparecido a uniformidade da Corte Superior.

Terceiro, se o rol de presunção de relevância é *exemplificativo*, conforme dispuser a lei, esta prevê embargos de divergência justamente para que o STJ possa uniformizar seus *dissídios internos*, garantindo unidade, coerência, integridade e estabilidade ao sistema.

Nessa perspectiva, a divergência dominante pode calibrar a relevância da questão federal.[24] Quando se abala uma jurisprudência, quem era visto como desprovido de razão, muitas vezes até castigado como litigante de má-fé, merece ao menos ser *ouvido* pelo Tribunal.

---

20. Com críticas a esse entendimento: MELO, Gustavo de Medeiros. *Sub-rogação nos contratos de seguro*: o termo inicial do prazo de prescrição. São Paulo: Contracorrente, 2021.
21. STJ, 3ª Turma, REsp 1.705.957-SP, Min.ª Nancy Andrighi, j. 17.09.2019; REsp 1.842.120-RJ, Min.ª Nancy Andrighi, j. 20.10.2020; AgInt no AREsp 1.715.318-DF, Min. Marco Aurélio Bellizze, j. 01.03.2021; 4ª Turma, AgInt em ED no AREsp 1.207.435-SP, Min.ª Isabel Gallotti, j. 15.06.2020; AgInt nos EDcl no REsp 1.396.273-ES, Min. Luis Felipe Salomão, j. 22.03.2021.
22. BARBORA MOREIRA, J. C. Súmula, jurisprudência, precedente: uma escalada e seus riscos. *Temas de direito processual (Nona Série)*. São Paulo: Saraiva, 2007, p. 299.
23. WAMBIER, Luiz Rodrigues. Anotações sobre o filtro da relevância da questão federal. *Relevância no RESP: pontos e contrapontos*. São Paulo: Ed. RT, 2022, p. 124; MAZZOLA, Marcelo & OLIVEIRA, Humberto Santarosa de. A arguição de relevância no recurso especial sob o ponto de vista de dois advogados. In: MARQUES, Min. Mauro Campbell et al (Coord.). *Relevância da questão federal no recurso especial*. Londrina: Thoth, 2023, p. 312.
24. MARINONI, Luiz Guilherme. Divergência jurisprudencial e relevância. *Relevância no RESP*: pontos e contrapontos. São Paulo: Ed. RT, 2022, p. 111; RIBEIRO, Flávio Pereira & COSTA, César Augusto. Filtro da relevância dos recursos especiais. *Migalhas*. Disponível em: https://www.migalhas.com.br/depeso/370623/filtro-da-relevancia-dos-recursos-especiais.

No contencioso securitário, algo assim está acontecendo em matéria de prescrição. Durante mais de 20 anos, a Súmula 229 do STJ dominou a cena desde quando editada sob o CC/1916. Diz ela que o prazo dispara do *fato de origem*, suspende-se com o aviso de sinistro feito à seguradora, e volta a correr após a negativa de cobertura apresentada ao segurado.[25]

Entretanto, esse enunciado vem gerando muita discussão no ambiente acadêmico.[26] Um belo dia, em junho de 2021, a 3ª Turma do STJ deu *alerta* sobre possível mudança de posição (RESP 1.922.146-SP).[27] No ano seguinte, em acórdão relatado pela Min.ª *Fátima Nancy Andrighi*, o órgão passou a entender que, à luz do CC/2002, a pretensão de cobrança do segurado não nasce do *fato de origem*, mas sim da *ciência da recusa* de cobertura manifestada pela seguradora (RESP 1.970.111-MG).[28]

A 4ª Turma, por sua vez, não pronunciou nada fora do que já entendia calçada na Súmula 229.

Diante disso, qual é, afinal, a jurisprudência do STJ sobre o termo inicial do prazo? Atualmente não existe. O que há são orientações divergentes entre a 3ª e 4ª Turma, situação que se mostra igualmente importante como qualquer outro cenário de afronta à estabilidade jurisprudencial. É óbvio que o STJ precisa abrir suas portas para definir essa questão jurídica. A prescrição é problema caro ao sistema, não por acaso presente em vários verbetes selecionados pelo STF quando da antiga arguição acoplada ao recurso extraordinário.[29]

É natural que a jurisprudência entre em fase de revisão. Durante esse período, a resolução da questão jurídica interessa a todos, independentemente de quem seja o recorrente – segurado ou seguradora, mesmo que nada se altere no texto da súmula, da tese ou da diretriz jurisprudencial. Foi o que aconteceu com a Súmula 620,[30] referente à embriaguez no seguro de vida.[31]

---

25. STJ, Súmula 229. O pedido do pagamento de indenização à seguradora suspende o prazo de prescrição até que o segurado tenha ciência da decisão.
26. MELO, Gustavo de Medeiros. Os sete erros da Súmula 229 do STJ. *Migalhas*. Disponível em: https://www.migalhas.com.br/depeso/344691/os-sete-erros-da-sumula-229-do-stj.
27. Na teoria do precedente, há diferença entre julgamento-alerta e sinalização ("*signaling*"). Naquele, o tribunal anuncia que existe uma *dúvida* relevante a justificar a rediscussão da matéria. Nesta, o tribunal já sabe que deve superar o precedente no futuro próximo. Cf. CABRAL, Antonio do Passo. A técnica do julgamento-alerta na mudança de jurisprudência consolidada. *Revista de Processo*, v. 221, 2013, p. 13-48; ARRUDA ALVIM, Teresa. *Modulação na alteração da jurisprudência firme ou de precedentes vinculantes*. 2. ed. São Paulo: Ed. RT, 2021, p. 197.
28. REGO, Margarida Lima. A prescrição de direitos emergentes de um contrato de seguro em Portugal e no Brasil. *II Congresso Internacional de Direito do Seguro (CJF-STJ) e VIII Fórum José Sollero Filho (IBDS)*. São Paulo: Roncarati, 2022, p. 937.
29. SANCHES, Sydney. Arguição de relevância da questão federal. *RT*, v. 627, p. 257-263, 1988.
30. STJ, 2ª Seção, REsp 1.999.624-PR, Min. Raul Araújo, j. 28.09.2022. Existem casos pendentes discutindo certas particularidades fáticas: 4ª Turma, REsp 1.817.854-RS, com vista do Min. João Otávio de Noronha.
31. Com visão crítica do enunciado: GOLDBERG, Ilan & JUNQUEIRA, Thiago. Agravamento do risco no seguro de vida em virtude da direção alcoolizada. *Conjur*. Disponível em: https://www.conjur.com.br/2022-jul-25/seguros-contemporaneos-agravamento-risco-seguro-vida-virtude-direcao-alcoolizada.

Os desafios trazidos pela EC 125/2022 são enormes, sobretudo para o STJ, a fábrica dos julgamentos paradigmáticos. O profissional do contencioso securitário precisa estar muito atento à jurisprudência e à boa técnica de manejo dos precedentes para demonstrar que a questão jurídica securitária é *relevante* o suficiente a justificar sua apreciação pela Corte Superior.

Versão original publicada em: 05.01.2023.

O INTERESSE EM AGIR NAS AÇÕES DE COBRANÇA DE INDENIZAÇÃO SECURITÁRIA

Thaís Dias David Junqueira

1. INTRODUÇÃO

Dúvida intrigante no âmbito do Direito dos Seguros é a seguinte: na ocorrência do sinistro, o segurado terá que, obrigatoriamente, acionar a seguradora em sede administrativa para a regulação do sinistro ou poderá diretamente ingressar com uma ação judicial pleiteando a indenização securitária?

O presente artigo pretende examinar essa questão, tendo como pano de fundo o julgamento dos recursos especiais 2.050.513-MT[1] e 2.059.502–MT,[2] de relatoria da ministra Nancy Andrighi. Porém, antes de analisar os seus contornos, convém tecermos algumas notas sobre o interesse processual na prática jurídica.

2. DIREITO DE AGIR E DIREITO DE AÇÃO: PONTOS ESSENCIAIS SOBRE NECESSIDADE, ADEQUAÇÃO E INTERESSE PROCESSUAL NO JUDICIÁRIO

Como se sabe, há um direito constitucional que assegura a todos a possibilidade de levar as suas pretensões ao Judiciário: o direito de agir. O direito de ação, de maneira diferente, consiste no direito ao processo e a um julgamento de mérito e é satisfeito com a prolação de uma sentença favorável ou não ao autor. Todavia, para a viabilidade da ação, é imperiosa a presença de suas condições, que consistem na legitimidade para e no interesse em agir.[3]

O interesse em agir é um interesse processual e tem como objetivo o provimento judicial como forma de se ver satisfeito um interesse primário ofendido pelo comportamento da parte adversa. Ressalta-se, contudo, que o interesse processual não deve ser confundido com o interesse material, que se estabelece no plano do direito substantivo. Em um processo judicial, a análise do interesse material é feita no mérito, que pode resultar em total ou parcial procedência ou improcedência dos pedidos realizados pelo autor.[4]

---

1. STJ, REsp 2050513/MT, Rel. Min. Nancy Andrighi, 3ª Turma, j. 25.04.2023, DJe 27.04.2023.
2. STJ, REsp 2059502/MT, Rel. Min. Nancy Andrighi, 3ª Turma, j. 03.10.2023, DJe 09.10.2023.
3. MARINONI, Luiz Guilherme; ARENHART, Sérgio Cruz; MITIDIERO, Daniel. *Curso de Processo civil*. 5. ed. São Paulo: Thomson Reuters, 2020, v. 1. Teoria do processo civil. p. 233-234.
4. PINHO, Humberto Dalla Bernardina de. *Manual de Direito Processual Civil Contemporâneo*. 4. ed. São Paulo: SaraivaJur, 2022. p. 208.

"Interesse, em direito, é utilidade".[5] E, para verificar se há interesse em agir na demanda, existem dois fatores que servem de base: a necessidade e a adequação. Com relação à necessidade da tutela jurisdicional, se dá pela impossibilidade de satisfação do alegado direito sem a intervenção estatal. Já quanto à adequação, manifesta-se no sentido de existir uma relação entre a situação alegada pelo autor em juízo e o provimento jurisdicional concretamente requerido.[6]

A análise sobre a presença da necessidade da jurisdição se entrelaça com a ideia de que a solução adjudicada deve ser vista como a última forma de resolver uma controvérsia, a *ultima ratio* no processo compositivo da lide. Todavia, tal assertiva só é aplicável às situações nas quais tem-se como objetivo exercer, por meio do processo, direito a uma prestação, uma vez que há a possibilidade de seu cumprimento espontaneamente.[7]

Harmonizando com essa premissa, o STF, em 2014, julgou o Recurso Extraordinário 631.240-MG, firmando entendimento no sentido de que nas ações previdenciárias, em regra, a falta de postulação administrativa de benefício previdenciário acarreta ausência de interesse em agir, para aqueles que recorrem diretamente ao Judiciário. Isso ocorre devido à pretensão autoral não estar abarcada pelo elemento que configura a resistência por parte da autarquia previdenciária à referida pretensão. Ponto importante é que o requerimento administrativo não deve se confundir com o exaurimento das vias administrativas.[8]

Antes mesmo do julgamento do recurso pelo Supremo, o professor e Desembargador Federal Aluísio Mendes já sustentava a constitucionalidade das condições da ação e da exigência do interesse – da lide ou pretensão resistida –, decidindo, quando da sua atuação em primeira instância, nesse sentido, mas tendo, infelizmente, uma série de sentenças modificadas. Há, em contraposição, a garantia constitucional de acesso à justiça, prevista no art. 5º, XXXV,[9] da CF, porém, segundo ele, "somente a resistência da parte contrária, caracterizada pela negativa após o prévio requerimento administrativo ou pela excessiva demora na sua apreciação, teria o condão de caracterizar efetiva lesão ao direito".[10]

---

5. DINAMARCO, Cândido Rangel; BADARÓ, Gustavo Henrique Righi Inahy; LOPES, Bruno Vasconcelos Carrilho. *Teoria Geral do Processo*. 34. ed. São Paulo: Malheiros, 2023. p. 324.
6. DINAMARCO, Cândido Rangel; BADARÓ, Gustavo Henrique Righi Inahy; LOPES, Bruno Vasconcelos Carrilho. *Teoria Geral do Processo*. 34. ed. São Paulo: Malheiros, 2023. p. 324-325.
7. DIDIER JR, Fredie. *Curso de Direito Processual Civil*: introdução ao direito processual civil, parte geral e processo de conhecimento. 23. ed. Salvador: JusPodivm, 2021. v. 1, p. 476.
8. "A concessão de benefícios previdenciários depende de requerimento do interessado, não se caracterizando ameaça ou lesão a direito antes de sua apreciação e indeferimento pelo INSS, ou se excedido o prazo legal para sua análise. É bem de ver, no entanto, que a exigência de prévio requerimento não se confunde com o exaurimento das vias administrativas" (STF, RE 631240/MG, Rel. Min. Roberto Barroso, Tribunal Pleno, j. 03.09.2014, DJe. 10.11.2014).
9. Art. 5º, XXXV, da CF de 1988: "a lei não excluirá da apreciação do Poder Judiciário lesão ou ameaça a direito".
10. MENDES, Aluisio Gonçalves de Castro; SILVA, Jorge Luis da Costa. Acesso à justiça e necessidade de prévio requerimento administrativo: o interesse como condição da ação – comentários ao recurso extraordinário 631.240, de relatoria do Ministro Luís Roberto Barroso. *Revista Eletrônica de Direito Processual* – REDP. Rio de Janeiro,. ano 14, v. 21, n. 3, set./dez. 2020.

Em verdade, a compreensão de que a pretensão resistida se faz necessária para o ingresso no Judiciário não é recente. A Constituição Federal de 1969, no § 4º do art. 153[11] (incluído pela EC 7/1977), condicionava o ingresso em juízo ao exaurimento das vias administrativas. Anteriormente à constitucionalização da referida exigência, tal prática já era prevista em algumas outras disposições, como no art. 223, do Decreto-Lei 1.713/1939 e no art. 15, da Lei nº 5.316/1967. Com a redemocratização, manteve-se a exigência de esgotamento da esfera administrativa apenas no âmbito da Justiça Desportiva (art. 217, §§ 1º e 2º, da CF/1988) e, a *posteriori*, para a impetração de *habeas data* (art. 8º, da Lei 9.507/97) e para reclamação contra descumprimento de súmula vinculante (art. 7º, § 1º, da Lei 11.417/2006).

A apreciação do Recurso Extraordinário 631.240-MG fez com que o STF voltasse os olhos à racionalidade intrínseca do interesse em agir como uma das condições da ação e, com isso, a *ratio decidendi* compreendida no citado julgamento foi aplicada também aos casos envolvendo a cobrança de indenização do seguro DPVAT.[12]

Indo além, a questão da pretensão resistida como requisito para ingresso em juízo se tornou objeto de projeto de lei (PL 533/2019, de autoria do senador Júlio Delgado), no qual se pretende alterar o Código de Processo Civil para incluir um parágrafo no art. 17, determinando que, "em caso de direitos patrimoniais disponíveis, para haver interesse processual é necessário ficar evidenciada a resistência do réu em satisfazer a pretensão do autor." Busca-se, com isso, inserir na lei o conceito de pretensão resistida, que se traduz na demonstração, pelo autor da ação, de que houve tentativa de solucionar o conflito extrajudicialmente.

Recentemente, o STJ replicou o entendimento firmado pelo Supremo, quanto à concessão de benefícios previdenciários e indenizações de seguro DPVAT, para os demais casos que tratam do ajuizamento de ações para cobrar indenizações securitárias.

A ministra Nancy Andrighi, nos recursos especiais 2.050.513-MT e 2.059.502-MT, pronunciou-se afirmando que para a configuração do interesse em agir nas ações de cobrança de indenização securitária se faz necessário o prévio requerimento administrativo, conforme examinado a seguir.

3. NOTIFICAÇÃO PRÉVIA À SEGURADORA: REQUISITO ESSENCIAL PARA O DIREITO DE AÇÃO EM INDENIZAÇÕES SECURITÁRIAS

Ambos os recursos especiais mencionados dizem respeito a cobranças de indenização securitária de seguro de vida em grupo, por conta da ocorrência de doenças

---

11. Art. 153, § 4º, da CF de 1969: "A lei não poderá excluir da apreciação do Poder Judiciário qualquer lesão de direito individual. O ingresso em juízo poderá ser condicionado a que se exauram previamente as vias administrativas, desde que não exigida garantia de instância, nem ultrapassado o prazo de cento e oitenta dias para a decisão sobre o pedido".
12. "Inexiste uma das condições da ação, pois que não houve indícios de que fora realizado qualquer pedido administrativo perante a Seguradora reclamada" (STF, RE 839314/MA, Rel. Min. Luiz Fux, j. 10.10.2014, DJe. 16.10.2014).

ocupacionais incapacitantes. Nos acórdãos, validou-se o entendimento de que pode a petição inicial ser indeferida e julgado extinto o feito sem resolução do mérito, com fundamento no art. 485, I, do CPC, devido ao não cumprimento à determinação do juízo para que fosse emendada a inicial, demonstrando a existência de prévio requerimento administrativo.

A ministra fundamenta o seu voto utilizando-se do Código Civil que, em seu art. 771, impõe ao segurado o dever de comunicar o sinistro à seguradora assim que toma conhecimento de sua ocorrência, sob pena da perda do direito à indenização. Uma vez que o aviso de sinistro configura o pedido de pagamento da indenização securitária, se não é feito, a seguradora não pode ser compelida a pagar, pois se presume que ela não terá tido oportunidade de regular o sinistro,[13] tampouco terá tido conhecimento da ocorrência do evento. Assim, não se concretiza lesão a direito ou interesse do segurado. Acionado o Judiciário antes de realizado o aviso de sinistro, portanto, caberá a extinção do processo sem resolução do mérito, por ausência de interesse processual (art. 485, VI, do CPC).

O CPC/1973, no art. 267, VI, já estabelecia como causa de extinção do processo sem resolução do mérito a ausência de qualquer das condições da ação, incluindo a falta de interesse em agir. No CPC/2015, a ausência das condições da ação permanece sendo razão para a extinção do processo sem resolução de mérito, em consonância com o que estabelece o art. 17 do mesmo diploma legal: "para postular em juízo é necessário ter interesse e legitimidade".

A análise da presença do interesse processual é um importante filtro para demandas inúteis e desnecessárias, por isso mesmo, o CPC/2015 admite o indeferimento da petição inicial pela falta de interesse de agir (art. 330, III) e, caso seja identificada a falta de interesse de agir posteriormente, poderá o magistrado extinguir o processo sem resolução do mérito (art. 485, VI).

Ocorre que, no caso das ações de cobrança de indenização securitária, conforme explicita a relatora,

---

13. A dinâmica do processo de regulação do sinistro é explicada da seguinte forma pela doutrina: "Didaticamente, é possível ilustrar a usual sequência de acontecimentos da seguinte maneira: após a ocorrência do sinistro, o segurado faz o seu aviso diretamente ao segurador ou ao corretor de seguros, que o repassará ao segurador, acompanhado da entrega de alguns documentos, conforme a modalidade de seguro envolta no caso concreto. O exame de tais documentos e das condições do sinistro será feito pelo *regulador do sinistro*. Na sequência, o regulador irá emitir um relatório que será utilizado como guia para a efetiva, ainda que parcial, cobertura do sinistro pelo segurador ou a sua recusa, que necessariamente terá quer ser fundamentada.

    Caso o segurado não concorde com a decisão do segurador, poderá tomar algumas medidas na seara administrativa, tais quais a reclamação na ouvidoria da seguradora, no Procon e no site Consumidor.gov.br, e, ainda, recorrer à via judicial, por meio de uma ação de cobrança (eventualmente cumulada com pedido de compensação por danos morais). No âmbito extrajudicial, a reclamação geralmente é avaliada de forma célere, com a obtenção de um retorno formal da queixa em menos de um mês. A solução do litígio, todavia, poderá em alguns casos ser alcançada definitivamente apenas por meio judicial". GOLDBERG, Ilan; JUNQUEIRA, Thiago. Regulação do sinistro no século XXI. In: ROQUE, Andre Vasconcelos; OLIVA Milena Donato. *Direito na era digital*: aspectos negociais, processuais e registrais. Salvador: JusPodivm, 2022. p. 260.

Se já tiver se operado a citação da seguradora, eventual oposição desta ao pedido de indenização deixa clara a sua resistência frente à pretensão do segurado, evidenciando a presença do interesse de agir. Porém, nem sempre a resposta da seguradora implicará impugnação ao pedido de pagamento. É possível por exemplo, que ela invoque a ausência de prévia solicitação administrativa, hipótese em que caberá a extinção do processo sem resolução do mérito, por ausência de interesse processual.

Um processo é feito de momentos e, na prática, o problema que se observa é que, caso a seguradora seja citada e apresente a sua contestação apenas alegando a falta de interesse em agir do autor, não sendo o processo extinto com fundamento no art. 485, VI, poderá a vir ser prejudicada por não se defender quanto ao mérito da questão. Isso em razão do princípio da concentração, previsto pelo art. 336, do CPC, que estabelece que o réu, em sede de contestação, apresente "toda a matéria de defesa, expondo as razões de fato e de direito com que impugna o pedido do autor e especificando as provas que pretende produzir", sob pena de preclusão.

Ademais, cabe sublinhar que a seguradora tem um prazo de 30 (trinta) dias para realizar a análise do sinistro (art. 48 da Circular Susep 667/2022, no âmbito dos seguros de pessoas e art. 43 da Circular Susep 621/2021, nos seguros de danos) e, por vezes, diante da complexidade do caso concreto, necessita requisitar documentos complementares e até mesmo realizar perícia a fim de apurar ser devida ou não a indenização ao segurado. Por isso mesmo, a verificação, pela seguradora, sobre o que é alegado na petição inicial pode ser inconclusiva.

É possível deduzir, portanto, que, pelo entendimento firmado pela Terceira Turma do STJ, existe espaço para uma postura mais ativa dos magistrados de primeira instância, a fim de que, logo de início, já se determine ao autor a comprovação da realização do aviso de sinistro à seguradora, sob pena de indeferimento da petição inicial por ausência de interesse processual. E caso a seguradora seja citada e apresente como único argumento defensivo a falta de interesse em agir por ausência de requerimento administrativo da referida indenização, o processo seja extinto sem resolução de mérito por faltar interesse.

Com essa abordagem, privilegia-se o princípio da boa-fé e da cooperação, bem como é possível evitar diversas demandas judiciais desnecessárias, já que muitas questões podem ser solucionadas de forma simples e rápida através de procedimentos administrativos. Tal prática não impede, de forma alguma, o exercício do direito de acesso à justiça. Pelo contrário, auxilia o Poder Judiciário ao permitir que se concentre em casos nos quais sua intervenção é realmente indispensável. Além disso, resulta em economia de recursos, uma vez que recorrer ao Judiciário acarreta custos processuais e honorários advocatícios, afetando tanto seguradores como segurados.

Versão original publicada em: 14.03.2024.

MITIGAÇÃO DOS EFEITOS DA MORA DO DEVEDOR NO MERCADO DE SEGUROS

Fabrício Marques de Oliveira

Thiago Gabbardo

Em 16.12.2022, o Superior Tribunal de Justiça, ao julgar o Recurso Especial 1.820.963, posicionou-se em relação à mora do devedor e reflexos desta nas formas de atualizações dos valores depositados em juízo, bem como de quem seria tal responsabilidade, temas estes que apresentam diversas discussões e ideias antagônicas.

A decisão em voga fez a efetiva distinção entre: (i) o valor que é depositado para fins de quitação, e consequentemente, satisfação da execução e (ii) o valor que é depositado com intuito de embasar eventual discussão futura (seja decorrente de a garantia do juízo e/ou penhora).

Na interpretação do julgado, depreende-se que, na primeira situação, em havendo concordância com o valor depositado, não há debate quanto a ser necessária nova atualização quando da liberação do valor, ou seja, adimplido o débito, extingue-se a dívida.

A celeuma, por sua vez, e matéria de debates, ressoa na segunda situação, na qual o Superior Tribunal de Justiça leciona que, sendo o depósito judicial realizado sem a liberação imediata ao credor, quando o numerário é utilizado para fins de garantia do juízo ou decorrente de penhora de bens, haverá o acréscimo de encargos moratórios.

Sobre este ponto, ainda, ao julgar o referido Recurso, o STJ prevê que, quando da efetiva entrega de dinheiro ao credor, o devedor deverá deduzir o saldo da conta judicial do montante que é devido, ocorrendo assim a atualização monetária até o momento do repasse do numerário. Ou melhor, apesar de o devedor ser responsável pelos encargos moratórios de sua dívida, pontua-se que a natureza dos juros remuneratórios é distinta dos juros moratórios, pelo que deverá a primeira ser deduzida do montante devido do saldo da conta judicial.

Neste sentido, expressa o novo entendimento do STJ (Tema 677/STJ):

> Na execução, o depósito efetuado a título de garantia do juízo ou decorrente da penhora de ativos financeiros não isenta o devedor do pagamento dos consectários de sua mora, conforme previstos no título executivo, devendo-se, quando da efetiva entrega do dinheiro ao credor, deduzir do montante final devido o saldo da conta judicial.

Corroborando com o entendimento do julgado, necessário destacar que este posicionamento está atrelado à discussão existente na ação judicial subjacente ao recurso, que tratou da "inércia" do devedor, sendo necessária a realização de penhora para satisfação do crédito devido. Inclusive, para fins de conhecimento e elucidando o acima exposto, impera destacar que, no Recurso Especial, a parte recorrente sinalizou *que não teria ocorrido* a espontânea garantia do juízo pelo devedor, mas sim depósito decorrente de penhora *online*.

Em vista desse debate, bem como a demora superior a três anos para levantamento de parte da quantia, o juiz de primeiro grau, nos autos subjacentes ao recurso em tela, afastando a pretensão do credor quanto a necessidade de remuneração após a penhora, assim entendeu:

> (...) os juros terão como termo final a data do depósito judicial (dezembro/2009). Compreende-se os argumentos da requerente, mas a mora cessa com o depósito judicial do valor integral do débito, seja ele espontâneo seja ele resultado de arresto ou penhora. A partir do depósito judicial não há mora, e o valor será atualizado pela instituição bancária oficial.

O TJSP reforçou este posicionamento ao indicar já na ementa do Agravo de Instrumento interposto em face da decisão supratranscrita ao discorrer que "Não cabe ao devedor, segundo entendimento firmado pelo STJ, responder por juros ou correção monetária no tocante ao período em que o numerário permaneceu em depósito judicial".

Assim, considerando que "a jurisprudência da Terceira e Quarta Turmas passou a oscilar entre a aplicação, ou não, do Tema 677/STJ nas hipóteses em que o depósito judicial não é feito com o propósito de pagamento ao credor, repercutindo a divergência nos demais juízos e Tribunais pátrios", o STJ reviu o entendimento para, desta vez, reforçar que o devedor será responsável pelos consectários legais de sua mora até o efetivo levantamento do valor devido pelo credor.

Quanto ao ponto, inclusive, constou no julgado que

> a obrigação da instituição financeira depositária pelo pagamento dos juros e correção monetária sobre o valor depositado convive com a obrigação do devedor de pagar os consectários próprios de sua mora, segundo previsto no título executivo, até que ocorra o efetivo pagamento da obrigação ao credor.

Esta decisão, além das questões teóricas e ideológicas, tem implicações práticas e de ordem financeira que impactarão também o mercado de seguros. Isto porque, a decisão confirma que os encargos moratórios serão de responsabilidade do devedor até a efetiva disponibilização do crédito ao credor, o que implica dizer que, a depender da situação, será necessária a complementação do depósito efetuado para satisfazer a diferença entre os juros moratórios e os remuneratórios, fato que, em uma comparação simples do período acumulado dos últimos 12 meses, apresenta-se como 10% mais onerosa ao devedor.

Desta forma, os gestores destes riscos judiciais deverão ter consciência dos impactos da decisão e, por via de consequência, terão que adotar medidas estratégicas tanto para reduzir o prejuízo financeiro oriundo dos processos judiciais, como ações para garantir que o provisionamento das ações que já possuírem liquidações observe eventual majoração de condenação em razão dos encargos moratórios.

Inclusive, uma possibilidade aventada pelo Ministro Paulo de Tarso Sanseverino, em seu voto contrário à decisão definitiva, foi no sentido de destacar que a decisão posta poderá desestimular o depósito judicial e, juntamente com este entendimento, já apresentou uma das estratégias possíveis para mitigar o risco financeiro, sendo ela a apresentação de seguros de garantia judicial ou outros títulos que possam, provisoriamente, substituir os depósitos judiciais.

Tal entendimento se apresenta como assertivo na medida em que, ao substituir o depósito judicial por títulos que garantam a execução, o devedor não imobiliza o seu capital financeiro e, neste cenário, tem ainda a possibilidade de realizar investimentos que, possivelmente, terão margem superior àquelas existentes na remuneração da conta judicial.

Sem prejuízo da assertividade do posicionamento do Ministro, é certo também que outras estratégias poderão ser adotadas pelas Companhias Seguradoras para mitigar o risco financeiro destas situações, dentre as quais destacam-se: a gestão jurídica com vistas à realização de acordos e/ou depósitos voluntários em ações com baixa probabilidade de êxito; e a adição de provisão suplementar em casos que existam depósitos judiciais sem a liberação ao credor.

Apesar de a prática de composições judiciais estar em crescimento no mercado de seguros desde a promulgação do novo Código de Processo Civil, a decisão em comento traz consigo mais motivos para que esta prática seja ainda mais fomentada nas seguradoras, em especial porque para se estimar a economia financeira os gestores dos riscos deverão, além de valorar o risco presente, adicionar na conta a previsão futura com os juros de mora.

Ademais, os pagamentos voluntários, apesar de não trazerem economia no momento presente, também se tornam mais viáveis na medida que são reduzidos riscos financeiros futuros. Quanto a isto, importante apenas reforçar que, de acordo com a decisão, há a necessidade de tais depósitos serem feitos para quitação e efetivo levantamento do devedor, sob pena de não se estancar o prejuízo futuro.

Pois bem, ainda com respeito às possíveis estratégias e ações que deverão ser avaliadas a partir desta decisão está a necessidade de provisionamento adequado das situações que já estão depositadas nos autos e que permanecem sendo discutidas, sem o levantamento ao credor. Isso porque não é incomum, neste mercado, que os depósitos judiciais realizados esgotem o provisionamento, sob o fundamento do entendimento anterior do tema 677/STJ, o qual foi, inclusive, ratificado na decisão do TJSP acima transcrita. Melhor dizendo, entendia-se que o depósito judicial já seria suficientemente atualizado pelos encargos remuneratórios das contas judiciais.

Ora, com o novo entendimento, apesar de tal revisão poder significar um aumento no provisionamento das Companhias, acredita-se que necessária será tal revisão, sob pena de os gestores subestimarem as provisões, fazendo com que sejam necessários complementos não conhecidos e, principalmente, seja ocultado o real risco financeiro das ações judiciais, fato que, por conseguinte, pode prejudicar o resultado da Seguradora.

Enfim, em vista destes ajustes, tem-se que a decisão do STJ buscou delegar ao devedor a responsabilidade de suas ações, em alinhamento com o princípio da causalidade. Além disso, notoriamente vem garantir maior segurança jurídica ao tema, seja por dirimir um conflito de entendimento que permeava as suas Turmas, seja para garantir entendimento assertivo sobre a natureza remuneratória das contas judiciais e dos juros de mora, oriundos da mora dos devedores.

Agora, com a decisão posta, resta aos gestores dos riscos jurídicos avaliar as melhores opções para minimizar os prejuízos e manter a credibilidade de suas operações no mercado segurador.

Versão original publicada em: 11.05.2023.

SUB-ROGAÇÃO DA SEGURADORA NA CLÁUSULA COMPROMISSÓRIA

Anderson Schreiber

Como se sabe, a cláusula compromissória produz, em regra, efeitos relativos. Vale dizer: sua eficácia se estende apenas sobre os próprios contratantes. Há, contudo, uma série de situações nas quais se cogita da vinculação de terceiros não signatários à cláusula compromissória. São exemplos frequentemente debatidos na doutrina arbitralista a extensão da cláusula compromissória a sociedades integrantes de um mesmo grupo empresarial ou, ainda, a partes signatárias de contratos coligados. As hipóteses de extensão da eficácia da cláusula compromissória costumam dividir a opinião de estudiosos e árbitros experientes. Pretendo examinar, neste breve texto, a situação da seguradora que realiza o pagamento da indenização ao segurado.

O artigo 786 do Código Civil brasileiro determina que, "paga a indenização, o segurador sub-roga-se, nos limites do valor respectivo, nos direitos e ações que competirem ao segurado contra o autor do dano." A controvérsia que nos interessa aqui é a seguinte: em razão da sub-rogação legal derivada do pagamento da indenização, a seguradora fica vinculada à cláusula compromissória eventualmente inserida em contrato celebrado entre o segurado e o autor do dano? Em outras palavras: estaria a seguradora, nesta hipótese, compelida a instaurar arbitragem para exercer seu direito de regresso ou poderia, ao contrário, recorrer ao Poder Judiciário?

A questão já foi examinada, conquanto lateralmente, pela Corte Especial do Superior Tribunal de Justiça em 2019 no âmbito da Sentença Estrangeira Contestada 14.930. Discutia-se ali a homologação de sentença arbitral estrangeira que, dentre outros temas, havia concluído que uma seguradora estava vinculada à cláusula compromissória estabelecida em contrato celebrado pelo segurado. À época, o entendimento predominante entre os Ministros do STJ foi de que não caberia, no juízo sobre a homologação, ingressar em um reexame do mérito da decisão proferida no exterior, mas votos vencidos proferidos pelos Ministros João Otávio de Noronha, Luis Felipe Salomão e Benedito Gonçalves vislumbraram ofensa à ordem pública nacional, pois, no seu entendimento, a transmissão da cláusula compromissória via sub-rogação legal violaria, em última instância, a garantia fundamental da inafastabilidade da jurisdição (Constituição, art. 5º, XXXV).

Há que se recordar que o Supremo Tribunal Federal já afastou a existência de qualquer incompatibilidade, em abstrato, entre a eficácia vinculante da cláusula compromissória e o princípio do acesso à justiça, no histórico julgamento da Sentença Estrangeira 5.206, concluído em 2001. O debate, aqui delineado, diz respeito, contudo, à extensão da eficácia da cláusula compromissória à seguradora que não a firmou, em decorrência da sub-rogação legal instituída pelo artigo 786 da nossa codificação civil.

A sub-rogação consiste, tecnicamente, na substituição de um dos elementos da relação jurídica, podendo recair tanto sobre o objeto (sub-rogação real) como sobre os sujeitos (sub-rogação subjetiva ou pessoal). A sub-rogação pessoal implica a modificação da titularidade do crédito, sem que a integridade da relação obrigacional seja afetada.[1] Embora o artigo 786 do Código Civil limite-se a afirmar que o segurador se sub-roga "nos direitos e ações" do segurado, o artigo 349 da mesma codificação civil oferece uma descrição mais completa dos efeitos da sub-rogação, determinando que "a sub-rogação transfere ao novo credor todos os direitos, ações, privilégios e garantias do primitivo, em relação à dívida, contra o devedor principal e os fiadores." De acordo com a doutrina civilista, "adquire o sub-rogado o próprio crédito do sub-rogante, tal qual é. Opera, assim, a substituição do credor pelo sub-rogatário, que recebe o crédito com todos os seus acessórios, mas seguido também dos seus inconvenientes, e das suas falhas e defeitos".[2]

Tem-se argumentado que a cláusula compromissória teria "*natureza processual*", o que impediria que a seguradora viesse a ser alcançada por sua eficácia vinculante, uma vez que a sub-rogação abrangeria apenas as características materiais do crédito.[3] A restrição da eficácia da sub-rogação aos aspectos de direito material não se ajusta bem, todavia, à literalidade dos artigos 394 e 786 do Código Civil, que contemplam expressamente a transmissão das "*ações*" do titular primitivo ao novo titular do crédito.

Terreno que a sub-rogação efetivamente não alcança é aquele das disposições *intuitu personae*, ou seja, disposições para cuja instituição as características pessoais das partes tenham sido consideradas essenciais. A cláusula compromissória, no entanto, não deve ser considerada personalíssima, tendo em vista que a sua adequada execução independe de qualquer característica peculiar dos contratantes.[4] Como bem assentado no voto proferido pela Ministra Nancy Andrighi no julgamento da SEC 14.930:

> por suas características próprias, não seria possível afirmar que a cláusula compromissória seja uma condição personalíssima de uma dada relação de jurídica. Ao contrário, uma vez celebrada, seus termos são genéricos e comuns a todos os contratantes, independentemente da qualidade da parte, podendo ser firmada por todas as pessoas capazes.

---

1. CHAVES, Antônio. Sub-rogação. *Arquivos do Ministério da Justiça*, a. 39, n. 161, v. 2, p. 38, jan./mar. 1982.
2. PEREIRA, Caio Mário da Silva. *Instituições de Direito Civil*. Rio de Janeiro: Forense, 2016, v. 2, p. 219.
3. Neste sentido, confira-se, por todos, o entendimento manifestado pelo Ministro João Otávio de Noronha em seu voto vencido na SEC 14.930: "a sub-rogação implica a transferência apenas do crédito com suas características materiais. Eventuais aspectos de ordem processual ou de natureza personalíssima do credor originário não são objeto de transferência ao sub-rogado. (...) Já o instituto da arbitragem é um meio alternativo e voluntário de solução de conflitos. A cláusula compromissória regula matéria processual; seu conteúdo é, pois, específico e diverso do contrato originário, voltado para a relação de direito material que vincula as partes" (STJ, Corte Especial, Sentença Estrangeira Contestada 14.930, Rel. Min. Og Fernandes, j. 15.05.2019).
4. Na mesma direção: SPERANDIO, Felipe Vollbrecht. Transmissão de cláusula compromissória à seguradora por força de sub-rogação legal. Arbitragem, direito securitário e consentimento no direito brasileiro. In: CARMONA, Carlos Alberto; LEMES, Selma Ferreira; MARTINS, Pedro Baptista (Coord.). *20 anos da Lei de Arbitragem*: homenagem à Petrônio R. Muniz. São Paulo: Atlas, 2017, p. 822.

Não há que se cogitar, ainda, de violação ao § 2º do artigo 786, que determina ser "ineficaz qualquer ato do segurado que diminua ou extinga, em prejuízo do segurador, os direitos a que se refere este artigo." A submissão do litígio à jurisdição arbitral não importa tecnicamente qualquer "*diminuição*" do seu direito de crédito. Trata-se da adoção de mecanismo de resolução de conflitos *diverso* da jurisdição estatal.[5]

Percorridos os contornos da disciplina legislativa da sub-rogação e da própria cláusula compromissória, pode-se concluir que não há qualquer razão jurídica para não se considerar a seguradora vinculada à cláusula compromissória, independentemente do fato de não ter participado da sua celebração ou anuído com a sua inclusão em contrato entre o segurado e o autor do dano.[6] Com efeito, em se tratando de consequência direta da incidência do artigo 786 do Código Civil, norma que integra a disciplina dos contratos de seguro, o risco da existência de uma cláusula compromissória em contrato celebrado pelo segurado no âmbito do qual possa se verificar um sinistro coberto pela apólice integra, a rigor, a álea ínsita à relação securitária. Compete às seguradoras, portanto, incorporar o exame do meio de resolução de controvérsia eleito contratualmente pelo segurado à sua análise de riscos, de modo a não ser surpreendida por eventual exceção de arbitragem quando do exercício do seu eventual direito de regresso.[7]

Esse entendimento foi, recentemente, consagrado pela 4ª Turma do STJ no âmbito do julgamento do Recurso Especial 1.988.894, originário de ação regressiva decorrente de seguro-garantia em contrato de transporte marítimo internacional. Na ocasião, a Turma destacou que

> a ciência prévia da seguradora a respeito de cláusula arbitral pactuada no contrato objeto de seguro garantia resulta na sua submissão à jurisdição arbitral, por integrar a unidade do risco objeto da própria apólice securitária, dado que elemento objetivo a ser considerado na avaliação de risco pela seguradora, nos termos do artigo 757 do Código Civil.[8]

Também a 3ª Turma do STJ seguiu esse entendimento ao julgar o Recurso Especial 2.074.780, afirmando que "no caso da sub-rogação legal securitária, a ciência acerca da cláusula compromissória no contrato garantido demonstra a voluntariedade da seguradora no ponto".[9]

---

5. OLIVEIRA, Inaê Siqueira de. *Transmissão da Cláusula Compromissória*. São Paulo: USP (Dissertação de Mestrado), 2021, p. 97.
6. Ver, na mesma direção, VERÇOSA, Fabiane. Arbitragem e Seguros: Transmissão da Cláusula Compromissória à Seguradora em Caso de Sub-rogação. *Revista Brasileira de Arbitragem*, ano 3, n. 11, p. 54-55, jul./set. 2006.
7. "A seguradora, por sua vez, ao pactuar contrato de seguro, deverá ter o cuidado e a cautela de analisar o risco a ser subscrito, com todos os seus prós, contras e custos envolvidos. O correto dimensionamento da extensão do risco a ser assumido inclui o exame e a avaliação do meio de resolução de controvérsias escolhido pelas partes contratantes, ou seja, a verificação da existência ou não de cláusula compromissória. Portanto, se houve subscrição do risco nesses termos, haverá – pelo mesmo ato – aceitação implícita da cláusula compromissória, sendo vedado ao segurador sub-rogado pinçar, dentro do contrato originário, as cláusulas que lhe forem mais convenientes." (FICHTNER, Priscila Mathias e FICHTNER, José Antonio. Arbitragem e a sub-rogação da cláusula compromissória nos contratos de seguro. In: TZIRULNIK, Ernesto et al. (Org.). *Direito do Seguro Contemporâneo*: edição comemorativa dos 20 anos do IBDS. São Paulo: Contracorrente, 2021, v. 2, p. 377).
8. STJ, 4ª Turma, Recurso Especial 1.988.894/SP, Rel. Min. Maria Isabel Gallotti, j. 09.05.2023.
9. STJ, 3ª Turma, Recurso Especial 2.074.780/PR, Rel. Min. Nancy Andrighi, j. 22.08.2023.

Isso não impede, naturalmente, a ocorrência de situações excepcionais, nas quais se demonstre a impossibilidade da seguradora de identificar a cláusula compromissória na fase de avaliação de risco. Suponha-se, por exemplo, a cláusula compromissória pactuada pelo segurado posteriormente à emissão da apólice, por meio de aditivo. Impõe-se ao segurado, em tal hipótese, o dever de informar à seguradora a modificação contratual, em atenção ao disposto no artigo 765 do Código Civil: "O segurado e o segurador são obrigados a guardar na conclusão e na execução do contrato, a mais estrita boa-fé e veracidade, tanto a respeito do objeto como das circunstâncias e declarações a ele concernentes." A violação ao dever de informar deflagra o dever de indenizar a seguradora pelos prejuízos eventualmente suportados em razão da ignorância acerca da pactuação da cláusula compromissória (Código Civil, arts. 186 e 927),[10] podendo-se cogitar até mesmo, nestas situações limítrofes, de ineficácia da cláusula compromissória perante a seguradora.[11]

Em caso recente, a 3ª Turma do STJ entendeu que a seguradora sub-rogada não pode ser submetida a cláusula compromissória prevista em contrato celebrado por terceiros, sem a participação da sua segurada, ainda que o contrato tenha relação com o sinistro. Na hipótese, envolvendo contrato internacional de compra e venda de metanol, o seguro internacional de transporte de cargas foi contratado pela sociedade brasileira compradora do produto, enquanto o contrato de fretamento, no qual constava cláusula compromissória, foi celebrado unicamente pela empresa estrangeira vendedora do produto, por meio de empresa de seu grupo responsável pelos afretamentos, sem participação da segurada ou da seguradora. Em razão disso, a 3ª Turma concluiu que, "diante da peculiaridade do caso em julgamento, não há que se falar em transmissibilidade da cláusula compromissória à seguradora sub-rogada, ora recorrida, porquanto tal avença não foi expressamente ou implicitamente aderida por sua segurada".[12]

Independentemente da posição que se adote nestes casos – claramente excepcionais –, o que deve restar claro é que, como regra, a seguradora submete-se, por força da sub-rogação legal prevista no artigo 786 do Código Civil, à eficácia vinculante da cláusula compromissória pactuada pelo segurado, não podendo se furtar à arbitragem ao argumento de que não concordou expressamente, nem anuiu com a via arbitral.

Versão original publicada em: 09.12.2021.

---

10. "Art. 186. Aquele que, por ação ou omissão voluntária, negligência ou imprudência, violar direito e causar dano a outrem, ainda que exclusivamente moral, comete ato ilícito. (...) Art. 927. Aquele que, por ato ilícito (arts. 186 e 187), causar dano a outrem, fica obrigado a repará-lo".
11. O problema do desconhecimento da seguradora acerca da cláusula compromissória é enfrentado por José NEVES, Roberto de Castro. A posição da seguradora na arbitragem: a importância da análise da vontade. In: TZIRULNIK, Ernesto et al. (Org.). *Direito do Seguro Contemporâneo*: edição comemorativa dos 20 anos do IBDS. São Paulo: Contracorrente, 2021, v. 2, p. 355, onde afirma: "parece adequado o entendimento de que a seguradora, desprovida minimamente dos meios de conhecer a cláusula compromissória que vinculava a parte original, pode defender que não se encontra vinculada à arbitragem".
12. STJ, 3ª Turma, Recurso Especial 1.625.990/PR, Rel. Min. Marco Aurélio Bellizze, j. 24.10.2023.

Parte V
ENTREVISTAS, RETROSPECTIVAS E RESENHAS

ENTREVISTAS

ENTREVISTA: GOLDBERG E JUNQUEIRA. NOVOS RUMOS DOS SEGUROS PRIVADOS

Márcio Chaer

O setor de seguros privados vive um momento histórico, que demanda redobrada atenção dos segurados, seguradores, advogados, magistrados e reguladores. Segundo Ilan Goldberg e Thiago Junqueira, mudanças sociais, tecnológicas e regulatórias estariam revolucionando o modo de se contratar e a própria função dos seguros na sociedade.

A dupla, que vem conquistando cada vez mais espaço no olimpo da advocacia brasileira, especialmente nas áreas de seguros e proteção de dados, também se distingue por rica produção acadêmica. Além de livros advindos de suas teses doutorais pela Universidade do Estado do Rio de Janeiro – UERJ, respectivamente, "O Contrato de Seguro D&O" e "Tratamento de Dados Pessoais e Discriminação Algorítmica nos Seguros", publicados pela editora Thomson Reuters Brasil, Goldberg e Junqueira coordenaram a obra "Temas Atuais de Direito dos Seguros", em homenagem aos vinte anos do renomado escritório do qual são sócios: Chalfin, Goldberg & Vainboim Advogados.

Professores convidados da FGV Direito Rio, da FGV Conhecimento e da Escola de Negócios e Seguros, Ilan (45) e Thiago (33) passam a assinar coluna quinzenal na Conjur intitulada "Seguros Contemporâneos", na qual publicarão, sempre às quintas-feiras, textos próprios e de convidado(a)s sobre temas relacionados ao setor de seguros.

Em entrevista por e-mail, os civilistas responderam a questões diversas sobre os impactos das novas tecnologias no setor e na regulação dos seguros, bem como o papel dos corretores de seguros nesse cenário, conforme transcrito a seguir.

MUITO SE TEM DEBATIDO SOBRE A DISRUPÇÃO TECNOLÓGICA VIVENCIADA ATUALMENTE NO SETOR DE SEGUROS. QUAIS SÃO OS PRINCIPAIS FATORES E DE QUE FORMA VEM OCORRENDO ESSA TRANSFORMAÇÃO?

Goldberg: Observando a economia do século XXI, é possível notar o fenômeno de sua "uberização". Os modelos de negócios de pessoa para pessoa (P2P) chegaram com enorme força na sociedade; basta pensar no Airbnb ou na Uber. Essas empresas trouxeram vários desafios para os agentes de seus respectivos mercados, como táxis ou cadeias de hotéis tradicionais, ao ponto de exigirem uma completa reestruturação de suas marcas.

No mercado de seguros, o progressivo desenvolvimento tecnológico também está mudando-o profundamente. O dever pré-contratual de informação, por exemplo, que antes pendia muito nos ombros dos segurados, agora tende a ser mais bem controlado pelas seguradoras. Através de aplicativos digitais que medem dados de saúde, hábitos dos motoristas, rotas e dados agrícolas, só para mencionar alguns, as seguradoras passaram a controlar informações que, antes, eram administradas pelos segurados. Isso obviamente traz impactos para todas as fases da relação contratual.

Desde a fase pré-contratual (definição do valor do prêmio e das condições negociais), passando pela contratual (aferição de agravamento do risco e regulação de sinistro), até a pós-contratual (armazenamento de dados dos consumidores e eventuais compartilhamentos), a relação securitária está sendo radicalmente transformada. E um agente central dessa alteração é o surgimento das *insurtechs*, que utilizam tecnologias de vanguarda.

Embora não exista nos dicionários da língua portuguesa, o termo "*insurtech*" deriva da união de duas palavras anglo-saxônicas: "seguro" (*insurance*) e "tecnologia" (*technology*). O seu significado, porém, vai muito além de uma análise isolada delas. Uma compreensão adequada das *insurtechs* permite concluir que deram origem a uma nova maneira de se pensar e contratar os seguros. Os seus efeitos para as seguradoras tradicionais e segurados são enormes.

Por exemplo, se no passado a competição entre as seguradoras que atuavam no Brasil era concentrada na definição do valor do prêmio e da franquia, uma vez que as coberturas eram padronizadas e não havia muita diferenciação tecnológica entre os *players*, cada vez mais o atendimento customizado aos clientes será o diferencial. A competição, agora, deverá ser a propósito do nível de satisfação dos segurados, a ser aferido a partir da qualidade das coberturas securitárias oferecidas.

Junqueira: Uma série de mudanças sociais, tecnológicas e regulatórias está acarretando a transformação do setor de seguros. É curioso notar que mudanças sociais (oriundas, por exemplo, da geração de "nativos digitais" e da "economia compartilhada"), impulsionadas por mudanças tecnológicas (*Big Data*, Inteligência Artificial, *Internet* das Coisas e computação em nuvem), têm forçado modificações regulatórias substanciais (como a flexibilização e diminuição das barreiras regulatórias no âmbito do chamado "*sandbox* regulatório" da Susep).

Se até recentemente a precificação do seguro era feita de forma analógica e baseada em poucos dados demográficos dos candidatos a segurados (por exemplo, no âmbito do seguro de automóvel: idade, gênero, endereço residencial e estado civil), tem-se expandido fontes não tradicionais de dados, como aqueles provenientes da *Internet* das Coisas (telemetria instalada no carro ou disposta nos celulares dos segurados, capaz de examinar a condução do veículo pelo segurado) e dados on-line (redes sociais e hábitos de compra), que são tratados de forma automatizada. Alguns desses dados estão sendo processados não apenas na fase pré-contratual da subscrição do seguro, como também durante a execução do contrato e a regulação do sinistro. Na ocorrência de um acidente automobilístico, por exemplo, a seguradora poderia verificar a velocidade do automóvel do segurado no momento da colisão.

Não se ignora que essas alterações envolvem questões complexas sobre a legitimidade do tratamento de dados não tradicionais pelos seguradores, bem como discussões de grande importância, como a discriminação algorítmica. Junto com a análise dos benefícios resultantes das novas tecnologias, essas questões terão que ser ponderadas e endereçadas por todos os *stakeholders* do setor de seguros e os próprios magistrados.

POR QUE O SETOR DE SEGUROS LEVOU TANTO TEMPO PARA INOVAR? AS *FINTECHS* (QUE SÃO *STARTUPS* DO MERCADO FINANCEIRO) SURGIRAM E SE DESENVOLVERAM ANTES DAS *INSURTECHS*, CERTO?

Junqueira: Dizem que as *fintechs* estão 5 a 7 anos à frente das *insurtechs*. É desafiador apontar o principal motivo dessa demora. Além da complexidade dos produtos oferecidos e de toda a matemática que dá o suporte estatístico para o bom funcionamento dos seguros, certamente tem relevância o fato de que o setor de seguros, justamente por ter o risco como a sua matéria-prima, sempre foi conservador. Havia significativas barreiras de entrada para novas empresas, especialmente no que se refere à regulação rigorosa e às exigências elevadas de capital. Se no âmbito do *sandbox* regulatório o capital mínimo necessário para o segurador é de 1 milhão de reais, fora dele esse valor chega a ser multiplicado por 4 a 16 vezes, dependendo do ramo de sua atuação. Talvez o fator mais importante, todavia, seja a pressão competitiva para inovar e aperfeiçoar a experiência do consumidor. É preciso reconhecer que, nos últimos anos, as empresas de tecnologia colocaram uma notável pressão nas seguradoras tradicionais. Inovar virou questão de sobrevivência.

Um exemplo ajuda a ilustrar: em vez de regular um sinistro (que é o processo de análise da cobertura e extensão da prestação do segurador, após a concretização de risco disposto na apólice) no prazo de até 30 dias, tal qual disposto nos atos normativos da Susep, imagine que o segurador pudesse fazê-lo em questão de dias, horas ou até mesmo segundos. Não precisa imaginar. Isso já vem ocorrendo na prática com algumas *insurtechs*. Qual consumidor não gostaria disso? Será que as seguradoras tradicionais do mercado massificado continuarão se valendo dos 30 dias ou se reinventarão?

Goldberg: De fato o mercado de seguros sempre foi visto como um mercado muito conservador. Os *players* relevantes, globalmente falando, permanecem os mesmos há mais de 200 anos, o que pode ser explicado por questões de confiança, lealdade e estabilidade financeira.

Do ponto de vista regulatório, era realmente difícil entrar no mercado de seguros pelas exigências de capital, o cumprimento de uma infinidade de regras administrativas e, além disso, no equilíbrio entre inovação e estabilidade, a segunda sempre teve preferência.

O quadro está se alterando, em especial pela implementação de *sandboxes* regulatórios em diversos países. Eu diria que os seguros massificados, como os seguros de vida e de automóvel, já estão sendo bastante ajustados pelas novas tecnologias. Por outro lado, os seguros de linhas financeiras, como o de responsabilidade civil, D&O e E&O, bem como os seguros tradicionais de grandes riscos, como seguros de riscos de engenharia, devem continuar tendo o agir humano como protagonista. A regulação de sinistros nesses seguros, por exemplo, continuará sendo feita de forma analógica, uma vez que dependem muito da interpretação dos termos da apólice em cotejo com as hipóteses fáticas e geralmente envolvem valores elevados. A real inovação, pelo menos por ora, tende a ficar concentrada nos seguros massificados.

PODEM FALAR MAIS SOBRE O "*SANDBOX* REGULATÓRIO" NO SETOR DE SEGUROS?

Goldberg: Pense no seguinte cenário: um empresário decide entrar no mercado de seguros. Ele, portanto, estuda a regulação atual, requisitos de capital, questões de conformidade e governança corporativa e todos os outros aspectos relacionados à construção de uma empresa a partir do zero (como impostos, propriedade intelectual, marketing e questões trabalhistas).

As barreiras e desafios são tão altos que ele desiste. Não apenas com base nas exigências de capital ou na regulação, mas por perceber que será muito difícil competir com as seguradoras que fazem negócios neste mercado há tantos anos.

O *sandbox* regulatório corresponde a uma estratégia dos reguladores do mercado financeiro que visa a criar um ambiente mais amigável às *startups*. Conforme apontado pela doutrina, nele se permite que "não se mate o pássaro antes que ele possa voar". As exigências de capital são reduzidas, assim como o cumprimento de certos requisitos regulatórios. Para participar, a empresa tem que ter um projeto inovador e seguir os critérios dispostos nos editais da Susep e na regulação.

Junqueira: É importante mencionar que a participação no *sandbox* regulatório pode gerar ainda alguns benefícios não diretamente atrelados à diminuição do fardo regulatório para as *insurtechs*. Pesquisas na Grã-Bretanha, por exemplo, demonstram que a simples participação no projeto gerou mais credibilidade às empresas junto aos seus investidores e consumidores. Além disso, o pedido de autorização integral de funcionamento dessas empresas, depois do fim do período de testes, se revelou mais fácil e rápido.

Às vezes não é suficiente pensar fora da caixa, sendo mesmo necessário se criar uma caixa que permita o desenvolvimento de um projeto inovador. A expressão inglesa "*sandbox*" não foi escolhida sem motivo; traduzível como "caixa de areia", trata-se de um ambiente seguro em que as "crianças" podem brincar sem se machucar. Deve ser ressaltado, porém, que não se trata de uma espécie de faroeste, no qual as empresas fazem tudo à vontade. Há uma regulação, só que flexibilizada. O órgão regulador monitora de perto o desenrolar do projeto, podendo, inclusive, utilizar essa experiência para promulgar atos normativos mais assertivos no futuro.

ESSE SANDBOX REGULATÓRIO É TEMPORÁRIO? SE SIM, O QUE DEVE ACONTECER APÓS O TÉRMINO DO PERÍODO DE SANDBOX REGULATÓRIO?

Goldberg: Há um consenso em torno da duração do *sandbox* regulatório, no sentido de que deve ser limitada. Se um membro do *sandbox* tem vantagens competitivas em comparação aos não-membros, este ambiente não pode durar para sempre. A Susep, que foi o primeiro órgão regulador a instituir o *sandbox* no Brasil, definiu um prazo de até 36 meses, a princípio não renovável.

Junqueira: A adoção institucional de uma estrutura de *sandbox* regulatório, ao menos nos próximos anos, deverá ser feita de forma permanente. Ao fim de cada período de testes, caberá à Susep avaliar os resultados dos participantes. Além de publicar um relatório com *insights* relevantes sobre os respectivos períodos de testes – permitindo que as empresas que não tenham participado se beneficiem dessas informações –, a Susep poderá: alterar a regulação em vigor, se julgar que dessa forma irá auxiliar na criação de um ecossistema favorável para o consumidor e o mercado como um todo, ou exigir que as *insurtechs* que não mais estejam sob o manto do *sandbox* se ajustem à regulação preexistente. A análise, seguindo essa linha de raciocínio, será feita caso a caso.

ALÉM DAS *INSURTECHS* QUE PARTICIPAM DO *SANDBOX* REGULATÓRIO E EFETIVAMENTE COMERCIALIZAM SEGUROS E GARANTEM RISCOS, EXISTEM VÁRIAS OUTRAS QUE PRESTAM SERVIÇOS OU VIRARAM SÓCIAS DE SEGURADORAS TRADICIONAIS. O QUE ACHAM DESSAS PARCERIAS ENTRE SEGURADORAS TRADICIONAIS E *INSURTECHS*?

Goldberg: Existem atualmente no Brasil cerca de 115 *insurtechs*. Desse montante, apenas 11 delas procuram atuar de forma semelhante às seguradoras tradicionais – efetivamente subscrevendo riscos e provendo a garantia do seguro. Entre as *insurtechs* restantes, uma parcela auxilia na distribuição e outra atua em conjunto com seguradoras e intermediários.

Embora no início se supunha que as *insurtechs* "roubariam" a participação no mercado das seguradoras tradicionais e, segundo alguns, dominariam o setor, há um crescente consenso no sentido de que essas empresas podem e devem ser parceiras. O objetivo das *insurtechs* é agregar valor à toda a cadeia de serviços de seguros, desde a fixação de preços à regulação de sinistros. A ideia é trazer uma melhor experiência de consumo para os segurados.

As seguradoras tradicionais, que ainda comandam o mercado, têm o mesmo propósito, motivo pelo qual várias parcerias vêm sendo firmadas. Nesse particular, as seguradoras tradicionais devem estar cientes que, além de poderem se livrar de vários legados (por exemplo, sistemas de TI), assumirão boa parte dos riscos envolvidos na operação. No fim do dia, elas que serão responsáveis pelos danos causados aos consumidores ou por eventuais falhas de conformidade regulatória.

Junqueira: Eu diria que as partes têm que alinhar as expectativas oriundas dessa colaboração. Deve ficar claro, de antemão, o que cada uma trará para mesa. Por exemplo, em caso de uma parceria, as *insurtechs* podem se valer do capital investido, o *track record* comprovado, o *know-how* regulatório e a carteira de clientes das seguradoras tradicionais em seu favor. Por outro lado, as seguradoras tradicionais podem contar com as *insurtechs* para a automatização de processos, a diminuição de custos administrativos e a implementação de medidas que antecipem os desejos dos consumidores.

Sendo uma parceria bem-sucedida, as seguradoras tradicionais conseguirão melhorar a experiência de seus consumidores, tornando toda a jornada de consumo mais célere e intuitiva, centrada em agradar o cliente.

Não se deve deixar de considerar, porém, que o apetite ao risco das partes provavelmente será diferente. Seguradoras tradicionais costumam ser mais engessadas, ter várias regras de *compliance* e uma hierarquia rígida entre colaboradores. Já as *insurtechs* são marcadas por um ambiente mais horizontal, no qual todos expõem as suas ideias de forma livre e direta. Tudo é feito de modo mais célere nas *insurtechs*, que geralmente não têm receios e burocracias para mudar de rota no meio do caminho. Esse "choque cultural", por assim dizer, tem que ser bem compreendido entre as equipes envolvidas no projeto.

UMA PERGUNTA QUE NÃO PODE FALTAR É SOBRE O PAPEL DO CORRETOR DE SEGUROS NESSA NOVA ERA DO SETOR DE SEGUROS. O QUE ME DIZEM?

Goldberg: A extinção da profissão do corretor de seguros, tal qual ocorreu com o datilógrafo, por exemplo, não me parece ser uma boa previsão. Todavia, o corretor terá sim que se especializar e reinventar a sua forma de atuação. Oferecer um suporte adequado ao consumidor, auxiliando-o a contratar a cobertura certa, na minha visão, será importantíssimo no futuro próximo. Mais consultoria propriamente dita, e menos corretagem (no sentido de uma mera aproximação das partes).

Junqueira: Concordo. Principalmente em virtude das recém-criadas normas da Susep, que dão mais liberdade para os seguradores contratarem de forma customizada, ou seja, de acordo com o perfil de cada cliente. Creio que os corretores deveriam focar a sua atuação nos seguros de grandes riscos e em modalidades securitárias que não serão dominadas pela contratação direta por meio de *apps* instalados nos celulares.

Destaco, ainda, que as perspectivas são positivas para todos os lados. Menos preocupado com a burocracia operacional, em virtude da maior aplicação tecnológica do mercado, o corretor pode deixar aflorar a sua eficiente atuação como mediador do negócio consoante o melhor interesse de seu cliente.

POR FIM, ESTÃO ANIMADOS COM O CONVITE PARA ESCREVEREM A COLUNA "SEGUROS CONTEMPORÂNEOS" DA REVISTA CONJUR?

Goldberg: Claro! Será uma grande honra fazer parte desse seleto grupo de colunistas da Conjur.

Junqueira: Estou muito animado. Sou leitor assíduo da Conjur e me sinto lisonjeado pelo convite e pela oportunidade de colocar os seguros no centro do palco do debate jurídico no Brasil.

Versão original publicada em: 26.06.2021.

ENTREVISTA MARGO BLACK: TRAJETÓRIA E LIDERANÇA FEMININA NO MERCADO DE SEGUROS

Carla Aretuza Cunha

A abertura do mercado de resseguros no Brasil, as projeções para o setor e a promoção da igualdade de gênero são tema da entrevista dada pela executiva britânica Margo Black à coluna Seguros Contemporâneos desta semana.

Com vasta experiência na área, Margo iniciou sua trajetória no final da década de 1970, em Londres, ao ingressar na H. Clarkson como corretora de resseguros. De lá para cá, chegou ao topo da carreira, tendo sido responsável por chefiar operações em gigantes do mundo dos seguros e resseguros como Allianz, Swiss Re Brasil e Willis.

Na conversa, a fundadora e primeira presidente da organização Sou Segura oferece também conselhos inspiradores para profissionais que almejam cargos de liderança nesse importante segmento da economia.

Confira o bate-papo:

MARGO, VOCÊ TRABALHA NO SETOR DE SEGUROS HÁ MAIS DE QUATRO DÉCADAS E LIDEROU AS OPERAÇÕES DE ALGUNS DOS MAIORES SEGURADORES E RESSEGURADORES MUNDIAIS. PODE COMPARTILHAR CONOSCO COMO FOI O INÍCIO E O DESENVOLVIMENTO DA SUA CARREIRA?

Margo: Sim, estamos falando de muitos anos atrás! Comecei a minha trajetória profissional em 1977, mas trabalhar com o seguro não era o que eu queria fazer. Meu desejo original era ingressar no serviço diplomático britânico (eu cresci no México e Nicarágua e era bilíngue em espanhol e inglês). Queria utilizar essas habilidades linguísticas para trabalhar com a América Latina. No entanto, quando percebi a remuneração modesta no serviço diplomático, soube que não seria uma opção para mim e comecei a ter entrevistas em diferentes setores. O trabalho mais interessante era com uma corretora de resseguro de médio porte em Londres que tinha um departamento latino-americano, e foi lá que iniciei a minha carreira.

O QUE MAIS TE SURPREENDE NO MERCADO SEGURADOR BRASILEIRO? E COMO FOI A SUA INTEGRAÇÃO COM O MERCADO?

Margo: Quando cheguei ao Brasil em janeiro de 2000, esperava-se a abertura do mercado ressegurador, mas isso não aconteceu – foi cancelado no último momento e demorou mais oito anos para ser aberto parcialmente, ou seja, com algumas restrições. O que mais me surpreendeu no mercado brasileiro foi a rapidez com que o mercado se adaptou à abertura e conseguiu começar a operar, mesmo que ainda existissem muitas coisas a serem feitas e definidas. Outra coisa que admiro muito é como os brasileiros querem aprender e são abertos a coisas novas e inovadoras. Quanto à minha integração, foi absolutamente perfeita! Desde o primeiro momento em que pisei em solo brasileiro, soube que estava em casa. Fui muito bem recebida e acolhida, e fiquei muito feliz por poder viver a abertura (mesmo que parcial) deste mercado importante. Não esqueçam que o mercado brasileiro foi um dos últimos grandes mercados do mundo que ainda tinha um monopólio.

COMO VOCÊ VÊ O FUTURO DO SETOR DE RESSEGUROS? QUE NECESSIDADES ACREDITA QUE SURGIRÃO NOS PRÓXIMOS ANOS?

Margo: Desde que o mercado brasileiro abriu, o setor de resseguros se tornou uma área importante no setor segurador e cresceu significativamente a cada ano. Uma das vantagens que o Brasil tem é que não é um país com riscos naturais catastróficos, como terremotos, furacões e erupções vulcânicas, mas é um país com possibilidade de sinistros catastróficos. A importância do mercado brasileiro é comprovada pelo fato de que quase todas as principais seguradoras e resseguradoras do mundo estão representadas no Brasil. Apesar disso, o setor de resseguros ainda representa uma porcentagem muito baixa em comparação com outros países onde o resseguro é mais desenvolvido, o que significa que o potencial de desenvolvimento no Brasil é enorme.

A DEMANDA POR MAIS DIVERSIDADE E INCLUSÃO NOS CONSELHOS DE ADMINISTRAÇÃO ESTÁ EM CRESCIMENTO, UMA VEZ QUE DIFERENTES PERSPECTIVAS ENRIQUECEM OS DEBATES E O DESENVOLVIMENTO DE ESTRATÉGIAS. COMO TEM SIDO SUA EXPERIÊNCIA COMO MEMBRO DO CONSELHO DE ADMINISTRAÇÃO DA AUSTRAL?

Margo: A busca por mais diversidade e inclusão nos conselhos de administração não se limita ao Brasil, mas abrange o mundo todo. Existe uma pressão considerável em praticamente todas as empresas para aumentar o número de mulheres nos conselhos de administração e de executivos. Embora os números estejam melhorando gradualmente, ainda há um longo caminho a percorrer para alcançar equidade com os homens.

Minha experiência com o Grupo Austral tem sido extremamente enriquecedora. Considerando que a empresa foi fundada há relativamente pouco tempo (mais de 10 anos), seu crescimento nesse período tem sido impressionante. Ela está em constante evolução e adaptação às mudanças do mercado.

COMO SURGIU O DESEJO DE PROMOVER O EMPODERAMENTO DAS MULHERES QUE ATUAM NO MERCADO DE SEGUROS?

Margo: O que hoje é a Sou Segura, começou no final dos anos 90, quando um pequeno grupo de mulheres no Rio de Janeiro se reunia para discutir questões relevantes para as mulheres no setor de seguros e ficaram conhecidas como "As Luluzinhas". Esse grupo continuou ativo até 2018, quando decidimos que era hora de transformá-lo em uma associação mais estruturada e profissional. Fui convidada a ser a presidente da Associação, que começou como AMMS (Associação das Mulheres do Mercado de Seguros) e agora é a Sou Segura. Criamos um comitê executivo, elaboramos estatutos, abrimos uma conta bancária e definimos a missão e a visão da associação. Ela se tornou uma associação nacional.

Começamos a divulgar nossa existência e nosso propósito, e recebemos um apoio incrível de todo o mercado, incluindo seguradoras, resseguradoras, corretores de seguros e resseguros, escritórios de advocacia e prestadores de serviços para a indústria de seguros.

COMO PRIMEIRA PRESIDENTE DA SOU SEGURA, PODERIA COMPARTILHAR CONOSCO UM PROJETO QUE CONSIDERA TER SE DESTACADO NA PROMOÇÃO DA DIMINUIÇÃO DAS DISPARIDADES DE GÊNERO NA OCUPAÇÃO DE CARGOS DE LIDERANÇA NAS EMPRESAS?

Margo: Há muitas conquistas da Sou Segura nos últimos seis anos, mas talvez o resultado que mais me orgulha seja o fato de termos mais mulheres do que nunca em posições de liderança. O lançamento da AMMS/Sou Segura coincidiu com o despertar global para a necessidade de ter mais mulheres em cargos de liderança e de examinar os obstáculos existentes. No Brasil, o sucesso foi tão notável que hoje são poucas as empresas que não apoiam a Sou Segura, e o número de mulheres em posições de liderança aumentou cerca de 20 a 25%. Além disso, auxiliamos na criação de associações semelhantes no México, Argentina e Colômbia. Recentemente, assisti ao lançamento da *AIWA (African Insurance Women's Association)* durante a conferência da Organização Africana de Seguros (AIO) na Argélia.

ESTÁ SENDO DISCUTIDO ATUALMENTE NO BRASIL UM PROJETO DE LEI (PROJETO DE LEI 2.925/2023) QUE TEM COMO OBJETIVO INCREMENTAR AS FERRAMENTAS À DISPOSIÇÃO DA CVM (COMISSÃO DE VALORES MOBILIÁRIOS) E DOS INVESTIDORES EM GERAL PARA FINS DE RESPONSABILIZAR E PUNIR ADMINISTRADORES DE COMPANHIAS QUE POSSAM ESTAR ENVOLVIDOS EM ATOS ILÍCITOS, QUE VENHAM A OCASIONAR DANOS PARA INVESTIDORES OU PARA O MERCADO. NA SUA VISÃO, O TRATAMENTO LEGAL DO TEMA DEVERIA SER REALMENTE APERFEIÇOADO NO PAÍS?

Margo: Com certeza! Assegurar que a indústria seguradora seja honesta, profissional e transparente é primordial.

QUAIS CONSELHOS OU DICAS VOCÊ PODE COMPARTILHAR COM AS PROFISSIONAIS QUE ATUAM NO MERCADO DE SEGUROS E DESEJAM ALCANÇAR CARGOS DE LIDERANÇA NAS EMPRESAS?

Margo: Acredito que minhas experiências podem ajudar outras mulheres a terem coragem de perseguir seus sonhos, insistir no que desejam e, acima de tudo, ter a confiança de que podem fazer isso. Para elas, sempre digo: acreditem em si mesmas, não aceitem as barreiras que surgem no caminho e preparem-se muito bem. Também é importante ser uma profissional bem-organizada, tratar as pessoas da maneira como gostariam de ser tratadas e nunca perder a humanidade. Manter o equilíbrio entre trabalho e vida pessoal também é essencial – e um grande desafio. Para uma mulher ambiciosa, com grandes responsabilidades, é muito difícil não ser totalmente absorvida pelo trabalho, mas acredito que hoje existe uma maior conscientização sobre essa necessidade, tanto nas empresas quanto entre os funcionários.

PARA FINALIZAR, QUAL PERGUNTA NUNCA LHE FIZERAM E QUE VOCÊ GOSTARIA DE RESPONDER?

Margo: Já morei mais tempo no Brasil do que em qualquer outro país e, durante todo esse tempo, sempre trabalhei no setor de seguros. Ninguém me perguntou como gostaria de ser lembrada.

Então, gostaria que meu legado neste maravilhoso país fosse o de ter feito alguma diferença na vida profissional das mulheres deste mercado e de ter contribuído para avançar a causa da igualdade, inclusão e diversidade.

Versão original publicada em: 07.09.2023.

ENTREVISTA: SIMONE NEGRÃO, DIRETORA JURÍDICA

Gustavo de Medeiros Melo

Simone Pereira Negrão é a entrevistada desta edição. Formada pela Faculdade de Direito do Largo de São Francisco (USP), com cursos de pós-graduação no Brasil e no exterior, Simone comemorou recentemente os seus 20 anos de carreira em um dos mais importantes Grupos Seguradores do país.

Atual Diretora Jurídica e de Governança da MAPFRE, ela conta, na sequência, como iniciou a sua trajetória e discorre sobre temas sensíveis na atualidade, como a inteligência artificial, o conceito ESG, a equidade de gênero no setor de seguros, o papel da Superintendência de Seguros Privados (Susep), a análise do impacto regulatório (AIR) e a sua visão sobre a experiência do *Sandbox*.

Leia a entrevista na íntegra:

NO ANO DE 2023, VOCÊ COMPLETA 20 ANOS NO GRUPO MAPFRE. COMO FOI O INÍCIO E O DESENVOLVIMENTO DA SUA CARREIRA?

Simone: Definitivamente, o ano de 2023 é um ano de muitas comemorações, pois além dos 20 anos de MAPFRE, também comemoro 30 anos de formada em direito! Fiz faculdade de direito na USP, turma 162, formada no longínquo ano de 1993! Durante o curso, atuei na área pública e privada. Foi na área privada que conheci um pouco de seguro, pois estagiei no departamento jurídico de uma seguradora. Eu havia decidido pela carreira pública depois da faculdade, pois gostei da experiência no Ministério Público de São Paulo, especialmente na então promotoria de falências e concordatas, mas prestei concurso público e, após ter ido até a última fase, não fui aprovada.

A partir daí, voltei para a área privada até ser contratada como a única advogada em uma seguradora que só atuava com seguro garantia. Foi uma fase de muito trabalho, mas de muito conhecimento. A seguradora era, então, líder no segmento e tanto a subscrição das apólices desta modalidade quanto a estruturação das contragarantias me fascinavam. E depois aprender com a execução das garantias. Como era uma seguradora muito enxuta, todas as áreas eram muito próximas e tive a oportunidade de conhecer um pouco de tudo. Como ainda estávamos no mercado fechado de resseguro, a regulação de sinistros era comumente avocada pelo IRB e eu acabava acompanhando bem de perto.

Posteriormente, fui para um escritório de advocacia que também tinha grandes projetos na área de seguros. Eu tinha uma amiga que trabalhava na área de seguro garantia da MAPFRE, que me chamou para ajudá-los a fazer uma análise específica de uma operação. Daí foi um pulo para entrar no departamento jurídico da companhia e atuar com todos os ramos. Iniciei ali como advogada sênior até chegar à Diretoria Jurídica e Governança, visitando também outras áreas como controles internos e *compliance*.

COMO ENXERGA O MERCADO SEGURADOR DAQUELA ÉPOCA EM COMPARAÇÃO AO MERCADO DE HOJE? O QUE MELHOROU DE LÁ PARA CÁ E O QUE PIOROU, NA SUA VISÃO?

Simone: No passado era comum ouvir durante as negociações de coberturas de apólices solicitadas por grandes empresas que os órgãos reguladores não permitiam essa ou aquela cobertura ou mesmo uma alteração de clausulados. Nem a regulação de alguns sinistros era feita pela própria seguradora. Tudo era muito engessado e o protagonismo e inovação encontravam inúmeros entraves.

Em especial nos últimos anos, é visível a evolução do setor, a liberdade contratual e o diálogo aberto entre os atores de mercado em prol do desenvolvimento e evolução. Com destaque positivo para a resiliência do mercado, que mesmo passando por algumas crises econômicas não foi afetado e seguiu adiante protegendo as pessoas, seus interesses e seus bens.

VOCÊ ACREDITA QUE AS NOVAS TECNOLOGIAS, COMO A INTELIGÊNCIA ARTIFICIAL E O BIG DATA, CAUSARÃO UMA DISRUPÇÃO DO SETOR DE SEGUROS?

Simone: Entendo que a médio e longo prazo todos os setores provavelmente passarão por uma revolução na forma como fazem os seus negócios e isso, sem dúvidas, acontecerá também com o setor de seguros. É difícil antever agora o que poderá ser criado.

Mas no curto prazo, as novas tecnologias já vêm auxiliando no ganho de eficiência, na produtividade e na possibilidade de fazer melhor e com mais rapidez o que já é feito. Há muito espaço colaborativo atualmente entre tecnologia e o mercado de seguros que podem ser grandes aliados na transformação de como fazemos negócios hoje em dia. Trabalhamos com oficinas de inovação para acompanhar as tendências, inovações que podem interessar e investimos naquilo que se encaixa em nosso plano estratégico.

O CONCEITO ESG É A BUSCA DE UM EQUILÍBRIO NAS ESFERAS AMBIENTAL, SOCIAL E DE GOVERNANÇA. COMO VOCÊS VÊM SE ADAPTANDO A ESSE NOVO SISTEMA DE GESTÃO DOS RISCOS DE SUSTENTABILIDADE?

Simone: No Brasil, o mercado de seguros começou a ser regulado no ano passado para as questões ESG, e uma das exigências é a construção de uma matriz de riscos ESG integrada ao sistema de gestão de riscos da empresa. Para atender aos requerimentos da Circular Susep 666/2022, a MAPFRE está trabalhando na consolidação de um modelo de gestão de riscos de sustentabilidade no Brasil e na definição de uma nova técnica para classificação dos riscos ESG que impactam em sua gestão, o que possibilitará mapear todas as variáveis de riscos ambientais, sociais e de governança bem como os respectivos procedimentos de gerenciamento e mitigação destes riscos.

A iniciativa representa um avanço significativo para o setor, que se equipara a outros países que já adotam iniciativas similares com o objetivo de incentivar a adoção de boas práticas de gestão de riscos associadas aos fatores ESG, tendo por base diretrizes internacionais sobre o tema.

A norma parte do entendimento de que as questões de sustentabilidade são importantes para a manutenção da estabilidade do mercado financeiro. E a indústria de seguros, que desempenha papel importante na promoção do desenvolvimento econômico e social, deve considerar esses aspectos em seus modelos de negócio, especialmente por conta de sua atuação fundamental na subscrição e precificação de riscos, contribuindo dessa forma para a preservação de um mercado resiliente e sustentável.

Os riscos ESG já estão naturalmente integrados em nossos processos de negócios, fornecendo soluções de longo prazo. Em nosso Plano Estratégico contamos com objetivos e metas corporativas que impulsionam o processo de integração da gestão de riscos tradicionais com os riscos de sustentabilidade. Um dos focos de atuação tem sido o aprimoramento dos processos de subscrição com adicionalidades ligadas aos temas ASG.

COMO O MERCADO DE SEGUROS VEM LIDANDO COM A IMPORTANTE QUESTÃO DA EQUIDADE DE GÊNERO?

Simone: É um tema que agora está na pauta de todo o mercado, impulsionado pelos movimentos mundiais em torno do assunto e por uma demanda importante da própria sociedade. Falar e discutir a desigualdade de gênero é o primeiro passo rumo a uma solução. Todos os integrantes do mercado de seguros – as seguradoras, corretoras, resseguradoras, a CNSEG e a Sou Segura – são importantes atores no avanço deste tema na sociedade. Mas eu costumo dizer que diminuir a desigualdade de gênero é trabalho de todos, de cada um de nós, homens e mulheres, no seu dia a dia e junto ao seu círculo de convivência familiar, pessoal e profissional.

Há movimentos simples que devem ser feitos todo dia: não permitir piadas ou comentários sobre desigualdade, dar voz às mulheres sem interrompê-las nas vezes em que falam ou expõem suas ideias, apoiar genuinamente a relação maternidade-trabalho. Afinal, se queremos uma sociedade com menos desigualdade, temos que apoiar que homens e mulheres tenham as mesmas obrigações nos cuidados com os filhos. E não podemos esquecer que a maioria da força de trabalho dentro do mercado segurador é feminina. Precisamos seguir trabalhando na remoção de barreiras para fazer com que as mulheres subam na hierarquia das empresas e que a igualdade se reflita igualmente na alta administração das empresas.

Não menos importante é ter indicadores no planejamento estratégico, com metas desdobradas para todos os níveis da organização. Aqui na MAPFRE acompanhamos e temos metas globais.

NA SUA OPINIÃO, HOUVE AVANÇOS NAS GESTÕES ANTERIORES DA SUPERINTENDÊNCIA DE SEGUROS PRIVADOS (SUSEP)? QUAIS AVANÇOS? O QUE PODERIA TER AVANÇADO MAIS?

Simone: Tivemos uma produção regulatória nos últimos anos como eu nunca vi antes nestes meus anos de mercado segurador. É certo que havia uma certa obsolescência no ar, com regras antigas e muitas vezes contraditórias. Assim, a evolução e simplificação eram necessárias. Destaco como positivas todas as mudanças realizadas para diminuir a burocracia do setor e simplificar produtos e seus clausulados. Considero que os avanços foram, em sua maior parte, positivos.

É importante também conjugar todas as alterações regulatórias com a capacidade de adaptação, velocidade e investimento das seguradoras. Para quem esteve do lado das supervisionadas, foram anos de trabalho árduo de implementação de regras em um curto espaço de tempo.

A ANÁLISE DO IMPACTO REGULATÓRIO (AIR) PODERIA SER UM PONTO A SER MAIS DESENVOLVIDO PELA SUSEP?

Simone: Sem dúvida. Nos últimos anos, o custo de observância sofreu um grande aumento para fazer frente a toda a produção regulatória. Há que se compatibilizar os custos de implantação *versus* os benefícios da nova norma, em total observância ao princípio da proporcionalidade. A própria lei da liberdade econômica (Lei 13.874/2019) dispõe sobre a AIR.

Porém, há normativos importantes que impactaram fortemente o setor segurador com muitos investimentos que não foram precedidos do AIR e que ainda impactam as seguradoras na sua implantação. Para aquilo que envolve muitos investimentos e demanda alterações de tecnologia das supervisionadas, realmente o AIR é instrumento importante a ser utilizado com todas as suas etapas até mesmo sob o aspecto de previsibilidade de trabalho e orçamento das companhias.

QUAL É O SEU BALANÇO SOBRE A EXPERIÊNCIA DO SANDBOX REGULATÓRIO NO MERCADO SEGURADOR BRASILEIRO?

Simone: Em primeiro lugar, enxergo como muito apropriada a iniciativa da Susep em lançar o *Sandbox* regulatório para estimular a inovação. Movimentos vindos do órgão regulador neste sentido são muito louváveis com a contrapartida de certa flexibilização regulatória. Para mim, os resultados são bons e temos empresas já solicitando a licença definitiva para a Susep antes mesmo do tempo. Quem ganha com as inovações é o setor de seguros como um todo.

QUAL PERGUNTA NUNCA TE FIZERAM E GOSTARIA DE RESPONDER?

Simone: Qual o motivo pelo qual você acorda todos os dias para fazer o que faz?

Há quem diga que trabalhar na área jurídica é muito chato. Concordo, às vezes (risos). Mas viabilizar negócios e encontrar soluções me encanta. E principalmente ser um aliado do negócio, e não um entrave. A área jurídica não é chamada a participar por ser necessária, mas por ser importante para trazer soluções e a sua visão. E não menos importante, estar em um lugar que se sinta bem e que possa ser quem você é! Essa para mim é a receita para ser feliz!

Versão original publicada em: 27.04.2023.

ENTREVISTA: ANTONIO TRINDADE, PRESIDENTE DA FENSEG

Ilan Goldberg

Thiago Junqueira

Antonio Trindade, presidente da Federação Nacional de Seguros Gerais (FenSeg) e do conselho de administração da Chubb Seguros, é uma grande referência no mercado de seguros. Na entrevista abaixo, ele aborda temas como ESG, *Open Insurance*, SRO (Sistema de Registro de Operações), a importância de divisão entre seguros de grandes riscos e seguros massificados, bem como desafios regulatórios do setor de seguros.

COMO A AGENDA ESG TEM IMPACTADO E IRÁ IMPACTAR O SETOR DE SEGUROS?

Antonio: ESG (ou ASG) deixou há muito de ser um diferencial, para ser uma condição de mercado. Isso porque a agenda "ambiental, social e de governança" (ASG), além de urgente, é transversal, perpassa todos os segmentos da economia. As melhores práticas trazidas por essa agenda valem como um gatilho para o mercado de seguros, abrindo um ciclo virtuoso que envolve parceiros estratégicos, corretores e, lá na ponta, o consumidor final, cujas escolhas serão cada vez mais ditadas pelo comprometimento das marcas com essas pautas. Na prática, esse ciclo virtuoso culminará, por exemplo, com produtos que tragam essa preocupação, tanto no processo de atendimento quanto no desenvolvimento dos produtos.

ALÉM DA AGENDA ESG, PODERIA CITAR OUTRAS OPORTUNIDADES E DESAFIOS A SEREM ENFRENTADOS PELO MERCADO BRASILEIRO DE SEGUROS NOS PRÓXIMOS ANOS?

Antonio: Provavelmente, um dos mais importantes desafios será consolidar os avanços trazidos pelo conjunto de alterações normativas editadas pela Susep, em especial a Resolução CNSP 407/2021, que fez a distinção entre seguros massificados e de grandes riscos e representou uma conquista fundamental para o mercado segurador brasileiro, equiparando-o aos mercados mais avançados da Europa e EUA.

As alterações, de caráter principiológico, trouxeram a liberdade de negociação e flexibilização necessárias para viabilizar o desenvolvimento e a operação de produtos mais inovadores, com a incorporação de novas tecnologias, tanto no aspecto operacional quanto comercial.

Em relação ao futuro, o mercado de seguros tem duas oportunidades que se complementam: SRO (Sistema de Registro de Operações) e *Open Insurance*.

O primeiro é um projeto de modernização do envio de dados à Susep pelo mercado, supervisionado através das empresas cadastradas como registradoras de operações. O Sistema já está recebendo registros das operações de seguros e permite, por exemplo, consultar apólices do seguro garantia. Desse modo, segurado e tomador do seguro recebem informações mais completas sobre suas apólices como prêmio, vigência, objeto segurado e coberturas. O serviço, que já recebe 8 mil acessos por mês, abrangerá até o fim de 2023 também as operações de previdência complementar aberta, capitalização e resseguros.

O SRO contribui para a implementação do *Open Insurance*, que prevê o compartilhamento de dados dos clientes entre sociedades seguradoras, *Insurtechs* e demais supervisionadas pela Susep por meio de APIs (ponte que permite a comunicação e a troca de informações entre plataformas).

São novidades que automatizam os mecanismos de supervisão e, por consequência, aprimoram a experiência, ampliando a concorrência entre as empresas e assegurando maior transparência para o consumidor.

Na teoria, essas mudanças são inspiradoras e abrem possibilidades de expansão do mercado de seguros no Brasil. O desafio é garantir que o processo de implantação seja realmente eficaz e alcance seus objetivos. Isso não acontece da noite para o dia. A vida, afinal, não dá saltos.

PODERIA FALAR UM POUCO MAIS SOBRE O OPEN INSURANCE (SISTEMA DE SEGUROS ABERTO)? QUAIS SÃO OS OBSTÁCULOS PARA A SUA EFETIVA IMPLEMENTAÇÃO E COMO QUALIFICA A EXPERIÊNCIA DO BRASIL NESSA ÁREA ATÉ AGORA?

Antonio: O Brasil é considerado o país mais avançado em *Open Insurance*. O regulador estabeleceu regras para o desenvolvimento de um sistema análogo ao do *Open Finance*. A questão sensível é que as seguradoras que participam de forma compulsória estão tendo que lidar com um ritmo de implantação muito acelerado... A iniciativa é inovadora e representa um novo canal de distribuição, no entanto, as empresas participantes deverão se utilizar de algumas estratégias para o desenvolvimento. E há algumas nuances a serem consideradas nesse processo. Não acredito que haja espaço para todos os produtos no *Open Insurance*, pois alguns deles continuarão exigindo uma comercialização de forma consultiva. Ou seja, um aspecto sobre o qual o *Open Insurance* precisa se debruçar é como inserir o corretor nesse processo.

RETORNANDO AO TEMA DOS CONTRATOS DE SEGUROS DE DANOS PARA COBERTURA DE GRANDES RISCOS, JÁ É POSSÍVEL FAZER UM BALANÇO DA APLICAÇÃO DA RESOLUÇÃO CNSP 407/2021 NO MERCADO BRASILEIRO?

Antonio: Seguradoras, clientes e corretores têm utilizado a liberdade de negociação para elaborar os seguros do tipo *tailor-made*, com produtos mais flexíveis. Antes, havia essa lacuna. Se o mercado b0000rasileiro tem agora a possibilidade de elaborar condições de cobertura idênticas ao que é praticado em mercados mais evoluídos, como EUA e Europa, isso deve ser creditado à Resolução CNSP 407/2021. A distinção entre seguros massificados e de grandes riscos é uma conquista muito importante que precisa ser valorizada e preservada, e ainda tem muito para avançar.

A ESTRUTURA LEGISLATIVA DO MERCADO SEGURADOR BRASILEIRO, ESSENCIALMENTE, O DECRETO-LEI 73/1966 E O CÓDIGO CIVIL DE 2002, ESTARIA OBSOLETA?

Antonio: De fato, o Decreto-Lei 73/1966 talvez precise ser adaptado para trazer o caráter principiológico e garantir o amparo legal mais amplo que foi dado início pelas recentes mudanças normativas da Susep, e que já estão se refletindo em um mercado de seguros mais inovador e sintonizado com os principais mercados. O mesmo não se pode dizer do Código Civil de 2002, que tem uma estrutura mais contemporânea.

COMO OBSERVA O NOVO MARCO REGULATÓRIO DOS SEGUROS NO PAÍS?

Antonio: O conjunto de alterações normativas editadas recentemente pela Susep, de caráter principiológico, foi sem dúvida um avanço muito aguardado pelo mercado segurador. Ao focar na simplificação, as mudanças ampliaram o foco de atuação, trazendo a necessária flexibilidade para o desenvolvimento de produtos e processos. A distinção entre massificados e grandes riscos, como já dito, é um dos pontos altos desse marco, por garantir a manutenção dos normativos principiológicos que viabilizam o desenvolvimento e operação de produtos inovadores, com absorção de novas tecnologias tanto no aspecto operacional quanto comercial.

SOBRE ESSA QUESTÃO DE NOVAS TECNOLOGIAS, MUITO SE FALA SOBRE A SUA APLICAÇÃO NOS SEGUROS MASSIFICADOS. NA SUA VISÃO, COMO O DESENVOLVIMENTO DA TECNOLOGIA IMPACTARÁ OS SEGUROS DE GRANDES RISCOS?

Antonio: Na verdade, as novas tecnologias já estão sendo incorporadas. A inspeção com o uso de drones e o uso da Inteligência Artificial na emissão de apólices são dois dos exemplos. Por outro lado, as ameaças cada vez mais sofisticadas representadas pelos ataques *hackers* aos sistemas de grandes corporações estão levando a uma mudança no padrão de risco.

UMA PERGUNTA SOBRE A SUA ATUAÇÃO COMO GESTOR: QUAL É A LIÇÃO MAIS IMPORTANTE QUE APRENDEU COMO CEO DE UMA GRANDE SEGURADORA E AGORA SERVINDO EM CONSELHOS DE ADMINISTRAÇÃO?

Antonio: Ser o mais objetivo e simples possível no dia a dia, para manter o foco e não perder de vista o que é mais importante. Além disso, valorizar sempre as pessoas.

POR FIM, QUAL PERGUNTA NUNCA TE FIZERAM EM UMA ENTREVISTA E VOCÊ GOSTARIA DE RESPONDER?

Antonio: O que você gostaria de fazer na vida se tivesse a possibilidade de experimentar um "plano B"?

Versão original publicada em: 30.03.2023.

ENTREVISTA: ALESSANDRO OCTAVIANI, SUPERINTENDENTE DA SUSEP

Ilan Goldberg

Thiago Junqueira

A coluna Seguros Contemporâneos tem o prazer de publicar uma entrevista exclusiva com Alessandro Octaviani, recentemente nomeado como Superintendente da Superintendência de Seguros Privados (Susep). Além de sua experiência como Professor Doutor de Direito Econômico na Faculdade de Direito da Universidade de São Paulo, Octaviani também atuou como Conselheiro do Conselho Administrativo de Defesa Econômica (Cade) e possui uma extensa lista de publicações na área do Direito Econômico.

Nesta entrevista, ele aborda temas como aspectos prioritários da sua gestão na Susep, continuidade de projetos já em curso da autarquia, bem como impactos da Lei da Liberdade Econômica no setor de seguros.

Leia a entrevista na íntegra:

EM PRIMEIRO LUGAR, PARABÉNS PELA NOMEAÇÃO COMO SUPERINTENDENTE DA SUSEP. VOCÊ JÁ HAVIA SE IMAGINADO OCUPANDO ESSE CARGO? ERA ALGO QUE ALMEJAVA OU O CONVITE FOI UMA SURPRESA?

Alessandro: Minha vida profissional é dedicada ao Direito Econômico, ramo no qual insere-se o Direito Econômico do Seguro, com o qual iniciei minha carreira e com o qual lido há muitos anos. O convite para a Susep foi uma completa surpresa; é uma grande honra, que, para ser desempenhada adequadamente, merece toda a dedicação possível.

ALÉM DE ZELAR PELA DEFESA DOS INTERESSES DOS CONSUMIDORES DOS MERCADOS SUPERVISIONADOS, ENTRE AS PRINCIPAIS FINALIDADES E COMPETÊNCIAS DA SUSEP ESTÁ A DE FISCALIZAR A CONSTITUIÇÃO, ORGANIZAÇÃO, FUNCIONAMENTO E OPERAÇÃO DAS SOCIEDADES SEGURADORAS, DE CAPITALIZAÇÃO, ENTIDADES DE PREVIDÊNCIA PRIVADA ABERTA, RESSEGURADORES E CORRETORES, NA QUALIDADE DE EXECUTORA DA POLÍTICA TRAÇADA PELO CNSP. TENDO ISSO EM VISTA, PODERIA NOS DIZER QUAIS TEMAS ENTENDE SEREM OS MAIS DELICADOS E CARENTES DE ENFRENTAMENTO AO LONGO DA SUA GESTÃO?

Alessandro: O escopo de atuação da Susep é bastante amplo, e todas as áreas demandam atenção. A autoridade está submetida à Constituição e leis que a concretizam. Identificar como o seguro pode ser funcional ao novo ciclo de investimentos no país e zelar pela confiança nessas contratações é uma tarefa que concretiza a Ordem Econômica Constitucional e o Decreto-Lei 73/66, art. 5º, VI. Nesses termos, a Susep deve zelar pelo ambiente de confiança geral no mercado, a fim de incentivar o consumo, gerando um ciclo constante de prosperidade a todos os atores.

DESDE A GESTÃO DA EX-SUPERINTENDENTE DA SUSEP SOLANGE PAIVA VIEIRA, PUDEMOS OBSERVAR ALGUMAS MUDANÇAS INTERESSANTES NO QUE TOCA AO IMPLEMENTO DE INOVAÇÃO E TECNOLOGIA NO MERCADO DE SEGUROS, COMO O SANDBOX REGULATÓRIO, O OPEN INSURANCE E, QUANTO À ELABORAÇÃO DOS CONTRATOS DE SEGUROS, O FIM DOS CLAUSULADOS PADRONIZADOS, AO MENOS NO TOCANTE AOS SEGUROS PARA GRANDES RISCOS, O QUE ALINHOU O MERCADO LOCAL A OUTROS TANTOS MERCADOS MAIS DESENVOLVIDOS. EM TEMPOS DA CHAMADA UBERIZAÇÃO DA ECONOMIA COMO UM TODO, COMO O SR. OBSERVA O ADVENTO DA TECNOLOGIA, DA INOVAÇÃO E UMA MENOR RIGIDEZ REGULATÓRIA À ELABORAÇÃO DOS CONTRATOS NO MERCADO DE SEGUROS?

Alessandro: O art. 192 da Constituição e o art. 2º do Decreto-Lei 73/66, entre tantos outros, conectam diretamente a atividade de seguro ao desenvolvimento nacional, funcionalizando os contratos para fins muito nobres, que devem ser atingidos, como o fortalecimento da infraestrutura brasileira, o acesso ao seguro por novas camadas da população, o aumento de nossa capacidade de produção alimentar, os cuidados com os riscos cibernéticos e climáticos, entre tantos outros. A identificação de tais garantias securitárias à Ordem Econômica Constitucional e seu adequamento à legalidade constituem um relevante contributo à tutela jurídica da confiança, impulso do consumo e, portanto, da venda, gerando um ciclo virtuoso para todos os atores.

COMO A SUA GESTÃO PRETENDE DIALOGAR COM OS PROJETOS/NORMAS ANTERIORES?

Alessandro: Atualmente estão em curso diversos projetos de gestões anteriores que recebem grande atenção, dada sua utilidade e adequação para a ordenação do mercado de seguros.

HÁ UM CERTO CONSENSO DE QUE A SUSEP ADOTOU, EM TEMPOS RECENTES, UMA POSTURA MAIS PEDAGÓGICA E MENOS PUNITIVA. VOCÊ PRETENDE SEGUIR POR ESSE CAMINHO OU ACREDITA QUE SEJA NECESSÁRIA A FIXAÇÃO DE SANÇÕES RIGOROSAS PARA AS SUPERVISIONADAS?

Alessandro: A função de ordenação econômica tem, de um ponto de vista amplo, esses dois instrumentais, que devem ser usados para que os fins da Ordem Econômica Constitucional sejam concretizados. Ambas as técnicas apresentam sua utilidade e seus limites, devendo ser combinadas, sempre com a premissa de respeito ao devido processo legal.

QUAIS SÃO AS SUAS IDEIAS PARA UMA MAIOR INTEGRAÇÃO DO MERCADO BRASILEIRO AO MERCADO INTERNACIONAL DE SEGUROS E RESSEGUROS?

Alessandro: O Brasil é um país com imenso potencial de desenvolvimento econômico e, em um mundo em reformatação, em que a China expande seus investimentos externos e passa a exercer pressão sobre os países do ocidente para que façam o mesmo, nosso país tem uma imensa oportunidade. Esses investimentos certamente terão na contratação de seguros um de seus eixos mais importantes, sendo necessária a tutela jurídica da confiança econômica, que se expressa em clareza contratual e respeito à Ordem Pública nacional. A garantia do ambiente de confiança entre segurados, seguradores e resseguradores é o maior bem público que o regulador pode prover ao mercado como um todo.

QUAL A SUA VISÃO SOBRE OS INFLUXOS DA LEI DA LIBERDADE ECONÔMICA (LEI 13.874/2019) NO SETOR DE SEGUROS E A NECESSIDADE DE ANÁLISE DE IMPACTO REGULATÓRIO (DISPOSTA NO DECRETO 10.411/2020)?

Alessandro: A Ordem Econômica Constitucional, em seus arts. 3º, 174, 170, 219, 192, entre outros, determina que a atividade de seguro se articule ao projeto de desenvolvimento nacional, e inúmeros instrumentos devem ser funcionais a tais finalidades. O exercício da disciplina dos mercados deve buscar utilizar todos os instrumentos que auxiliem na concretização da Constituição.

ACREDITA SER IMPORTANTE BIFURCAR AS NORMAS APLICÁVEIS AOS SEGUROS DE GRANDES RISCOS DAS NORMAS APLICÁVEIS PARA OS SEGUROS MASSIFICADOS?

Alessandro: O ambiente negocial como um todo deve ser objeto da tutela da confiança econômica, como determinado pelo Decreto Lei 73/66, art. 2º.

COMO GOSTARIA QUE A SUA GESTÃO NO COMANDO DA SUSEP FOSSE MARCADA? QUAIS SÃO OS PRINCIPAIS OBSTÁCULOS PARA QUE O SEU PLANO SE CONCRETIZE?

Alessandro: Os servidores da Susep são os grandes responsáveis pela gestão, diária e diuturnamente. Vamos construir com eles um ambiente de bastante trabalho, para que Ordem Econômica Constitucional seja concretizada, a fim de ofertar um ambiente de confiança para todos os atores do mercado.

Versão original publicada em: 25.05.2023.

ENTREVISTA: DANIEL GELBECKE E A VISÃO DO JURÍDICO ESTRATÉGICO NAS SEGURADORAS

Thiago Junqueira

Daniel Barreto Gelbecke, Diretor Jurídico da Newe Seguros, com uma trajetória de 25 anos no setor, oferece nesta entrevista *insights* valiosos sobre a intersecção do Direito e dos seguros.

Com especialização em Direito Societário e Mercado de Capitais pela FGV Direito Rio e cursando o Mestrado em Direito, Justiça e Impactos na Economia pelo CEDES em São Paulo, Gelbecke destaca o papel fundamental e multifacetado do departamento jurídico na estratégia de uma seguradora. Como exemplo, aborda temas como os desafios regulatórios que o setor de seguros enfrenta, a influência da tecnologia nas operações jurídicas e a contribuição do departamento jurídico para a gestão de riscos e desenvolvimento de novos produtos.

Além disso, Gelbecke examina a prevenção e gestão de litígios, antecipa as tendências que moldarão o setor de seguros nos próximos anos e oferece conselhos práticos para jovens profissionais que aspiram a posições de liderança jurídica, enfatizando a importância da educação contínua, ética profissional e uma compreensão abrangente do negócio de seguros.

Confira o bate-papo:

DANIEL, COMO VOCÊ DESCREVERIA O PAPEL DO DEPARTAMENTO JURÍDICO NA ESTRATÉGIA GERAL DE UMA SEGURADORA?

Daniel: Além da busca pelo lucro, que é comum a todas as empresas, os objetivos estratégicos das seguradoras atualmente incluem uma variedade de ações. Elas visam alcançar e impactar pessoas, prevenir e mitigar os riscos do negócio – especialmente os legais e regulatórios –, adotar práticas de sustentabilidade, e promover condutas que reforcem a governança, valorizando a transparência, equidade e responsabilidade corporativa. Há também um esforço para preparar documentos adequados, que observem as normas aplicáveis e respeitem as partes interessadas: clientes, acionistas, colaboradores, administradores, fornecedores e autoridades.

O departamento jurídico é essencial para alcançar esses objetivos estratégicos. Atua como um aliado constante de todas as áreas da companhia, especialmente as de negócio, fornecendo soluções jurídicas. Essas soluções, pautadas na segurança jurídica, na prestação de informação ágil e confiável, no gerenciamento de riscos e na tentativa de reduzir falhas de mercado, viabilizam as operações de maneira geral pelo caminho mais eficiente para a empresa.

A atuação do departamento abrange desde questões societárias e regulatórias, passando pela orientação normativa, preparação de documentos, políticas, contratos e clausulados, apoio às áreas de negócio, regulação de sinistros e outras, até a recomendação ou validação de práticas negociais ou operacionais. Alcança ainda as negociações, disputas e processos administrativos, arbitrais e judiciais, demonstrando a ampla envergadura de sua atuação e sua importância na estratégia geral corporativa.

QUAIS SÃO OS MAIORES DESAFIOS REGULATÓRIOS ENFRENTADOS PELO SETOR DE SEGUROS ATUALMENTE?

Daniel: Há diversas falhas de mercado que interferem no setor de seguros, com destaque para a assimetria informacional, que prejudica tanto o segurado quanto a seguradora, a insegurança jurídica e a complexidade do ambiente regulatório. O setor enfrenta desafios que inibem seu desenvolvimento, como o limitado conhecimento da sociedade sobre o seguro privado – que enfrenta certo preconceito – e sobre o gerenciamento de riscos, a baixíssima penetração do seguro na sociedade, que tem penetração limitada no PIB nacional, bem como dificuldades na distribuição de produtos de seguro e no alcance à população em geral. Podem ser mencionados, ainda, práticas oportunistas e fraudulentas contra o mercado de seguros, o fato dele ser um ambiente altamente regulado e fiscalizado, cheio de normas que geram altos custos regulatórios e riscos legais associados.

Considerando que, em teoria, a regulação deveria corrigir falhas de mercado, reduzir custos de transação e contribuir para uma mudança comportamental na sociedade, incentivando boas práticas, espera-se que os desafios mencionados sejam efetivamente enfrentados e mitigados por meio de uma regulação eficiente, harmonizada com a livre iniciativa e a liberdade econômica.

Nessa linha, deveria haver medidas regulatórias contribuindo para a simplificação normativa, o respeito à alocação de riscos definida pelas partes contratantes, a redução da burocracia e da intervenção sobre o exercício da atividade econômica, a adoção de tecnologias, processos e modelos de negócio inovadores, a ampliação do conhecimento sobre seguros privados e gerenciamento de riscos e o aumento da concorrência. Todavia, o receio é de que, na verdade, a regulação recaia na via já conhecida de introdução de novas normas, políticas e exigências, mudanças regulatórias nem sempre eficientes, maior complexidade, reforço de práticas de fiscalização, e a necessidade de constantes adaptações da atividade negocial e operacional dos agentes.

DE QUE MANEIRA A TECNOLOGIA ESTÁ IMPACTANDO AS OPERAÇÕES JURÍDICAS NA SUA EMPRESA?

Daniel: Decisiva e positivamente, permitindo a redução do tempo gasto com atividades de gestão e controle e com tarefas manuais e repetitivas, e abrindo espaço maior para o tratamento de questões mais complexas e estratégicas. Trata-se de transformação e adaptação constantes que permitem a contínua redução de custos transacionais, tais como os de busca de informação, de monitoramento, e de cumprimento de contrato. A tecnologia nos oportunizou a existência de processos eletrônicos, capturas automatizadas de distribuições e de publicações, assinaturas digitais com e sem certificado digital, plataformas de gestão e controle de processos, de contratos, de procurações, de conciliação e mediação on-line e de governança corporativa. Ferramentas de jurimetria e de gestão e controle de desempenho, reportes automatizados, registro de dados e documentos via blockchain são agora partes integrantes de nossas operações. Merece uma menção também a inteligência artificial generativa, cada vez mais capacitada e com potencial para gerar impactos significativos.

COMO O DEPARTAMENTO JURÍDICO CONTRIBUI PARA A GESTÃO DE RISCOS DA SEGURADORA?

Daniel: A gestão de riscos na seguradora é significativamente influenciada pelo departamento jurídico, que desempenha um papel central na identificação, tratamento, prevenção e mitigação dos riscos. Esse departamento se concentra especialmente nos riscos jurídicos e regulatórios. Os primeiros relacionam-se com as possíveis perdas advindas de litígios, enquanto os últimos dizem respeito às perdas provenientes de multas e sanções administrativas, que podem surgir da não conformidade com as leis e regulações do setor. A relevância destes riscos é sublinhada por um estudo da KPMG que envolveu cerca de 300 grandes empresas abertas e identificou quase 8 mil fatores de risco, com os riscos jurídico e regulatório emergindo como alguns dos mais citados. Isso ressalta a preocupação do setor com a insegurança jurídica e a eficácia do sistema judiciário.

Além do foco nos riscos jurídicos e regulatórios, o departamento jurídico apoia a seguradora de várias outras maneiras. Fornece suporte legal e orientação normativa, desenvolve políticas e programas de treinamento em governança corporativa e conformidade, elabora contratos e produtos de seguro, e combate a inadimplência relacionada a prêmios e ressarcimentos. Essas atividades são essenciais para o manejo eficiente dos diversos riscos associados ao cotidiano operacional da seguradora.

COMO VOCÊS ABORDAM A PREVENÇÃO E GESTÃO DE LITÍGIOS?

Daniel: Nossa estratégia para a prevenção e gestão de litígios é abrangente e se inicia com a formação de equipes altamente capacitadas, experientes e comprometidas em todas as áreas da companhia. Elas asseguram que nossas operações estejam em conformidade com contratos, normas, políticas e metodologias, garantindo assim resultados assertivos e evitando desconfianças e litígios. O departamento jurídico e de compliance tem um papel importante nesse processo, promovendo a conformidade legal e regulatória, o que reforça a segurança e o alinhamento com as partes interessadas.

Importante destacar a nossa preocupação com a redução da assimetria informacional entre as partes, e com a prevenção da seleção adversa e risco moral. Trabalhamos para tornar documentos, inclusive clausulados, mais acessíveis e visuais, e adotamos essa prática também nas nossas defesas e manifestações em processos, buscando concisão e clareza na comunicação.

Proativamente, monitoramos a evolução da jurisprudência e as tendências legais para identificar e prevenir problemas, ajustando nossas práticas negociais e operacionais conforme necessário. Valorizamos as soluções amigáveis e a negociação de acordos, sejam judiciais ou extrajudiciais, sempre que recomendáveis, e recorremos a plataformas de resolução de disputas, como conciliação ou mediação on-line, para gerir litígios de forma eficaz e econômica. Entretanto, quando nos deparamos com litígios inevitáveis nos quais o segurado reivindica algo sem fundamentação contratual ou outro tipo de respaldo, implementamos uma defesa sólida para assegurar a proteção eficaz dos interesses da seguradora e do fundo mutual que ela administra.

COMO O DEPARTAMENTO JURÍDICO PARTICIPA DO DESENVOLVIMENTO DE NOVOS PRODUTOS DE SEGURO?

Daniel: Em apoio à área de produtos da seguradora, o departamento jurídico participa fornecendo a análise da viabilidade legal do produto (e do enquadramento nas regras e ritos normativos e regulatórios), e confeccionando ou revisando os clausulados para garantir que o documento não somente expresse as matérias pretendidas pela área de produtos e demais áreas eventualmente envolvidas, como também observe plenamente a legislação, suas exigências e restrições (conformidade legal e regulatória). Além disso, o departamento jurídico se ocupa da formalização de contratos com parceiros, consultores, fornecedores, corretores e outros que porventura atuem em alguma etapa do fornecimento do produto no mercado. Também apoiamos o processo de validação e aprovação do produto, quando necessário, junto à Superintendência de Seguros Privados (Susep), entre outros órgãos, com o objetivo de proteger os interesses da seguradora.

QUAIS TENDÊNCIAS VOCÊ PREVÊ QUE TERÃO IMPACTO SIGNIFICATIVO NO SETOR DE SEGUROS NOS PRÓXIMOS ANOS?

Daniel: Além da crescente adoção de critérios de sustentabilidade no setor de seguros e mais particularmente na cadeia de fornecimento do seguro, acredito que, nos próximos anos, veremos cada vez mais produtos de seguro paramétrico, seguros embarcados (*embedded insurance*), seguros cibernéticos (inclusive para cobrir prejuízos causados pelo uso da inteligência artificial), seguro de riscos de transação de M&A, além de produtos voltados ao público mais vulnerável e desassistido ou a mercados atualmente desatendidos.

Outra tendência importante será a contínua inovação tecnológica. A adoção e expansão de tecnologias como *blockchain*, inteligência artificial generativa e Internet das Coisas (IoT) revolucionarão as operações das seguradoras, abrangendo desde a subscrição de riscos e precificação até a regulação de sinistros, gerenciamento de riscos e atendimento ao cliente. Acredito, também, na ampliação de ferramentas de proteção de dados e privacidade, impulsionada pelo uso de dados digitais no setor de seguros, e de análise de dados, viabilizando o conhecimento mais apurado e fundamentado pelo setor de seguros, a melhoria das técnicas de gerenciamento de riscos e a gestão mais adequada dos variados temas.

QUAIS DICAS VOCÊ DARIA PARA JOVENS QUE GOSTARIAM DE ALCANÇAR O CARGO DE DIRETOR JURÍDICO DE UMA GRANDE SEGURADORA?

Daniel: Para aqueles que aspiram ao cargo de diretor jurídico em uma grande seguradora, é importante reconhecer que não existe uma fórmula única ou um caminho predefinido para o sucesso. A trajetória pode variar consideravelmente dependendo de cada indivíduo, contexto e conjunto de experiências. No entanto, alguns elementos são frequentemente comuns nas carreiras de sucesso nessa área. Recomendo buscar ativamente o aprendizado contínuo e o desenvolvimento profissional, aproveitando a mentoria de profissionais experientes no setor. É importante agir com responsabilidade, ética e integridade, além de adquirir um entendimento profundo do negócio de seguros, mantendo-se informado sobre as tendências e inovações do setor.

Construir uma sólida base de conhecimento jurídico, particularmente em áreas como direito securitário, regulatório e societário, é fundamental. Também é vital desenvolver uma visão estratégica alinhada aos valores e objetivos da empresa, habilidades de liderança e comunicação eficaz. Por fim, ser flexível e resiliente ajudará a navegar e superar os desafios e mudanças constantes no ambiente corporativo e regulatório.

O QUE NUNCA TE PERGUNTARAM E GOSTARIA DE RESPONDER?

Daniel: Pergunta interessante. Se me permite, pretendo fazer dois comentários, um sob o ponto de vista profissional e outro pessoal. No aspecto profissional, manifesto o desejo de ver a contínua e crescente adoção da análise econômica do direito (AED), da utilização de dados e das neurociências aplicadas ao direito. Estes campos oferecem *insights* profundos sobre a avaliação da realidade, o entendimento dos fatos, as consequências das ações legais e o comportamento humano, contribuindo para uma abordagem mais eficiente e sofisticada na resolução de questões sociais. Entendo que esse é um movimento que tem se intensificado e deve impactar cada vez mais a sociedade. Sobre a AED, um exemplo é a recente contratação pelo presidente do Supremo Tribunal Federal, Min. Luis Roberto Barroso, de um economista para auxiliar na compreensão de casos, elaboração de votos e na pauta de julgamentos do tribunal. Já no aspecto pessoal, talvez possa compartilhar a imensa alegria que é poder acompanhar o desenvolvimento dos meus filhos; vê-los curtindo em sua pureza cada descoberta, conquista e gesto, desde os mais singelos, especialmente aqueles que um adulto nem sequer nota ao executar, mas que para uma criança representa toda a felicidade.

Versão original publicada em: 11.04.2024.

RETROSPECTIVAS

RETROSPECTIVA 2023: O DIREITO DOS SEGUROS EM UMA ENCRUZILHADA

Ilan Goldberg

Thiago Junqueira

1. INTRODUÇÃO

O ano de 2023 se revela como um marco na trajetória do Direito dos Seguros no Brasil, um período repleto de transformações e desafios. Esta retrospectiva tem como intuito apresentar um panorama desses desenvolvimentos, organizando-se em torno de três eixos: 2.1) regulatório e legislativo; 2.2) judicial; e 2.3) acadêmico.

Mais do que documentar os acontecimentos marcantes de 2023, busca-se, por meio desta coluna, fornecer *insights* e perspectivas que poderão orientar futuras decisões nesse importante setor da economia.

2. CENÁRIOS

2.1 Cenário regulatório e legislativo

Ao longo do ano corrente, a Superintendência de Seguros Privados (Susep) exibiu uma atuação tímida. Diferentemente do que se observou nos últimos anos, a atual gestão teve pouca atuação regulatória, e pareceu dedicar-se ao âmbito legislativo, primordialmente à aprovação do Projeto de Lei 29/2017, resultando na expedição de onze Circulares – a maioria alterando Circulares anteriores e nenhuma merecedora de destaque. Paralelamente, o Conselho Nacional de Seguros Privados (CNSP) contribuiu com quatro Resoluções, sendo digna de nota a Resolução (n. 459, datada de 31 de julho de 2023), que alterou os prazos para a implementação do *open insurance*.

Um aspecto positivo da gestão atual da Susep foi justamente a continuidade dada ao *open insurance* e à criação do Sistema de Consulta de Seguros. Além disso, a instituição de grupos de pesquisa representa uma medida promissora da autarquia, com o potencial de fornecer insumos para a tomada de decisões regulatórias em 2024.

Nesse pano de fundo, afigura-se criticável a ausência de *análises de impacto regulatório prévias* à criação de normas e de *avaliações de resultados regulatórios* após sua implementação. Essa tradicional lacuna na metodologia de elaboração e revisão de normativos é um aspecto que necessita de atenção e melhoria imediata no Brasil – seguindo o disposto, especialmente, no Decreto 10.411/2020. As decisões regulatórias devem ser embasadas em dados e pesquisas robustas, sendo insuficientes alusões retóricas, ainda que bem-intencionadas, à concretização de preceitos constitucionais.

Se tal prática é essencial no âmbito regulatório, onde as normas podem ser ajustadas com maior facilidade, no contexto legislativo, a necessidade de uma abordagem baseada em evidências e análises aprofundadas se torna indispensável.

Não tem sido esse, porém, o caminho trilhado em relação ao já mencionado Projeto de Lei 29/2017, que pretende instituir uma Lei Geral dos Seguros no Brasil, revogando, em especial, a parte do Código Civil que trata dessa modalidade contratual.[1] Sem qualquer tipo de análise prévia de impacto legislativo ou debate público ocorrido no decorrer dos últimos seis anos no Congresso Nacional, o PL vem avançando por motivos pouco compreensíveis para os não iniciados no setor de seguros. Já aos iniciados, a perplexidade é ainda maior.

As polêmicas envolvidas só não são superiores aos impactos que, se sancionada, a nova lei gerará. Enquanto, para alguns, o PL afigura-se um "excelente diploma legal", para muitos, ele necessita de profundas reformas antes de qualquer avanço.[2] Há mesmo quem diga, em conversas reservadas, que a sua aprovação representaria uma "captura regulatória às avessas", exercida mediante pressão implacável da "máquina pública". Observa-se também expressivo receio no sentido de que os progressos regulatórios ocorridos nos últimos anos sejam revertidos sob a justificativa de adaptar Circulares e Resoluções ao possível novo marco legislativo.[3] Os autores desta coluna querem crer que não; e esperam que a atual encruzilhada normativa seja enfrentada com sabedoria e decoro por aqueles que participarão diretamente em sua definição.

---

1. Registre-se, por oportuno, que não se deve eliminar a possibilidade de alteração do tratamento legal dos seguros por meio da atualização do próprio Código Civil.
2. Quando se argumenta que o PL 29/2017 seria protetivo aos consumidores, o que corresponderia à tutela de preceito constitucional, é preciso não confundir a adequada proteção com o seu excesso. A reflexão subjacente sempre desaguará nas respectivas fontes de custeio e que, consequentemente, certamente impactarão nos preços dos contratos. O excesso de proteção, como sabido, acaba por gerar verdadeiros *gaps* de cobertura, seja em razão de sua descontinuação pelo mercado, seja do aumento dos prêmios praticados. Também é importante observar que a alegação de que a comunidade internacional de especialistas em direito securitário oferece amplo apoio ao Projeto de Lei 29/2017 é incorreta. Sobre o tema, consulte-se, por exemplo, as críticas do professor Pedro Romano Martinez, presidente da comissão de juristas que criou a Lei de Seguros de Portugal (Decreto-Lei 72/2008). Disponível em: https://www.conjur.com.br/2017-jan-01/entrevista-pedro-romano-martinez-diretor-universidade-lisboa/. Acesso em: 18 dez. 2023.
3. Na advertência de Walter Polido: "Quando o próprio Governo declara que a Lei de Seguros promoverá o incremento da produção de seguros no país, todos os envolvidos no setor sabem que não é real essa manifestação. (...) Não existe o cenário de insegurança jurídica que é alardeado de maneira parcial. (...) A proposta legislativa, como ela está indicada atualmente, apresenta pontos conflitantes e equívocos que podem conduzir o Brasil a um isolamento prejudicial. A possível revogação de regulamentações recentes, como a Resolução CNSP 407/21 e as Circulares Susep 620/20, 621, 637, 639, 640, 644, 642/21, 662, 667/22, que visaram a modernização do mercado de seguros, seria uma reversão preocupante". POLIDO, Walter. *PLC 29/17*: desafios para o Mercado de Seguros Brasileiro. Disponível em: https://jns.com.br/reflexoes-criticas-sobre-o-plc-29-17-desafios-para-o-mercado-de-seguros-brasileiro/. Acesso em: 17 dez. 2023.

Navegando em outras águas, em termos legislativos, merecem destaque: a Lei 14.711, de 30 de outubro de 2023 (que, entre outras inovações, tornou o contrato de contragarantia um título executivo extrajudicial); a Lei 14.689, de 20 de outubro de 2023 (que, após a derrubada do veto presidencial pelo Congresso, passou a proibir a designada "liquidação antecipada" do seguro garantia nas execuções fiscais); e a Lei 14.599, de 19 de junho de 2023 (que, *grosso modo*, tornou obrigatórios alguns seguros relacionados ao transporte de cargas).

2.2 Cenário judicial

Como era de se esperar, em 2023 o Poder Judiciário continuou a apreciar ações judiciais cuidando de contratos de seguro. Sem a pretensão de ser exaustivo, seguem algumas decisões relevantes:

1. "A substituição de carta de fiança bancária por seguro garantia em execução fiscal não necessita de acréscimo de 30% sobre o valor do débito".[4]

2. "O depósito da indenização (seguro garantia judicial), pela seguradora, no curso de execução trabalhista, somente pode ser exigido na hipótese de o sinistro ter ocorrido em momento anterior ao pedido de recuperação judicial da empresa executada".[5]

3. "A ciência prévia da seguradora a respeito de cláusula arbitral pactuada no contrato objeto de seguro garantia resulta na sua submissão à jurisdição arbitral, por integrar a unidade do risco objeto da própria apólice securitária, dado que elemento objetivo a ser considerado na avaliação de risco pela seguradora, nos termos do artigo 757 do Código Civil".[6]

4. Os valores dos prêmios securitários não repassados pela representante da seguradora à empresa seguradora não estão abrangidos nos efeitos da recuperação judicial da representante.[7]

5. "Na modalidade de contrato de seguro de vida coletivo, cabe exclusivamente ao estipulante, mandatário legal e único sujeito que tem vínculo anterior com os membros do grupo segurável (estipulação própria), a obrigação de prestar informações prévias aos potenciais segurados acerca das condições contratuais quando da formalização da adesão, incluídas as cláusulas limitativas e restritivas de direito previstas na apólice mestre".[8]

6. "(i) é de cobertura obrigatória pelos planos de saúde a cirurgia plástica de caráter reparador ou funcional indicada pelo médico assistente, em paciente pós-cirurgia bariátrica, visto ser parte decorrente do tratamento da obesidade mórbida".[9]

7. "No caso das seguradoras, as receitas de prêmios por elas auferidas em razão dos contratos de seguro estão abrangidas pelo conceito de faturamento, ficando tais receitas sujeitas ao PIS/COFINS, ante a Lei 9.718/98, mesmo em sua redação original, ressalvando-se as exclusões e as deduções legalmente prescritas".[10]

---

4. STJ, REsp 1.887.012-RJ, Rel. Ministro Francisco Falcão, 2ª Turma, j. 15.08.2023.
5. STJ, AgInt no CC 193.218-DF, Rel. Ministra Nancy Andrighi, 2ª Seção, j. 30.05.2023.
6. STJ, REsp 1.988.894-SP, Rel. Ministra Maria Isabel Gallotti, 4ª Turma, j. 09.05.2023.
7. STJ, REsp 2.029.240-SP, Rel. Ministra Maria Isabel Gallotti, 4ª Turma, j. 16.05.2023.
8. STJ, REsp 1.874.788-SC, Rel. Ministro Ricardo Villas Bôas Cueva, 2ª Seção, j. 02.03.2023. (Tema 1112).
9. STJ, REsp 1.870.834-SP, Rel. Ministro Ricardo Villas Bôas Cueva, 2ª Seção, j. 13.09.2023. (Tema 1069).
10. STF, RE 400479 AgR-ED / RJ, Redator Min. Dias Toffoli, Tribunal Pleno, j. 13.06.2023. Conforme lição precisa da doutrina sobre o que foi definido no referido julgado: "a incidência das contribuições federais recai apenas sobre a arrecadação de prêmios das seguradoras, mas não vale para demais receitas que não decorram de suas atividades operacionais típicas, como os ganhos gerados pelas aplicações das reservas técnicas". CARVALHAL,

De forma prospectiva, cabe referir que a 2ª Seção acolheu a proposta de afetação dos REsps 1.887.666/SC e 1.926.108/SC ao rito dos recursos repetitivos (Tema 1211), com o intuito de uniformizar o entendimento sobre a *"legalidade de cláusula contratual que estabeleça reajuste do prêmio de seguro de vida em grupo de acordo com a faixa etária"*.[11] Indo além, outro tema que provavelmente será julgado sob o rito dos recursos repetitivos é o da *"possibilidade de liquidação antecipada do seguro garantia antes do trânsito em julgado dos embargos à execução fiscal"*,[12] embora essa controvérsia tenha sido consideravelmente reduzida mediante a alteração legislativa descrita anteriormente, por meio da Lei 14.689/2023, que modificou o art. 9º da Lei 6.830/1980 (Lei de Execução Fiscal).

2.3 Cenário acadêmico

Em 2023, o cenário acadêmico do Direito dos Seguros foi marcado por significativas contribuições. A obra coletiva *"Direito dos Seguros: Comentários ao Código Civil"*, coordenada pelos autores desta coluna, foi publicada pela editora Forense e teve lançamentos no STJ, TJRS, AASP e no Salão Histórico do I Tribunal de Júri no Rio de Janeiro. Além disso, a editora Quartier Latin publicou *"Arbitragem e Seguro"* e *"Processo Civil e Seguro"*, vol. II, ampliando a literatura especializada nas respectivas áreas de interseção entre os direitos material e processual dos seguros.

No que se refere a obras individuais ou escritas por dois autores, destacaram-se: *"Contratos de resseguro na arbitragem: teoria e prática"*, de Walter Polido, publicada pela Juruá; *"Curso de Direito do Seguro e Resseguro"*, de Vinícius Mendonça, pela Foco; *"O seguro de Transporte: temas atuais"*, de Paulo Henrique Cremoneze, pela Roncarati; e o ebook *"O Mercado de Seguros e Resseguros Brasileiro diante dos fatores ASG"*, de Gustavo León e Luiz Otávio Mascolo, também pela Roncarati. Notável também foi a segunda edição, pela Forense, de *"Direito dos Seguros"*, revista, atualizada e ampliada pelos professores Bruno Miragem e Luiza Petersen.

Entre os eventos nos últimos doze meses, diversos tiveram sucesso de público e crítica. Podem ser citados, à guisa de ilustração: a *"38ª Conferência Hemisférica de Seguros"* (Fides Rio); o *"6º Seminário Jurídico de Seguros"*, sediado no CJF; o seminário *"Aspectos controvertidos dos seguros agrícolas"*, ocorrido no STJ; o webinar *"Atualização do tratamento legal dos seguros no Brasil"*, na FGV SP; o *"XV Seminário de Gestão de Riscos e Seguros"*, da ABGR; o seminário *"PLC de Seguro 29/2017 em debate"*, na AASP; e o congresso anual da AIDA (*"XV Congresso Brasileiro de Direito de Seguro e Previdência"*). Houve, ainda, o *"III Congresso Internacional de Direito do Seguro"*, no STJ.

Glauce; OLIVEIRA, Heitor. As decisões judiciais relevantes para o setor segurador no ano de 2023 e as perspectivas de continuidade para 2024. *Revista Jurídica de seguros*, n. 18. p. 139. Rio de Janeiro: CNseg, novembro de 2023.

11. STJ, ProAfR no REsp 1.887.666-SC, Rel. Ministro Raul Araújo, 2ª Seção, j. 15.08.2023.

12. Permanecem como representativos de controvérsia os REsps 2.093.033/SP e 2.093.036/SP. A propósito deste tema, seja consentido remeter a: JUNQUEIRA, Thiago. Críticas à liquidação antecipada do seguro garantia judicial antes do trânsito em julgado dos embargos à execução fiscal. *AGIRE | Direito Privado em Ação*, n. 93, 2023. Disponível em: https://agiredireitoprivado.substack.com/p/agire93. Acesso em: 18 dez. 2023.

Além disso, a coluna *"Seguros Contemporâneos"*, da Conjur, continuou a ser publicada quinzenalmente às quintas-feiras. No campo dos podcasts, destacaram-se o *"InsurCast"*, o *"ENSCast"*, o *"SeguroCast"* e o *"Direito Empresarial Café com Leite"*.

Todas essas iniciativas contribuíram para o enriquecimento da teoria e da prática do Direito dos Seguros nacional.

3. CONSIDERAÇÕES FINAIS

Em síntese conclusiva, pode-se afirmar que, no cenário regulatório e legislativo, o Direito dos Seguros termina o ano de 2023 em uma encruzilhada. As decisões futuras relacionadas ao PL 29/2017 terão um impacto substancial tanto na área jurídica, quanto na economia nacional.

É crucial, portanto, que a direção escolhida esteja em harmonia com os preceitos constitucionais, incluindo os princípios que orientam a administração pública em geral (art. 37 da CF), bem como que leve em consideração noções estruturantes do Direito dos Seguros, tais como a boa-fé, o equilíbrio contratual, o mutualismo, a predeterminação do risco, a garantia de interesses legítimos, e os fenômenos associados à assimetria informativa, incluindo o risco moral e a seleção adversa do risco. Adicionalmente, é imprescindível adotar uma abordagem baseada em dados e evidências, contemplando as experiências internacionais e as particularidades do contexto brasileiro, sem descuidar da unidade do ordenamento jurídico.

Para garantir um equilíbrio adequado entre os três cenários mencionados, deve-se evitar um diálogo fragmentado (ou inexistente) que possa resultar na repetição de desafios já enfrentados neste ano. Assim, olhando para 2024, torna-se essencial que as lições extraídas da doutrina e as decisões do Poder Judiciário exerçam uma influência mais significativa no cenário regulatório e legislativo.

Dito de outra forma: convém não reinventar a roda, especialmente desconsiderando os manuais.

Versão original publicada em: 21.12.2023.

RETROSPECTIVA 2022: O DIREITO DOS SEGUROS

Ilan Goldberg

Thiago Junqueira

1. INTRODUÇÃO

É natal. Com o Papai Noel e todas as celebrações, o fim de ano também é época da retrospectiva do Direito dos Seguros. Para não perder a tradição, esta coluna será dividida em três cenários – 2.1) normativo; 2.2) jurisprudencial; e 2.3) acadêmico –, que serão seguidos de uma breve conclusão.

2. CENÁRIOS

2.1 Cenário normativo

Ao contrário do que possa parecer, 2022 foi um ano no qual a produção de atos normativos que envolvem o Direito dos Seguros não deixou de ser pujante no País, tendo sido aprovados trinta e quatro Circulares por parte da Superintendência de Seguros Privados (Susep) e vinte e quatro Resoluções pelo Conselho Nacional de Seguros Privados (CNSP).[1]

Como destaques, pode-se citar, em ordem cronológica, a regulação dos seguintes temas:

1 – Cobertura provisória em decorrência da recusa do risco pelo segurador (Circular Susep 654 de 24/02);

2 – Seguro de garantia estendida (Resolução CNSP 436, de 04/04; e Circular Susep 659, de 04/04);

3 – Seguro garantia (Circular Susep 662, de 11/04);

4 – ESG no setor de seguros (Circular Susep 666, de 27/06);

5 – Seguros de pessoas na modalidade de cobertura de riscos (Resolução CNSP 439, de 04/07; e Circular Susep 667, de 04/07);

6 – Seguro Stop Loss (Circular Susep 670, de 01/08);

---

[1] Para fins de comparação, veja-se o número de normas emitidas nos últimos cinco anos: 2021 (33 Resoluções CNSP e 31 Circulares Susep); 2020 (23 Resoluções CNSP e 25 Circulares Susep); 2019 (6 Resoluções CNSP e 12 Circulares Susep); 2018 (13 Resoluções CNSP e 17 Circulares Susep); e 2017 (15 Resoluções CNSP e 22 Circulares Susep). Para ter acesso às Instruções Normativas e Portarias, entre outros documentos, consulte-se o sítio eletrônico da Susep: https://www2.susep.gov.br/safe/bnportal/internet/pt-BR/.

7 – Oferta, pelas sociedades seguradoras, de serviços de assistência complementares ao seguro (Resolução CNSP 443, de 08/08; e Circular Susep 672, de 08/08);

8 – Seguro habitacional (Resolução CNSP 447, de 10/10);

9 – Seguro do ramo Fiança Locatícia (Circular Susep 671, de 01/08);

10 – Sistema de Seguros Aberto (Open Insurance), conforme Circular Susep 661, de 11/04; Circular SUSEP 681, de 18/10; e Resolução CNSP 450, de 18/10;

11 – Operações de cessão e aceitação de resseguro e retrocessão e sua intermediação, bem como operações de cosseguro (Resolução CNSP 451, de 19/12);

12. Codificação dos ramos de seguro e classificação das coberturas contidas em planos de seguro, para fins de contabilização (Circular Susep 682, de 19/12).

Um exame do rol acima demonstra que algumas matérias foram simultaneamente reguladas por uma Resolução CNSP e uma Circular Susep. De fato, é comum que isso ocorra, dando o CNSP um tratamento mais genérico (diretrizes gerais aplicáveis a um determinado tema ou modalidade securitária), e a Susep praticando uma abordagem mais pormenorizada da matéria, conforme os artigos 32 e 36 do Decreto-lei 73/1966.

Alguns tópicos operacionais das sociedades seguradoras, entidades abertas de previdência complementar, sociedades de capitalização (e, em alguns casos, resseguradoras) também foram endereçados por atos normativos no presente ano, conforme, ilustrativamente: i) registro de produtos na Susep (Circular Susep 657, de 01/04); ii) medidas prudenciais preventivas destinadas a preservar a estabilidade, a solvência, a liquidez e a solidez do mercado (Resolução CNSP 444, de 08/08); iii) ouvidoria (Resolução CNSP 445, de 10/10); e iv) provisões técnicas (Resolução CNSP 448, de 10/10).

Em termos legislativos, deve ser recordada a aprovação da Lei 14.430, de 03.08.2022, que instituiu o "Marco legal da securitização" e, lateralmente, dispôs sobre a atuação dos corretores de seguros (arts. 36 e 37). Relevantes artigos que haviam sido vetados pelo presidente em exercício foram reintroduzidos na norma em virtude da recente derrubada dos vetos pelo Congresso Nacional, tendo especial relevo o trecho do art. 36 que alterava o art. 124 do Decreto-Lei 73/66, estabelecendo que "as comissões de corretagem somente podem ser pagas a Corretor de Seguros devidamente habilitado e devem ser informadas aos segurados *quando solicitadas*".[2] No último dia 19, a emissão de Letra de Risco de Seguro (LRS) por meio de Sociedade Seguradora de Propósito Específico (SSPE) foi alvo da Resolução 453 do CNSP.

2.2 Cenário jurisprudencial

Os estudiosos do Direito dos Seguros já notaram que questões securitárias estão sendo cada vez mais examinadas pelo Poder Judiciário, notadamente pelo STJ.

---

2. Destacou-se. O dispositivo em tela choca-se frontalmente com o art. 4º, § 1º, inc. IV, da Resolução CNSP 382/2020, que estabelece a necessidade de o intermediário informar, antes da contratação, "o montante de sua remuneração pela intermediação do contrato, acompanhado dos respectivos valores de prêmio comercial ou contribuição do contrato a ser celebrado".

Temas como o (não) agravamento do risco em virtude de direção embriagada de veículos nos seguros de vida,[3] a taxatividade do rol de procedimentos e eventos da ANS em saúde suplementar,[4] a perda de cobertura do segurado em virtude do descumprimento de seu dever pré-contratual de informação,[5] a inaplicabilidade do CDC para os seguros de diretores e administradores (seguros D&O),[6] os termos iniciais dos prazos

---

3. Conforme, STJ, REsp 1999624/PR, Min. Rel. original Luis Felipe Salomão, Min. Rel. do voto-vencedor Raul Araújo, 2ª Seção, Dje 02.12.2022, confirmando a plena aplicabilidade da Súmula 620/STJ. À luz da nova normativa SUSEP e de uma plêiade de argumentos, a posição do STJ carece de uma reanálise, conforme GOLDBERG, Ilan, JUNQUEIRA, Thiago. *Agravamento do risco no seguro de vida em virtude da direção alcoolizada*. Disponível em: https://www.conjur.com.br/2022-jul-25/seguros-contemporaneos-agravamento-risco-seguro-vida-virtude-direcao-alcoolizada. Nesse particular, registre-se que, dias após a publicação do indigitado julgado, o Min. João Otávio Noronha, do STJ, pediu vista em outro processo que envolve a discussão sobre a cobertura securitária de um seguro de vida no qual o segurado dirigia extremamente embriagado e com uma velocidade superior a 200 km/h na área urbana de Porto Alegre, conforme: https://www.migalhas.com.br/quentes/378567/stj-decide-se-embriaguez-de-segurado-exime-pagamento-de-seguro-de-vida.
4. "4. O Rol mínimo e obrigatório de procedimentos e eventos em saúde constitui relevante garantia do consumidor para assegurar direito à saúde, a preços acessíveis, contemplando a camada mais ampla e vulnerável economicamente da população. Por conseguinte, considerar esse mesmo rol meramente exemplificativo – devendo, ademais, a cobertura mínima, paradoxalmente, não ter limitações definidas – tem o condão de efetivamente padronizar todos os planos e seguros de saúde e restringir a livre concorrência, obrigando-lhes, tacitamente, a fornecer qualquer tratamento prescrito para garantir a saúde ou a vida do segurado, o que representaria, na verdade, suprimir a própria existência do 'Rol mínimo' e, reflexamente, negar acesso à saúde suplementar à mais extensa faixa da população. (...) 10. Diante desse cenário e buscando uma posição equilibrada e ponderada, conforme o entendimento atual da Quarta Turma, a cobertura de tratamentos, exames ou procedimentos não previstos no Rol da ANS somente pode ser admitida, de forma pontual, quando demonstrada a efetiva necessidade, por meio de prova técnica produzida nos autos, não bastando apenas a prescrição do médico ou odontólogo que acompanha o paciente, devendo ser observados, prioritariamente, os contidos no Rol de cobertura mínima. Deveras, como assentado pela Corte Especial na esfera de recurso repetitivo, REsp 1.124.552/RS, o melhor para a segurança jurídica consiste em não admitir que matérias técnicas sejam tratadas como se fossem exclusivamente de direito, resultando em deliberações arbitrárias ou divorciadas do exame probatório do caso concreto. Ressaltou-se nesse precedente que: a) não é possível a ilegítima invasão do magistrado em seara técnica à qual não é afeito; b) sem dirimir a questão técnica, uma ou outra conclusão dependerá unicamente do ponto de vista do julgador, manifestado quase que de forma ideológica, por vez às cegas e desprendido da prova dos autos; c) nenhuma das partes pode ficar ao alvedrio de valorações superficiais". STJ, EREsp 1889704, Min. Rel. Luis Felipe Salomão, 2ª Seção, Dje 03.08.2022. O artigo 1º da Lei 14.454/2022 alterou a redação do § 4º e incluiu os §§12 e 13 no artigo 10 da Lei 9.656/1998, tornando o rol de procedimentos e eventos em saúde suplementar, atualizado pela ANS a cada nova incorporação, como uma *referência básica*, que poderá ser flexibilizada em algumas hipóteses previstas pela lei. O tema deverá ser reapreciado no futuro pelo STJ e/ou pelo STF.
5. "O segurado que agir de má-fé ao fazer declarações inexatas ou omitir circunstâncias que possam influir na aceitação da proposta pela seguradora ou na taxa do prêmio está sujeito à perda da garantia securitária, conforme dispõem os arts. 765 e 766 do Código Civil. 3. No caso, as instâncias ordinárias concluíram que a tomadora, na contratação do seguro, omitiu intencionalmente a existência de investigação do Banco Central de irregularidades na administração da sociedade, o que resultou em erro na avaliação do risco segurado, e que o administrador praticou atos de gestão lesivos à companhia e aos investidores em busca de favorecimento pessoal, circunstâncias que dão respaldo à sanção de perda do direito à indenização securitária". STJ, AgInt no REsp 1504344/SP, Min. Rel. Raul Araújo, 4ª Turma, Dje 23.08.2022.
6. "(...) no Seguro RC D&O, o objeto é diverso daquele relativo ao seguro patrimonial da pessoa jurídica, pois busca garantir o risco de eventuais prejuízos causados em consequência de atos ilícitos culposos praticados por executivos durante a gestão da sociedade, o que acaba fomentando administrações arrojadas e empreendedoras, as quais poderiam não acontecer caso houvesse a possibilidade de responsabilização pessoal delas decorrente. Assim, a sociedade empresária segurada não atua como destinatária final do seguro, utilizando a proteção securitária como insumo para suas atividades e para alcançar melhores resultados societários". STJ, REsp 1926477/SP, Min. Rel. Marco Aurélio Bellizze, 3ª Turma, DJe 27.10.2022.

prescricionais do segurado[7] e da seguradora sub-rogada,[8] e a legitimidade do Ministério Público para ajuizar ação civil pública pleiteando o reconhecimento de abusividade de cláusula de contratos de seguro,[9] foram examinados em 2022 pela referida Corte.

Embora ainda não tenha tido o seu mérito apreciado pelo STF, recorde-se, por fim, a ADI 7.074/DF, ajuizada em fevereiro pelo PT pretendendo que seja declarada a inconstitucionalidade da Resolução CNSP 407/2021, que trata dos contratos de seguros de danos para cobertura de grandes riscos.[10]

2.3 Cenário acadêmico

Assim como os cenários normativo e jurisprudencial, o cenário acadêmico também foi movimentado em 2022.

Além do lançamento das segundas edições das obras "O Contrato de Seguro D&O", de Ilan Goldberg, e "Direito dos Seguros", de Maurício Gravina, ao longo deste ano houve ainda a publicação dos livros "O Contrato de Seguro de Responsabilidade Civil", de Marcela de Carvalho, e "Direito dos Seguros", de Bruno Miragem e Luiza Petersen.

Entre as obras coletivas, destacam-se: "Seguros de Propriedades", organizada por Walter Polido; "Direito securitário na aviação", organizada por Alessandro Laender, Paulo Natal e Sérgio Mourão; "Resolução de Conflitos em Contratos de Seguros e Resseguros", coordenada por Ronaldo Gallo e Walter Polido; e, no cenário internacional, "Seguro de personas e Inteligencia Artificial", coordenada por Abel V. Copo e Miguel Muñoz.

Merece realce, ainda nesse campo, a edição especial da Revista IBERC sobre o tema "Seguros e Responsabilidade Civil", lançada em junho, bem com as duas edições da "Revista Jurídica de Seguros", publicadas pela CNSeg. Diga-se de passagem, essa última revista contou recentemente com uma reformulação do seu conselho editorial e tem cada vez mais assumido um papel de protagonista na divulgação de textos jurídicos de qualidade na área dos (res)seguros.

Nos últimos doze meses, houve também uma série de eventos presenciais relevantes tendo como pano de fundo o setor ora examinado. Sem a pretensão de exaustão, recor-

---

7. "(...) o prazo prescricional apenas começa a fluir com a ciência do segurado quanto à negativa da cobertura securitária." STJ, REsp 1970111/MG, Min. Rel. Nancy Andrighi, 3ª Turma, DJe 30.03.2022. Se confirmada essa incipiente posição do STJ no sentido de que o termo inicial da contagem do prazo prescricional do segurado se dá com a recusa de cobertura pela seguradora (e não da ciência do sinistro em si, conforme a súmula 229 do STJ), será imperioso um maior rigor por parte do Poder Judiciário a respeito da necessidade de aviso tempestivo do sinistro pelo segurado (art. 771 do CC). O motivo é simples: caso não haja uma aplicação criteriosa da vinculação ao aviso tempestivo do sinistro, tal prazo prescricional, na prática, muitas vezes nunca se iniciará ou se iniciará vários meses ou anos após o sinistro, indo de encontro a toda a lógica inerente à prescrição/decadência no Direito dos Seguros.
8. "O termo inicial do prazo prescricional do direito de a seguradora pleitear a indenização do dano causado por terceiro ao segurado é a data em que foi efetuado o pagamento da indenização securitária." STJ, AREsp 2054973/SP, Min. Rel. Nancy Andrighi, 3ª Turma, DJe 28.09.2022.
9. STJ, REsp 1836910/DF, Min. Rel. Luis Felipe Salomão, 4ª Turma, DJe 08.11.2022.
10. Desde setembro, os autos encontram-se conclusos para o relator, o Ministro Gilmar Mendes.

de-se o 5º Seminário Jurídico, realizado no STJ, o XIV Congresso Brasileiro de Direito de Seguro e Previdência, da AIDA, o CQCS Insurtech & Innovation e o X Congresso Intercontinental de Direito Civil, ocorrido na Universidade de Coimbra, com um painel dedicado aos seguros. Houve, igualmente, eventos variados da Sou Segura e do Idis Seguros, que abordaram a importante pauta da diversidade nesse setor da economia.

Entre os eventos on-line, rememore-se o webinar de celebração de 1 ano da Coluna Seguros Contemporâneos, o webinar "Diálogos Susep", e as lives "Advocacia e oportunidades de carreira no Direito dos Seguros" e "Seguros e novas tecnologias", ambas da AIDA.

Navegando em outras águas, convém recordar os inúmeros cursos da ENS e da FGV Conhecimento, o programa de formação no Direito do Seguro, da Comissão especializada da OAB-SP, e a pós-graduação "Direito do Seguro e Resseguro", do IBPD.

Os subscritores desta coluna tiveram a honra de coordenar o curso "Direito dos Seguros no século XXI", na FGV Direito Rio, bem como de lecionar em conjunto ao longo do primeiro semestre a cadeira "Direito dos Seguros na Contemporaneidade", na graduação da mesma instituição.

Tudo isso a demonstrar o elevado quilate da produção intelectual do Direito dos Seguros no Brasil, fortalecida ainda por meios não tradicionais, como os podcasts "Risco em Prosa", do IBDS, e "Insurcast".

3. CONCLUSÃO

Conforme se nota da leitura desta retrospectiva, em 2022 o seguro não morreu de velho. Longe disso. Na verdade, ele está ganhando musculatura, amadurecendo, e, por vezes, se reinventando, em diferentes cenários.

Se no passado o Direito Comercial encontrava-se encubado no Direito Civil para, posteriormente, ganhar espaço próprio; se, também nesse sentido, o Direito Societário declarou a sua "independência" do Direito Comercial, é possível enxergar espaço e oportunidade para o contínuo desenvolvimento do Direito dos Seguros. E isso é um ótimo motivo para se comemorar!

Versão original publicada em: 22.12.2022.

RETROSPECTIVA 2021:
O DIREITO DOS SEGUROS EM ASCENSÃO

Ilan Goldberg

Thiago Junqueira

1. INTRODUÇÃO

Com as festividades, tornou-se tradicional nesta época do ano revisitar os principais acontecimentos que marcaram o ano. Se, em 2020, afirmava-se que o Direito dos Seguros no Brasil estava em *movimento*,[1] nesta oportunidade, optou-se por caracterizar essa fase como de *ascensão*, pelos motivos a seguir expostos.

Para analisar tal "salto" – que deve ser observado com cautela e atenção a determinados pontos –, esta abordagem será dividida em três aspectos: 2.1) normativo; 2.2) jurisprudencial; e 2.3) acadêmico. Por fim, apresentar-se-ão algumas considerações finais.

2. CENÁRIOS

2.1. Cenário normativo[2]

Conforme sábio ditado popular, *não é preciso ensinar folclore ao povo*. A essa altura, já se demonstra prescindível reiterar que nos últimos anos a Superintendência de Seguros Privados (Susep) tem atuado de maneira intensa para: i) flexibilizar o marco regulatório; ii) promover a efetiva concorrência entre as seguradoras (*i.e.*, em termos de qualidade de coberturas, não apenas de preço/franquia); iii) reduzir os prêmios dos seguros; iv) aumentar o número de consumidores; v) impulsionar a inovação tecnológica no setor; e vi) abrir o mercado de seguros brasileiro para atrair *players* internacionais.

Embora não seja imune à crítica, o que é, com efeito, próprio da dialética da sociedade na qual vivemos, deve ser dito que há ampla convergência no sentido de que a Susep tem conseguido implementar alvissareiras alterações normativas no País. Com efeito, o ano de 2021 ficará marcado pela aprovação, dentre outros, dos seguintes atos normativos:

---

1. JUNQUEIRA, Thiago. *Retrospectiva 2020*: O Direito dos Seguros em movimento. Disponível em: https://www.conjur.com.br/2020-dez-31/direito-seguros-direito-movimento. Acesso em: 16 dez. 2021.
2. Entre as mudanças legais que influenciaram o Direito dos Seguros, registre-se a nova Lei de Licitações e Contratos Administrativos (Lei 14.133, de 1º.04.2021) e o Marco Legal das Startups (Lei Complementar 182, de 1º.06.2021). O presente artigo, porém, focará nas alterações regulatórias específicas do setor de seguros.

i) Circular SUSEP 621, de 12/02 (dispõe sobre os seguros de danos);

ii) Resolução CNSP 407, de 29/03 (dispõe sobre os seguros de danos para cobertura de grandes riscos);

iii) Resolução CNSP 409, de 30/06 (dispõe sobre os microsseguros);

iv) Resolução CNSP 416 de 20/07, que entrará em vigor em 03.01.2022 (dispõe sobre o Sistema de Controles Internos, a Estrutura de Gestão de Riscos e a atividade de Auditoria Interna);

v) Resolução CNSP 415, de 20/07 (dispõe sobre o *Open Insurance*);

vi) Circular Susep 635, de 20/07 (dispõe sobre o *Open Insurance*);

vii) Circular SUSEP 637, de 27/07 (dispõe sobre os seguros do grupo responsabilidades);

viii) Circular SUSEP 638, de 27/07 (dispõe sobre requisitos de segurança cibernética para as sociedades supervisionadas);

ix) Circular SUSEP 639, de 09/08 (dispõe sobre os seguros do grupo automóvel);

x) Circular SUSEP 645, de 18/10 (estabelece normas complementares sobre a instauração do Processo Administrativo Sancionador e regula as infrações graves);

xi) Resolução CNSP 429, de 12/11 (estabelece os requisitos para credenciamento e funcionamento das sociedades iniciadoras de serviço de seguro no âmbito do *Open Insurance*); e

xii) Resolução CNSP 431, de 12/11 (disciplina os representantes de seguros);

xiii) Resolução CNSP 434, de 17/12 (dispõe sobre a estipulação de seguros em contratações por meio de apólices coletivas).

A gestão que implementou estas mudanças foi alterada e ainda não houve tempo suficiente para avaliar o atual comando da Susep. Na esteira do que se afirmou em outra oportunidade, porém, espera-se que a troca de liderança na autarquia seja pautada pela "continuidade e não retrocesso".[3]

Um ponto a ser ressaltado aqui é o clamor do mercado para que a Susep não implemente as alterações regulatórias pendentes de forma apressada e com curtos prazos de *vacatio* – o que, a toda evidência, dificultaria ou até impossibilitaria o seu imediato cumprimento pelas entidades supervisionadas.

Semelhante desafio seria sentido pelo Poder Judiciário, o qual se passa a examinar.

2.2 Cenário jurisprudencial

Durante muito tempo ouviram-se críticas ríspidas à jurisprudência relativa aos seguros no Brasil, notadamente em virtude da confusão de termos elementares, como o prêmio (vinculação inerente ao tomador/segurado) e a indenização/prestação do capital segurado (que, na ocorrência do risco contratualmente predeterminado, é cabível ao segurador).

---

3. JUNQUEIRA, Thiago. *Liderança da Susep*: continuidade e não retrocesso. Disponível em: https://www.conjur.com.br/2021-out-11/seguros-contemporaneos-lideranca-susep-continuidade-nao-retrocesso. Acesso em 17.12.2021. Na cerimônia de sua posse, ocorrida no dia 16.12.2021, o novo superintendente da Susep, Alexandre Camillo, afirmou em seu discurso oficial: "Comprometo-me a sedimentar as ações feitas antes da minha chegada e dar tração a esses novos projetos". Cf. BUENO, Denise. *O economista e corretor de seguros, Alexandre Camillo, toma posse como superintendente da Susep*. Disponível em: https://www.sonhoseguro.com.br/2021/12/alexandre-camillo-toma-posse-como-superintendente-da-susep-2/. Acesso em: 17 dez. 2021.

Um apego cego à proteção do consumidor (que, embora vulnerável, deve ser compreendido como "maior de idade") e, por vezes, até mesmo ao aspecto mutual intrínseco ao funcionamento dos seguros (que não deve ser motivo suficiente para afastar a garantia de interesses – efetivamente – legítimos dos segurados), também foram motivos de objeções certeiras pela doutrina especializada.

Na quadra atual, impõe-se reconhecer que as decisões judiciais, em especial do Superior Tribunal de Justiça, têm, no geral, se revelado técnicas e atentas às especificidades dessa modalidade contratual. Nesse particular, salta aos olhos a seguinte coleção de julgados:

> i) STJ, REsp. 1.303.374/ES, Rel. Ministro Luis Felipe Salomão, Segunda Seção, Dje 16.12.2021, no qual foi aprovada a seguinte tese: "Para fins do artigo 947 do CPC de 2015, deve ser ânuo o prazo prescricional para exercício de qualquer pretensão do segurado em face do segurador (e vice-versa) baseada em suposto inadimplemento de deveres (principais, secundários ou anexos) derivados do contrato de seguro, ex vi do disposto no artigo 206, § 1º, II, "b", do Código Civil de 2002 (artigo 178, § 6º, II, do Código Civil de 1916)";
>
> ii) STJ, REsp. 1.867.199/SP, Rel. Ministro Ricardo Villas Bôas Cueva, Segunda Seção, Dje 18.10.2021: "Não é ilegal ou abusiva a cláusula que prevê a cobertura adicional de invalidez funcional permanente total por doença (IFPD) em contrato de seguro de vida em grupo, condicionando o pagamento da indenização securitária à perda da existência independente do segurado, comprovada por declaração médica";
>
> iii) STJ, REsp. 1.850.961/SC, Rel. Ministra Maria Isabel Gallotti, Quarta Turma, Dje 31.08.2021: "Nos contratos de seguro de vida em grupo, a obrigação de prestar informações aos segurados recai sobre o estipulante";[4]
>
> iv) STJ, AgInt no AREsp. 1756710/DF, Rel. Ministra Maria Isabel Gallotti, Quarta Turma, DJe 08.11.2021: é "abusiva a rescisão contratual de plano de saúde, por parte da operadora, independentemente do regime de contratação (individual ou coletivo), durante o período em que a parte segurada esteja submetida a tratamento médico de emergência ou de urgência garantidor da sua sobrevivência e/ou incolumidade física, em observância ao que estabelece o art. 35-C da Lei 9.656/1998"; e
>
> v) STJ, REsp. 1.358.159/SP, Rel. Ministro Antonio Carlos Ferreira, Quarta Turma, Dje 16.06.2021: "A cláusula contratual que circunscreve e particulariza a cobertura securitária não encerra, por si, abusividade nem indevida condição potestativa por parte da seguradora."

Pari passu ao desenvolvimento jurisprudencial, e muito contribuindo à sua evolução, a produção acadêmica nacional tem ganhado progressiva musculatura, abordando diversos temas afetos ao Direito dos Seguros, conforme se verá a seguir.

2.3 Cenário acadêmico

Embora os autores deste artigo sejam suspeitos para tratar deste tópico, a criação da Coluna *Seguros Contemporâneos* foi um evento marcante ao longo do ano de 2021. A cada duas semanas, sempre às quintas-feiras, os leitores passaram a ter acesso a artigos objetivos e instigantes na Conjur, seja de autoria de um dos seus coordenadores, seja de convidados especiais, como, seguindo a ordem alfabética, Anderson Schreiber,

---

4. O julgado em tela replicou, na quarta turma, entendimento pretérito existente na terceira turma: STJ, REsp. 1.825.716/SC, Rel. Min. Marco Aurélio Bellizze, DJe 12.11.2020.

Bruno Miragem, Igor Lourenço, José Roberto de Castro Neves, Luiza Petersen, Marcio Coriolano, Nelson Rosenvald, Roque Melo e Solange Vieira.

O cenário acadêmico dos seguros, porém, foi consideravelmente mais amplo e pode ser dividido da seguinte forma: i) monografias e obras coletivas; ii) concursos, iii) eventos; e iv) cursos.

Dando partida pelas monografias publicadas no corrente ano, devem ser mencionadas: i) *O seguro-garantia* (Gladimir Adriani Poletto); ii) *A declaração inicial do risco no contrato de seguro de vida* (Lúcio Bragança); iii) *Seguro Patrimonial Grandes Riscos* (Hermes Brancalião); iv) *Reflexões sobre o Agravamento do Risco nos Seguros de Danos*, 2. ed. (Ernesto Tzirulnik); v) *Análise econômica do contrato de seguro* (Marcelo Leal); e vi) *Sub-rogação nos Contratos de Seguro* (Gustavo Melo).

Entre as obras coletivas especializadas, destacam-se: i) *Direito do Seguro Contemporâneo* (Orgs. Ernesto Tzirulnik, Ana Blanco, Carolina Cavalcanti e Vitor Xavier); ii) *Seguro, Logística e Infraestrutura* (Orgs. Carlos Abrão, Fátima Andrighi, Ney Wiedemann Neto, Paulo Lucon e Sidnei Beneti); iii) *Seguros de Riscos de Engenharia no Brasil* (Org. Walter Polido); iv) *Antologia do Direito do Seguro* (Coords. Sandro Raymundo e Cesar Cassoni); e o v) e-book *Direito dos Seguros* (Orgs. Ricardo Villar, Jaqueline dos Santos, Rosângela dos Santos e Fernanda Osorio). Com todas essas obras disponíveis, é esperado que o mercado securitário, e o Direito dos Seguros, evoluam de maneira firme, reforçando cada vez mais a sua importância para a economia nacional.

Este ano foi marcado, ainda, pelo lançamento de três concursos de artigos sobre o Direito dos Seguros, um finalizado em dezembro (Academia Brasileira de Direito Civil – ABDC) e outros dois que se encerrarão, respectivamente, em maio (ENS e PUC-Rio) e julho (Susep, FGV e Insper). Espera-se que o prestígio das instituições envolvidas e os altos valores das premiações incentive ainda mais a produção literária sobre seguros no Brasil, principalmente da nova geração de estudiosos – que tem muito a contribuir a propósito dos novos contornos da matéria.

Os eventos que tiveram como pano de fundo o Direito dos Seguros também foram abundantes. A título de exemplo, mencione-se o *Conseguro 2021* (CNseg), o *InsurTech Brasil 2021*, o *CQCS Insurtech & Innovation* 2021 e o *II Congresso Internacional de Direito do Seguro* (CJF, STJ e IBDS). Entre os diversos *webinars*, sublinhe-se, exemplificativamente, os que trataram das *Novas tecnologias e os seguros* (ESA da OAB-RS) e da *Aplicação da LGPD ao setor de seguros* (FGV Conhecimento). No cenário internacional, devem ser recordados o *III Congreso Internacional de Derecho del Seguro* (Universidad Pontificia Comillas), os módulos de formação avançada em seguro da AIDA Portugal, o *IX Congresso Intercontinental de Direito Civil* (ABDC) e o *II Fintech & Law Progam*, ofertado pela FGV para alunos estrangeiros.

Na seara dos cursos, a Escola de Negócios e Seguros passou a dividir o palco com a FGV Conhecimento na aplicação do exame nacional de habilitação para os corretores de seguros. Entre as demais instituições que ofereceram cursos sobre a temática securitária, merecem saudação a Conhecer Seguro, a Future Law, a OAB-RS e a OAB-SP.

No âmbito da graduação, deve ser louvada a parceria entre a CNseg e o Ibmec Rio, bem como a cadeira de seguros dada na USP Ribeirão Preto.

Tudo isso sugere que o número de alunos que se debruçam sobre os seguros está crescendo consideravelmente e, que, no futuro próximo, não mais terá vez a clássica afirmação de que o seguro é um "ilustre desconhecido".

3. À GUISA DE CONCLUSÃO

Neste despretensioso artigo, buscou-se traçar uma síntese do que de essencial ocorreu no âmbito do Direito dos Seguros em 2021.

Hoje, não pode mais subsistir dúvida de que "o setor de seguros privados vive um momento histórico, que demanda redobrada atenção dos segurados, seguradores, advogados, magistrados e reguladores".[5]

Embora ainda haja um oceano de oportunidades, acredita-se – e procurou-se demonstrar – que todos os envolvidos estão fazendo o seu dever de casa com esmero.

A continuidade dessa postura será vital para que Direito dos Seguros brasileiro se mantenha não apenas em *movimento*, mas em efetiva *ascensão*.

Versão original publicada em: 23.12.2021.

---

5. CHAER, Márcio. *Entrevista*: Ilan Goldberg e Thiago Junqueira, advogados. Disponível em: https://www.conjur.com.br/2021-jun-26/entrevista-ilan-goldeberg-thiago-junqueira-advogados/. Acesso em: 18 dez. 2021.

RETROSPECTIVA 2020: O DIREITO DOS SEGUROS EM MOVIMENTO

Thiago Junqueira

1. INTRODUÇÃO

O ano de 2020 foi atípico. Marcado por uma das maiores pandemias da história, não apenas o setor de seguros, mas toda a sociedade vivenciou um período de intensa reflexão e transformação.

O presente texto possui o afã de revisitar os principais acontecimentos no Direito dos Seguros. Para tanto, dividir-se-á a abordagem em três planos: i) normativo; ii) judicial; e iii) acadêmico.

2. CENÁRIOS

2.1 Cenário normativo

Os contratos de seguro privado seguem tendo como principal fonte de tratamento legal o Código Civil, que deve ser interpretado com diversos outros diplomas, à guisa de ilustração, o Código de Defesa do Consumidor, o Decreto-Lei 73/1966, a Constituição da República e a Lei Geral de Proteção de Dados – que, à exceção da parte de sanções administrativas, entrou em vigor em setembro. Mas não só.

Tendo em vista as especificidades em jogo e a necessidade de solvência dos seguradores, tradicionalmente o setor de seguros é muito regulado, contando com uma ampla gama de atos normativos. Desde março de 2019, a Superintendência de Seguros Privados (Susep), órgão responsável pelo controle e fiscalização dos mercados de seguro, previdência privada aberta, capitalização e resseguro no Brasil passou a ter uma nova superintendente. Solange Vieira, a primeira mulher a ocupar esse cargo, tem uma pauta liberal e vem tomando medidas louváveis para a modernização do setor de seguros brasileiro. A flexibilização de algumas regras e o incentivo à inovação e à concorrência entre seguradores, que guiaram a atuação de Vieira em 2020, almejam a redução das barreiras regulatórias e dos preços dos seguros, bem como o aumento do número de consumidores.

Um exemplo da referida busca de modernização é a Circular Susep 598, de 19.03.2020, que dispõe sobre a autorização, funcionamento por tempo determinado, regras e critérios para operação de produtos e envio de informações das sociedades seguradoras participantes exclusivamente de ambiente regulatório experimental (*Sandbox Regulatório*) que desenvolvam projeto inovador mediante o cumprimento de critérios e limites previamente estabelecidos. O tema também foi alvo de uma Resolução do Conselho Nacional de Seguros Privados (n. 381/2020) e, em outubro, contou com a seleção de onze *insurtechs*.

No que tange à preocupação com o adequado nível de proteção dos consumidores, cabe realçar a Circular Susep 613, de 11.09.2020, que disciplina o atendimento às reclamações dos consumidores por meio da plataforma digital Consumidor.gov.br[1] e a Resolução CNSP 382, de 04.03.2020, cujos objetivos foram criar a figura do "cliente oculto" e disciplinar o relacionamento das entidades reguladas pela Susep e intermediários com o cliente de produtos securitários. São explicitados, nessa sede, os princípios da "ética, responsabilidade, transparência, diligência, lealdade, probidade, honestidade, boa-fé objetiva, livre iniciativa e livre concorrência" (art. 3º), visando a garantir que as entidades reguladas tratem adequadamente os clientes e, como corolário, fortaleçam a confiança no sistema de seguros privados brasileiro.

O trabalho de fôlego desempenhado na regulação dos seguros durante este ano é captado pela análise dos números envolvidos: 23 Resoluções CNSP e 25 Circulares Susep. Para além das novidades trazidas pelos SRO (Sistema de Registro de Operações) e os ILS (Instrumentos Ligados a Seguros), são dignos de nota, ainda, os seguintes pontos:

i) Possibilidade de contratação de seguro no exterior – redução das cartas negativas (Circular Susep 603/2020) e contratação em moeda estrangeira (Resolução CNSP 379/2020);

ii) Modernização no sistema de cadastro de corretores de seguros (Susep x autorregulação);

iii) Novos prazos para guarda de documentos (Circular Susep 605/2020);

iv) Possibilidade de Contratação de Resseguro por EFPC e operadoras de saúde (Resolução CNSP 380/2020);

v) Possibilidade de Alteração de Registro de Ressegurador (Circular Susep 606/2020);

vi) Estabelecimento de prazos máximos pelo regulador para análise de atos (Portaria Susep 7.677/2020);

vii) Novas regras para auditoria independente, gestão de risco e solvência (alterações na Circular Susep 517/2015 e na Resolução CNSP 321/2015).[2]

A toda evidência, não é simples a missão de se manter atualizado frente a tal conjunto de regras; menos ainda, a tarefa de se fazerem as necessárias conexões. O tamanho do desafio é sentido inicialmente e, talvez, com maior impacto, no âmbito que se passa a examinar.

---

1. Nota de atualização: a referida norma foi revogada pela Circular Susep 643, de 20 de setembro de 2021.
2. BASSANI, Bárbara. *(Res)seguros*: Retrospectiva SUSEP 2020/Perspectivas 2021. Disponível em: https://www.editoraroncarati.com.br/v2/phocadownload/tozzini17122020.pdf. Acesso em: 28 dez. 2020.

2.2 Cenário judicial

O dado normativo brasileiro, visto de relance acima, é marcado por alguns dispositivos legais rigorosos com os segurados faltosos, o que acaba por gerar relativizações, não raro excessivas, pelo Poder Judiciário.

Nos últimos anos, houve avanços na compreensão da modalidade contratual em tela pelos tribunais, acompanhados, porém, de alguns retrocessos. Ultrapassa a presente abordagem apontá-los um por um; nesta sede, impõe-se dar nota do que de essencial ocorreu em 2020.

Correndo o risco de simplificações redutoras, é possível apontar algumas decisões judiciais importantes, como:

i) "no contrato de seguro coletivo em grupo cabe exclusivamente ao estipulante, e não à seguradora, o dever de fornecer ao segurado (seu representado) ampla e prévia informação a respeito dos contornos contratuais, no que se inserem, em especial, as cláusulas restritivas";[3]

ii) é "decenal o prazo prescricional aplicável para o exercício da pretensão de reembolso de despesas médico-hospitalares alegadamente cobertas pelo contrato de plano de saúde (ou de seguro saúde), mas que não foram adimplidas pela operadora";[4]

iii) os "vícios estruturais de construção estão cobertos pelo seguro habitacional obrigatório vinculado ao crédito imobiliário concedido pelo Sistema Financeiro da Habitação – SFH, ainda que só se revelem depois da extinção do contrato";[5] e

iv) a reafirmação de que "a rescisão de contrato de seguro por falta de pagamento deve ser precedida da interpelação do segurado para sua constituição em mora, bem como deve ser observada a extensão da dívida e se ela é significativa diante das peculiaridades do caso".[6]

Sem maior desenvolvimento das linhas argumentativas – incabível nesta ocasião –, não se pode deixar de levar em conta as especificidades inerentes aos referidos julgados.

Além disso, é importante mencionar que a solução de questões ainda sem respostas pelo Judiciário está intimamente ligada ao papel e à contribuição da academia. Como foi a sua atuação em 2020? É o que se traz à ribalta.

2.3 Cenário acadêmico

Didaticamente, pode-se dividir este tópico em quatro partes: i) *lives*; ii) cursos, iii) congressos e iv) publicações.

Em relação ao primeiro ponto, no início da pandemia da Covid-19 e com o distanciamento social em seu ápice, houve um expressivo aumento de *lives* tratando do Direito dos Seguros. Nesse particular, sobressaem as feitas pela seção brasileira da AIDA, as

---

3. STJ, REsp. 1.825.716-SC. Rel. Min. Marco Aurélio Bellizze, Terceira Turma, j. 27.10.2020.
4. STJ, REsp. 1.756.283-SP, Rel. Min. Luis Felipe Salomão, Segunda Seção, j. 11.03.2020.
5. STJ, REsp. 1.804.965-SP, Rel. Min. Nancy Andrighi, Segunda Seção, j. 27.05.2020.
6. Disponível em: https://www.stj.jus.br/sites/portalp/Paginas/Comunicacao/Noticias/11092020-Rescisao-unilateral-de-seguro-por-falta-de-pagamento-deve-ser-precedida-de-notificacao-do-segurado.aspx. Sobre o tema, confira-se a súmula 616 do STJ, editada em 2018.

Pimentelives, bem como as *lives* produzidas pela Tv Conjur e a Escola de Magistratura do Estado do Rio de Janeiro.[7]

Em termos de cursos, tiveram destaque os realizados pelo ICDS – Instituto Connect de Direito Social (*Impactos da Pandemia Covid-19 nos seguros privados*) e pela Escola da Magistratura AJURIS (*Covid-19 e suas repercussões nos contratos de seguro*). A Escola de Negócios e Seguros (outrora denominada "Escola Nacional de Seguros") continua tendo um papel fundamental na área, especialmente os seus MBAs; e a Escola Superior de Advocacia de São Paulo (ESA OABSP) também merece aplausos em virtude dos cursos que vem desenvolvendo.

No que toca aos congressos, os grandes eventos especializados foram cancelados ou postergados, como o XIV Congresso Brasileiro de Direito de Seguro e Previdência (AIDA Brasil) e o 9º Encontro de Resseguro (CNseg). Sem embargo, no mês de novembro, o VIII Congresso Intercontinental de Direito Civil, realizado pela Academia Brasileira de Direito Civil, teve uma versão on-line com relevante painel de seguros.

O ano de 2020 ficará marcado, porém, pelo salto – quantitativo e qualitativo – nas obras securitárias publicadas no País. Entre as alvissareiras contribuições que se têm notícia, mister sublinhar as seguintes: i) *Direito do Seguro e a Universidade de Salamanca – Temas polêmicos e atuais*, organizada por Paulo Cremoneze e Marcio Malfatti; ii) *Reflexões sobre o agravamento do risco nos seguros de danos*, de autoria de Ernesto Tzirulnik e iii) *Direito dos Seguros*, de Maurício Gravina.

O subscritor deste texto teve a honra de publicar duas obras pela editora Revista dos Tribunais, uma na posição de autor (*Tratamento de Dados Pessoais e Discriminação Algorítmica nos Seguros*)[8] e uma como coautor e coorganizador (*Temas Atuais de Direito dos Seguros, Tomos I e II*). Essa última, coorganizada pelo professor Ilan Goldberg, contou com 87 especialistas colaborando em 68 artigos e teve o seu lançamento partilhado em dois eventos da Tv Conjur.[9]

Ainda no que se refere às publicações, deve ser realçado, por fim, o prestígio da Revista Jurídica de Seguros, bem como o crescente relevo de excelentes veículos informativos na área securitária.[10]

---

7. Confira-se os seguintes canais do YouTube: Pimentelive (https://www.youtube.com/channel/UCRYXuLp6ed5n-3L2XtjYHvgw/featured), AIDA Brasil (https://www.youtube.com/channel/UCVhsQxDhEXoKDT7CRi7fmuQ/featured), EMERJ https://www.youtube.com/watch?v=eJ3q4Qd8MLs&t=157s) e Tv Conjur (https://www.youtube.com/watch?v=pyMyZbiEnOo&t=559s).
8. Disponível em: https://www.conjur.com.br/2020-jun-02/livro-aborda-discriminacao-algoritmica-seguros--tema-inedito-brasil/. Para ter acesso à resenha da tese, consulte-se: SILVA, Rodrigo da Guia. *Resenha à obra "Tratamento de Dados Pessoais e Discriminação Algorítmica"*, nesta obra.
9. Conforme: https://www.conjur.com.br/2020-nov-26/tv-conjur-discute-obra-coletiva-direito-securitario. Lançamento do Tomo I: https://www.youtube.com/watch?v=EYcNxcLSkn0; lançamento do Tomo II: https://www.youtube.com/watch?v=C12Cy0xsjgM. Acessos em: 27 dez. 2020.
10. No que tange às revistas especializadas, podem ser referidas: i) Caderno de Seguros; ii) Revista Apólice; iii) Opinião. Seg; e iv) Conjuntura CNseg. O endereço eletrônico da Roncarati afigura-se também como uma excelente fonte de conteúdo na área, bem como os sites Conjur, CQCS, Migalhas, JOTA.info e o blog Sonho Seguro.

3. DO FIM AO RECOMEÇO

Em interessante matéria sobre o que esperar do setor de seguros em 2021, pode-se ler: "Investir em pessoas, tecnologia, comunicação e adotar um modelo de negócios 'ganha-ganha', ou seja, que beneficie a todos. Essas são as quatro palavras chaves citadas nas expectativas de dezenas de executivos".[11]

Não se poderia encerrar esta sinopse do que de essencial ocorreu no Direito do Seguros sem se deixar uma mensagem para o futuro. Se, como se registrou, 2020 foi um ano de intenso movimento nas áreas normativa, jurisprudencial e acadêmica, 2021 promete não ser diferente.

Para além da renovação dos vetustos atos normativos que regulam boa parte do setor de seguros, espera-se que também continuem pujantes – e cada vez mais técnicas – as produções acadêmica e jurisprudencial que versem sobre o Direito dos Seguros. A cada um dos partícipes dessa engrenagem, caberá a tarefa de fazer a sua parte...

Ainda envolto na pandemia, é fato notório que o próximo ano será desafiador. Mas é preciso ter esperança de dias melhores e resiliência para alcançá-los; pois, conforme espirituosa lição de Claire Cook: "Se o plano A não funcionar, o alfabeto tem mais 25 letras – 204 se estiver no Japão".[12]

Versão original publicada em: 31.12.2020.

---

11. BUENO, Denise. *Série – O que esperar de 2021? – Saiba o que pensam os principais porta vozes do setor de seguros.* Disponível em: https://www.sonhoseguro.com.br/2020/11/serie-o-que-esperar-de-2021-saiba-o-que-pensam-os-principais-porta-vozes-do-setor-de-seguros/. Acesso em: 27 dez. 2020.
12. COOK, Claire. *Seven Year Switch*. New York: Marshbury Beach Books, 2015. (eBook). (Tradução livre).

RESENHAS

RESENHA À OBRA "DIREITO DOS SEGUROS: COMENTÁRIOS AO CÓDIGO CIVIL", COORDENADA POR ILAN GOLDBERG E THIAGO JUNQUEIRA

Abel B. Veiga Copo

Tenho o imenso privilégio, sem outro mérito que não seja a amizade e o carinho recíproco pelos doutores Ilan Goldberg e Thiago Junqueira, de escrever estas linhas como resenha do livro que coordenaram sob o título *"Direito dos seguros: comentários ao Código Civil"*,[1] que, além de excelente, é fundamental para o estudo do direito securitário no Brasil e no exterior.

Não é comum na literatura jurídica latino-americana a publicação de livros de comentários sobre os artigos de uma lei. No entanto, esse tipo de publicação é bastante frequente e valorizado na Europa, tanto por acadêmicos quanto por profissionais. Especialmente quando esses comentários conseguem abranger os aspectos dogmáticos e casuísticos da rica fenomenologia do direito securitário e, notadamente, do direito contratual. Só por isso, minhas mais sinceras e efusivas congratulações aos coordenadores do livro e ao excelente elenco de comentaristas que tanto admiro e entre os quais há pessoas pelas quais nutro enorme respeito intelectual e afeto pessoal. Quase trinta valorosos autores, estudiosos do Direito dos Seguros, consolidados em seu trabalho, guardiões e depositários de um enorme patrimônio jurídico de conhecimento e interpretação.

Coordenar uma obra de tal magnitude não é uma tarefa simples, dada a dedicação e comprometimento requeridos por parte dos diversos autores envolvidos na missão de comentar artigo por artigo. Essa empreitada exige respeito pela coerência e harmonia interna do livro, conferindo-lhe uma unidade que faz parecer que foi elaborado por uma única mente ou por um grupo muito restrito. Este é um dos grandes méritos deste livro, que não apenas enfatiza a importância da regulamentação do seguro no Código Civil, mas também traça linhas interpretativas que percorrem as fibras mais profundas do próprio contrato.

Ao longo de 55 artigos, 29 autores empreendem uma análise minuciosa, dissecando e delineando a própria essência do contrato de seguro, com traços amplos e delicados, e construindo um trabalho único, transbordante e rigoroso. Sem negligenciar a parte

---

1. GOLDBERG, Ilan; JUNQUEIRA, Thiago. *Direito dos Seguros*: comentários ao Código Civil. Rio de Janeiro: Forense, 2023. O livro, composto por 600 páginas, conta com o prefácio do Ministro do Superior Tribunal de Justiça do Brasil Ricardo Villas Bôas Cueva.

em que o Código Civil prevê os seguros em sua totalidade, assim como aquelas que abordam os seguros de danos e de pessoas de forma específica – as duas principais espinhas dorsais do contrato –, esta obra oferece algo de extrema importância: estabelece uma conexão entre esses artigos e os elementos estruturais do negócio jurídico. A boa-fé, intrinsecamente ligada à própria essência do seguro, e a função social, muitas vezes esquecida, emergem, juntamente com a característica que definiu sua natureza e moldagem, ou seja, um contrato por adesão, regido por regras interpretativas próprias e pelas sempre complexas normas de prescrição. Este é o segundo grande mérito desses comentários: eles convergem e transpassam, buscando alcançar a plena abrangência do círculo hermenêutico do contrato conforme disposto no Código Civil. Além disso, o fazem à luz das exigências da prática forense e das regulações da Superintendência de Seguros Privados e do Conselho Nacional de Seguros Privados. Não se pode subestimar, nem no Brasil nem em qualquer outro país, o fato de que o contrato de seguro é, sem dúvida, um dos contratos mais frequentemente submetidos à interpretação dos tribunais.

A necessidade de interpretar um contrato, de buscar de forma racional e eficaz o conteúdo e o escopo reais pretendidos pelas partes, que não podem ser muito diferentes do que o próprio contrato deveria idealmente pretender, não raramente é motivada pela imprecisão.[2] Esse é o ponto sensível, o ponto de vulnerabilidade de um contrato. Independentemente de quem a causou, se foi intencional ou não, as imprecisões na linguagem, e não apenas na linguagem jurídica, impacta na interpretação do contrato.[3]

É óbvio que não faz sentido interpretar uma cláusula por si só e isoladamente se não o fizermos no contexto e na estrutura contratual em que ela está inserida e desempenha o papel funcional a que é chamada, por definição, por inclusão ou por exclusão.[4] Mas uma coisa é interpretar e outra é construir, uma pode levar à outra, mas a primeira se baseia no que está implícito, no que está intrinsecamente contratualizado na apólice, a segunda necessita, ademais, de elementos extrínsecos à própria apólice, ao próprio contrato de seguro.

Interpretar um contrato de seguro significa esclarecer o conjunto de documentos que compõem a apólice na busca ou procura de sentido em suas cláusulas obscuras, incompreensíveis e ambíguas, com o auxílio de várias técnicas ou regras que respeitem

---

2. O clássico da lógica anglo-saxônica de interpretação é o livro de LEWISON. *The interpretation of contracts*. 2. ed. Sweet & Maxwell, 1997. Confira-se, ainda, SOLAN. *The language of statutes; laws and their interpretation*, Chicago, 2010.
3. Obra de referência sobre a imprecisão da linguagem contratual, FARNSWORTH. «Meaning in the Law of Contracts». Yale L. J., 1967, v. 76, p. 939 e ss.
4. Sustenta ABRAHAM. «Plain meaning, extrinsic evidence, and ambiguity: myth and reality in insurance policy interpretation». Conn. Ins. L. J., 2019, v. 25, n. 2, p. 329 e ss., p. 349 «Insurance policy provisions are not self-defining. Modern contract theory has long recognized that a particular interpretation may be simple, straightforward, and incontestable, but that it is an interpretation nevertheless, even when it is the only reasonable interpretation. This is because the reader of a contract, such as an insurance policy, including the judicial reader, always encounters contract language in a context, and always brings to bear what he or she already knows or supposes to be the relevant context when understanding –and therefore when interpreting– the meaning of that language. For the legal reader, this includes background understandings of the legal and insurance market contexts in which an insurance policy operates».

o mais fielmente possível a intenção comum e mal expressa das partes;[5] mas também em extremos e parâmetros que cercam e circundam o próprio contrato de seguro, extrínsecos a esse mesmo nervo contratual acordado ou imposto por uma das partes. E se for interpretado, é porque o segurador faltou com seu dever de falar claro, de se expressar claramente (*clare loqui*); a interpretação tende a estabelecer o exato alcance e conteúdo das respectivas obrigações das partes, muitas vezes a garantia devida pelo segurador e os efeitos que dela derivam, o que não o impede, se for o caso, de declarar a não cobertura ou não garantia de determinado risco.[6] A etapa seguinte, sempre posterior, é a possível construção da apólice, da disposição, da cláusula.

Construir é também aplicar regras que suplementam, completam, complementam ou substituem radicalmente disposições ou cláusulas contratuais. No outro extremo, a opção mais taumatúrgica seria a nulidade total do contrato, onde não é mais possível construir, extirpar e reconstruir um contrato que é refutado em sua totalidade devido à ambiguidade, obscuridade, confusão ou vazio absoluto do nexo causal de um contrato de seguro.

Aqui, pode-se questionar: por que as cláusulas ou condições são redigidas com linguagem e vocabulário imprecisos? A imprecisão vem principalmente da obscuridade, do uso de palavras vagas.[7]

Imprecisão que afeta o conteúdo real, mas ao mesmo tempo nevrálgico do contrato de seguro, sobretudo na delimitação do risco, tanto em sua fase pré-contratual quanto na perfeição e execução do contrato. Imprecisão em relação ao alcance do sinistro e até mesmo em sua especificação, especialmente no caso de seguro de responsabilidade civil. Imprecisão na execução dos deveres e obrigações das partes, bem como nas consequências explícitas de seu descumprimento ou não cumprimento, seja ele total, parcial, defeituoso ou tardio.

---

5. Veja em profundidade o trabalho de GEISFELD. «Interpreting the rules of the insurance contract interpretation. [Special Issue: Restatement of the Law of liability insurance]», Rutgers University Law Review, 2015, v. 68 (1), pp. 371 a 414; interessante contribuição também de SMILEY. «Contract Law Insurance policies are analyzed the same is other contracts». Michigan Lawyers Weekly, June, 2017, n. 17, p. 8 e ss. E, sobretudo, STEMPEL. «Reading between the lines: insurance contract interpretation (Insurance Law)», Trial, 1995, sept., vol. 31, (9), pp. 74 y ss. Na doutrina belga, é digna de nota a contribuição de WÉRY. «L´interprétation des contrats d´adhésion en cas d´ambiguïté ou d´obscurité de leurs clauses». JLMB, 1996, p. 1371 e ss.
6. GRABINER. "The iterative process of contractual interpretation". L. Q. R., 2012, p. 41, adverte que um tribunal nunca pode ceder à tentação de especular sobre o significado, mesmo comercial, que possa existir por trás das palavras do contrato, nem pode ser tentado a construir uma condicional abstrata derivada da "factual matrix" e reescrever o conteúdo contratual. Sua premissa é clara: se um contrato, uma cláusula contratual, for clara, não há margem, ou há uma margem muito limitada, para que um tribunal conclua que as palavras ou os termos usados foram utilizados erroneamente.
7. Assim, afirma que uma palavra é vaga FARNSWORTH. «Meaning in the Law of Contracts», cit., p. 126 «a word is vague if it is imprecise in marginal applications». E o autor dá o exemplo de uma apólice de seguro de responsabilidade civil para automóveis em que o limite é «$ 20.000 each ocurrence». E exemplifica: «El automóvil del asegurado cruza la mediana en una carretera interestatal de varios carriles, golpea un automóvil en el carril que pasa y luego se desliza varios cientos de pies antes de golpear un segundo automóvil en el carril de conducción (a la derecha). ¿Ha habido una ocurrencia/siniestro o dos? Si hubiera habido un impacto, el término "ocurrencia"/ siniestro no habría presentado ninguna dificultad, pero la palabra es imprecisa en aplicaciones marginales».

Imprecisão que igualmente ocorre quando as condições reproduzem literalmente, mas de forma vaga, as disposições de um órgão legal ou regulatório, levando inevitavelmente à interpretação, mesmo que o preceito ou cláusula seja uma norma cogente. Imprecisão na execução e no relacionamento contínuo do contrato entre as partes. Portanto, imprecisão na linguagem, na ambivalência consciente do sentido e significado dos termos ou palavras utilizados, do contexto, das condições como um todo.

A proliferação de documentos contratuais, a dispersão das cláusulas, as exceções que se acumulam e o uso de jargões e termos técnicos pelas seguradoras, somados à falta de definições contratuais claras, formam um terreno fértil para a busca de interpretação das cláusulas.[8]

Não é um debate estéril decidir se, diante de uma cláusula imprecisa e pouco clara, devemos postular diretamente a nulidade dessa cláusula ou, ao contrário, devemos deixá-la para o intérprete, que contará com as regras hermenêuticas previstas em nosso ordenamento jurídico, algumas prioritárias e outras de caráter complementar e subsidiário.

Portanto, o fato de esses comentários começarem com algo tão essencial e imprescindível para o negócio jurídico como sua confirmação vital, como um ato que afeta a *esentialia negotti*, como é mensurar e determinar o risco, um elemento causal transcendental do próprio contrato, que investiga a base e a *ratio* da interpretação, ajuda a entender, situar e localizar a transcendência que o seguro exala e guarda em nossas sociedades, em nossas economias e em nossas realidades.

No entanto, o fato de que o intérprete deve procurar a vontade ou intenção comum das partes do contrato de seguro não deve nos impedir de olhar com olhos vendados e criticar em certo sentido tal extremo. Mas não é e não pode ser o objetivo da interpretação verificar a vontade individual de cada parte contratante.[9] De fato, é uma ficção que o juiz, como intérprete, busque a intenção comum das partes, uma vez que, na realidade, houve especialmente uma intenção e uma vontade, a da seguradora que, em regra, não estava disposta a ceder às exigências do segurado.[10]

---

8. Em termos semelhantes, BIGOT, «La recommandation des clauses abusives ell'assurance multirisques habitation des particuliers», RGAT, 1986, p. 9 e ss. Recorda CARRASCO PERERA, *Derecho de contratos*, Cizur Menor, 2010, p. 401 como na maioria dos contratos da vida cotidiana, o processo interpretativo não precisa ir além da redação literal. A hermenêutica, se for precisa, começa e termina aqui. Ademais, insistem na importância que a qualificação dos sujeitos pode ter nessa busca pela intencionalidade comum, que, juntamente com a conduta dos sujeitos, formam as diretrizes necessárias para a interpretação ETCHEVERRY/JARAMILLO. *La interpretación de los contratos atípicos y la valoración de la conducta observada por los contratantes*, Bogotá, 2012, p. 58.
9. Conclusivo CARRASCO PERERA. *Derecho de contratos*, Cizur Menor, 2010, p. 419 quando afirma que o objeto da interpretação é encontrar a vontade comum, não a vontade individual de cada uma das partes contratantes, se esta não for comum, se as partes não tiverem consentido precisamente nela. Assim, nem mesmo seria apropriado buscar o significado de cada uma das declarações individuais e depois tentar coordená-las. Nesse caso, seria uma questão de convergência de vontades, na melhor das hipóteses, mas não do "consentimento sobre a causa" referido no art. 1261, I do CC.
10. BEIGNIER, *Droit des assurances*, Paris, 2018, p. 357, nos recorda que a interpretação dos contratos depende de duas regras de jurisprudência que são dois pronunciamentos da Corte de Cassação, um de 1807 e outro de 1872. No primeiro, foi estabelecido que o juiz é soberano na interpretação dos termos de um contrato privado. Assim, a Sentença de Cassação da Primeira Câmara de 22 de outubro de 1974 declara: «...l'interprétation rendue

Na maioria dos contratos de seguro, as partes contratantes não podem manifestar uma intenção comum.[11] Infelizmente, o contrato de seguro não foi concebido dessa forma, e talvez seu funcionamento atual não permita outra solução, embora seja possível no caso de grandes riscos, em que a generalidade é substituída pela particularidade.

Os contratos de seguro massificados e suas cláusulas, redigidas unilateralmente pela seguradora, costumam ser firmados por um segurado leigo ou mal-informado. Não há, em regra, equilíbrio, nem pode haver, porque a ignorância e a falta de conhecimento pesam muito, especialmente quando as promessas de cobertura e garantias são apenas isso, promessas. São contratos de adesão e, consequentemente, apólices que normalmente contêm a vontade de uma das partes, a da seguradora que predispõe unilateralmente o contrato.

A partir da página 67 da obra, adentramos à raiz dos comentários específicos sobre o contrato de seguro, abrangendo os artigos 421 e seguintes do Código Civil. É nesse ponto que ela concentra sua atenção, após as ricas páginas que a precedem e que desempenham a tarefa de enquadrar as particularidades pertinentes ao seguro. É aqui que o livro revela aquela harmonia inspiradora e edificante que permeia tanto a estrutura da obra quanto esses comentários. Nada é alheio à perspicácia, ao intelecto ou à crítica dos comentaristas. Mesmo quando essa crítica é proferida de maneira consciente, vigorosa e fundamentada, ela muitas vezes coloca a norma em um terreno complexo de interpretação e, em algumas situações, até mesmo de questionável relevância dogmática. É fato que o contrato é presumido como igualitário e simétrico, conforme afirmado no artigo 421-A. No entanto, essa premissa está longe de ser verdadeira na própria natureza intrínseca da maioria das modalidades de seguros, onde a assimetria informativa se apresenta como elemento essencial, ao lado da busca por equilíbrio.

Quando Angélica Carlini, professora e amiga, me presenteou com este livro em Madri algumas semanas atrás, trazendo também outro exemplar para a nossa biblioteca, acompanhado da dedicatória carinhosa de Junqueira e Goldberg, fui tomado por um entusiasmo genuíno diante da perspectiva de uma leitura agradável e do titânico esforço empreendido pelos coordenadores e autores para concretizá-lo.

Nos últimos anos, a literatura jurídica sobre seguros no Brasil deu passos largos, marcados pelo lançamento de obras monográficas e coletivas de extraordinária importância. Essas obras brilham com luz própria e nos proporcionam não apenas uma visão

---

nécessaire par l'obscurité d'un texte échappe à tout contrôle de la Cour de cassation». O controle de interpretação da Corte nada mais é do que um «contrôle minimal dit "disciplinaire"».

11. Crítico em relação a essa possibilidade é o argumento do caso judicial reproduzido por MITCHELL. «Contract Interpretation: Pragmatism, Priciple and the Prior Negotiations Rule», JCL, 2010, v. 26, n. 2, p. 134 y ss., p. 145, em que o juiz afirma que, embora a intenção e as negociações das partes possam fornecer evidências convincentes de qual era a intenção das partes em seu contrato, mantém que elas devem ser excluídas porque geralmente acrescentam custos de atraso ao litígio. «*At a more general level Lord Hoffmann pits an argument of principle (interpret the contract according to the intentions of the parties) directly against an argument of police (keep the costs of the legal process down). Persimmon's right to win, on the basis that their interpretation of the contract was what the parties intended as objectively evidenced by the negotiations, was almost lost amid general concerns pertinent only to the wider commercial contracting community*».

do direito nacional, mas também toda a riqueza do direito comparado, demonstrando um domínio de fontes que transcende o sistema jurídico brasileiro. Atualmente, os estudiosos brasileiros do setor de seguros alcançaram um patamar jurídico de excelência, resultado de esforço, tenacidade, perseverança, rigor e dedicação ao estudo. Essa dedicação os conduz a uma análise profunda do que ocorre e é regulamentado em outros países latino-americanos, anglo-saxões e europeus.

Este livro faz parte da já renovada tradição de novíssimos autores brasileiros, que trazem consigo formas refinadas e estilos belíssimos, contribuindo para a modernização do direito securitário e revitalizando a dogmática do seguro.

Encerro esta resenha da mesma forma como comecei, pois não encontro mérito maior para ela além do profundo carinho e amizade que compartilho com meus colegas brasileiros. A todos eles expresso minha admiração e respeito por seu trabalho, sua obra e seu exemplo. Gratidão que exemplifico nos professores Carlini, Junqueira e Goldberg e no restante dos quase trinta fantásticos autores que tornaram realidade esse colossal desafio. Parabéns a todos eles, mas, sobretudo, à doutrina e à ciência do Direito dos Seguros.

Versão original publicada em: 24.08.2023.

RESENHA A "O CONTRATO DE SEGURO *D&O*", 2ª EDIÇÃO, DE ILAN GOLDBERG

Thiago Junqueira

Entre as definições propostas por Italo Calvino para a qualificação de um clássico, destaca-se: "*Un classico è un libro che non ha mai finito di dire quel che ha da dire*". Em outra passagem, é dado ainda o seguinte conceito pelo italiano: "*I classici sono quei libri di cui si sente dire di solito: 'Sto rileggendo...' e mai 'Sto leggendo...'*"[1]

E se fôssemos presenteados com a revisão, atualização e complementação de grandes clássicos por seus próprios autores? Seria fenomenal, não? Com a recente publicação da segunda edição da obra "*O Contrato de Seguro D&O*", pela editora Thomson Reuters, Ilan Goldberg oferece ao leitor a oportunidade de revisitar a sua primorosa obra, complementada com elementos que igualmente serão absorvidos por gerações.

Verdadeiro legado para a cultura do Direito do Seguros, a obra é originalmente fruto de tese de doutorado em Direito Civil aprovada com grau máximo na Universidade do Estado do Rio de Janeiro, perante banca examinadora composta pelos professores doutores Milena Donato Oliva (orientadora), Gustavo Tepedino, Carlos Nelson Konder, Modesto Carvalhosa e Otavio Luiz Rodrigues.

Na síntese precisa de Gustavo Tepedino:

> Trata-se de investigação meticulosa, que demonstra o profundo conhecimento do autor acerca da teoria e da prática do contrato de seguro *D&O*, bem como dos fundamentos do direito securitário e contratual. Ilan Goldberg, mediante texto denso, elegante e escorreito, oferece à comunidade jurídica valioso instrumento de pesquisa e consulta, destinado a difundir a essa nova modalidade securitária e permitir sua melhor compreensão, com a indicação de critérios interpretativos que tragam estabilidade ao tratamento normativo da matéria.[2]

O livro, que continua com três capítulos mais a introdução e a conclusão, passa a se estruturar da seguinte forma: *i) A qualificação do contrato de seguro D&O a partir do exame de sua causa* (subdividido em: 1. A causa do contrato de seguro; 2. Particularidades e causa do contrato de seguro de responsabilidade civil; 3. Particularidades e causa do contrato de seguro de proteção jurídica; e 4. A causa do contrato de seguro D&O); *ii) O risco do contrato de seguro D&O – a responsabilidade do administrador* (subdividido

---

1. CALVINO, Italo. *Perché leggere i classici*. Milano: Mondadori, 2011. p. 5 e 7. Em tradução livre: "Um clássico é um livro que nunca acabou de dizer aquilo que tinha para dizer"; e "Os clássicos são aqueles livros dos quais, em geral, se ouve dizer: 'Estou relendo...' e nunca 'Estou lendo...'".
2. TEPEDINO, Gustavo. Prefácio a Ilan Goldberg, O contrato de seguro D&O, 2019. In: GOLDBERG, Ilan. *O contrato de Seguro D&O*. 2. ed. São Paulo: Thomson Reuters Brasil, 2022. p. 20.

em: 1. A responsabilidade do administrador detém um regime próprio; 2. A estrutura da sociedade: diretoria e conselho de administração; 3. O ato regular de gestão; 5. Os deveres do administrador: diligência, lealdade e seus corolários; 5. A *business judgment rule*; 6. O regime de responsabilidade civil adotado pela Lei 6.404, de 15.12.1976; e 7. Proposta de um tratamento distinto conforme sejam violados os deveres de diligência e de lealdade); *iii) O regime jurídico do contrato de seguro D&O a partir das definições da causa e do risco – estrutura, contratação, coberturas e exclusões* (subdividido em: 1. Estrutura; 2. Contratação; 3. Coberturas; 4. Exclusões; e 5. Coberturas específicas).[3]

No relativamente curto lapso temporal entre a primeira e a segunda edição (2019-2022), novos e importantes normativos da Superintendência de Seguros Privados (Susep) e do Conselho Nacional de Seguros Privados (CNSP) entraram em vigor, como a Circular Susep 637, de 27/07, que dispõe sobre os seguros do grupo responsabilidades, a Circular Susep 621, de 12/02, que dispõe sobre os seguros de danos e a Resolução CNSP 407, de 29/03, que dispõe sobre os seguros de danos para cobertura de grandes riscos. Só por isso, a atualização do estudo já seria alvissareira.[4] Todavia, o autor decidiu ir mais longe.

Entre as principais novidades, convém pôr em relevo o exame das coberturas para os i) termos de compromisso, termos de ajuste de conduta e acordos de leniência; ii) tributos, encargos previdenciários e trabalhistas; e iii) riscos cibernéticos.[5] Todos esses são temas complexos, que estão na ordem do dia, e que não costumam ser bem disciplinados nas Condições Gerais e apólices disponíveis no mercado brasileiro.

Para o leitor inadvertido, inúmeros são os atributos de "*O Contrato de Seguro D&O*". Desde logo, salta aos olhos o fato de que o seguro de responsabilidade civil para diretores e administradores, conhecido como Seguro *D&O* (*Directors and officers liability insurance*, na língua inglesa), praticamente não havia sido enfrentado na doutrina brasileira antes da bem-aventurada iniciativa do professor Ilan.

Nesse sentido, não se demonstrava apenas recomendável, mas impositiva essa empreitada. E ninguém mais apropriado do que o autor, jurista de escol, internacionalmente reconhecido e que domina como poucos, seja na teoria, seja na prática, o tema.

---

3. Cada um dos subtópicos mencionados dividem-se em várias seções, sendo recomendável o exame detalhado do sumário da obra, disponível em: https://www.livrariart.com.br/contrato-de-seguro-d-o-especies-regulamentares-no-direito-brasileiro-2-edicao/p. Acesso em: 1º maio 2022.
4. Como interessante opção metodológica, o autor optou por enfrentar não apenas esses novos normativos, mas também por manter a análise das normas revogadas, para que o leitor possa comparar a evolução normativa.
5. Destaque-se, por oportuno, o seguinte trecho: "A realidade fática vem apresentando demandas típicas de responsabilidade de administradores originadas por riscos cibernéticos. Se, como se observou no início desse estudo, a proteção/tratamento de dados vêm sendo considerados como um dos maiores, senão o maior risco da contemporaneidade, à exata medida em que se vê uma escalada desses riscos à diretoria/conselho de administração, o protagonismo, em termos de tutela dos interesses legítimos afetados, deverá ser exercido pelo seguro *D&O*. Entenda-se corretamente a afirmação: para riscos ínsitos à administração das sociedades, a oportunidade deverá ser para os seguros *D&O*; para riscos cibernéticos que, por sua vez, não cheguem à alta administração, aí o espaço continuará a ser o dos seguros cibernéticos. *E.g.*, danos sofridos por *hardware*, lucros cessantes decorrentes da paralisação dos sistemas e a sua reparação, claramente se amoldam ao objeto dos seguros cibernéticos propriamente ditos". GOLDBERG, Ilan. *O contrato de Seguro D&O*. 2. ed. São Paulo: Thomson Reuters Brasil, 2022. p. 599-600.

Para melhor compreensão dos contornos e potencialidades do Seguro *D&O*, afigura-se de bom tom relembrar a colossal amplitude das responsabilidades que os diretores e administradores estão atualmente sujeitos. Conforme lição de Goldberg:

> Assim, a responsabilidade civil do administrador que, vale esclarecer, pode ir muito além da responsabilidade civil propriamente dita – *e.g.*, as responsabilidades administrativa, tributária, previdenciária, ambiental, consumerista, antitruste, trabalhista, marcária (propriedade intelectual), entre outras – se apresenta como uma disciplina específica em meio à responsabilidade civil comum, dedicando-se não apenas às pretensões dos prejudicados mas também e antes disso, ao exame dos pressupostos que, uma vez descumpridos, a caracterizarão.[6]

Com efeito, "O simples fato de ser administrador é o quanto basta para colocar o seu patrimônio em xeque. Seja por demandas fundadas ou descabidas, os custos de defesa precisarão ser desembolsados, a justificar, portanto, a relevância do seguro".[7]

Diante desse cenário, provoca o autor, "Que executivo, em sã consciência, aceitaria uma posição de diretor ou conselheiro despido de uma apólice de seguro *D&O*? Contra fatos não há argumentos".[8]

Em relação às potencialidades do (multirriscos) seguro *D&O* e o caráter *sui generis* dessa modalidade contratual, colhe-se a seguinte citação no crepúsculo da pesquisa:

> Demonstrou-se o seguro *D&O* para muito além de um seguro de responsabilidade civil, considerando as coberturas disponibilizadas para a própria sociedade tomadora e coberturas outras como, por exemplo, as despesas emergenciais com crise, *marketing* e publicidade a fim de restabelecer a imagem da tomadora, penhora *on-line*, indisponibilidade de bens, extradição, entre outras, a revelar que esse seguro tem um conteúdo verdadeiramente *sui generis*, o que reforça a necessidade de seu estudo aprofundado.[9]

Ao mesmo tempo em que se configura como um importante instrumento de *compliance* e governança corporativa, inclusive pelo fato de que o "escrutínio que as companhias se submetem para fins de contratar as suas apólices de seguro *D&O* acaba por gerar um efeito positivo, de viés preventivo",[10] do "ponto de vista da vítima dos atos de gestão, o seguro também se apresenta como uma resposta importante, na medida

---

6. Ibidem, p. 175. Sobre a necessidade de que o regime de responsabilidade do administrador tenha um tratamento específico, uma vez que poderá ser tanto contratual quanto extracontratual, e, ainda, em virtude de dever ser distinguida as afrontas ao dever de diligência e ao dever de lealdade, confira-se: Ibidem, p. 169 e ss.
7. Ibidem, p. 614.
8. Ibidem, p. 615.
9. Ibidem, p. 618.
10. Cf. Ibidem, p. 331-332, onde pode-se ler: "De um passado de críticas e desconfiança, o seguro *D&O* passou a ser utilizado de maneira tão intensa que, para muito além de um contrato de seguro, tornou-se um instrumento indicador de *compliance* e governança corporativa no meio empresarial, sendo utilizado para fins diversos como, *e.g.*, análise de companhias com vistas à realização de fusões e aquisições, auditorias, análise de riscos para fins de investimento, o que é fruto das informações disponibilizadas pela sociedade e seus administradores por ocasião das tratativas com as seguradoras. Se, anualmente, paga-se mais prêmio pela mesma cobertura, isto pode ser um indicador (i) de que os controles internos da tomadora estão falhando; (ii) do pagamento de bônus descontextualizados com a realidade financeira da sociedade; (iii) de receitas infladas, a revelar uma conduta com o propósito de atrair investidores etc."

em que introduz à relação jurídica um terceiro solvente, em condições de arcar com a possível dívida de responsabilidade do administrador segurado".[11]

Sobre o seu campo de atuação, que vem crescendo vertiginosamente por exigência dos próprios diretores e administradores, atesta o autor:

> Para muito além de se desenvolver no segmento das grandes sociedades anônimas abertas, o seguro pode e deve abranger as demais espécies societárias, independentemente da envergadura. As sociedades anônimas fechadas, as grandes limitadas, as pequenas e médias empresas, associações, clubes, condomínios, entre outras instituições, todos são candidatos à contratação do seguro D&O. Onde houver atos de gestão haverá riscos e, consequentemente, espaço para desenvolvimento do seguro.[12]

A todas essas questões, somam-se diversas outras abordadas na obra, como quem pode contratar essa modalidade securitária, quais são as suas principais coberturas (A, B e C) e exclusões, como foi o seu desenvolvimento no País (destacando-se o "batismo de fogo" ocasionado pela operação "lava-jato")[13] e qual é a causa do contrato de seguro D&O. Tudo isso unindo a dogmática à práxis, com casos concretos interessantíssimos,[14] e, muitas vezes, cotejando pontos controvertidos com a forma pelas quais são tratados nas apólices comercializadas no mercado brasileiro.

Outro ponto merecedor de elogios é que, diante de sua escrita impecável, as mais de seiscentas e cinquenta páginas se revelam de leitura agradável e esclarecedora. Embora seja endereçada ao tema específico do Seguro D&O, grande parte do estudo também se aplica à teoria geral dos seguros. Por isso mesmo, afirma Milena Donato:

> Oferece-se ao leitor, pela presente obra, contribuição inovadora, densa e de inequívoca utilidade prática, cuja consulta haverá de se tornar obrigatória não apenas para os profissionais que se ocupam com o contrato de seguro em geral, e de D&O, em particular, mas igualmente para os operadores e estudiosos interessados na revisitação dos fundamentos e das potencialidades do contrato de seguro.[15]

Sem embargo de incursões oportunas na experiência estrangeira (em especial, Estados Unidos da América, França, Espanha, Portugal e Argentina), o autor faz pertinente ressalva sobre a imperiosidade de se "aprender com a experiência estrangeira, porém, sempre adotando cautelas necessárias a fim de respeitar as diferenças existentes entre os ordenamentos jurídicos estrangeiros e o brasileiro".[16]

"O Contrato de Seguro D&O", logo se nota, trata-se de obra magnífica. Se a sua primeira edição já contou com excelente acolhida, cumulando citações em julgados e

---

11. Ibidem, p. 614.
12. Ibidem, 614.
13. Ibidem, p. 613.
14. Por exemplo, o julgado do STJ que trata de conduta do segurado – insider trading – no âmbito do Seguro D&O (STJ, Resp. 1.601.555, Min. Rel. Ricardo Villas Bôas Cueva, 3ª Turma, j. 14.02.2017), cf. Ibidem, p. 540-542.
15. OLIVA, Milena Donato. Apresentação. In: GOLDBERG, Ilan. Op. cit. p. 22.
16. GOLDBERG, Ilan. Op. cit. p. 618. No mesmo sentido, consulte-se TEPEDINO, Gustavo. Direito Civil e Método Comparativo. Temas de Direito Civil. Rio de Janeiro: Renovar, 2006. t. II, p. 402-404, que, após afirmar não se poder prescindir das experiências estrangeiras, adverte o redobrado esforço do civilista na pesquisa da solução legislativa conciliada com o princípio da funcionalidade em seu seio.

na doutrina – inclusive de outros continentes –, tem-se a convicção de que, para essa segunda edição, o sucesso será ainda maior, dado os valorosos acréscimos à abordagem, sem a perda da excelência que a qualifica.

Resta convidar o leitor para que também possa "beber direto da fonte", saboreando esse clássico rejuvenescido, com uma derradeira conceituação de Italo Calvino: "*Un classico è un libro che viene prima degli altri classici; ma chi ha letto prima gli altri e poi legge quello, riconosce subito il suo posto nella genealogia*".[17]

Versão original publicada em: 08.06.2022.

---

17. CALVINO, Italo. Op. cit. p. 10. Em tradução livre: "Um clássico é um livro que vem antes de outros clássicos; mas quem leu antes os outros e depois lê aquele, reconhece logo o seu lugar na genealogia".

RESENHA À OBRA "TRATAMENTO DE DADOS PESSOAIS E DISCRIMINAÇÃO ALGORÍTMICA NOS SEGUROS", DE THIAGO JUNQUEIRA

Rodrigo da Guia Silva

O[1] direito dos seguros desfruta de posição de destaque no que diz respeito à difusão de inovações no campo do direito privado.[2] De fato, o estudo dos seguros frequentemente reflete (por vezes, antecipa) aspectos do desenvolvimento teórico das relações obrigacionais em geral, o que permite aludir à existência de autênticos caminhos cruzados entre o direito dos seguros e as transformações gerais do direito das obrigações.[3] Circunstâncias como a difusão da heterointegração e a consagração do papel central da boa-fé objetiva nas relações securitárias revelam-se de grande valia para a compreensão das relações obrigacionais em geral.[4]

De plano, a centralidade da boa-fé objetiva para a conformação do programa contratual encontra manifestação emblemática na disciplina das relações securitárias. Não por acaso, fala-se historicamente em *incidência reforçada do princípio da boa-fé objetiva* para se aludir à proeminência da boa-fé objetiva – e dos correlatos deveres – na disciplina dos seguros.[5] Tal aspecto central da boa-fé objetiva nos seguros é evidenciado, ainda, pela redação do Código Civil de 2002, cujo art. 765 alude à submissão de ambas

---

1. A presente resenha foi originariamente publicada em SILVA, Rodrigo da Guia. Resenha à obra "Tratamento de dados pessoais e discriminação algorítmica nos seguros", de Thiago Junqueira. *Civilistica.com*. Rio de Janeiro, a. 9, n. 2, 2020. Diante da persistente (a rigor, intensificada) atualidade da obra sob comento, optou-se pela manutenção do texto original da presente resenha.
2. "O direito dos seguros, embora marginalmente situado como pode ter sido em tempos pretéritos, em vários aspectos tem sido um precursor, no sentido de que certos conceitos e princípios que foram primeiramente concebidos e desenvolvidos na legislação específica dos contratos de seguro posteriormente influenciaram a orientação geral do direito contratual. Um exemplo encontra-se nos deveres de colaboração entre as partes, originados no conceito de boa-fé (objetiva). Os deveres de informação e de mitigação de danos encontraram seu caminho para outros contratos, e ouvem-se ecos claros deles no direito contratual moderno" (COUSY, Herman. The legal sources of insurance contract law: from a tiny well to a colourful fountain. *Journal of South African Law*. Liber Amicorum: essays in honour of JC Sonnekus. Cape Town: Juta, 2017, p. 460. Tradução livre do original).
3. Busca-se, com essa formulação, registrar singela homenagem à clássica obra: GOMES, Orlando. *Transformações gerais do direito das obrigações*. São Paulo: Ed. RT, 1967.
4. Para um desenvolvimento da análise acerca do estado da arte no que diz respeito à complexidade obrigacional e à heterointegração dos contratos (com particular destaque para a boa-fé objetiva), seja consentido remeter a SILVA, Rodrigo da Guia. Em busca do conceito contemporâneo de (in)adimplemento contratual: análise funcional à luz da boa-fé objetiva. *Revista da AGU*, v. 16, n. 2, abr.-jun./2017, item 1.
5. V., por todos, TEPEDINO, Gustavo; BANDEIRA, Paula Greco. In: TEPEDINO, Gustavo; KONDER, Carlos Nelson; BANDEIRA, Paula Greco. *Fundamentos do direito civil*. Rio de Janeiro: Forense, 2020, v. 3, p. 465-466.

as partes da relação à "mais estrita boa-fé".[6] A isso se conjuga a recorrente associação da boa-fé objetiva ao próprio princípio do mutualismo, vetor dos mais basilares das relações securitárias.[7]

O caráter paradigmático e precursor do contrato de seguro renova-se e revigora-se, no contexto contemporâneo, em razão dos desafios suscitados pelo advento de novas tecnologias, sobretudo em matéria de tratamento de dados pessoais, a tornar premente a demanda por estudos aprofundados por parte da doutrina civilista. É precisamente a esse desiderato que se dedica, em vanguardismo à altura do tema, a obra *Tratamento de dados pessoais e discriminação algorítmica nos seguros*, de autoria do Professor Thiago Junqueira, trazida ao público nas páginas da tradicional Editora Revista dos Tribunais / Thomson Reuters Brasil.[8]

A obra, que traduz a versão comercial da tese de doutorado aprovada com grau máximo junto ao Programa de Pós-Graduação em Direito da Universidade do Estado do Rio de Janeiro, assume como escopo central a investigação dos delicados contornos entre diferenciação admissível e discriminação inadmissível no tocante ao tratamento de dados pessoais dos segurados – particularmente, por intermédio de algoritmos dotados de inteligência artificial. Da própria enunciação do seu objetivo central se podem depreender algumas das tantas razões para o caráter pioneiro da obra, a qual revisita figuras e institutos jurídicos clássicos na dogmática dos seguros – tais como a análise do risco a ser coberto, a *perfilização* (i.e., formação do *perfil de risco*) e a precificação do prêmio – à luz das mais avançadas formulações teóricas em matéria de privacidade, proteção de dados pessoais (temática impulsionada, no Brasil, pelo advento da Lei Geral de Proteção de Dados Pessoais – LGPD) e vedação à discriminação (em suas modalidades *direta* e *indireta*).

O enfrentamento minucioso dessa pluralidade de temas se desenvolve a partir de premissas teóricas ancoradas em sofisticada pesquisa doutrinária e jurisprudencial, nacional e estrangeira, que o autor logrou empreender em prestigiosas bibliotecas no Brasil e no continente europeu. Além de exploratória – recorde-se que a obra é a primeira de que se tem notícia na civilística nacional a tratar do tema da discriminação algorítmica –, a investigação tem o mérito de conseguir sistematizar, de forma didática e equilibrada, os múltiplos interesses envoltos na matéria, valendo-se de uma escrita

---

6. Em que pese a relevância histórica dessa construção no contexto em que a assimetria informacional se configurava em desfavor do segurador (impondo, portanto, especial rigor para com o padrão de conduta do segurado), impõe-se a sua revisitação à luz do cenário atual, no qual o avanço da inteligência artificial e do tratamento de *big data* sinaliza para uma "tendencial inversão da assimetria informativa, que passará a colocar o consumidor segurado em uma situação ainda mais vulnerável" (JUNQUEIRA, Thiago. *Tratamento de dados pessoais e discriminação algorítmica nos seguros*. São Paulo: Thomson Reuters Brasil, 2020, p. 364).
7. Ao propósito, v. SCHREIBER, Anderson. *Manual de direito civil contemporâneo*. São Paulo: Saraiva, 2018, p. 601-602.
8. JUNQUEIRA, Thiago. *Tratamento de dados pessoais e discriminação algorítmica nos seguros*. São Paulo: Thomson Reuters Brasil, 2020. O livro, composto por 429 páginas, conta, ainda, com textos introdutórios dos Professores Anderson Schreiber (prefácio) e Bruno Miragem (apresentação).

elegante e de um rico repertório de exemplos colhidos da experiência estrangeira. O resultado (amplamente exitoso) dessa empreitada se divide em três eixos centrais.

No primeiro capítulo, examina-se a classificação dos riscos pelo segurador na denominada *era da ciência atuarial*. Após demonstrar que a classificação dos riscos pelo segurador tem fundamentos econômico-sociais e encontra suporte em dispositivos legais e atos normativos que tratam da matéria no Brasil, o autor enfrenta alguns de seus aspectos mais delicados, como a "generalização", a mera "correlação" (e não causalidade) entre o fator utilizado pelo segurador e o incremento do risco segurado, bem como a controversa noção de "justiça atuarial". Apresenta, ainda, especial relevo a sua demonstração acerca da ambígua relação entre a tutela da privacidade do segurado e a vedação à sua discriminação.[9] Tais premissas conduzem ao estudo de caso acerca do uso do gênero do candidato a segurado na precificação do seguro de automóvel, prática habitual no Brasil. Especificamente a esse respeito, o autor destaca a possibilidade de, com base em apurado juízo de merecimento de tutela, atento ao contexto histórico-cultural da análise, vir a se reconhecer hipótese de *diferenciação admissível*.[10]

O segundo capítulo, por sua vez, analisa os aspectos a um só tempo positivos e alarmantes da difusão do emprego de novas tecnologias (em especial, a inteligência artificial e as técnicas de análise de *big data*) na subscrição do seguro, especialmente o risco de ampliação da modalidade indireta de discriminação racial a partir da análise algorítmica dos dados pessoais.[11] O autor perquire, ainda, os pontos de aptidão e de

---

9. O autor bem sintetiza: "Por serem menos objetivos, estáveis e acessíveis pelo segurador, os 'aspectos comportamentais' que individualizariam a figura do proponente não possuíram, tradicionalmente, um papel de relevo na classificação dos riscos. Era mais conveniente ao segurador utilizar poucas variáveis demográficas para definir o prêmio, cobrando um valor médio entre os que compartilhavam tais variáveis. Contra essa ordem de fatos, insurgiram-se vozes alegando que a precificação do seguro por meio de dados comportamentais, além de menos discriminatória, coadunar-se-ia com a ideia de 'autorresponsabilidade' e poderia servir de incentivo à melhora de postura dos indivíduos diante dos riscos. De que maneira se poderá obter acesso a esses dados, sem, porém, mitigar-se a privacidade do segurado? No seguro de automóvel, por exemplo, seria preferível uma análise detalhada dos horários e percursos mais utilizados pelo condutor e do modo de sua direção (via telemetria) ou uma generalização baseada em dados como a idade, o código postal ou o gênero do segurado? Quando confrontados com os aspectos legitimadores da avaliação do risco pelo segurador privado, ou o direito à privacidade ou o direito à não discriminação do consumidor tende a ser especialmente afetado. Ainda que não se trate de uma constatação animadora, ela se afigura essencial para o equacionar do problema, devendo-se, portanto, buscar um equilíbrio entre eles" (JUNQUEIRA, Thiago. *Tratamento de dados pessoais e discriminação algorítmica nos seguros*, cit., p. 380-381).
10. "(...) uma análise funcional da tutela antidiscriminatória impõe a conclusão de que, se objetiva e razoável, feita com base em dados fiáveis e atualizados, bem como oferecendo, no geral, melhores condições às mulheres, o uso do gênero como um dos fatores de cálculo do prêmio no seguro de automóvel corresponde a uma *diferenciação admissível*" (JUNQUEIRA, Thiago. *Tratamento de dados pessoais e discriminação algorítmica nos seguros*, cit., p. 183. Destaques no original).
11. O autor adverte: "Diante dos crescentes alertas de que o código postal, o nome e outros dados aparentemente inofensivos das pessoas permitem inferências sensíveis, talvez seja logo o caso de se reconhecer: 'todos os dados são potencialmente sensíveis, nós apenas não sabemos disso ainda'. As implicações dessa perspectiva, para o que aqui concerne, são que em breve nenhum dado será considerado verdadeiramente 'neutro'. Ou seja: a linha separando a discriminação direta da indireta tenderá a se enfraquecer e, cada vez mais, será imperioso conjugar-se a tutela da proteção de dados com a prevenção da discriminação" (JUNQUEIRA, Thiago. *Tratamento de dados pessoais e discriminação algorítmica nos seguros*, cit., p. 239-240).

inaptidão da LGPD a promover os propósitos de prevenção e de repressão à discriminação. Em suas palavras:

> A Lei Geral de Proteção de Dados brasileira oferecerá instrumentos que auxiliarão na exposição e minimização de tratamentos discriminatórios. A tutela reforçada concedida aos dados sensíveis, o direito de acesso aos dados tratados pelo controlador e os direitos à explicação e revisão das decisões automatizadas pelo titular de dados afiguram-se, nesse sentido, aspectos importantes. Acompanhados da exigência de relatório de impacto à proteção de dados pessoais (RIPD) pelo controlador e de auditorias para verificar possíveis aspectos discriminatórios nos tratamentos automatizados, em tese, fornecem um bom nível de proteção à discriminação algorítmica. Vista a questão de perto, porém, talvez não seja o caso.
>
> O caráter não obrigatório do RIPD e da auditoria, a aparente desnecessidade de revisão humana das decisões automatizadas e a incerteza sobre o grau de vinculação do controlador em ter de informar os critérios utilizados na formação de perfis tornam a LGPD uma promessa e não uma realidade, em termos de prevenção à discriminação. Tampouco o princípio da não discriminação ilícita ou abusiva parece contribuir muito na questão *sub examine*, uma vez que o conceito presente na lei se limita aos tratamentos de dados para *fins* discriminatórios, descurando daqueles – quiçá, a maioria dos casos em tempos de IA – cujos *efeitos*, independentemente da intenção do agente e dos dados utilizados, são discriminatórios. Esse último é um dos exemplos que demonstram que a lógica de controle dos *inputs*, geralmente disposta nas leis de proteção de dados, não se presta para solucionar o problema da discriminação.[12]

Por fim, o terceiro e derradeiro capítulo investiga possíveis estratégias de prevenção à discriminação racial algorítmica na classificação dos riscos no contrato de seguro no contexto daquela a que, em feliz síntese, o autor se referiu como *a (porvir) era da ciência dos dados*. A esse respeito, formula-se inovadora proposição no sentido de que o enfrentamento da discriminação em suas diversas facetas dependeria de distintas (conquanto complementares) estratégias: por um lado, a discriminação direta tende a ser mais eficientemente combatida por meio da restrição dos *inputs*; por outro lado, a discriminação indireta (no mais das vezes, consistente em uma diferenciação vulneradora alcançada a partir de dados aparentemente neutros) tende a ser mais eficientemente combatida por meio do condicionamento dos *outputs*.

De todo esse audaz desafio o autor desincumbe-se com louvor. Com a sua obra *Tratamento de dados pessoais e discriminação algorítmica nos seguros*, o Professor Thiago Junqueira fornece contributo ímpar ao estudo dos seguros, em particular, e do direito privado, em geral. Ao mesmo tempo em que desnuda a mitigação da tradicional assimetria informativa em desfavor do segurador, o autor introduz noções fundamentais na doutrina pátria, como a *equidade por concepção* e a crescente convergência entre as modalidades direta e indireta da discriminação, conclamando pela imperiosidade do "aumento da transparência e de *accountability* do segurador em relação aos dados coletados e aos modos de sua utilização (controle dos *inputs* e dos *outputs*), exigindo-

---

12. JUNQUEIRA, Thiago. *Tratamento de dados pessoais e discriminação algorítmica nos seguros*, cit., p. 382-383. Destaques no original.

-se o registro de todo o processo de treinamento do algoritmo",[13] entre outras medidas importantes na prevenção e no combate à discriminação.[14]

Postam-se à disposição da doutrina, assim, valiosos subsídios para a constante renovação das reflexões em um tema acentuadamente sensível tanto para o pleno funcionamento da economia quanto para a efetiva proteção da dignidade da pessoa humana. Resta, então, o convite a uma agradável e disruptiva leitura.

Versão original publicada em 09.09.2020.

---

13. JUNQUEIRA, Thiago. *Tratamento de dados pessoais e discriminação algorítmica nos seguros*, cit., p. 386.
14. Tal qual "o incentivo de uma maior diversidade nas empresas de tecnologia e nas seguradoras, de modo a se possibilitar um controle interno mais rigoroso por meio dos próprios funcionários membros de grupos minoritários", e "a conscientização dos consumidores em relação aos seus direitos (como o direito à explicação e à revisão das decisões automatizadas) e o aprimoramento de canais de reclamação disponíveis para eles" (JUNQUEIRA, Thiago. *Tratamento de dados pessoais e discriminação algorítmica nos seguros*, cit., p. 386). Além disso, afirma o autor, "caberá a um órgão regulador, a ser mais bem definido (ANPD ou SUSEP), a verificação, em frequentes auditorias, não apenas do tratamento de dados proibidos pelos seguradores, mas também se o uso dos dados, *a priori*, permitidos, está causando reiteradas discriminações indiretas em membros de grupos protegidos" (Ibidem, p. 386).

ANOTAÇÕES